경제와 헌법

경제와 헌법

이덕연 지음

한국학술정보㈜

서문

대한민국이 세계 역사상 여덟 번째로 5천만~2만 달러 그룹에 합류하였다는 내용이 담긴 조간신문의 잉크냄새가 모처럼 상쾌하다. Obama 미국 대통령이 고등학생을 대상으로 하는 퀴즈대회에서 "경제기적을 이루었고, 한강이 있는 서울이 수도인 나라는 어느 나라인가?"라는 문제를 냈다는 뉴스도 창틈으로 스며들어오는 새벽공기에 산뜻함을 더해준다. 보글보글 끓어대는 된장의 냄새도 유난히 다정하다. 불현듯 무작정 미루던 서문 원고를 몇 자 써봐야겠다는 생각이 든 것은 아마도 되도록이면 좀 밝고 경쾌한 논조로 가봐야겠다는 바람에 제격인 5월의 아침 분위기 때문인 듯하다.

독일 Bonn대학교에서 박사논문, 「정치적 결정과정에서 연방감사원의 지위와 기능」(Stellung und Funktion des Bundesrechnungshofes im politischen Entscheidungsprozess, 1994)을 쓰면서 재정통제의 문제와 함께 관심을 갖고 연구해왔으니 '경제와 헌법'이라는 논제와 씨름한 것도 얼추 20년이 다 되어간다. 나름 곱씹어보고 발표한 글들이기는 하지만 '다시보기'의 대상이 될 만한 글들은 못되고, 더욱이 일부는 시의적합성이 조금 떨어지고 또 일부 논문들은 적지 않은 내용이 중복되기도 하는 점 등을 인식하면서도 굳이 모아서 묶어내고자 하는 것은 천학비재(淺學非才)를 드러내는 용기를 보여주는 것만으로도 의미가 전혀 없지는 않겠다는 생각 때문이다. 헌법학을 공부하는 필자 개인의 입장에서 과거의 나태에 대한 반성과 앞으로 정진의 다짐을 위한 단서와 자료로 활용할 수 있다면, 적어도 부끄러움을 상쇄할 만한 크기의 주관적인 효용조차 없지는 않겠다고 여겼다.

하지만 개인적인 소망만으로는 소중한 자원을 낭비하는 것에 대한 변으로 크게 미흡하다. 혹시라도 관심을 공유하고 있는 동지, 특히 동학의 후배들이 딛고 뛰어올라 내달리는데 필요한 구름판으로 쓰일 수 있다면, 그리고 일반 시민들이 관심과 문제인식의 지평을 조금이라도 더 깊고 넓게 공유할 수 있는 계기를 마련하는 데 일조가 될 수 있다면 더 바랄 것이 없겠다는 과욕의 기대도 또 하나의 동기였다. 처음부터 계획하였던 것은 아니지만, 논제의 다양성과 체계성이라는 관점에서 얼추 구색을 갖춘 틀 속에 편제될 만한 글들이 모인 것으로 생각되는바, '경제헌법'과 직간접적으로 연관되는 주제로 진행되는 법학과 석박사과정의 세미나도 용처가 될 수 있을 것으로 믿는다.

그 폭과 깊이는 크게 미흡한 것으로 여겨지지만 때마침 정치권에서도 복지담론이 한창이고, 이른바 '경제민주화'의 화두도 유행이다. 올해 12월에 예정된 대통령 선거에서는 물론이고, 그것을 넘어서 당분간 우리 사회에서는 사회복지체제의 선택문제가 가장 중요한 정치쟁점이 될 것이 분명하다. 최근에 자본주의의 심장이라고 할 수 있는 뉴욕에서 대두된 "Occupy Wall Street!"의 구호나, 최근에 사실상 국가부도상태에 있는 그리스 등 남유럽 국가들의 재정부실에서 촉발된 세계경제의 불안은 문제 자체와 관련된 인과의 전체 과정, 그리고 전후좌우 및 상하의 맥락은 우리에게 매우 유용한 반면교사와 참고자료를 제공한다. 자부할 만한 것임은 분명하지만, 5천만~2만 달러의 지표에도 불구하고 이제까지와는 구조와 양상이 크게 다른 격변의 상황 속에서 새로운 거버넌스체제와 함께 '지속가능한 발전'을 담보할 수 있는 사회경제질서를 형성해나가야 하는 우리 앞에는 정치, 경제, 사회, 문화 등 모든 영역에서 구조적인 문제들이 산적해 있다. 단절과 연속이 중첩된 역사의 흐름 속에서 고착되었고 또한 서로 엇물려 있기 때문에 어느 것 하나 만만한 문제가 없다. 모두가 다 이른바 'Gordian knot'로 엮여 있다. 늘 반성하고 갱신하는 가운데서만 가능한 개개인의 건강한 윤리의식과 태도, 따뜻하면서도 냉철한 집단적 지성, 이를 축으로 하는 공동체의 연대의식, 그리고 포괄적이면서도 치밀한 정치경제학적 전략이 먼저 마련되지 않고서는 풀어나갈 수 없는 매듭이다. 'Alexander의 칼'이 필요한 것이다.

언젠가부터 조금 소홀하였고, 게으름을 피웠지만, 다행히 우리는 조금만 정성을 모아서 벼리면 쓸 만한 칼을 이미 갖고 있다. 더더욱 다행스러운 것은 Alexander가 아니라 온갖 역경 속에서도 씨알만이 오롯이 그 칼의 주인임을 확인하고 증명해 온 경험을 생생하게 기억하고 있다. 일찍이 『뜻으로 본 한국역사』에서 현대를 "스스로 자기를 아는, 알려는 주체성을 가진 씨알의 시대"로 확인하면서 역사가 점점 더 '지성의 역사'일 것으로 예측한 함석헌 선생의 혜안은 현재 우리가 직면하고 있는 어려움을 훤히 내다본 듯하다: "가지가지 잘못이 서로 얽혀서 어느 것에서부터 풀어야 할지를 알 수 없는데 지혜와 용단은 그 어느 고리에서 자르느냐 하는 데 있다. 한 고리가 풀리면 전체가 다 풀릴 줄 아나, 그 어느 고리에서 자르느냐가 문제다"(제일출판사, 1965, 개정판, 386면). 헌법학을 공부하는 입장에서 고맙게도 함 선생은 '지성의 미래'라는 소제로 책을 마무리하면서 "절대로 필요한 것"으로 헌법을 제시하고 있는바, 현재 우리에게 절실한 '지혜와 용단'은 '씨알의 대화'를 통해서만 얻어질 수 있고, '인간의 존엄성'을 정점으로 하는 최고의 가치규범이고, 정치경제규범인 우리 헌법은 모든 씨알에게 초대장이 발부된 이 대화 자체를 '정언명령'으로 제시하는 동시에, 이 대화에 필요한 넓은 마당과 기본지침, 그리고 규칙을 제공하고 있다.

짐짓 지나치게 엄숙하고, 거창한듯하여 민망하고 겸연쩍지만, 하나의 씨알로서 대화에 임하는 자세는 그래야 하는 것으로 믿는다. 적어도 이런 분위기를 조금이나마 가슴과 머리 한 구석에서라도 간직하면서 헌법의 마당에서, 헌법을 갖고 씨름하여 왔다고 믿기 때문에 부끄러움을 무릅쓰고 그 결과물들을 굳이 묶어서 출판하는 것이기도 하지만, 감히 더 소망하는 것은 이 책이 이러한 분위기와 그에 걸맞은 문제인식과 태도의 확산과 심화에 조금이라도 도움이 되었으면 하는 것이다.

2012년 6월 목동 집 서재에서

이덕연

CONTENTS

제1장

헌법철학과 경제

【1】 헌법명제로서 '살림'의 패러다임과
경제와 재정의 '지속가능성'
– '녹색성장' 개념의 외연 확장과 심화를 위하여 –

Ⅰ. 머리말

삶의 모든 영역에서 그러하듯이, 나 또는 우리만의 입장에서 앞만 보며 전진하고 외형을 키우는 것이 진정한 의미의 진보는 아니다. 때로는 잠시 머물러서 자기 자신을 가다듬으며 주변도 돌아보고 또 뒤로도 물러나는 것이 진정한 진보와 발전의 길이라고 한다면, 바로 지금이 그때가 아닌가 싶다.

인류지속의 유일한 길로, 어렵지만 불가능하지는 않은 "성장으로부터 지구적 평형으로의 변환"[1]을 천명한 로마클럽이 '성장의 한계'를 천명하여 당대의 유행어로 회자되었던 것이 1972년이었다. 한 세대의 세월이 지나 21세기에 접어든 후 10년이 더 지난 요즈음 시대의 화두는 단연 '지속가능성'이다. 문제의 크기와 구조 및 그 양상이 달라졌고, 그에 따라 표제어도 바뀌면서 현상에 대한 인식의 폭과 깊이도 많이 변화되었고 또한 Kyoto 협약 이래 기후변화문제에 대한 지구촌 차원의 구체적인 대응책이 마련되어 시행되는 등 전향적인 신호도 없지 아니하지만, '성장의 한계'의 메시지는 여전히 유효하다. 말하자면 '성장의 한계'의 메시지는 여전히 지속되고 있고, '지속가능성'의 논제 역시 '성장의 한계'의 틀을 벗어나지 못하고 있다. '성장의 한계'의 한계를 넘어서지 못하고 있는 것이다.

1997년 말의 외환위기는 우리나라 또는 동아시아에 국한된 문제로 차치하더라도, 서브프라임 모기지 대출의 부실화에 따른 2008년의 미국 발 금융위기, 그리고 그리스, 포르투갈, 스페인, 이태리 등 일부 남유럽국가들의 방만한 재정운용에서 촉발된 최근의 유럽 발 국가부도위기의 추이와 그에 따른 즉각적이고 전방위적인 금융대란의 연쇄파급효과를 보면 세계경제는 물론이고, 경제의 지속가능성을 무역에 크게 의존하고 있고 또 세계 최저수준의 저출산과 최고 수준의 고령화의 흐름 속에서 본격적으로 적확한 복지국가모델을 본격적으로 발전시켜 나가야 하는 우리의 입장에서 경제와 재정의 '지속가능성'을 되

---

1) D. L. Meadows et al., *The Limits to Growth*, Union Books, 1972, 188면.

짚어보는 것은 긴절한 과제가 아닐 수 없다.

이러한 시대의 도전 속에서 경제와 재정의 '지속가능성'을 검토하는 것은 우선 현 세대를 위한 단순한 양적 성장에 초점을 맞추는 것이 아니라, 생태계 전체의 지속과 정치, 경제 및 사회의 발전이 조화를 이루는 '녹색성장'[2]과 미래 세대의 행복한 삶의 가능성을 해치지 않으면서 현 세대의 수요에 부응하는 정의이념에 부합되는 지속적인 발전의 가능성을 짚어 보는 것이다.[3] 또한 이 글의 관심사는 가설적으로 구분된 경제와 재정의 부문에 국한하여 현상을 인식하고 전망하는 것이 아니라, 어원에 따른 경제학의 함의, 즉 '살림의 규범학'(Eco-Nomics)[4]의 맥락에서 분리되지 않는 세 부문, 즉 인간생활에서 하나의 유기적인 생태환경체제의 구성요소로서 경제와 사회 및 정치를 포함하는 당위적인 통합개념으로서 '살림'의 '지속가능성'을 탐색하는 것이다. 특히 이 '살림' 및 살림의 지속가능성'의 명제에는 과거와 현재의 인간과, 인간의 삶의 양식과 행태에 대한 존재론적, 문화사적 반성의 요청이 내재되어 있고, 그것이 추상적인 반성이 아니라 삶의 '지속가능성'을 살려나가는 데 필수불가결한 구체적인 반성이기 위해서는 치열한 실천의 의지와 적확한 전략이 요구된다. 오만함을 버리고 반성해야 하는 이유와 그 방법, 그리고 실천전략의 정향점은 더 이상 논의대상이 아니다. 단순한 '성장의 한계', 말하자면 추가적인 성장의 한계를 전제로 하는 현상유지의 수인을 넘어서 현 시점에서 누리고 있는 삶의 안락과 편익 중 상당 부분을 포기하는 '진보의 퇴보'까지도 감수할 수 있는, 진솔하고 겸손한 절제

---

2) 「저탄소녹색성장기본법」(시행 2010. 4. 14, 법률 제9931호, 2010. 1. 13, 제정)은 제2조 제2호에서 '녹색성장'을 "에너지와 자원을 절약하고 효율적으로 사용하여 기후변화와 환경훼손을 줄이고 청정에너지와 녹색기술의 연구개발을 통하여 새로운 성장동력을 확보하며 새로운 일자리를 창출해 나가는 등 경제와 환경이 조화를 이루는 성장"이라고 정의되고 있다. 다만 이 글에서 주목하는 '녹색성장'은 후술하는바와 같이 경제와 함께 정치, 사회, 문화의 요소로 구성되는 포괄적이고 유기적인 생태환경체계 속에서 '지속가능성'과 연관되는 좀 더 깊고 넓은 의미가 내포된 통합개념으로 전제된다.

3) 세대 간 정의의 문제에 관해서는 전광석, 「지속가능성과 세대 간 정의」, 『헌법학연구』, 2011. 6, 제17권 제2호, 273-325면.

4) 어원을 보면 'eco'는 라틴어의 'oikos', 즉 'household'의 뜻을 갖는 말이다. 이에 관해서는 A. Naess, *The Ecology of Wisdom*, A. Drengson/B. Devall. ed., Counterpoint, 2008, 32면. '살림'이라는 우리말은 통상 한 가정을 꾸려 살아나가는 일 또는 그 형편을, 또 한편으로는 무엇인가 만드는 과정에서 원래 정한 치수보다 조금 더 넉넉하게 하는 것을 뜻하는 동시에 '살다'라는 동사의 사동태형의 명사로 죽어가는 것을 회생시키는 의미 또는 예컨대 나무나 돌의 결을 거스르지 않으면서 작품을 가공해 나가는 것과 같이 자연과 사물의 이치를 섬기는 뜻을 담아 낼 수 있다. '살림을 꾸려 나가는 일 또는 그에 필요한 세간'이라는 뜻의 '살림살이'라는 말도 시사하는바가 적지 아니하다. 이 글에서 '살림'은 이러한 함의의 폭과 깊이가 최대한 반영되는 포괄적인 개념으로 사용한다. 다르지 않은 맥락에서 예컨대 김지하는 "생태계 내부 또는 배후의 '숨겨진 질서'와 그로부터 발생하는 보이지 않는 생성과 영성의 창조적 활동의 오묘한 그물망"을 주목하는 이른바 '생명세계관'을 제시하면서 생명에 내장된 '결의 모심'을 '살림'의 기본인 동시에 생명운동의 기초원리로 주장한다. 『생명과 자치』, 솔, 1996, 특히 45-47, 53면.

와 양보의 태도가 요구된다는 것이 이 글의 출발점으로 전제된다.

이러한 전제와 관점하에서, 우선 '지속가능성'의 개념을 정립하면서 경제와 재정의 '지속가능성', 즉 특정한 종착점과 그에 이르기 위한 노정이 아니라 계속적이고 역동적인 변화의 상태 자체를 지향하는 내재화된 목표인 '지속가능한 발전' 문제의 본질과 구조를 살펴본다(Ⅱ). 이를 통해 정리된 문제인식을 토대로 하여 경제의 '지속가능성'의 포괄적인 거시정책적 과제의 규범적 당위성을 확인하고, 이에 부응하는 경제 및 재정정책(기조)의 선회를 위한 담론의 출발점과 단서를 최고의 정치경제규범인 헌법에서 찾아본다(Ⅲ). 같은 맥락에서 재정의 지속가능성의 문제를 국채문제를 중심으로 하여 그 근원을 탐색하고, 유효한 해결방안의 하나로 국채발행에 대한 헌법적 제한의 당위성과 필요성을 검토한다(Ⅳ). 마지막으로 경제와 재정의 '지속가능성'을 확보하는 데서도 '새로운 인본주의'가 관건임을 확인하면서 '융합'의 전략과 해법을 제시한다.

Ⅱ. 경제와 재정의 '지속(불)가능성' – '살림'의 패러다임으로 본 문제의 본질과 구조

1. '지속가능성'의 개념 – 외연과 내포

주지하는바와 같이 '지속가능성'의 용어는 원래 자원경제, 특히 산림경제의 분야에서 유래되었고, 법적 개념으로는 18세기 독일의 환경법 분야에서 사용되기 시작하였다.[5] 대체자원이 별로 없었던 상황에서 단시간 내에 재생이 불가능한 임목자원의 특성 때문에 무절제한 남용으로 한 번 시작된 악순환의 흐름은 되돌리기 어려울 뿐만 아니라, 가능하다고 하더라도 그에 필요한 폐해와 비용부담이 선사용의 편익과는 비교할 수 없을 정도로 막대하다는 것을 경험적으로 인식하게 되면서 자연스럽게 산림자원의 유지가 관심사로 부각되었고, '지속가능성'의 개념은 바로 자연의 적응력의 한계와 재생산비율의 유지에 대한 인식과 관심이 응축되어 정립된 것이다. 즉, "항구적이고, 가능한 한 동일한 임목자원의 수준을 유지할 수 있는 정도로 재생산될 수 있는 범위를 넘어서는 벌채를 금

---

5) 18세기 독일 환경법에서 유래된 지속가능성(Nachhaltigkeit)과 영미권을 중심으로 국제적으로 통용된 '지속가능한 발전'(sustainable development)의 개념사적 관계에 대해서는 P. Sieben, "Was beduetet Nachhaltigkeit als Rechtsbegriff?", *NVwZ* 2003, 117면 이하.

지"하는 것이 그 핵심이다.[6]

오늘날 '지속가능성'의 개념은 이미 충분히 일반적으로 알려져 있고 담론의 공용어로 자리를 잡았다고 할 수 있지만, 특히 다양한 법률에 수용됨으로써 그 의미가 더욱 가다듬어지고 중요성이 분명하게 확인되었다. 예컨대 '지속가능성'이 지배적인 원칙으로 인정되고 있는 환경법 분야[7]를 넘어서 이 글의 관심사인 경제와 재정 분야의 기본법은 물론이고, 국토개발, 도시계획, 사회보장법 등 다양한 법 영역에서 널리 사용되고 있다.[8] 우리나라에서도 2007년에 "지속가능발전을 이룩하고, 지속가능발전을 위한 국제사회의 노력에 동참하여 현재세대와 미래세대가 보다 나은 삶의 질을 누릴 수 있도록 함을 목적"으로 하는 「지속가능발전기본법」과 전술한바와 같이 '경제와 환경의 조화'를 통한 '녹색성장'의 정책목표를 제시하고 있는 「저탄소녹색성장기본법」이 제정되었고[9], '지속가능성' 또는 '지속가능발전'의 개념은 「환경정책기본법」,[10] 「자연환경보전법」[11]을 비롯하여 「국토의 계획 및 이용에 관한 법률」 제3조(국토 이용 및 관리의 기본원칙)와 제3조의 2(도시의 지속가능성) 등에서도 사용되었다. 최근에 제정된 「산업융합촉진법」[12]도 산업융합의 기반을 조성하고 산업경쟁력을 강화함으로써 '국민의 삶의 질 향상'과 함께 '국민경제의 지속적인 발전'에 이바지함을 목적으로 한다고 규정하고 있다(제1조).

또한 이 개념은 법 영역에 국한되는 원칙이나 특정한 법 개념의 차원을 넘어서 근본적인 정치적 행동과 환경보호운동의 원리로, 인류 전체를 대상으로 하는 생태친화적인 생활강령

---

6) A. Glaser, *Nachhaltige Entwicklung und Demokratie*, Mohr Siebeck, 2006, 42면.

7) 헌법상 환경권의 이념과 기존의 환경법원칙들을 매개하는 중간원칙으로서 지속가능성의 기능에 대해서는 홍준형, 「환경법의 기본원리로서 지속가능한 개발의 원칙」, 『공법연구』, 1997, 제25집 제2호, 228면 이하.

8) 지속가능성의 헌법원리 또는 국가목표로서의 성격과 헌법에 편입되는 경우에 지속가능성과 민주주의, 법치국가원리, 복지국가원리, 문화국가원리 등 헌법원리들 간의 구조적인 상관성과 위상에 관해서는 전광석, 위의 글, 300-305면.

9) 동법은 '지속가능성'의 개념을 "현재 세대의 필요를 충족시키기 위하여 미래 세대가 사용할 경제·사회·환경 등의 자원을 낭비하거나 여건을 저하(低下)시키지 아니하고 서로 조화와 균형을 이루는 것"으로(제2조 제1호), '지속가능발전'의 개념을 "지속가능성에 기초하여 경제의 성장, 사회의 안정과 통합 및 환경의 보전이 균형을 이루는 발전"(제2호)으로 정의하고 있다.

10) 동법 제1조는 "환경보전에 관한 국민의 권리·의무와 국가의 책무를 명확히 하고 환경정책의 기본이 되는 사항을 정하여 환경오염과 환경훼손을 예방하고 환경을 적정하고 지속가능하게 관리·보전함으로써 모든 국민이 건강하고 쾌적한 삶을 누릴 수 있도록 함을 목적으로 한다"고 규정하고 있다(개정 2005. 5. 31).

11) 동법 제1조는 입법목적을 "자연환경을 인위적 훼손으로부터 보호하고, 생태계와 자연경관을 보전하는 등 자연환경을 체계적으로 보전·관리함으로써 자연환경의 지속가능한 이용을 도모하고, 국민이 쾌적한 자연환경에서 여유 있고 건강한 생활을 할 수 있도록 하는 것"으로 규정하면서, "자연환경의 지속가능한 이용"을 "현재와 장래의 세대가 동등한 기회를 가지고 자연환경을 이용하거나 혜택을 누릴 수 있도록 하는 것"으로 정의하고 있다(제2조 제3호).

12) 2011년 10월 6일부터 시행(법률 제10547호, 2011. 4. 5, 제정).

의 철학적·윤리적 플랫폼으로 확립된 지 오래다.[13] 로마클럽집행위원회가 서평에서 재확인하였듯이,[14] "인류가 변화시키려고 하는 세상과 함께 인간 자신, 즉 삶의 목표와 가치에 대한 성찰이 인류의 항구적인 과제이고, 결국 문제의 핵심은 인류의 지속가능성만이 아니라 무가치한 존재의 상태로 전락하지 않고 존속할 수 있는지 여부"임을 천명한 로마클럽의 보고서 「성장의 한계」가 이러한 외연 확장의 결정적인 계기가 되었다고 할 수 있다. 그 후 환경변화와 다양한 연구 성과의 집적에 따라 발전의 개념이 경제 및 사회적 요청을 포함하는 것으로 확충되면서 이른바 통합적인 의미를 내포하는 '지속가능한 발전'의 개념이 정립되어 표현된 것이 「환경과 개발을 위한 세계위원회 보고서」,[15] 일명 'Brundtland-Report'였고,[16] 이렇게 확립된 동 개념틀은 그 후 U.N. Rio회의의 'Agenda 21'(1992)과 Johannesberg회의 (2002) 등에서 채택된 Agenda들을 비롯하여 기후변화문제에 대한 Kyoto의정서 이후에 기본적인 인식과 관점 공유의 토대가 되었다고 할 수 있다.[17]

2. '한계초과'와 '지속불가능성'의 소급확인

위에서 간략하게 그 정립과정을 살펴 본 '지속가능성' 또는 '지속가능한 발전'의 개념은 무분별한 낙관에 종언을 고하고, 종래와 같은 양태의 지속이 더 이상은 불가능한 상황과 그 추세에 대한 선판단과 예측 그리고 그 구조적 요인에 대한 확인을 전제로 한다. 또한 이전의 가치관과 세계관에 따른 기본적인 성장의 전략과 그에 따른 정치경제학적 행동원리에 대한 포기 또는 적어도 전면적인 수정을 요구한다. 이러한 전제와 요청은 한계의 극복을 위한 출발점이고 필수조건인 한계인식의 핵심이다. 말하자면 현재 속도의 성장이 지속될 수 없음은 물론이고, 감속이나 현 수준에서의 멈춤을 넘어서 뒤로 돌아가는 것도 수인하여야 한다는 것에 대한 공유인식의 지평이 확보되지 아니하고는 실효성 있는 실천의 전략과 대응방안을 마련하는 것은 불가능하다.

이른바 통합적 의미의 '지속가능성'의 개념에는 중장기적 차원에서의 통시적 관점, 즉

---

13) 이에 관해서는 이덕연, 「생태철학과 심층생태주의의 헌법적 함의」, 『공공거버넌스와 법』, 2011. 2, 제2권 제1호, 연세대학교 법학연구원; A. Naess, *The Ecology of Wisdom*, A. Drengson/B. Devall. ed., Counterpoint, 2008, 특히 33-39면 참조.

14) D. L. Meadows et al., 앞의 책, 200면.

15) Worldkommission on Environment and Development, *On Common Future*, 1987.

16) 이에 관해서는 A. Glaser, 앞의 책, 42-43면.

17) 지속가능성 담론의 궤적에 대해서는 Hans-Joachim Menzel, Das Konzept der "nachhaltigen Entwicklung" – Herausforderung an Rechtssetzung und Rechtsanwendung, *ZRP*, 2001, 223-224면.

세대 간 정의의 관점에서 주목되는 세 가지 요소가 내포되어 있고, 또한 이들 세 요소는 공시적인 관점에서는 단순한 자원이용과 공해배출 등 환경보호와 관련된 생태적 요청과 함께 정치, 경제, 사회, 문화 모든 분야에서의 구성요소들과 연관되는 일종의 통합체계 속에 자리 잡고 있다. 따라서 이 세 가지 개념요소의 내용과 통합관계에 대한 규명은 '한계초과'(overshoot)[18] 이후의 '지속불가능성' 문제의 현상과 구조를 파악하는 핵심작업이다. 이 작업을 통해 "존속가능한 체계로의 이행"[19]과 이를 위한 '가치체계변환'의 필요성과 가능성 및 그 한계를 검토하는 것이 여기에서 관심사이다.

기술한바와 같이, 「성장의 한계」에서 한계극복을 위한 항구적 과제로 제시된 것은 삶의 목표와 가치에 대한 성찰이었고, 20년이 지난 후 그 속편 '한계를 넘어서'에서 파멸을 피하기 위한 해법은 사회의 가치체계의 구조적 변혁이었다. 세기말을 넘어서 다시 20여 년이 흐른 현 시점에서 추세를 돌이켜보면 '성장의 한계' 당시 또는 이미 그 이전에 환경생태계는 '한계초과'의 임계점을 넘어섰고, 그 이후 계속되는 변화는 단순한 관성의 운동이기 때문에 반경이 매우 큰 원호의 선회가 아니라 정반대 방향으로의 역전이나 급격하게 감속시킬 수 있는 제어는 더 이상 불가능하였던 것으로 여겨진다. 바로 내일 탄소배출을 전면 중단한다고 할지라도 생태계의 균형지속을 위한 일차적 한계로 제시되는 섭씨 2도 이상의 온난화 방지선을 지키기에는 이미 너무 늦었다는 진단이 전혀 지나친 비관이 아니기 때문이다.[20] 또한 이러한 흐름의 규모와 속도가 통제 불가능한 추세 속에서 계속 증대해 온 것이 단순한 환경자원의 남용에 따른 미시적인 결과가 아니라, 정치와 경제, 사회를 지배하는 가치체계의 구조적 결함에서 비롯된 것이고, 더욱 비관적인 것은 이 구조의 변혁을 위한 운동의 추동력은, 상대적으로 차이가 있기는 하지만, 개별 국가 차원에서는 물론이고 국제적 차원에서도 여전히 크게 미흡하기 때문이다. 하지만 너무 늦은 것처럼 손 놓고 가만히 있을 수는 없다. "더 좋은 선택의 대안이 없다면, 성공가능성이 희박하다고 할지라도 탄소배출을 감축하기 위한 노력을 포기해버릴 여유가 없다"는 Monbiot[21]의 호소는 환경보호의 범위를 넘어서 인류 사회의 가치체계의 선순환의

---

18) 이 개념은 *The Limits to Growth*의 그 속편이라고 할 수 있는 *Beyond the Limits*(1992)에서 분석틀로 사용한 이른바 시스템역학분석모델에서 사용되는 개념으로서 예컨대 빨간불이 켜졌고, 그것을 인지하였음에도 불구하고 빙판길에서 자동차가 미끄러져서 정지선을 넘어서는 것 같이 고의 없이 또는 본의 아니게 한계를 초과하는 것을 의미한다. 이에 관해서는 D. H. Meadows 외, 황건(역), 『지구의 위기』, 한국경제신문사, 1992, 25면 이하.

19) 위의 책, 247면.

20) G. Monbiot, If we behave as if it's too late, then our prophecy is bound to come true: However unlikely success might be, we can't afford to abandon efforts to cut emissions – we just don't have any better option, *The Guardian*, 2009. 3. 17. 29면.

'살림'의 방향, 즉 '존속가능한 체계로의 이행'과 이에 부응하는 국가 및 국제적인 정치경제학적 패러다임의 변환에 대한 촉구에도 그대로 해당한다.

3. '살림'의 정치경제학 및 생태윤리적 실천명제로서 지속가능성

'한계초과'의 상황에서 '살림'으로의 이행은 최우선의 절대적인 당위명제이다. '성장의 한계'를 앞에 두고 예방의 차원에서 지속(발전)의 가능성을 찾아내는 차원이 아니라, '성장의 한계'를 넘어 선 상황, 즉 '한계초과'가 발생한 이후에 가능한 결과는 "일종의 충돌사고"와 "의도적인 방향전환, 수정 또는 신중한 감속" 둘 중의 하나인데, 전자의 가능성이 현실화되는 것은 인류에게 "일종의 파멸", 예컨대 적어도 '무가치한 존재로의 전락'을 초래하게 될 것이기 때문이다.[22] 더욱이 여기에서 인류라는 추상적인 종의 개념을 사용했지만, 이는 장래 어느 시점에 살아가게 될 불특정의 사람들을 지칭하는 것은 아니다. 이 같은 사태는 바로 차세대 또는 현재 살아 있는 대다수 사람들에게도 언제든지 닥칠 수 있는 현재진행형이다. 지금 당장, '살림'을 되살려 나가기 위해 무엇이든 해야 하는 것이다.

하지만 절박함 속에서도 서두름만이 능사는 아니다. 구체적이고 실효성 있는 방안을 수립하는 것은 쉽지 않다. 후자의 방향으로의 선택, 즉 "의도적인 방향전환 또는 신중한 감속"이 필수적이나, 전술한바와 같이 정반대 방향으로 수정하거나 즉각적으로 멈출 수 있는 한계선은 이미 넘어 섰고, 크게 원호를 그리며 선회하는 방식의 방향전환만이 가능한 상황이다. 감속이 선행 또는 병행되어야만 하는 이러한 방향전환의 계기를 마련하기 위해서 우선 필요한 것은 잠시 머물러 서서 전후좌우를 둘러보면서 이미 정지선을 넘어서 현재 진행 중인 사태의 구조적 변화를 제대로 분석해내는 접근틀을 정립하고, 이틀 속에서 생산되는 공동의 언어를 갖고 공유인식의 지평을 확장해나가는 것이다.

"개념은 사건이다"라는 Deleuze[23]의 말대로 '지속가능성'의 개념은 이러한 도전과 과제에 부응하는 사건이었지만, 변화에 대한 분석틀을 정립하고 방향전환의 필요성을 제시하는 역할을 넘어서 '한계초과'의 사태와 '한계초과 이후' 언제 봉착하게 될지 모르는 외곬의 파멸에 대하여 경보를 내는 데는 파급력이 지속되지 못하였다. 말하자면 개념의 사

---

21) 위의 글.

22) D. H. Meadow 외, 황건(역), 앞의 책, 26면.

23) 이정임·윤정임(역), 『철학이란 무엇인가』, 현대미학사, 1995, 35면.

건성이 동화 또는 흡인작용에 의해 양적으로 규모가 커지는 성장은 하였지만, 새로운 차원에서 정치경제학적 '살림'의 실천명제로 정립되는 질적인 발전을 이루지는 못하였다. 두 가지 관점에서 그러하다.

첫째는, 종래 양식의 성장 또는 일정한 수준의 성장을 전제로 하는 지속가능 여부가 아니라 그 불가능성과 부정합성에 대한 근본적인 인식전환의 동인을 만들어 내지 못하였다는 것이다. 희망의 여지를 남겨두기 위하여 의도적으로 그런 것이든, 아니면 결의와 확신이 없어서 자제한 것이든 "멸망의 예언"[24]을 피하느라 사태의 흐름에 대한 정확한 정보를 제공하여 존속불가능한 미래를 분명히 경고하지 못하였다. 적어도 적시에 그러지 못하였다.

둘째는, 자원절약과 공해배출문제에 초점을 맞춘 생태환경보호의 계열을 완전히 벗어나지 못하였다는 점이다. 문제의 근원과 해결방안을 주로 하나의 '폐쇄적인 하부체제'(autistic subsystem)로 설정되는 경제와 환경의 관계 속에서만 찾는다든지 또는 기업이나 시장, 또는 정부 등 특정한 주체에게 우선 책임과 역할을 분담시키는 등의 미시적이고 환원주의적인 인식틀을 벗어나지 못하였다. 자연자원의 고갈과 임계점을 넘은 공해오염 등의 환경문제는 전 지구적 차원에서 전체 시스템의 기능부전을 가져 온 사회적 병증이 집적되어 표출된 것이지, 하나의 하부체제의 흠결에서 비롯된 문제가 아니다. 정치와 사회 및 문화영역을 포괄하는 통합적인 정치경제학과 전체 생태계 속에서 인간의 존재와 삶의 목적과 가치를 반추하는 생태윤리학[25]과 전략적·철학적 플랫폼을 공유하는 '살림'의 패러다임의 구축이 긴요한 것은 바로 이 때문이다.

4. '살림'의 패러다임과 탈중심화의 요청

인과관계의 측면에서든, 바른 접근틀의 정립을 위한 시사점을 얻기 위해서든 여기에서 관심사인 경제와 재정의 '지속가능성', 특히 '살림'의 패러다임에서 볼 때 기후변화문제는 매우 유용한 시대의 화두이다. 우선 확인이 필요한 것은 이 문제가 단순한 '환경'(環境-environ-ment; Umwelt)의 문제가 아니라는 것이다. 말하자면 인간의 존재 자체와 삶을 핵심으로 하여 그 주변에 있는 생태계에 소재하는 문제가 아니다. 문제의 근원 자체

---

24) 위의 책, 295면.

25) 이에 관해서는 이덕연, 「생태철학과 심층생태주의의 헌법적 함의」, 『공공거버넌스와 법』, 2011. 2, 제2권 제1호, 연세대학교 법학연구원, 25-54면.

가 이른바 '인간중심주의'에서 비롯된 것이라고 보는 입장에서는 결코 동의할 수 없지만,[26] 인간을 생태계의 중심으로 상정한다고 하더라도 기후변화의 문제는 바로 '핵심의 문제'이다. 즉 사람과 사람의 삶, 그리고 삶의 목적과 가치 자체의 문제이다. 유일한 원인제공자라는 점에서 또한 일차적인 책임추궁과 응보의 대상이라는 점에서 그러하다.

기후변화의 문제는 '지구온난화'라는 용어 그대로 원인과 영향이 필연적으로 전 세계의 범주에서 주어지고, 현재 진행 중인 동태형의 악화현상이라는 점에서 지구촌의 모든 부락과 구성원들의 즉각적이고 적극적인 협력과 동참이 없이는 적절한 대응이 원천적으로 불가능한 '전체의 문제'이다. 또한 이 문제는 국가나 기업 또는 일부 특정한 집단이나 개인의 잠정적인 절제나 부분적인 생활개선만으로 피하거나 늦출 수 없고, 따라서 미시적인 제도적 접근만으로는 해결될 수 없는 '적응의 문제'이기도 하다. 인간의 끝없는 탐욕과 오만방자한 삶의 행태, 그리고 이러한 무분별의 근원인 동시에 그 결과이기도 한 정치와 경제 및 사회체제의 근본적인 결함에서 비롯된 문제의 본질과 구조에 대한 인식을 공유하고 포괄적이고 근본적인 반성의 계기를 찾는 데서부터 비로소 해결의 단초가 찾아질 수 있다. 말하자면 특정한 관점이 아니라 인식과 가치 및 행동에 관한 '관점의 다발'인 패러다임과 기본적인 사회조직방식의 변화, 그리고 그 속에서 모든 제도와 사람들이 공유 또는 분담해야 할 역할의 변화를 요구하는 '체제의 문제'이기 때문이다. 또한 구체적인 대응정책의 관점에서 기후변화의 문제는 그 대응의 기본전략을 설계하고, 구체적인 방안을 선택 및 조합하여 시행해나가는 과정에서 적어도 과도적으로는 계층과 집단, 산업영역과 대기업과 중소기업 또는 개별 기업, 그리고 지역 간에도 막대한 비용부담과 직간접적인 손익의 편차가 불가피한 경우가 적지 아니하고,[27] 또한 경우에 따라서는 장래의 기대이익은 물론이고, 기득권의 포기까지도 일방적으로 요구해야 하는 점에서 형평

---

26) '인간중심주의'에 대한 비판적 논의는 위의 글, 37면 이하.

27) 탄소배출권거래제를 시행하는 경우 감축투자비와 배출권구입에 우리나라 산업계 전체가 부담해야 하는 비용은 매년 약 5조 6,000억 원에서 최대 14조 원에 이르는 것으로 추정되고 있다. 당초 예정보다 1년 앞당겨서 2012년부터 온실가스 의무감축제도를 시행하는 계획이 확정되었고(총 의무감축량 약 900만t 예상), 이미 포스코(약 96만t), 삼성전자(약 43만t)를 비롯한 458개 기업에 의무감축량이 할당되었다. 대상 기업들은 2011년 말까지 이행계획을, 2013년 3월까지 이행실적을 보고해야 한다. 계획대로 강행되는 경우 향후 철강, 자동차, 조선 등 대표적인 중후장대산업이나 발전 부문 등의 경우에는 국제경쟁력의 저하와 함께 생산량감축에 따른 고용악화나 물가상승 등 경제사회적 파급영향이 국민경제에도 큰 부담이 될 것으로 전망되고 있다. 이에 관해서는 탄소배출권 거래제의 시행시기와 관련하여 유보론을 주장한 권문식의 토론문 참조. ≪한국일보≫, 2011년 1월 17일 23면. 세계 최고 수준의 에너지고효율 국가라는 점에서 우리나라와 평면적으로 비교할 수는 없지만, 최근에 일본에서 탄소배출권 거래제의 2013년 시행계획이 일단 유보된 것은 경제단체연합을 중심으로 한 일본 산업계의 강한 반발 때문인 것으로 분석되고 있다. 이에 관해서는 오오구시 다쿠야, 박명섭·권현준(역), 『탄소배출권 - 거래와 시장』, 아카데미프레스, 2009. 7, 105면.

의 요청과 함께 합리적인 조정과 설득의 중요성이 특히 부각되는 '정치경제학의 문제'이다. 요컨대 '살림'의 패러다임은 '탈중심화(decentering)의 패러다임'이다. 인간존재와 인간의 삶을 탈중심화하고, 유아독존식의 '인간중심주의'를 축으로 하는 가치관과 세계관을 반성하고 부정하는 '해체의 패러다임'이다. 또한 전체 생태계 속에서 상생과 조화의 길을 찾는 '통합의 패러다임'이다. 다음에서 진행되는 경제와 재정의 지속가능성에 대한 논의도 이러한 '상생과 조화'의 패러다임 속에서 헌법의 언어에 내장되어 있고 또 헌법이 요구하는 '더 넓고 깊은 물음들'(wider and deeper questions)[28]에 대한 답으로 '살림'의 청사진을 그려보고자 하는 것이다. 이러한 물음과 답은 이른바 "민주화 이후의 민주주의",[29] 즉 '민주주의의 지속가능성'의 관점에서 우리가 당면하고 있는 '민주화 이후의 시장과 사회'라는 정치경제학적인 체제개혁의 문제에 접근해 들어가는 출발점에서 만나게 되는 것이기도 하다.

Ⅲ. 경제(질서)의 '지속가능성' – '살림'으로의 정향과 이행

1. 개요

경제의 '지속가능성'이라는 본 장의 제목은 적확한 표현이라고 할 수 없다. 전술한 '살림'의 패러다임 속에서는 그러하다. '살림'이라는 실천적 명제의 차원에서 볼 때 하나의 하부체제 또는 부분적인 현상으로 상정되는 경제는 문제에 대한 이해의 관점에서든, 그 해결의 방향에서든 주목될 수도, 주목할 필요도 없기 때문이다. 정치와 사회, 특히 사회적 가치와 지식의 체계와 환경의 요소가 큰 시스템의 구조 속에서 경제와 엇물려 있고, 이들 요소들이 선형이 아니라 입체적이고 교차적인 인과관계 속에서 이른바 '복잡계'를 구성하고 있기 때문이다. 따라서 여기에서 사용되는 경제는 이른바 '분절'(articulation)의 방법론의 차원에서 일단 "희소한 자원의 효율적인 배분을 통한 재화와 역무의 생산과 배분"이라는 전통적인 개념으로 사용하되, 다만 신고전학파 등 종래 주류경제학의 신화에서 벗어나서 경제를 자족적이고 정태적인 '닫힌 상자'로 보지 않고, 동태적이고 개방적인

---

28) Arne Naess, "Deep Ecology", F. Capra, The Web of Life, 1997, 7면에서 재인용.

29) 최장집, 『민주화 이후의 민주주의』, 후마니타스, 2002, 민주주의와 시장 및 시민사회와 관련해서는 특히 160-200면.

과정 또는 그 속에서 살아 있는 일종의 유기체로 설정한다.[30]

요컨대 경제의 '지속가능성', 즉 '살림'으로의 정향을 위한 전제로 경제의 개념 자체를 종래 보다 더 넓고 깊은 의미를 내포하는 것으로 살리고, 이 개념틀 속에서 '살림'으로의 이행을 위한 전략의 핵심, 즉 좋은 경제질서의 모델을 정립할 수 있는 현실적, 규범적 가능성과 한계, 그리고 가능성을 살려나갈 수 있는 조건을 검토한다.

2. '살림의 규범학'으로 전환 – '지속가능성의 경제학'

"지구는 시간적으로 발전하지만 성장, 즉 양적 증대는 없다. 성장이 없는 유한한 지구의 한 하부체계인 우리 경제도 결국은 이와 유사한 발전의 패턴에 순응해야 할 것이다."[31] "환경적으로 지속가능한 경제개발"이라는 제목의 세계은행보고서에 첨부된 소개문의 단호하고 간명한 경구이다. 성장이 모두 좋은 것이거나 모두 나쁜 것은 아니지만, 생태계 전체와 함께 존망의 분기점에 선 또는 이미 분기점을 지난 인류에게 필요한 것은 성장(growth)이 아니라 발전(development)이다. 물리적 확장과 물질적 편익의 증대는 존속가능성을 해치지 않는 한 발전에 필수불가결한 범위에 한해서만 용인하되, 그것은 공평하고, 실행이 가능한 것이어야 한다.[32]

자원고갈, 온실가스배출, 종의 감소 등의 파멸지수가 스키점프대처럼 급증하는 그래프를 지켜보고 있는 인류에게 양적 성장의 포기는 불가피한 것이고, 상당한 고통이 수반될 수밖에 없는 힘들고 불편한 것이다. 하지만 근본적으로 항상적인 재생산의 순환이 있을 뿐 성장은 없는 지구의 생태계가 스스로 건강을 회복하여 인류에게 존속의 기회를 허락할 것이지 확신할 수 없다고 하여도 지금 우리가 할 수 있는 것은 멈춰 서거나 필요한 경우 뒤로 몇 발 물러서는 소극적인 무대응의 대응, 말하자면 포기와 절제 외에는 없다. 울창한 삼림과 수많은 종을 한순간에 파멸할 수는 있어도 기술과 시장, 국가 등 그 인간의 그 어떤 능력과 제도로도 풀 한 포기, 조그만 벌레 한 마리도 만들어낼 수는 없기 때문이다.

---

30) 이러한 관점에서 경제의 개념과 이에 부응하는 경제(학)이론에 대해서는 D. Orrell, 김원기(역), 『경제학혁명(원저명: Economyth)』, 행성: B웨이브, 2011, 특히 325-355면.

31) Robert Goodland, Herman Daly, Salah El Serafy, Introduction to Environmentally Sustainable Economic Development: Building on Brudtland, The World Bank Environment Working Paper, no. 46, July 1991, 2-3면.

32) D. H. Meadow, 앞의 책, 296면.

그러나 Meadow[33]의 말처럼, 감상적인 낙관론과 마찬가지로 구제불능의 비관론도 거짓인지는 모르겠지만, "우리 집" 말고 열쇠를 넘겨주고 물러나거나 옮겨 갈 다른 집이 없는 상황에서 "현재의 성공과 실패, 그리고 미래의 가능성과 장애요인에 관해 진실을 발견하여 말하고자 하는 결의"와 "보다 나은 미래에 관한 비전을 꾸준히 응시하면서도 현 세계의 고통을 시인하고 참아나갈 용기" 외에 다른 것이 참일 수는 없고, 다행히 이 부분은 우리 스스로 적극적으로 확인하고 만들어 나갈 수 있는 인간의 영역에 속한다. 비록 규모와 밝기는 충분하지는 않지만 녹색신호가 나타나는 곳도 없지 아니하다. 특히 일단의 과학자들 사상가들, 그리고 활동가들이 발전시키고 있는 "새로운 (정치)경제학"의 분야가 주목된다. 이미 1960년대에 시작된 녹색환경 또는 생태 경제학(green, environmental, ecological economics)[34]이나, '제도경제학'(institutional economics) 등의 정치경제학,[35] 이른바 '지속가능성의 경제학'(eco-nomics of sustainability)[36]을 비롯하여 이른바 '잡종경제학'(Heterodox Economics)[37]이 그것인바, 아직 파편적이고 연계성이 부족하기는 하지만 이들 경제사상과 이론들에 공통된 관점과 방법론적 토대는 바로 전술한 '탈중심화'의 전제와 '살림의 패러다임'이라고 할 수 있다. 이들 일단의 경제사상과 이론들에서 초록신호를 보고, 박제화된 신화를 벗어난 새로운 '좋은 경제학'을 희망하고 기대하는 것은 이들이 공유하고 있는 '탈중심화'의 전제와 '살림'의 패러다임의 방법론들 자체가 '진실을 말하려는 결의'와 '공통을 감내하려는 용기'의 표상인바, 이른바 정통과 중심의 오만과 편견, 그리고 그에 따른 독단과 지식의 불균형에 대한 구체적인 반성의 결과인 동시에 스스로 항구적인 자기부정을 통한 변증법적 진화의 길을 열어놓고 있는 점에서 '경제학의 지속가능성'(sustainability of economics)이 전혀 불가능한 상태는 아니기 때문이다.

---

33) 위의 책, 297면.

34) 환경경제학의 개요와 대강에 관해서는 조영일(역), 『환경경제의 이해－환경경제학입문』, 금문서적, 1998, 5-21면.

35) Chang Ha-Joon, Breaking the mould: An institutionalist political economy alternative to the neo-liberal theory of the market and the state, *Cambridge Journal of Economics*, Sep. 2002, 26, 5, 539면 이하; 장하준, 김화정・안세민(역), 『그들이 말하지 않는 23가지』, 부키, 2010.

36) 이에 관해서는 특히 Ger A. J. Klaassen/Johannes B. Opschoor, Economics of sustainability or the sustainability of economics: different paradigms, *Ecological Economics*, 4(1991), 93-115면.

37) 여기에서 '잡종'으로 번역한 'hetero'는 그리스 원어의 뜻에 따르면 두 가지 의미를 갖는다. 첫째는 둘 중의 다른 하나라는 의미로 여기에서는 당대의 정통에 대한 다른 대안을 제시하고, 둘째는 단원주의에 반대되는 다원주의의 맥락에서 다양한 또는 다양한 다수를 포함하는 것의 의미를 갖는바 경제학 담론을 구성하는 이론과 방법론 및 지식들의 다원성에 대한 긍정을 내포한다. R. F. Garnett, Introduction: Pluralism and The Future of Heterodox Economics, in: John T. Harvey, Robert F. Garnett, Jr., *Future Directions for Heterodox Economics*, The University of Michigan Press, 2008, 1면.

또한 최근에 프랑스를 비롯한 영미권에서 일부 경제학 교수와 학생들에 의해 시도되고 있는 '폐쇄적 경제학 이후 운동'(Post-Autistic Economics Movement)에서 부각되고 있는 것 같이 이들의 사상과 방법론은 이른바 정통경제학과 그 중심에 있는 절대적인 단원주의에 반대하는 일종의 '지성운동'(intellectual movement)이고,[38] 그 저변에는 세계관과 가치관의 다원주의가 자리 잡고 있다. 철학적 문제가 "나는 (길을) 훤하게 알지 못한다"라는 형식을 갖는 문제이고,[39] 하나의 사물을 다양하게 보고 묻는 것이 철학하는 것이라고 한다면, 세계와 세계 속의 하나의 종인 인간의 존재와 삶의 목적과 가치에 대한 철학적 사유, 즉 다원적인 이해와 질문을 통해서 "좀 더 개방되고 과학적인 경제학"과 이를 위한 선행조건으로 "경제학과 경제학강의의 전면적이고 철저한 개혁"을 요구하는 것이다.[40]

이러한 '새로운 경제학'의 당위성과 필요성이 부각되는 불확실성의 시대, 복잡계의 시대, 지속불가능성의 시대, '살림' 패러다임의 시대적 흐름 속에서 이른바 신고전학파를 비롯한 어떤 주류 경제학파에게도 경제문제에 대한 최종적이고 전면적인 해결책을 확보하고 있다는 유아독존의 입장은 허락될 수 없다. 예컨대 "모든 것이 다 잘 될 테니 시장에 맡기고 아무 것도 바꾸지 마라", 즉 '그냥 나둬라'는 식의 신자유주의적인 만능시장의 시각과 그 결과로 나타나는 보수주의의 정책이 제시하는 다음과 같은 거짓, 적어도 부분적으로는 참이 아니거나 과장인 궤변들과 그 거짓과 궤변들을 은폐하고 분식하는 경제학자들이 더 이상 정통의 이름으로 비판이 허용되지 않는 성곽 속에서 엄호될 수는 없다: 경제는 경제법칙으로 설명할 수 있다. 경제의 주체는 독립적인 개인들이다. 경제는 안정적이다. 경제적 위험은 통계를 이용해 쉽게 조절할 수 있다. 경제는 합리적이고 효율적이다. 가격은 늘 옳나. 시장체계는 자동적으로 우리가 원하는 미래를 실현시켜 줄 것이다. 기술이 모든 문제를 해결해 줄 것이다. 경제는 공정하다. 경제적 성장은 영원히 계속될 수 있다. 경제성장은 우리를 더 행복하게 한다. 경제적 성장은 모두 그리고 항상 좋은 것이다.[41]

2008년 금융위기 이후 런던 정경대학교를 방문하였던 엘리자베스 영국 여왕이 던진 물음에 대하여 어떤 답이 있었는지 알 수 없다. "금융위기가 오리라는 것을 왜 아무도 모르고 있었습니까?"[42] "왜 평등이 모든 사람들에게 더 좋은지"에 대하여 실증적 조사의

---

38) 에에 관해서는 Jean-Philoppe Bouchaud, Economics needs a scientific revolution, *Nature*, Vol. 455, 30. Oct. 2008, 1181면.

39) Ludwig Wittgenstein, 이영철(역), 『철학적 탐구』, 책세상, 2006, 100면, 123번.

40) Bouchaud, 앞의 글.

41) D. Orrell, 김원기(역), 앞의 책, 20면; D. H. Meadows, 황건(역), 앞의 책, 296면.

42) C. Giles, "The vision thing", *Financial Times*, 25 Nov. 2008.

정치한 결과를 제시하면서 Wilkinson과 Pickett은 반문하고, 확인한다. 전례 없는 성장과 풍요에도 불구하고 "왜 우울과 불안의 지수는 이렇게 높은가?"[43] 대다수의 사람들은 '상업주의'(consumerism)와 '물질주의'(materialism)가 우리들이 소중하게 여기는 가치들과 가족과 친구, 그리고 공동체와 함께 더 많은 시간을 보내기를 원하는 소망에 배치됨을 감지하고 있는데 왜 우리들은 이들에서 벗어나지 못하고 있는가? 또한 대다수 사람들이 불평등이 분열을 초래하고 사회의 건강을 해치는 것으로 알고 있는데 이 상식은 단순히 '다수의 오류'인가?

시장에서 '최대 다수의 최대행복'이 실종되고, '1%의 행복과 99%의 불행'의 극심한 소득의 불균형이 확인된 지 오랜데[44], 전지전능한 '보이지 않는 손'(invisible hand)의 신화와 "시장 외에 다른 것을 믿지 말라"는 강령은 교회당이나 박물관이 아니라 여전히 시장 한가운데를 활보하고 있다. '어플루엔자'(affluenza)[45]의 문제와 (불)평등과 (불)행복의 문제들, 그리고 엘리자베스 여왕의 물음에 답할 수 없는 또는 답을 회피하는, 반증의 가능성을 전제하는 '민주적인 과학'이 아닌 "종교로서 경제학"(Economics as Religion)[46]의 시장신봉주의가 지배적 이데올로기로 계속되는 한 '살림의 규범학'의 '좋은 경제학'이 설 자리는 없다. '살림'의 '지속가능성'도 기대하기 어렵다. 경제와 경제학의 '살림'을 위하여 경제학에서의 '(시장)종교의 개혁', 즉 '과학적인 '혁명'이 필요한 이유이다.[47]

---

43) Richard Wilkinson, Kate Pickett, *The Spirit Level Why Equality is Better for Everyone*, Penguin Books, 2010, 274면.

44) B. Gates가 어떤 주점에 들어가면 그 곳 고객의 평균소득 또는 재산은 급상승할 것이지만, 그렇다고 주점에 이미 앉아 있던 고객들이 부자가 되는 것이 아니라는 것은 초등학교 수학으로도 간명하게 알 수 있는 것일진대, 1인당 GDP, 즉 '평균소득'의 증감 여부와 그 원인에 대한 진단은 여전히 경제학의 주류 논제 중의 하나인 것은 - 만일 이것이 주류경제학자들의 이데올로기적 편집에 따른 의도적인 것이나 가식적인 것이 아니라고 한다면, 보수 또는 진보의 입장을 떠나서 - 놀라운 일이다. 이에 관해서는 특히 Paul Krugman, 예상한 외 3인(역), 『미래를 말한다(원저: *Conscience of a Liberal*, 2007)』, 현대경제연구원, 2008, 159-161면.

45) Oliver James가 풍요(affluence)와 독감(influenza)을 합쳐서 만든 조어로 돈과 재산, 외모와 명성 등 표피적이고 물질적인 요소에 집착하여 행복을 추구하는 물신주의적인 가치관이 만연한 현상을 뜻한다. Blind feminism has hurt our children, *Times*, 15 Feb. 2007, D. Orrell, 김원기(역), 앞의 책, 314면에서 재인용.

46) Robert Nelson, *Economics as Religion*, Pennsylvania State Univ. Press, 2002. 같은 맥락에서 Stanford대학교 철학교수인 Sam Harris의 종교의 편집과 그에 따른 갈등상황에 대한 진술은 시사하는바가 적지 않다. "모든 신앙은 근본적으로 중요한 점에서 일치한다. 다른 믿음 또는 불신자에 대한 '존중'은 신이 승인한 태도가 아니다." 김원옥(역).

47) 물리학 교수이면서 경제전문가이기도 한 Bouchaud는 Nature지에 발표한 에세이에서 고전경제학이 현실 속의 '야생의 시장'(wild market)을 파악할 수 있는 그 어떤 인식틀도 갖고 있지 못하다고 단언하면서 경제학의 '과학적 혁명'의 필요성을 제시하였다. 앞의 글.

3. 경제헌법과 경제의 지속가능성 – '살림'의 담론과 혁명의 시발점으로서 헌법

Wittgenstein[48]은 "오류는 원인뿐만 아니라 근거도 있다"라고 말하면서 자문하고 답한다: "이렇게 말해질 수 있는가? 즉 대충 말해서: 오류는 오류를 범하는 자의 올바른 지식 안에 편입될 수 있다." "우리가 어떤 명제를 전적으로 확신한다는 것은, 모든 개인이 각각 그것을 확신한다는 것만이 아니라, 우리가 과학과 교육을 통해 결합되어 있는 하나의 공동체에 속한다는 것도 뜻한다."[49]

전술한바와 같이, 생태계 전체와 함께 자살하는 공멸이 아니라 환경과 사회, 그리고 경제의 동반지속을 가능하게 하는 상생과 조화, 즉 '살림'으로의 선회와 이를 위해 필요한, '과학적 혁명'(scientific revolution)을 통한 '신화의 경제학'에서 '인간의 경제학'으로의 이행은 진실을 말하려는 결의와 구체적인 반성과 고통을 감수하려는 용기가 없이는 불가능하다. "오류를 범하는 자의 올바른 지식 안에 편입될 수 있는" 오류가 지속되는 것은 바로 우리가 속해 있는 공동체 전체의 정신적, 철학적 토양 속에서 그 원인과 근거가 찾아진다. 공동체의 존속을 위한 가치적 공감대의 질서와 사회의 조화적 통합을 지속시켜 나가기 위한 이념의 지표와 함께 정치적 의사결정과 사회적 조직의 체계를 정하고 있는 최고의 정치경제규범인 헌법은 그 자체가 경제의 '지속(불)가능성'의 문제와 이에 내포된 오류를 진단하고 해결하는 데 필요한 공론의 마당인 동시에 기본적인 담론의 방향과 단서를 제공해준다. 특히 혁명이 필요한 경우에는 더욱 그러하다. 특정한 역사적, 사회적, 경제적 조건들에 대한 정치적, 이데올로기적인 대응이 반영된 헌법은 혁명의 결과물인 동시에 수단이고, 또한 항구적인 혁명의 과정 자체이기도 하다. 바람직한 경제체제모델의 정립을 위하여 공동체 '살림'의 지표와 단서를 마련하는 것은 바로 변화와 지속의 변증법적 조화를 지향하는 헌법과 헌법이론이 당면하고 있는 핵심과제의 하나이다.[50] 이 과제가 정치선진화의 차원에 국한되는 것이 아니고, 전술한바 이른바 '민주화 이후'의 민주주의의 발전, 즉 상당 기간 계속된 '민주화 이전'의 특정한 역사적, 환경적 요인에 의해 규정되는 정치경제적 체제인 시장의 구조와 그 토대인 동시에 조건이라고 할 수 있는 시민사회의 개혁문제를 내포하고 있는 것은 물론이다.

---

48) L. Wittgenatein, 이영철(역), 『확실성에 관하여』, 책세상, 2006, 33면, 74번.

49) 위의 책, 77-78면, 298번.

50) 이에 관한 구체적인 논의로는 이덕연, 「경제선진화와 (경제)헌법의 효용」, 『공법연구』, 제36집 제4호, 2008. 6, 55-91면 참조.

Ⅳ. '살림'의 패러다임과 재정의 '지속(불)가능성' – 국채문제를 중심으로

1. 개요

재정적자와 국채의 문제는 거의 세계화된 지구촌의 문제이다. 개별적이고 특수한 위기 상황에서 비롯된 잠정적인 현상도 아니다. 또한 거의 모든 개별 국가의 차원에서도 특정한 사회집단이나 정치세력의 부분적이고 간헐적인 정치적 압력이나 그에 부응한 특정한 정부의 일시적인 재정운용의 실패에 따른 결과가 아니라 정치와 사회 및 경제의 구조적인 결함에 기인하는 만성화된 경향으로 고착되었다. 특히 한동안 계속된 성장위주 경제발전전략의 그림자 속에서 사회적 약자집단에 대한 공적 부조에 소홀하였던 편향된 정책기조의 여파, 그리고 보수 일변도의 정치지형과 그에 따른 경직된 사회구조의 고착화에 따라 우리나라의 경우에 특히 부각되는 문제 상황이지만, 한편으로는 적극적인 국가과제로서 사회복지서비스에 대한 수요가 항구적으로 증대되는 추세는 불가피한데, 또 한편 다원화된 사회구조 속에서 정당을 축으로 운영되는 대의민주정치체제에서 예산규모의 증대와 재정적자의 누적은 정치 또는 정부의 절제와 결단에 의해 완화 또는 역전되기를 기대하기 어려운 진퇴양난의 문제이다.[51] 2008년의 글로벌 금융위기가 촉발시킨 점은 있지만, 2011년에 발생된 그리스를 비롯한 유럽 발 재정위기도 과중한 복지재정수요와 과소 재원 간의 구조적인 갭이 누적되면서 개인 또는 가정살림에서 '카드돌려막기'의 필연적인 결과만큼이나 충분히 예측되었던 결과였다.[52]

2. 우리나라 국채문제의 현황과 과제

우리나라의 경우에도 현재까지는 감내할 수 있는 상황이지만, 중장기적으로 보면 지금 당장 다잡지 않는 경우에는 재정위기의 문제를 그 여파만 걱정하고 대응하면 되는 '남의 일'이 아니다. 이미 상당 기간 지속된 국채규모급증의 추세는 재정불건전성에 대한 우려

---

51) 대의정치의 구조적인 문제에서 국가채무의 발생 원인을 찾는 입장으로는 장선희, 「국가부채관리를 위한 법적 과제」, 『공법연구』, 제33집 제5호, 2005. 6, 296면 이하.

52) 그리스의 재정적자는 지난 20여 년간 GDP대비 평균 7% 정도 수준에서 계속되어 왔고, 2009년에는 거의 16%에 달하였다. 방만한 공공 부문과 함께 과다한 사회복지지출이 주된 요인인 막대한 재정적자의 거의 대부분은 국채발행으로 메워졌다. 이에 관해서는 송원근, 『선진국의 복지지출과 재정건전성, 지속가능한 복지체계와 재정정책』, 한국경제연구원 주최 세미나 자료집, 2011. 11. 2, 31-33면.

가 기우가 아님을 잘 보여준다. 2011년도의 우리나라 총 국채규모는 2010년의 392조 2,000억보다 30조 5,000억 원(약 7.8%)이 증가한 422조 7,000억 원의 수준에 이를 것으로 전망되고 있다. 정부의 발표에 따르면,[53] 2012년에 448조 2,000억 원으로 증가될 것이고, 2013년에는 증가율을 1~3% 수준에서 억제하고 2014년부터는 더 이상 국채의 추가발행은 하지 않고 상환만 하는 것으로 하여 2015년에는 약 470조 수준에 그치는 선에서 재정을 운용하겠다고 하는데 그 가능성에 대해서는 신뢰보다는 의심의 이유와 근거가 압도적이다.[54] 더욱이 우려되는 것은 2011회계연도에 적자성 채무(융자금회수, 자산매각 등으로 자체상환이 가능한 금융성 채무를 제외한 채무)가 사상 최고치인 약 222조(49.5%)에 이를 것으로 예측되고 있다. 2013년에는 48.5%, 14년에는 46.9%, 15년에는 45.4%의 수준으로 감축해 나가는 것이 정부의 계획인데 이 또한 실현가능성에 대해서는 낙관하기 어려운 것이 현실이다.

유럽 국가들의 재정위기를 '남의 집 일'로 보지 않고 반면교사로 삼아서 '살림'의 이모저모를 되짚어보는 것은 긴박한 '우리 집 일'이다. 다음에서 우리나라 재정의 지속불가능성에 대한 우려를 결코 거짓이나 또는 과민한 것으로 볼 수 없게 만드는 환경을 점검하고자 하는 것은 바로 이 때문이다. 특히 재정의 지속가능성을 규정하는 핵심조건의 하나인 국채문제의 정치경제적 함의를 주목하면서 국채발행에 대하여 헌법적 한계를 설정해야 하는 현실적 이유를 제시하고,[55] 이 당위성을 전제로 국채규모급증의 추세를 전환하기 위한 정치적 결단과 그에 부응하는 유효한 정책수행의 필수성을 확인한다.

3. '위기예방'이 아닌 '위기조치'로서 대응해야 할 헌법문제로서 국채문제

1997년 말 외환위기 이후에 국채규모가 줄곧 급증함에 따라 국채발행의 제한과 감축의 문제가 초미의 관심사로 논란이 계속되고 있다. 특히 정치권에서의 논란은 국가채무의 개념, 즉 산정방식을 둘러싸고 그 규모에 초점이 맞추어져 있다. 산정기준에 따라 정부·여당과 야당 간에 적지 않은 견해차를 보이고 있는 국채규모에 대한 정치적인 논란

---

53) 기획재정부가 국회에 제출한 <2011-2015년 국가채무관리계획>, 2011. 10. 2.

54) 결과적으로 전혀 무계획이었다고 할 수 있는 정부의 최근 재정운용계획도 우려를 더하게 한다. 2005년 1월에 발표된 '2005년 나라살림 - 예산 및 기금운용계획'에 따르면 2007년도부터는 2006년 수준을 초과하지 않는 범위에서 억제 관리하는 것으로 되어 있었다.

55) 국채발행의 헌법적 한계에 관한 헌법해석론, 헌법정책론적 논의는 이덕연, 「국채발행에 대한 헌법적 제한」, 『헌법재판연구 3』, 헌법판례연구회(편), 2001. 11. 499-518면; 재정헌법의 흠결에 대한 헌법정책적 평가, 한국법제연구원, 2005. 11.

의 허실은 접어두되, 다만 분명한 것은 투입한 공적자금의 부실화위험도를 감안하여 판단하는 경우 어떤 기준에 따라 산정하건 국채규모의 항상적인 급증의 추세와 그 내용은 크게 우려할 만한 것이다.

국가부도의 최악의 상황에서부터 이른바 '기능적 재정운용'의 잠재력 고갈과 국가경쟁력의 약화 등 과도한 국채부담에 따른 심각한 위험과 부작용을 경고하면서 이구동성으로 대책마련을 촉구하는 재정학자들조차도 국채문제의 해결이 더욱 어려워질 것으로 전망하는 것은 단순히 '고양이 목에 방울달기'를 기대하기 어려운 정치와 정부의 역할에 대한 회의적인 판단 때문만은 아니다. 보다 근본적인 원인은 재정지출규모의 증대를 불가피하게 만드는 재정운용의 환경조건에서 찾아진다. 예컨대 P. Heller[56]는 세 가지의 구체적인 이유를 적시하는바 인구의 고령화추세, 지구온난화현상 및 급속한 세계화의 추세가 그것이다. 이는 우리나라의 경우에도 다르지 아니하다. 오히려 세계 최저수준의 출산율과 함께, 비록 기대하기는 어렵지만 현재 수준의 사회복지체제가 그대로 유지된다고 하더라도, 향후 상당한 수준까지는 집중적으로 급증될 수밖에 없는 사회복지수요와 이른바 '내장된 국채'(implizierte Staatsverschuldung)[57]의 부담 등은 더 불리한 조건이 추가된다.[58] 요컨대 정치적 부담 때문이든 잠재경제성장률의 둔화 등 경제적 요인 때문이든 조세수입을 늘리는 것은 한계가 분명한데, 반면에 재정지출에 대한 수요는 오히려 큰 폭으로 늘어날 수밖에 없는 딜레마가 불가피하다는 것이다.

생각건대 전술한바와 같이, 특히 우리의 사회복지인프라는 사회보장 및 복지체제가 이미 상당한 정도로 정비되어 있는 국가들과 비교하는 경우 크게 미흡하기 때문에 우리는 재정의 블랙홀을 이제 막 대면하고 있는 단계에 있을 뿐이다. 언제, 어떤 상황에서 닥치게 될지 모르지만 통일한국의 상황도 우리만의 특유한 부담이다. 국가채무의 계산을 둘러싸고 정치권에서 간헐적으로 벌어지는 정쟁 차원의 논란이나, 그 와중에서 OECD 국

---

56) 이준구, 『재정학』, 다산출판사, 2004, 625-626면에서 재인용.

57) 연금지급의무와 같이 1회계연도원칙에 따른 계리에서 당장 예산에서는 나타나지 않지만 실제로는 부담능력의 결손을 의미하는 예견되는 장래의 예산부담을 말한다. 이에 관해서는 Markus Moesl, Nachhaltigkeit und Haushaltsrecht, in: *Nachhaltigkeit als Verbundbegriff*, Wolfgang Kahl(Hg.), Mohr Siebeck, 2008, 576-577면.

58) 안종범, 복지지출의 전망과 과제, 지속가능한 복지체계와 재정정책, 2011. 11. 2. 한국경제연구원 주최 세미나 자료집, 9-11면. 이에 따르면 현행 제도하에서 복지지출의 규모는 연평균 8.06% 증가할 것이고, 이 경우 GDP대비 복지지출의 비중(통합재정 기준)은 2010년 현재 7.35%에서 2030년 10.95%, 2050년에는 약 30% 수준에 이를 것으로 전망된다. 2010년 현재 약 20%인 조세부담률이 2030년에 25%, 2050년에 약 38.5% 정도에 이른다고 가정할 때, GDP대비 국채규모는 2010년 약 37%에서 2030년과 2050년에는 각각 약 23%로 감소되었다가 2050년에는 무려 61% 선에 이를 것으로 추산된다.

가들과 비교할 때 상대적으로 우리나라의 국가채무의 규모는 아직은 위험한 수준이 아니라는 늘 반복되는 정부의 답변은 국채문제의 해결을 정치권에 맡길 수는 없겠다는 인식을 공유할 수 있는 기회는 제공할지언정 문제의 실상과는 거리가 멀다.

우리 정부가 공식통계기준으로 채택하고 있는 IMF의 기준, 즉 '정부가 상환의무를 지고 상환금액을 예측할 수 있는 경우'에 한해 국가채무에 포함하도록 하는 기준은 재정운용의 여건이 천차만별인 상황에서 국제적인 비교를 가능하게 하는 하나의 통일된 통계기준이고 또한 재정계획과 운영상 '현재 시점에서의 확정된 국가채무'라는 독자적인 의미와 기능을 갖는 유용한 통계자료의 생산을 위한 기준이라는 점에서 그 자체가 문제가 되는 것은 아니다. 문제는 의도나 취지와는 무관하게 정부의 공식통계가 국가부채문제에 대한 착시현상을 야기할 위험이다. '현재 시점에서 확정된 국가채무'의 지표상 나타나는 위험은 국채문제의 일부분일 뿐이고, 재정운용에 심각한 부담이 될 실질적인 위험의 관리라는 관점에서 보면 빙산의 일각에 지나지 않는다. '국가채무'의 개념이나 공식적인 통계기준과는 무관하게 국가보증채무나 연금이나 사회보험과 관련된 채무, 기타 공적 자금의 손실 등 현시점에서 확정되지는 않았지만 상환이 유예된 것일 뿐이지 일정한 오차범위[59] 내에서 국가의 부담이 확실하게 예측되는 이른바 '잠재적 국가채무' 또는 '암묵적 국가채무'는 적어도 국채문제와 연계하여 인식되어야만 한다.[60] '암묵적인 국가채무'와 통상적인 재정운용과정 속에서의 적자채무는 그 발생원인과 정책결정의 절차와 형식이 다르고, 따라서 그것을 제한하고 해결하는 방법과 형식, 특히 법적 통제수단도 다를 수밖에 없기는 하지만, 국채문제의 실상과 그에 대한 대응방안모색의 긴박성은 현 시점에서 예측되는 전체 재정상태의 맥락 속에서만 제대로 인식될 수 있기 때문이다.

아무튼 거시경제정책의 지표로 나타나는 현재 우리나라의 재정건전성과 국채규모는 다른 OECD국가들에 비해서 상대적으로 양호하고, 적은 것은 사실이다. 문제는 급증의 추세와 국채의 구조이다. 최근의 그리스 재정위기는 물론이고, 천문학적인 규모의 국채문제로 고민하고 있는 대다수 선진국들의 예를 보더라도 국채는 일정한 단계 이전에 증가추

---

59) 다만 예컨대 장래 채무불이행의 위험도를 추정하여 현재가치로 할인된 액수를 기준으로 하는 보증채무의 경우에는 오차범위가 상대적으로 크지 않겠지만, 국민적 합의의 도출과 정치적 결단에 달려 있는 연금제도개혁과 운영개선의 가능성과 시점 등 극히 불확실한 변수를 고려해야 하는 연금부채의 경우에는 정확한 액수를 산정하기 어려운 것이 사실이다. 그러나 현 제도가 지속되는 조건하에서의 연금부채의 액수는 거의 정확하게 예측될 수 있다.

60) 예컨대 공무원연금과 군인연금은 이미 적자상태이고, 현재의 수급률이 그대로 유지되는 경우에 국민연금도 2036년부터는 적자가 불가피하고, 2047년에는 재원이 고갈될 것으로 예측되고 있다. 국민연금발전위원회, 『2003 국민연금재정계산 및 제도개선방안』, 보다 상세한 내용은 배득종, 『신재무행정』, 박영사, 2005, 18-19면; 이준구, 앞의 책, 2004, 278-284면 참조.

세를 제어하지 못하는 경우에는 통제불능의 상태로 급진전하게 되는 속성을 가지고 있다. 더욱이 누적되는 국채가 이자상환비용이나 일회적인 소모성지출용인 경우에는 단순한 속도의 부담에 그치지 아니한다. 낭떠러지 앞에서 급발진하는 상황이다. 이는 투자목적의 국채인 경우에도 그것이 다른 소모성지출에 따른 기회비용의 우회적인 보전수단에 해당된다면 마찬가지이다. 사회보장관련 법제의 확대 시행과 고령화에 따른 복지수요의 급증 등에 소요되는 막대한 부담금과 공적부조비용 등이 그 대표적인 예라고 할 수 있다.

요컨대 언제일지 모르지만 대비해야 하는 통일의 변수는 차치하더라도, 우리의 경우에도 이미 '위기예방'의 단계는 지났다. 재정위기는 이미 시작되었고, 유효한 '위기조치'가 취해져야만 하는 '위기관리'의 상황이다. 이른바 '보편적 복지' 또는 '선별적 복지'에 대한 논의를 비롯하여 최근에 복지문제가 제1의 정치의제로 대두되고 있는바, 전혀 비효율적인 담론의 양태에도 불구하고 일단 다행으로 생각하는 것은 적어도 재정문제, 특히 헌법의 명령이라고 할 수 있는 재정건전성의 요청과 사회 전체 차원에서 국민적 타협의 당위성과 필요성에 대하여 주의를 환기시키는 계기가 될 것이라는 기대 때문이다. 아무튼 사회복지체제의 대강이 아직 확정되지 아니한 현 단계에서 적극적인 국가의 복지과제에 대한 근본적인 논의와 연계하여 적정한 경제사회정책의 기조를 설정하고, 이 체계 속에서 적정한 재정의 규모와 운용방침을 설계하고, 국채규모감축, 적어도 신규 국채발행의 최대억제가 원칙으로 전제되는 조건하에서 필요한 추가재원의 조달방안을 포함하는 중장기적인 국정계획이 마련되어야 한다.

Ⅴ. 맺는말 – '새로운 인본주의'가 관건이다

보전과 개발의 맥락에서 논의되는 '경제적 비용'(economic cost)이 그러하듯이, 이 글이 초점을 맞추고 있는 경제와 재정의 문제는 '단순한 돈'의 문제만은 아니다.[61] 사회제도와 규범, 권리와 의무, 그리고 도덕적 가치의 문제이기도 하다. 경제와 재정의 지속가능성은 좋은 정치와 경제, 사회, 그리고 문화체제가 함께 융합되는 '살림'의 통합틀 속에서만 담보될 수 있다. 궁극적으로 규범과 제도와 의식의 복합체인 이 질서의 틀은 집단 간 또는 계층 간의 건강한 담론과 타협의 결과로서만 정립되고 유지되는바, 결국 관건은 담론과

---

61) David Pearce, *Economics and Environment*, Edward Elgar, 1998, 26면.

타협을 가능하게 하는 '품격 있는 사람'(decent person)과 이들의 건강한 윤리의식과 철학, 그리고 협력적인 태도에 의해 지배되는 '품격 있는 사회'(decent society)이다. 이는 바로 그 자체가 정치적 타협의 결과이고 타협의 매뉴얼이면서, '인간의 존엄성'을 가치체계의 정점에 두고 있고 또한 '인간다운 생활을 할 권리'를 명시적으로 규정하고 있는 우리 헌법이 상정하고 기대하는 인간상, 사회상이라고 할 수 있다.

요컨대 '살림'의 패러다임으로 전환하는 일종의 '문화적 혁명'이 요구되는바, 지속가능성에 관한 담론 자체도 찰나적이고 표피적인 논쟁이 아니라 인간의 존재와 삶의 목적과 가치에 대한 근본적인 반성을 전제로 하는 '문화적 혁명'의 항상적인 과정으로 진행되어야 지속이 가능하고, 지속가능한 발전의 전략과 해법을 찾을 수 있다.

최근에 유행하고 있는 이른바 '자본주의 4.0'도 자본주의체제의 지속가능성을 확보하기 위한 경제체제의 수정과 그에 부응하는 정책기조의 전환을 요구하는 정치경제학적 전략의 '수사'(Rhetoric)이다. 아리스토텔레스의 말대로[62] '수사'를 "유용한 설득의 수단을 발견하는 능력"이라고 한다면, '자본주의 4.0'의 수사가 시장의 이상을 실재와 동일시하고, '시장을 통한 구원의 신화'에 대한 믿음을 온전히 유지하는 한 상생과 타협의 필수조건인 설득력을 어느 정도 갖고 임시변통의 정치 프로그램으로라도 효과가 있을 것인지,[63] 또한 스스로의 핵심목표인 자본주의체제의 '지속가능성'을 확보할 수 있을 것인지도 의문이다. 머리핀 끝에 얼마나 많은 천사들이 올라설 수 있는지를 논제로 하는 중세 신학자들의 토론과[64] 사람에게 호흡을 그치라고 요구하는 것만큼이나 지대추구와 성장의 중단을 주문하는 것이 설득력이 없는 자본주의 경제체제에서[65] 이른바 '경제학자들의 직업윤리'(professional economic ethics)[66]를 요구하고, '지속가능성' 또는 '지속가능한 발전'의 문제를 논의하는 것은 별로 다르지 아니하다. 문제의 근원은 바로 정치경제적 질서를 자

---

62) Aristotle, The Rhetoric and The Poetics of Aristotle, Translated by W. Rhys Roberts, The Modern Library, 1954. M. Lewis, The Age Demanded: The Rhetoric of Karl Polanyi, 25 *Journal of Economic Issues*, 1991, 478면에서 재인용.

63) 신화화된 관점과 이론을 내세우며 다른 모든 것들을 폭압적으로 제압하려고 한다는 점에서 20세기 초의 마르크스주의와 20세기 말의 글로벌 자본주의가 별로 다르지 않은 것으로 보는 영국 정치철학자 John Gray는 근본주의에 반대하는 입장에서 보수와 진보를 불문하고 "얼마나 급진적이든 간에, 모든 정치적 프로그램은 임시변통의 조치"일 뿐이라고 단언한다. 김승진(역), 『하찮은 인간, 호모 라피엔스(원저: *Straw Dogs: Thoughts on Humans and Other Animals*, 2002)』, 이후, 2010, 13면.

64) P. Krugman, 예상한 외(역), 앞의 책, 159면.

65) Murray Bookchin, *The Ecology of Freedom*, AK Press, 2005. Richard Wilkinson, Kate Pickett, 위의 책, 224면에서 재인용.

66) George De Martino, On the Needs for and Content of a Professional Economic Ethics, in: John T. Harvey, Robert F. Garnett, Jr., 앞의 책, 116-124면.

체의 결함, 특히 허구의 문제의식과 철학의 빈곤에서 찾아지고, 그 구조 또한 세계화시대, 지식기반사회의 복잡계 환경 속에서 교착상태의 다양하고 복합적인 원인에 의해 발생되는 '세계문제', '융합문제'로서의 특성을 갖기 때문이다.

지구 차원에서 모든 국가들이, 또한 국내 차원에서는 모든 집단과 계층이 절제와 관용의 정신을 갖고 '상생과 조화'를 위한 타협점을 찾아가는 '협력의 태도'만이 경제와 재정을 포함한 사회 전체의 지속가능성을 담보할 수 있다. 경제와 재정의 문제를 '단순한 돈'의 문제만으로 인식하고 가치문제와 무관한 또는 가치중립적인 의제로 상정하는 경우에는 '지속가능성의 담론' 자체도 지속되기 어렵다. '세계문제' 그리고 '융합문제'는 지구촌 차원에서 또한 국가와 사회, 시장과 기업, 집단과 개인 모두를 포괄하는 전체의 차원에서 '이념융합', '원리융합', '관점융합', 그리고 그 결과로서 나타나는 '융합체제', '융합제도'와 '융합정책'으로만 대응될 수 있다.

경제문제와 환경, 그리고 산업시대의 사회문제 등 '살림'의 조건과 한계에 관해 줄곧 성찰해 온 Peccei와 사랑과 종교 등 비경제적인 경제요소에 관심이 각별한 경제학자였던 Keynes의 설득력이 충만한 '수사'를 빌려서 글을 맺는다. Peccei는 '세계문제'의 해결은 '새로운 인본주의'(The New Humanism)에서 시작된다고 단언한다: "우리 시대에 맞는 인본주의가 이제까지 우리가 의심의 여지가 없다고 생각해 왔지만 더 이상 적용될 수 없거나 우리의 목적과 일치하지 않게 된 원칙과 규범들을 대체하고 무효화해야 한다. 그것은 우리의 내적 균형을 회복시켜 줄 새로운 가치체계의 등장을 촉진시켜 주고 또한 우리 삶의 공허함을 채워 줄 새로운 정신적·윤리적·철학적·사회적·정치적·미학적·예술적인 동기부여를 촉진시켜 주는 것이어야 한다."[67] 아마도 이러한 '새로운 인본주의'가 정착되면, Keynse의 말대로 '경제문제'를 부차적인 위치로 강등시킬 수 있게 될 것이다: "'경제문제'가 원래의 뒷자리를 차지하게 되면…… 핵심적인 중요한 자리는 삶과 (사랑: 필자 추가) 그리고 인간관계의 문제, 창조와 종교의 문제들 같은 우리의 진정한 문제들이 차지하게 될 것이다."[68]

<『법학연구』, 연세대 법학연구원, 제21권 제4호, 2011. 12, 199~232면>

---

67) *One Hundred Pages for the Future*, Pergamon Press, 1981, 184-185, D. H. Meadow 외, 황건(역), 앞의 책, 301-302면에서 재인용.

68) J. M. Keynes, Foreword to Essays in Persuasion, Brace and Company, 1932. D. H. Meadow외, 앞의 책, 301면에서 재인용.

【2】 생태철학과 심층생태주의의 헌법적 함의

- '녹색성장' 개념의 의미 확산과 심화를 위한 시론-

Ⅰ. 머리말 - 문제제기

'녹색성장'의 개념이 유행이다. 세계적으로 이른바 '저탄소사회'(Low Carbon Society)의 슬로건이 한창이다. 우리 정부도 2008년 8월 15일 정부수립 60주년 대통령 기념사를 통해 국정의 핵심 어젠더로 '저탄소 녹색성장'(Low Carbon, Green Growth)을 내세우며 국제적인 흐름에 합류하였다.

정부는 저탄소사회화, 녹색기술의 성장동력화, 고도의 융합기술 진흥, 일자리 창출, 탄소세 등 친환경적인 세제개혁의 추진 등 10가지의 전략적인 방안을 제시하여 전방위적으로 정책에 적극 방영하고 있다. 2010년 1월에는 「저탄소녹색성장기본법」을 제정하여 "경제와 환경의 조화로운 발전을 위하여 저탄소(低炭素) 녹색성장에 필요한 기반을 조성하고 녹색기술과 녹색산업을 새로운 성장동력으로 활용함으로써 국민경제의 발전을 도모하며 저탄소 사회 구현을 통하여 국민의 삶의 질을 높이고 국제사회에서 책임을 다하는 성숙한 선진 일류국가로 도약하는 데 이바지함을 목적"(제1조)으로 하는 법제를 마련함으로써 관련 정책의 적극적이고 효율적인 추진에 힘이 더해지고, 필요한 재원의 조달책의 강구, 탄소거래 관련 법제나 세법 등 후속 관련 법제의 정비도 한층 가속화될 것으로 기대되고 있다. 또한 2020년까지 배출전망치(BAU)의 30%를 감축하겠다는 과감한 목표를 제시한바 있다.

이러한 정부의 정책기조와 적극적인 대응은 국제사회의 보편적인 흐름에 순응하는 정치적 선택이었다. 적어도 정치경제학적인 관점에서 과잉도, 과속도 아닌 적확한 합류라고 할 수 있다. 기후변화문제에 대한 외면, 부정, 그리고 마지못한 수긍과, 그에 따른 일반 시민들의 정서적 참여나 정치적, 정책적 조치가 뒤따르지 않는 초기의 미온적인 반응은 순식간에 과거의 일이 되어버렸고, 무엇보다도 기후변화의 문제가 인류의 생존이라는 차원에서 더 이상 이론적 가설이 아니라 현실인 것은 우리나라도 그 예외가 될 수 없기 때문이다. 또한 후술하는바와 같이, 어엿한 OECD 가입국가이기는 하지만 이른바 '신흥발전국'에 속하는 우리나라의 정치적, 경제적 입장이 구미 선진국들과는 물론이고 저개발국들과도 크게 다른 것은 사실이나, 그것은 미시적이고 기술적인 대책을 모색하는 전술 차원에서는 고려해야 할 조건이기는 하지만, 협력과 동참의 여부나 그 시기를 정하는 전략적 결단에서는 전혀 머뭇거림을 정당화할 수 있는 합리적인 이유가 될 수 없었기 때문이다.

다만 다분히 서두름 속에서 합류하다 보니 준비작업이 소홀하였던 것은 아닌지 되돌아볼 적시가 바로 지금이 아닌가 싶다. 필요 재원을 조달하기 위한 중장기적인 재정계획도 수립해야 하고, '저탄소정책'을 위한 시장의 조성과 세제를 비롯한 관련 법제의 정비도 서둘러야 할 때이기도 하지만, 최근에 '탄소배출권 거래제'의 도입과 시행시기에 관해서도 좀처럼 이견의 폭이 좁혀지지 않고 논란이 증폭되고 있는 현상에서도 잘 알 수 있듯이, 이들 시급한 작업과 함께 또는 이들 작업의 효율적인 진행을 위해서라도 우선 '녹색성장'의 함의를 되짚어 보는 것이 필요한 시점이기 때문이다.

국정의 핵심 어젠더로서 또한 법적 개념으로서 '녹색성장'의 개념이 우리 공동체 구성원들이 환경보전에 대한 새로운 인식의 지평을 확장하고 세상과 삶에 대한 의식을 전환하는 데 필요한 경험과 사유의 계기 그리고 담론의 공간을 충분하게 확보해줄 수 있는지 그 크기와 깊이를 이른바 '심층생태주의'의 관점에서 가늠해본다. '녹색성장'의 개념을 통해서 정책당국자를 포함하여 일반 국민이 얼마나 적실한 철학과 가치를 공유하고 있는지 짚어보고 또한 우리 헌법상 '인간의 존엄성' 규정에 대한 해석론을 통해서 '생태철학'과 '심층생태주의'의 헌법적 함의를 살려나갈 수 있는 가능성과 한계를 검토하면서 '녹색성장' 개념의 의미 확산과 심화의 계기 및 그 단서를 찾아본다.

Ⅱ. '녹색성장' 개념 – 의미의 확장과 심화의 필수성

우선 「녹색성장기본법」에 따르면 '녹색성장'은 "에너지와 자원을 절약하고 효율적으로 사용하여 기후변화와 환경훼손을 줄이고 청정에너지와 녹색기술의 연구개발을 통하여 새로운 성장동력을 확보하며 새로운 일자리를 창출해 나가는 등 경제와 환경이 조화를 이루는 성장"으로 그 개념이 정의되어 있다(제2조 제2호). 또한 같은 조문 제3호부터 제7호까지 기술, 산업, 제품, 생활 및 경영에 녹색의 수식어를 붙여서 그 뜻을 규정하고 있는바, 그 핵심은 기후변화의 심각성에 대한 인식을 전제로 "저탄소, 즉 화석연료(化石燃料)에 대한 의존도를 낮추고 청정에너지의 사용 및 보급을 확대하며 녹색기술 연구개발, 탄소흡수원 확충 등을 통하여 온실가스를 적정수준 이하로 줄이는 것"(동 조 제1호)을 공동의 목표를 내재화한 것이다. 요컨대 '녹색성장'은 환경보전과 함께 경제성장도 지속시켜 나가겠다는 의지와 희망이 함축된 전략의 표현이다.

전술한바와 같이, 정부가 제시한 '저탄소사회'를 지향하는 '녹색성장'은 적확한 정치적, 정책적 선택이었다. 그런데 전략의 중심축이고 핵심토대인 '녹색성장'의 개념이 기후변화문제의 심각성에 대한 바른 인식과 협력적인 태도를 이끌어낼 수 있는 철학과 윤리의 기반을 확보하고 있는지 또한 '녹색기술', '녹색산업' 등 녹색의 전술적 수단들이 녹색성장전략의 지속적이고 효과적인 실천을 위한 조건과 연계되어 있는가에 대해서는 비판적인 재검토가 필요하다. 주지하는바와 같이, 기후변화의 문제는 '지구온난화'라는 말 그대로 그 원인과 영향이 필연적으로 전 세계의 범주에서 주어진다는 점에서 지구촌의 모든 부락과 구성원들의 협력과 동참이 없이는 효과적인 대응이 원천적으로 불가능한 '전체의 문제'이다. 또한 오늘날 우리가 당면한 기후변화의 문제는 국가와 개인의 잠정적인 절제나 부분적인 생활개선만으로 피하거나 늦출 수 없고, 경우에 따라서는 '녹색기술'로도 해결될 수 없는 최악의 상황에 대비해야 하는 '적응의 문제'이기도 하다. 문제해결의 출발점은 문제의 본질과 심각성에 대한 인식을 공유하고 포괄적이고 근본적인 자기반성의 계기와 그 단서를 마련하는 것이다. 말하자면 특정한 관점이 아니라 인식과 가치 및 행동에 관한 '관점의 다발'인 패러다임과 기본적인 사회조직의 방식의 변화를 요구하는 '근본의 문제'이기 때문이다. 더 나아가서 기후변화의 문제는 그 대응의 기본전략을 설계하고, 구체적인 방안을 선택 및 조합하여 시행해나가는 과정에서 적어도 과도적으로는 계층과 집단, 산업영역과 대기업과 중소기업 또는 개별 기업, 그리고 지역 간에도 막대한 비용부담과 직간접적인 손익의 편차가 불가피한 경우가 적지 아니하고,[1] 또한 경우에 따라서는 장래의 기대이익은 물론이고, 기득권의 포기까지도 일방적으로 요구해야 하는 점에서 형평의 요청과 함께 합리적인 조정과 설득의 중요성이 특히 부각되는 '정치경제학의 문제'이다.

기후변화문제의 이러한 다면적 특성에 비추어 볼 때, 우리가 사용하고 있는 '녹색성장'

---

1) 탄소배출권 거래제를 시행하는 경우 감축투자비와 배출권구입에 우리나라 산업계 전체가 부담해야 하는 비용은 매년 약 5조 6,000억 원에서 최대 14조 원에 이르는 것으로 추정되고, '녹색성장위원회가 제시한 일정표에 따라 2013년부터 시행되는 경우에 특히 철강, 자동차, 조선 등 대표적인 중후장대산업이나 발전부문 등의 경우에는 국제경쟁력의 저하와 함께 생산량감축에 따른 고용악화나 물가상승 등 경제사회적 파급영향이 국민경제에도 큰 부담이 될 것으로 전망되고 있다. 이에 관해서는 탄소배출권 거래제의 시행시기와 관련하여 유보론을 주장한 권문식의 토론문 참조. 《한국일보》, 2011. 1. 17, 23면. 세계 최고 수준의 에너지고효율 국가라는 점에서 우리나라와 평면적으로 비교할 수는 없지만, 최근에 일본에서 탄소배출권 거래제의 2013년 시행계획이 일단 유보된 것은 경제단체연합을 중심으로 한 일본 산업계의 강한 반발 때문인 것으로 분석되고 있다. 이에 관해서는 오오구시 다쿠야, 박명섭·권현준(역), 『탄소배출권 - 거래와 시장』, 아카데미프레스, 2009. 7, 105면.

의 개념은 좀 더 넓고 깊은 철학과 가치를 담을 수 있는 인식과 경험의 틀로 또한 근본적인 자기반성과 개방된 대화의 계기를 제공해줄 수 있는 담론의 공간으로 발전시켜 나가는 것이 필요하다. 이러한 맥락에서 우선 비판적으로 재검토하고자 하는 것은 '녹색성장'의 개념이 지나치게 지속적인 경제성장 또는 이른바 신수종사업의 육성에 초점을 맞춘 산업구조개편의 전략의 일환으로만 편향되게 설정되어 있는 것은 아닌가 하는 점이다. 전체적으로 과도한 낙관의 전망을 전제로 성장의 가능성과 과실만을 강조하고, 반면에 상당한 고통과 비용이 수반되는 책임과 의무, 자기희생과 양보가 불가피한 부정적인 측면이 상대적으로 소홀하게 취급되고 있다는 점에 대한 우려이다. 비록 「녹색성장기본법」은 '경제와 환경이 조화를 이루는 성장'을 기본목표로 설정하고 있고 또 제2조 제6호와 제7호에서 각각 '기후변화의 심각성에 대한 인식'을 주문하면서 '일상생활에서 에너지를 절약하여 온실가스와 오염물질의 발생을 최소화'하는 절제된 생활의 책임을, 또 한편 기업에 대해서는 '녹색경영'의 책임, 즉 '자원과 에너지를 절약하고 효율적으로 이용하며 온실가스 배출 및 환경오염의 발생을 최소화'하는 사회적, 윤리적 책임을 강조하고 있기는 하지만, 정작 왜 그래야만 하는지 그 근본적인 이유에 대해서는 '경제와 환경의 조화'라는 추상적인 명제만을 제시하고 있을 뿐이다.

하지만 개인과 기업의 자원 및 에너지의 절약과 환경오염물질의 최소화에 대한 책임은 가장 중요하고 기본적인 실천지침이기는 하되, 기후변화문제에 대한 포괄적인 대응의 관점에서는 가장 초보적인 행동수단이다. 말하자면 일상생활과 기업의 생산 및 경영활동에서 개인적인 소비습관이나 구체적인 생활방식 또는 사고와 행태만을 개선하면 되는 일이다. 그런데 이 정도의 도구적 변화만으로 대응하기에는 문제가 너무 크고, 심각하다. 기후변화가 초래할 막대한 비용과 피해를 줄이기 위해서는 가능한 정책의 즉각적인 시행과 함께 수십 년 뒤를 내다보는 장기계획의 수립이 필수적인데, 단기적인 정치의 속성과 통합적인 사회조직방식의 부재 때문에 그 가능성을 확신할 수 없다.[2]

문제의 다면적인 특성에 대해서는 전술한바 있거니와, 특히 이 문제는 우리의 일상생활에서 거품을 제거하는 것을 넘어서 우리가 당연한 것으로 여기는 안락과 쾌락, 그리고 기본적인 편익에 대한 포기, 즉 알맹이까지도 포기할 것을 요구하고 있기 때문이다. 또한 기후변화의 문제는 적어도 부분적으로, 단기적으로는 성장 자체의 일부 포기나 의도적인 저성장까지도 요구할 수 있고, 이에 대한 대응의 전략과 정책은 거시적으로 또 미시적으로 자원과 소득의 (재)분배효과를 수반하는 중대한 정치적 선택일 수밖에 없다. 경제 주

---

2) Mark Maslin, 조홍섭(역), 『기후변화의 정치경제학』, 한겨레출판, 2008, 248면.

체들 간에, 산업 분야 및 개별 기업들 간에, 또한 정부 부처들 간에 이해관계의 첨예한 대립도 불가피하다. 관련 당사자들 간에 상생과 공존의 공동체질서에 대한 기본적인 신뢰와 절제를 토대로 하는 '협력의 태도'가 필수적인 것은 바로 이 때문이다. 여기에서 '녹색성장'의 개념을 재정립하고자 하는 것도 바로 이 '협력의 태도'를 이끌어내는 데 필요한, '좀 더 깊은 물음들'(deeper questions)[3]을 던지고 그에 대한 답을 함께 찾아내고자 하는 대화의 일환이라고 할 수 있다.

Ⅲ. 생태철학(ecosophy)[4]과 '심층생태주의'(deep ecology)[5]

1. 생태철학과 '심층생태주의'의 관계

이른바 생태주의의 대표적인 선도자라고 할 수 있는 A. Naess는 생태주의와 관련하여 물음과 구체적인 실천의 관점에서 다음과 같은 4가지의 접근단계를 제시한다(아래 <표 2-1> 참조).[6] Naess는 총체적인 관점에서 이른바 '생명철학'의 일환으로 생태주의의 윤리적 타당성과 객관성을 제시한다. 그의 이른바 '심층생태주의'는 기후변화의 문제가 더

---

3) Arne Naess, "Deep Ecology", F. Capra, The Web of Life, Anchor Books, 1997, 7면에서 재인용.

4) 영미권에서는 '생태철학' 대신에 '환경철학'이라는 용어가 일반적으로 사용되고 있지만, 대체로 '반응용윤리'의 인식틀, 즉 후술하는바와 같이 '인간중심주의'의 극복을 통한 인간과 자연의 조화라는 지향점과 전통적인 형이상학적 전제와 그에 따른 도덕이론과의 단절을 주문하는 철학적 입장에서는 차이가 없다. 이에 관해서는 구승회, 『생태철학과 환경윤리』, 동국대학교출판부, 2001, 236면. 현대의 생태철학의 개념이 서양에서 유래된 것이기는 하지만, 그 바탕인 세계관과 생명관은 오히려 동양 또는 우리의 전통적인 사상과 정서에 더 가깝다고 할 수 있다. 이러한 점에서 우리의 독창적인 과학문화를 정립해나가야 한다는 학문론적 전제하에 기존의 생명개념, 즉 하나하나의 개별 생명체들에 대한 경험을 통해서 이들이 지닌 공통점을 추상하여 정립한 생명개념과는 그 내포와 외연이 크게 다른 이른바 '온생명'(global life)이라는 개념을 통해 제시된 새로운 생명관은 시사하는바가 매우 크다. 장회익, 『삶과 온생명』, 솔, 1998, 167-218면. 자연과학적 성찰을 토대로 하여 생태철학을 체계화하고 정치한 생태윤리의 프로그램을 제시하는 데는 뒤처졌지만, 우리의 과학 문화적 토대가 근본적으로 생태철학의 세계관 및 가치관과 맥락을 같이 한다는 점에서 적어도 근원적인 철학과 사상 및 정서의 잠재력에서 뒤질 것이 없다는 자신감을 가져봄직하다. 정신적 조건과 관련하여 이원적인 세계관과 방법론을 가진 서양에서는 의식의 혁명, 즉 인식패러다임의 변화가 필요하지만, 우리의 경우에는 잠시 잊었던 문화적 기억을 되살리기만 하면 되기 때문이다.

5) 생태철학을 토대로 하는 생태주의는 크게 '심층생태주의'와 사회적 생태주의(social ecology) 및 여성주의적 생태주의(feminist ecology) 또는 생태여성주의(ecofeminism)로 대별되는데 이 세 가지 입장들은 서로 경쟁관계에 있기보다는 생태주의의 패러다임에서 중요한 측면들을 상이한 시각에서 접근하는 것으로 이해된다. Fritjof Capra, 앞의 책, 8면. 다만 이 글에서는 생태주의적 생활양식과 적극적인 환경보호에 대하여 이상적인 철학적, 정신적 토대를 제공해주는 것으로 평가되는 '심층생태주의'에 초점을 맞춘다.

6) Arne Naess, Ecology of Wisdom, Alan Drengson/Dill Devall(ed.), Counterpoint, 2008, 33면.

이상 늦으면 파국을 면하기 어렵고 또한 부분적이고 피상적인 대응만으로는 극복될 수 없다고 보는 절박한 '생태론적인 문제인식'과 이를 토대로 한 치열하고 근본적인 반성적 사유의 결과가 응축된 생태철학의 핵심실천전략의 표현이라고 할 수 있다. 말하자면 생태철학에 의해 도덕적 정당성의 토대가 제공되는 '심층생태주의'는 일면 생태 중심의 철학과 가치체계를 제도와 행동으로 연결해주는 매개체인 동시에, 또 한편 구체적인 실천의 관점에서 보면 생태철학을 구현하는 구체적인 정책들과 대응방안들이 적실성과 계속성을 확보할 수 있게 해주는 정신적 기반이기도 하다.

제일 높은 또는 깊은 차원의 개별 종교의 교리적인 논의나 문화철학적 접근은 여기에서 생략하고,[7] 생태철학의 개념을 중심으로 하여 그 핵심적인 내용만을 간략하게 살펴본다. 우선 생태철학은 그 원래 용어인 'ecological philosophy'의 합성어인 'ecosophy'의 어원에서부터 담론의 차원과 기본적인 함의를 가늠해볼 수 있다. 'eco'는 라틴어의 'oikos', 즉 "household"(살림)의 뜻을 갖고, 'sophia'는 "wisdom"(지혜)를 뜻하는 단어인바, 'ecosophy'는 "살림의 지혜"라는 의미이다.[8] 다만 여기에서 '살림'의 의미는 개별 가구나 가정 또는 공동체의 차원보다는 더 넓은 의미, 즉 "지구살림"(Earth household)을 뜻하는 것으로 이해되는바, 요컨대 어원으로 본 생태철학은 전 지구 차원에서 생명의 조건에 관심을 갖는 새로운 패러다임의 철학이다.

〈표 2-1〉 Four Levels of Organization

	For the Questioning and Articulation of Total Views		
물음의 깊이 ↑	Level Ⅰ 궁극적인 철학	기독교, 불교, 생태철학 등	구체화의 ↓ 정도
	Level Ⅱ 운동의 기본원칙	평화운동, 깊은 생태주의, 사회정의운동	
	Level Ⅲ 정책	A, B, C 등	
	Level Ⅳ 실천행동	W. X. Y 등	

이렇게 '지구살림의 지혜'로 이해되는 생태철학은 우선 학문론의 관점에서 보면 유기체, 사회체제 및 생태체계 등 살아있는 체계의 모든 차원에서 생명에 대한 새로운 이해, 즉 자연과학과 정신과학의 경계를 허무는 통합의 방법론을 취하고,[9] 인식론의 관점에서

---

7) 실제로 서양의 전통적인 세계관과 형이상학적 전제에 대한 근본적인 재고를 요구하는 생태철학의 뿌리는 유대-기독교적인 전통에 기초한 철학의 환경윤리적 토대로서의 적실성에 대한 회의에 있다. 실제로 영미권을 중심으로 하여 좀 더 자연친화적인 동양의 종교와 사상에서 생태철학의 돌파구를 찾으려는 다양한 시도가 있어 왔다. 이에 관해서는 구승회, 『생태철학과 환경윤리』, 동국대학교 출판부, 2001, 233-244면.

8) 이에 관해서는 A. Naess, 앞의 책, 32면.

9) 지구 자체를 자정력을 갖는 의인화된 인간 외의 정신적 존재, 말하자면 유기체적 구조의 하나의 '살아있는

보면 일종의 '패러다임의 변환', 즉 근본적이고 포괄적인 세계관의 혁신에 해당되고, 또한 문화사적 관점에서 보면 거의 신앙적 성격의 근본적인 믿음과 의식의 전환을 내용으로 하는 점에서 거의 종교적 차원의 가치와 윤리의 혁명을 지향한다.[10] 무엇보다도 생태철학은 인간(人間), 말 그대로 사람과 사람을 포함하여 지구 또는 자연세계(입장에 따라서는 비생물체인 물질을 포함)와 인간이 대립되는 이원적 관계에 있는 것으로 보지 않는다. 자연과 인간의 관계를 근원적으로 서로 의존하는, 일종의 공생(co-life)을 위한 조화와 협력의 동반자의 관계로 본다.

관점에 따라서 강조점은 다를 수 있겠지만, 생태철학의 핵심은 조화와 평형이고, 그 공통된 실천지침은 '인간중심주의'에 대한 반성이다. 또한 자연과학적인 물리적 관점과 정신과학적인 도덕적 · 윤리적 관점의 조화의 가능성과 필요성을 강조하는 생태철학은 단순히 파편화된 폐쇄적인 지식이 아니라, 개방적인 규범성을 함축하는 일종의 통합적 지혜로 이해될 수 있다. Naess의 말대로, 생태철학은 규범과 규칙, 전제 및 가치의 우선순위에 대한 공언과 함께 전 우주의 상태에 관한 새로운 가설들을 포함하는바, 말하자면 생태철학의 지혜는 오염이나 자원, 인구 등의 사실과 관련된 상이한 변수들과 그에 따른 변화들을 단순히 과학적으로 기술하고 예측하는 데 그치는 것이 아니라 가치우선순위의 변화와 그에 따른 정책변화의 당위적인 지침을 제공하기 때문이다.[11]

요컨대 새로운 세계관과 가치관을 토대로 하는 총체적인 문제인식 및 예지와 함께 윤리학적 호소가 농축되어 있는 생태철학은 '심층생태주의'의 도덕적 정당성의 철학적, 가치적 근거를 제공하고, 반면에 '심층생태주의'는 생태철학을 구현하기 위한 매개체 또는 전략적 교두보에 해당하는바, 양자는 이념과 원리 및 제도 또는 실천의 연관체계 속에서 그 자체가 서로 연계 및 의존되는 상보적 관계에 있다.

생명체'로 보는 J. Lovelock의 이른바 'Gaia가설'이 대표적인 예이다. A New Look at Life on Earth(1979), 가이아, 홍욱희(역), 갈라파고스, 2003. 생명개념과 관련한 Gaia개념에 대한 분석과 비판으로는 장회익, 앞의 책, 178-187면 참조.

10) 이에 관한 개요는 F. Capra, 앞의 책 3-13면. Capra는 생태철학의 관점과 원칙들을 제대로 이해하고 구현하기 위한 수단으로 이른바 '생태학적 독해'(Ecological Literacy)를 제시한다. 이에 관해서는 297-304면.

11) Arne Naess, "The Shallow and the Long Range Deep Ecology Movement: A Summary, Inquiry 16"(1973), 95-100면, Alan Drengson/Bill Deval(ed.), 앞의 책, 32면에서 재인용함.

2. '심층생태주의'의 기본관점과 원칙

인간과 자연의 조화를 위하여 인식과 가치 및 행동의 근본적인 새로운 변화를 주문하는 생태철학은 '심층생태주의'의 플랫폼(platform)[12]과 연결되어 지구촌 차원의 풀뿌리운동으로 확산되고 있다. 전술한바 있듯이 '심층생태주의'는 생태철학의 가치관과 세계관을 수렴하여 효과적인 대응수단으로 연결해주는 전략적인 연결고리인 동시에, 구체적인 제도와 정책 및 행동에 대하여 기본적인 지침과 윤곽을 제공한다. 말하자면 생태철학으로부터 새롭게 제기되는 다양한 문제인식을 수용하여 '깊은 물음'으로 정리하고 답을 찾아가는 담론의 공간이고, 이를 옮겨 담아서 상시적으로 정치와 행정, 교육 및 개인과 기업의 일상생활의 현장으로 전달해주는 탑승대이다.

Naess는 현대의 환경보호론을 대별하는 유용한 기준으로 생태주의의 깊이를 제시한다. 이에 따르면, 우선 '얕은 생태주의'(shallow ecology)는 생태계의 보호와 환경보전의 명제는 공유하지만 인간중심적인(anthropocentric or human-centered) 세계관과 가치질서를 고수하는 입장이다.[13] 즉 자연이 그 상위의 중심 또는 그 바깥에 있는 인간을 보필하는 것으로 보는 인식틀 속에서 인간을 모든 가치의 유일한 근원으로 전제한다. 이러한 가치질서에서 자연에는 주체로서의 인간의 생명과 삶을 위한 객체와 수단으로서의 효용만 인정될 수 있을 뿐이다.

이에 반해 '심층생태주의'는 기본적으로 인간과 자연환경이 분리되어 있는 것으로 보지 않는다. 이른바 '주체와 객체'의 전통적인 인식틀을 해체하고, 이른바 '전체적인 관점'(holistic view)에서 생태계 전체를 유리된 객체들의 집합체가 아니라 서로 연결되어 있고 의존되는 현상들의 '관계망'(network of relations)으로 이해한다. 모든 살아 있는 존재의 내재적인 가치를 인정하는 제하에, 인간도 '생명의 망'(the web of life) 전체 속에 있는 하나의 홑줄에 불과한 것으로 보는 것이다.[14] 이러한 생태철학적인 세계관과 생명관은 '심층생태주의'의 핵심인 '보다 깊은 질문'의 배양토가 되는바, 인간과 자연 생물체와 비생물의 물질, 정신과 신체, 가치와 사실을 분리하는 근대 이후의 데카르트 식 단절적 이

---

12) A. Naess는 전술한 4차원의 접근틀 속에 '깊은 생태주의'를 자리매김하면서 platform이라는 용어와 연관하여 사용하고 있다. 기반이나 탑승대 등 일상적인 의미와 함께 정당의 정강 또는 선거공약의 뜻도 포함되는 점을 고려하여 의도적으로 용어를 선택한 것으로 여겨진다. 이 글에서도 의미의 특정이 필요한 경우 외에는 이러한 함축의 뜻을 살리는 의미에서 영문용어를 그대로 사용한다.

13) Capra, 앞의 책, 7면.

14) A. Naess, 앞의 책 106-39면; Capra, 앞의 책, 7-8면.

원주의를 완전히 부정하는, 자연과학을 넘어서는 하나의 근본적인 형이상학(metaphysics)적 차원의 인식패러다임의 전환과 그에 따른 새로운 환경윤리의 정립을 촉구하는 계기와 근거를 제공한다. Naess가 제시하는 다음 8가지의 '심층생태주의의 기본원칙'은 현대의 과학, 산업, 성장지향적인 물질주의적 세계관의 토대와 삶의 방식 자체에 대한 '깊은 물음'에 대하여 '인간중심주의'의 극복과 윤리적 관심과 배려의 범위를 생태계 전체로 확장할 것을 요구하는 최소한의 답을 환경윤리의 강령으로 표현한 것이라고 할 수 있다.

<The platform principles of Deep Ecology> [15]

1) 모든 생물체는 내재적인 가치를 갖는다.

2) 생명의 풍부성과 다양성은 내재적인 가치를 갖는다.

3) 기본적인 수요를 충족하기 위한 경우 외에 인간은 이 풍부성과 다양성을 감소시킬 수 있는 권리를 갖지 못한다.

4) 인간을 위한 것이 적어지고 다른 생명체에 좋은 것이 많아지면 인간에게도 좋을 수 있다.

5) 오늘날 다양한 생태계에 대한 인간의 개입의 범위와 성격은 더 이상 지속될 수 없고, 지속가능성은 점점 감소되고 있다.

6) 결정적인 개선을 위해서는 사회적, 경제적, 기술적 그리고 이데올로기적으로 근본적인 변화가 요구된다.

7) 이데올로기적 변화에는 근본적으로 생활수준의 향상보다는 좀 더 나은 삶의 질을 추구하는 것이 포함된다.

8) 위에 적시된 사항들을 용인하는 사람들은 직간접적으로 필요한 변화를 위해 기여하는 노력을 기울여야 할 책임을 진다.[16]

---

15) A. Naess, Life's Philosophy, 108-109면, 앞의 책, 28면에서 재인용함.

16) Naess는 '심층생태주의운동'의 지지자들이라면 기꺼이 적응할 수 있을 것으로 생각되는 생활방식들을 망라하여 일상생활에서 지켜야 할 다음 25가지의 지침을 제시한다. 1) 단순한 수단의 사용: 필요 이상으로 복잡한 도구와 수단을 피할 것. 2) 가장 직접적으로 자체적으로 가치가 있는 것에 기여하고 또 내재적인 가치가 있는 활동을 선택할 것. 단순히 보조적이고, 내재적인 가치를 갖지 못하거나 또는 근본적인 목표와 거리가 있는 활동들을 피할 것. 3) 반과소비주의를 실천할 것. 이 부정적인 태도는 1번과 2번에 적시된 행태에서 비롯된다. 4) 모든 사람들이 향유할 수 있도록 충분히 공급할 수 있는 범위 내에서 재화에 대한 감수성과 감사하는 마음을 유지하고 확대하기 위해 노력할 것. 5) 어떤 것이 새 것이라는 이유만으로 새로운 것을 좋아하는 의식(neophilia)을 없애거나 줄일 것. 6) 내재적인 가치에 충실하기 위해 노력하고, 분주함보다는 행동하기 위해 노력할 것. 7) 사람들 간에 인종적, 문화적 차이를 용인할 것. 차이를 위협으로 보지 말 것. 8) 개발도상국가의 상황에 대한 관심을 유지하고, 궁핍한 사람들보다 지나치게 높은 생활수준을 피하기 위해 노력할 것(전 지구적인 생활양식의 연대성을 유지할 것). 9) 보편적으로 유지

Ⅳ. '인간의 존엄성'과 '심층생태주의'의 헌법적 함의

1. 개요

생태계 전체에 대한 근본적인 인식의 전환과 모든 생활영역에서 생태윤리의 생활화를 요구하는 '심층생태주의'는 우선은 개인과 기업에 대한 윤리적 요청이지만, 궁극적으로는 공공선의 실현이라는 정치적 과제로 주어진다. 인류공동체 전체의 차원에서 근원적이고 총체적인 문제로 주어져 있지만, 반면에 정치경제적인 이해관계가 크게 엇갈리는 문제로 주어진 환경위기에 대하여 유효한 해결책을 강구하는 선도적인 역할은 일차적으로 국가의 몫이기 때문이다. 또한 전술한바와 같이 자연에 대한 적실한 이해가 자연스럽게 정치경제적 합의로 직결되어서 구체적인 제도와 정책으로 표현될 수 있는 것은 아니다. 기본적으로 막대한 비용부담이 수반될 수밖에 없고[17] 비용부담배분의 불균형성을 포함하여 보상으로 해소될 수 없는 손해와 혜택의 적지 않은 편차 또한 불가피하다. 현실적인 경제 및 사회상황, 특히 정치지형의 변화에 휩쓸리지 않고 생태윤리에 충실한 정책과 프로

될 수 있는 생활양식(동료 인간이나 다른 종에 대한 부정의를 초래하지 않으면서도 지속이 가능한 생활양식)을 수용할 것. 10) 경험의 강도보다는 깊이와 풍부함을 추구할 것. 11) 단순한 인위적인 생활보다는 가능한 한 의미 있는 일을 수인하고 선택할 것. 12) 틈이 날 때마다 가능한 한 긍정적인 경험의 많은 측면들을 실현하기 위해 노력하는, 복합적이되 번잡하지 않은 생활을 이끌어 나갈 것. 13) 사회(Gesellschaft)보다는 공동체(Gemeinschaft) 속에서 삶을 일구어나갈 것 14) 소규모 농업, 임업, 어업 등과 같은 일차적 생산활동을 받아들이거나 참여할 것. 15) 욕망보다는 필수적인 수요만을 충족하기 위해 노력할 것. 16) 단순히 아름다운 장소를 방문하는 것보다는 자연 속에서 사는 시도를 할 것. 관광을 피할 것(다만 때로는 관광시설을 이용하기는 할 것). 17) 취약한 자연 속에 있을 때에는 '힘을 가하지 말고 흔적이 남지 않도록'(light and traceless) 생활할 것. 18) 아름답거나 눈에 띄는 또는 좁은 의미의 효용만을 생각하기보다는 모든 생명형태들을 용인할 것. 19) 결코 생명을 단순한 수단으로 사용하지 말 것. 그것들을 자원으로 활용할 때에도 그 내재적인 가치와 존엄성에 대해여 유의할 것. 20) 개나 고양이 등 애완동물들과 야생동물의 가치가 상충되는 경우에 야생동물을 보호하기 위해 노력할 것. 21) 개인적인 생활양식뿐만 아니라 지역의 생태계도 보호하기 위해 노력하고, 자신의 공동체를 생태계의 한 부분으로 생각할 것. 22) 자연에 대한 과도한 개입을 불필요하고, 불합리하고 또한 불경한 것으로 개탄하는 것 외에도 그 개입에 책임이 있는 사람들을 저주하지는 않되, 그 자체를 교만하고, 파괴적이고 또한 범죄적인 것으로 저주할 것. 23) 충돌이 있는 경우 단호하게 행동하고 비겁하지 않게 행동하기 위해 노력하되, 다만 언행의 비폭력성이 유지되어야 함. 24) 다른 사람들의 행동방식이 실패할 때 직접 행동에 동참하거나 또는 비폭력적으로 지원할 것. 25) 채식주의를 실천할 것. A. Naess, Ecology of Wisdom, 앞의 책, 140-141면.

17) 대내적인 비용부담은 차치하더라도, 국제적인 합의과정에서 요구받게 될 비용만 해도 막대하다. 예컨대 누적된 대기탄소량에 역사적으로 누적된 책임을 지는 선진부국들이 후진 빈국들에게 갚아야 할 이른바 '생태부채'(ecological debt)는 개발도상국들의 대 선진국 전체 부채를 초과하는 1조 8,000억 달러에 이르는 것으로 추정된다. 이에 관해서는 D. Green, 주성수(역), 『빈곤에서 권력으로』, 이매진, 2008, 480-481면 참조. 2009년 현재 약 8,300억 달러로 전 세계 총생산의 약 1.4%를 차지하는 우리나라의 몫으로 최대한 보수적으로 1%만 잡는다고 하더라도 18조 원에 달한다.

그램이 수립되고 지속되기 위해서는 관심과 배려, 조정과 설득의 정치가 필수조건임은 물론이다.

그 자체가 가치적 타협의 산물이고 최고의 정치경제규범인 헌법이 생태계보전의 당위성에 대한 규범적 토대와 함께 그 실천을 위해 필수적인 합리적인 조정과 설득의 준거를 제공하는 '녹색헌법'이 될 수 있고 또 그래야만 한다고 믿는 것은 바로 이 때문이다. 다음에서는 우리 헌법상 가치질서체계의 정점에 있는 헌법 제10조의 '인간의 존엄성' 개념을 중심으로 하여 헌법해석론상 생태윤리와의 접점을 찾고, 그 함의를 발전시켜나가야 할 필요성과 그 가능성을 검토해본다.[18]

2. 생태윤리와 '인간의 존엄성'

인격의 주체로서 모든 인간에게 내재적인 윤리적 가치로서 부여되는 '인간의 존엄성'은 우리 헌법의 가치질서체계상 정점에 있는 최고의 가치이다. 헌법의 궁극적인 존재의의는 인간의 존엄과 가치의 실현에 있기 때문에 헌법을 준거로 하는 모든 국가작용에 대하여 '인간의 존엄'은 구속력 있는 지침과 한계를 제시한다. 그 구체적인 규범적 의미와 기본권으로서의 효력에 대해서는 견해가 다르지만, '인간의 존엄성' 규정의 이념적 근원을 자연법사상에서 찾는 점에 대해서는 이견이 없는 것으로 보인다. 이데올로기적인 스펙트럼에 따라 헌법철학 및 헌법이론적 근거와 범주 그리고 그 강조점이 다를 수는 있겠지만, 그 핵심은 선국가적이고 초국가적인 천부인권을 강조하면서 그 당위성과 규범적 실천의 과제에 대하여 결정적인 윤리적·철학적 토대를 제공한 자유주의적 인권사상을 뿌리로 하는 근대의 인권사상이라고 할 수 있을 것이다.[19]

이러한 관점에서 '인간의 존엄'을 인간의 내재적인 인격가치에 대한 도덕적 평가를 핵심으로 하는 하나의 문화적인 개념으로 본다면 그 규범적 의미는 필연적으로 '인간중심주의'와 연관되어서 파악될 수밖에 없다. 예컨대 개인의 종교나 사상에 따라 전지전능한

---

18) 같은 맥락에서 헌법해석론상 초점을 맞출 수 있는 대표적인 헌법 조항들로는 환경권과 함께 국가목표 규정의 형식으로 국가 및 국민의 '환경보전 노력의무'를 규정한 제35조를 비롯하여 기타 제12조의 영업의 자유, 제23조의 재산권 등 경제활동 관련 기본권 규정들을 들 수 있을 것이다. 또한 우리 헌법상 최고의 가치지표인 '인간의 존엄성' 규정에서 생태윤리적 함의에 대한 공감대를 도출할 수 있다면, 이는 예컨대 탄소배출권거래제도가 직업의 자유 등의 기본권을 침해하는지 여부에 대한 과잉금지심사를 하는 경우에, 목적의 정당성은 물론이고, 특히 법익균형성의 원칙과 관련하여 공익의 우위성에 대한 유력한 토대가 될 수 있을 것이다. 배출권거래제의 직업의 자유와 관련한 과잉금지심사에 관해서는 한상운, 「온실가스 배출권거래제의 헌법적 정당성에 관한 사례분석」, 『공법연구』, 2010. 12, 제39집 제2호, 440-444면.

19) 이에 관해서는 허영, 『한국헌법론』, 박영사, 2010, 330면.

절대자나 신의 존재를 전제하는 경우에는 '인간의 존엄성' 자체를 인정하기 어렵겠지만, 개인 차원에서의 생각과는 무관하게 이를 헌법상 객관적인 규범으로 수용한 '인간의 존엄성' 규정에는 인간을 지배하는 존재자에 대한 부정의 뜻이 내재되어 있기 때문이다.[20] 하지만 전술한바와 같이 '심층생태주의'의 윤리적 강령이 '인간중심주의'의 포기 또는 적어도 상당한 자제를 요구하는 생태철학의 세계관과 가치관, 특히 '지배와 복속'의 관점이 아니라 '조화와 공생'의 관점에서 생태계 모든 존재의 내재적인 상호 연관성과 의존성의 특성을 주목하는 맥락에서 보면, 생태계 내에서 인간을 독립된 존재로 이해하고, 인간의 생태적 안전에만 초점을 맞추어서 자연에 대한 배려의 이유와 그 대상의 범위를 설정하는 기존의 '인간중심주의'의 의미구조와 그 속에서 파악되는 '인간의 존엄'의 개념으로는 새로운 생태윤리의 철학과 정신을 살려나갈 수 있는 가능성이 희박하다.

환경윤리는 인간과 대비되는 도덕적 관심 및 배려대상의 범위에 따라 '강한 인간중심주의', '의식(감각)중심주의', '생명(생물)중심주의' 및 '생태중심전체론' 등 네 가지로 대별되는데[21] 우선 기본적으로 인간과 자연을 대립되는 이원적 관계에 있는 것으로 전제하는 '강한 인간중심주의'는 '인간에 의한, 인간을 위한, 인간 중심의 환경윤리'의 한계와 이에 따른 가치적 우선순위의 고착성 때문에 도덕적 관심과 배려의 대상으로 포섭할 수 있는 생태계의 범위가 제한될 수밖에 없고 또한 구체적인 실천의 정책과 프로그램도 일관성과 계속성을 확보하기 어렵기 때문이다. 둘째로 '의식중심주의'는 의식을 가진 모든 자연존재에게 도덕적 관심 또는 배려가치를 인정하는 입장이다. 동물을 비롯하여 의식과 감각을 갖는 고등생물에 대한 보호론의 핵심논거라고 할 수 있다. 생각건대 이 입장은 '의식' 자체가 상대적인 개념일 뿐만 아니라, 인간의 가시권 또는 감응능력의 한계가 그대로 도덕적 배려의 범위를 정하는 기준으로 적용된다는 점에서 본질적으로 인간 중심의 이원적인 세계관에 따른 '인간중심주의'의 틀을 벗어나지 못한 것으로 보인다. 셋째로 생물계 전체를 도덕적 배려의 대상으로 포섭하는 '생명중심주의'와 마지막으로 세계를 하나의 유기체적 구조를 갖는 복합체로 보고 물질세계를 포함하는 생태계 전체를 도덕적 관심으로 대상으로 하는 '생태중심 전체주의'가 있다. '생명중심주의'와 '생태중심전체론'은 둘 다 전체론적 세계관을 토대로 하는바, '인간의 탈중심화'(decentering)를 요구하는 '깊은 생태주의'의 플랫폼을 공유하고, 따라서 적어도 '인간중심주의'의 편협성의 한계를 넘어선다는 점에서 일단 전향적인 환경윤리로 평가될 수 있다.

---

20) 정종섭, 『헌법학원론』, 박영사, 2010, 400-401면.
21) 이에 관한 개략적인 논의로는 특히 구승회, 앞의 책, 298-308면.

다만 여기에서 관심은 단순히 이 네 가지 환경윤리관에 대한 철학적 평가나 도덕적 배려대상의 적정성에 대한 가치판단에 있는 것이 아니다. 생태계위기의 사태에 대한 공유 인식의 지평을 넓히고 유효한 대응책을 마련해야 하는 정치적 과제와 관련하여 헌법상 '인간의 존엄성'의 개념 속에서 환경윤리의 요청들을 수용해야 할 필요성과 그 가능성을 검토하고자 하는 것이다. 말하자면, 세계관과 가치관의 철학적 깊이만을 추구하거나, 대중적 인기에 영합하는 이른바 이데올로기적인 전위성 또는 진보성이 아니라 현실정합성과 함께 구체적인 실천의 가능성을 동시에 확보할 수 있는 규범적·현실적 조건을 찾아내는 것이 관건이다. 공동체 구성원 모두가 환경문제의 심각성에 대하여 공감하고 함께 고민하고 동참하는 협력적인 태도를 갖추는 것이 그 핵심이다. '인간중심주의'를 벗어난 전체론적 환경윤리가 하나의 전위적인 문제제기와 정서적인 호소의 차원을 넘어서 구체적인 정책과 프로그램으로 이어지지 못하고 있는 것은 바로 그 철학적 토대인 세계관과 생명관이 '논증의 문제'가 아니라 일종의 자연에 대한 '직관적 경험'의 문제라는 점에서 그 근원이 찾아진다. 적어도 아직은 과학적인 증명을 통해 사실을 확인하고 또 그 사실을 전제로 하여 도덕적 가치판단의 객관성을 확보하는 것이 불가능한바, 인식 또는 사고의 방식과 함께 근본적인 가치관의 변화까지 요구하는 낯선 생태윤리에 대하여 공감대가 쉽게 형성될 수 없기 때문이다.

3. '무지의 전제'를 통한 '심층생태주의'와 '인간중심주의'의 조화

이러한 공감대흠결의 한계를 갖는 생태철학의 정신과 가치를 구체적인 실천을 전제로 하여 제도와 정책의 규범플랫폼인 헌법, 특히 핵심적인 가치개념인 '인간의 존엄'의 해석을 통해 수렴할 수 있는 가능성은 우선 그 진리성의 한계를 인정하는 데서 찾아진다. 한계 자체를 부정하면서 공감을 요구하는 것은 무조건적인 개종을 주문하는 것과 다르지 않다. 선교가 아닌 헌법해석론, 즉 이견의 존재를 전제로 하여 조화와 타협을 지향하는 개방적인 담론의 광장에서 그 한계의 부정을 통한 한계극복의 계기와 단초는 이른바 '무지의 전제'에서 찾아진다. '인간의 존엄성'에 대한 유력한 철학적 근거의 하나로 제시되는 '의식'(consciousness)의 능력, 즉 자신이 무엇인가를 안다는 것뿐만 아니라 그 앎(knowledge) 자체에 대하여 알 수 있는 인간의 인식능력에는 '무지에 대한 앎'도 포함되는 것으로 이해되어야 한다. 헌법해석론의 차원에서 쉽게 벗어나기 어려운 '인간중심주의'를 고수하는 경우에도 현 상태에서의 인간의 인지능력을 기준으로 하는 앎 속에서만 '인간의 존엄'의 근거를 찾고, 인간의 생존과 안락을 위한 효용에만 가치를 부여하면서 '존엄한 인간'의 지속가능성을 극대화하려는 것은 유아독존의 자기확신에 불과하다. 전술한바와 같이 '인간의 존엄성'은 자연법사상에서 유래된 것이기는 하지만, 정작 '자연'과는 아무 관계도 없는 인간세계의 명제일 뿐이다. 역사적인 관점에서 볼 때, '인간의 존엄성' 규정의 규범적 의미는 국가권력과 국민 또는 공동체 전체와 개인의 관계에서 반전체주의를 선언한 것이고, 헌정사적으로 본다면 신이나 군주 등 절대자를 포함하는 강자 또는 다수의 지배집단이 부정하고 유린하였던 소수 약자집단에 속하는 인간의 내재적인 가치를 회복시킨 것이다. 자정체로서 자원과 생명의 순환에 자신을 그대로 맡기는 인간 이외의 생태계는 지배의 탐욕도, 과도한 욕망을 충족시키기 위한 부정직도 없기 때문에 '인간의 존엄성'을 알지도 못하고 그렇기 때문에 그것을 침해한 일도 없다.

리프킨의 말대로 인간이 역사 속에서 형성해 온 모든 단계의 의식은 정도의 차이가 있을 뿐 여전히 우리의 문화 속에 현존하고 있다.[22] 그 의식들 속에는 아마도 세계를 하나의 유기체적 전체로 이해하는 생태윤리적 의식의 파편들이 신화나 종교 또는 심리학적 틀의 형태로 생생하게 간직되어 있을 것이다. 기후변화로 인해 인간이 다른 모든 생물들과 공유하면서 전적으로 의존하고 있는 생태계 전체가 위험에 빠지고, 하나의 종으로서 인류의 생존 자체가 절박한 위협에 처해 있는 상황에서 모든 인간이 공유해야 하는 것이 무엇인지는 이미 문제가 아니다. 생물학적 관점에서 볼 때 답은 분명하게 주어져 있는데 '인간의 탈중심화'를 용납하지 않는 '인간중심주의'의 장막에 가려서 그것을 제대로 인식하지 못하고 있을 뿐이다.

자의적이고 편협한 '인간중심주의'를 고수하지 않는 한 외면할 수 없는 생태철학의 핵심주문이 자연에 대한 적실한 이해를 통해 인간의 본성을 되짚어볼 것을 촉구하는 것이라고 한다면, '인간의 존엄성'을 '인간중심주의'를 토대로 하는 정언명제에서 가설의 단계로 격하시켜서 인간(人間)이 아니라 자연 속에서, 즉 인간과 자연의 내재적인 의존관계에서 재구성하는 것이 이 촉구에 부응하는 시발점이 될 것이다. '무지에 대한 앎'이 필수적인 전제조건임은 물론이다. 개념 내재적으로 존엄의 주체는 유일무이하다는 전제하에 인간만이 그 주체로 인정될 수 있다는 것인지,[23] 그렇다면 그 근거는 무엇인지, 인간

---

22) J. Rifkin, 이경남(역), 『공감의 시대』, 민음사, 2010, 733면.

23) 1991년 7월 1일부터 시행된 「동물보호법」에는 2007년 1월 26일 전부개정(법률 제8282호)의 기회에 "인류의 복지의 증진과 동물 생명의 존엄성을 고려하여 실시하여야 한다"는 동물실험의 원칙이 명시적으로 규정되었다(제13조 제1항). 헌법상 '인간의 존엄성'과 그 규범적 의미와 내용이 다를 수 있고 또 그럴 것으로 생각되지만, 법률 차원에서 동물을 '존엄'의 자격을 갖는 도덕적 배려의 대상으로 포섭한 것은 적어도 '강한 인간중심주의'를 넘어서 '의식중심주의' 단계의 생태윤리를 입법적으로 수용한 것으로 볼 수

이 중심이고 나머지 모든 생태계는 환경(環境), 말 그대로 인간을 둘러싼 주변이기 때문에 그렇다고 한다면 무한의 생태계 속에서 과연 중심과 주변의 구분이 성립될 수 있는 것인지 또는 중심에 있는 것이, 좀 더 정확하게 표현한다면 스스로 중심에 있다고 생각하는 자의식 또는 그 의식능력 자체가 도덕적인 가치판단의 객관적인 준거가 될 수 있는 것인지 등등 자기정당화의 폐쇄적인 순환론을 벗어나서 보면 '무지의 전제'가 불가피한 화두들이 잇닫는다. '심층생태주의'의 생명관과 가치관에 대한 동의 여부와 무관하게 겸손과 절제의 태도가 요구되는 것은 바로 이 때문이다.

예컨대 의식능력이 있는 인간의 공동체와 의식능력과 언어, 정의, 그리고 민주주의도 없는 생태계를 구별하는 입장에서 생태계로부터 인간의 가치나 단점 등에 관해서 아무 것도 배울 것이 없다고 보는 경우에도 가장 중요한 한 가지, 즉 수십억 년에 걸친 '공생의 진화' 속에서 찾아지는 '지속가능한 삶의 방법'을 배울 수 있고 또 그래야만 한다고 주장하는 생태윤리[24]를 외면하는 태도는 인간 의식의 핵심요소인 반성의 능력을 스스로 부정하는 것이다. 또한 생물계 또는 생태계 전체를 도덕적 배려의 대상으로 포섭하지 않는 경우에는 인류공동체의 생존이 지속될 수 있는 자연환경의 보전이 불가능하다고 보는 전체론적 생태윤리에 대해서도 적어도 아직까지는 공유하기 어려운 '주관적인 직관의 경험'이라고 하더라도 그 철학과 정신을 반성과 담론의 자리에서 원천적으로 배척하는 것은 생태위기시대에 적합한 태도가 될 수 없다. 빨리 내닫거나 무엇인가를 하는 것과 함께 또는 그 보다 앞서서 무엇인가를 하지 않으면서 머물고 또는 늦추는 것에 더 관심을 가져야 하는 불확실성의 시대에 '무지의 전제'와 자기절제의 요청이 특히 강조되는 것은 비로소 이들에 의해서만 '건강한 머뭇거림'(healthy hesitation)[25]을 가능하게 하는 도덕적 다원주의(moral pluralism)가 형성될 수 있기 때문이다.

이러한 맥락에서 무한의 변양을 함축할 수 있는 인간 신체의 잠재력의 크기와 가능성에 관한 스피노자의 절제된 인식, 즉 인식론 차원에서 '무지의 전제'에 대한 들뢰즈의 독창적인 해석이 주목된다. 존재론적 차원에서 이른바 '큰 윤리적 물음'들과 관련된 함축의 주체인 동시에 그 대상이기도 한 인간의 신체에 내포된 잠재력의 크기와 가능성이 논증이 될 수 있는 것이 아니라 오로지 경험적 근거에 의해서만 가늠될 수 있다고 보는 것은 이 문제를 단순히 지식상의 결함인 '무지의 문제'로 돌리는 것이 아니라 "미래의 감응적

있다는 점에서 주목된다.

24) Capra, 앞의 책, 298면.

25) Done E. Marietta Jr., Beyond Certainty: A Phenomenological Approach to Moral Reflection, Lexington Books, 2004, 64면.

진화가 가지는 실험적이고 개방적인 특성의 문제"로 이해하는 태도로 파악되어야 한다는 것이다.[26] 같은 맥락에서 '무지의 전제'를 다양성과 균형성의 조건이 유지되는 가운데 진행되는 '개방적인 감응의 진화'의 필수적인 조건으로 이해한다면, 이른바 "위험으로서의 앎"과 "기회로서의 무지"[27]라는 법학 차원의 문제의식은 극단의 불확실성에 대처해야 하는 생태기시대의 헌법해석론상 생태윤리의 함의를 발전시켜 나가고 또 그 실천의 토대로 공동체 구성원들의 윤리적 공감대를 확장해 나가야 하는 관점에서도 매우 적실한 것으로 주목된다. 이러한 의미의 '무지의 전제'와 이에 따른 절제의 태도를 유지한다면, 한편으로는 '인간중심주의'를 벗어난 생태윤리 및 그에 함축된 의미와 가치의 잠재적인 가능성을 원천적으로 배제하는 폐쇄적인 태도와, 또 한편으로는 당장 '인간중심주의'의 완전포기를 요구하는 성급하고 비현실적인 태도를 동시에 피해나갈 수 있을 것으로 생각된다.

생태계 전체 또는 적어도 생물계 전체를 도덕적 배려의 대상으로 포섭할 것을 주장하는 심층생태주의자들의 윤리적 입장에 대하여 회의적인 사람들이 제기할 수 있는 의문, 즉 "그렇다면 사람보다 동물을 또는 물질세계를 더 선호한다는 것인가?"라는 질문에 대하여 Naess가 제시하는 답은 양 극단의 불합리한 태도를 지양하면서 '심층생태주의'와 '인간중심주의'의 조화의 가능성을 찾아낸 모범답안으로 생각된다: "동물이나 야생의 보호를 위한 열정과는 무관하게 심층생태주의자들도 우선 동료 인간들에 대한 특별한 의무들은 인정한다. 우리가 지향하는 것은 관심과 배려의 대상을 인간에서 비인간으로 전환하는 것이 아니라 이 배려를 확장하고 심화하는 것이다. 배려의 잠재능력이 항구적이고 제한된 것이라거나 또한 어떤 종에 대한 배려가 증대되는 것이 필연적으로 다른 대상에 대한 배려의 감소를 초래할 것이라고 보는 가정은 확인되지 않은 추측일 뿐이다."[28]

Naess의 인식에 따라 '심층생태주의'와 '인간중심주의'의 조화의 당위성을 전제로 그 가능성을 주목하는 관점에서 보는 경우, 우리 헌법상 '인간의 존엄성' 규정은 어떤 특정한 생태윤리와도 연계되어 있지 않고, 다만 내재적인 선악의 가치판단을 유보하면서 모든 가치의 균형성과 다원성을 강조하는 생태철학적인 태도, 즉 투쟁을 통한 지배와 배제가 아니라 조화와 통합을 지향하는 동반적 협력의 태도를 요구하는 것으로 이해된다. 궁극적으로 인간의 생명과 인류공동체의 지속가능성을 전제로 하는 동 규정에 '존엄한 인간'의 생존을 위한 조건에 관심을 가질 것을 요구하는 명령이 포함된다고 본다면, 헌법

---

26) 이에 관해서는 이정우(역), 『싹트는 생명』, 2005, 33면.

27) 이 논제에 관해서는 W. Hoffmann-Riem, "Wissen als Risiko-Unwissen als Chance", in; Ingo Augsberg(Hr.), Ungeswissheit als Chance, Mohr Siebeck, 2009, 17-38면.

28) A. Naess, 앞의 책, 311면.

상 '인간의 존엄성'의 개념과 심층생태주의, 즉 '인간에 의한 인간의 지배'뿐만 아니라 '인간에 의한 자연의 지배'도 부정하면서 '인간의 탈중심화'와 '도덕적 배려 대상의 확장'을 주장하는 전체론적 생태윤리는 상충되는 것이 아니라 상호 포섭이 가능하고 또 당위적으로 그래야만 하는 상보적인 관계에 있다.

요컨대 생태위기의 심각한 사태와 헌법규범의 교차점에서 볼 때, '인간의 존엄성' 개념에는 '인간중심주의'에 대한 포기의 뜻이 포함되어 있는 것으로 이해된다. 하지만 '인간중심주의'의 포기나 심대한 수정이 '인간의 존엄성'의 폐기를 의미하는 것은 아니다. 오히려 그것을 지속하기 위한 필수조건으로서 일종의 사고의 혁신, 즉 근본적인 인식틀의 변화를 요구하는 것이다. 이러한 혁신의 요청에 부응하는 해석론을 통해서 재정립되는 경우에 '인간의 존엄성'의 개념은 생태철학 및 생태윤리와의 교섭을 통해서 인간의 본성과 자연에 대한 적실한 이해의 새로운 계기와 단서를 함축할 수 있게 되고, 이를 토대로 하여 '심층생태주의'와 '인간중심주의'의 조화를 지향하는 헌법해석론에 유용한 창구와 공간을 제공할 수 있을 것이다.

V. 맺는말

EU를 중심으로 한 27개 나라에서의 성과가 잘 보여주듯이 기후변화문제에 대한 환경정책 중에 가장 실효성이 클 것으로 기대되는 탄소배출권 거래제의 도입 여부와 그 시행시기를 둘러싸고 논란이 계속되고 있다. 녹색성장위원회가 제시한 일정에 따르면 2013년부터 온실가스배출권을 사고팔 수 있게 되는데 과연 예정대로 시행될 수 있을 것인지는 장담할 수 없는 실정이다. 녹색성장위원회와 환경부는 2011년 중에 국회에 관련 법안을 제출하여 준비작업을 서두르겠다고 하고, 반면에 산업계와 지식경제부는 강력한 반대의견을 고수하고 있다. 조속한 시행을 주장하는 적극론은 온실가스 감축이 '경제문제'가 아니라 '생존의 문제'이기 때문에 더 이상 배출권거래제의 시행을 미루는 것은 정당화될 수 없다고 한다. 반면에 시행시기를 좀 더 늦추어야 한다는 신중론의 입장에서는 국내산업의 국제경쟁력 격감과 국민경제적 부담을 그 이유로 제시한다. 한마디로 논의가 충분하지 않은 상황이다.

'저탄소녹색성장기본법'이 제시하고 있는 '국민경제의 발전'과 '국민의 삶의 질 향상', '국제사회에서 책임을 다하는 성숙한 선진 일류국가로의 도약' 등의 목적을 위한 기본지침, 즉 '경제와 환경의 조화'가 추상적인 슬로건을 넘어서 구체적인 제도와 정책으로 추진되는 경우에 부문별 또는 계층별로 득실의 이해관계가 크게 엇갈릴 수밖에 없다. 문제에 대한 접근 이전에 문제에 대한 합의, 말하자면 기후변화문제의 본질과 심각성에 대한 공유인식의 지평을 확대하는 노력을 주문하고 또 대응책을 마련하고 시행해나가는 과정에서 형평성의 요청을 각별하게 강조하는 것도 바로 이 때문이다.

'녹색성장'의 개념은 '경제와 환경의 조화'를 위한 전략적 플랫폼이다. "에너지와 자원을 절약하고 효율적으로 사용하여 기후변화와 환경훼손을 줄이고 청정에너지와 녹색기술의 연구개발을 통하여 새로운 성장동력을 확보하며 새로운 일자리를 창출해 나가는 등 경제와 환경이 조화를 이루는 성장"이 경제논리에 따른 극심한 갈등과 이해관계의 대립을 극복하고 지속되기 위해서는 구성원 대다수가 일상생활에서의 크고 작은 불편을 포함하여 막대한 비용부담과 손해 등의 부정적인 영향을 수인할 수 있는 협력의 태도를 갖추고 있어야만 한다. 국가의 입장에서는 경제적 여건이나 정치지형의 변화와 무관하게 이 불가피한 부정적인 측면을 충분히 고려하여 장기적이고 거시적인 조정계획을 수립하고, 정치한 정책과 프로그램을 마련하여 일관되게 집행해나가야 하는 것은 물론이다. '녹색성장'의 개념이 경제논리를 넘어서 '심층생태주의'의 철학과 정신을 토대로 하는 생태윤리의 도덕적인 차원에서 그 의미가 확산되고 심화되어야만 하는 이유는 바로 여기에 있다.

다분히 작위적인 접근이라는 비판을 예상하면서도 헌법상 '인간의 존엄성' 규정에서 생태철학과 '심층생태주의'의 함의를 찾아보려고 한 것은, 이러한 시론 자체가 생태철학적 담론의 원칙, 즉 인식과 주장의 균형성과 다양성에 부응하는 것이고 또한 그 논증과 결론에 흠결이 있다고 하더라도 적어도 '배움의 다양성'을 위해 필요한 '실수의 다양성'(diversity of mistakes)[29]에는 일조하는 의미가 있을 것으로 믿기 때문이다.

<『연세 공공거버넌스와 법』, 연세대 법학연구원, 2011. 2, 제2권 제1호, 25~54면>

---

29) Capra는 생태주의에 충실한 공동체에 필요한 요소로 해석과 학습양식의 다양성과 함께 '실수의 다양성'을 강조한다. 앞의 책, 304면.

제2장

경제헌법원론

【3】 경제선진화와 (경제)헌법의 효용

Ⅰ. 머리말

"어떤 사람들은 백이 흑으로 되면 '본질적으로 똑같다'고 말하는데 또 다른 어떤 사람들은 색깔이 조금 더 어두워지면 '완전히 변했다'라고 말한다."[1]

새 정부가 출범하였다. 취임일을 기준으로 하면 두 달 정도 지났지만, 월권 논란이 있을 정도로 적극적이고 부산했던 인수위원회의 활동기간을 포함해서 보면 이미 1/4분기 국정운영의 공과에 대한 책임은 이명박 정부의 몫이다. 다만 출범 초기인 현재시점에서 관심의 초점은 단기적인 성과보다는 향후 5년간 이어질 국정운영의 기조와 그것을 규정하는 철학과 정치경제학적 기본인식의 바탕에 모아진다.

조금씩 다르기는 하지만, 언론매체들이 "선진화의 길, 다 함께 열어갑시다"라는 제목의 대통령 취임사의 표제어로 '경제활성화'와 '실용'을 가장 많이 선별하였듯이 새 정부의 최대 현안은 경제문제이고 중장기적인 차원에서도 관심과 동력은 '경제선진화'에 집중될 것으로 전망된다.

우파와 좌파 또는 진보와 보수의 단선적이고 도식적인 구분이 불가능하고 또 불필요하기도 하지만, '딱지붙이기'의 흐름에 편승하여 본다면 일단 새 정권은 보수우파로 분류될 수 있을 것이다. 조금 유보하여 표현한다면, 적어도 좌파정권은 아닐 것이다. 이 대통령 자신과 주요 보좌진들이 얼마나 의식하고 있는지 모르겠지만, 취임사와 그간의 행태들을 보면 지난 10년간의 '국민의 정부' 및 '참여정부'를 진보좌파로 단정하고 또 그 성과를 포괄적으로 폄하하는 전제하에 전 정부와의 계속성보다는 단절과 차별화에 지나치게 집착하는 것은 아닌가 하는 우려가 없지 아니하다. 노무현 전 대통령이 밀양행 KTX 열차 안에서 참여정부와의 차별화보다는 계속성에도 관심을 가질 것을 당부하였다는 보도도 있었지만, 전임 대통령에 대한 예우와는 무관하게 단절과 차별화 자체가 자기목적이 될 수 없음은 물론이거니와, 전통적으로 우파는 급격한 제도변화와 친하지 아니하다는 지적은 혁명의 맥락에서 대립되는 극좌와 극우가 아닌 한 전 정권이 좌파정권인 경우에도 해당된다.

---

1) L. Wittgenstein, MS 125 58v, 이영철(역), 『문화와 가치』, 책세상, 2006, 100면.

선진화의 기치 아래 실용, 경쟁, 'business freindly' 등의 표제어가 난무하는 모습이 효율성(efficiency)만이 주목되고 정작 효과성(efficacy)은 외면되는 것은 아닌지, 쓸데없이 부산하기만 하고, 결국은 정당한 지향점과 기준에 대한 관심은 실종되어 몰가치적이고 반가치적인 퇴보의 길로 들어서는 것은 아닌지 우려하게 만든다. 실용주의가 이념이나 당위적 가치론과 무관한 것이 아니거니와, P. Drucker는 그의 논문선집 "Classic Drucker"[2]에서 기업경영자들에게 효율성을 덜 걱정하고 목표달성에 더 많은 관심을 가질 것을 주문하면서, 지식근로자들에게 "나의 강점은 무엇이고, 어떻게 일을 해야 하는가?"라는 질문과 함께 "나의 가치관은 무엇인가?"라는 근본적인 화두를 제시하고 있다.

여러 가지로 심상치 않은 대내외 여건과 어려운 경제상황에 대하여 인식을 달리하는 것도 아니고, 새로 출범한 정부의 의욕에 찬물을 끼얹을 생각은 더더욱 없다. 다만 좋은 차가 그렇듯이 빨리 그리고 멀리 가기 위해서는 우선 천천히 발진해야 하고 또 무게중심을 낮게 유지하면서 가속도를 높여나가야 한다. 부산하고 급격한 구호의 선창은 도움이 되지 못한다. 냉정하게 진단하고, 문제인식의 공감대를 확대해나가면서 차분하게 유용한 설득의 수단들을 찾아나가는 것이 필요하다.

그 자체가 타협의 산물인 동시에, 타협을 위한 가치적 단서와 함께 그 방법까지 제시하면서 타협을 명령하는 헌법은 숙고의 수단 및 설득의 수사학(rhetoric)으로서 매우 효율적이고 효과적이다.[3] 실용의 명제가 이념과의 결별이 아닌 것과 마찬가지로 '경제선진화'도 결코 가치중립적인 과제가 아니다. 가치적 정치경제규범인 헌법의 공통어로 최소한 필요한 만큼 숨을 가다듬으면서 우리 사회와 경제의 기준점과 지향점을 검토하고, 그 도정(道程)을 짚어본다.

II. 문제의 제기

1. 자유시장경제론자들의 개헌포교(布敎)

'작은 정부', '민영화', '기업규제완화', '시장개방' 등등 적어도 일련의 주요 정책과제

---

2) P. Drucker, 이재규(역), 『클래식 드러커』, 《한국경제신문》, 2007, 27-38면.

3) M. Lewis, "The Age Demanded: The Rhetoric of Karl Polanyi", *Journal of Economic Issues*, Vol. XXV. No. 2(1991. 6), 478-479면.

의 목록만을 보아도 이른바 '신자유주의'의 흐름에 순행하는 신정부의 출범을 전후해서 대기업의 대변인 역할을 자임하는 일부 연구기관에서 헌법 개정을 강력하게 주장하고 나섰다.[4] 그 내용은 한마디로 우리 헌법상의 경제기본조항인 제119조를 비롯한 경제헌법의 전면폐지이다. 주장의 양식도 포럼의 제목에서도 알 수 있듯이 '개헌이 아니면 미래도 없다'는 식으로 지나치게 과격하다.

이들은 기본적으로 현행 헌법상의 경제헌법을 "대중의 권력남용을 막지 못한 분위기의 산물"이라고 보는 전제하에[5], 그간의 우리나라 헌법학자들의 논의는 "인간과 사회질서에 대한 근원적 의문의 관점에서 헌법 조항들의 정당성을 판단하는 것이 아니라 묵시적으로 현행 헌법의 정당성을 인정한 상태에서 헌법의 해석에 치중해 왔다"고 비판한다.[6] 헌법학자들은 "현재의 헌법이 국민들 간의 합의에 의해 만들어진 민주적인 헌법이기 때문에 그 정당성에 대해서는 의심할 여지가 없으며, 다만 구체적 조항들 간의 충돌이나 애매한 조항들을 명료화하는 것을 자신의 일인 것으로 여기고 있는 것이 아닌가라는 생각"에 이어 "헌법도 얼마든지 비판의 대상이 될 수 있다"는 당연한 명제까지 사족으로 덧붙인다.[7]

단선적이고 구분이 불가능하고 또 이론과 실제상 모두 불필요하다는 점은 전술하였지만,[8] 돌이켜보건대 1987년 제9차 헌법 개정 이후 지난 20년 중에 전반 10년은 보수우파, 다음 10년은 진보좌파라고 한다면, 전반 10년 동안은 개헌과 관련하여 별 말이 없다가 후반 10년에 접어들면서 집요하게 헌법 개정의 주장을 제기하여 왔고, 최근에 들어서 거의 정점에 이른듯해 보이는 이들 개헌론의 목소리가 더욱 거세지고 있고, 이 추세는 당분간 계속될 것으로 예상된다. 급하고 격한 주장의 경우 대개는 그 배후에 보이지 않는 이유가 없지 않듯이, 정경유착에 따른 메리트를 더 이상 기대할 수 없고, 따라서 그 대가로서 간섭을 더 이상 수용할 이유가 없게 되었고 또 이미 더 이상 보호와 육성을 필요로 하지 않을 정도로 큰 대기업의 입장에서 그들의 기득권 보장에 가장 유리한 경제체제, 즉 영미 식의 자유시장체제로의 전환을 요구하는 것이라는 현실적인 동기 외에는 지나치게 성급한 예단과 과격한 제안의 이유를 파악하기 어렵다.

---

4) 민경국, 「자유시장경제를 위한 헌법발전의 방향 – 시장경제와 헌법의 개정방향」, 『헌법을 바꿔야 미래가 열린다: 자유민주주의와 시장경제확립을 위한 헌법 개정방향』, 2007. 11. 26, 발제문집, 93-139면.

5) 김정호, 「경제헌법 개정의 필요성과 방향」, 『자유기업센터, 경제헌법 개정을!』, 제7회 자유주의 워크숍, 1998, 54면.

6) 김정호, 위의 글, 11면.

7) 위의 글.

8) 장하준, 『개혁의 덫』, 부키, 2004, 247-252면 참조.

미래의 운명을 개헌에 건 이들 주장의 핵심을 한마디로 표현한다면, 현재 우리 경제의 어려움의 근원도 헌법에 있고, 경제살리기를 위해 필요한 거의 모든 유효한 정책과 제도를 가로막고 있는 것도 헌법이라는 것이다. 말하자면 저성장, 투자위축, 실업, 세금과다, 정부지출증가, 부동산정책 실패, 양극화심화 등 거의 모든 문제들이 근본적으로는 '정부의 실패'(govern-mental failure)가 아니라 '헌법의 실패'(constitutional failure)에서 비롯된 것이고 적절한 문제해결의 대안을 강구하지 못하고 있는 것도 헌법의 장애 때문이라는 것이다.9) 이러한 주장의 바탕에는 '자율시장의 신화'(myth of self-regulating market)에 대한 교조적인 믿음이 자리 잡고 있는바, 이들은 한국헌법의 근본적인 결함과 그 원인을 다음과 같은 세 가지의 '치명적인 자만'(fatal conceit)으로 정리한다. '시장경제에 대한 극단적인 불신', '정치가와 관료의 능력과 도덕성에 대한 무한신뢰' 및 '제한규칙(limiting rules)에 대한 무관심' 등이 그것이다.10) 궁극적으로 '헌법의 실패'를 수정하여 '자본주의 체제', 말하자면 '시장체제'(market system)11)로 전환하는 것이 미래에 우리의 유일한 살 길이고, 경제살리기의 최선의 방책이라는 것이다.

국민적 합의의 산물인 헌법도 비판의 대상이 될 수 있다는 점과 이들이 '의견이 분명한 체제옹호자들'이라는 점에는 의문의 여지가 없다. 그러나 이들의 주장은 전략과 전술의 차원에서 공히 명민함과는 거리가 멀다. 게다가 원천적으로 반증과 비판을 허용하지 않는 '신화와 교조'를 내세운다는 점을 차치하더라도 그 주장의 과격함은 건강한 열기를 더해 토론의 생산성을 높이는 순기능적 효용에 대한 기대보다는 오히려 공론장의 독점을 우려할 정도를 넘어선다.12) 다만 이들 주장이 전혀 효용이 없지는 아니하다. 적어도 왜 우리에게 차분한 숙고와 설득이 절실하게 요구되는지 또 어떻게 숙고하고 설득해야 하는가에 대한 반면교사로서 유용하기 때문이다.13)

---

9) 민경국, 앞의 글, 93-95면.

10) 위의 글, 106-113면.

11) 갈브레이스의 예리한 분석에 따르면, 이들 논객들도 '명민하고 의견이 분명한 체제옹호자들'임이 분명하다. "명민하고 의견이 분명한 체제옹호론자들은 변장된 권력의 소재지를 드러내고 불쾌한 역사의 기억을 불러일으키는 '자본주의'(capitalism)라는 용어를 더 이상 쓰지 않고 보다 '온화한 대안'으로 '시장체제'라고 명명하여 전파하여 왔고, 이 개명작업은 어느 정도 성공을 거두었다" J. K. Galbraith, *The Economics of Innocent Fraud*, 이해준(역), 『갈브레이스에게 듣는 경제의 진실』, 지식의날개, 2007, 21-29면.

12) 이러한 점에서 이상론에 빠진 경제학자가 아니라면 대부분 그러하지만, 우리나라 경제원론 교과서시장을 거의 석권한 맨큐도 시장경제론의 기조 속에서도 '시장의 실패'에 대한 지적을 빼놓고 있지 않은 것이 다행스럽다. N. G. Mankiw, *Principles of Economics*, 4e, Thomson, 2007, 11면.

13) 2006년 말에 헌법학회는 헌법 개정에 관한 학회 차원의 집단연구를 진행하여 보고서를 낸바 있다. 그 결론이 대체로 신중하고 절제된 내용이었던 것이 헌법을 비판의 대상으로 보지 않는 것에 기인하는 것이 아님은 물론이다. 필자가 집필을 주관하였지만 5명의 위원이 토론을 거쳐 정리하였던 경제헌법의 부분도

2. 경제헌법 전면폐지론 – '무지의 소신' 아니면 '전략적 선택'?

'자율시장의 신화'와 자유방임주의에 터 잡은 진단과 처방은 전술적 수단의 선택으로서는 매우 적확한 것이라고 평가할 수 있다. 원천적으로 자유방임주의와 시장불패의 신화를 토대로 하는 이상적인 시장경제질서의 절대적인 정당성을 전제하면서, 그것을 수용할 수 없는 헌법에 대하여 실패를 선언하는 동시에 그에 따른 부수적인 결과로 '정부실패'는 필연이었다는 식의 순환론 속에서 경제헌법 조항의 완전삭제를 주장하는 것은 논리적으로 자연스럽고 또한 가장 효율적인 전술적 수단이라고 평가할 수 있다.

하지만 그들 스스로 자신들의 주장이 그대로 관철될 수 있기를 기대하지는 않겠지만, 그 전략적 차원의 효과는 기대하기 어렵다. 말하자면 그들의 처방대로 경제헌법을 전면삭제하는 헌법 개정이 이루어진다고 하더라도 적어도 그들이 원하는 수준과 내용의 자유방임적 경제질서가 현행 헌법에 수용될 수는 없기 때문이다. '역사'와 '진리'까지 내세우면서[14] 주장하는 자유시장경제에서 상정된 시장이 설마 '이해를 신선하게 해주는 좋은 비유'의 예로 더할 나위 없이 좋은 Coase[15]의 비유, 즉 "두 사람이 숲 가장자리에서 호두와 딸기를 교환하는 시장"이라면 모르겠으되, 적어도 사회국가 또는 복지국가원리를 수용한 우리 헌법에서 '작은 정부와 큰 시장'의 상대적인 구도가 아니라 거의 무정부주의에 가까운 자유방임적 시장체제를 도입할 수 있는 수단은 혁명 외에는 없다.

경제의 무차별적인 외연확대의 현상과 그에 따른 전방위적인 연관성을 거론하지 않더라도 시장에 직접 영향을 미치는 경제제도와 정책은 물론이고, 예컨대 노동시장에서의 청소년보호나 소비자보호, 환경기준, 장애인보호 등 간접적으로 경세과정에 영향을 미치는 국가의 거의 모든 사회정책적 개입과 그와 연관되는 법제도의 정당성을 부인하는 식의 주장은 우리 사회의 '권리/의무구조'[16]에 대한 기본적인 합의의 대전제인 동시에 그

마찬가지였다. 해석론에 치우쳐 온 점에 대한 비판은 충분히 납득이 되지만, 헌법의 정당성을 인정하는 것과 헌법정책론 차원에서 헌법 규정의 내용을 비판하는 것은 별개의 문제이다. 한국헌법학회, 「2006헌법 개정연구위원회 최종보고서」, 2006. 11, 97-111면. 공법학회에서도 비슷한 시기에 개헌론을 다룬바 있다. 김성수, 「헌법상 경제조항에 대한 개정론」, 『공법연구』, 제34집 제4호 제2권(2006. 6), 183-207면.

14) 민경국, 앞의 글, 136면.

15) R. H. Coase, "The institutional structure of production", *American Economics Review*, Vol. 82. No. 4(1992), 718면. Coase는 "이런 시장과 그 속에서의 교환과정에 대한 세밀한 분석이 특정한 관점에서 뭔가를 규명해주기는 하지만, 그것이 완전하다고 믿는 시대는 이미 지났다"고 단언한다.

16) 장하준, 이종태·황해선(역), 『국가의 역할』, 부키, 2006, 117-121면; H.-J. Chang, "Breaking the mould: an institutionalist political economy alternative to the neo-liberal theory of the market and the state", *Cambridge Journal of Economics*, 2002, 26, 544면 이하.

결과이기도 한 헌법의 정의사회이념과 함께 오로지 이 이념의 실현수단으로서만 정당성이 유지되는 국가와 정부 자체를 부정하는 것과 전혀 다를 것이 없다.

'시장체제'가 우수한 경제조직 형태의 하나임은 분명하지만, 자본주의를 포함하여 모든 경제체제에서 시장은 가치를 정하고 사회구조를 유지하면서 인간관계를 형성하는 여러 가지 수단 중의 하나일 뿐이다. '사랑에 빠지면 눈이 먼다'고 하지만, Kuttner가 칭한 "주기적인 laissez-faire와의 로맨스"[17]도 유토피아에서나 가능한 '순수한 시장'(pure market)을 전제하는 경우에는 맹목적이고 위험한 불륜일 수밖에 없다. 더욱이 미국 발 신자유주의 로맨스의 유행은 우리가 원조보다 더 심한 듯하다. "정치학, 경제학은 물론이고 법학에서도 시장개념을 내세우는 경제학자들이 공공정책전문가로서 민영화, 탈규제, 시장개방 등 일련의 경제정책세트를 일방적으로 강요하는 지적 챔피언으로 독보적인 자리를 굳히고 '시장이 더 낫다'(Market is better)는 하나의 간명한 교조를 설파"[18]하고 있는 현상은 바로 그대로 지금 우리의 모습이다.

영미 식 자유시장의 역사만이 기정사실로 주어지고 있는 경제사 왜곡에 대한 비판이나,[19] 미국이 근대 '보호주의의 아버지'였고 보호무역주의적 산업정책의 가장 큰 수혜자였다는 '사라진 경제발전의 역사'[20]를 새삼 들추어내지 않더라도, 가장 자유로운 시장의 유산을 갖고 있는 영미 식 자본주의체제가 변함없이 가장 확실한 번영을 누리고 있는 것은 아니다. 가장 살만한 매력적인 사회를 구현하고 있는 것은 더더욱 아니다.[21] 생산과 소비 및 투자결정과 그에 따른 자원배분의 효율성을 기준으로 승패가 가려지는 게임이 무한정 진행된다면 아마도 최종 승리는 냉정하고 정확하면서 동시에 부지런함에서 타의 추종을 불허하는 시장의 몫이 될 것이다. 그러나 '시장우위의 가정'(market primacy assumption)[22]을 전제로 하는 '순수한 시장', 말하자면 '국가보다 더 나은 시장'과 시장을 대위하는 '제1의 차별자'로서 '시장보다 더 못한 국가'를 모델로 제시하여 양자택일을 강요하는 것은 동어 반복식의 말장난일 뿐이다. 대안별로 장단점을 극명하게 부각시키는 정책론적 유용성을 인정한다 하더라도 그것은 승패가 사전에 결정된 프로그램으로 설계된 가상의 시뮬레이션에 지나지 않는다.

---

17) R. Kuttner, *Everything for Sale: The Virtues and Limits of Markets*, A Century Foundation Book, 1996, 4면.

18) 위의 책, 5면.

19) 장하준, 형성백(역), 『사다리 걷어차기』, 부키, 2004, 29면.

20) 상세한 실증적인 사례는 장하준, 『국가의 역할』, 특히 22-31, 56-68, 115-20면.

21) Kuttner, 앞의 책, 4면.

22) H.-J. Chang, 앞의 글, 546면.

또한 경제와 시장의 거의 무한정 외연확대에도 불구하고 사회가 단순히 생산자 부문과 소비자 부문으로 파편화될 수는 없다. 삶의 모든 영역과 가치가 계량적인 효율성만으로 판정이 내려지는 게임에 포섭되지는 아니한다. 경제발전의 과정과 제도적 환경에 따라 다르겠지만, 자정력과 절제의 덕목이 결여된 실제 시장에서의 차별화는 일정 수준 이상의 외부비용이 유발될 수밖에 없고 또 중간탈락자가 있을 수밖에 없다. 게임의 과정에서 또 게임의 성패가 가려지는 바로 그 지점에서 우리는 공존과 상생의 '좋은 삶의 질서'를 위한 '안전망'을 쳐야만 한다.[23] 헌법은 바로 이 '안전망'을 '왜, 그리고 어느 지점에, 어떤 높이와 밀도로 쳐야 하는가'에 관한 담론에 대하여 최소한의 울타리와 '안전망'을 제공한다.

결국 관건은 자원배분의 효율성과 함께 '좋은 삶의 질서'를 형성하기 위한 가치실현과 배분의 정당성을 동시에 수렴할 수 있는 '혼합경제'(mixed economy)의 규범적 틀을 마련하는 것이고, 어느 단계에서 어떤 양식으로 국가가 시민사회와 연합하여 개입하고 조정할 것인가 하는 적당한 '조합'의 구조와 형식을 찾는 것이 그 핵심과제이다.

Ⅲ. 경제체제에 관한 담론과 (경제)헌법

1. 헌법학자를 위한 변명과 자성

전면적인 '상업화'(commercialization)와 '시장화'(marketization)의 주장이 득세하고 있는 상황에서 경제체제에 관한 담론의 출발점은 참여자들이 지나친 단순화나 과장 또는 그 내용 자체가 잘못된 주장에 의한 일방적인 협박에서 벗어날 있도록 안내하는 것이

---

23) K. Polanyi의 논문들을 편역하면서 첨부한 홍기빈의 해제, 특히 '노동시장의 탄력성'이라는 것이 개개인의 삶에 "매우 고통스러운 존재론적 불안정성"을 안겨줄 수도 있다는 지적은 소박하지만 또한 소박하기 때문에 더욱 통렬한 비판으로 다가온다. "(많은 주류 - 필자 부기) 경제학자들은 노동시장의 인간을 기본적으로 동질적인 일손, 즉 공급으로 생각하여, 수요와의 균형 그리고 가장 효율적인 임금을 위해 이리저리 움직이는 부평초로 생각하는 경향이 있다. 고용정보만 확실하게 주어지면 오늘 해고당한 구미공장의 텔레비전 조립공이 내일 여의도 빌딩의 수위가 되고, 내일 또 해고당하면 모레는 가락동 수산시장의 지게꾼이 된다는 식이다 … 설령 그대로 된다고 해도 그렇게 되려면 얼마나 시간이 걸리는가? 1년 혹은 2년? 경기순환의 장기그래프에서 1, 2년은 대단한 시간이 아닐 수도 있다. 하지만 개인의 인생에서 그 시간은 중대한 의미를 지닐 수 있다. 그 사이에 이혼을 당할 수도 있고 남편에게 영원히 경제적으로 종속될 수도 있다. 또 노숙자가 되어 건강을 해칠 수도 있다." 전세계적 자본주의인가 지역적 계획경제인가, 책세상, 2002, 178-180면. 유사한 관점에서 J. E. Stiglitz의 적확한 지적도 주목된다. K. Polanyi, *The Great Transformation*, 2nd Beacon ed. 2001, Foreword, 15-16면.

다.[24] 마치 시장이 이데올로기적인 선판단과 무관한, 이론을 통해 검증된 보편적이고 객관적인 과학적 원리이고 또 역사와 현실 속에서 최종 확인된 절대적인 진리인 양 일방적인 주장을 하는 것은 진실을 왜곡하는 신화의 조작이고 그것을 통한 정치적 선동에 지나지 않는다. 역사가 Hobsbawm[25]의 말대로 "선동적 역사와 스스로 정당화하는 신화가 되는 경향의 이데올로기적 역사에 의해서 채워지는 위험한 눈가리개를 없애려고 노력하는 것 또는 적어도 그것을 조금이라도 들어 올리거나 이따금이라도 들어 올리는 것"이 역사가의 책무라고 한다면, 이는 경제체제에 관한 담론에서 헌법학자들에게도 그대로 해당된다.

적정한 규율범위와 통제밀도는 별론의 대상이되, 헌법이 경제현상을 외면할 수는 없다. 자유민주적 헌정질서가 정착된 국가에서 정치생활의 핵심문제는 경제문제이다. 정치권력집단의 헌법에 대한 의도적인 외면과 무시가 용인되던 개발독재체제를 벗어난 우리 현실에서도 거의 무한정 그 외연이 확장된 경제현상은 단순한 관찰과 이론적 분석, 즉 '정치와 사회 및 그 어떤 비수학적인 측면'[26]도 배제하는 신고전학파의 '실증경제학'의 연구대상이나 또는 '규범경제학'적인 경제정책론의 대상으로만 국한되지 아니한다. 헌법은 그 자신이 중요한 경제 주체이기도 한 국가와 시장, 개인 또는 기업 상호 간에 적정한 역할분담의 기준을 설정하고, 핵심 소재가 바로 경제인 정치현상을 규율하는 정치경제규범이기 때문이다.[27]

또 한편 의도적인 설계의 대상으로 삼기에는 변화무쌍한 시장경제의 현상과 그에 대한 규제의 가능성과 한계에 대하여 경직된 헌법규범의 잣대로 재단하고 판단하는 것은 과거에 작성된 헌법텍스트와 그 헌법텍스트를 출발점과 종착점으로 해야만 하는 헌법해석의 가능성과 한계를 시험대에 올려놓는 것이 아닐 수 없다. 그러나 헌법 또는 헌법재판실증주의의 시대에 '헌법이 말하는 것'이 무엇인지를 말해 주어야만 한다는 기대와 요구를 회피할 수 없다면, 그것을 말하기 전에 우선 헌법해석과 헌법해석자의 한계를 전제하고 확인하는 것이 선결과제로 주어진다. 한계의 극복은 한계의 인정에서부터 시작될 수 있다.

그러나 이러한 한계를 인정하는 전제하에 남는 헌법의 공간은 무분별하고 무제한적인 이데올로기적 갈등과 정견의 대립을 순화시켜서 생산적인 토론의 기회를 제공한다.[28] 헌

---

24) Kuttner, 앞의 책, 10면.

25) E. Hobsbawm, 강성호(역), 『역사론』, 민음사, 1997, 70면.

26) E. Hobsbawm, 「신자유주의의 죽음」, 홉스봄 외, 노대명(역), 『제3의 길은 없다』, 당대, 1999, 28면.

27) 정치헌법과 경제헌법의 관계에 대한 논의로는 특히 김형성, 「경제헌법과 경제정책의 헌법적 한계」, 『헌법과 경제정책 심포지엄』, 2004. 6. 15, 3-5면 참조.

28) 이에 관해서는 후에 상술한다.

법해석은 단순한 정책분석도 아니고, 헌법텍스트에 담겨져 있는 고착된 의미를 언어분석적인 방법으로 탐색해내는 기술적인 작업도 아니다. 공식적으로 확정된 준거로 주어지는 헌법텍스트는 경제정책을 둘러싼 이념대립과 정치논쟁으로부터 일정한 거리가 유지되고 언어폭력을 포함하여 모든 적나라한 폭력의 행사가 허용되지 않는 개방된 언어의 공간으로 주어진다.

또 한편 추상성에 의해 주어지는 개방된 공간을 채우는 헌법텍스트 작업은 궁극적으로 해석자의 주관적인 선판단에 따른 결과일 수밖에 없다. 헌법해석자의 '제너럴리스트의 제도적 한계'(institutional limits of generalist)[29]도 부인할 수 없다. 그러나 이 한계들 역시 그것을 인정하고 절제의 요청으로 수용할 때는 오히려 헌법해석자의 조정자 또는 설득자로서의 효용을 뒷받침해주는 토대가 된다. 헌법해석자가 K. Mannheim이 말하는 이른바 '자유부동적 지식인'(freischwebende Intelligenz)[30]일 수는 없겠지만, 제너럴리스트로서 '제도적 한계'를 갖고 있고 오히려 바로 그렇기 때문에 정책논쟁으로부터 일정한 거리를 유지한다는 점에서 중립적이고 공정한 토론주재자로서는 적격이다.

또한 헌법텍스트에 담겨져 있는 '관점들'(Topik)은 헌법해석자의 '법적 추론'(legal rea-soning)을 통해서 수렴되고, 이 과정 속에서 해석자의 주관성이 여과되고 수정 보완되면서 객관성을 확보하게 된다. 정책결정과정의 관점에서 보면, 이러한 공식적인 '관점의 목록'과 정서된 방법론을 토대로 하는 '법적 추론'은 필요한 최소한의 정책의 정당성과 결정과정의 합리성을 담보하는 효율적인 검증장치이다. 관건은 체계정합성과 현실정합성을 동시에 수렴해 낼 수 있는 정치한 헌법해석론을 정립하는 것이다.[31] 요컨대 선판단의 한계에 따른 '제도적 한계'를 인정하고, 그에 대한 비판적 성찰을 계속한다면 헌법해석자는 정치적·정책적 담론만을 통해서는 장악하기 어렵거나 또는 관점의 불균형이 초래될 수도 있는 현실을 포착하여 조율해 나가는 데 장점이 적지 않은 담론설계자 및 조정자로서의 역할을 수행할 수 있을 것이다.

29) C. R. Sunstein/A. Vermeule, "Interpretation and Institutions", 101 *Mich. L. Rev.* 886(2003).

30) K. Mannheim, 임석진(역), 『이데올로기와 유토피아』, 청아, 2000, 218면.

31) 법도그마틱과 법해석의 정책관련성과 정책수단으로서의 법의 기능적 과제에 관한 법이론적 고찰에 관해서는 이상돈, 『법철학』, 2003, 29-32, 138-143면 참조.

2. 경제체제담론의 헌법규범적 좌표

원론적으로 보면 복잡사회에서 사회가 어떤 특정한 종류의 문제에 대한 결정을 정부 또는 법제도에 할당해야 하는 것인지 여부 또 어떤 경우에 그래야 하는 것인지는 질적, 양적으로 큰 몫을 차지하기는 하지만 시장도 그 한 부분으로 포함되는 전체 사회구조와 정치체제의 차원에서 정해지는 문제이다.[32] '순수한 시장'이 아닌 한 국가의 개입은 불가피하다. 문제는 허용 또는 금지의 범위와 조건 및 그 형식인바, 이는 사회 전체의 정치적 타협을 통해서 정해진다. 또 한편 경우에 따라서는 경제에 대한 국가의 규제와 조정이 이미 선재하는 시장의 자유와 자율성을 제한하는 개입이 아니라 시장의 자유의 내용과 내재적인 한계를 형성하는 것으로 간주되어 시장참여자들과 관찰자들에게 완벽하게 수용될 수도 있다.[33] 이는 궁극적으로 법제도에 의해 결정되는 특정한 권리와 의무, 공식적 또는 비공식적으로 설정된 사회적 책임의 정당성에 대한 사회구성원들의 합의에 따라 결정된다.

경제체제[34]가 이 사회적 합의의 내용 중에 가장 크고 핵심적인 부분이라고 본다면, 경제체제의 모델을 선택하고 그 기본적인 운용체계를 설계하는 것은 정치적 타협의 산물인 헌법에 그 대강이 규정되고 헌법의 마당에서 논의되고 헌법의 형식으로 정리되어야 하는 전형적인 '헌법문제'이다. 현상유지가 아니라 퇴보만을 바로 뒤에 두고 선진사회 진입의 기로에 서 있는 우리가 당면하고 있는 가장 중대한 정치경제학적 현안이 바로 '정치적 민주화와 경제적 자유화의 결합'이기도 하지만, 바로 이 '헌법 문제'는 경제헌법 조항뿐만 아니라, 인간의 존엄과 가치는 물론이고, 직업의 자유 또는 기업의 자유나 재산권 등의 경제적 기본권과 노동권, 인간다운 생활을 할 권리 등의 사회적 기본권을 망라한 일단의 '규범복합체'(Normkomplex)와 전방위적으로 연관되는 문제이다. 물론 이 '규범복합체'에는 사상의 자유, 학문의 자유, 언론의 자유 등 정신적·정치적 생활영역의 기본권들도 포함된다. 경제체제에 관한 담론이 건강하고 생산적인 토론으로 진행되기 위한 최소

---

32) F. Schauer, "Legal Positivism and the Contingent Autonomy of Law", T. Campell/J. Goldsworthy, *Judicial Power, Democracy and Legal Positivism*, Ashgate, 2000, 222면.

33) 장하준, 『국가의 역할』, 120면. 장 교수는 "'자유'시장이 그러한 것과 마찬가지로 그 개념쌍인 '국가개입'에 대한 정의조차 허약하기 짝이 없다"고 비판하면서, 경제발전의 수준과 사회적 환경에 따라 국가의 시장개입으로 간주되기도 하고, 그렇지 않기도 한 예로 아동노동의 금지와 제한, 자동차 매연배출기준 같은 환경규제, 최저임금제도를 비롯한 근로기준 등을 제시한다. 같은 책, 118-121면.

34) 경제체제와 경제질서 또는 경제구조 등의 용어는 혼용되기도 하지만, 경제질서가 경제과정을 위한 골조인 동시에 그것을 관리하는 soft ware라고 한다면, 경제체제는 경제질서와 그 속에서 형성되는 경제과정을 포괄하는 system의 개념으로서 제도적인 측면을 강조하는 용어라고 할 수 있다. 이에 관해서는 배진영, 「경제질서, 경제체제, 경제헌법의 개념적 비교」, 『제도와 경제』, 창간호, 2007. 8, 35-43면.

한의 필요조건인 '열린 마당'과 '공정한 규칙'은 바로 이들 기본권이 보장되지 않고서는 갖출 수 없기 때문이다.

요컨대 헌법의 공간에서 진행되는 경제체제담론에서 경제질서는 칸막이가 쳐진 폐쇄체계로 파악되지 아니한다. 경제질서를 형성하는 작업은 전체 헌법질서와의 연관 속에서 경제질서를 이해하되, 그렇다고 해서 경제질서의 부분이 전체 헌법질서 속에 함몰되지 아니하고 독자성이 유지되도록 하면서 그 부분질서와 전체질서가 상승(相乘)효과를 발휘할 수 있게 만들어나가는 역동적인 '구조화 작업'으로 진행된다.

3. 우리 경제헌법의 충분한 용량과 탄력도

1) 개요

다음 장에서 상술하는바와 같이, 우리 헌법상 경제헌법의 핵심조항인 제119조는 이른바 '원칙 - 예외 형식'의 윤곽규정이고, 동 규정에 담겨져 있는 재판규범 또는 행위규범의 내용은 우선 '최적화명령'과 연계되는 가중된 '소명부담'(Darstellungslast)[35]의 배분기준으로 파악된다. 원칙적으로 시장에 맡겨져 있는 경제에 대하여 국가가 예외적으로 규제와 조정에 나서는 경우 국가는 제2항에 규정된 네 가지 국민경제목적 - '국민경제의 균형성장과 안정', '적정한 소득분배', '시장지배와 경제력남용의 방지' 및 '경제주체 간의 조화를 통한 경제의 민주화' - 의 관점에서 그 이유와 목표에 대하여 명확한 소명을 해야 한다. 시장의 자정력에 맡겨 놓을 수 없는 어떤 심각한 '시장의 실패'가 있는지, 얼마나 큰 외부비용의 유발이 예견되는지 또한 구체적인 정책목표와 특정한 정책수단을 선택한 이유와 그 효과에 대한 전망 등이 '최적화명령'에 부합됨을 충분히 설명하고 설득해야만 한다. 이 '소명부담'의 통제규범 또는 행위규범으로서의 구체적인 내용 등 헌법 제119조에 대한 상세한 해석론은 후술하되, 여기에서는 경제체제에 관한 개방된 담론의 맥락에서 우리 헌법학계에서 유력한 다수설[36]에 의해 제시된 '사회적 시장경제질서'(soziale

---

35) Vgl. BVerfGE 79, 311(344ff.). 독일 연방헌법재판소는 기본법 제115조 제1항에서 '국민경제전체의 균형'에 대한 심각하고 지속적인 장애를 제거하기 위한 경우에만 예외적으로 허용되는 '투자'(Investition) 목적 이외의 초과국채발행의 합헌성에 관한 결정에서 입법자의 '소명의무'의 개념을 제시하였다. 이에 관해서는 이덕연, 「국채발행에 대한 헌법적 제한」, 『헌법판례연구 3』, 2001, 514-516면 참조.

36) 예컨대 허영, 『한국헌법론』, 박영사, 2008, 158면. 권영성, 『헌법학원론』, 법문사, 2008, 167-168면. 일부 학자들은 독일에 특유한 '사회적 시장경제'의 개념과 구별하는 의미에서 '사회조화적 시장경제'라는 개념을 사용하고 있는데 내용상 차이는 없는 것으로 생각된다. 황적인·권오승, 『경제법』, 1996, 41면

Marktwirtschaftsordnung)의 모델의 의미와 효용을 검토한다.

2) 우리 경제체제담론의 현황과 문제점

경제체제라는 큰 주제에 관심을 갖는 것을 이상하게 볼 이유는 없다고 생각되는 우리 나라의 대표적인 기업부설 연구소의 하나라고 할 수 있는 삼성경제연구소가 '1987년 체제 이후 한국경제 20년에 대한 재검토'와 '향후 20년에 대한 방향제시 및 구체적인 정책 대안의 제시'라는 큰 구도를 갖고 연구서를 펴낸바 있다.[37] 제1장 제1편 <1987년, 한국 경제구조 변화의 시작>은 '정치적 민주화와 경제적 자유화의 결합'이라는 숙제를 갖고 있는 한국경제의 현황을 "경제시스템의 발전궤도를 확립하지 못한 채 절충과 실험을 반 복하며 과도기적 혼란상태에서 방향성을 잃고 표류하고 있는 상황"으로 진단하고, 이어 서 제2편 <정체성의 혼란과 비전의 부재>에서는 "한국경제의 진단과 처방에 관한 논의 들이 실용적인 고민과 미래의 대안이 아니라 이념적 대립과 정체성의 혼란으로 확대되는 양상을 보이고 있다"고 지적하고 있다. 특히 '영미형 시장경제', '정부중심 시장개혁론', '유럽형 코퍼러티즘', '한국형 신발전주의' 등의 네 가지 모델[38]을 둘러싸고 진행되는 경 제체제에 관한 담론에서 다음 세 가지 문제점을 적시하고 있다.

첫째로 지적된 문제점은 논의의 토대가 되는 이상적인 경제체제에 대한 공통지식과 정 보가 취약하다는 것이다. 모든 논의의 대강과 교차되는 찬성과 반대의 주장이 특정국가 또는 일정한 유형의 국가군의 특정한 경제체제를 준거모델로 삼고 있는데 각각의 체제가 정착될 때까지의 발전과정과 제도적 환경에 대한 관심과 연구가 크게 미흡하다는 것이다. 한편으로는 장점과 연결되는 결과와 성과의 부분만이 단편적으로 강조되고, 반면에 단점 과 역기능은 은폐되거나 축소되어 체제에 대한 왜곡된 또는 빈약한 지식과 정보를 갖게

이하. 동 개념의 적확성을 부인하는 입장은 권영설, 「국가와 경제 – 경제질서의 헌법적 기초」, 『공법연구』, 제16집(1988), 10면; 정순훈, 「우리 헌법상 경제질서와 경제규제의 한계」, 『공법연구』, 제16집(1988), 173 면; 『경제헌법』, 법문사, 1993, 230면; 김형성, 앞의 글, 7-9면. 또한 헌법 제119조 제1항과 제2항을 '내 적 연관관계'에서 파악하는 입장, 즉 '개인의 경제적 자유를 보장하면서 사회정의를 실현하라는 내용의 경제헌법상의 근본적인 목표설정규정'으로 보는 견해도 '시장 대 정부'의 대립구도에 초점을 맞추는 행 위규범 및 통제규범으로서 경제조항의 의미와 법적 효력과 관련해서는 차별성이 부각되지 못한다. 홍성 방, 『헌법학』, 현암사, 2003, 974면; 한수웅, 「한국헌법상의 경제질서」, 『공법학의 현대적 지평』, 심천 계희열 박사 화갑기념논문집, 1995, 173면 이하.

37) 홍순영, 장재철 외, 『한국경제20년의 재조명』, 삼성경제연구소, 2006.

38) 위의 책, 31면. <표 1-7>(한국경제를 보는 네 가지 시각). 표의 편제와 일부 표현만을 바꾸었을 뿐, 내 용은 그대로 전재한 것임.

되고, 결국 한국 경제의 대안에 대한 논의가 이념적 대립으로 진행될 수밖에 없다는 지적이다.[39]

<표 3-1>

	기본입장	원칙 및 정책선호
영미형 시장경제 (신자유주의)	-성장동력의 회복을 위한 시장효율성 제고	주주자본주의, 노동관계유연화, 기업 및 금융기관의 자율성보장, 규제완화, 민영화, 시장개방
정부중심 시장개혁론	-재벌, 금융 및 노동 부문에 대한 정부주도 개혁	주주자본주의, 정부의 금융규제, 노사정모델지지, 시장개방
유럽형 코퍼러티즘 (사회적 시장경제)	-보호주의 및 소득재분배	재벌에 대한 사회적 통제: 노조의 경영참여, 금융의 공공성, 시장개방반대, 노사정모델의 확대를 통한 사회적 대타협
한국형 신발전주의	-외환위기 시 과잉개혁으로 성장동력 훼손 -과거 산업화모델같은 고유한 성장모델 필요	기업친화적 규제완화, 반(비)시장적 정책(노사정, 형평성위주 분배정책) 반대, 국내기업 역차별 금지 및 경영권보호 조건부 시장개방 지지

이러한 현상이 이데올로기적 입장에 의해 규정된 지적인 불균형성과 논쟁상의 전략적 선택에 따른 의도적인 편협성이 표현된 것은 아닌지, 그것이 체제중립적인 일반적인 현상인지 여부에 대해서는 의문이 없지 아니하지만, 적어도 인식공유의 토대와 지평이 크게 미흡하다는 점에 대해서는 이견이 없다.

두 번째 문제점은 각각의 입장에서 추상적인 경제체제모델의 원용을 주장만 할 뿐, 구체적인 현실정합성, 즉 한국경제에 접목될 수 있는 가능성과 그 조건 등에 대해서는 침묵하고 있다는 것이다. 상황에 따라 개별적인 '제도의 수입'(institutions shopping)에만 관심을 갖고 '제노석 성합성'의 문세는 외면하기 때문에 원용된 법제들이 제도 자체의 효율성은 물론이고 효과성, 즉 사회전체의 생산성을 높일 수 있는 일관체제로 운용되지 못하고 궁극적으로 경제주체들의 불확실성에 대한 불안만을 증폭시킨다는 것이다.[40]

셋째는 한국 경제의 강점과 약점에 대한 냉철한 분석이 부족하다는 문제점이다. 좀 더 생산적인 논의를 위해서는 환경의 변화와 현황에 대한 인식을 공유할 수 있는 '정형화된 사실'이 확보되어야 하는데 그렇지 못하다는 지적이다.[41]

전술한바와 같이, 일부 세부적인 논점에서는 이견이 없지 아니하지만, 실용적인 대안선택의 지향점과 우리 경제의 구조적 상황에 대한 진단 및 문제인식은 공유하고자 한다.

---

39) 위의 책, 34-35면.

40) 위의 책, 35면.

41) 위의 책, 36면.

다만 여기에서 관심은 이러한 문제점을 안고 있는 경제제체에 관한 담론을 좀 더 생산적인 논의로 발전시켜 나갈 수 있는 가능성과 조건 및 그 방법을 탐색하는 작업에서 (경제)헌법과 헌법학이 할 수 있고 또 해야 하는 역할을 자임하고 더 나아가서 그 일부 작업을 진행시켜 보는 것이다.

3) 경제체제담론의 헌법정책적, 헌법해석론적 함의

논의의 지평을 좀 더 넓히는 관점에서 앞에서 제시했던 네 가지 경제체제 모델을 좀 더 세분화하여 다음 <표 3-2>[42]에서와 같이 '자유방임적 시장경제'와 '완전한 계획경제'를 양극단으로 하고, 그중간에 국가의 시장 및 기업에 대한 개입 및 통제의 양식과 정도, 말하자면 시장과 기업의 자율성보장의 범위를 기준으로 '순수한 시장' 모델에 근접한 측과 '완전한 계획경제' 측에 각각 6단계씩 총 14단계로 분류한 대안모델을 놓고, 우리 헌법상의 경제질서와 연결하여 헌법정책적, 헌법해석론적 함의를 검토해본다.

〈표 3-2〉

시장경제의 원형
(R0) 무정부주의(완전한 자유방임경제)
(R1) 경제에 대한 특정한 질서틀(예컨대 경쟁보호)－자유주의
(R2) 비경쟁 부문의 국가적 관리(공공재조달)－자유주의
(R3) 재분배정책－사회적 시장경제
(R4) 시장에 대한 포괄적 관리－유도적 시장주의
(R5) 부문별 각개 관리－(관리적 시장주의: 필자 부기)
(R6) 기업차원의 미시적 관리(투자통제)－순화된 사회주의
(L6) 경영상 투자의 자유－시장사회주의
(L5) 국가의 부문별 생산계획－프라하의 봄
(L4) 기업단위의 생산의 자유에 대한 국가적 계획－프라하의 봄
(L3) 분권화된 국가의 생산계획 수립－신경제체제
(L2) 가계의 소득 추구활동의 자유(직장 선택의 자유)
(L1) 가계의 소득 사용(소비)의 자유
(L0) 완전한 미시적 관리－완전한 명령경제
중앙계획경제의 원형

유력한 다수설에 의해서 현행 헌법상의 경제질서로 이해되는 '사회적 시장경제질서'의

---

42) H. Bartling/F. Luzius, *Grundzuege der Volkswirtschaftslehre*, 8. Aufl., Verlag Vahlen, 1991, 37면. 이 분류표는 후술되는 현행 헌법 제119조 해석론의 부분에서 '소명부담배분'의 기준으로 재원용된다. 경제체제의 분류와 비교에 관해서는 다음 문헌도 참고할만하다. H. Leipold, *Wirtschafts-und Gesellschaftssysteme im Vergleich*, 4. Aufl., UTB, 1985, 특히 47-74면.

기조는 '경자유전의 원칙'(제86조), 사기업 근로자의 '이익분배균점권'(제18조 제2항)까지 규정할 정도로 통제적 경제질서를 취했던 제헌헌법 이래 그 편차는 적지 아니하지만, 현행 헌법까지 유지되고 있다. 물론 제5차 개헌 이전까지 지속된 제헌헌법의 경제조항(제84조)[43] 과 제3공화국 헌법(제111조) 이후 현행 헌법에 이르는 경제조항은 '원칙과 예외'의 비대 칭적 구도가 상반된다는 점에서 동일한 경제모델로 파악할 수는 없겠지만, 자유와 평등 의 조화를 통해서 시장자본주의의 폐해를 보정하고, 경제적 약자를 보호하려는 사회민주 주의의 이념적 토대는 공유하였다고 할 수 있을 것이다.[44]

<표 3-2>에 대입해보면, 예컨대 개별 기업차원의 이익분배를 대상으로 한 '이익분배 균점권'을 준거로 할 경우 전자의 경우는 '완화된 사회주의'(R6) 모델에 가깝고, 현행 헌 법상의 경제질서는 '사회적 시장경제질서'(R3)에 해당 또는 근접한 것으로 볼 수 있을 것이 다. 개념에 관한 이견이 없지 아니하지만, 우리의 관심은 '사회적 시장경제'라는 모델 의 작명(作名)에 있지 아니하다. 우리의 경제질서가 독일의 '사회적 시장경제질서'의 모 델, 말하자면 특유한 사회 및 경제의 발전과정과 제도적, 제도외적 환경에 따라 정립된 특정한 '질서정책적 구상'(ord-nungspolitisches Konzept)과 일치하는 것인지 또는 얼마나 일치하는지는 헌법사나 비교헌법론의 관점에서 주목하는 것일 뿐이다. 말하자면 헌법정 책론과 헌법해석론상 유력한 참고자료일 뿐이다.

다만 적어도 동 경제체제의 이념과 기본원리 중에 우리가 공유하고 있고 또 공유할 수 있는 부분이 적지 아니하고 그 제도와 운용체계, 특히 헌법상 유사한 '규범복합체'를 비롯 하여 기본적인 사법체계가 우리와 크게 다르지 않은 점, 더욱이 우리 헌법 제119조에도 명 시적으로 규정되어 있는 '적정한 소득분배'는 오늘날 거의 모든 국가에서 주목되는 핵심적 인 요청이기도 하지만, 특히 독일의 '사회적 시장경제질서'(R3)와 '유도적 시장경제'(R4)의 모델을 구별하는 결정적인 준거가 된다는 점 등을 고려하면, 동 모델이 우리 경제체제의 선택과 바람직한 발전방향을 모색하는 데 유력한 준거모델이 될 수 있는 것은 분명하다. 예컨대 적어도 '개인의 자유와 창의를 기반으로 하는 사회정의실현'이라는 '사회적 시장경 제질서'의 근본이념이나, '개인의 자유와 창의적 활동'을 사회의 경제적 능력을 증대시키고 지속가능한 경제적 성과를 확보하기 위한 필수조건으로 또 경제적 활력을 사회정의실현의 전제조건으로 보는 기본인식은[45] 후술하는바와 같이 우리 헌법 제119조를 시장중심의 '원

---

43) "대한민국의 경제질서는 모든 국민에게 생활의 기본적 수요를 충족할 수 있게 하는 사회정의의 실현과 균형 있는 국민경제의 발전을 기함을 기본으로 한다. 각인의 경제상 자유는 이 한계 내에서 보장된다."

44) 우리 헌법상 경제조항의 변천에 관해서는 김철수, 『한국헌법사』, 대학출판사, 1990, 125-131면.

45) H. J. Thieme, *Soziale Marktwirtschaft*, dtv, 1991, 9-11면.

칙과 예외의 형식'으로 보는 해석론에 거의 그대로 원용될 수 있을 것이다.

이러한 점에서 '사회적 시장경제질서'는 헌법 제119조의 해석론에서는 물론이고, 헌법 정책론의 차원에서도 바람직한 경제체제의 선택과 발전방향에 관한 담론에서 현실적인 선택가능성을 전제로 주장되는 대안들 중에 '중점'(中點)에 있는 유용한 준거모델로 활용될 수 있다. 헌법해석론의 측면은 다음 절에서 상론하고, 우선 헌법정책론의 관점에서 담론의 기본조건과 한계 두 가지만을 지적한다.

순수한 이론적 연구나 이데올로기적 투쟁의 범주가 아니라 이론과 현실 및 규범이 서로 조건과 한계의 관계로 연계되어 있는 지점에서 주목하는 경제체제의 문제는 헌법의 가능성과 한계에 대한 주도면밀한 헌법정책적 검토와 함께 접근되어야 한다. 이상적인 모델에 관한 빈약한 지식과 정보, 현실정합성 또는 제도 간 정합성의 문제에 대한 외면, 우리 경제현황에 대한 냉정한 분석의 결여 등, 앞에서 짚어본 세 가지 문제점은 특히 이러한 맥락에서도 재삼 주목의 대상이 되는 것이기도 하거니와, 여기에서는 경제헌법의 개정에 관한 생산적인 논의의 방향과 그 조건을 모색하는 헌법정책론의 관점에서 유의해야 할 두 가지 지침을 검토한다.

우선 정치경제규범인 헌법의 특성과 기능에서 도출되는 헌법이론상의 당위적인 요청과 현실정합성의 문제를 배제한 채 진행되는 경제체제에 관한 담론은 공론의 자격을 인정받을 수 없다. 정치적 타협의 결과인 동시에 타협을 위한 정형화된 담론의 공유매체이고 공간인 헌법의 최고 정치규범으로서의 정치규율기능과 그에 따른 경직성과 추상성, 개방성 등을 고려할 때, 경제체제를 선택 또는 변경하는 헌법 개정이라면 유동성과 안정성의 사이에서 적어도 안정성 쪽에 치우친 보수적인 입장에서 논의가 시작되어야 하고, 시종일관 '숙고'의 자세가 유지되어야 한다.

헌법규범과 헌법현실, 특히 둘 사이의 틈새에 대한 냉철한 분석이 '숙고'의 출발점이고, 지향점을 제대로 잡기 위한 필수조건임은 물론이다. 말하자면 논의의 구조와 맥락상 개헌에 대한 헌법정책적 접근은 헌법해석의 가능성과 한계, 말하자면 현행 헌법의 해석을 통해 확보되는 그릇의 용량과 탄력이 더 이상 우리 경제 현안을 해결하고 장래 지속가능한 경제 활력을 발전시키는 데 긴요한 제도와 정책을 담아낼 수 없는 한계선에 이르렀는지에 대한 검토에서부터 출발해야 하는 것이다. 우리 헌법 제119조의 원칙규정을 비롯한 경제헌법 조항의 전면폐지를 주장하며 내세우는 '개헌 없이는 미래가 없다'는 캐치프레이즈는 '숙고'의 분위기와 어울리지 아니한다.

또한 헌법해석론의 관점에서 이에 관한 반론은 후에 상술하거니와, 이러한 성급하고 격한 정치선동성의 개헌론은 현실정합성의 관점에서도 공론의 장에 수용하기 어려운 근본주의적인 편향성과 폐쇄성의 문제를 안고 있다. 주지하는바와 같이 조화점의 위치변화에도 불구하고 적어도 제5차 개헌 이후 우리의 경제체제와 실제 운용기조의 중심이 일정한 오차범위 내에서 시장경제의 틀을 벗어난 적이 없었다. 헌법실현의 측면에서, 특히 정치경제규범으로서의 실효성이 충분히 확보되지 못했던 상황을 감안한다고 하더라도, 제헌헌법과 그 이후 네 번(제2차, 5차, 7차, 8차)에 걸친 경제관련 조항들의 개정을 통한 경제체제의 선택과 변화는 상당 부분 정치사회적 타협의 산물이었다고 할 수 있다.

건국 당시의 특별한 정치경제적 상황이 반영되어 통제경제체제의 성격이 강했던 제헌헌법을 포함하여 자유민주주의와 자본주의의 이데올로기적 제약, 정확하게 말한다면 이념적 결단에 따른 경제체제의 선택은 자유와 평등 두 이념 간의 절충과 타협의 결과였고, 그 선택의 현실정합성과 당위성의 근거는 사회경제적 이해관계에 따라 이념적 성향이 엇갈리는 집단 상호 간에 공감과 설득의 노력에서 찾아진다. 최고규범으로서 헌법의 실효성이 크게 미흡했던 사정이나 쿠데타의 후속정리 작업으로 진행된 개헌과정의 파행성을 감안한다고 하더라도, 집단 상호 간의 설득을 위한 비용과 그것이 합쳐진 사회 전체 차원에서의 설득비용이 정치 사회적으로 감당할 수 있는 수준을 넘어서는 경우였다면 설령 권위주의체제하에서 특정집단의 절대적인 지원을 받는 경우라도 관철 또는 강요될 수 없었을 것으로 생각된다.[46]

<표 3-1>에서 제시된바와 같이, 우리의 사회구조와 정치경제상황 속에서 타협을 위한 설득의 비용은 이론적으로 상정되는 좌우측 모델군의 중점을 기준으로 하여 양극으로 갈수록 좌우대칭의 정비례의 관계로 순증하는 구도가 아니라, 원천적으로 시장의 극에 치우친 우측 중간지점 정도에 설정된 중점을 기준으로 한 극심한 불균형의 비대칭구도로 설명된다. 말하자면 적어도 <R3>를 기준점으로 하여 <R2>와 <L6>의 범위를 넘어서는 모델을 선택하는 것은 설득비용을 또는 역으로 설득을 포기한 채 일방적으로 강요하는 경우라면 그에 수반되는 정치사회적 부담을 감당할 수 없었을 것이다.

이러한 분석틀과 이에 따른 헌법정책적 판단과 전망은 기본적으로 현재 우리 상황에도 그대로 적용될 수 있을 것으로 생각된다. 요컨대 모델명을 그대로 차용할 것인지 여부와

---

46) 예컨대 제5차 개헌을 통해 '개인의 경제상의 자유와 창의 존중'을 기본으로 하는 시장경제질서가 경제기본조항(제111조 제1항)에 명시적으로 규정되었던 것이나, 제8차 개헌에서 기본원칙을 그대로 유지하면서 '독과점 폐단에 대한 적절한 규제와 조정'을 추가(제120조 제3항)하였던 것 등은 정치적 결단과 그에 따른 정책기조의 변화가 표현된 것이기는 하지만, 사회구조와 경제상황의 변화에 대한 공통인식과 그에 부응하는 기본경제질서에 대한 폭넓은 사회적 공감이 반영된 타협의 결과라고 할 수 있을 것이다.

는 관계없이 헌법정책론의 차원에서 독일의 '사회적 시장경제질서'와 유사한 모델을 우리 헌법상 선택가능한 대안들 중에 중점에 있는 것으로 설정하는 경우, 이 중점을 기준으로 하여 일정 범위를 넘어서는 모델의 선택을 주장하는 입장들은 정치경제적 담론이라면 모르겠으되, 적어도 개헌공론의 의제로서는 배제되어야 한다. 고비용 대비 효율성과 효과성을 전혀 기대할 것이 없기 때문이다.

4) 문제인식의 지평확대

경제체제 담론상 문제점의 하나로 '제도적 정합성'의 문제를 충분히 고려하지 않고 외국법제를 무분별하게 직수입하는 관행의 문제는 앞에서 지적한바 있다. 그 근원은 유례를 찾기 어려울 정도의 초고속의 경제성장과 그에 따른 급속한 사회변화에서 찾아지고 또 그렇기 때문에 어느 정도 불가피한 측면이 없지 않았다고 할 수 있으나, 앞으로 논의과정에서는 동일한 시행착오가 반복되어서는 아니된다는 점에 대해서는 이견이 있을 수 없을 것이다. 더 이상 그것을 불가피한 것으로 변명할 수 있는 상황조건이 아닐 뿐만 아니라, 우리 경제의 절대적·상대적 규모나 정치사회 부문과의 연관성의 크기 등을 고려할 때 부정합에 따른 역기능과 비용은 이전과는 비교할 수 없을 정도로 심대하기 때문이다.

다만 경제체제에 관한 담론의 주제로 이 문제점을 논의하는 맥락에서는 문제인식의 지평을 좀 더 확장해서 초점을 달리하여 문제를 제기하고 차선의 답을 탐색하는 것이 필요하다. 이념과 기능상 상호 정합적인 관계에 있는 일련의 정책과 법제들을 특정한 체제의 이상적 모델의 범주에 획정하고, 그 경계선을 넘어서는 정책과 제도들의 선택과 조합 또는 병행을 획일적으로 부정적인 '부정합'의 현상으로 단정하여 그것을 획일적으로 배제 또는 완화하는 최선의 방안을 묻는 것은 적절한 문제제기가 되지 못한다. '제도 간의 부정합성'도 문제이기는 하지만, 그에 앞서서 그 원인과 배경의 관점에서 다음과 같은 세 가지 부정합의 측면이 고려되어야 하는 것은 바로 그 때문이다.

첫째, 제도와 의식 간의 부정합, 특히 시장참여자들의 제도와 정책에 대한 불신의 문제가 여전하다. 결과적으로 실패한 과거의 부동산대책이나 교육정책 등이 그러했듯이, 그 근원은 일관성이 결여된 정책추진의 과정에서 찾아진다. 현안이 부각될 때마다 즉흥적인 미봉책을 성급하게 급조하여 내놓고, 그러다 보니 제도와 정책의 일관성이 결여될 수밖에 없는 상황에서 시장이 가장 싫어하는 불확실성이 초래되면서, 결국 경계심리가 일상화된 시장의 반응은 정책당국자의 예상과 기대에 어긋나고, 오히려 실패에 대한 확신을 전제로 정부가 손에 쥐고 있는 '숨겨진 카드'를 넘겨짚는 것에만 관심을 기울이는 현상이 고착화되었다. 또 한편 제도와 정책 자체의 문제가 아니라, 정부의 중립성과 정책의지에 대한 냉소적인 의식이 해소되지 않고 있는 것은 더욱 심각한 문제이다. 불법적인 분식회계를 통해 엄청난 규모의 비자금을 조성하고 횡령한 재벌총수들에 대한 지나친 감경처벌과 무분별한 사면조치의 주기적인 반복 등으로 인해 정상적인 정책의 수립과 시행을 위한 최소한의 필수조건이라고 할 수 있는 법의 엄정성과 사법체제의 공정성에 대한 신뢰의 자본은 거의 잠식된 상태이다.[47]

둘째, 우리 사회의 전체적인 여건이 일정한 오차범위 내에서 예측이 가능했던 문제들에 대하여 차분한 준비와 숙고 속에서 대응해 나갈 수 있는 상황이 아니었던 점도 고려되어야 한다. 적어도 문제의 상당 부분은 제도적 부정합성의 문제에 대하여 충분한 검토를 하지 못한 상태에서 또는 인지된 부정합성과 그에 따른 비용을 감수하면서라도 대증요법식의 제도와 정책을 시행할 수밖에 없었던 비상한 사정에서 비롯된 것이라고 할 수있다. 1980년대 후반의 이른바 '토지공개념입법' 등 그동안 숱하게 시행착오를 거듭해온 부동산정책들을 비롯하여, 1997년 외환위기의 수습을 위해 취해졌던 무리한 금융개혁과 대기업 구조조정의 조치들은 그 좋은 예이다. 또 한편 입법자의 기대와 예상과는 크게 어긋나는 시장의 반응 속에서 2007년 7월부터 발효된 '기간제 및 단시간 근로자의 보호 등에 관한 법률'[48]의 시행과정에서도 드러나고 있듯이, '제도 간 부정합성'의 문제와 함께 또는 그에 앞서서 우리가 주목해야 하는 문제는 상호 보완의 조건관계에서 선행 또는 병행되어야 할 조치가 취해지지 않은 채 특정한 제도나 정책이 성급하게 도입 시행되는 '제도와 현실의 부정합성'의 문제이다.

셋째, 초고속의 경제성장과 산업화 및 도시화의 과정에서 고착된 우리 사회의 정치경제적 구조와 그 속에서 비롯되는 현안들의 특수성도 주된 원인의 하나로 검토되어야 한다. 경제체제의 이상적인 모델 자체가 특정한 국가의 정치사회적 여건과 경제발전의 과정과 연계되어서 상정된 것이기도 하거니와, 칸막이가 쳐진 특정한 체제모델의 범위 내에서만 해결대안을 선택할 수 없었던 것은 상당 부분 이질성을 넘어서 차원과 위상이 다른 문제들이 동시다발의 양상으로 주어져 온 우리의 특수한 상황에 기인한다.[49] 노동자

---

47) 극히 일부의 재벌대기업들만이 관련되는 지주회사규제, 출자총액제한, 이른바 '금산분리정책'의 폐지 및 완화나, 이른바 '황금주'(거부권부 주식), 'Poison Pill' 등 기업경영권 방어수단을 도입하는 것 등도 투자 확대를 유도하여 경기를 부양하기 위한 유력한 방안들로 검토될 수 있는 것은 물론이지만, 몰아치기식의 일방적이고 성급한 추진과정 속에서 그 역기능과 부작용, 특히 정책의도의 중립성에 대한 불신의 측면은 전혀 고려되지 못하고 있는 것도 하나의 부정합의 현상으로 주목된다.

48) 2006. 11. 30, 의결.

또는 자본가와의 근친성, 정부의 시장개입에 대한 찬반입장, 체제변화에 대한 선호도 또는 급진성 여부 등의 기준에 따라 좌파와 우파를 단선적으로 대별하는 것이 우리나라에 그대로 적용될 수 없는 것도 같은 맥락에서 이해된다.[50] 예컨대 앞의 <표 3-1>에서는 '재벌에 대한 사회적 통제'를 유럽형 코퍼러티즘의 시각에서만 주장하는 것으로 분류하였으나, 재벌이 우리의 특유한 문제라는 점이나 재벌에 대한 다양한 문제인식과 그에 따른 재벌개혁의 방향과 대안에 대한 엇갈리는 시각[51]을 떠나서 적어도 독과점방지, 회계투명성의 제고와 총수일가에 의해 지배되는 기형적인 기업지배구조의 개선 등 일정 범위에서의 개혁은 '영미형 시장경제' 등 어떤 준거모델을 취하는 경우라도 배제될 수 없는 정책과제일 것이다.

요컨대 우리가 당면하고 있는 '제도적 부정합성'의 문제는 부정합성 자체의 문제점에 대한 주목과 함께 또는 그에 앞서서 문제 상황과 맥락에 따라, 부문과 유형 및 형식별로 특정한 체제모델의 칸막이를 넘어서는 '정책혼합'(policy-mix)이 인정될 수 있는 범주를 설정하고, 허용가능한 부정합의 조건과 편차범위에 대한 대강의 기준을 마련하는 방향에서 접근되어야 한다.

4. 경제체제담론과 헌법학

이와 같이 '제도적 부정합성'의 문제에 대하여 시각을 달리하여 그 원인과 배경을 재검토해 본 것도 같은 맥락에서이지만, 문제해결을 위한 대안의 모색도 칸막이가 쳐진 폐쇄된 공간을 벗어나서 개방된 공간에서 학제 간 공조작업을 통해서 접근되어야 한다. 다음 장에서 제시되는 헌법 제119조에 대한 해석론도 적어도 부분적으로는 이러한 공조작업의 일환에 해당된다고 할 수 있거니와, 여기에서는 헌법정책론의 관점에서 헌법과 헌법해석론이 자임할 수 있고 또 분담해야만 하는 적정한 역할의 획정을 위해 검토되어야 할 세 가지 단서를 간략하게 살펴본다.

ⅰ) 헌법해석의 방법론은 정당화 관점들 간의 설득력을 둘러싼 경쟁이다. 정당화의 관

---

49) P. Drucker는 그의 저서인 *Management Challenges for the 21st Century*의 한글번역본에 덧붙인 '한국독자를 위한 메시지'에서 다음과 같이 단언하고 있다. "어떤 국가가 겪은 도전도 지난 50년간 한국이 경험한 것만큼 크지는 않다. 어떤 선진국도 앞으로 10년 또는 20년 내에 정책, 조직, 구조 그리고 노동력의 개발과 보상이라는 측면에서 - 무엇보다도 그것에 대한 가정과 기본적 목표에서 - 한국보다 더 심각한 변화를 겪지는 않을 것이다." 이재규(역), 「21세기 지식경영」, ≪한국경제신문≫, 1999, 13면.

50) 이에 관해서는 장하준, 『개혁의 덫』, 248-249면.

51) 예컨대 위의 책, 155-166면.

점들은 우선 가치규범인 헌법을 공통의 준거와 매개로 하는 점에서 상당부분 절제된 가치적 선판단에 의해서 걸러진다. 또 이 경쟁은 상대적으로 잘 정서되어 축적된 '법적 논증의 규칙'에 따라 진행된다는 점에서 적어도 부분적으로는, 특히 경제체제의 선택 등 '전략적 틀'에 대한 합의와 같이 이데올로기적 성격의 '큰 현안'(large-scale issues)들에 대한 '갈등관리'(Konflikt-management)의 측면에서 다른 양식의 담론에 비해서 더 효율적이고 효과적이다.

우선 정서된 규칙과 함께 축적된 선례 및 이론적으로 정립된 학설(doctrine)들에 의한 제약들은 법관들에 대해서뿐만 아니라 해석방법론 및 해석론의 차원에서도 상당한 수준의 절제를 담보한다. 헌법해석방법론 자체가 이론의 불완전성, 즉 "어떤 해석이론도 스스로 정당화될 수 없다"[52]는 전제에서 출발하는 가치적 정당화의 이론이라는 점에서 적어도 반증가능성을 부정하는 자기정당화의 주장은 자연스럽게 걸러질 수 있다. 예컨대 이미 "사실상 죽은 자율시장신화"[53]의 부활을 주장하는 의제는 헌법적 논의의 장에 상정되지 못한다. 철학의 우선과제를 '얼토당토않은 것을 피하는 것'(Unsinnvermeidung)이라고 한다면,[54] 그것은 정치경제학적 담론에서 헌법학의 우선 과제이기도 하다.

ⅱ) 헌법학이 분담하는 '갈등관리'의 역할이 경제정책의 기조를 설계하고 구체적인 제도와 정책을 선택하는 전면적인 '대위결정'(vicarious decision)을 포함하는 것은 아니다. 일차적으로 한계를 넘는 '얼토당토않은 정책'을 걸러 내는 것은 헌법의 정치규범 및 정책규범적 효용으로 당연히 기대되는 것이되, 헌법이 정치와 정책과정을 대신할 수는 없다. 헌법의 개방성, 추상성의 특성과 함께 '법관(헌법재판관)이 헌법이라고 말하는 것이 헌법'이라는 관점에서 헌법해석의 기능적 측면을 고려하면, 정책규범으로서 헌법의 장점은 '옳은 결정'의 실체적 판단보다는 우선 그 가능성을 높이기 위하여 정책과정상의 절차적 정당성을 담보하는 규칙과 형식의 측면에서 주목된다. 결정기술의 관점에서 '법적 논증'과 '민주적인 숙고'가 상호 장단점이 교차되는 것과 마찬가지로, 유권해석자인 헌법재판관은 물론이고, 앞에서도 언급한바와 같이 헌법학자들이 교육과 경력, 도덕적, 정치적 덕성 등의 측면에서 '옳은 결정'을 내릴 수 있는 더 나은 조건을 갖추었다고는 볼 수 없다. Sunstein이 나무만 보고 숲은 보지 못하는 시각적 한계나 현실적인 관철력의 부족 등을 지적하면서, 특히 '사회개혁' 차원의 '높은 수준의 현안들'(high-level issues)에 대하

---

52) C. R. Sunstein, *Legal Reasoning and Political Conflict*, Oxford Univ. Press, 1996, 180면.

53) J. E. Stiglitz, 앞의 책, 10면.

54) A. Somek, *Rechtliches Wissen*, Suhrkamp, 2006, 26면.

여 불가피한 경우가 아닌 한 사법자제를 주문하는 것도 같은 맥락에서 이해된다.[55]

다만 그렇다고 해도 '과잉금지원칙' 또는 '최적화의 명령' 등과 같은 헌법원칙들의 실체적인 가치판단기준으로서의 규범적 효용이 전면 부인되지는 아니한다. 예컨대 그 자체가 전형적인 '합리화된 결정 및 통제체계'인 '과잉금지원칙'은 전술한 얼토당토않은 정책과 제도를 걸러낼 수 있는 저비용-고효율의 합리적인 정책통제수단이다. 또한 후술하듯이, 그 행위규범으로서 효용은 헌법소송의 단계에서만 기대되는 것이 아니라 법원의 합헌적 법률해석 및 적용의 단계에서는 물론이고 정책과정의 전반에 걸쳐서 적용되고, 위헌성 판단의 근거로 고려될 수 있는 가능성도 단순한 가부 간의 결정이 아닌 '제3의 중간영역', 즉 경제정책의 최대한의 헌법정향성과 현실정합성을 동시에 수렴해낼 수 있는 공간으로 확대될 수 있다.[56] 바로 이 개방된 공간 속에서 '자율시장의 신화'를 강변하면서 오로지 '경제적 효용'만을 강조하는 '관점의 편향성'과 '가치 간의 불균형' 및 그에 따른 '제도적 부정합성'의 문제에 대한 숙고와 수정의 기회가 주어진다.

iii) 그 자체가 가치적 통합규범이면서, '갈등관리'의 관점에서 기능적 장점을 갖고 있는 헌법을 준거로 하는 헌법해석방법론은 앞에서 논의했던 '제도적 부정합성'의 문제와 관련하여 보다 넓은 시각에서 접근할 수 있는 기회를 제공해줄 수 있다. 소송절차가 그 전형적인 공식제도이기도 하지만, '헌법적 논증'은 절차의 공정성을 담보하는 규칙에 의해서 제약되는 특수한 정당화 담론의 한 형식이다.

예컨대 Ely는 사법심사(judicial review)와 대의민주주의를 조화시킬 수 있는 대안으로 이 '과정기반이론'(process-based theory)을 제시하면서, 사법심사의 정당성의 근거로 정치적 대의과정에서 참여하지 못한 집단과 공정하게 대표되지 못한 이익을 배려할 수 있는 기능적 장점을 제시하는바,[57] 이는 사법심사의 정당한 기준을 제시하는 헌법해석론의 과정에도 그대로 적용된다. 말하자면 헌법과 헌법이론을 통해 확인된 기본권목록과 원칙들은 어떤 이유로든 필수적으로 고려되어야 할 기본적인 가치들이 배제되거나 또는 적정하게 반영되지 못하게 되는 '가치의 무지'와 '관점의 불균형'의 사태를 피할 수 있게 하는 데 유용한 안전망을 구성한다.[58] Forst의 말대로, 오늘날 사회적 부정의에 대한 저항은 근

---

55) C. R. Sunstein, 앞의 책, 176-182면.

56) Vgl. W. Leisner, "Verfassungsschranken der Unternehmensbelastungen", *NJW* 1996, 1516면.

57) *Democracy and Distrust —A Theory of Judicial Review*. Havard Univ. Press, 1980, 75면, 181면. Ely의 '과정이론'에 대한 상세한 내용은 윤명선, 『미국헌법과 통치구조』, 유스북, 2006, 314-338면.

58) 오늘날 지배적인 법학방법론의 하나로 자리 잡은 법학적 관점론의 이념으로 소극적 형평과 적극적 형평의 관점에서 중용, 형평, 조화 및 비례를 제시하는 것도 같은 맥락에서 이해될 수 있다. 김명재, 「현대헌법해석방법론에 대한 비판적 고찰」, 『공법연구』, 제29집 제1호, 2000. 11, 12-15면.

본적으로 '무엇인가를 차지하려고 하는 또는 더 가지려고 하는 소유욕'보다는 '정당화를 요구할 수 있는 근본적인 권리'를 더 이상 억압당하고 무시당하지 않으려고 하는 적극적인 참여의식에서 비롯되고, 이는 바로 정당화의 근거를 제시하고 또 요구할 수 있는 이른바 '정당화의 존재'(Rechtferti-gungswesen)로서 존중을 요구하는 자긍심의 표현이다.[59]

앞에서 우리의 경제체제담론상의 문제점을 논의하면서 '기본적인 가치들과 자율시장이데올로기 간의 부정합성'의 문제를 지적한 것이나, '제도 간 부정합성'의 문제를 현상 자체보다 그 원인과 배경을 더 주목한 것 등이 적절한 문제제기와 대안을 모색하는 데 성과가 전혀 없지는 않았다고 한다면, 그것은 법학적 관점론과 '헌법적 논증'의 안전망이 작동된 결과라고 할 수 있을 것이다. Sunstein은 "What Constitution Do"라는 부제를 붙인 그의 저서 "Designing Democracy"(2001)를 마무리하면서 '민주적 헌법'(democratic constitution)의 과제는 "합의가 필요한 경우에는 그것을 가능하게 하고, 합의가 불가능한 경우에는 그것을 불필요하게 만드는 것"이고, 그것을 통해서 '상호존중'과 '사회적 안정'이 확보될 수 있다는 결론을 제시하고 있다.[60] 헌법(학)이 합의가 필요한 경우와 불가능한 경우에 대한 판단권과 그것을 가능하게 만들고 불필요하게 만들 수 있는 능력을 독점하여 경제체제에 관한 담론을 주도하거나 경제정책의 결정을 대위하는 것은 가능하지도 않고 또 바람직하지도 않다. 그러나 진지한 관심과 적극적인 참여는 엄중한 헌법의 명령이다. 특히 지금 우리의 상황에서는 더욱 그렇다.

Ⅳ. 경제정책과 경제헌법 - 제119조의 해석

1. 개요 - '사회적 시장경제질서'의 개념론 탈피의 필요성

우리 헌법 제119조 제1항은 '대한민국의 경제질서는 개인과 기업의 경제상의 자유와 창의를 존중함을 기본으로 한다'고 규정하여 시장경제질서를 기본으로 한다는 것을 천명하는 동시에, 제2항에서는 '국가는 균형 있는 국민경제의 성장 및 안정과 적정한 소득분배를 유지하고, 시장의 지배와 경제력의 남용을 방지하며, 경제 주체 간의 조화를 통한 경제의 민주화를 위하여 경제에 관한 규제와 조정을 할 수 있다'고 규정하여 시장규제에

---

59) R. Forst, *Das Recht auf Rechtfertigung*, Suhrkamp, 2007, 10면.
60) C. R. Sunstein, 앞의 책, 243면.

대한 헌법적 정당화의 근거와 그 한계를 제시하고 있다.

우리 헌법학계의 유력한 다수설은 동 조항에 의해 규정된 경제질서를 이른바 '사회적 시장경제질서'로 보고 있다는 것은 전술한바 있다. 헌법재판소도 같은 입장이다. 독일의 특유한 경제체제모델을 차용하는 것이 아닌 한, '사회적 시장경제질서'의 개념을 그대로 사용하는 것에 대하여 비판적인 견해가 없지 아니하다.[61] 예컨대 일부 학자들은 '사회조화적 시장경제'라는 용어를 주장하고 있는데 "시장경제를 기본으로 하면서, 사회조화적 요구를 실현하기 위하여 국가가 경제에 대한 규제와 조정을 할 수 있는 경제질서라는 의미"라는 설명에 따르면 내용상의 차이는 별로 없는 것으로 생각된다. 개념론적으로 보면 '사회적 시장경제질서'의 개념에서도 '조화'의 추상적인 명제 자체는 전제된 것이고, 관건은 '적정한 조화'의 구체적인 지점을 설정하는 것이기 때문이다.[62]

또 한편 '사회적'이라는 개념의 애매모호성으로 인하여 처음부터 시장경제와 부합되기 어려웠다는 문제점과 함께, 실제로도 동 개념은 국가의 강력한 경제개입에 대한 제한보다 오히려 허용에 길을 열어주는 결과를 초래하기도 하였다는 점이 지적되고 있다.[63] 그러나 기술한바 있듯이, 여기에서 '사회적 시장경제질서'라는 용어를 원용하는 것의 당부는 관심의 대상이 아니다. 헌법 도그마틱의 관점에서 동 개념을 원용하여 해석론의 준거로 삼는 경우, 우리는 우선 독일과 우리나라의 경제 및 경제와 관련된 제도적·제도외적 여건과 상황이 크게 다르다는 점에 대한 확인을 전제한 후에, 두 가지 대안을 검토할 수 있을 것이다.[64] 다만 여기에서 이에 관한 상론은 약하고, 독일의 '사회적 시장경제질서'

---

61) 예컨대 정종섭, 『헌법학원론』, 박영사, 2008, 203-207면.

62) 황적인·권오승, 앞의 책, 41면 이하.

63) 정종섭, 앞의 책, 207면.

64) 첫째는, 문제상황이 크게 다름에도 불구하고 문제구조의 유사성에 초점을 맞추어서 자유와 평등의 적정한 조화를 통한 사회정의실현의 기본이념을 담고 있는 동 개념을 그대로 원용하되, 우리 상황에 부합되는 경제체제모델을 형성해나가는 것이다. 독일의 '사회적 시장경제질서'의 모델은 시장실패와 정부실패가 교차 또는 반복되는 속에서 장대하면서도 밀도 있는 실험을 통해 정리된 결과이고, 그렇기 때문에 적어도 자유와 평등의 '적정한 조화점'을 찾는 핵심과제와 그 구조적인 맥락의 측면에서는 적어도 헌법정책론 및 헌법해석론의 관점과 접근방법상의 공통점이 적지 아니하다는 점을 주목하는 선택이라고 할 수 있다. 말하자면 구조적으로 유사한 문제상황 속에서 진행된 이념적 갈등과 이론적 논란 및 그에 따른 시행착오의 경험을 적어도 그대로 반복하지 않으면서 또 한편 현실정합성의 측면에서도 본질적인 수정과 변용을 거치지 않고도 수용할 수 있는 범위 내에서 그 핵심결과물을 우리 경제헌법의 유력한 준거틀로 삼아서 경제정책 및 제도의 설계와 운용의 이념적 정향점과 기준점으로 활용하는 방안이다.
둘째는, 문제상황이 본질적으로 다른 점을 주목하여 '사회적 시장경제질서'의 개념 자체를 변용하여 외연을 확대하는 방안이다. 말하자면 독일 특유의 역사적인 맥락과 사회상황 속에서 형성된 특정한 모델인 '사회적 경제질서'의 개념을 그대로 사용하는 것이 아니라, 동 개념의 외투와 핵심이념은 차용하되, 그 구체적인 내용은 동 모델의 획정선을 넘어서는 범위로 확대하여 구성하는 것이다. 예컨대 전술한 경제체제모델의 분류를 기준으로 한다면 <R3> - <R5>, 더 나아가서는 <R6>와 <R7>번의 모델까지도 포를 준거모델로 하여 기준점을 잡고, '최적화명령'과 '소명부담'을 중심으로 하는 헌법 제119조의 해석론을 제시해본다.[65]

2. 윤곽규정과 '최적화명령'

'사회적 시장경제질서'를 둘러싼 개념론상 어떤 대안을 선택하든 우리 경제헌법의 기본조항인 제119조의 핵심 내용은 상당한 정도로 우측, 즉 시장에 편향된 비대칭의 구도에서 자유방임적 시장경제와 함께 계획경제체제를 배제하는 윤곽의 획정이다.[66] 말하자면 우리 헌법은 이른바 '혼합경제체제'를 제시하고 있다고 할 수 있다. 그런데 헌법 제119조는 혼합 또는 조화의 적정한 지점에 대해서는 구체적인 지침과 한계선을 제시하지 못한다. 자유와 평등의 조화를 통한 사회정의실현의 이념적 지표와 그것을 지향하는 부정적인 배제의 '윤곽질서'에서 경제제도와 정책의 설계와 운용에 대한 구체적인 헌법규범적 준거를 도출하는 것은 쉽지 않다. 또한 제119조는 규정체계상의 고도의 개방성과 개념의 추상성 때문에 국가의 경제개입을 제한하는 규율(Regel)적 성격의 '윤곽규정'(Rahmensordnung)으로 보기에는 그 윤곽 자체가 불명확하다.

헌법, 특히 경제헌법의 경우 상당한 정도의 개방성과 추상성은 입법기술상 불가피하고 또 필요한 형식이다. 경제정책의 목표를 설정하고 수단을 선택하는 결정권자에게 경제헌법의 기본조항을 통해서 구속력 있는 구체적인 지침과 한계를 제시하는 것은 입법기술상 불가능하거나 또는 가능하다고 하여도 바람직하지 않다. 시장과 국가의 적정한 역할분담이라는 경제체제론의 문세가 확정된 헌법규범의 기준에 따라 획일직으로 판단될 수도 없거니와, 전체 국민경제의 상황별로 국가의 경제계획과 정책이 필수적인 것인지 여부 또

함할 수도 있는 독자적인 내용의 광역모델로 설정하는 것이다.

생각건대 이 두 가지 방안 모두 이론적으로는 선택이 가능한 대안으로 생각되지만, 지나치게 그 외연을 확대시키는 후자의 경우는 경제체제에 관한 담론을 그대로 헌법해석론의 장으로 옮겨서 진행하는 것 외에 다른 실익을 기대할 것이 없을 것으로 생각된다. 오히려 앞에서 지적한바 있는 '제도적 정합성'의 문제, 즉 '제도 간 부정합' 자체와, 제도와 이념 또는 가치, 제도와 현실 간의 부정합성 등의 문제에 대한 접근에서 요구되는 차별화된 관점과 준거를 확보하기 어렵게 하여 경제체제담론의 차원에서 전제 및 도출되는 공통인식과 유용한 참고자료들을 활용할 수 없게 되는 결과가 초래될 뿐이다. 가치적 정당화론으로서 헌법해석론이 갖는 기능적 장점, 특히 안정성과 예측가능성 및 '관점의 균형성'을 담보하는 '법적 논증'의 안전망이 허술해지는 것도 우려된다.

65) 이 부분은 공법학회 제119회 학술대회(국가경제와 공법질서, 2004. 11)에서 발표된 논문인 「한국헌법의 경제적 좌표 – 시장(기업)규제의 범위와 한계」 중에서 해당 부분을 수정 보완하여 축약한 것이다. 『공법연구』, 제33집 제2호, 2005. 2, 11-20면.

66) 헌재1989.12.22. 88헌가13; 1996.4.25. 92헌바47; 1998.5.28. 96헌가4; 2001.2.22. 99헌마365 등.

는 바람직한 것인지 또 어떤 범위에서 바람직하고 필수적인 것인지는 근본적으로 법적 판단과는 거리가 있는 문제들이기 때문이다.[67] 말하자면 경제에 관한 규제와 조정의 수단이 '사회적 시장', 말하자면 '참여자의 자유와 책임이 조화되는 시장'[68]에 부합되는 것인지, 경제관련 법제와 정책이 개별 집단의 이익에 편향된 것인지 또는 경쟁자들과의 관계에서 중립적인지 여부 등의 문제에 관하여 헌법해석론이 정책적 판단과 결정을 대위하는 것은 적절하지 못하다.

이러한 관점에서 볼 때 제119조는 우선 경제정책에 대한 헌법적 한계선으로서보다는 경제정책결정권자에 폭넓은 입법형성의 공간을 허용하는 것으로 이해된다. 말하자면 이 공간은 국제규범과 정책 및 제도의 설계자가 파악하는 시장의 현실여건과 우리의 문제 상황에 부합되는 경제정책을 수행해 나갈 수 있는 '실천적 조화의 공간'이고, 제119조는 이 공간의 입구에 '헌법의 절제'를 요구하는 주의문을 게시하고 있다.[69]

다만 우리 헌법은 이 공간을 완전히 방임하지는 않고, 그 안에서 행사되는 정책적 재량에 대하여 최소한의 규범적 지침을 주고 있는바, 이른바 '최적화의 명령'(Optimierungs-gebot)[70]이 그것이다. 이 명령은 국가권력행사에 대한 제한의 형식이라는 점에서는 '과잉금지의 명령'과 동일하지만 행위규범, 통제규범으로서 그 구체적인 내용은 분명히 구별된다. 과잉금지의 원칙이 공공복리실현의 정책목적과 기본권을 제한하는 정책수단 간의 관계에서 적용되는 이른바 '한계의 한계'(Schranken-Schranken) 설정의 기준인 데 반해서, '최적화의 명령'은 목적과 목적 간의 관계에서 '조정의 적정성'에 대한 판단기준을 제시한다.[71]

---

67) P. Badura, "Wachstumsvorsorge und Wirtschaftsfreiheit", in: R. Stoedter/W. Thieme(Hg.), *Hamburg-Deutschland-Europa, Fs. f. H. P. Ipsen,* 1977, 369면.

68) Vgl. K.-H. Fezer, "Verantwortete Marktwirtschaft", *JZ* 1990, S. 657면 이하.

69) 전술한바 있듯이, 이른바 '신자유주의자'들이 제119조의 폐지를 강력하게 주장하는 것은 헌법해석론의 측면에서도 납득할 수 없다. '시장천국'의 수준이라면 몰라도 현실의 시장 속에서라면 기본적으로 시장 친화적인 구조의 이 공간은 그들의 의견과 주장을 충분히 유리한 입장에서 살려나갈 수 있다고 여겨지기 때문이다.

70) '최적화명령'에 관한 문헌소개는 이덕연, 앞의 글, 13면, 주석 35.

71) '최적화명령'을 '넓은 의미', '보통의미', '좁은 의미'로 구분하고 '비례의 원칙'의 본질을 '최적화명령'으로 이해하는 입장에 관해서는 이준일, 「'원칙'으로서의 기본권과 비례성 '명령'」, 『공법연구』, 제28집 제1호, 1999. 10, 85면 이하. 다만 이는 논증양식의 공통점을 주목한 것이지만, 특정한 가치를 우선시키는 선판단의 전제하에 제한의 한계를 설정하는 판단과 가치형성의 적정성에 관한 판단은 법리적으로 분명히 구별된다.

3. '원칙과 예외 형식'에 따른 '소명부담'(Darstellungslast)[72]의 배분

최적화명령은 실체적인 가치판단의 척도를 제공하지는 못한다. 대위적인 정책결정보다는 결정과정에 초점을 맞추어 상충하는 헌법상 원리나 법익에 대한 합리적인 비교형량, 위험과 불확실성의 요소에 대한 충분한 고려 등 정책결정과정상의 의무를 부과하는 객관적인 지침이다. 제119조 제1항과 제2항은 국가의 경제개입에 대한 '원칙과 예외의 규율 형식'(Regel-Ausnahme-Formel)을 취하고 있다.[73] 말하자면 그 규범적 의미는 시장의 자율성에 대한 '원칙'적인 보장을 전제로, '예외'적으로 필요한 경우에 국가의 경제에 관한 규제와 조정이 허용되지만, 그 결정은 '최적화의 명령'에 부합되어야만 한다는 "선후 또는 비대칭적 관계"[74]의 구도에서 파악된다.

다음 그래프에서 볼 수 있듯이, 제119조의 해석론상 현행 헌법에서 수용이 가능한 체제 또는 정책의 선택 또는 조합의 범위를 대체로 <L6>와 <R1>의 중간지대로 상정할 때, 그 선택에 따른 소명부담은 일정한 오차범위 내에서 '사회적 시장경제질서'(R3)를 기준점으로 하여 좌우 비대칭의 구도로 배분된다.[75]

---

72) Vgl. BVerfGE 79, 311(344ff.). 이에 관해서는 이덕연, 「국채발행에 대한 헌법적 제한」, 『헌법판례연구 3』, 2001, 514-516면 참조.

73) 적어도 설시상의 표현만을 보면 일찌감치 헌법재판소도 같은 입장을 제시한바 있다. "현행 헌법이 제23조 제1항, 제119조 제1항에서 추구하고 있는 경제질서는 개인과 기업이 경제상의 자유와 창의를 최대한으로 존중·보장하는 자본주의에 바탕을 둔 시장경제질서이므로, 국가적인 규제와 통제를 가하는 것도 보충의 원칙에 입각하여 자본주의 내지 시장경제질서의 기초라고 할 수 있는 사유재산제도와 아울러 경제행위에 대한 사적 자치의 원칙이 존중되는 범위 내에서만 허용될 뿐이다." 헌재1989.12.22. 88헌가13, 『판례집』, 1, 376면. 다만 토지거래허가제도에 대한 합헌의 결론과 그 핵심논증의 구도에 비추어 보면, 동 결정에서 헌재가 제119조 제1항과 제2항의 관계를 원칙과 예외의 관점에서 파악하고 있는 것으로 볼 수 없다는 비판은 적확하다. 김성수, 「경제질서와 재산권 보장에 관한 헌재결정의 평가와 전망」, 『공법연구』, 제33집 제4호, 2005. 6, 144-145면, 주 13.

74) 김성수, 『헌법상 경제조항에 대한 개정론』, 190면. 김 교수는 '비대칭관계'의 의미를 '경제현상에서 사회적 의미의 부차적인 비중', '경제의 핵심인 생산과 소비행위의 가치중립적 과정에서 이념과 주의의 탈색' 및 '분배와 사회적 약자에 대한 배려 등 사회정의실현을 사회정책적 과제로서 인식' 등 세 가지 지침으로 설명하고 있다. 기본적으로 '비대칭관계'로 보는 관점에는 찬성하지만, 이 세 가지 지침 역시 '원칙과 예외'의 기준에 따라 차별화되어야 한다는 점에 유의해야 한다. 예컨대 생산재시장에서의 순수한 거래 분야와 노동, 환경정책, 아동보호 등과 관련된 정책 부문에서 경제현상의 사회적 연관성은 크게 달리 평가될 수밖에 없다. 또한 "모든 가격은 정치적이다"라는 명제의 타당성이 전적으로 부인되지는 않는다고 한다면, 생산과 소비를 '가치중립적인 과정'으로 인식하는 것도 적어도 일반적으로 타당한 것일 수는 없기 때문이다. 가격의 본원적인 정치성에 관해서는 장하준, 『국가의 역할』, 135-137면.

75) 경제체제의 모델에 관해서는 앞에서 제시된 Bartling/Luzius의 분류에 따른 <표 3-2> 참조할 것.

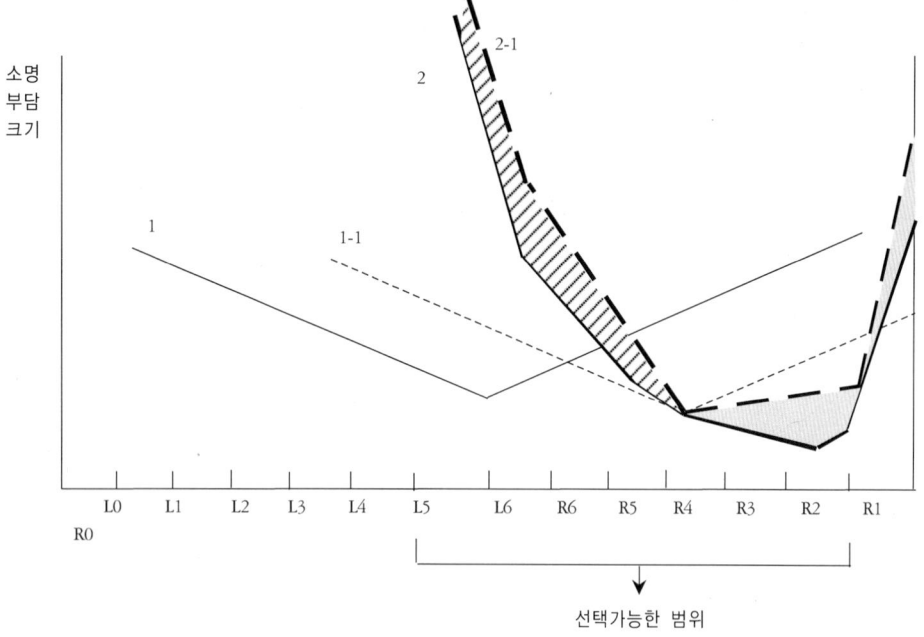

소명부담크기

1

1-1

2

2-1

L0 L1 L2 L3 L4 L5 L6 R6 R5 R4 R3 R2 R1

R0

선택가능한 범위

　　좌측으로는 <L6>의 지점을 한계선으로 하는 좁은 범위에서 상대적으로 급격하게 소명부담이 증가되고, 반면에 우측으로는 상당한 넓은 범위에서 <R2>와 <R1>의 범위에서는 상대적으로 소명부담이 저감된다. 다만 적어도 <L6> 내지는 <R6>의 범주에 속하는 제도와 정책들의 경우, 일반적으로는 미국의 사법심사에서 정리된 '엄격심사'(strict scrutiny test)의 기준과 같이 '이론적으로는 가중된 소명부담의 문제이지만, 실제 위헌심사에서는 치명적인 것'(strict in theory, but fatal in fact)이 될 가능성이 크다. 개방된 경제체제담론상의 중점을 좌우대칭의 균형점으로 가정하여 본다면, 그 경우에 설정되는 소명부담의 배분구도<선1>에 비해 제119조의 '원칙과 예외'의 형식에 따른 해석론에 의해 주어지는 소명부담은 기준점 자체가 많이 우측으로 이동된 상태에서<선1-1>, 소명부담의 크기 자체도 크게 우측에 편향된 시장친화적 경향의 불균형구도<선2>로 배분된다.

　　여기에서 <선2>는 제119조의 해석론에 따른 소명부담크기만을 나타낸 것인바, 따라서 전술한바 있듯이[76] 아동노동의 금지와 제한, 일정한 환경규제, 장애인 보호 등의 법제와 같이 직간접적으로 시장에 적지 않은 영향을 미치는 경우라도 그것이 경제에 대한 규제, 즉 국가의 시장개입이 아니라 시장참여자의 사회적 책임과 시장의 내재적인 한계를

---

76) 앞의 주석 33번 참조.

확인 및 형성하는 것으로 받아들여지는 경우에는 소명부담의 가중으로 연결되지 아니한다. 우리 헌법상 이러한 정책목표들은 제34조 제4, 5항, 제35조 제2항 등에 '국가목적조항' 형식으로 반영되어 있다. <R3>의 기준점 좌우 양측으로 빗금 친 부분과 회색 부분을 더한 소명부담의 크기를 보여주는 <선2-1>는, 기본권 도그마틱의 차원에서 볼 때 대체로 좌측으로는 기본권 제한의 정당화의 측면에서, 우측으로는 다양한 '국가목적조항'에 담겨져 있는 정책 또는 입법지침이나 기본권 보호의무 등의 객관적인 질서의 측면에서 추가로 배분되는 정당화 부담을 포함한 것이다. 물론 이 추가된 소명부담의 부분은 양적, 질적 크기가 다르고, 이 차이는 후술하게 될 통제규범 및 행위규범으로서 적용가능한 범위와 통제의 밀도 및 그 양식에도 달리 작용될 것이다.

이러한 비대칭의 불균형구도로 예외를 엄격하게 제한하는 방향에서 그 정당화소명의 공식적인 준거를 제시하고 있는 것이 제119조 제2항인데, 이 네 가지 국민경제목표는 예외의 한계를 획정하기에는 고도로 불확정한 개념으로 규정되어 있다. 이 개념의 실체적인 내용상의 불확정성에 따른 행위규범, 통제규범으로서 미흡한 규준력은 결정의 과정과 절차에 대한 규율의 측면에서 보완될 수 있을 뿐이다. 다만 원래 법규범이 확정된 하나의 결론을 전제하는 것이 아니기도 하거니와, 특히 가치규범 및 정치경제규범인 헌법에서 개념의 불확정성(indeterminacy) 또는 저확정성(underdeterminacy)은 상당 부분 불가피한 것일 뿐만 아니라, 법적 논증 형식의 정당화를 둘러싼 헌법이론과 헌법해석론의 경쟁이 성립되기 위한 필수조건이기도 하다. 개념의 불확정성은 그 자체가 비판과 합리적인 이견의 수용을 가능하게 하는 공정하고 개방된 법적 논증의 조건이기 때문이다.[77]

요컨대 '원칙 – 예외의 형식'에 따른 배분의 기준에 따르면, 경제에 관한 규제와 조정에 나서는 입법자와 정책당국자는 가중된 소명부담을 지게 된다. 제119조 제2항의 정당화 요건, 즉 '국민경제의 균형성장과 안정', '적정한 소득분배', '시장지배와 경제력 남용의 방지' 및 '경제주체 간의 조화를 통한 경제의 민주화'의 관점에서 구체적으로 국민경제상 어떤 문제와 위험이 인식 또는 예견되는지, 어떤 의도와 목적으로 '계획'하고 개입하였는지 또한 그 효과는 어떻게 예측하고 있는지 등에 대한 정책적 구상과 판단의 준거를 구체적으로 명확하게 밝혀야만 한다.[78]

---

77) Ch. L. Kutz, "Just disagreement: Indeterminacy and rationality in the rule of law", 103 *Yale LJ.* 1994, 1029-1030면.

78) 이 네 가지 국민경제목표의 정당화 요건으로서의 설득력도 확정된 것이 아니라 전체적인 정치경제 및 사회의 현실상황에 따라 가변적인 것임은 물론이다. 이와 관련된 현황진단과 전망에 관해서는 이덕연, 앞의 글, 15-16면.

4. '소명부담'의 통제규범 및 행위규범[79]으로서의 효용

'최적화명령'의 '소명부담배분'의 객관적인 기준이 위 그래프상 선택가능한 범위 내, 즉 <L6> 또는 <R6>와 <R2>의 중간지대에 속하는 법제와 시장규제에 대하여 행위규범 및 통제규범으로 적용될 수 있는 가능성과 필요성은 획일적으로 판단될 수 없다. 다만 현재 우리의 경제여건과 시장상황에 비추어 볼 때 제119조 제2항의 경제목표가 시장규제를 정당화할 수 있는 법적 준거로서의 소명력은 크게 약화되었고, 그에 따라 '최적화명령'을 기준으로 설정되는 허용의 한계선, 즉 '최적점'(Optimierungspunkt)[80]을 넘어선 것이 명백한 경우에는 그 자체만으로도 위헌결정을 내릴 수 있는 가능성이 없지 아니하고[81] 또한 경제목표 및 그와 관련된 구체적인 시장현실과의 정합성에 따라 그 가능성의 크기도 차별화된다.

일반적으로 경제현실에 대한 진단과 예측 및 경제계획과 조치의 필요성과 그 효과 등에 관한 고도의 정책적인 판단을 내용으로 하는 법률의 합헌성 심사에서는 특히 폭넓은 입법형성의 자유가 인정된다. 그러나 그것이 무제한적인 것은 아니다. 우선 입법형성의 자유의 내재적 한계, 즉 합리적인 입법재량을 거쳤는지 여부, 예컨대 예측과 전망의 정책적 의사결정과정 속에서 정책의 객관적인 합리성을 담보할 수 있는 정도로 관련 자료에 대한 충분한 검토와 의견수렴을 거쳤는지 여부는 엄격한 헌법적 통제의 대상이고, 이를 검증할 수 있는 객관적인 헌법적 척도를 탐색하는 노력은 포기될 수 없다. 문제는 정책수단의 합헌성을 실질적으로 심사할 수 있는 사법적 통제기준을 제시하는 것이다.

'최적화명령'의 재판통제규범으로서의 한계는 본질적으로 헌법재판의 기능법적 한계, 특히 '정치문제이론'(political-question-doctrine)에서와 마찬가지로, 이른바 '경제문제'(econo-mical-question)에 대한 입법에 대한 헌법재판의 기능적 한계를 제시하는 논리형식에서 제기되는 문제이다.[82] 말하자면 우리 헌법과는 달리 「독일기본법」에서와 같이 경제정책에 관한

---

79) 행위규범과 통제규범의 구별은 기본적으로는 헌법재판을 통한 합헌성통제의 기준으로서의 구속력의 구체성과 확정성을 기준으로 한 것이지만, 후술하는바와 같이 작용의 단계와 양식의 관점에서도 다르다. 우리 헌재는 '인간다운 생활을 할 권리'와 관련하여 기준이나 구속력의 구체적인 차이점을 분명하게 제시하지 아니한 채 구별하고 있으나, 대체로 입법부와 행정부에 대한 행위규범으로서 기준은 상대적으로 높게 설정되지만 위헌판단의 준거로 적용될 수 있는 효력은 제한되는 것으로 보고, 통제규범의 경우에는 그 반대로 이해하고 있는 것으로 여겨진다. 헌재1997.5.29. 94헌마33, 『판례집』, 9-1, 553-554면.

80) Vgl. K. Stern, *Das Staatsrecht der BRD, Bd. Ⅲ/2*, C. H. Beck, 1994, 835면.

81) 이러한 가능성은 부실금융기관의 정리와 관련된 헌재 결정에서 소수의견을 통해서 부각된바 있다. 2003.11.27. 2001헌바35, 『판례집』, 15-2(하), 239-241면; 2004.10.28. 99헌바91, 『판례집』, 16-2(하), 104-137면.

실질적인 내용의 헌법 규정을 두고 있지 않은 경우에 이른바 헌법의 '경제정책적 중립성'과 연계된 논제라고 할 수 있다.

그런데 우리 헌법은 제119조 외에도 제120조 이하에서 '국토의 효율적인 개발과 보전'(제122조), '균형 있는 지역경제육성'(제123조 제2항), '중소기업보호'(제123조 제3항), '소비자보호'(제124조), '대외무역의 육성'(제125조), 심지어는 농수산물의 가격안정을 통한 농어민이익보호'(제123조 제4항)와 같은 개별경제정책에 이르기까지 다양한 '국가목적조항'(Staats-zielbestimmung) 형식의 명시적인 계획수권과 입법위임 규정들을 두고 있다. 이러한 규정들의 필요성 여부와 헌법정책적 문제점에 관한 상론은 약한다. 여기에서 관심의 대상은 '최적화명령'을 담고 있는 제119조와 이들 헌법 규정들이 어떤 관계에 있는지, 특히 총론적 규정인 제119조의 행위규범, 통제규범으로서의 적용에 각론적 성격의 개별 국가목적조항들이 어떤 영향을 미치는가 하는 것이다.

우선 이러한 객관적인 '국가목적조항'이 국가의 기본권보호 의무의 측면에서든, 주관적 공권의 측면에서든 기본권적 법익과 상충되는 경우, 예컨대 중소기업의 보호와 대기업의 경영의 자유 또는 소비자보호와 기업의 자유가 상충되는 경우, 적어도 통제규범의 관점에서 보면 정책결정권자에 대하여 '프로그램적 규정' 이상의 어떤 규범적 효력을 가질 수 있는지 의문이다. '경자유전의 원칙'(제121조)과 같이 특수한 헌정사적 배경이 고려된 경우를 포함해서 이러한 구체적인 경제목표들은 개방된 '최적화의 명령'에 당연히 수렴될 수 있고 또한 그렇게 되었어야 바람직한 것으로 생각된다. 개별적인 경제정책사항들을 헌법상의 '국가목적조항'으로 규정한 것은 헌법차원에서 경제입법자에 대하여 구속력 있는 경제정책적 지침을 제시한 것이지만, 오히려 실제로는 일방적으로 국가의 시장개입을 정당화하는 정반대의 방향에서 편향되게 이용되어 왔다.

제119조를 '원칙과 예외 형식'의 최적화명령으로 이해하고, 이 명령에 폭넓은 입법형성의 정책공간과 함께 객관적인 실천의 준거로 '최적화명령'이 포함되어 있는 것으로 본다면, 제120조 이하의 '국가목적조항'을 근거로 하는 경제입법, 계획 등의 경우에도 제119조가 그 위헌성을 판단하는 독자적인 근거로 적용될 가능성과 필요성은 적어도 원천적으로 부인되지 아니한다. 또한 그 실제 가능성은 상당부분 시장개입의 현실정합성과 그에 대한 정부와 입법자의 '소명'의 타당성과 설득력에 달려 있다. 말하자면 '경제에 관한 규제와 조정'을 하는 정책수단의 적정성에 대한 '소명부담'은 상대적으로 감면될 뿐, 기본적으로는 최적화명령이 그대로 적용된다.[83]

---

82) H. Spanner, "Zur Verfassungskontrolle wirtschaftspolitischer Gesetze", *DOeV*, 1972, 217면 이하.

또한 최적화명령의 합헌성통제를 위한 객관적인 지침으로서의 규범적 효력은 재판규범에만 국한되지 아니한다. 법적 구속력이 없는 이른바 단순한 '입법방침'과는 분명히 구별되는 행위규범으로서 작용되는 독자적인 기능영역이 있다. 이 행위규범은 단순히 헌법재판을 통해 위헌 또는 합헌 여부에 대하여 가부 간의 판단을 하는 근거로서 적용되는 통제규범과는 그 작용공간과 적용양식이 다르다. 우선 행위규범의 기준은 이미 확정된 정책에 대한 헌법재판통제의 단계에서만 적용되는 것이 아니라 법원의 합헌적 법률해석 및 적용의 단계[84]에서는 물론이고 정책과정의 전반에 걸쳐서 적용된다는 점에서 적용의 공간이 훨씬 넓다. 또한 위헌성 판단의 근거로 고려될 수 있는 가능성도 가부 간의 결정이 아닌 '제3의 중간영역', 즉 경제정책의 최대한의 헌법정향성과 현실정합성을 동시에 수렴해낼 수 있는 공간으로 확대할 수 있다.[85]

요컨대 행위규범은 경제입법의 타당성에 대한 단순한 헌법정책적 의문이나 권고의 단계에 그치는 것이 아니면서, 또 한편 명백한 위헌의 단계도 아닌 '위헌에 근접한 회색지대'의 공간에서 정책규범으로서 헌법의 기능을 적정한 범위로 조절할 수 있게 하는 유용한 수단이다.[86] 규범적 의미의 불분명성과 함께 헌법 제37조로 대체할 수 있다는 이유를 제시하며 제119조 제2항의 독자적인 규범적 효용을 부인하거나[87] 또는 동 조항의 국민경제적 목표들 대신 '공공복리'를 기준으로 하여 기본권 제한의 원칙과 제도를 적용하는 것이 바람직하다는 일부 주장[88]에 찬성할 수 없는 것은 바로 제119조의 통제규범 및 행

---

83) 이러한 맥락에서, 직업선택의 자유 및 평등의 원칙과 함께 자유경쟁질서와 헌법 제123조 제3항의 중소기업보호육성의무에 위반된다는 이유로 담배제조업의 허가기준(자본금 300억 이상, 연간 50억 개비 이상 제조가능 시설)을 정한 담배사업법 시행령 제4조 제1항 제1호를 위헌으로 본 행정법원의 판결은 시사하는바가 적지 않은 것으로 주목된다. 서울행정법원(행정11부), 2007.5.2. 2006구합27014. 다만 이 판결은 항소심(서울고법 2008.1.9. 2007누13397)을 거쳐 대법원 상고심(2008.4.11. 2008두2019)에서 파기되었다. 이와 관련하여 사실상 특허에 가깝게 운영되는 정화조청소업에 대한 제한적 허가제도의 위헌성 여부를 다룬 헌재의 결정도 관점비교의 차원에서 검토해볼 만하다. 2007.4.26. 2004헌바56.

84) 특히 향후 급격하게 증대되어 나갈 것으로 예상되는 공정거래법 위반 사건에서 법해석과 합리적이고 유연한 법해석과 사태파악을 하는데 유용한 준거로 발전시켜 나가야 할 것으로 생각되는바, 이러한 관점에서 포스코의 시장지배적 지위남용 여부를 둘러싼 사건에서 원심을 파기환송한 대법원의 판결이 주목된다. 2007.11.22. 2002두8626, 동 판결에 대한 평석문으로는 정영진, 「대법원의 시장경제에 대한 철학적 고뇌」, ≪법률신문≫, 2007. 12. 13, 15면.

85) W. Leisner, 앞의 글, 1516면 참조.

86) 최근에 원유와 농산물을 비롯한 원자재가격의 폭등으로 물가문제가 불거지자 대통령이 50개 생필품에 대한 집중적인 가격관리를 지시하여 관료들을 당황하게 만들었다는 보도가 있었다. 이에 관해서는 정운찬, ≪조선일보≫, 2008. 3. 27, 시론, A30면. 그러나 결국은 이른바 '강제적 행정지도'의 형식으로 집행될 수밖에 없는 70년대식의 가격통제정책에서 관료들의 당혹만이 문제가 되는 것은 아닐 것인바, '최적화명령'의 행위규범적 측면에서 가격기구의 왜곡 등에 대한 부작용을 지적하는 경제학자들의 우려들이 헌법규범의 장에서도 논의될 수 있고 또 그래야 하는 단서를 찾을 수 있다.

87) 정종섭, 앞의 책, 204면.

위규범으로서의 효용이 적지 않다고 생각되기 때문이다. 또한 기본권의 상충이나, 기본권과 기타 경제 관련 헌법적 법익이 충돌되는 경우에 적정한 조화점을 찾는 법익형량이나, '기업의 자유'와 같은 특화된 기본권 해석론의 관점을 개발하는 작업과 관련해서도 제119조는 매우 유용한 지침과 단서로 활용될 수 있다.[89]

Ⅴ. 맺는말

심각한 경제적 어려움 속에서 경제선진화와 퇴보의 기로에 서있는 우리에게 가장 절실하게 필요한 것이 무엇인가? 경제활성화의 숙제와 함께 압도적인 신임을 부여받은 이명박 정부는 무엇을 요구받고 있고 또 요구할 수 있는가? 그 요구의 조건들은 무엇인가? 이 글을 쓰기 시작하면서 자문해보았던 질문들이다.

선문답은 아니지만, 제너럴리스트로서의 한계를 인정하는 동시에 K. Polanyi가 말하는 '지각이 있는 한 사람'(a decent man), 즉 "자신이 개인적으로 거부하였다는 이유로 국가의 강제행위에 대해서 책임을 부인하거나 또한 자신이 그것으로 아무런 이득을 취한 것이 없다는 이유로 사회의 경제적 곤궁에 대하여 책임이 면제된다고 생각하지는 않는"[90] 한 헌법학자로서 우리 경제의 어제와 오늘 그리고 내일을 헌법의 언어로 곱씹어본 결과 떠오르는 답은 '조화와 통합'이다. 헌법교과서의 내용 중 헌법의 기능과 특성을 다룬 원론부분에 표제어를 단다면틀림없이 제1순위에 선정될 명제이다. 아마도 이 답안의 실용성에 대해서는 몰라도, 적어도 이 명제 자제를 부성하시는 않을 것으로 생각되는 일부 '명민한 자유시장경제론자'들은 쉽게 동의할 수 없겠지만, 이 답과 그것을 탐색하기 위한 최선의 방법과 단서는 우리 헌법에서 찾아진다.

헌법이 결코 비판의 대상이 될 수 없는 것이 아님은 물론이거니와, 특히 제119조의 기본조항을 비롯한 현행 헌법의 경제조항들에 대한 개정론에 대해서도 토론의 장은 늘 열려 있다. 이 공론장은 누가 열어주고 말고 하는 것이 아니다. 헌법에 의해 늘 그렇게 되어 있는 것이다. 하지만 이 공론장에 입장하여 의제를 상정하고 토론에 참여하기 위해서

---

88) 김성수, 앞의 글, 196면.

89) 이는 개별 기본권의 해석론, 예컨대 '직업의 자유'나 재산권의 일반적인 해석론의 범주와는 차별화된 접근이 필요한 '기업의 자유' 등과 관련된 관점개발의 측면에서도 중요한 의미를 갖는다. 이에 관해서는 이덕연, 「한국의 경제헌법질서상 기업의 자유」, 『공법연구』, 제29집 제1호, 2000. 11, 166-177면.

90) K. Polanyi, *The Great Transformation*, 2nd. ed. Beacon Press, 2001, 266면.

는 하나의 조건이 있는바, '헌법에 대한 예의'가 바로 그것이다. 혁명을 하자는 것이 아니라면, 민주적 헌법의 정당성 자체에 대한 의문은 허용되지 않는다. 개헌론, 특히 경제체제의 선택과 같은 근본적인 헌법사항에 대한 개정을 주장하는 경우에도 설득비용의 한계와 그에 따른 타협의 현실적인 가능성에 대한 헌법정책적인 고려와 함께, 헌법해석론의 차원에서 현행 헌법의 내용, 즉 최고의 정치경제규범으로서 그 기능적 효용의 가능성과 한계에 대한 면밀한 검토가 선행되어야 하는 것도 같은 맥락에서이다.

'자율시장의 신화'를 내세우며 현행 헌법을 우리 경제의 구조적인 문제점과 그에 따른 모든 병리현상의 근원이고 또 선진경제로의 진입을 가로막는 장애물로 보는, 지나치게 단순하고 성급한 예단은 헌법에 대한 결례이다. 개인적 소신이든, 이데올로기적 선동이든 그러한 담론도 우리 헌법상 '의사표현의 자유'를 즐길 수 있는 것은 물론이되, 다만 공정하고 개방된 개헌의 공론장에 진입을 허용하기에는 실용성과 위험도의 기준에서 자격 미달이다.

이른바 '사회적 시장경제질서' 또는 이를 중점으로 일정한 오차범위 내에서 '혼합경제질서'를 채택하고 있는 현행 헌법은 경제선진화를 위해 우리가 필요로 하는 체제 및 정책의 선택과 혼합을 수용해내기에 그 용량과 탄력도가 부족하지 아니하다. 투자부진과 경기침체, 잠재성장률 저하, 가계저축의 붕괴, 사회 양극화 등등, 정부실패가 있다면 그것은 정치와 정책의 실패 또는 헌법의 운용과 해석의 실패일 뿐이지, 헌법의 실패로 단정될 수 없다. 요컨대 현행 경제헌법은 최선은 아니지만, 적어도 현 시점에서 성급하게 용도폐기의 진단을 내릴 정도로 중대한 결함을 갖고 있지 아니하다.

더구나 현행 헌법이 제공하는 경제정책운용의 공간은 기본적으로 적잖이 우측으로 편향된 지형구조를 갖고 있고 또 여러 가지 환경과 분위기도 시장친화적인 흐름에 순행할 것으로 예상된다. 작은 정부, 감세, 공기업 민영화, 시장친화적인 규제철폐 및 완화, 대기업의 투자촉진을 위한 친기업 정책, 시장개방, 노동시장 유연성 제고 등 이른바 신자유주의자들의 주장과 궤를 같이 하는, 경제 살리기에 올인을 선언한 정부의 주요 정책들의 시행에 현행 헌법이 걸림돌이 되지는 아니한다. 필요하면 얼마든지 할 수 있고 또 해야만 한다. 다만 우리 헌법은 국정운영의 기조와 연관되는 경제체제의 선택과 혼합을 비롯한 중대한 정책의 결정과정과 절차에 대하여 다음 네 가지 조건과 규칙을 제시하고 있는바, 이는 바로 필요한 만큼의 '숙고'(deliberation)와 설득을 통한 '타협'을 위한 최소한의 필수조건이다.

첫째, 적어도 개헌과 헌법해석의 공론장에서 순수한 '자율시장의 신화'는 퇴출되어야 한다. 신화와 교조는 원천적으로 논증과 토론의 대상이 아니다.

둘째, 공정하고 개방된 토론의 기회가 보장되어야 한다.

셋째, 토론참여자 간에 '무기대 등의 원칙'이 지켜져야 한다. 특히 확성기 휴대는 금지되거나 출력이 제한된다.

넷째, 상황에 따라 다르겠지만, 가능한 한 급박한 시한을 두지 말아야 한다.

결국 이러한 조건과 규칙들은 빨리 그리고 멀리 가기 위하여 필요한 토대 다지기와 도움닫기를 소홀히 하지 않도록 유도하는 가장 효율적이고 효과적인 수단이라고 할 수 있다. 경제선진화와 실용의 기치를 내세우는 신정부의 정책당국자들이 특히 유념해야 할 대목이다.

<『공법연구』, 제36권 제4호, 2008. 6. 20, 55~93면>

【4】 한국헌법의 경제적 좌표

- 시장(기업)규제의 범위와 한계 -

Ⅰ. 머리말

경제가 어렵다. 이 어려움이 상당 부분 구조적인 요인에 의한 것이고, 따라서 적어도 단기적으로는 해결되기 어렵기 때문에 더욱 어렵다.

2002년 12월 한 기업부설 경제연구원의 설문조사에 따르면, 경제전문가 300명은 한국 경제가 직면하고 있는 4가지 도전으로 '시장의 전구화(全球化) 상황에서 중국과의 경쟁', '노사문제와 빈부격차에 따른 이념갈등', '고령화사회' 및 '제조업공동화'를 적시하였다.[1] 약 2년 정도 지난 현재 시점까지의 시류는 이 진단이 여전히 유효하고, 앞으로 더욱 도전의 강도가 거세지고 속도가 급해질 것으로 전망된다.

이 도전은 단순한 전술적인 차원의 정책수단만을 가지고는 대응될 수 없다. 막(幕)이 넘어 가고 새로운 차원의 질문이 제기되는데 전막의 장(場) 속에서 답이 찾아질 수는 없다. 말 그대로 패러다임을 전환하는 결의와 실천이 요구되는 상황이다. 이러한 상황에서 우선 당장 적지 않은 전과도 기대되기도 하지만, 그보다는 응전의 기본전략을 가다듬는 차원에서 시장과 기업에 대한 정부규제의 개혁문제를 검토해본다.

최근에 이례적으로 전국경제인연합회를 비롯한 경제5단체가 공동으로 10개 분야에 걸쳐서 총 219건의 규제개혁과제를 규제개혁기획단에 건의하였다.[2] 또한 전경련은 '출자총액규제로 인한 투자저해 및 경영애로사례'라는 보고서를 통해 61건의 사례를 발표하면서 약 7조 원의 투자차질을 빚고 있다고 주장하였다.[3] 규제개혁위원회가 설립된 1998년 이후만 해도 약 6,000건의 규제폐지의 성과가 보고되고 있는데[4] 정작 시장 현장의 기업들은 대기업, 중소기업 가릴 것 없이 이구동성으로 불필요한 규제, 과잉규제, 중복규제 또는 외국기업과의 역차별 등에 대한 불만과 어려움을 토로하고 있다. 기업 측의 이러한

---

1) LG 경제연구원, 『한국경제 이렇게 바꾸자』, 2003, 21면.

2) 전국경제인연합회, 대한상공회의소, 한국무역협회, 중소기업협동조합중앙회, 한국경영자총협회, 경제5단체 규제개혁과제 공동건의, 2004. 10.

3) ≪중앙일보≫, 2004. 10. 24, E2면.

4) 최종원, 「규제개혁의 어제와 오늘: 10년 세월을 넘어」, 『2003년도 규제개혁백서』, 594면.

주장은 그 적실성에 대한 세세한 평가와는 무관하게 적어도 정책당국자는 물론이고 공법학자의 입장에서도 진지하게 대화의 장에 나서야만할 충분한 이유가 된다. 당면한 경제위기의 극복도 그러하지만, 전술한 중대한 도전에 대한 응전의 성패는 오로지 우리 경제의 성장동력의 유지와 확대에 달려 있고, 그 동력원의 대부분은 기업에 의해 창출되기 때문이다.

한 가지 의문점을 화두로 삼아서 헌법과 대화를 하고, '헌법이 말하는바'를 말해보고자 한다. '대한민국의 경제질서는 개인과 기업의 경제상의 자유와 창의를 존중함을 기본으로 한다'고 규정한 헌법이 있고, 국회에서 압도적인 다수의 찬성으로 의결된 행정수도이전 결정까지 무효화시키는 헌법재판소가 있는데, 그런데 왜 우리 경제단체와 기업 또는 기업가들은 그토록 투자에 차질을 빚고 경영활동에 장애가 되는 규제사항들에 대하여 소송을 제기하지 아니하고 건의형식으로 하소연하였을까? 그 배경과 이유가 무엇인가? 단순히 이른바 '괘씸죄'를 피하기 위한 이유 때문만인가?

Ⅱ. 연구의 범위와 한계

1. 연구의 범위

공법학회 학술대회의 발표주제로 주어진 '시장규제의 범위와 한계'의 논제에는 우선 적정한 선에서 연구의 범위를 제한하고, 연구의 한계를 분명히 확인하라는 주문과 수권의 뜻이 전제되어 있다고 생각된다. 시장을 자유경쟁의 과정을 통해 가격이 탐색·결정되고, 가격장치에 의해서 자원과 소득의 배분이 자동적으로 조정되어 나가는 경제이론상의 관념적인 교환의 마당[5]으로 이해하고, 규제의 개념을 가장 넓은 의미로, 예컨대 기업의 경영이나 국민생활에 어떤 방식으로든 영향을 미치는 정부활동의 의미로 본다면 시장규제에 해당되지 않는 정부활동의 범주는 별로 남지 아니한다. 시장이 거의 무한정 그 외연을 확대하고 있는 상황에서 사실상 시장과 전혀 무관한 국가의 일은 거의 없다. 국가 자체가 가장 큰 단위의 시장참여자라거나, 시장 자체가 원천적으로 경쟁의 틀과 법칙에 대한 국가의 담보에 의해 존재하고 작동된다는 점 등을 도외시하더라도, 경찰치안기

---

5) Vgl. K.-H. Fezer, Verantwortete Marktwirtschaft, JZ 1990, S. 657.

능이나 교육서비스 등의 이른바 '고전적인 국가의 일'들조차 시장에 대거 편입되었고, 1980년대까지만 해도 대부분 국가가 독점해 오던 철도, 전기, 통신사업들이 민영화되었거나 또는 민영화되어 가는 흐름 속에서 경쟁참여자로서든, 규제자 또는 조정자로서든 국가의 모든 활동은 적어도 간접적으로라도 시장에 영향을 미칠 수밖에 없다.

다만 오늘, 우리의 문제로 주어진 '시장규제의 범위와 한계'라는 주제는 특정한 맥락 속에서 접근의 대상과 초점이 제한되어 설정된다. 그 맥락은 전술한 우리 경제의 대내외적 여건에서 찾아진다. 특히 전 세계가 한 단위의 시장으로 주어진 무한개방경쟁체제 속에서 우리는 시장을 조정해 나갈 수 있는 독자적인 영향력의 지분은 물론이고, 여과와 적응을 위한 충분한 시간을 요구할 수도 없는 입장이다. 이른바 '신자유주의'의 기치 아래 제시되는 '세계주의적 독트린'(cosmopolitical doctrine)은 우리에게 선택의 대안으로 주어져 있지 아니하다. 19세기 말 강제로 개항될 때와 마찬가지로 거의 일방적으로 강요되고 있다. 사태를 파악하고 우리의 입장을 정리할 수 있는 한 숨의 여유조차 갖지 못하고 전력질주하면서 대응전략을 마련해야 하는 절박한 상황이다.

이러한 시급하고 절박한 문제상황은 자연스럽게 선택과 집중의 전략을 요구하는바, 본 논문은 기업의 본원적 경영활동과 관련된 시장규제[6]를 연구대상으로 한다. 우리 경제에서 가장 큰 비중을 갖는다는 점을 떠나서도[7] 선택과 결정에 따른 성과와 책임을 분명하게 차별화하는 시장과, 시장의 상황과 조건에 가장 민감한 기업 내지는 기업가의 경영활동에 초점을 맞추어서 규제의 범위와 한계를 논의하는 것이 문제제기와 결론의 최소한의 효용을 담보할 수 있기 때문이다. 여기에서 '기업경영활동의 자유'와 '규제'의 개념은 각각 헌법재판소가 '국가의 간섭이나 방해를 받지 않고 기업활동을 할 수 있는 자유'라고 정의한 '기업의 자유'와 시장의 자동조절기능, 즉 독자적인 동력(Eigendynamik)에 의해 작동되는 시장의 자율적인 차별화기능을 부인, 약화 또는 오작동 시키는 정부의 개입을 의미하는 것으로 전제한다.[8]

---

6) 규제의 목적을 기준으로 정부규제의 유형을 경제적 규제와 산업안전, 보건 및 환경정책적 목적의 사회적 규제로 구별하는 경우, 여기에서 초점은 전자, 즉 정부가 소비자보호와 산업보호 기타 경제력집중 방지 등의 경제정책적 목적을 갖고 기업의 본원적인 경영활동에 개입하는 경제적 규제에 맞추어진다. 이에 관해서는 고동수·강신일, 『21세기경쟁정책과 규제정책』, 97-101면.

7) 2003년 말 현재 전체 사업체 수는 3,187,107이고, 총 종사자 수는 1,463만 1천명이고, 이 중 법인사업체는 353,991에 달하고, 종사자가 100~299명, 300명 이상인 사업체 수는 각각 8,906, 2,410이다. 통계청, 『2003년 기준 사업체기초통계조사잠정결과』(2004. 10), 4면.

8) 헌재결 1996.12.26. 96헌가18, 『판례집』, 8-Ⅱ, 691면; 2004.11.4. 99헌바91.

2. 헌법과 헌법해석(자)의 가능성과 한계

적정한 규율의 범위와 통제의 밀도는 별론의 대상이되, 헌법이 경제현상을 외면할 수는 없다. 자유민주적 헌정질서가 정착된 국가에서 정치생활의 핵심문제는 경제문제이다. 헌법에 대한 정치의 의도적인 외면과 무시가 용인되던 권위주의적인 개발독재체제를 벗어난 우리 현실에서도 거의 무한정 그 외연이 확장된 경제현상은 단순한 관찰과 이론적 분석, 즉 '실증경제학'의 연구대상이나 또는 '규범경제학'적인 경제정책론의 대상으로만 국한되지 아니한다. 헌법은 그 자신이 중요한 경제 주체이기도 한 국가와 시장 및 개인 또는 기업 간의 적정한 역할 분담을 설정하고 핵심 소재가 바로 경제인 정치현상을 규율하는 정치경제규범이기 때문이다.[9]

또 한편 의도적인 설계의 대상으로 삼기에는 변화무쌍한 시장경제의 현상과 그에 대한 규제의 가능성과 한계에 대하여 헌법규범의 잣대로 재단하고 판단하는 것은 과거에 작성된 헌법텍스트와 그 헌법텍스트를 출발점과 종착점으로 해야만 하는 헌법해석의 가능성과 한계를 시험대에 올려놓는 것이 아닐 수 없다. 그러나 헌법 또는 헌법재판실증주의의 시대에 '헌법이 말하는바'가 무엇인지를 말해 주어야만 한다는 기대와 요구를 회피할 수 없다면, 그것을 말하기 전에 우선 헌법해석과 헌법해석자의 한계를 전제하고 확인하는 것이 선결과제로 주어진다. 한계의 극복은 한계의 인정에서부터 시작될 수 있다.

경제현상에 대한 헌법적 규율의 기능적 효용과 그 한계는 우선 그 존재양식에서 찾아진다. 좌우를 막론하고 극단적인 계획경제체제를 배제하는 혼합경제질서에서, 간결하지만 또는 간결해야 하기 때문에 고도로 추상적인 불특징개념으로 구성되어 있는 헌법텍스트를 준거로 하여 역동적인 경제현상을 규율하거나 구체적인 경제정책의 위헌성 여부를 판단하는 것은 제한된 범주에 국한되지 않는 한 체계정합성이 부인되는 형식오용이라는 비난을 면하기 어렵다. 그러나 이러한 한계를 인정하는 전제하에 남는 헌법의 공간, 즉 헌법텍스트를 공통의 준거로 하는 헌법해석(들)은 무분별하고 무제한적인 이념과 정견의 대립이 아닌 순화된 토론의 마당을 제공한다. 헌법해석은 단순한 정책분석도 아니고, 헌법텍스트에 담겨져 있는 고착된 의미를 언어분석적인 방법으로 탐색해내는 기술적인 작업도 아니다. 공식적으로 확정된 준거로 주어지는 헌법텍스트는 경제정책을 둘러싼 이념대립과 정치논쟁으로부터 일정한 거리가 유지되고, 언어폭력을 포함하여 모든 적나라한 폭

---

9) 이와 관련 정치헌법과 경제헌법의 관계에 대한 최근의 논의로는 김형성, 「경제헌법과 경제정책의 헌법적 한계」, 『헌법과 경제정책 심포지엄』, 2004. 6. 15, 한국법학원 주최, 주제논문, 3-5면 참조.

력의 행사가 허용되지 않는 개방된 언어의 공간으로 주어진다. 또한 이 공간에서 진행되는 토론, 즉 헌법해석의 작업은 폐쇄된 체계로 경제질서를 이해하지 아니한다. 전체 헌법질서와의 연관 속에서 경제질서를 이해하되, 그렇다고 해서 경제질서의 부분이 전체 헌법질서 속에 함몰되지 아니하고 독자성이 유지되면서 그 부분질서 속에서 전체질서가 표현되는 동적인 구조를 구성해 나가는 작업이다.

또 한편 추상성에 의해 주어지는 개방된 공간을 채우는 헌법텍스트작업은 궁극적으로 해석자의 주관적인 선판단에 따른 결과일 수밖에 없다.[10] 또한 적어도 일반적으로는 경제전문가로서 식견을 충분히 갖추지 못한 헌법해석자의 이른바 '제너럴리스트의 제도적 한계'(institutional limits of generalist)[11]도 부인할 수 없다. 그러나 이 한계들 역시 그것을 인정하고, 절제의 요청으로 수용할 때 오히려 헌법해석자의 조정자 또는 설득자로서의 효용을 뒷받침 해주는 단서가 된다. 헌법해석자가 K. Mannheim이 말하는 이른바 가치중립적인 '자유부동적 지식인'(freischwebende Intelligenz)[12]일 수는 없겠지만, 제너럴리스트로서 '제도적 한계'를 갖고 있고, 바로 그렇기 때문에 정책논쟁으로부터 일정한 거리를 유지한다는 점에서 중립적이고 공정한 토론주재자로서는 적격이다. 또한 헌법텍스트에 담겨져 있는 '관점들'(Topik)은 헌법해석자의 '법적 추론'(legal reasoning)을 통해서 수렴되고, 이 과정 속에서 해석자의 주관성이 여과되고 수정 보완되면서 객관성을 확보하게 된다. 정책결정과정의 관점에서 보면 이러한 공식적인 '관점의 목록'과 정립된 방법론을 토대로 하는 '법적 추론'은 필요한 최소한의 정책의 정당성과 결정과정의 합리성을 담보하는 효율적인 검증장치이다. 문제는 그 효용을 극대화하는 것이고, 관건은 체계정합성과 현실정합성을 동시에 수렴해 낼 수 있는 정치한 헌법해석론의 개발이다.[13]

요컨대 선판단의 주관성과 식견의 한계에 따른 '제도적 한계'를 인정하고 그것에 대한 비판적 성찰과 보완을 계속해 나간다면, 헌법해석자는 현실적인 이해관계와 이념갈등, 정견대립이 복잡하게 얽혀 있고, 바로 그렇기 때문에 정치적·정책론적 논의를 통해서는 장악되기 어려운 정치경제의 현실을 포착하고 조율해 나갈 수 있는 정책조정자 내지는

---

10) '헌법차원에서의 결정은 90%가 감성을 바탕으로 하고, 나머지 10% 이상의 부분은 선판단을 뒷받침하는 논거를 제공하는 것일 뿐이다'라는 Hughes 전 미국대법원장이 Douglas 신임 대법관에게 해주었다는 조언은 시사하는바가 적지 아니하다. An Intimate Memoir of the Brethren, in; The New York Times Magazine, Sept 21. 1980, 40면.

11) C. K. Sunstein/A. Vermeule, Interpretation and Institutions, 101 Mich. L. Rev. 886(2003).

12) K. 만하임, 임석진(역), 『이데올로기와 유토피아』, 218면.

13) 법도그마틱과 법해석의 정책관련성과 정책수단으로서의 법의 기능적 과제에 관한 법이론적 고찰에 관해서는 이상돈, 『법철학』, 2003, 29-32, 138-143면 참조.

토론주재자로서의 역할을 수행할 수 있을 것이다. 헌법의 관점에서 시장규제의 가능성과 한계를 가늠 잡는 것은 경제의 관점에서 헌법해석자의 가능성과 한계를 확인하는 것이기도 하다.

III. '시장규제개혁' 담론의 해체

1. 개요

헌법이 일방적으로 현실을 추종하거나 현실에 의해서 지배되어서는 아니 되고, 헌법해석도 단순히 현실의 여건과 그에 따른 가능성을 확인하는 작업만은 아니다. 그러나 현실을 외면하는 헌법해석도 있을 수 없다. 특히 가장 민감하고 역동적인 경제현상과 즉각적으로 반응하고 진화해 나가는 복잡계인 시장을 규율하는 경제헌법의 경우에는 더욱 그러하다. 현실을 주목하되 현실에 함몰되지 않으면서 가치상향적인 발전의 방향과 가능성의 공간을 제시해야 하는 것은 헌법해석의 당위적인 역할이다.

이러한 역할에 대한 기대에 부응하기 위해서는 우선 시장규제에 관한 정치적·정책론적 담론의 해체가 필요하다. 진리와 거짓, 선과 악에 대한 판가름을 하자는 듯한 보수와 진보의 경직된 이분법적 대립의 틀이 해체의 대상이다. 특정한 이데올로기 성향과 정략이 혼재되어 있는 상이한 현실인식과 전망, 대립되는 정견의 허실을 파악해야 올바른 문제제기가 가능하고, 그래야만 옳게 제기된 문제에 대한 답을 찾는 헌법해석이어야 변화되어야 할 것과 유지되어야 할 것을 분별하고, 그 변화의 방향과 속도를 설정하는 과제에 대하여 헌법이 요구하는바를 설득력 있게 말해줄 수 있다.

2. 시장규제 및 규제개혁의 현황

우리나라에서 규제개혁이 정책의제로 설정되고, 본격적으로 규제완화가 추진된 것은 대략 1990년부터였다.[14] 그 후 동시다발적으로 규제개혁이 추진되어 왔고, 1997년에는 '행정규제기본법'이 제정되어 1998년 4월에 대통령 직속으로 규제개혁위원회가 설치되었

---

14) 1990년 5월 31일에 국무총리를 위원장으로 하고, 각 부처 장관 등 총 22명의 위원으로 구성된 행정규제완화위원회가 설치되었다.

다. 1998년 8월 31일 최초의 등록규제 수가 10,717건이었는데 2004년 10월 말 현재 이중 4,900건이 폐지되었고, 1,454건이 개선되었고, 반면 1,885건이 신설 또는 추가로 등록되어서 총 2,886건이 감소되었다.[15] 결국 동 위원회가 설치된 이후만 해도 약 6,500건의 규제가 폐지 또는 개선되었고, 이는 당시 '국민의 정부'가 제시한 기존 총 규제건의 50%를 줄인다는 정책목표를 넘어서는 성과였다.

그러나 통계상의 수치로 나타난 개혁의 성과는 시장 현장에서 느끼는 체감도와는 거리가 멀다. 특히 규제개혁정책의 핵심대상인 시장규제 내지는 기업규제와 관련해서는 여전히 불만의 목소리가 높다. 특히 시장진출입규제나 출자규제, 가격통제, 기타 사업영역의 제한 등 기업의 자유로운 투자결정을 가로막는 경쟁제한적인 핵심규제와 통계로 잡히지 않는 비공식적인 규제들은 그대로 유지되고 있다는 지적이다. 최근에 이례적으로 전국경제인연합회, 한국경영자총협회 등 경제5단체가 공동으로 규제개혁을 건의한 것은 전술한 바 있다.

경제단체들의 주장을 아무런 여과 없이 용인할 수는 없겠지만, 이제까지의 규제개혁이 통계수치상의 성과에도 불구하고 정작 기업들이 자유로운 경영활동에 장애가 된다고 주장하는 규제의 상당부분은 1990년대 중반 이전에 도입되었고, 10년 이상 그 존폐 논쟁만 지속될 뿐, '규제품질'의 개선이 외면되고 있다는 점은 부인할 수 없다.[16] '원활한 기업활동을 도모하고 국민경제의 건전한 발전에 기여함을 목적'으로 '기업활동규제완화에 관한 특별조치법'이 제정(1993) 및 전면개정(1995)되어 시행되고 있음에도 불구하고, 규제개혁위원회가 2003년도에도 특히 기업경영활동의 촉진에 역점을 두고 금융회사영업활동, 공장설립, 수출입통관 등 10개의 전략과제를 선정하여 재차 일제정비를 추진한 것은 그 이전의 규제개혁이 미흡하였었다는 점에 대한 반증이기도 하다.[17] 또한 그중 9개 과제와 관련된 규제를 폐지 또는 개선하는 성과에도 불구하고 오히려 투자환경이 악화되었다는 기업 측의 주장은 적어도 규제개혁의 과제와 방향에 대한 근본적인 재검토의 필요성을 시사하는 단서로서의 설득력은 갖는다.

철폐 내지는 완화의 대상으로 지목된 현행 기업규제, 특히 대규모기업집단에 속하는 대기업을 대상으로 한 규제의 대부분은 1998~1999년과 2003년에 두 차례 일괄심사를 거치면서 나름대로 존치의 필요성이 인정된 것들이다. 가장 논란이 많이 되어 온 공정거

---

15) 규제개혁위원회, '부문별 행정규제 변경현황 통계자료' 참조

16) 신종익, 「규제개혁의 추진평가 및 향후과제」, 『2003년도 규제개혁백서』, 661-619면.

17) 최유성, 「2003년 규제개혁에 대한 평가」, 『2003년도 규제개혁백서』, 598-600면.

래법상 출자총액제한제도[18])만 해도 1986년 12월 '경제력집중의 억제'를 위하여 대규모 기업집단에 대한 특례적 성격의 정책수단으로 도입된 후, 두 번의 개정(1990년, 1994년)과 폐지(1998년)를 거친 후, 다시 도입(2001년 4월)되고, 그 후 비적용대상의 범위를 확대하고 예외로 인정하는 출자를 대폭 확대하는 방향으로 개정되어 시행되어 왔다. 2004년 정기국회에서도 동 제도의 존폐를 둘러싸고 여야 간에 논란을 거듭한 끝에, 지주회사 체제의 기업집단은 제외하고 예외적용을 일부 확대하는 선에서 계속 유지하는 것으로 확정되었지만, 줄기차게 폐지를 주장해 온 재계의 불만과 갈등은 쉽게 가라앉지 않을 것으로 전망된다.[19])

폐지론의 입장에서는 대기업집단의 출자총액을 제한하는 식의 규제는 우리나라밖에 없다는 지적과 함께 제도 자체의 실효성에 대한 의문을 제기하고, 동 제도로 인하여 기업의 투자가 위축되고 기업조직이 왜곡되는 등 심각한 부작용이 초래되고 있다는 주장을 펴고 있다. 공정거래위원회는 우리나라에만 존재하는 재벌현상에 따른 부작용, 즉 가공자본에 의한 무분별한 지배력 확장과 소유지배구조의 왜곡, 경제력집중, 동반부실화의 위험, 시장의 독과점화 등의 폐해를 방지하기 위한 정책목적과 그 수단으로서 출자총액제한제도는 정당하고 필수적인 것이라고 주장한다.[20]) 또 한편 일부 시민단체는 '출자총액제한제도의 폐지 내지는 완화는 개혁정책의 포기'라는 극단적인 주장을 펴고 있다.[21])

여기에서 동 제도의 효용과 문제점이나 위헌성 여부에 대한 상론은 유보하되,[22]) 다만 한 가지 지적하고자 하는 것은 동 제도의 존폐문제가 일종의 '상징적인 의제'로 설정되어 있다는 점이다. 실제로 동 제도의 유지의 명분인 정책목표는 대부분 더 이상 타당성이 인정되기 어렵고 정책수단으로서의 실효성도 의문시되고, 반면에 실제 출자규제로 인해서 투자가 위축되고 있다는 재계의 주장도 과장된 측면이 없지는 아니한 것으로 여겨

---

18) 자산규모 5조 원 이상의 집단(공기업 포함)에 속하는 회사의 경우 다른 국내회사에 대한 출자총액을 순자산의 25% 이내로 제한하고, 초과분의 경우 의결권 행사를 제한하는 제도이다. 다만 동종 또는 밀접한 관련 업종이나 SOC 민간투자회사, 국가나 지방자치단체가 발행주식 총수의 30% 이상을 소유하고 있는 회사 등에 대한 출자는 적용대상에서 제외되고, 외국인투자기업이나 국가경쟁력강화를 위해 필요한 산업에 대한 투자, 구조조정목적의 출자, IT와 BT 등의 첨단산업에 대한 출자 등은 예외로 인정된다. 「독점규제및공정거래에관한법률」 제10조 및 동법 시행령 제17조, 17조의 2 참조

19) 지난 12월 9일 대규모 기업집단 소속 금융·보험회사의 다른 계열사에 대한 의결권을 현행 30%에서 2008년까지 단계적으로 15%까지 축소하는 내용과 함께 동 제도를 계속 유지하는 공정거래법 개정안(2005. 4. 1, 시행)이 의결되었다.

20) 김선구 외, 「출자총액제한제도의 바람직한 개선방안」, 2003. 9, 1-3면.

21) 경실련 성명(2004. 8. 9), 경실련 홈페이지 dataroom 참조.

22) 이와 관련해서는 김형성, 전게논문, 21-23면 참조.

진다.[23] 말하자면 변화된 시장여건과 결합재무제표의 작성, 상호지급보증의 해소 및 금지 등 1997년 말 외환위기 이후 도입된 많은 개혁조치들과 내년에 도입될 예정인 집단소송제도 등에 따른 기업환경을 고려할 때 다각화억제나 사업구조의 개선 등 동 제도의 주된 정책목표는 더 이상 타당성이 인정되기 어렵고,[24] 다만 미흡한 시장감시기능에 비추어 볼 때 '실질소유권을 초과하는 의결권행사의 억제'의 목표만은 정책적으로 여전히 타당하다는 진단을 일단 비교적 중립적이고 객관적인 것으로 받아들인다면, 동 제도의 존폐를 둘러싼 논란은 고비용 저효율의 전형적인 소모성 논쟁으로 진행되고 있다고 할 수 있다.

출자총액제한제도의 존폐를 둘러싼 이러한 소모성 논란의 기본적인 구조와 특성은 기업경영활동에 대한 경제적 규제, 특히 대기업집단에 대한 직접적이고 사전적인 경쟁제한적 규제들의 대부분은 물론이고, '시장 대 정부'의 시각에서 주목되는 경기조절, 노사문제, 교육, 사회복지, 주택, 환경문제 등 모든 사회적 현안에 그대로 해당된다. 말하자면 기업의 경영전략적인 판단의 경제적 타당성에 대한 평가와 그에 따른 책임추궁은 시장에 맡겨야 한다는 시장우선론의 대세가 규제개혁으로 연결되지 못하고 있는 양상은 적어도 시장규제에 관한 한 일반적인 현상이다. '규제개혁의 개혁'의 관점에서 우선 그 원인규명과 처방에 관심을 가지게 되는 것도 바로 이 때문이다.

3. 규제개혁의 좌표 – 대타협과 결단의 필수성

'경쟁자보호'의 최대 수혜자였다고 할 수 있는 일부 대기업들만의 주장은 아닌 '자유방임의 요청', 즉 더 이상 '경쟁자'를 보호하지 말고 '경쟁'을 보호하라는 주장을 포함하여 각종 규제로 인한 고충을 호소하는 현장 기업의 목소리가 규제의 철폐나 완화로 이어지지 못하는 현상은 단순히 정치논리와 경제논리[25]의 차이만으로는 설명되지 아니한다.

---

23) 김선구 외, 전제보고서, 5-21면; 매일경제 경제부, 『2004 신한국경제보고서』, 272-276면. 최근에 삼성경제연구소에서 발표된 보고서는, 김범식, 「투자가 부진한 5가지 이유」, 『SERI 경제포커스』 제17호(2004. 11. 29), 4-10면. 투자부진의 이유로 '경기에 대한 자신감의 부족', '내수업체의 투자부진과 해외자본재선호', '축소경영의 패턴 고착', '열악한 투자환경과 투자대상의 부족'과 함께 정부나 대기업을 대신하여 '투자를 견인할 조정자의 부재'를 지적하고 있는데 전술한바와 같이 현행 출자총액제한제도는 법령체계를 기형화할 정도로 적용대상과 산정상의 예외규정을 많이 두고 있기 때문에 직접적이고 결정적인 투자장애요인이 되지는 않는 것으로 생각된다. 다만 '동물적 본능'에 따라 투자를 결정한다는 예민한 기업가들의 입장에서 적어도 정부의 경제정책의 기조와 방향을 가늠해보는 주요관심목록의 하나로 각별한 관심을 갖는 것으로 이해된다.

24) LG경제연구원, 전게서, 98-101면.

25) 김승욱 외, 『시장인가? 정부인가?』, 2004, 87-97면.

또한 세계화의 흐름과 그에 따른 시장상황에 대한 정책결정권자들의 무관심이나 인식의 부족, 관료주의적 타성이나 부처이기주의 등도 결정적인 원인은 되지 못한다.

미흡한 시장규제개혁의 현주소는 기본적으로 선진국들이 요구하는 이른바 '좋은 제도'(good governance)와 '좋은 정책'(good policy)을 그대로 수용하기에는 우리의 시장여건이 미흡하기 때문에 '좋은 제도'와 '좋은 정책'을 동시에 수용할 수는 없고,[26] 따라서 조정과 준비를 위한 시간이 필요한데 시간적 여유가 허락되지 않는 한계에 따른 현상이다. 그러나 이러한 문제점도 단기적이고 과도적인 기술적인 차원의 어려움일 뿐이다. 근본적이고 구조적인 문제는 기업 또는 시장과 정부 상호 간의 심각한 불신이다. 그 바탕에는 기득권층과 일반 서민을 양 진영으로 하는 보수와 진보집단 간의 대립이 자리 잡고 있다. 더구나 이제까지의 보수 일색의 정권과는 차별화되는 이질적인 정권이 출범하면서 토론을 통해서 쉽게 판가름이 날 수 있고 또 그래야만 하는 합리와 무리의 갈등까지 무분별하게 보수와 진보의 대립구도에 혼입되면서 이른바 '집단적 양극화'(group polarization)가 심화되고 있다.

문제는 단시간 내에 큰 비용을 들이지 않고 이 대립과 갈등을 해소할 수 있는 가능성이 거의 희박한데, 반면에 우리 경제는 시간적 여유가 거의 허락되지 않는 절박한 상황에 처해 있다는 점이다. 이러한 난관을 타개할 수 있는 방책으로는 우선 이른바 '대타협'[27]의 모델을 생각해볼 수 있을 것이다. 그러나 이 방안은 전술한 우리 사회의 갈등과 대립의 구조적 배경에 비추어 볼 때 현실성이 떨어진다. 특히 공정한 자유경쟁시장의 경험이 부족하고 또한 정부의 경제계획에 의해서 일방적으로 설정된 '의제된 타협선'에 따라 조정되어 왔을 뿐 상호 양보를 요소로 하는 명실상부한 타협의 경험이 부족한 정치적, 사회적 한계를 고려하면 적어도 단기적으로는 실현을 기대하기 어렵다. 그렇다면 남는 대안은 상대적으로 타협점을 찾기 쉬운 실용적인 방안부터 실천에 옮기면서 신뢰자산을 축적하는 것이다. 다만 이 대안은 '대타협'의 큰 그림 속에서만 그 효용을 기대할 수 있다.

이러한 상황에서 결국 기대할 수 있는 것은 '대타협'을 대신하는 정부와 정치권의 결단밖에 없다. 정치적인 부담은 크겠지만 그 결단을 통한 '큰 실험'의 소재 중에 비교적 위험이 적고 생산성이 큰 효율적인 정책수단이 시장규제, 특히 기업경영에 대한 직접적이고 사전적인 경쟁제한적 규제의 파격적인 철폐와 완화이다. 무분별한 지배력확장이나

---

26) 이에 관해서는 장하준, 형성백(역), 『사다리 걷어차기』, 2004, 229-259면.

27) 상황과 조건은 다르지만 20세기 중반 미국에서의 정부와 대기업 간의 이른바 '국가적 타협'(national bargain)이 좋은 예가 될 것이다. R. B. Reich, 남영우(역), 『국가의 일』, 1994, 60-71면. 1980년대 초 네덜란드의 성공적인 노사협력 모델인 'Wassenaar Agreement'나 정부의 규제완화와 노조의 쟁의자제 및 재계의 투자 및 고용확대의 노력이 공조되는 이른바 'Dutch 방식'의 협력 모델이 주목되는 것도 같은 맥락에서이다.

소유지배구조의 왜곡, 기타 소비자후생에 피해를 가져오는 독과점의 폐단 등은 이미 대외적으로 거의 개방된 시장에 의해 상당부분은 견제되고 수정될 수 있다. 특히 기업의 지배구조와 자본시장의 건전성 문제는 이미 국내의 법과 정책만의 문제는 아니고, 세계은행이나 IMF 등 국제기구의 중요한 관심사항이 되었고, 상당 부분은 국제규범과 미국 등의 선진국들이 주도하는 통합된 세계시장의 현실에 의해서 규정될 수밖에 없다는 점도 주목해야 한다.[28]

이 실험을 위해 필요한 것은 정부의 의지와 '정부개입에서 자유방임'으로의 발상의 전환뿐이다. 다만 한 가지 전제되어야 할 것은 정부와 정치권이 반대 측을 설득하고 정치적 결단을 내릴 수 있는 최소한의 입지가 우선 마련되어야 한다는 점이다. 일부 대기업집단의 변칙증여, 분식회계부정, 불법정치자금공여, 무분별한 내부거래 등 그들이 주장하는 이른바 global standards에 전혀 걸맞지 않는 불법, 탈법의 과거 행태들에 대한 진솔한 반성과 재발방지를 위한 제도적 장치, 특히 실효성 있는 투명성확보장치와 신뢰구축이 바로 그것이다.[29]

규제개혁의 현황과 과제에 대한 이러한 인식과 진단을 전제로, 기업규제의 범위와 한계, 특히 규제개혁의 방향과 선택가능한 정책대안의 범위에 대하여 우리 헌법이 제시하는 지침과 공간을 탐색하는 것이 다음의 주된 관심사이다.

---

28) 기업지배구조의 국제화의 배경과 주요 논점에 관해서는 김화진, 『소유와 경영』, 2003, 205-220면 참조.
29) 여기에서 대기업집단에 대한 주문은 이윤창출을 넘어서는 기업의 이른바 'nobless oblige'를 지적하는 것은 아니다. '기업의 사회적 책임'에 관해서는 특히 R. C. Solomon, It's Good Business Ethics and Free Enterprise for the New Millennium, 1997, 203면. 다만 최근에 인터넷 경제 매거진 ≪equitable≫(2004. 10. 18, '고민에 빠진 한국오너들')의 보도에 따르면 2004년 현재 국내 50대 대기업 집단의 경영권이 거의 대부분 예외 없이 자식에게 이미 실질적으로 승계되었거나 승계작업이 진행되고 있는데 아무리 우리의 특유한 시장여건과 한국적 기업문화를 감안하여도 이러한 현상은 이른바 '패거리 자본주의'(crony capitalism)라는 비난을 피할 수 없을 것이다. 1999년에 작성된 보고서에 따르면 외국의 기관투자자들이 우리나라 기업 중에 우수한 지배구조를 갖춘 경우에 지불할 용의가 있는 프리미엄이 평균 25% 정도에 이른다고 한다. 이는 미국의 경우에 11%이고, 2000년 6월에 McKinsey의 설문조사결과, 즉 선진국들의 경우 18~20%, 개발도상국들의 경우 22~28%인 점에 비추어 보면 경제규모에 비해서 우리나라 기업의 지배구조가 아시아권에서도 가장 낙후된 것으로 평가되고 있음을 잘 보여준다. 이에 관해서는 김화진, 전게서, 65-66면.

Ⅳ. 한국헌법의 경제질서 – 제119조의 해석을 중심으로

1. 개요

우리 헌법은 전문에서 국민의 자유로운 경제활동의 기회가 최대한 보장된다는 기본이념을 천명하고 있다. 또한 제119조 제1항에서는 '대한민국의 경제질서는 개인과 기업의 경제상의 자유와 창의를 존중함을 기본으로 한다'고 규정하여 기업의 자유를 명시적으로 보장하면서, 제2항에서는 '국가는 균형 있는 국민경제의 성장 및 안정과 적정한 소득의 분배를 유지하고, 시장의 지배와 경제력의 남용을 방지하며, 경제주체 간의 조화를 통한 경제의 민주화를 위하여 경제에 관한 규제와 조정을 할 수 있다'고 규정하여 시장과 기업규제에 대한 일반적인 헌법적 근거를 마련해 놓고 있다.

경제헌법 기본조항의 핵심은 우리 헌법상 경제질서가 자유방임의 시장경제를 지향하지 아니하는 동시에 계획통제경제도 지양한다는 점에 대한 확인이다.[30] 말하자면 우리 헌법은 양극단의 대안을 배격하고, 이른바 중용을 지향하는 혼합경제체제의 '제3의 길'을 제시하고 있다고 할 수 있다. 그 노선을 수정자본주의원리를 바탕으로 하는 이른바 '사회적 시장경제질서'(soziale Marktwirtschaftsordnung)로 보는 점에서는 헌법학자들 간에 대체로 의견이 일치되고 있다.[31] 헌법재판소의 입장도 다르지 아니하다.[32]

그런데 헌법 제119조는 그 '제3의 길'의 구체적인 노정에 대해서는 분명한 표지판과 한계선을 제시하지 못한다. 물론 자유와 평등이념의 조화를 요구하는 중용의 지침이 아무런 가치전제나 규범적 결정도 포함되어 있지 아니한 무정향적인 것은 아니다. 다만 고

---

30) 헌재 1989.12.22. 88헌가 13. 판례집 1, 378면.

31) 예컨대 허영, 『한국헌법론』, 2004, 158면. 권영성, 『헌법학원론』, 2004, 167-168면. 일부 학자들은 독일에 특유한 '사회적 시장경제'의 개념과 구별하는 의미에서 '사회조화적 시장경제'라는 개념을 사용하고 있는데, "시장경제를 기본으로 하면서, 사회조화적 요구를 실현하기 위하여 국가가 경제에 대한 규제와 조정을 할 수 있는 경제질서라는 의미"라는 설명에 따르면 그 내용상 차이는 없는 것으로 생각된다. 황적인·권오승, 『경제법』, 1996, 41면 이하. 동 개념의 적확성을 부인하는 입장은 권영설, 「국가와 경제 – 경제질서의 헌법적 기초」, 『공법연구』, 제16집, 1988, 10면; 정순훈, 우리 헌법상 경제질서와 경제규제의 한계, 『공법연구』, 제16집, 1988, 173면; 『경제헌법』, 1993, 230면; 김형성, 전게논문, 7-9면. 또한 헌법 제119조 제1항과 제2항을 '내적 연관관계'에서 파악하는 입장, 즉 '개인의 경제적 자유를 보장하면서 사회정의를 실현하라는 내용의 경제헌법상의 근본적인 목표설정규정'으로 보는 견해도 '시장 대 정부'의 대립구도에 초점을 맞추는 행위규범 및 통제규범으로서 헌법 제119조의 의미와 법적 효력과 관련해서는 차별성이 부각되지 못한다. 홍성방, 『헌법학』, 2003, 974면; 한수웅, 「한국헌법상의 경제질서」, 『공법학의 현대적 지평』, 심천 계희열 박사 화갑기념논문집, 1995, 173면 이하.

32) 헌재 1996.4.25. 92헌바47. 판례집 8-1, 380면.

도의 개방성 때문에 경제정책에 관한 통제규범, 행위규범으로서 구체적인 규준력이 문제가 되는바, 그 가능성과 한계를 검토한다.

2. 제119조의 해석

1) '윤곽규정'과 '최적화명령'

이처럼 고도의 개방성과 추상성을 특징으로 하는 제119조는 국가의 경제에 관한 규제와 조정의 한계를 설정하는 규율(Regel)적 성격의 '윤곽규정'(Rahmensordnung)으로 보기에는 그 윤곽 자체가 불명확하다. 물론 일정한 정도의 규범의 개방성은 규범목적상 법기술적으로 필요한 양식이다. 경제규율은 그 전형적인 예라고 할 수 있다. 경제정책의 목표를 설정하고 수단을 선택하는 결정권자에게 경제헌법의 기본조항을 통해서 구속력 있는 구체적인 지침과 한계를 제시하는 것은 입법기술상 불가능하거나 또는 가능하다고 하여도 헌법정책적인 관점에서 타당하지 아니하다. 국민경제목적을 위한 국가의 경제계획과 정책이 바람직한 것인지, 필수적인 것인지 여부 또는 어떤 범위에서 바람직하고 필수적인 것인지는 본질적으로 법적으로 대위결정될 수 있는 문제가 아니기 때문이다.[33] 말하자면 경제에 관한 규제와 조정의 수단이 '사회적 시장', 말하자면 '참여자의 자유와 책임이 조화되는 시장[34]에 부합되는 것인지, 경제관련 법률이 개별 집단의 이익에 치우친 것인지 또는 경쟁자들과의 관계에서 중립적인지 여부 등의 문제에 관하여 제119조의 해석을 통해 헌법재판소나 법원이 정책적 판단을 대신하는 것은 적절하지 못하다.

이러한 관점에서 볼 때 결국 제119조는 우선 경제정책에 대한 헌법적 한계선으로서보다는 성장의 동력을 극대화할 수 있는 자유경쟁시장의 효율성과 거래의 공정성 및 과실배분의 형평성을 조화시키는 경제정책결정권자에 넓은 재량의 공간을 제공하는 것으로 이해된다. 말하자면 이 공간은 국제규범과 시장의 현실여건과 우리의 경제상황에 부합되는 최선, 차선의 경제정책을 수행해 나갈 수 있는 '실천적 조화의 공간'이고, 이 공간에는 헌법규범이 지나치게 경제정책의 결정과 집행의 영역에 개입하지 말라는 뜻이 포함되어 있다.

---

33) P. Badura, Wachstumsvorsorge und Wirtschaftsfreiheit, in: R. Stoedter/W. Thieme(Hg.), Hamburg-Deutschland-Europa, Fs. f. H. P. Ipsen(1977), S. 369.

34) Vgl. K.-H. Fezer, a.a.O., S. 657ff.

다만 우리 헌법은 이 경제정책의 공간 속에서 이루어지는 구체적인 경제정책결정에 대하여 지침을 주고 있는바, 이른바 '최적화의 명령'(Optimierungsgebot)[35]이 그것이다. 이 개념은 국가권력행사에 대한 제한의 형식이라는 점에서는 '과잉금지의 명령'과 동일하지만 행위규범, 통제규범으로서 그 구체적인 내용은 분명히 구별된다. 과잉금지의 원칙이 공공복리실현의 정책목적과 기본권을 제한하는 정책수단 간의 관계에서 목적의 정당성과 수단의 적합성, 필수성 및 상당성을 판단기준으로 하는 이른바 '한계의 한계' 설정의 기준인데 반해서, '최적화의 명령'은 목적과 목적 간의 관계에서 조정의 적정성에 대한 판단기준을 제시한다.[36]

2) '최적화명령'과 소명의무 - 현실정합적 해석

'최적화명령'은 과잉금지의 원칙과 마찬가지로 실질적인 가치판단의 척도를 제공하지는 못한다. 결정의 과정과 절차상의 객관적인 지침이다. 주지하는바와 같이 정책결정권자의 경제현상에 대한 인식과 예측 및 그에 따른 규제와 조정의 필요성에 관해서는 폭넓은 판단여지와 재량이 인정된다. 다만 상충하는 헌법상 원리나 법익에 대한 합리적인 비교형량, 위험과 불확실성의 요소에 대한 충분한 고려 등 정책결정과정상의 의무를 부과한다.

제119조 제1항과 제2항은 국가의 경제개입에 대한 '원칙과 예외의 규율형식'(Regel-Ausnahme-Formel)을 취하고 있다.[37] '원칙'적으로 기업의 자유는 보장되고 '예외'적으로 필요한 경우에 국가의 경제에 관한 규제와 조정이 허용되지만, 그 결정은 정책결정권자의 恣意에 맡겨져 있는 것이 아니라 '최적화의 명령'에 부합되어야만 한다는 의미로 해석된다. 이 헌

---

35) Vgl. R. Alexy, Theorie der Grundrechte, 1986, S.75ff.; W. Hoppe, Die Bedeutung von Optimierungsgeboten im Planungsrecht, DVBl. 1992, S. 853ff.; Th. Wuertenberger, Rechtliche Optimierungsgebote oder Rahmensetzungen fuer das Verwaltungshandeln?, VVDStRL 57(1999), S. 139ff.; P. Lerche, Die Verfassung als Quelle von Optimierungsgeboten?, in: G. Burmeister(Hg.), Verfassungsstaatlichkeit, Fs. f. K. Stern zum 65. GT(1997),S. 197ff.

36) '최적화명령'을 '넓은 의미', '보통의미', '좁은 의미'로 구분하고 '비례의 원칙'의 본질을 '최적화명령'으로 이해하는 입장에 관해서는 이준일, 「'원칙'으로서의 기본권과 비례성 '명령'」, 『공법연구』, 제28집, 제1호, 1999. 10, 85면 이하. 다만 이는 논증양식의 공통점을 주목한 것이기는 하지만, 특정한 가치우선적 선판단의 전제하에 제한의 한계를 설정하는 판단과 가치형성의 적정성에 관한 판단은 법리적으로 분명히 구별된다.

37) 이는 우리 헌법재판소에 의해서 확인된바 있다. "현행 헌법이 제23조 제1항, 제119조 제1항에서 추구하고 있는 경제질서는 개인과 기업의 경제상의 자유와 창의를 최대한으로 존중·보장하는 자본주의에 바탕을 둔 시장경제질서이므로, 국가적인 규제와 통제를 가하는 것도 보충의 원칙에 입각하여 자본주의 내지 시장경제질서의 기초라고 할 수 있는 사유재산제도와 아울러 경제행위에 대한 사적 자치의 원칙이 존중되는 범위 내에서만 허용될 뿐이다." 헌재 1989.12.22. 88헌가13, 『판례집』, 1376면.

법적 명령은 후술하는바와 같이 경제입법에 대한 사법심사의 기능법적 한계 때문에 이른 바 '통제밀도'가 낮을 수밖에 없지만, 그렇다고 해서 법적 구속력이 없는 단순한 정책프 로그램이나 정치적인 요청에 그치는 것은 아니다.

'최적화명령'은 입법자의 예외결정, 즉 경제에 대한 개입과 조정의 목적과 이유 및 정 책수단의 선택에 대한 가중된 '소명의무'(Darlegungspflicht)[38]를 부담지우는 구속력 있는 헌법적 지침이다. 우리 헌법상 '개인과 기업의 경제상의 자유와 창의의 존중'을 기본으로 하는 경제질서는 자유경쟁시장의 자동조절 또는 자기수정의 메커니즘의 효율성에 대한 기본적인 신뢰와, 역으로는 이른바 '계획합리성'(Planrationalitaet)에 대한 불신의 정책적 선판단이 전제되어 있다. 또한 사회국가실현의 필수적인 조건인 성장추동력을 유지·확 대해나갈 수 있는 최선의 방책은 기격신호를 통해서 시장참여자들에게 무엇을 해야 할지 를 힘들이지 않고 끊임없이 말해주는 시장의 '자가정책과정'(self-policing process)이라는 점에 대한 확인도 포함되어 있다. 요컨대 시장에 대한 정부의 개입과 조정은 시장과 가 격메커니즘에 대한 이러한 신뢰가 예외적으로 부인된다는 것이 충분히 소명되는 경우에 만 허용된다.

예외를 엄격하게 제한하는 방향에서 그 소명의 정당한 준거로서 '관점의 목록'을 제시 하고 있는 것이 제119조 제2항인데, 그 준거가 예외의 한계를 획정하기에는 고도로 불확 정적이고 개방된 개념으로 규정되어 있을 뿐이다. 다만 개방성과 불확정성에 따라 행위 규범, 통제규범으로서 미흡한 규준력은 결정의 과정과 절차의 측면에서 보완된다. 예외적 으로 경제에 관한 규제와 조정에 나서는 입법자는 '국민경제의 균형성장과 안정', '적정 한 소득분배', '시장지배와 경제력력남용의 방지' 및 '경제주체 간의 조화를 통한 경제의 민주화'의 관점에서 구체적으로 어떤 심각하고 지속적인 문제점, 말하자면 '명백하고 현 존하는 위험'이 있는지, 어떤 의도에서 시장과 기업의 자유를 제한하는 규제와 조정의 정책수단을 선택하였는지 또한 그 효과에 대한 전망은 어떻게 판단하였는지 분명하게 밝 혀야만 한다.

다만 이 네 가지 경제정책적 국가목표들은 국가의 경제개입의 필수성을 소명하고 경제 적 자유의 제한을 정당화할 수 있는 준거로서 설득력이 헌법 개정 당시에 비해서는 전반 적으로 크게 약화되었고 또한 동일하지 아니하다. 우리 경제의 규모와 상황, 시장여건 및

---

38) Vgl. BVerfGE 79, 311(344ff.). 독일 연방헌법재판소는 기본법 제115조 제1항에서 '국민경제전체의 균형' 에 대한 심각하고 지속적인 장애를 제거하기 위한 경우에만 예외적으로 허용되는 '투자'(Investition)목적 이외의 초과국채발행의 합헌성에 관한 결정에서 입법자의 '소명의무'의 개념을 제시하였다. 이에 관해서 는 이덕연, 「국채발행에 대한 헌법적 제한」, 『헌법판례연구 3』, 2001, 514-516면 참조

기업구조, 특히 역행할 수 없는 무역과 자본시장의 세계화 흐름과 그 속에서 주어진 국제규범화된 자유경쟁의 규칙과 통합된 세계시장질서, 그 속에서 우리 기업의 경쟁력 등 대내외적 경제여건과 현실에 따라 차별화될 수밖에 없기 때문이다.

우선 '균형 있는 국민경제'의 목표는 개발도상국가의 단계에서 국가의 위험인수를 전제로 자원의 배분과 투자계획을 국가가 주도하는 산업정책과 연관되는 경제목표이기 때문에 오늘날의 이른바 '제4차 산업'과 IT, BT, NT 등 신산업의 비중이 급격하게 확대되는 이른바 '지식기반경제'(knowledge-based economy), 즉 지식과 정보의 창출, 확산, 활용이 모든 경제활동의 핵심이 되는 현실에서 국가의 경제개입을 정당화하는 준거로서 설득력이 제한될 수밖에 없다. '적정한 소득분배'의 목표도 성장동력을 유지·확대해 나가는 이른바 '성장촉진형재분배'나 사회국가원리의 실현방법인 소득재분배정책의 헌법적 근거로서는 몰라도, 우리의 현재 경제규모와 시장여건에 비추어 볼 때 소득분배를 직접적인 목적으로 하는 정책수단으로서 정부의 경제계획과 시장규제를 정당화할 수 있는 근거로 인정될 여지는 크게 좁아졌다.

'시장지배와 경제력남용의 방지'와 '경제민주화'의 경제목표는 상대적으로 시장과 기업경영에 대한 정부규제의 필요성과 정당성을 뒷받침할 수 있는 준거로서 설득력이 크다고 할 수 있다. 물론 이 경우에도 가능한 한 견제와 통제의 역할을 시장에 맡겨야 한다는 대전제는 그대로 적용된다. 경제력집중 자체가 아니라, 집중된 경제력이 남용되는 것이 문제이기 때문이다. 예컨대 시장지배와 경제력집중의 문제도 엄정하고 실효성 있는 기업공시제도나 증권거래법제 등 투명성을 확보할 수 있는 제도적 장치와, 내부거래(self-dealing)를 차단하고 견제할 수 있는 회사법제를 통해 기본적으로 자본시장과 합리적인 기업시스템에 의해서 해결되어야 한다. 이 부분은 전술한바와 같이 자연스럽게 또는 불가피하게 국제규범화되고 있는 이른바 global standards를 수용하는 방향으로 정리될 것이다. 다만 미국을 제외한 대부분의 나라에서 그렇지만, 우리나라의 특유한 대기업집단의 경우 거의 대부분이 소유와 경영이 분리되어 있지 아니한 상태에서 대개 20～33%, 심지어는 10% 이하의 지분을 가진 지배주주가 경영권을 장악하고 있는바, 소유가 분산되어 있고 소유와 경영이 분리되어 있는 미국식의 경영자통제와는 정책의 초점이 다르다.[39]

---

39) 이러한 점에서 미국식의 소유분산 및 전문경영의 모델과 소유집중 및 소유자경영의 모델은 각각 역사적, 제도적 배경을 달리 하기 때문에 획일적으로 그 우열을 논하기는 어렵고, 그동안 역대 정부가 일관되게 초점을 맞추어 온 대기업의 소유분산정책은 적어도 경제적인 관점에서는 일종의 고정관념과 같은 것이고 또한 정부규제를 통한 인위적인 소유의 분산이 실질적으로 불가능하고, 비효율적이라는 설득력 있는 지적은 규제수단의 선택과 관련하여 시사하는바가 적지 아니하다. 김화진, 전게서, 70-71면.

과거 권위주의적 정권에 의한 친기업적 개입에 대한 반성의 맥락에서 노사 간의 균형관계의 정립과 국가의 중립성을 요구하는 것으로 이해되는 '경제민주화'의 목표[40]도 정부의 중립성과 조정자 또는 중재자로서 공정한 역할을 주문하는 것이지 기업의 대형화와 성장 자체를 억제한다든지 또는 기업의 본원적인 경영전략적 판단의 영역에 해당되는 인력정책과 노동시장에 대한 정부의 획일적이고 전면적인 개입을 헌법적으로 정당화할 수 있는 논거가 될 수는 없다. 다만 최근에 전체 사회적인 차원에서 현안으로 제기되는 비정규직 근로자의 문제와 관련해서는, 특히 헌법 제32조의 근로활동권에 따른 국가의무와 연계되어 국가개입의 당위성을 확인하고 그 범위 및 양식을 설정하는 관점에서 새롭게 주목된다.

요컨대 우리 헌법 제119조가 '원칙과 예외의 형식'으로 제시하고 있는 '최적화명령'에는 현실정합성의 실천지침이 포함되어 있고, 그에 따르면 제2항의 경제목표들을 근거로하는 시장 및 기업규제를 수인할 수 있는 우리 헌법의 임계점은 전반적으로 크게 낮아졌고, 특히 '국민경제의 균형성장과 안정' 및 '적정한 소득분배'의 경제목표는 국가의 경제계획과 정부규제가 시장의 차별기능과 기업의 경영판단을 대신하는 것을 정당화할 수 있는 준거로서 효용이 크게 감소되었다.[41]

---

40) '경제의 민주화'의 요청과 관련하여 '법적인 의미'를 갖지 아니하고 단순히 '수사학적인 의미'만을 가질 뿐이라고 보는 견해나 전광석, 『한국헌법론』, 592면, 또는 '시장경제의 성격과 정치적 민주주의 사이의 관계에 대한 오해에서 비롯된 개념적 오류'라고 보는 입장에는 동조할 수 없다. LG경제연구원, 전게서, 104면. '경제주체 간의 조화를 통한 경제민주화'의 요청이 추가된 것이 제9차 헌법 개정(1989년)을 통해서였고, 그 당시 정치, 사회적 민주화의 큰 흐름 속에서 전국적인 노사분규의 경험을 통해서 확인 정리된 것이 과거 권위주의적 정권의 일방적인 친기업적 개입에 대한 반성과 경제활동에 관한 의사결정권의 적정한 배분, 특히 국가의 중립성과 노사 간의 균형관계의 확립의 필요성과 당위성이었다. 동지, 권영성, 전게서, 172-173면. 이러한 헌법 개정과 연계되는 시공간적 맥락에서 이해되는 '민주화'의 개념은 언어의 수평적인 차원이 아니라, 수직적인 구상적 차원에서 해석되어야 한다. 추상적인 관점의 일방적인 해석을 전제로 개념의 애매모호함과 그에 따른 정책적 오용의 위험만을 강조하는 것은 설득력이 떨어진다. 예컨대 좌승희, 「한국의 경제발전에 대한 새로운 해석」, 2003. 10, 45면. 말하자면 정치원리로서 민주주의의 개념요소보다는 탈권위주의와 공정성 등과 같은 '자연스러운 의미'(natural meaning)가 해석의 준거로 고려되어야 하는 은유적 개념으로 이해되기 때문이다. 이에 관해서는 vgl. A. Kaufmann, Recht und Sprache(1983), in: Beitraege zur Juristischen Hermeneutik sowie weitere rechtsphilosophische Abhandlungen, S. 106f.

41) 일부 경제단체에서 주장하는 경제헌법의 전면 개정, 특히 제119조의 폐지가 타당한 것인지 결론을 내리는 것은 성급하다. 예컨대 자유기업센터, 『경제헌법 개정을』, 제7회 자유주의 워크숍, 1998, 54면. 이들은 기본적으로 우리의 경제헌법을 '대중의 권력남용을 막지 못한 분위기의 결과물'로 보고, 그간의 헌법학논의가 '인간과 사회질서에 대한 근원적 의문의 관점에서 헌법 조항들의 정당성을 판단하는 것이 아니라, 묵시적으로 현행 헌법의 정당성을 인정한 상태에서 헌법의 해석에 치중해 왔다'고 비판한다. 이에 대한 상세한 반론은 유보한다. 이는 본질적으로 우리 사회·경제 및 정치의 흐름에 대한 역사적인 평가의 문제이고 또한 학문방법론의 문제이기 때문이다. 다만 이 비판은 헌법과 정책의 상호 외면이 강요되거나 방관되어 왔던 과거의 헌법현실에 대해서는 설득력이 있다고 생각되지만, 제119조의 폐지의 논거로서는 그렇지 못하다는 점을 지적한다. 이에 관해서는 이덕연, 「한국의 경제헌법질서상 기업의 자유」, 『공법연구』, 제29집 제1호, 2000. 11, 178-179면; 길준규, 「경제행정법의 전제로서의 경제질서」, 『공법연구』, 제28집

3) 통제규범 및 행위규범[42]으로서 적용의 가능성과 한계

'소명의무'와 연계되는 '최적화명령'의 객관적인 실천지침이 시장규제에 대하여 행위규범 및 통제규범으로 적용될 수 있는 가능성과 필요성은 획일적으로 판단되지 아니한다. 다만 전술한바와 같이 변화된 경제여건과 시장상황에 비추어 볼 때 제119조 제2항의 경제목표가 시장규제를 정당화할 수 있는 법적 준거로서의 소명력은 크게 약화되었고, 그에 따라 '최적화명령'을 기준으로 설정되는 허용의 한계선, 즉 '최적점'(Optimierungspunkt)[43]을 넘어선 것이 명백한 경우에는 그 자체만으로도 위헌결정을 내릴 수 있는 가능성이 없지 아니하고[44] 또한 경제목표 및 그와 관련된 구체적인 시장현실과의 정합성에 따라 그 가능성의 크기도 차별화된다.

일반적으로 경제현실에 대한 진단과 예측 및 경제계획과 조치의 필요성과 그 효과 등에 관한 고도의 정책적인 판단을 내용으로 하는 법률의 합헌성 심사에서는 특히 폭넓은 입법형성의 자유가 인정된다. 그러나 그것이 무제한적인 것은 아니다. 우선 입법형성의 자유의 내재적 한계, 즉 합리적인 입법재량을 거쳤는지 여부, 예컨대 예측과 전망의 정책적 의사결정과정 속에서 정책의 객관적인 합리성을 담보할 수 있는 정도로 관련 자료에 대한 충분한 검토와 의견수렴을 거쳤는지 여부는 엄격한 헌법적 통제의 대상이고, 이를 검증할 수 있는 객관적인 헌법적 척도를 탐색하는 노력은 포기될 수 없다. 문제는 정책수단의 합헌성에 대한 실질적인 사법심사척도로 적용될 수 있는 통제기준을 제시하는 것이다.[45]

'최적화명령'의 재판통제규범으로서의 한계는 본질적으로 헌법재판의 기능법적 한계,

제2호, 2000. 1, 455면 이하 참조. 본 논문이 이 논점에 대한 해명을 보완하는 기회가 되기를 기대한다.

42) 행위규범과 통제규범의 구별은 기본적으로는 헌법재판을 통한 합헌성통제의 기준으로서의 구속력의 구체성과 확정성을 기준으로 한 것이지만, 후술하는바와 같이 작용의 단계와 양식의 관점에서도 다르다. 우리 헌재는 '인간다운 생활을 할 권리'와 관련하여 기준이나 구속력의 구체적인 차이점을 분명하게 제시하지 아니한 채 구별하고 있으나, 대체로 입법부와 행정부에 대한 행위규범으로서 기준은 상대적으로 높게 설정되지만 위헌판단의 준거로 적용될 수 있는 효력은 제한되는 것으로 보고, 통제규범의 경우에는 그 반대로 이해하고 있는 것으로 여겨진다. 헌재결 1997.5.29. 94헌마33, 『판례집』, 9-1, 553-554면.

43) Vgl. K. Stern, Das Staatsrecht der BRD, Bd. Ⅲ/2(1994), S. 835.

44) 이러한 가능성은 부실금융기관의 정리와 관련된 헌재 결정에서 소수의견을 통해서 그 일면이 감지된다. 헌재결 2003.11.27. 2001헌바35, 『판례집』, 15-Ⅱ/하, 239-241면; 2004.10.28. 99헌바91, ≪법률신문≫ 2004. 11. 4, 11면.

45) Vgl. H. Spanner, Zur Verfassungskontrolle wirtschaftspolitischer Gesetze, DOEV, 1972, S. 218; H. Krueger, Die verfassungsgerichtliche Beurteilung wirtschaftspolitischer Entscheidungen, DOEV 1971, S. 289ff.; F. Ossenbuehl, Die Kontrolle von Tatsachenfest-stellungen und Prognoseentscheidungen durch das Bundesverfassungsgericht, in; C. Starck(Hg.), Bundesverfassungsgericht und Grundgesetz, Bd. 1, 1976, S. 459ff.; W. Hoppe, a.a.O., S. 861f.

특히 '정치문제이론'(political-question-doctrine)에서와 마찬가지로 고도의 경제정책적인 판단과 법적 판단을 구별하는 입장, 즉 '경제문제'(economical-question)를 내용으로 하는 입법에 대한 헌법재판의 기능적 한계를 제시하는 논리형식에서 제기되는 문제이다.[46] 말하자면 우리 헌법과는 달리「독일기본법」에서와 같이 경제정책에 관한 실질적인 내용의 헌법 규정을 두고 있지 않은 경우에 이른바 헌법의 '경제정책적 중립성'과 연계된 논제라고 할 수 있다.

그런데 우리 헌법은 경제질서에 관한 총론적 규정인 제119조 외에도 제120조 이하에서 '국토의 효율적인 개발과 보전'(제122조), '균형 있는 지역경제육성'(제123조 제2항), '중소기업보호'(제123조 제3항), '소비자보호'(제124조), '대외무역의 육성'(제125조), 심지어는 농수산물의 가격안정을 통한 '농어민이익보호'(제123조 제4항)와 같은 개별경제정책에 이르기까지 다양한 '국가목적조항'(Staatszielbestimmung) 형식의 명시적인 계획수권과 입법위임 규정들을 두고 있다. 이러한 규정들의 필요성 여부와 헌법정책적 문제점에 관한 상론은 약한다. 여기에서 관심의 대상은 '최적화명령'을 담고 있는 제119조와 이들 헌법 규정들이 어떤 관계에 있는지, 특히 총론적 규정인 제119조의 행위규범, 통제규범으로서의 적용에 각론적 성격의 개별 국가목적조항들이 어떤 영향을 미치는가 하는 것이다.

우선 이러한 객관적인 '국가목적조항'이 국가의 기본권보호의무의 측면에서건 주관적 공권의 측면에서건 기본권적 법익과 상충되는 경우, 예컨대 중소기업의 보호와 대기업의 경영의 자유 또는 소비자보호와 기업의 자유가 상충되는 경우, 적어도 통제규범의 관점에서 보면 정책결정권자에 대하여 '프로그램적 규정' 이상의 어떤 규범적 효력을 가질 수 있는지 의문이다. '경자유전의 원칙'(제121조)과 같이 특별한 헌정사적 배경이 고려된 경우를 포함해서 이러한 구체적인 경제목표들은 개방된 '최적화의 명령'에 당연히 수렴될 수 있고 또한 그렇게 되었어야 바람직한 것으로 생각된다. 개별적인 경제정책사항들이 헌법상의 '국가목적조항'으로 규정됨으로써 헌법 차원에서 경제입법자에 대하여 구속력 있는 경제정책적 지침을 제시한 것이지만, 오히려 헌법현실에서는 그 개방성의 폭은 그대로인 채 시장규제와 기업의 자유를 제한하는 경제정책을 정당화하는 방향에서 일방적으로 '최적화명령'의 규범적 효력만 희석시키고, 결과적으로는 경제에 관한 규제와 조정을 하는 정부와 입법자의 '소명의무'만 감면해주는 근거로 작용되어 왔다.

그러나 우리 경제질서의 기본을 규정하고 있는 제119조를 '원칙과 예외의 형식'의 '최적화명령'으로 이해하고, 이 명령에 폭넓은 입법형성의 정책공간과 함께 객관적인 실천의

---

46) H. Spanner, a.a.O., S. 217ff.

지침으로 '최적점'이 포함되어 있다고 본다면, 제120조 이하의 '국가목적조항'을 근거로 하는 경제입법, 계획 등의 경우에도 이 지침이 그 위헌성을 판단하는 독자적인 근거로 적용될 가능성과 필요성은 적어도 원천적으로 부인되지 아니한다. 또한 그 크기는 상당 부분 시장개입의 현실정합성과 그에 대한 정부와 입법자의 '소명'의 타당성과 설득력에 달려 있다. 말하자면 각론이 총론에 포섭되는 것이지, 그 반대는 아니 되는바, 제120조 이하의 헌법 규정들을 근거로 하는 경제정책 또는 경제계획의 경우에도 그 입법목적의 정당성에 대한 '소명의무'는 면제되지만, '경제에 관한 규제와 조정'을 하는 정책수단의 적정성에 대한 '소명의무'는 상대적으로 감면될 뿐, 기본적으로는 제119조의 '최적화명령'이 그대로 적용된다. 또한 전술한바, 경제에 관한 국가의 규제와 조정, 특히 시장과 기업에 대한 직접적이고 경쟁제한적인 규제를 수인할 수 있는 우리 헌법의 '임계점'이 전반적으로 크게 낮아졌다는 지적은 상대적인 차이는 있을지언정 이들 경우에도 그대로 해당된다.

'최적화명령'의 객관적인 지침이 경제정책과 입법에 대한 합헌성통제의 준거로서 규범적 효력을 가질 수 있는 가능성은 재판통제규범으로서의 작용에만 국한되지 아니한다. 법적 구속력이 없는 헌법정책적인 차원의 이른바 '입법방침'으로서의 효력과는 구별되는 행위규범으로서 작용되는 독자적인 기능영역이 있다. 이 행위규범은 단순히 헌법재판을 통해 위헌 또는 합헌 여부에 대하여 가부 간의 판단을 하는 근거로서 적용되는 통제규범과는 그 작용공간과 적용양식이 다르다. 우선 행위규범은 이미 확정된 정책에 대한 헌법재판통제의 단계에서만 적용되는 것이 아니라, 법원의 합헌적 법률해석 및 적용의 단계에서는 물론이고 정책과정의 전반에 걸쳐서 적용된다는 점에서 작용의 공간이 훨씬 넓다. 또한 위헌성 판단의 근거로 고려될 수 있는 가능성도 가부 간의 결정이 아닌 제3의 중간영역, 즉 경제정책의 최대한의 헌법정향성과 현실정합성을 동시에 수렴해낼 수 있는 공간으로 확대할 수 있다.[47]

요컨대 행위규범은 경제입법의 타당성에 대한 단순한 헌법정책적 의문이나 권고의 단계는 아니고, 동시에 명백한 위헌의 단계도 아닌 '위헌에 근접한 회색지대'의 공간을 확보하고 헌법의 정책규범으로서의 기능을 적정한 범위로 조절할 수 있게 하는 유용한 수단이다. 예컨대 구체적이고 개별적인 기업규제의 위헌성을 판단하는 경우 이 행위규범은 시장과 기업경영의 상황과 여건 등 전반적인 경제현실과 당해 규제의 비용편익분석[48]의

---

47) Vgl. W. Leisner, Verfassungsschranken der Unternehmensbelastungen, NJW 1996, S. 1516.

48) 행정규제기본법(제7조 제1항)은 중앙행정기관의 장이 규제를 신설 또는 강화하고 할 때에는 규제영향분석

결과나 전망에 따라 정부와 입법자에 대한 재판통제에서부터 단순한 정책적 권고와는 구별되는 차별화된 위헌근접성, 즉 위헌결정의 위험성에 대한 경고와 예고 또는 신중한 정책결정에 대한 요청의 근거 등으로 탄력적으로 활용될 수 있다.

V. 기업의 자유 – 기업규제의 기본권적 한계

1. 경제헌법상 객관적 지침과 개별 기본권 해석의 상호 보완

이제까지 해석론에 따르면 우리 헌법 제119조는 경제적 자유를 제한하는 입법자에게는 매우 유용한 소명자료로 활용될 수 있었지만, 그 제한의 한계를 찾는 합헌성 통제의 관점에서는 유력한 판단기준을 제공하지 못해왔다. 말하자면 '원칙과 예외'를 역전시킨 헌법해석이었고, 헌법현실과 헌법규범, 기업의 자유를 제한하는 규제자와 그에 대한 합헌성통제자의 관계에서 균형성과 중립성 및 현실정합성을 견지하지 못한 해석이었다.

그러나 전술한바와 같이 우리 헌법 제119조는 그 자체만으로도 통제규범 및 행위규범으로서 시장 및 기업규제의 위헌성을 판단하는 독자적인 근거로 고려될 수 있는 객관적인 지침을 제시하고 있다. 그 작용의 공간과 양식 및 구속력은 전반적인 경제현실에 대한 진단과 정책수단으로서 규제의 현실정합성 및 그에 대한 '소명'의 설득력에 따라 다를 수밖에 없다. 다만 고도의 추상적이고 불확정한 개념으로 주어져 있고, 그렇기 때문에 이 객관적인 지침은 행위규범 및 통제규범으로서 판단기준은 불명확할 수밖에 없는 한계가 있다. 그러나 이 한계는 기본적으로 법과 정책 간의 적정한 역할분담에 따라 입법형성과 정책재량의 공간을 제공하는 구획선일 뿐이지, 헌법과 경제정책간의 상호 외면과 무관심을 요구하고 정당화하는 근거는 아니다. 오히려 이 한계는 경제정책과 입법에 대한 헌법적 통제와 관련, 다양하고 유연한 차별화된 헌법해석과 적용의 가능성과 당위성을 확인해주는 단서로 이해된다. 이 한계를 구체적이고 개별적인 헌법통제를 통해서 가능성으로 치환해내고, 그에 필요한 차별화의 준거를 탐색해내는 필수적인 작업은 바로 기본권 해석, 말하자면 기업의 자유에 담겨져 있는 주관적 공권과 객관적 질서의 내용에 대한 해석을 통해서 이루어진다. '최적화명령'이 제시하는 공간과 이 명령에 내포되어 있

을 하도록 하고 있는바, 필요성 등과 함께 규제의 시행에 따라 규제를 받는 집단 및 국민이 부담하여야 할 비용과 편익의 비교분석(제4호)과 경쟁제한적 요소의 포함 여부(제5호)를 고려하도록 적시하고 있다.

는 객관적인 지침의 균형성과 현실정합성은 개별 기본권의 해석을 통해서 보완됨으로써 통일된 전체 헌법체계의 차원에서 복원되고 유지된다. 그 핵심적인 의미와 기능은 정책과 헌법 상호 간의 보완과 견제의 관점에서 주목된다.[49]

경제관련 기본권은 경제정책결정, 특히 경제입법의 과정과 절차에 대한 제어기능을 갖는다. 유기적인 다원사회에서 대부분의 경제입법은 이해가 다른 집단 혹은 계층 간의 교차적인 갈등과 긴장의 관계 속에서 결정된다. 따라서 그 방향과 내용은 현실적으로 이익의 조직력과 단기적인 성과에 민감할 수밖에 없는 정치시장의 논리와 그에 따라 상당부분이 규정될 수밖에 없는 정책논리에 따라 결정되기 쉽다. 이러한 잠재적인 오류에 대한 검색과 수정의 절차와 기준을 기본권이 제공한다. 정책결정의 유연성과 탄력성을 담아내야 하는 경제입법의 기능과 이에 대한 법적 통제, 즉 보다 장기적이고 체계적인 관점에서 법적안정성과 예측가능성의 보장에 관심을 갖는 합헌성통제의 기능이 상호 견제와 균형의 관계에 있어야 한다는 당위명제는 정치경제학적 측면에서 헌법의 '상반질서'(Gegenseitigkeitsordnung)[50]로서의 특성이 표현된 것이라고 할 수 있다. 바로 이러한 법과 정책의 상호 보완관계의 관점에서 경제헌법상의 객관적 지침이 통제규범의 측면에서뿐만 아니라 행위규범의 측면에서도 개별 기본권의 주관적 공권과 객관적 질서의 양면에 교차되어서 구체적으로 반영되어야 할 필요성이 부각된다.

2. 기업의 자유에 특유한 기본권 해석

1) 특화된 기본권 해석의 필요성

경제정책에 관한 헌법의 고도의 개방성은 직업의 자유나 재산권 등의 경제관련 기본권의 해석을 통해 축소된다. 다만 그 개방성과 그에 따른 입법형성의 자유의 폭은 경제정책의 목적과 대상 및 개입양식에 따라 달리 설정된다. 이는 경제에 관한 규제와 조정에 나서는 입법자의 '소명의무'의 차별화로 연결된다.

여기에서 우선 주목되어야 할 점은 침해중심적 논리형식을 벗어나야 한다는 것이다. 경제입법의 일반적인 특성이기도 하지만, 특히 기업을 규율하는 경제입법은 기본적으로 양극적인 대립구도가 아니라 다양한 기본권과 경제관련 '국가목표'들 간의 다극적이고

---

49) Vgl. H. Hauser, Zur Bindung des Wirtschaftsgesetzgebers durch Grundrechte(1989), S. 37ff.

50) Vgl. G. Haverkate, Verfassungslehre-Verfassung als Gegenseitigkeitsordnung(1992), inbs. S. 202-206.

복합적인 교차관계 속에서 내려지는 정책결정이기 때문이다. 기본권의 '제도'로서의 측면이 부각되는 기업규제입법의 본질은 공공복리실현의 목적상 특정한 기본권을 일방적으로 단순히 제한하는 것이 아니다. '최적화명령'에 따라 기업의 경제적 자유와 사회적 책임을 적정하게 배분하는 기본권 형성적 조정의 작업이다.[51] 전술한바와 같이 경제헌법상의 객관적인 지침이 정책에 대한 헌법재판통제의 영역을 넘어서 정책의 입안과 결정 및 집행의 전 과정 속에서 행위규범으로서 작용될 수 있는 다양한 법정책적 채널과 공간을 확보해야 하는 것은 이 때문이다. 또한 국가와 사회 및 시장에서 기업이 감당하는 경제적·사회적 역할과 기능이 고려되어야 한다. 이제까지 기업의 경영활동에 대한 규율의 한계는 재산권이나 직업의 자유 등 관련되는 기본권에 대한 전통적인 해석, 즉 경제활동의 주체로서 기업의 조직과 경영활동의 기능적 특성을 충분히 고려하지 못하는 양식으로 접근되어 왔다. 자연인 개인을 단위로 하는 경쟁체제 속에서의 직업선택, 직업활동의 자유, 개성신장의 기회와 기업 단위의 경쟁의 자유나 경영활동의 자유 또는 기업가의 창의개발은 그 본질과 기능이 분명히 구별된다. 제한의 목적과 수단, 특히 그 한계의 관점에서도 다른 차원에서 접근되어야 하는데 이제까지는 그렇지 못하였다.[52] 헌법재판소가 직업의 자유와 관련하여 명시적으로 '기업활동의 자유' 혹은 '경쟁의 자유'를 언급한바 있지만,[53] 헌법 제119조나 제126조 또는 법치국가원리를 직접 적용할 수 있는 예외적인 경우였다. 기본권 해석의 범주에서 기업의 자유의 독자성을 주목한 것은 아니었다. 자연인 개인의 재산권과 준별되는 복합적이고 통일된 유기적인 경영조직체로서 기업의 재산권도 그 독자적인 의미와 기능이 제대로 인식되지 못한 것은 마찬가지이다. 예컨대 최근에 개별 기업 차원에서는 물론이고 국가경제적인 차원에서도 현안으로 주목되는 적대적 M&A와 경영권방어의 문제와 관련하여 대주주의 주주로서의 권리와 경영권 등을 기본권 해석론 차원에서 어떻게 정리할 것인지 검토되어야 한다.

이처럼 독자적인 의미와 기능을 갖는 기업의 자유의 내용은 획일적인 것으로 이해되지 아니한다. 기업의 규모나 조직형식, 기업활동의 영역과 경쟁구조 등 다양한 기준에 따라

---

51) Vgl. F. Ossenbuehl, Die Freiheit des Unternehmers nach dem Grundgesetz, AoeR 1990, S. 8f. 기업의 사회적 책임과 헌법이론적 단서에 대해서는 이덕연, 「한국의 경제헌법질서상 기업의 자유」, 『공법연구』, 제29집 제1호, 2000. 11, 170-173면 참조.

52) 법인의 기본권주체성과 관련된 '사법인의 직업선택의 자유'의 논리형식이나, 직업의 자유와 '영업의 자유'의 개념구별에 관한 논의도 적어도 기업의 자유의 독자성의 관점에서 보면 이미 자연인 개인을 단위로 하는 직업의 자유와 동일한 차원에서 접근하고 있다는 점에서는 별로 실익이 없다. 예컨대 허영, 전게서, 445면. 법인의 설립을 간접적인 직업선택의 한 방법으로 보는 입장에 관해서는 권영성, 전게서, 563면; 헌재결 1996.4.25. 92헌바47, 『판례집』, 8-1, 380면 참조.

53) 예컨대 헌재결 1993.7.29. 89헌마31; 1996.12.26. 96헌가18.

그 보호영역, 제한의 가능성과 필요성 및 한계는 일정한 유형별로 달리 설정될 수밖에 없기 때문이다. 대기업집단과 중소기업, 금융기업과 일반기업, 주식회사와 개인기업 또는 중후장대의 산업영역의 기업과 동태적 효율성과 이른바 '스피드경영', '지식경영'[54]이 강조되는 정보지식산업 영역에서의 기업의 자유와 책임 또한 규제의 필요성과 내용이 같을 수는 없다. 차별취급의 기준과 내용은 일차적으로 특히 폭넓게 인정되는 입법형성의 자유에 맡겨져 있지만, '원칙과 예외'의 관계에서 주어지는 입법자의 '소명의무'에 대한 요구수준은 경제헌법상의 객관적 지침과 연계되는 개별 기본권의 해석을 통해 차별화된다.

요컨대 개별 기업규제의 위헌성 여부에 대한 판단의 구체적인 기준은 기업경영의 기능적 특성을 각별하게 고려하는 특화된 기본권 해석을 통해서만 탐색될 수 있다. 시장과 사회의 반응에 따라 그 작용의 방향과 영향의 크기가 결정되는 규제의 비용과 편익에 대한 동태적이고 입체적인 분석이 필요한 것은 물론이다.[55] 여기에서는 기업의 자유의 의의와 기능에 초점을 맞추어서 직업의 자유와 재산권의 해석상 고려되어야 할 단서들을 정리해본다.[56]

2) 직업의 자유

경제주체로서의 기업의 역할과 기능은 전술한바 있거니와, 독자적인 이익과 위험의 귀속주체인 기업은 유기적이고 복합적인 경영조직체로서 자연인 개인과는 그 기능과 역할에서 크게 다르다. 여기에서는 직업의 자유의 제한에 관한 '3단계이론'(Drei-Stufen-Theorie)을 기업의 자유에 적용하는 것의 한계와 문제점만을 지적한다.

이 이론은 독일연방헌법재판소의 이른바 '약국판결'[57]에서 정립된 후 학설과 판례에서 일반적으로 수용되고 있다. 우리 헌법재판소도 마찬가지이다.[58] '3단계이론'은 직업의 자

---

54) 이에 대해서는 P. F. Drucker, 이재규(역), 『21세기 지식경영』, 1999, 30면 이하 참조.

55) 이러한 점에서 '규제'(regulation)의 문제는 자유시장과 정부 간의 단순한 이분법적 대립관계를 넘어서 구체적으로 어떤 범위에서, 어떤 종류의 규제가 정의가치에 부합되는지를 검토하는 방향에서 접근되어야 한다는 전제하에 '규제의 모순'(regulatory paradoxes)을 유형별로 치밀하게 분석하고 있는 Sunstein의 연구는 시사하는바가 크다. Free Markets and Social Justice(1997).

56) 여기에서는 직업의 자유와 재산권에 한정해서 논의된다. 독일의 학설과 판례에서도 '기업의 자유'는 대체로 직업의 자유와 재산권의 범주에 포함되는 '특별한 자유권'으로 이해되고 있다. 다만 '자유로운 개성신장권'이 적용될 수 있다는 의견도 제기되고 있지만, 그것을 인정한다고 하여도 보충적인 경우에 국한되는 것일 뿐만 아니라 실익이 별로 없는 해석론이다. Vgl. W. Frotscher, Wirtschaftsverfassungs-und Wirtschaftsverwaltungsrecht, 2. Aufl., 1994, S. 33ff.; G. Duerig, in; Maunz/Duerig, GG-Kommentar, 7. Aufl., 1992, Art.2 I Rn. 46; BVerfGE 29, 260(266f.); 50, 290(366).

57) Vgl. BVerfGE 7, 377(400ff.)

유의 제한에 특유하게 도식화된 과잉금지원칙적용의 모델이라고 할 수 있다. 그런데 이 이론은 원래 자유직업군이나 기타 자연인 개인 차원의 영업의 자유에 대한 제한을 그 적용대상으로 하고 있다는 점에서 기업의 자유에 그대로 적용하는 것은 문제가 있다.[59] 생활수단성의 요건과 개성신장의 불가결한 전제조건으로서 성격이 강조되는 일반적인 직업의 자유와 기업의 자유는 법적, 현실적 의미와 효력 및 그 기능이 다르고, 특히 자유와 사회적 책임 간의 조화에서 그 가중치의 배분이 크게 다를 수밖에 없기 때문이다. 예컨대 수천, 수만 명을 고용하는 대기업의 경우 회사설립의 자유를 '사법인의 직업선택의 한 방법'으로 본다든지[60] 또는 기업활동, 특히 기업의 경쟁의 자유를 단순히 직업의 자유의 한 부분으로만 이해하는 것[61]은 시장의 현실과 시장 속에서의 기업과 기업가의 역할과 기능을 외면하는 평면적인 접근일 수밖에 없다.

또한 직업상에 대한 전통적인 관념을 전제로 하여 직업선택의 자유를 제한하는 단계를 설정하는 경우에 드러나는 '3단계이론'의 논리적 문제점이 지적되고 있거니와,[62] 이는 특히 경쟁마당의 분계선으로서 국경의 개념이 무의미해진 지구촌경쟁의 상황에서 시장구조와 경쟁양상의 본질적인 변화나 기타 다종다양한 기업 간의 인수합병과 사업 분야의 다각화와 새로운 사업 분야의 개척 등을 통해 이제까지와는 전혀 다른 개념의 복합기업이 생겨나는 시장의 역동성을 전혀 반영할 수 없다는 점에서 그 한계가 더욱 부각된다. 기업의 시장진입의 자유를 단순한 직업선택의 자유로 이해하는 것은 지나치게 소박하다. 기업의 자유에 대한 특화된 기본권 해석이 요구된다.

3) 기업재산권

기업의 자유에 관한 특화된 기본권 해석의 필요성은 재산권 보장의 경우에도 마찬가지이다. 이제까지 학설과 판례에서는 기업재산권에 대한 차별화된 논의가 별로 없었다. 재산권의 범위와 관련하여 '인적·물적 종합시설로서의 사업 내지 영업'은 그 존립기반인 부동산·동산 기타 사업연락망이나 사업장 통행권 등과 함께 재산권 보장의 객체에 포함되는 것으로 보는 입장이 있었지만, '기업재산권'의 독자성을 주목한 논의는 아니었다.[63]

---

58) 헌재 1993.5.13. 92헌마80. 판례집 5-1, 365면 이하.

59) Vgl. F. Ossenbuehl, a.a.O., S. 6f.

60) 예컨대 권영성, 전게서, 563면.

61) 헌재 1996.12.26. 96헌가 18, 『판례집』, 8-2, 691면 참조.

62) Vgl. J. Ipsen, "Stufentheorie" und Uebermassverbot – Zur Dogmatik des Art.12 GG, JuS 1990, S. 634ff.

개인의 생존과 자유로운 개성신장의 물질적인 기초를 보장하는 의미로 이해되는 재산권의 헌법적 기능은 오늘날의 사회경제구조에서는 일면적인 것일 뿐이다. 기업은 독자적인 경영조직체이고, 유무형의 물적·인적·자본적 요소와 함께 기술지식의 요소가 포괄된 유기적인 복합체이다. 또한 기업은 그 자체가 거래비용절감의 메커니즘인 시장에 적응한 최선의 조직이기 때문에 유동적인 시장상황에 극히 민감하게 반응하고 적응해 나가야만 하는바, 기업 간의 경쟁에서 가장 중요한 요소는 시장변화에 대한 예측과 대응전략의 정확성과 신속성이다. 이러한 시장현실과 기업의 조직구조나 기능적 특성을 고려하지 않는 기업의 자유에 대한 논의는 현실성이 떨어질 수밖에 없다.

우선 경영권 자체가 기업에 대한 소유와는 별도로 객관적으로, 주관적으로 중요한 경제적 가치가 인정되고 또한 경영권보호이든, 경영권통제의 관점에서든 경영권은 그 자체로서 중대한 경제적 가치를 갖는다. 기본권 해석의 관점에서 각별한 관심의 대상이 될 수밖에 없다. 국내외 자본시장의 여건과 기업소유구조 또는 그에 대한 지배대주주와 경영자의 인식과 판단에 따라 경영권은 중요한 의미를 갖기 때문이다.[64] 예컨대 재산권의 인격적 자유의 요소나 사회적 관련성의 크기 또는 사회적 기능의 중요성을 기준으로 대규모기업의 주식지분권과 의결권이 소극적으로 보장될 수밖에 없다고 보는 입장[65]은 일반론으로서는 설득력이 있지만, 경영권보호의 관점에서 보면 기업의 규모나 성격, 조직구조와 사업구도에 따라서는 개별 기업의 차원에서는 물론이고 전체 국민경제의 차원에서도 오히려 효과적인 방어수단을 제공하는 법제도적 장치를 통해서 적극적으로 보호되어야 할 측면이 있음을 간과해서는 아니 된다. 대기업집단 금융계열사의 의결권을 15%까지 단계적으로 축소한 최근 입법조치가 적어도 국내 우량기업의 단기적인 경영(권)환경에 비추어 볼 때 이러한 측면을 제대로 고려한 후에 나온 것인지 또는 적절한 후속 보완조치가 있을 것인지 지켜볼 일이다.

또한 기업의 자유에 대한 제한에서는 적지 않은 경우에 경영활동에 대한 제한과 재산권에 대한 제한의 부분이 분명하게 구별되지 아니한다. 특히 기술과 제품의 주기가 크게 단축되어 과학지식과 기술이 즉각 상품화되는 신기술시대에 기업가의 전문적인 경영판단[66]은 그 자체만으로 이윤창출의 핵심요소로서 의미와 가치를 갖기 때문에 기업규제는

---

63) 허영, 전게서, 450면.

64) 최근에 해외 투기성 자본에 의한 적대적 M&A의 우려와 관련, 국내우량기업의 경영권보호의 수단으로 연기금 소유지분의 의결권행사가 거론되고 있는데, 그 역기능과 부작용에 대한 신중한 검토가 선행되어야 한다.

65) 예컨대 김형성, 전게논문, 23면.

66) 형사상의 배임죄 및 민사상의 손해배상의 성부와 관련하여 논의되는 '경영판단의 법칙'(business

'존속보장 – 가치보장'의 틀을 전제로 하여 현재의 실물가치를 중심으로 하는 정태적인 재산권 보장체계와는 다른 관점에서 그 침익의 크기가 판단되어야 한다. 예컨대 급변하는 시장상황 속에서 정부규제라는 시장 외적 변수에 의해 경영판단의 시점이 늦어지거나 예측의 정확성이 왜곡되는 경우 그로 인해 야기되는 투자손실과 경영계획의 차질 등은 동태적이고 입체적으로 판단되어야 한다. 이러한 점에서 이제까지 재산권 보장의 범위에 포함되지 않는 것으로 간단하게 정리해왔던 '단순한 기대이익', '경제적인 기회' 등의 문제도 적어도 기업재산권의 '제도'적 측면과 관련해서는 차별화된 접근이 필요하다.[67]

또한 '역동적인 통일체'[68]로서 기업재산권은 기업을 구성하는 개별적인 재산권과는 다른 접근을 필요로 한다. 예컨대 기업의 산업소유권이나 각종 지적재산권, 사업면허권 등은 인적, 물적, 기능적으로 연계된 경영의 조직과 활동 속에서만 제대로 가치가 유지·발전될 수 있다.[69] 또한 기업의 영업금지 또는 사업면허취소나, 사업용 부동산의 수용 등의 경우에도 기업의 경영 및 경쟁력과의 기능적인 연계관계 속에서 불이익의 크기가 평가되어야 한다. 사회보장법이나 세법, 환경법 분야 등에서 기업에 부과되는 각종 조세와 기타 준조세 성격의 부담금이나 목적세 등의 비용부담의 헌법적 한계를 판단하는 경우에도 이러한 점이 고려되어야 한다.

---

judgment rule), 즉 신중하고 합리적인 결정을 내렸지만 예측과 판단이 빗나가서 기업에 손해를 끼친 경우에도 고의와 과실의 요건을 엄격한 기준에 의해 판단하여 경영진의 책임을 묻지 아니하는 법해석의 기준은 근본적으로는 투자주체인 동시에 위험인수자로서 기업의 특성과 함께 경영판단의 고도의 전문성과 독자성을 존중한다는 맥락에서 이해된다. 이에 관해서는 대법원, 2004.7.22. 2002도4229; 최승재, 『경영판단의 항변과 기업경영진의 배임죄의 성부』, ≪법률신문≫, 2004. 10. 21, 15면 참조 이 법리는 소극적인 책임제한의 관점을 넘어서 경영판단 및 그 성과에 대한 적극적인 보호의 관점에서도 기본권 해석론상 유용한 단서로 고려될 수 있다.

67) 예컨대 우리 헌재는, 헌재결 1996.8.29. 95헌바36, 『판례집』, 8-2, 90(104), '영리획득의 단순한 기회'나 '기업활동의 사실적 법적 여건'이 기업에게 중요한 의미를 갖는다고 하더라도 그것은 간접적이고 사실적인 영향일 뿐 재산권 보장의 대상이 아니라고 정리하고 있다.

68) Vgl. Ch. Engel, Eigentumsschutz fuer Unternehmen, AoeR 1993, S. 206ff.

69) 이와 관련하여 조세소송판결이기는 하지만 '영업권'에 관한 대법원의 개념규정, 즉 소위 '영업권'이라는 것을 '그 기업의 전통, 사회적 신용, 그 입지조건, 특수한 제조기술 또는 특수거래관계의 존재 등을 비롯하여 제조판매의 독점성 등으로 동종의 사업을 영위하는 다른 기업이 올리는 수익보다 큰 수익을 올릴 수 있는 초과수익력이라는 무형의 재산적 가치'로 이해하여 종합적이고 독자적인 가치로 본 것이 주목된다. 대판 1985.4.23. 84누281.

3. 기업규제에 대한 합헌성통제의 기능법적 한계와 가능성

정책적 판단과 헌법규범해석에 따른 판단은 기능영역이 단절되어 있지는 아니하지만, 분명히 구별된다. 경제정책적 진단과 예측 및 전망에 대한 판단을 기본권심사가 대위할 수는 없다. 이른바 헌법재판의 '기능법적 한계'(funkionell-rechtliche Grenzen)의 논제이다.

기업의 자유를 제한하는 기업규제입법은 단순한 기본권의 제한이 아니라, 대부분 '제도'로서 기본권을 형성하는 내용이고, 이는 본질적으로 경제정책적 판단과 전망을 핵심으로 하는 결정이다. 이러한 정책적 결정은 우리 경제헌법이 제시하는 '최적화명령'에 따라서 국가의 경제목표와 기본권적 가치를 적극적으로 조정하는 형성적 작업이다. 경제입법자에게 특히 폭넓은 형성의 자유가 인정될 수밖에 없는 것도 이 때문이다.

따라서 시장 속의 기업, 사회 속의 기업의 경영활동에 대한 국가의 개입에 대하여 기본권 해석을 통해서 간명한 '차단선'이 그어지기를 기대할 수는 없다. 다만 이러한 기본권 해석과 기본권심사의 한계가 기업의 자유의 통제규범, 행위규범으로서의 규준력을 전면 부인하는 근거가 될 수는 없다. 이 한계는 경제헌법상의 객관적 지침과의 상호 보완 및 연계를 통해서 상당 부분 극복된다. 특히 전술한바와 같이 구체적이고 개별적인 통제규범 및 행위규범으로서 작용될 수 있는 가능성이 확보된다는 점에서 그러하다. 기업의 자유가 독자적인 기능과 성격의 기본권으로 이해되어야 할 필요성을 강조하고 그 입론의 가능성을 탐색해 본 것도 기업과 기업경영의 다양성과 특수성을 고려하지 않는 전통적인 해석론을 통해서는 이러한 가능성을 수렴해내기 어렵기 때문이다. 또한 전술한바 있듯이 합헌성통제의 기능적 효용은 가부 간의 간명한 판단에 국한되지 아니한다. 경제입법자와의 적절한 역할분담 속에서 헌법적 주의경보를 발령하는 오리엔테이션 기능의 유용성도 간과되어서는 아니 된다.

앞으로 이러한 법리적 가능성들이 경제정책결정의 과정 속에서 또한 헌법재판을 통한 기본권심사의 단계에서 현실화될 수 있는 제도적, 제도외적 분위기가 좀 더 성숙되고, 그것이 현실정합성의 요청과 연계되는 경우 적어도 기업의 본원적인 경제활동, 특히 기업가의 창의성을 핵심 요소로 하는 자유로운 경영전략적 판단을 제한하는 '경제적 규제'의 상당 부분은 합헌성통제망의 무사통과를 장담하기 어려울 것이다.

Ⅵ. 맺는말

우리 헌법은 '인간다운 생활을 할 권리'를 경제적 지표로 제시하고, '근로자의 고용증진과 적정임금의 보장'과 '최저임금법의 시행'을 국가의무로 규정하고 있다. 또한 제119조 제2항을 비롯한 경제헌법 조항에 개별적이고 구체적인 경제관련 국가목표를 규정하고 있다. 이 의무와 목표실현의 일차적인 수신자인 정부와 경제입법자에 대하여 우리 헌법은 '원칙-예외 형식'의 '최적화명령'을 통해 폭넓은 입법형성의 자유의 공간과 함께 객관적 지침을 제시하고 있다.

이 지침에 따라 시장과 정부 또는 기업과 정부의 역할분담의 황금분할선을 획정하는 것은 일차적으로 경제입법자의 몫이다. 다만 '기업의 경제적 자유와 창의존중'의 '원칙' 대신 '경제에 관한 규제와 조정'의 '예외'를 선택한 기업규제입법자는 '가중된 소명의무'를 부담한다. 국가가 위험인수를 전제로 자원배분과 투자계획을 전면 주도하던 지난 수십 년간의 이른바 개발독재시대에 경제계획자와 규제입법자는 이 '소명의무'의 이행책임을 거의 추궁받지 않았다. 국가주도의 경제개발계획이 마감된 이후에도 법리적으로나 현실적으로 자유재량의 정책공간만이 주어져 왔을 뿐, 그에 대한 헌법적 한계로 주어진 '최적화명령'의 객관적 지침은 헌법재판통제규범으로서의 실효성은 물론이고, 행위규범으로서 정책의 결정과 집행과정에서 적용될 수 있는 현실적, 제도적, 법리적 입지를 확보하지 못하였었다.

그러나 당장의 어려운 경제사정을 떠나서도 시장의 전방위적인 세계화의 흐름과 지식기반경제의 산업구조, 그 속에서 우리 경제의 구조적인 상황과 시장여건은 황금분할선의 획기적인 재획정을 요구하고 있다. 이제까지 '소명의무'가 사실상 면제된 상태에서 헌법적으로 또는 헌법현실적으로 용인되어 온 규제입법자의 자유재량의 공간은 크게 좁아졌다. 기업의 자유에 특유한 기본권 해석과 '최적화명령'에 담겨져 있는 객관적 지침의 현실정합적인 해석의 결론은 신속하고 과감한 규제개혁이다. 정해진 시한도 없는 단순한 정책방침으로 권유하는 것이 아니라, 헌법재판을 통한 위헌무효 확인의 가능성을 전제로 하여 '빠르면 빠를수록 좋다'는 의미의 정책의 적시성과 함께 크게 낮추어진 '임계점'의 수준에서 규제철폐를 요구하고 있다.

기업 또는 기업가의 경영판단을 대신하는 정부규제, 특히 사전적이고 획일적인 경쟁제한적 기업규제가 우선 그 핵심대상이다. 아마도 이 명령이 단시간 내에 이행되지 아니하는 경우, 기업들은 더 이상 건의문이 아닌 소장에 규제개혁요구사항을 담을 것이고, 우리 헌법은 과거와는 달리 규제자의 소명보다는 시장 현장의 기업의 소리에 더 귀를 기울일 것이다. 경계경보는 이미 발령되었다.

헌법해석과 제도와 정책이 경제의 흐름과 리듬에 맞추어 나가야지, 그 반대는 아니 되고 또한 현실정합성을 외면하지 않는 한 그럴 수밖에 없다고 생각하는 한 무권 헌법해석자의 입장에서 제너럴리스트의 한계를 넘어서는 무모한 개혁안으로 결론을 대신한다.

서두에 언급한 경제5단체가 공동으로 건의한 총 219건의 규제개혁사항을 – 하나하나 재검토하지 말고 – 일단 전면 수용하고, 현재 해당 규제와 관련된 직무를 수행하는 모든 인력을 일정기간 동안 규제의 철폐 또는 완화에 따른 부작용과 문제점들을 관찰하는 '무규제의 영향분석작업'에 투입하여 실증적인 데이터를 수집한 후에 명실상부한 제로베이스 차원에서 해당 규제들의 재도입 여부나 강화 또는 품질개선의 필요성을 논의해 보자는 제안이다.[70]

<『공법연구』, 제33집 제2호, 2005. 2, 1~34면>

---

70) 1981년에 펜타곤의 군사기지 담당 부차관보로 취임한 Bob Stone은 통합예산제도를 도입하여 약 400면이었던 군사기지 건설 규정집을 4면으로, 약 800면이었던 주택관련규정집을 40면으로 줄여서 예산절감은 물론이고 예산집행의 효율성을 획기적으로 높였다고 한다. 정부조직의 혁신사례이기는 하지만, 그 발상과 방식은 우리의 시장규제개혁에도 그대로 적용해봄직하다. D. Osborne/T. Gaebler, 삼성경제연구소 (역), 『정부혁신의 길』, 1992, 29-33면

【5】 경제헌법 개정

Ⅰ. 헌법 제119조

1. 개요

우리 헌법은 전문에서 국민의 자유로운 경제활동의 기회가 최대한 보장된다는 기본이념을 천명하고 있다. 제119조 제1항에서는 '대한민국의 경제질서는 개인과 기업의 경제상의 자유와 창의를 존중함을 기본으로 한다'고 규정하여 기업의 자유를 명시적으로 보장하면서, 제2항에서는 '국가는 균형 있는 국민경제의 성장 및 안정과 적정한 소득의 분배를 유지하고, 시장의 지배와 경제력의 남용을 방지하며 경제주체 간의 조화를 통한 경제의 민주화를 위하여 경제에 관한 규제와 조정을 할 수 있다'고 규정하여 시장과 기업규제에 대한 일반적인 헌법적 근거를 마련해 놓고 있다. 또한 현행 헌법은 119조 외에 비교법적으로 거의 유례를 찾아보기 어려울 정도로 상세한 개별 경제조항들(제120조~제127조)을 두고 있다.

현행 헌법 제119조에 해당하는 기본조항의 부분적인 내용의 수정과 개별 경제조항들의 추가 및 변화가 없지는 않았지만, 이러한 구조의 경제헌법의 대강과 기본적인 내용은 제헌헌법 이래 거의 그대로 유지되고 있다.[1] 국내외 정치환경의 변화만큼이나 또는 그 이상으로 변한 국가와 사회의 양적·질적 변화, 특히 최하위권에서 세계 제11위로 도약한 경제규모를 고려할 때 이러한 경제헌법불변의 현상은 최고규범으로서 헌법의 경직성만으로 설명되기 어렵다.

현재 및 미래지향적인 관점에서는 더욱 그러하다. 전 세계가 한 단위의 시장으로 주어진 무한개방경쟁체제 속에서 시장을 조정해 나갈 수 있는 독자적인 영향력은 물론이고, 여과와 적응을 위한 충분한 시간을 요구할 수도 없는 입장에 있는 우리에게 이른바 '신

---

1) 제헌헌법 84조-"대한민국의 경제질서는 모든 국민에게 생활의 기본적 수요를 충족할 수 있게 하는 사회정의의 실현과 균형 있는 국민경제의 발전을 기함을 기본으로 삼는다. 각인의 경제상 자유는 이 한계 내에서 보장된다" > 제5차 개정(제3공화국)헌법 제111조 제1항-"대한민국의 경제질서는 개인의 경제상의 자유와 창의를 존중함을 기본으로 한다." 제2항-"국가는 모든 국민에게 생활의 기본적 수요를 충족시키는 사회정의의 실현과 균형 있는 국민경제의 발전을 위하여 필요한 범위 안에서 규제와 조정을 한다." > 제8차 개정(제5공화국)헌법(1980) 제120조 제3항 신설-"독과점의 폐단은 적절히 규제 조정한다."

자유주의'의 기치 아래 제시되는 '세계주의적 독트린'(cosmopolitical doctrine)은 취사선택의 대안으로 주어져 있지 아니하다. 이러한 시급하고 절박한 문제상황은 자연스럽게 이제까지의 경제 및 경제법의 정책기조에 대한 반성과 그에 따른 수정과 보완을 위한 선택과 집중의 전략을 요구하고 있다. 그동안 정치 및 경제환경의 변화에 따라 양상을 달리하면서 논의되어 온 경제헌법 개정의 문제를 이 시점에서 재론하는 것은 바로 이 전략의 효율적인 수립과 실행을 담보할 수 있는 토대를 마련하는 의미를 갖는다.

지금 여기에서의 논의가 이제까지의 해석론 중심의 이론적 논란을 그대로 다시 반복하는 의미의 재론이 되어서는 아니 되는 것은 바로 이 때문이다. 우선 핵심쟁점의 점검과 함께 이전의 논의성과와 그것의 법제도와 판례 및 정책을 통한 수용의 현황과 문제점을 정리하여 기본적인 문제인식을 공유하고, 현안으로 주어진 헌법 개정의 문제, 즉 그 필요성과 적정범위에 대한 헌법이론 및 헌법정책적 입장의 차이와 일단 현 시점에서의 그 조정 또는 타협의 가능성과 한계를 분명하게 확인할 수 있는 헌법학계 차원의 '공인준거'가 제공되어야 한다. 또한 유의해야 할 것은 기본적으로 이론과 현실의 경계선에 있는 헌법 개정의 논제 자체의 속성과 본질에서 연유되는 것이기도 하지만, 경제헌법 개정의 문제는 헌법현실, 특히 전 세계가 단일시장으로 통합된 지구촌시대의 무한경쟁체제와 그 속에서의 우리 경제와 기업의 현주소, 우리가 활용할 수 있는 독자적인 대응수단과 그것을 뒷받침해주고 대안선택의 폭을 확대시켜 나갈 수 있는 정치경제 및 사회문화적인 환경조건 등 복합적이고 극도로 가변적인 현황과 변화에 대한 정확한 인식과 예측을 토대로 접근되어야 한다는 점이다.

바로 이러한 관점에서 요구되는 현실에 대한 입체적인 인식과 장기적인 전망의 필수성은 경제헌법 개정의 현안에 대하여 헌법학계의 정리된 입장을 제시하는 것과 그것을 목적으로 하는 이 글의 효용의 범위와 한계를 규정한다. 이 글에서 제시되는 검토의견과 결론의 내용은 그 자체가 최대한 '절제와 균형'의 요청에 따른 것인 동시에 정치권을 비롯한 관련 집단과 학계에 대하여 엄격한 '절제와 균형'을 주문하는 뜻이 내포되어 있음을 밝혀둔다.

다음에서는 우선 우리 헌법상 경제헌법의 기본조항에 해당되고, 그렇기 때문에 당연히 논란의 핵심이 되는 헌법 제119조와 관련된 기존의 해석론상의 이견을 비롯한 기본적인 쟁점 과 단서들을 정리하고, 향후 경제헌법 개정논의에서 그 필요성과 방향 및 범위에 대한 기본적인 판단의 준거로 삼아야 할 것을 검토하고 개헌안을 결론으로 제시한다.

2. 이견과 쟁점

1) 개헌론 - 적극설

개헌론은 대체로 제119조를 전면 삭제하거나,[2] 동 조의 제2항의 전부 또는 일부, 특히 '경제의 민주화'[3] 부분을 삭제하자는 의견과, 제2항에 '긴요성원칙'(Erforderlichkeitsprinzip) 을 추가하여 국가의 경제개입의 요건을 강화하자는 견해로 구별된다.[4]

개헌론의 핵심 논거를 한마디로 축약하면 경제현실과 헌법규범 간의 근본적인 괴리라 고 할 수 있다. 이른바 '개발독재체제' 등 국가주도의 경제발전모델을 뒷받침해왔던 현행 경제헌법은 근본적으로 변화된 사회경제구조와 시장 및 기업, 특히 세계화된 무한경쟁구 도의 현실을 수용할 수 있는 기본틀로서 이미 그 효용을 기대할 수 없다는 인식이다. 이 러한 인식은 일차적으로는 이제까지 특히 경제 및 재정정책에 대한 헌법의 규범력이 취 약했고, 결과적으로 일방적으로 국가의 경제개입을 거의 무제한 허용하고 경제적 자유를 제한하는 방향으로 운용되어 온 과거의 경험에서 비롯된 것이기는 하지만, 보다 근본적 인 이유는 앞으로 입법자를 비롯한 정책결정권자들과 헌법해석자들이 시장과 기업의 자 율성을 확대하는 방향으로 전향적으로 헌법을 해석하고 법과 정책의 운용을 선회할 가능 성에 대하여 비관적으로 전망하고 있는 점이다. 더욱이 이 가능성에 대하여 긍정적으로 예측하는 경우라도 그것을 단순히 정치과정 또는 정책결정권자의 의지에만 맡겨 놓기에 는 변화의 속도와 시점이 문제가 되고 또한 중장기적인 차원에서 시장친화적인 경제정책 기조의 안정성과 일관성을 신뢰할 수 없다고 보는 회의적인 인식도 잠재적이기는 하지만 개헌론의 중요한 동기의 하나로 지적될 수 있다.

---

2) 대표적인 예로는 김정호, 『경제헌법 개정을!』, 자유기업센터, 1998. 헌법 제119조의 전면삭제를 주장하는 이 견해는 동 조항 자체를 근본적으로 '대중의 권력남용을 막아내지 못한 헌법의 역부족'에 따른 산물이 라고 전제한다. 특히 54면 참조.

3) 예컨대 전광석은 '경제민주화'의 요청이 '수사적인 의미'는 몰라도 '법적 의미'는 갖지 못하는 것으로 전 제하면서, 경제주체 상호 간의 의사소통을 통한 투명하고 공개적인 기업운영을 요구하는 정도의 의미를 갖는 것으로 이해한다. 『한국헌법론』, 2006, 688면.

4) 이 견해에 대해서는 김성수, 「헌법상 경제조항에 대한 개정론」, 『공법학회』, 제129회, 2006. 5, 발표논문 집, 171-173면 참조.

2) 신중론

경제헌법 규정 자체에 대한 극단적인 회의론을 비롯하여 헌법 제119조 전체 또는 일부를 삭제하자는 적극적인 개헌론의 입장에서 제시하는 다양한 논거들 중 헌법정책적인 담론의 의제에서 배제될 수 있는 것은 하나도 없다. 개헌논의와는 무관하게 경제헌법규범과 경제현실 및 그 상호 관계에 대한 근본적인 재검토의 필요성은 투자와 자원배분을 국가가 주도하는 경제개발5개년계획이 제6차로 마무리된 1990년대 초반 이후 또는 적어도 국가의 경제관리능력의 한계가 극명하게 드러난 1997년의 외환위기 이후부터는 늘 현안으로 제기되어 온 것이기도 하다. 또한 세계 최저 수준의 저출산율과 급속한 사회고령화, 양극화와 그에 따른 사회적 갈등의 심화 등 대내적인 문제를 비롯하여 중국경제의 급성장 등 경쟁구도의 개편, 극렬한 시비론 속에서 강행되고 있는 한미 FTA협상, 기타 통일환경의 변화 등 대외적인 변수들은 장기적이고 거시적인 국가발전전략의 수립을 요구하고 있다. 국가와 경제의 관계에 대한 반성과 향후 바람직한 경제질서에 대한 헌법정책적 차원의 담론은 이러한 전략계획수립의 출발점인 동시에 발전의 방향과 선택가능한 전술대안의 범위를 정하는 기본틀을 짜는 핵심작업이다.

하지만 이러한 반성과 담론의 필요성과 긴박성이 바로 경제헌법의 개정의 필수성과 그 방향 및 개정 시기를 예단할 수 있는 충분한 근거가 되지는 못한다. 경제헌법, 특히 기본조항인 제119조의 전면 또는 부분개정론에 대해서 신중론을 주장하는 입장에서 대체로 논의의 필요성 자체에 대해서는 동의하면서도 성급한 결정은 피해야 한다는 유보적인 견해를 제시하고 있는 것도 바로 그 때문이다. 또한 중장기적인 관점에서 개헌의 필요성을 긍정하는 입장에서도 그 범위와 시기의 적절성 여부는 또 다른 논제로 고민해야 한다는 조심스러운 견해를 부기하는 것도 같은 맥락에서이다.[5] 현안으로서 개헌문제와 연결하여 보면 이 문제는 차제에 진행될 개헌이 헌법개혁 차원의 전면개정과 소폭의 부분개정 중에 어떤 방향으로 갈 것인지와 연계되어서 최종입장이 정리될 수밖에 없는 문제이기도 하다.

이러한 헌법정책적인 측면에서의 이견과도 연결되는 것이기는 하지만, 적극설 또는 개정론과 신중론 간의 기본적인 입장의 차이는 결정적으로 제119조의 해석론상의 이견, 좀 더 정확하게 표현하면 전향적인 해석이 가능한 규범적 공간, 즉 잠재적인 효용의 크기에

---

5) 길준규, 「경제행정법의 전제로서의 경제질서」, 『공법연구』, 제28집 제2호, 2000. 1, 471면; 이덕연, 「한국의 경제헌법질서상 기업의 자유」, 『공법연구』, 제29집 제1호, 2000. 11, 178-179면. 본 소위원회 구성원들 간에 부분적인 견해의 차이는 없지 아니하였지만, 적어도 신중한 접근의 필요성에 대해서는 이견이 없었음을 밝혀 둔다.

대한 평가와 그 공간의 확장과 활용의 가능성에 대한 기대와 전망이 엇갈리는 데서 비롯된다. 예컨대 제119조의 제1항과 제2항을 '선후와 비대칭관계' 또는 '원칙과 예외의 관계'로 파악하면서도 제2항의 불확정개념으로 인해 헌법규범의 불확실성이 초래되고, 결과적으로 정부의 시장개입에 대한 무제한적인 수권근거로 인정되어 왔다는 점을 지적하고, 이상적으로는 동 조항을 폐지하고 '기본권 제한의 한계조항'인 헌법 제37조 제2항으로 대체하는 것이 바람직한 대안이 될 수 있다는 견해가 제시되고 있는바,[6] 이는 결국 객관적인 '국가목적조항' 성격의 제119조 제2항이 '정책규범' 또는 '행위규범'으로서는 물론이고, 적어도 경제적 자유와 관련된 개별 기본권의 해석과 심사에서 고유한 규범적 효용을 갖지 못한다고 보는 해석론을 전제로 한다.

여기에서 이러한 해석론의 타당성에 대한 판단은 일단 유보한다. 다만 다음에 기술되는 제119조의 해석론은 동 조항의 규범적 효용과 그것의 확장가능성을 굳이 비관적으로만 볼 이유는 없다는 점과 함께 정치 및 사회경제적 환경조건에 따라 유연하게 접근해야 할 개헌문제와 관련하여 선택가능한 대안의 범위를 지나치게 축소해 놓을 필요는 없다는 점에 대한 해명의 논거로 제시되는 것임을 밝혀둔다.[7]

3. 제119조 해석론의 공간

1) 기본조항 – '경제헌법의 지도원칙'[8]

현행 헌법의 경제기본조항인 제119조의 핵심은 우리 경제질서가 자유방임의 시장경제를 지향하지 아니하는 동시에 계획통제경제도 지양한다는 '지도원칙'에 대한 확인이다.[9] 말하자면 우리 헌법은 양극단의 대안을 배격하고, 이른바 중용을 지향하는 혼합경제체제의 '제3의 길'을 제시하고 있다고 할 수 있다. 그 노선을 수정자본주의원리를 바탕으로 하는 이른바 '사회적 시장경제질서'(soziale Marktwirtschaftsordnung)로 보는 점에서는 헌

---

6) 김성수, 전게논문, 169-173면 참조.

7) 이 부분은 공법학회 제119회 학술대회(국가경제와 공법질서)에서 필자가 발표했던 논문, 「한국헌법의 경제적 좌표 – 시장(기업)규제의 범위와 한계」, 『공법연구』, 제33집 제2호, 2005. 2, 11-20면의 내용을 극히 일부를 수정·보완하여 전재한 것이다. 기본적인 입장의 변화도 없고 또한 그동안 그럴만한 큰 상황의 변화도 없었다고 생각되기 때문이다. 본 소위원회 위원들 간에 이견의 크기를 분명하게 확인한바는 없으나, 어쨌든 이 부분의 집필에 대한 책임은 전적으로 필자의 몫임을 밝혀둔다.

8) 헌재결 2004.10.28. 99헌바91.

9) 헌재결 1989.12.22. 88헌가13. 판례집 1, 378면.

법학자들 간에 대체로 의견이 일치되고 있다.[10] 헌법재판소의 입장도 다르지 아니하다.[11]

그런데 헌법 제119조는 그 '제3의 길'의 구체적인 노정에 대해서는 분명한 표지판과 한계선을 제시하지 못한다. 물론 자유와 평등이념의 조화를 요구하는 중용의 지침이 아무런 가치전제나 규범적 결정도 포함되어 있지 아니한 무정향적인 것은 아니다. 다만 전술한바와 같이 지난 수십 년간 그래 왔고 또한 개정론자들이 지적하는바와 같이 고도의 개방성 때문에 경제정책에 관한 통제규범, 행위규범으로서 구체적인 규준력, 특히 국가의 무분별한 규제와 경제개입을 제한하고 실효성 있는 한계를 설정할 수 있는 규범적 효용에 대한 회의가 문제가 되는바 그 가능성과 한계를 검토해본다.

2) '윤곽규정'의 크기와 지형 – '최적화명령'

고도의 개방성과 추상성을 특징으로 하는 제119조는 국가의 경제에 관한 규제와 조정의 한계를 설정하는 규율(Regel)적 성격의 '윤곽규정'(Rahmensordnung)으로 보기에는 그 윤곽 자체가 불명확하다. 물론 일정한 정도의 규범의 개방성은 규범목적상 법기술적으로 필요한 양식이다. 근본적으로 유동적인 경제에 대한 규율은 그 전형적인 예라고 할 수 있다.

다만 경제정책의 목표를 설정하고 수단을 선택하는 결정권자에게 경제헌법의 기본조항을 통해서 구속력 있는 구체적인 지침과 한계를 제시하는 것은 입법기술상 불가능하거나 또는 가능하다고 하여도 헌법정책적인 관점에서 타당하지 아니하다. 국민경제목적을 위한 국가의 경제계획과 정책이 바람직한 것인지, 필수적인 것인지 여부 또는 어떤 범위에서 바람직하고 필수적인 것인지는 본질적으로 법규범을 통해서 대위결정될 수 있는 문제

---

10) 예컨대 허영, 『한국헌법론』, 2006, 158면, 권영성, 『헌법학원론』, 2006, 167-168면. '자유주의적 시장경제와 사회주의적 계획경제를 변증법적으로 통합'한 사회적 시장경제질서를 채택한 것으로 보는 견해도 같은 맥락이다. 홍성방, 『헌법학』, 2003, 974면, 주석 43 참조. 일부 학자들은 독일에 특유한 '사회적 시장경제'의 개념과 구별하는 의미에서 '사회조화적 시장경제'라는 개념을 사용하고 있는데, "시장경제를 기본으로 하면서, 사회조화적 요구를 실현하기 위하여 국가가 경제에 대한 규제와 조정을 할 수 있는 경제질서라는 의미"라는 설명에 따르면 그 내용상 차이는 없는 것으로 생각된다. 황적인·권오승, 『경제법』, 1996, 41면 이하. 동 개념의 적확성을 부인하는 입장은 권영설, 「국가와 경제 – 경제질서의 헌법적 기초」, 『공법연구』, 제16집, 1988, 10면; 정순훈, 「우리 헌법상 경제질서와 경제규제의 한계」, 『공법연구』, 제16집, 1988, 173면; 『경제헌법』, 1993, 230면; 김형성, 「경제헌법과 경제정책의 헌법적 한계」, 『헌법과 경제정책포럼』(2004.6.15. 한국법학원) 발표논문, 7-9면. 또한 헌법 제119조 제1항과 제2항을 '내적 연관관계'에서 파악하는 입장, 즉 '개인의 경제적 자유를 보장하면서 사회정의를 실현하라는 내용의 경제헌법상의 근본적인 목표 설정 규정'으로 보는 견해도 '시장 대 정부'의 대립구도에 초점을 맞추는 행위규범 및 통제규범으로서 헌법 제119조의 의미와 법적 효력과 관련해서는 차별성이 부각되지 못한다. 한수웅, 「한국헌법상의 경제질서」, 『공법학의 현대적 지평』, 심천 계희열 박사 화갑기념논문집, 1995, 173면 이하.

11) 헌재결 1996.4.25. 92헌바47, 『판례집』, 8-1, 380면.

가 아니기 때문이다.[12) 말하자면 경제에 대한 규제와 조정의 수단이 자유와 책임이 조화되는 '사회적 시장에 부합되는 것인지, 경제관련 법률이 개별 집단의 이익에 치우친 것인지 또는 경쟁자들과의 관계에서 중립적인지 여부 등의 문제에 관하여 제119조의 해석을 통해 헌법재판소나 법원이 정책적 판단을 대신하는 것은 적절하지 못하다.

이러한 관점에서 볼 때 결국 제119조는 우선 경제정책에 대한 헌법적 한계선으로서보다는 성장의 동력을 극대화할 수 있는 자유경쟁시장의 효율성과 거래의 공정성 및 과실배분의 형평성을 조화시키는 경제정책결정권자에 넓은 재량의 공간을 제공하는 것으로 이해된다. 말하자면 이 공간은 국제규범과 시장의 현실여건과 우리의 경제상황에 부합되는 최선, 차선의 경제정책을 수행해 나갈 수 있는 '실천적 조화의 공간'이고, 이 공간에는 헌법규범이 지나치게 경제정책의 결정과 집행의 영역에 개입하지 말라는 뜻이 포함되어 있다.

우리 헌법은 이 경제정책의 공간 속에서 이루어지는 구체적인 경제정책결정에 대하여 지침을 주고 있는바, 이른바 '최적화의 명령'(Optimierungsgebot)[13)이 그것이다. 이 개념은 국가권력행사에 대한 제한의 형식이라는 점에서는 '과잉금지의 명령'과 동일하지만 행위규범, 통제규범으로서 그 구체적인 구조와 내용은 분명히 구별된다. 과잉금지의 원칙이 공공복리실현의 정책목적과 기본권을 제한하는 정책수단 간의 관계에서 목적의 정당성과 수단의 적합성, 필수성 및 상당성을 판단기준으로 하는 이른바 '한계의 한계' 설정의 기준인데 반해서, '최적화의 명령'은 목적과 목적 간의 관계에서 조정의 적정성에 대한 판단기준을 제시한다.[14)

---

12) P. Badura, Wachstumsvorsorge und Wirtschaftsfreiheit, in: R. Stoedter/W. Thieme(Hg.), Hamburg-Deutschland-Europa, Fs. f. H. P. Ipsen(1977), S. 369.

13) Vgl. R. Alexy, Theorie der Grundrechte, 1986, S.75ff.; W. Hoppe, Die Bedeutung von Optimierungsgeboten im Planungsrecht, DVBl. 1992, S. 853ff.; Th. Wuertenberger, Rechtliche Optimierungsgebote oder Rahmensetzungen fuer das Verwaltungshandeln?, VVDStRL 57(1999), S. 139ff.; P. Lerche, Die Verfassung als Quelle von Optimierungsgeboten?, in: G. Burmeister(Hg.), Verfassungsstaatlichkeit, Fs. f. K. Stern zum 65. GT(1997),S. 197ff.

14) '최적화명령'을 '넓은 의미', '보통의미', '좁은 의미'로 구분하고 '비례의 원칙'의 본질을 '최적화명령'으로 이해하는 입장에 관해서는 이준일, 「'원칙'으로서의 기본권과 비례성 '명령'」, 『공법연구』, 제28집 제1호, 1999. 10, 85면 이하. 다만 이는 논증양식의 공통점을 주목한 것이기는 하지만, 특정한 가치우선적 선판단의 전제하에 제한의 한계를 설정하는 판단과 가치형성의 적정성에 관한 판단은 법리적으로 분명히 구별된다.

3) '최적화명령'과 '소명의무' – 현실정합적 해석

'최적화명령'은 과잉금지원칙과 마찬가지로 실질적인 가치판단의 척도를 제공하지는 못한다. 결정의 과정과 절차상의 객관적인 지침이다. 주지하는바와 같이 정책결정권자의 경제현상에 대한 인식과 예측 및 그에 따른 규제와 조정의 필요성에 관해서는 폭넓은 판단여지와 재량이 인정된다. 다만 상충하는 헌법상 원리나 법익에 대한 합리적인 비교형량, 위험과 불확실성의 요소에 대한 충분한 고려 등 정책결정과정상의 의무를 부과한다.

제119조 제1항과 제2항은 국가의 경제개입에 대한 '원칙과 예외의 규율형식'(Regel-Ausnahme-Formel)을 취하고 있다.[15] '원칙'적으로 기업의 자유는 보장되고 '예외'적으로 필요한 경우, 필수적인 범위에 한하여 국가의 경제에 관한 규제와 조정이 허용되지만, 그 결정은 정책결정권자의 자의(恣意)에 맡겨져 있는 것이 아니라 '최적화의 명령'에 부합되어야만 한다는 의미로 해석된다. 이 헌법적 명령은 후술하는바와 같이 경제입법에 대한 사법심사의 기능법적 한계 때문에 이른바 '통제밀도'가 낮을 수밖에 없지만, 그렇다고 해서 법적 구속력이 없는 단순한 정책 프로그램이나 정치적인 요청에 그치는 것은 아니다.

'최적화명령'은 입법자의 예외결정, 즉 경제에 대한 개입과 조정의 목적과 이유 및 정책수단의 선택에 대한 가중된 '소명의무'(Darlegungspflicht)[16]를 부담지우는 구속력 있는 헌법적 지침이다. 우리 헌법상 '개인과 기업의 경제상의 자유와 창의의 존중'을 기본으로 하는 경제질서는 자유경쟁시장의 자동조절 또는 자기수정의 메커니즘의 효율성에 대한 기본적인 신뢰와, 역으로는 이른바 '계획합리성'에 대한 불신의 정책적 선판단이 전제되어 있다. 또한 사회국가실현의 필수적인 조건인 성장추동력을 유지·확대해 나갈 수 있는 최선의 방책은 가격신호를 통해서 시장참여자들에게 무엇을 해야 할지를 힘들이지 않고 끊임없이 말해주는 시장의 '자가정책과정'(self-policing process)이라는 점에 대한 확인도 포함되어 있다. 요컨대 시장에 대한 정부의 개입과 조정은 시장과 가격메커니즘에 대

---

15) 비록 일관된 입장을 보이고 있지는 아니하지만, 이는 우리 헌법재판소가 출범초기에 분명하게 확인한바 있다. "현행 헌법이 제23조 제1항, 제119조 제1항에서 추구하고 있는 경제질서는 개인과 기업의 경제상의 자유와 창의를 최대한으로 존중·보장하는 자본주의에 바탕을 둔 시장경제질서이므로, 국가적인 규제와 통제를 가하는 것도 보충의 원칙에 입각하여 자본주의 내지 시장경제질서의 기초라고 할 수 있는 사유재산제도와 아울러 경제행위에 대한 사적 자치의 원칙이 존중되는 범위 내에서만 허용될 뿐이다." 헌재결 1989.12.22. 88헌가13, 『판례집』, 1, 376면.

16) Vgl. BVerfGE 79, 311(344ff.). 독일 연방헌법재판소는 기본법 제115조 제1항에서 '국민경제전체의 균형'에 대한 심각하고 지속적인 장애를 제거하기 위한 경우에만 예외적으로 허용되는 '투자'(Investition)목적 이외의 초과국채발행의 합헌성에 관한 결정에서 입법자의 '소명의무'의 개념을 제시하였다. 이에 관해서는 이덕연, 「국채발행에 대한 헌법적 제한」, 『헌법판례연구 3』, 2001, 514-516면 참조

한 이러한 신뢰가 예외적으로 부인된다는 것이 충분히 소명되는 경우에만 허용된다.

예외를 엄격하게 제한하는 방향에서 그 소명의 정당한 준거로서 '관점의 목록'을 제시하고 있는 것이 제119조 제2항인데, 그 준거가 예외의 한계를 획정하기에는 고도로 불확정적이고 개방된 개념으로 규정되어 있을 뿐이다. 다만 개방성과 불확정성에 따라 행위규범, 통제규범으로서 미흡한 규준력은 결정의 과정과 절차의 측면에서 보완된다. 예외적으로 경제에 관한 규제와 조정에 나서는 입법자는 '국민경제의 균형성장과 안정', '적정한 소득분배', '시장지배와 경제력남용의 방지' 및 '경제주체 간의 조화를 통한 경제의 민주화'의 관점에서 구체적으로 어떤 심각하고 지속적인 문제점, 말하자면 '명백하고 현존하는 위험'이 있는지, 어떤 의도에서 시장과 기업의 자유를 제한하는 규제와 조정의 정책수단을 선택하였는지 또한 그 효과에 대한 전망은 어떻게 판단하였는지 분명하게 밝혀야만 한다.

다만 이 네 가지 경제정책적 국가목표들은 국가의 경제개입과 그에 수반되는 경제적 자유의 제한을 정당화할 수 있는 준거로서 설득력이 적어도 헌법 개정 당시에 비해서는 전반적으로 크게 약화되었다. 우리 경제의 규모와 상황, 시장여건 및 기업구조, 특히 역행할 수 없는 무역과 자본시장의 세계화 흐름과 그 속에서 주어진 국제규범화된 자유경쟁의 규칙과 통합된 세계시장질서, 그 속에서 우리 기업의 경쟁력 등 대내외적 경제여건과 현실에 따라 차별화될 수밖에 없기 때문이다.

우선 '균형 있는 국민경제'의 목표는 개발도상국가의 단계에서 국가의 위험인수를 전제로 자원의 배분과 투자계획을 국가가 주도하는 산업정책과 연관되는 경제목표이기 때문에 오늘날의 이른바 '제4차산업'과 IT, BT, NT등 신 지식산업의 비중이 급격하게 확대되는 이른바 '지식기반경제'(knowledge-based economy), 즉 지식과 정보의 창출, 확산, 활용이 모든 경제활동의 핵심이 되는 현실에서 국가의 경제개입을 정당화하는 준거로서 설득력이 제한될 수밖에 없다. '적정한 소득분배'의 목표도 성장동력을 유지·확대해 나가는 이른바 '성장촉진형재분배'나 사회국가원리의 실현방법인 소득재분배정책의 헌법적 근거로서는 몰라도, 우리의 현재 경제규모와 시장여건에 비추어 볼 때 소득분배를 직접적인 목적으로 하는 정책운용과 시장규제를 정당화할 수 있는 근거로 인정될 여지는 크게 좁아졌다.

'시장지배와 경제력남용의 방지'와 '경제민주화'의 경제목표는 상대적으로 시장과 기업경영에 대한 정부규제의 필요성과 정당성을 뒷받침할 수 있는 준거로서 설득력이 크다고 할 수 있다. 물론 이 경우에도 가능한 한 견제와 통제의 역할을 시장의 자정력에 맡겨야 한다는 대전제는 그대로 적용된다. 경제력의 집중 자체가 아니라, 카르텔의 잠재적인 위험성과 함께 집중된 경제력이 오남용되는 것이 문제이기 때문이다. 예컨대 시장지배와 경제력집중의 문제도 엄정하고 실효성 있는 기업공시제도나 증권거래법제 등 투명성을 확보할 수 있는 제도적 장치와 내부거래(self-dealing)를 차단하고 견제할 수 있는 회사법제를 통해 기본적으로 자본시장과 합리적인 기업시스템에 의해서 해결되어야 한다. 이 부분은 전술한바와 같이 빠르게 국제규범화되고 있는 이른바 '세계표준'(global standards)들을 수용하는 방향으로 정리될 것이다. 다만 예컨대 미국의 경우와 달리 우리나라 특유의 대기업집단들은 거의 대부분이 소유와 경영이 분리되어 있지 아니한 상태에서 대체로 20~33% 정도, 심지어는 10% 이하의 지분을 가진 지배주주가 경영권을 장악하고 있는바, 소유가 분산되어 있고 소유와 경영이 분리되어 있어서 경영자통제에 초점을 맞추는 문제상황과는 근본적으로 다르다.[17]

과거 권위주의 정권하에서의 (대)기업 편향적인 경제개입에 대한 반성의 맥락에서 노사 간의 균형관계의 정립과 국가의 중립성을 요구하는 것으로 이해되는 '경제민주화'의 목표[18]도 정부의 중립성과 조정자로서 공정한 역할을 주문하는 것이다. 기업의 대형화와

---

[17] 이러한 점에서 미국식의 소유분산 및 전문경영의 모델과 소유집중 및 소유자경영의 모델은 각각 역사적, 제도적 배경을 달리 하기 때문에 획일적으로 그 우열을 논하기는 어렵고, 그동안 역대 정부가 일관되게 초점을 맞추어 온 대기업의 소유분산정책은 적어도 경제적인 관점에서는 일종의 고정관념과 같은 것이고 또한 정부규제를 통한 인위적인 소유의 분산이 실질적으로 불가능하고 비효율적이라는 설득력 있는 지적은 규제수단의 선택과 관련하여 시사하는바가 적지 아니하다. 김화진, 『소유와 경영』, 2003, 70-71면. 같은 맥락에서 전환사채인수 등을 통한 편법 또는 탈법증여의 의혹이나 '대규모 기업집단'에 대한 출자총액제한제도의 개폐를 둘러싼 논란 속에서 최근에 공정거래위원회가 연구용역의 결과로 발표한 '기업 내외부견제시스템 평가'(공정위 보도자료, 2006. 9. 20)의 내용, 특히 자산규모 6조 원 이상의 기업집단의 외부견제시스템이 미흡하여 투명성지수가 크게 떨어진다는 평가결과도 주목된다.

[18] '경제의 민주화'의 요청과 관련해서는 기술한바 있다. '시장경제의 성격과 정치적 민주주의 사이의 관계에 대한 오해에서 비롯된 개념적 오류'라고 보는 입장에도 동조할 수 없다. LG경제연구원, 『한국경제 이렇게 바꾸자』, 104면. '경제주체 간의 조화를 통한 경제민주화'의 요청이 추가된 것이 제9차 헌법 개정(1989년)을 통해서였고, 그 당시 정치, 사회적 민주화의 큰 흐름 속에서 전국적인 노사분규의 경험을 통해서 확인 정리된 것이 과거 권위주의 정권의 대기업 또는 자본에 편향된 경제개입에 대한 반성과 경제활동에 관한 의사결정권의 적절한 배분, 특히 국가의 중립성과 노사 간의 균형관계의 확립의 필요성과 당위성이었다. 동지, 권영성, 전게서, 172-173면. 이러한 헌법 개정의 시공간적 맥락에서 이해되는 '민주화'의 개념은 언어의 '수평적인 추상의 차원'이 아니라 '수직적인 구상의 차원'에서 해석되어야 한다. 추상적인 관점의 일방적인 해석을 전제로 개념의 애매모호함과 그에 따른 정책적 오용의 위험만을 강조하는 것은 설득력이 떨어진다. 예컨대 좌승희, 「한국의 경제발전에 대한 새로운 해석」, 2003. 10, 45면. 말하자면 여기에서 '민주화'의 개념은 정치원리로서 민주주의의 개념요소보다는 탈권위주의와 공정성 등과 같은 '자연스러운 의미'(natural meaning)가 해석의 준거로 고려되어야 하는 은유적 개념으로 이해되기 때문이다. A. Kaufmann, Recht und Sprache(1983), in: Beitraege zur juristischen Hermeneutik sowie weitere rechtsphilosophische Abhandlungen, S. 106f. 이러한 맥락에서 보면 '경제의 민주화'의 핵심내용으로 '민주적인 노조와 농민 및 소비자조직', '기업공개와 지배구조개선'(주식분산), '독과점 및 경제력집중의 통제', '금융자율화', '경제계획의 신축성과 유연성' 등을 제시하는 입장이 설득력이 큰 것으로 여

성장동력 자체를 억제한다든지 또는 기업의 본원적인 경영전략적 판단의 영역에 해당되는 인력정책과 노동시장에 대한 정부의 획일적이고 전면적인 개입을 헌법적으로 정당화할 수 있는 이유와 근거가 될 수는 없다. 다만 최근에 전체 사회적인 차원에서 현안으로 제기되는 비정규직 근로자의 문제와 관련해서는, 특히 헌법 제32조의 근로활동권에 따른 국가의무와 연계되어 국가개입의 당위성을 확인하고 그 범위 및 양식을 설정하는 관점에서 새롭게 주목된다.

요컨대 우리 헌법 제119조가 '원칙과 예외의 형식'으로 제시하고 있는 '최적화명령'에는 현실정합성의 실천지침이 포함되어 있고, 그에 따르면 제2항의 경제목표들을 근거로 하는 시장 및 기업규제를 수인할 수 있는 우리 헌법의 임계점은 전반적으로 크게 낮아졌고, 특히 '국민경제의 균형성장과 안정' 및 '적정한 소득분배'의 경제목표는 국가의 경제계획과 정부규제가 시장의 차별기능과 기업의 경영판단을 대신하는 것을 정당화할 수 있는 준거로서 설득력이 크게 감소되었다.

4) 통제규범 및 행위규범[19]으로서 효용과 그 한계

'소명의무'와 연계되는 '최적화명령'의 객관적인 지침이 시장규제에 대하여 행위규범 및 통제규범으로 적용될 수 있는 가능성과 필요성은 획일적으로 판단되지 아니한다. 다만 전술한바와 같이 변화된 경제여건과 시장상황에 비추어 볼 때 제119조 제2항의 경제목표가 시장규제를 정당화할 수 있는 헌법상 준거로서의 지지력과 소명력은 크게 약화되었고, 그에 따라 '최적화명령'을 기준으로 설정되는 허용의 한계선, 즉 '최적점'(Optimierungspunkt)[20]을 넘어선 것이 명백한 경우에는 그 자체만으로도 위헌결정을 내릴 수 있는 가능성이 없지 아니하다.[21] 다만 그 가능성의 크기는 구체적인 경제정책의 목표나 그와 관련된 시장

겨진다. 변형윤, 『경제민주화의 길』, 1992, 11-21면.

19) 행위규범과 통제규범의 구별은 기본적으로는 헌법재판을 통한 합헌성통제의 기준으로서의 구속력의 구체성과 확정성을 기준으로 한 것이지만, 후술하는바와 같이 작용의 단계와 양식의 관점에서도 다르다. 우리 헌재는 '인간다운 생활을 할 권리'와 관련하여 기준이나 구속력의 구체적인 차이점을 분명하게 제시하지 아니한 채 구별하고 있으나, 대체로 입법부와 행정부에 대한 행위규범으로서 기준은 상대적으로 높게 설정되지만 위헌판단의 근거로 적용될 수 있는 효력은 제한되는 것으로 보고, 통제규범의 경우에는 그 반대로 이해하고 있는 것으로 생각된다. 헌재결 1997.5.29. 94헌마33, 『판례집』, 9-1, 553-554면.

20) Vgl. K. Stern, Das Staatsrecht der BRD, Bd. Ⅲ/2(1994), S. 835.

21) 이러한 가능성은 부실금융기관의 정리와 관련된, '금융산업의 구조개선에 관한 법률'에 대한 헌재 결정에서 소수의견을 통해서 그 일면이 감지된다. 헌재결 2003.11.27. 2001헌바35, 『판례집』, 15-Ⅱ/하, 239-241면; 2004.10.28. 99헌바91, 『판례집』, 16-Ⅱ/하, 104면 이하.

및 기업현실과의 정합성에 따라 차별화된다.

일반적으로 경제현실에 대한 진단과 예측 및 경제계획과 조치의 필요성과 그 효과 등에 관한 고도의 정책적인 판단을 내용으로 하는 법률의 합헌성 심사에서는 특히 폭넓은 입법형성의 자유가 인정된다. 그러나 그것이 무제한적인 것은 아니다. 우선 입법형성의 자유의 내재적 한계, 즉 합리적인 입법재량을 거쳤는지 여부, 예컨대 예측과 전망의 정책적 의사결정과정 속에서 정책의 객관적인 합리성을 담보할 수 있는 정도로 관련 자료에 대한 충분한 검토와 의견수렴을 거쳤는지 여부는 엄격한 헌법적 통제의 대상이고, 이를 검증할 수 있는 객관적인 헌법적 척도를 탐색하는 노력은 포기될 수 없다. 문제는 정책수단의 합헌성에 대한 실질적인 사법심사척도로 적용될 수 있는 통제기준을 제시하는 것이다.[22]

'최적화명령'의 재판통제규범으로서의 한계는 본질적으로 헌법재판의 기능법적 한계, 특히 '정치문제이론'(political-question-doctrine)에서와 마찬가지로 고도의 경제정책적인 판단과 법적 판단을 구별하는 입장, 즉 '경제문제'(economical-question)를 내용으로 하는 입법에 대한 헌법재판의 기능적 한계를 제시하는 논리형식에서 제기되는 문제이다.[23] 말하자면 우리 헌법과는 달리 「독일기본법」에서와 같이 경제정책에 관한 실질적인 내용의 헌법 규정을 두고 있지 않은 경우에 제기되는 이른바 헌법의 '경제정책적 중립성'과 연계된 논제라고 할 수 있다.

그러나 제119조 제2항의 불확정개념과 그에 따른 규범적 불확실성, 특히 헌법재판의 통제규범으로서의 불분명한 효용을 고려하는 경우에도 제119조를 '비대칭관계'를 바탕으로 하는 '원칙과 예외의 형식'과 객관적인 '최적화명령'으로 이해하고, 이 명령에 포함되어 있는 입법형성에 대한 객관적인 한계와 지침으로서 '최적점'을 좌표로 하여 특히 헌법재판을 그 실천의 방향과 지침을 정착시켜 나간다면 동 규정의 고유한 규범적 효용을 유지하고 살려 나갈 수 있는 가능성은 열려 있다.

또한 전술한바, 여러 가지 제도와 현실의 변화에 따라 경제에 관한 국가의 규제와 조정, 특히 시장과 기업에 대한 직접적이고 경쟁제한적인 규제를 수인할 수 있는 우리 헌법의 '임계점'이 전반적으로 크게 낮아진 상황에서 '최적화명령'의 객관적인 지침이 경제정책과 입법에 대한 합헌성통제의 준거로서 규범적 효력을 가질 수 있는 가능성은 재판

---

22) Vgl. H. Spanner, Zur Verfassungskontrolle wirtschaftspolitischer Gesetze, DOEV, 1972, S. 218; H. Krueger, Die verfassungsgerichtliche Beurteilung wirtschaftspolitischer Entscheidungen, DOEV 1971, S. 289ff.; F. Ossenbuehl, Die Kontrolle von Tatsachenfest-stellungen und Prognoseentscheidungen durch das Bundesverfassungsgericht, in; C. Starck(Hg.), Bundesverfassungsgericht und Grundgesetz, Bd. 1, 1976, S. 459ff.; W. Hoppe, a.a.O., S. 861f.

23) H. Spanner, a.a.O., S. 217ff.

통제규범으로서의 작용에만 국한되지 아니한다. 법적 구속력이 없는 헌법정책적인 차원의 이른바 '입법방침'으로서의 효력과는 구별되는 행위규범으로서 작용되는 독자적인 기능영역이 주목되는 것도 바로 그 때문이다.

이 행위규범은 단순히 헌법재판을 통해 위헌 또는 합헌 여부에 대하여 가부 간의 판단을 하는 근거로서 적용되는 통제규범과는 그 작용공간과 적용양식이 다르다. 우선 행위규범은 이미 확정된 정책과 입법에 대한 사후의 헌법재판통제의 단계에서만 적용되는 것이 아니라, 법원의 합헌적 법률해석 및 적용의 단계에서는 물론이고 정책과정의 전반에 걸쳐서 적용된다는 점에서 작용의 공간이 훨씬 넓고, 그 양식도 다양하게 발전시켜 나갈 수 있다. 또한 위헌성 판단의 근거로 고려될 수 있는 가능성도 가부 간의 결정이 아닌 제3의 중간영역, 즉 경제정책의 최대한의 헌법정향성과 현실정합성을 동시에 수렴해낼 수 있는 공간으로 확대할 수 있다.[24]

요컨대 행위규범은 경제입법의 타당성에 대한 단순한 헌법정책적 의문이나 권고의 단계는 아니고, 동시에 명백한 위헌의 단계도 아닌 '위헌에 근접한 회색지대'의 공간을 확보하고, 헌법의 정책규범으로서의 기능을 적정한 범위로 조절할 수 있게 하는 유용한 수단이다. 예컨대 구체적이고 개별적인 기업규제의 위헌성을 판단하는 경우 이 행위규범은 시장과 기업경영의 상황과 여건 등 전반적인 경제현실과 당해 규제의 비용편익분석[25]의 결과나 전망에 따라 정부와 입법자에 대한 재판통제에서부터 단순한 정책적 권고와는 구별되는 차별화된 위헌근접성, 즉 위헌결정의 위험성에 대한 경고와 예고 또는 신중한 정책결정에 대한 요청의 근거 등으로 탄력적으로 활용될 수 있다.

4. 소결론 – 개정제안

이제까지 논의에 따르면 규범적 효용의 크기와 그 활용가능성에 대한 긍·부정의 평가나 기대와는 무관하게 국가의 경제적 개입을 허용하는 근거규정으로든, 그에 대한 제한 및 한계규정으로든 또는 헌법이론적 담론의 준거로든 그동안 제119조를 근거로 하여 논의 및 정리된 '규범저장고'로서의 효용 자체는 적어도 전적으로 부인되지 아니한다. 특히 이제까지 소홀하게 취급해 온 제119조의 '정책규범' 또는 '행위규범'으로서의 잠재적

---

24) Vgl. W. Leisner, Verfassungsschranken der Unternehmensbelastungen, NJW 1996, S. 1516.

25) 행정규제기본법(제7조 제1항)은 중앙행정기관의 장이 규제를 신설 또는 강화하고 할 때에는 규제영향분석을 하도록 하고 있는바, 필요성 등과 함께 규제의 시행에 따라 규제를 받는 집단 및 국민이 부담하여야 할 비용과 편익의 비교분석(제4호)과 경쟁제한적 요소의 포함 여부(제5호)를 고려하도록 적시하고 있다.

인 효용에 대해서도 아직 충분히 숙고되지 못하였다는 점도 인정하지 않을 수 없다.

최고의 정치경제규범인 헌법의 개정은 현실적인 합의가능성의 크기와 함께 항상 '진보와 보수의 변증법적 통합'의 명제를 지향해야 한다. 특히 경제헌법의 개정은 국민의 폭넓은 공감대형성의 필요조건과 함께 경제현실에 대한 정확한 인식과 대내외의 환경변화에 대한 장기적인 예측과 전망을 바탕으로 논의되어야 한다. 경제헌법이 변화된 경제환경과 여건에 규범력을 발휘하지 못하는 객관적인 한계에 대한 관련 전문가 집단의 확인과 일반 국민에 대한 해명과 설득의 필수성이 강조되는 것도 바로 이 때문이다.[26]

이러한 점을 종합하건대, 헌법개혁 차원의 전면개정이 아닌 부분개정의 방향으로 진행된다는 전제하에, 다음과 같은 내용이라면 전혀 안정성을 해치지 않는 범위에서 국민의 공감대형성과 정치권의 합의, 적지 않은 이견에도 불구하고 헌법학자들을 비롯한 관련 전문가들 간의 절충의 가능성을 기대해 볼 만한 개정안으로 논의해 볼 수 있을 것으로 생각된다.[27]

　　제119조
　　제1항- 현행 규정 유지
　　제2항- 국가는 균형 있는 국민경제의 성장 및 안정과 적정한 소득의 분배를 유지하고, 시장의 지배와 경제력의 남용을 방지하며, 경제주체 간의 조화를 통한 경제의 민주화를 위하여 **<필요한 경우에 한하여 법률이 정하는바에 따라>** 경제에 관한 규제와 조정을 할 수 있다.

Ⅱ. 개별 경제헌법 조항

1. 쟁점

현행 헌법은 경제질서에 관한 총론적 규정인 제119조 외에도 제120조 이하에서 '국토의 효율적인 개발과 보전'(제122조), '균형 있는 지역경제육성'(제123조 제2항), '중소기업

---

26) 김성수, 전제논문, 178면.

27) 헌법 개정의 적정한 범위와 관련해서는 앞의 재정헌법 분야에서 논의된 내용이 일종의 총론적인 지침으로 그대로 적용할 수 있을 것으로 생각된다.

보호'(제123조 제3항), '소비자보호'(제124조), '대외무역의 육성'(제125조), 심지어는 농수산물의 가격안정을 통한 '농어민이익보호'(제123조 제4항)와 같은 개별경제정책에 이르기까지 다양한 '국가목적조항' 형식의 명시적인 계획수권과 입법위임 규정들을 두고 있다.

이러한 개별 경제헌법 규정들의 필요성 여부와 헌법정책적 문제점에 관해서는 대체로 부정적인 의견이 부각되는 가운데 논란이 적지 아니하다.[28] 정치 경제 및 사회의 구조와 환경의 변화에 따라 탄력적으로 운용되어야 하는 경제정책의 기능과 특성을 고려할 때 특정한 집단과 부문에 대한 우선보호를 헌법에서 정하는 것에 대한 원론적인 차원의 의문과 중장기적인 차원에서 제기되는 개정론에 대해서는 이견이 없다.[29]

문제는 그 범위와 적시성이다. 이 문제는 앞에서 제119조의 개정론과 관련하여 제기된 적극적인 개헌론과 신중론 간의 쟁점의 배경과 구조 및 검토결론, 특히 전향적인 해석을 통한 규범적 효용의 유지와 확대의 가능성에 대한 논의와 기본적인 맥락을 같이한다. 요컨대 현시점에서의 우리의 경제상황과 사회의 구조 및 환경변화에 대한 인식과 발전방향에 대한 예측과 전망 또한 그에 맞는 법정책적 대응방안의 모색에 있어서 충분한 공감대가 형성되었는지 또는 그것이 가능한지 예단하기 어렵다.

후술하는바와 같이 소작제도금지와 경자유전원칙을 규정하고 있는 제121조 제1항에 대해서는 거의 폐지론으로 의견이 모아지고 있지만, 기타의 개별 경제헌법 조항들의 효용에 대해서는 대부분 판단을 회피하거나 유보하고 있다. 결과적으로 다양하지만 조심스럽다는 점은 공통된 이러한 입장들은 획일적인 개헌반대론으로 연결되는 것은 아니다. 다만 적어도 개별 경제헌법 규정들에 대한 일괄폐지론에 대해서는 반대하는 전제하에, 개별 규정들에 대한 차별화된 검토의 필요성을 강조하면서 충분한 공감대를 형성할 수 있는 깊고 넓은 논의를 요청하는 신중론으로 결집된다는 점은 확인할 수 있다.[30]

따라서 여기에서 관심의 대상은 '최적화명령'을 담고 있는 제119조와 이들 개별 경제

---

28) 개별 헌법 조항들에 대하여 대체로 삭제를 분명하게 주장하는 입장은 정종섭, 『헌법학원론』, 179-182면.

29) 참고로 개별 규정들의 개략적인 연혁을 정리해 보면 다음과 같다. 제120조 - 제헌헌법 제85조 이래 비슷한 내용으로 계속 유지. 제121조 - 제헌헌법(1948) 제86조 이래 존치. 제122조 - 제3공헌법(제5차 개헌, 1962) 제114조 신설. 제123조 제1항(농어업보호육성) - 제3공헌법(제5차 개헌) 제115조 신설; 제3항(중소기업보호육성) - 제5공헌법(제8차 개헌: 1980)) 제124조 제2항 신설; 제4항(농어민이익보호) - 현행 헌법 제123조 제4항 신설; 제5항 - 제3공헌법(제5차 개헌) 제115조 신설. 제124조 제5공헌법(제8차 개헌) 제125조 신설. 제125조 - 제2차 개정헌법(1954) 제87조 신설 이후 제5차 개헌 때 '법률이 정하는바에 의하여'의 부분이 삭제되고 유지. 제126조 - 제헌헌법 제88조 이래 유지. 제127조 제1항 - 제3공헌법(제5차 개헌) 제118조 신설; 제2항(국가표준제도) 현행 헌법 신설.

30) 본 소위원회에서의 토의의 결론도 이와 다르지 아니하고 또한 이런 정도로 정리될 수 있는 범위까지가 합의가능한 내용이었음을 밝혀둔다.

헌법 규정들이 어떤 관계에 있는지, 특히 총론적 규정인 제119조의 행위규범, 통제규범으로서의 적용에 각론적 성격의 개별 국가목적조항들이 어떤 영향을 미치는가 하는 것이다.

2. 해석론

우선 이러한 객관적인 '국가목적조항'이 국가의 기본권보호의무의 측면에서건 주관적 공권의 측면에서건 기본권적 법익과 상충되는 경우, 예컨대 중소기업의 보호와 대기업의 경영의 자유 또는 소비자보호와 기업의 자유가 상충되는 경우, 적어도 통제규범의 관점에서 보면 정책결정권자에 대하여 '프로그램적 규정' 이상의 어떤 규범적 효력을 가질 수 있는지 의문이다. '경자유전의 원칙'(제121조)과 같이 특별한 헌정사적 배경이 고려된 경우를 포함해서 이러한 구체적인 경제목표들은 개방된 '최적화의 명령'에 당연히 수렴될 수 있고 또한 그렇게 되었어야 바람직한 것으로 생각된다. 개별적인 경제정책사항들이 헌법상의 '국가목적조항'으로 규정됨으로써 헌법차원에서 경제입법자에 대하여 구속력 있는 경제정책적 지침을 제시한 것이지만, 오히려 헌법현실에서는 그 개방성의 폭은 그대로인 채 시장규제와 기업의 자유를 제한하는 경제정책을 정당화하는 방향에서 일방적으로 '최적화명령'의 규범적 효력만 희석시키고, 결과적으로는 경제에 관한 규제와 조정을 하는 정부와 입법자의 '소명의무'만 감면해주는 근거로 작용되어 왔다.

그러나 전술한 제119조의 해석론과 연결해서 볼 때 제120조 이하의 '국가목적조항'을 근거로 하는 경제입법, 계획 등의 경우에도 개별 경제헌법 조항에 담겨져 있는 객관적인 지침들이 그 위헌성에 대한 주장과 판단의 독자적인 준거로 적용될 기능성과 필요성은 적어도 원천적으로 부인되지 아니한다.[31] 또한 그 크기는 상당부분 시장개입의 현실정합성과 그에 대한 정부와 입법자의 '소명'의 타당성과 설득력에 달려 있다. 말하자면 각론이 총론에 포섭되는 것이지, 그 반대는 아니 되는바, 제120조 이하의 헌법 규정들을 근거로 하는 경제정책 또는 경제계획의 경우에도 그 입법 및 정책목적의 정당성에 대한 '소명의무'는 면제되지만, '경제에 관한 규제와 조정'을 하는 정책수단의 선택과 조합의 적정성에 대한 '소명의무'는 상대적으로 감면될 뿐, 기본적으로는 제119조의 '최적화명령'이 그대로 적용된다. 그 내용과 전향적인 헌법해석의 가능성에 대해서는 제119조와

---

31) 그 타당성과 설득력에 대한 평가와는 무관하게 그동안 수많은 경제입법에 대하여 헌법재판소가 개별 경제헌법 조항을 유력한 입론준거로 활용하였던 적지 않은 결정례들만을 보아도 그러하다. 예컨대 1989.12.22. 88헌가13(국토이용관리법 위헌확인) 1993.7.29. 89헌마31(국제그룹 해체); 1996.4.25. 92헌바47(축협법 위헌확인); 1996.12.26. 96헌가18(자도소주); 2000.6.1. 99헌마553(농협법 위헌확인) 등.

관련하여 전술한 부분으로 대신한다.

3. 개정안

제119조와 관련하여 기술한바와 같은 맥락에서 공감대형성이 가능할 것으로 여겨지는 최소한의 범위에서 개정안을 제시해보면 다음과 같다.[32)]

ⅰ) 제120조

제1항 - 광물 기타 중요한 지하자원 수산자원 수력과 경제상 이용할 수 있는 자연력은 법률이 정하는바에 의하여 일정한 기간 그 채취 개발 또는 이용을 특허할 수 있다.(유지)

제2항 - 국토와 자원은 국가의 보호를 받으며, 국가는 〈법률이 정하는바에 의하여〉 균형 있는 개발과 이용을 위하여 필요한 계획을 수립한다.

ⅱ) 제121조

제1항 - 국가는 농지에 관하여 경자유전의 원칙이 달성될 수 있도록 노력하여야 하며, 농지의 소작제도는 금지된다.(삭제)

제2항 - 농업생산성의 제고와 농지의 합리적인 이용을 위하거나 불가피한 사정으로 발생하는 농지의 임대차와 위탁경영은 법률이 정하는바에 의하여 인정된다.

ⅲ) 제122조 - 국가는 국민 모두의 생산 및 생활의 기반이 되는 국토의 효율적이고 균형 있는 이용 개발과 보전을 위하여 법률이 정하는바에 의하여 그에 관한 필요한 제한과 의무를 과할 수 있다.

국가는 국민 모두의 생산 및 생활의 기반이 되는 국토의 효율적이고 균형 있는 이용 개발과 보전을 위하여 〈필요한 경우에 한하여〉 법률이 정하는바에 의하여 그에 관한 제한과 의무를 과할 수 있다.[33)]

---

32) 이하의 개정안의 구체적인 내용은 공법학회 제129회 학술발표회(2006. 5)에서 김성수 교수가 발제한 내용과 별로 다르지 아니하다. 그럼에도 불구하고 다시 정리하여 제시하는 것은 비공식적인 논의는 간혹 가져 왔고 시차는 있지만, 학회별로 각각 독자적으로 구성된 위원회에서 논의하여 검토된 결론이 거의 일치한다는 점 자체가 의미와 가치가 적지 아니하다고 생각되기 때문이다.

33) 다만 이 조항은 내용상의 연관성을 고려할 때 제120조 제2항과 통합하여 규정하는 것이 규정체계상 적절할 것으로 생각된다.

iv) 제123조 – 각 항 공히 '국가는~ 한다'에 **'필요한 경우에 한하여 법률에 정하는바에 의하여'**를 추가

ⅴ) 제124조 – 국가는 건전한 소비행위를 계도하고 생산품의 품질향상을 촉구하기 위한 소비자보호운동을 법률이 정하는바에 의하여 보장한다.(유지)

ⅵ) 제126조 – 국방상 또는 국민경제상 긴절한 필요로 인하여 법률이 정하는 경우를 제외하고는 사영기업을 국유 또는 공유로 이전하거나 그 경영을 통제 또는 관리할 수 없다.(유지)

ⅶ) 제127조 – 제1, 2항의 '국가는 ~ 한다'에 **'법률이 정하는바에 의하여'**를 추가

<「헌법 개정연구, 2006헌법 개정연구위원회 최종보고서」, 한국헌법학회, 2006. 11, 97~111면>

【6】 헌법으로 본 빈곤(사회양극화)문제[1]와 예산과정

Ⅰ. 머리말

가난구제는 나라도 못한다? 맞기도 하고, 틀린 말이기도 하다. 가난의 문제가 개인이나 개별 가구 차원의 노력만으로 극복하기 어려운 것은 물론이고, 국가의 도움으로도 해결하기 어려운 난제라는 것을 강조하는 것이라면 맞다. 하지만 빈곤문제의 근원을 개인 차원의 문제로 환원시켜 국가의 책임과 역할을 최소화하는 논거로 제시되는 경우라면 동의할 수 없다. 특히 빈곤이 '일만 하면 해결되는 문제'가 아니라, 일할 자리 자체가 부족하기 때문에 생겨나고 또한 일을 열심히 해도 극복하기 어려운 구조적인 문제로 주어지는 오늘날의 상황에서는 더욱 그러하다.

굳이 그 현실과 규범의 환경과 맥락이 다른 옛말을 말머리로 삼는 것은 다음 두 가지 이유 때문이다. 첫째는 빈곤문제와 관련하여 국가역할 축소를 주장하면서 방론의 단서로 활용하려는 '시장신봉자'들의 수사학의 전술과 "현실이 아니라 조작된 이데올로기인 신자유주의"[2]의 설득력을 제한하고자 함이다. 둘째는 우리 헌법은 '인간다운 생활을 할 권리'를 기본권목록에 담고 있고, '사회보장 및 사회복지의 증진에 노력할 국가의무'와 함께, 구체적인 수준과 내용은 입법형성에 맡겨 놓았지만, '신체장애자 및 질병·노령 기타의 사유로 생활능력이 없는 국민'에 대한 국가의 보호의무를 별도로 규정하고 있는바, 빈곤문제는 가변적인 재정경제상황이나 정권의 교체에 따른 복지정책 당국자의 시정방침에 의해 그 대응의 기조가 결정되는 단순한 사회정책적 현안이 아니라 국가가 최선의 노력을 다해야만 하는 제1의 헌법문제임을 확인해두고자 함이다.

빈곤문제는 어제와 오늘만의 문제가 아니다. 수천 년 인류역사와 함께 한 초시대적인 문제라는 의미에서뿐만 아니라, 말 그대로 이 문제를 어떻게 풀어나가는가에 따라 우리 공동체의 내일의 운명이 결정된다는 맥락에서도 그러하다. 여기에서 증가일로에 있는 범

---

[1] 빈곤과 사회양극화는 동일한 개념은 아니다. 이에 관해서는 이용환, 「선진화시대의 빈곤정책」, 2008, 183 면 이하; 신동면, 『사회양극화극복을 위한 사회정책구상』, 2007, 17면 이하. 다만 이 글에서는 표현의 맥락에 따라 구별하되, 혼용이 가능한 개념으로 사용한다. 말하자면 일반적으로 상호 연쇄적인 인과관계의 관점에서 동전의 앞뒤와 같다고 보는 전제하에, 우리 사회에 특유한 양태의 빈곤문제, '사회적 양극화와 엇물린 빈곤문제'에 초점을 맞춘 것임을 밝혀둔다.

[2] Loic Wacquant, 류재화(역), 『가난을 엄벌하다』, 참언론시사인북, 1999, 2010. 5, L. 보캉과의 인터뷰, 179면.

죄율과 자살률, 이혼이나 별거 등 가정해체현상의 심화와 그에 따른 빈곤 조손가정의 급증, 기타 교육기회의 불균등, 청소년문제 등 빈곤에서 직간접적으로 기인하는 사회문제들과 그 사태의 심각성을 일일이 적시하고 설명하는 것은 필요 없을 것이다. 적어도 빈곤문제가 향후 '지속가능한 발전'의 여부를 결정하게 될 것이라는 점에 대한 인식은 이미 충분히 공유하고 있는 것으로 믿어지기 때문이다.

그러나 문제는 이 문제인식이 다분히 막연하고 추상적이라는 데 있다. 현상의 인식과 진단이 치밀하지 못하고 또한 미래에 대한 전망과 구상이 구체적이지 않기 때문에 가난에 대한 합의에 필요한 공감의 토대를 확보하지 못하고 있다. 복지정책의 지향점과 대강에 대한 거시적 합의가 도출되지 못하고 있는 것은 물론이고, 정부개입의 적정한 수준과 방법을 포함하여 해마다 반복되는 복지예산의 많고 적음을 둘러싼 논란도 바로 빈곤문제에 대한 사회적 태도의 불분명함에 기인한다. 이러한 사회 전체의 일반적인 태도는 일차적으로 구성원 개개인의 태도에 의해 형성되는 것이겠지만, 빈곤문제가 전적으로 개인차원의 문제만이 아닌 것과 마찬가지로 그에 대한 태도 역시 집단적인 이데올로기적 성격의 문제이다. '부분의 총합과 전체는 다르다'는 명제는 이 경우에도 해당되는바, 본 논문은 시민 개개인의 윤리적인 입장과 태도보다는 거시적인 정치경제학적 담론, 즉 장래 우리 사회공동체의 바람직한 모습에 대한 구상의 차원에서 빈곤문제에 대하여 사회 전체의 태도가 변화되어야 할 헌법적 당위성을 확인하고, 변화를 이끌어 낼 수 있는 구체적인 반성과 실천의 규범적 단서를 포착하기 위한 시론이다.

다음에서는 헌법규범과 사태의 교차점에서 우선 최소한의 기본적인 관련 지표에 대한 검토를 통해서 빈곤(양극화)문제의 실태와 그 추세를 살펴보고(Ⅱ), 민주주의 원리, 사회국가원리 및 법치국가원리 등 우리 헌법상 기본원리와 함께 '국민통합'의 이념에 비추어 지금 우리의 빈곤문제가 최우선의 헌법문제로 인식되어야만 하는 헌법이론 및 헌법현실적 이유를 정리한다(Ⅲ). 이어서 빈곤문제에 대한 국가의 정책적 개입의 가장 유력한 수단의 하나인 예산 및 예산과정에 초점을 맞추어서 세 가지 구체적인 개선방안을 제시한다(Ⅳ).

Ⅱ. 빈곤(사회양극화)문제의 실태와 빈곤복지정책의 현황

1. 빈곤문제의 실태와 추세[3]

빈곤문제가 우리 사회에서 현안으로 부각된 것은 1990대 중반 이후, 특히 1997년 말의 외환위기를 거치면서였다.[4] 적어도 소득불평등의 심화에 따라 사회체제 차원의 문제로서 주목되게 된 것은 그러하다. 1960년대 이래 30여 년간 우리 사회는 정치의 민주화는 정체되었지만, 경제적으로는 연평균 8% 이상의 고도성장의 지속적인 흐름 속에서 빈곤문제는 '일만 열심히 하면 해결되는 문제'였다.[5] 1980년대 접어들면서부터는 적어도 끼니를 거르는 수준의 빈곤은 찾아보기 어려워졌고 10% 수준이었던 최저생계비 이하의 빈곤층 비율도 1990년대 초반에는 5% 이하로 떨어지는 등 상당한 정도의 소득분배개선과 함께 절대빈곤의 문제는 극복된 듯 보였다.[6]

그러나 외환위기를 분수령으로 하여 우리 경제는 경제성장의 지체, 사회적 양극화와 엇물린 빈곤문제의 심화의 흐름이 그 이전과는 극명하게 대비되는 정반대의 양상을 보이고 있다. 상황이 더욱 심각한 것으로 여겨지는 것은 외환위기 후에 부각된 이러한 현상

---

3) 여기에서는 거시적으로 빈곤문제의 크기와 추세만을 가늠하는 선에서 실태와 추세를 짚어보는 데 그친다. 빈곤층은 물론이고 중산층까지도 경제적으로, 심리적으로 참담하게 만드는 과도한 사교육비 부담이나, 이로 인한 경제적 압박에 따른 노년대비의 소홀, 이미 들이닥치고 있는 고령화 사회의 문제 등 빈곤문제와 직간접적으로 엇물려 있는 현안들에 대한 세부적인 논의는 약한다. 또한 그 차제가 빈곤문제의 가장 절박한 부분이기도 한 동시에, 적지 않은 경우 빈곤에 기인하는 가정파탄에서 비롯되는 여성 및 아동, 또는 이른바 '조손가구'(65세 이상의 조부모와 18세 미만의 청소년만으로 구성된 가구) 등 특수한 집단의 개별적인 빈곤문제도 별도로 다루지 아니한다. 다만 우리 헌법 제34조 제3-5항에서 따로 국가의 보호의무를 규정하고 있는 것을 떠나서도, 이들 집단은 빈곤문제에 가장 직접 그리고 전면적으로 노출되어 있다는 점에서 최우선적으로 관심과 배려가 집중되어야 하는 것은 물론이다. 예컨대 최근 조사에 따르면, '조손가구'가 1995년 3만 5,194가구에서 2010년 현재 6만 9,175가구로 2배 가까이 증가되었고, 이들 가구의 20.1%가 월소득 40만 원 미만, 44%가 40만~80만 원으로 최저생계비 이하의 절대빈곤층에 해당한다. 여성가족부 보도자료, 2010. 12. 14, 조손가구 실태조사보고(요약).

4) 구인회·손병돈·안상훈, 『사회복지정책론』, 2010, 425-433면.

5) 김수현·이현주·손병돈, 『한국의 가난』, 2009, 279면.

6) 물론 성장과 분배의 두 마리 토끼를 함께 잡은 모범의 성공사례로 평가될 만큼 실제 소득분배의 공평성이 확보되었는지 여부는 논란의 대상이고, 비판적인 견해가 적지 아니하다. 또한 지표로 나타나는 것과 빈곤층을 포함한 다수 서민들이 체감하는 소득불평등의 실태나 분배구조개선의 정도 및 그 속도는 크게 다를 것으로 생각된다. 이에 관해서는 구인회, 『한국의 소득불평등과 빈곤』, 2006. 하지만 이 글에서 관심은 소득불평등의 원인과 실태를 경제 및 사회사적으로 분석하고 평가하는 것이 아니라, 이 문제를 일부 계층 또는 집단이 아닌 국민 대다수가 관심을 갖는, 국가와 사회 전체 차원에서 중차대한 정치경제학적 의제로서 소득양극화의 관점에서 주목하는 것인바, 소득불평등의 문제도 1997을 전후로 하여 구별하는 것이 무분별한 것만은 아닐 것이다.

들이 예외적인 위기상황에서 초래된 과도기의 문제가 아니라 악순환의 흐름 속에서 구조적인 문제로 고착화되고 심화되어 가고 있기 때문이다.

〈표 6-1〉 빈곤율 변화(가처분소득 기준. 1인 가구 및 농어가가구 제외)

	절대빈곤율			상대빈곤율(1)		
	절대빈곤(2)	차상위계층(3)	합계	40%	50%	합계
1996년(Ⅰ)	5.9	3.9	9.8	7.7	4.9	12.6
2000년(Ⅱ)	11.5	4.7	16.2	11.5	5.5	17.0
Ⅱ-Ⅰ	5.6	0.8	6.4	3.9	0.6	4.5
2005년(Ⅲ)	11.7	7.4	18.5	10.0	4.6	14.6
Ⅲ-Ⅱ	0.2	2.7	2.3	-1.5	-0.9	-2.4
2008년(Ⅳ)	11.1	?	?	10.3	4.6	14.9
Ⅳ-Ⅲ	-0.6	?	?	0.3	0.0	0.3

(1) 상대빈곤율은 전체가구 중 중위소득의 40% 이하 및 50% 이하인 가구의 비율 (2) 절대빈곤은 전체 가구 중 국민기초생활보장법상 생계보조수급의 기준인 최저생계비 이하인 가구의 비율[7] (3) 차상위계층은 가구원수별 최저생계비의 120% 이하인 가구[8] 자료: 2009년 빈곤통계연보, 한국보건사회연구원, 2009. 단, 2005년까지 통계는 김준현, 『경제적 세계화와 빈곤문제 그리고 국가』, 189면 <표 5-3>.

---

[7] 단, 이 통계자료에서 '절대빈곤'의 수치가 실제 절대빈곤가구의 비율을 그대로 반영한 것으로 볼 수는 없다. 소득과 재산이 제대로 파악되지 못하여 실제 소득수준이 최저생계비 이하이면서 재산이 기초생활수급 요건에 해당되는 경우임에도 불구하고, 부양의무자가 있다는 등의 이유로 생계보조금을 지급받지 못하고 있는 사람이 2003년 현재 실제 수급자 약 138만 명의 128%에 해당하는 약 177만 명에 이르는 것으로 추정되고 있다. 김선빈 외, 『배려의 경제학: 저소득층의 활로모색』, CEO Information 642호, 2008. 2. 20. 구체적인 추정치는 적지 않은 차이를 보이고 있지만, 이 추정은 크지 않은 오차범위 내에서 현재 시점에서도 여전히 유효할 것으로 생각된다. 이에 관해서는 이현주 외, 『차상위계층 실태분석 및 정책제안』, 한국보건사회연구원, 2008. 12, 141면. 2008년 현재 기초생활보장 수급자가 약 153만 명으로 늘어났으나, 이는 빈곤층의 점증적인 확대에 따른 결과일 뿐이다.

[8] 차상위계층의 대부분을 차지하는 일용직 근로자나 도시 영세자영업자의 소득이 제대로 파악되지 못하고 있기 때문에 정확한 통계자료 자체가 생산되지 못하고 있는 상황이다. 최저생계비 이하의 가구에 대한 불확실한 추정치와 연계되어 있는 것이기도 하지만, 오차범위가 적지 않아서 2008년 자료는 의문부호로 처리하였다. 한국보건사회연구원의 광범위한 실태조사에 따르면 2006년 현재 전체 가구 중 12.03%가 차상위계층에 속하는 것으로 추정된다. 이현주 외, 위 보고서, 170면, <표 5-1-1>. 다만 원용한 2005년까지 통계와 같은 기준을 적용하는 경우라면 2005년의 7.4%에 비해 큰 등락이 있지는 않을 것으로 생각된다. 표에 제시된 2005년까지 관련 통계는 2차 자료를 참고로 한 것이다. 이 문제는 2008년부터 시행 중인 근로소득보전세제(EITC)가 성공적으로 정착하게 되면 유용한 데이터베이스를 확보하는 데 도움이 될 것으로 기대된다. 다만 2009년 현재 수급자규모가 신청자 기준으로 전체 근로자 가구의 약 7%에 불과하기 때문에 차상위계층의 전체 규모를 가늠할 수 있는 표본으로는 한계가 있다.

<표 6-1>에서 잘 드러나는바와 같이, 1997년 이래 지난 10여 년간 소득양극화의 추세 속에서 고도의 경제성장 속에서 계속 확대되어 왔던 중산층이 크게 위축되고, 차상위계층을 포함한 절대빈곤층 가구가 급증하고 있는 문제는 이미 우리 경제의 지속적인 발전과 사회의 안정 및 통합에 심각한 장애요인이 되고 있다. 우선 절대빈곤가구, 즉 전체가구 중 소득수준이 최저생계비 이하인 가구의 비율이 1996년에는 5.92%였던 것이 불과 3년이 지난 2000년에는 11.47%로 급증하였다. 특히 주목되는 것은 절대빈곤율의 증가분 6.29% 중에 절대빈곤가구가 5.55%포인트, 차상위계층은 불과 0.74%포인트를 차지하였다는 점이다. 이는 차상위계층 중 상당수가 절대빈곤층으로 전락하였고, 그 자리의 대부분을 가처분소득이 중위소득의 40% 이하인 가구가 채운 결과이다. 또한 1996년 이전에는 절대빈곤층이 40% 상대적 빈곤층보다, 차상위빈곤층이 50% 상대적 빈곤층보다 각각 약 1.8%포인트, 1%포인트 정도 낮았었는데 2000년에는 거의 차이가 없게 되었는바, 이는 차상위계층으로 이동한 중위소득 40% 이하인 가구보다 훨씬 더 많은 중위소득 50% 내외의 가구가 중위소득 40%이하의 빈곤층으로 내려앉았음을 말해주는 것으로 분석된다.[9] 이러한 빈곤층 증가의 추세는 큰 변동 없이 2000년대 초반 이후 계속 이어지고 있다.

그러나 우리가 정작 주목해야 하는 것은 현 시점에서의 문제의 크기가 아니다. 충분하지는 않지만, 그렇다고 해서 턱없이 부족하다고는 할 수 없는 우리 경제의 규모와 수준, 그리고 아직까지는 비교적 건전한 재정상황과 기타 제반 사회적 여건 등을 고려하면 지금이라도 선순환의 방향으로 전환의 계기를 마련할 수 있고, 그렇게 되면 감당할 만한 수준의 비용부담으로 수습이 가능하다고 믿기 때문이다. 말하자면 문제의 핵심은 추세이고, 더 늦기 전에 선회의 기회를 잡을 수 있는 정치적·사회적 조건, 특히 사회 전체의 의지와 태도를 갖추는 것이 관건이다.

2. 빈곤정책의 현황

원인과 상황의 진단 및 전망에 대해서는 이견이 없지 않지만, 전술한바와 같이 적어도 외환위기를 분수령으로 하여 그 이전과는 분명히 구별되는 추세, 말하자면 빈곤의 악순환과 소득양극화의 현상이 엇물려서 고착되어 가는 흐름이 지속되고 있다.[10]

---

9) 이 추세에 관한 상세한 설명은 김준현, 『경제적 세계화와 빈곤문제 그리고 국가』, 2008, 189-190면.

10) 지니계수가 0.3 이하이면 소득분배구조가 양호하고, 0.3~0.4 수준이면 불평등의 문제가 심각하지는 않은 보통상태라고 보는 일반적인 설명 기준에 따르면, 지니계수가 0.3을 넘지 않는 수치만을 보면 우리나라의 소득불평등도는 그다지 높은 것으로 평가되지는 않는다. 다만 전술한바와 같이 우리의 경우에는

최근 우리나라의 빈곤정책은 국민기초생활제도를 비롯한 공공부조제도의 확충을 통해서 괄목할 만한 성과를 보인 것은 부인할 수 없을 것이나,[11] 그럼에도 불구하고 빈곤문제가 고착 및 심화되고 있는 현상은 일차적으로는 구조적인 문제로 주어지는 시장소득의 양극화에 따른 결과이겠지만, <표 6-3>에서 잘 나타나듯이, 문제의 상당 부분은 상대적으로 OECD국가 중에 가장 낮은 정부의 사회복지지출의 규모에 기인한다.

〈표 6-3〉 OECD 국가별 사회복지비지출 비교(2005년)

(% of GDP)

		미국	영국	프랑스	독일	스웨덴	일본	한국
공공지출		19.1	26.2	35.1	34.8	33.8	23.7	7.4
민간	법정	0.4	0.6	0.0	1.0	0.4	1.0	2.7
	자발적	0.7	4.2	2.5	2.6	2.7	3.4	2.0
총지출		29.2	31.0	37.6	38.4	36.9	27.8	12.1

출처: William Adema and Maxime Kadaique, "Net Social Expenditure, 2005 edition, More Comprehensive Measures of Social Support", OECD, p.72. 정무권, 「한국의 빈곤문제와 복지제도」, 연세대학교 빈곤문제연구소 발표자료(2010. 3. 31) 참조.

　　최근에 국회 예산정책처에서 발표한 보고서에 따르면, OECD 국가 평균의 약 71% 선에 머물고 있는 상대적으로 낮은 노령화의 수준, 약 22% 수준인 연금지출비중과 함께 소득수준을 반영하여 '분류의 오류'를 조정하는 경우 우리나라의 복지관련 예산의 비중(전체 정부 지출규모 대비)은 OECD 회원국 평균비율의 74%에 이른다고 한다.[12] 하지만 이 주장을 전체적으로 유의미한 분석결과로 인정한다고 하더라도, 현재 그리고 장래 복지지출에 영향을 주는 지표를 고려하지 않은 것이 거시적이고 장기적인 재정운용계획의

　　OECD 국가들과 비교해서 전체 소득분포에 대한 정확한 데이터베이스가 확보되어 있지 못하고, 특히 고소득의 전문직 및 대규모 자영업자와 일용직 노동자나 영세자영업자 등 빈곤층의 소득이 정확하게 파악되지 못한 사정을 감안하면 적어도 0.4 포인트는 상회할 것으로 추정할 수 있을 것이다. 이러한 점에서 Gini계수 등의 통계상의 수치로 드러나는 양상과 보통사람들이 갖는 느낌 간의 차이를 부동산 가격의 급등과 그에 따른 재산소득의 극심한 차이에 따른 상대적인 박탈감이나 또는 갑작스러운 실업으로 양산된 이른바 '신빈곤층'의 높은 체감도로 설명하는 것은 타당하지 않다. 이용환, 앞의 책, 48면.

〈표 6-2〉 Gini계수 변화 추이(시장소득기준)

구분	'97	'98	'00	'01-'05	'06	'07	'08
도시가구(2인 이상)	0.262	0.287	0.272	0.286-0.286	0.292	0.300	0.298

자료: 통계청; 구인회 외 2인, 『사회복지정책론』, 2010. 431면에서 재인용함.

11) 이에 관한 상세한 내용과 비판적인 검토는 김수현 외, 앞의 책, 284-304면.
12) 박민화, 『복지재정 운용실태와 정책과제』, 국회예산정책처, 2010. 10.

차원에서 보면 조정을 요하는 '분류의 오류'일 수 있겠지만, 그 자체가 복지예산지출에 관한 통계가 과소계상되고 있다는 주장의 논거가 될 수는 없다. 또한 이 주장을 인용하는 경우라도, 74% 수준의 높낮이에 대한 평가를 떠나서 '분류의 오류'를 수정하고 제시된 평균치 미달의 36%가 대부분 사회복지의 사각지대에 집중되고 있다고 본다면, 적어도 향후 상당한 정도로 사회복지예산이 증대되어야 한다는 점은 부정할 수 없을 것이다.

상대적으로 간접세의 비중이 높은 우리 조세체계상 조세도 소득불평등도를 개선하기 위한 정책수단으로서 그 기능이 미흡하고[13] 거의 60% 정도를 차지하는 노령연금을 비롯한 사회보험 중심의 사회보장제도도 소득재분배의 효과를 크게 기대하기 어려운 것이 현실이다.[14] 여기에다 다른 나라들에 비해서 상대적으로 높은, GDP 대비 전체 사회복지비 지출의 약 40%에 달하는 민간 부문에서의 이전지출도 소득양극화의 현상을 더욱 심화시키는 구조적인 요인이라고 할 수 있다. 다만 최근에 들어와서 사회복지예산이 비교적 크게 늘어나면서 정부의 정책적 개입에 따른 소득재분배의 효과를 평가하는 일반적인 기준인 지니계수 개선비율(도시근로자 가구기준)이 1996년에 약 1.3%였던 것이 2000년에 4.5%로 크게 개선되는 계기가 있었고,[15] 그 후 순증의 추세 속에서 2003년 4.4%, 2006년 6.7%, 2007년 7.4%[16]로 높아지고 있지만, 아래 <표 6-4>에서 알 수 있듯이 여전히 다른 나라들에 비해서 소득불평등을 완화하기 위한 국가의 정책적인 개입에 의한 실질적인 소득재분배의 효과는 전체적으로 크게 미흡한 수준이다.

---

13) 국세를 기준으로 2006년 현재 우리나라의 간접세비율은 51%이다. 이는 독일(56.6%)이나 프랑스(58.1%) 등 비교적 GDP 대비 사회복지지출이 큰 나라에 비해서는 낮지만, 우리보다는 사회복지지출 비율이 높은 일본이나 미국에 비해서는 상당히 높은 수준이다. 위 <표 6-3> 참조. 김태환 외, 『2009년 빈곤통계연보』, 한국보건사회연구원, <표 4-19>, 220면.

14) 국민연금만 해도 직장가입자를 제외하면 50% 이상이 매달 보험료를 납부하지 못하고 있는 실정이고, 고용보험의 경우에도 정규직근로자는 80% 이상 가입하고 있는데 반해서 비정규직은 30% 정도만 가입하고 있다.

15) 이 당시의 큰 변화는 국민연금의 개보험화와 고용보험의 확대 등 사회보험이 대폭 확대되어 시행되고, 국민기초생활보장제도의 도입에 따라 소득보장성의 공적인 사회복지지출이 크게 늘어남에 따른 결과였다. 이에 관해서는 신동면, 앞의 책, 93면.

16) 통계청, 『가계조사 원자료 각 년도』; 정무권, 위의 자료에서 재인용.

〈표 6-4〉 소득재분배정책의 효과 국제비교

	지니계수 A (시장소득기준)(1)	지니계수 B (가처분소득기준)(2)	변화율 (B-A)/B×100
핀란드(1987)	0.379	0.209	81.3
독일(1984)	0.395	0.249	58.6
캐나다(1987)	0.374	0.283	32.2
미국(1986)	0.411	0.335	22.7
한국(1996) (2000)	0.302 0.374	0.298 0.358	1.3 4.5

(1) 시장소득 = 근로소득 + 사업 및 부업소득 + 재산소득 + 사적이전소득
(2) 가처분소득 = 시장소득 + 공적이전소득 - 사회보장부담금 - 직접세
자료: 유경준·심상달, 『취약계층 보호정책의 방향과 과제』, 한국개발연구원, 2004, 〈표 2-6〉, 김준현, 『경제적 세계화와 빈곤문제 그리고 국가』,
    192면에서 재인용.

Ⅲ. 헌법상 기본원리와 빈곤문제

1. 민주주의 원리 및 국민통합의 과제로 본 빈곤문제

1) 민주주의 원리와 빈곤문제

빈곤은 단순히 '저소득'만을 의미하는 것이 아니다. 자기존중의 정체성을 갖지 못하는 일종의 무력감, 정책결정과정으로부터의 소외를 포함한 각종 사회적 서비스로부터의 배제 등 다면적인 특성을 갖는다.[17] 빈곤의 반대 역시 단순한 부가 아니다. 부는 단지 금전적인 풍요만을 뜻하는 경제적인 것만이 아니라 문화적인 것인 동시에 정치적인 것이기도 하다. 말하자면 부는 삶의 의미와 가치를 생산하고 교환하는 과정이고 그 마당인 문화를 즐길 수 있고 또한 자유로운 정치적 의사표현의 기회와 수단을 확보하고 선거를 통해 자신의 삶과 운명에 대한 국가의 정책결정 또는 그 결정을 하게 될 대의공직자들을 선출하는 결정에 n분의 1의 지분을 갖고 참여할 수 있기 위한 필요조건이다. 실증적인 조사연구를 통해 확인된바와 같이, 이른바 '참여불평등'(participatory inequality) 또는 '사회적 불균형'의 현상이 갈수록 심화되고 있거니와, 이는 경제적 양극화와 엇물린 빈곤문제가 문화, 특히 교육의 양극화, 정치참여의 기회 또는 정치적 영향력의 양극화로 이어지

---

17) D. Green, 주성수(역), 『빈곤에서 권력으로』, 이매진, 2010, 20면.

고, 정치적 양극화가 다시 경제적 의사결정의 불균형을 심화시키는 악순환의 흐름 속에서 그 원인이 찾아진다.[18)

선택가능한 조합의 폭이 넓기는 하지만, 어쨌든 시장과 비시장을 혼합하고 있는 수정자본주의체제에서는 물론이고, 순수한 자본주의경제질서에서도 경제적 자율결정의 조건이 완벽한 균형상태를 충족시키는 것은 불가능하다. 또한 "모든 가격은 정치적이다"[19)라고 말하는 것은 무리이겠지만, 시장을 하나의 정치경제공동체에서 사회가 결정을 내리고, 가치를 정하고, 자원을 배분하고 또한 사회구조를 유지하고, 인간관계를 형성하는 여러 제도와 수단들 중의 하나일 뿐이라고 보는 입장에 따른다면, 적어도 가장 중요한 가격이라고 할 수 있는 노동의 가격인 임금과 돈의 가격인 금리는 다분히 정치적이다. 특히 우리 사회에서 극심하였던, 이른바 '재산효과'(wealth effect)에 따른 막대한 자산이전효과와 연관되는 부동산가격까지 포함해서 본다면, '가격의 정치성'의 명제가 설득력을 갖는 바로 그만큼은 – 원인의 측면에서든 또는 그 영향, 특히 민주주의에 심각한 장애요인이 되는 결과의 관점에서든 – '모든 빈곤은 정치적이다'. 말하자면 상당 부분 정치체제와 사회문화적인 구조적 요인에 의해 규정되는 경제적 불균형과, 이에 기인하는 사회양극화와 빈곤은 민주주의에 중대한 위기를 초래하는바, 빈곤문제와 직결된 '노동의 위기' 또는 '고용의 위기'는 곧 '민주정치의 위기'인 것이다.[20)

물질적인 조건이 아니라 정신적인 덕성, 즉 자유를 사랑하고 스스로 자신의 생활을 책임지는 '자율적인 민주시민의식'을 민주주의의 정착과 성공을 담보하는 가장 근본적인 전제조건으로 보는 입장에서는 이 등식에 동의하지 않을 것이다. 하지만 "경제적 풍요가 민주주의의 전제조건인가?"[21)라는 의도적인 질문에 대하여 다분히 예정된 논증을 거쳐 부정의 답을 제시하는 식의 자유주의적 입장은 문제구성에 이미 반영된 특정한 가치적 선판단의 전제를 확인하는 순환론일 수밖에 없다. 다만 여기에서 관심사는 구미 선진국의 정착된 민주정치의 발전 또는 갱신가능성이나, 자유주의적 정치철학에 대한 추상적인 논의가 아니다. 형성의 과정 속에서 민주주의의 정착을 위한 구체적인 정치경제적 토대, 말하자면, 일정 수준 이상의 '사회적 평등'과 상호 조건관계에 있는 '자유에 대한 사랑' 자체가 형성되고 유지될 수 있는 현실적인 조건을 지적하는 것이다. '사회적 평등'의 실

---

18) 특히 Sidney Verba/Kay Lehman Scholzman/Henry E. Brady, *Voice and Equality* (Cambridge Mass.; Havard University Press, 1995). Robert Kuttner, *Everything for Sale*, 355-356면에서 재인용.

19) 장하준, 이종태·황해선(역), 『국가의 역할』, 부키, 135-137면 참조.

20) 김수현 외, 앞의 책, 50-51면.

21) O. Depenheuer, "Setzt Demokratie Wohlstand voraus?", *Der Staat*, 33, 1994, 329-350면.

현을 위해 국가가 스스로 직접 또는 적어도 배타적으로 경제적 번영을 주도할 수 없음은 물론이지만, 그것을 가능하게 하는 윤곽조건을 마련하는 것이 국가가 감당할 수 있고 또 감당해야만 하는 책무라고 본다면,[22] 이 헌법적 요청의 당위성과 그 의미는 민주주의 원리의 관점에서 빈곤문제를 접근할 때 더욱 분명해진다.

20세기 후반을 풍미한 신고전학파의 자유시장 경제학자들은 점점 더 복잡한 고등수학을 활용하면서, 시장의 자정력과 발전추동력에 대한 전폭적인 신뢰를 바탕으로 시장의 투명화와 보다 많은 사회영역의 시장화를 촉구한다. 하지만 이들의 정치경제학적인 주장의 핵심인 이상적인 '일반 균형'(general equilibrium)의 체계와 몰가치적인 가격기구는 빈곤으로 인해 불균형적인 정치시장과 또한 그 구조적 여건에 의해 형성되는 경제시장에서는 원천적으로 성립될 수 없다. 이론적으로든 현실적으로든 적어도 중간과정에서는 그렇다. 이 점을 확인하고 주장하는 데는 고등수학이 필요하지 않다. 순수한 시장과 민주정치가 공존할 수 있는 가능성과 한계를 탐색하는 데는 'one-dollar/one-vote'의 현실과 'one-person/one-vote'의 원칙을 대비하는 셈법만으로도 충분하기 때문이다.[23]

이러한 맥락에서 '정당화존재'(Rechtsfertigungswesen), 즉 "타자에 대하여 자신의 행위와 확신의 근거를 제시하여 정당화하고 책임을 지는 동시에, 특정한 맥락에서 그것을 당위적인 의무로 받아들이고 타자도 그러할 것으로 전제하는 존재"로 인간의 본질을 정의하면서 R. Forst[24]가 제시하는 정의관이 주목된다. 그에 따르면 정의란 한 공동체 내에서 "누가 어떤 권리와 재화를 왜 갖는지 또는 왜 갖지 못하는지 그 근거를 캐물을 뿐만 아니라 누가 어떤 청구권을 갖고 또 관련 당사자들이 어떤 관계에 있고, 그것이 어떻게 정해져야 하는 것인가를 탐문하는 정치적 형식"이다. 여기에서 이 정의의 정치적 형식은 공동체 구성원 개개인이 참여자로서 정당화의 창출자인 동시에 수신자로서 이중의 역할을 수행한다는 점에서 필연적으로 민주적인 상호존중의 의식을 전제조건으로 한다. '자유로울 수 없는 궁핍한 사람'[25]은 정당화의 창출자로서 참여할 수 있는 기회를 갖지 못하는 것은 물론이고 수신자로서도 자유로울 수 없고 개방적인 태도를 취할 수 없다. 이러한 점에서 오늘날 '정의에 대한 정의'의 담론과 실천의 마당에서 부정의에 대한 반대의

---

22) P. Axer, "Soziale Gleichheit – Voraussetzung oder Aufgabe der Verfassung?". *VVDStRL* 68, 2008, 186면; O. Depenheuer, 위의 논문, 346면.

23) 이에 관해서는 R. Kuttner, 앞의 책, 4면.

24) Reiner Forst, *Das Recht auf Rechtfertigung*, 2007, 9면.

25) 미국 Roosevelt 대통령의 후보수락연설문에서 인용함. Acceptance of the Renomination for the Presidency, Philadelphia, Pennsylvania, June 27, 1936, 5 *Public Papers and Addresses of Franklin D. Roosevelt 234*(Samuel I. Rosenman, ed. 1938), "A necessitous man is not a free man."

근본적인 동기를 "무엇인가 차지하려는 또는 좀 더 많은 것을 가지려는 욕망"(Etwas-oder Mehr-haben-Wollen)이 아니라 '정당화존재'로서의 존중, 말하자면 "정당화에 대한 자신의 요구와 기본적인 권리가 더 이상 억압, 위축 또는 무시당하는 것을 원하지 않는 것"[26]으로 보는 Forst의 견해는, 이 글의 관심사인 빈곤문제 자체와 빈곤문제에 대한 국가와 전체 사회의 태도에 대한 헌법적 고민의 당위성과 그 구체적인 접근의 관점에 대해서 매우 유용한 시사점을 제공한다.

요컨대 '시장의 실패'로 인한 인위적인 것이든, 아니면 '시장의 성공'에 따른 자연스러운 현상이든 오늘날 우리에게 주어진 빈곤의 문제는 그 본질과 구조상 가장 정치적인 '정치경제학적 문제'로 파악해야 하고, 그래야 포괄적이고 균형 잡힌 시각에서 접근할 수 있다. 최고의 정치경제규범인 헌법의 민주주의 원리와, 다음에서 검토하게 될 국민통합의 관점에서 빈곤문제의 심각성에 대한 인식의 공유지평을 확장하고, 의식전환의 계기와 단서를 찾아보고자 하는 것도 바로 그 때문이다.

2) 국민통합의 과제와 빈곤문제

국가권력의 정당성이 '국민에 의한 통치'와 함께, 또는 이보다는 오히려 '국민을 위한 통치'에 의해서 뒷받침된다고 보면,[27] 헌법상 사회국가원리의 제1의 핵심과제인 '사회경제적 통합'은 정치공동체로서 국가의 존재이유 자체이다. 동시에 일정 수준 이상의 사회적 동질성은 국가의 정치적 통일성이 유지되기 위한 필요조건이다. 따라서 개념 내재적으로 '관념적인 크기'일 뿐인 '국민'의 통합이라는 헌법의 과제는 '사회경제적 통합'의 현실적인 조건 속에서 살아가는 개개인의 구체적인 삶과 연관되는 헌법규범의 명령과 지침으로 그 의미로 드러나게 된다.

또한 국민통합의 헌법목표는 모든 국민의 개별적인 계기, 즉 개인들 상호 간에 인간의 존엄성에 대한 가치와 이를 바탕으로 한 상호존중의 '동반의식'(partnership)의 공유를 통해 실현되는바, 한 개인과 연관된 국민통합은 다른 개별자, 즉 다른 모든 공동체 구성원과 상호의존의 관계 속에서만 실현될 수 있다.[28] 따라서 '국민통합'의 규범적 의미는 바로 전체와 부분, 부분과 부분 및 구성원 개인이 서로 의존하는 유기적인 존재구조와 삶

---

26) R. Forst, 앞의 책, 10면.

27) 전광석, 「헌법과 국민통합」, 『법제연구』, 통권 제30호, 2006. 6. 18면.

28) '전체와 부분'의 유기적인 연관관계에 초점을 맞춘 이 부분의 서술은 구조주의에 관한 담론에서 생각과 표현을 원용했음을 밝혀둔다. 특히 H. Rombach, 전동진(역), 『살아있는 구조』, 서광사, 2004, 48-54면.

의 방식을 주목해야만 제대로 파악될 수 있고, 이를 토대로 하여 형성되는 공존과 상생의 관계망(network) 속에서 비로소 그 실현의 가능성과 계기가 포착될 수 있다. 예컨대 노숙자쉼터나 요양원, 장애인보호시설 등을 이른바 '혐오시설'로 취급하면서 '우리 동네'에 들어서지 못하도록 극렬하게 반대하고 나서는 식의 '님비현상'을 단순히 경제적인 이유에 따라 자연적으로 형성된 집단적 정서로 받아들일 수 없고 또 국가나 (헌)법과는 무관한 사회심리적인 현상만으로 볼 수 없다. 이른바 '요새주택'을 짓고, 가난한 사람들의 집과 아이들이 다니는 학교까지 '우리 동네' 바깥에 두고 담장을 치는 배제와 소외의 사회적 환경 속에서 국민통합의 실현은 원천적으로 기대할 수 없기 때문이다.[29] 빈곤의 문제를 개인의 나태와 무능력의 문제로 환원시키는 신자유주의적인 시각에서 빈곤문제를 통제와 격리에 초점을 맞추어서 경찰행정이나 형사법 또는 형사정책의 관점에서 접근하는, '가난을 엄벌'[30]하는 식의 정책도 국민통합의 헌법적 과제와 조화되기 어렵다.

물론 사회적 불평등의 해소를 국가의 과제로 인정하는 것과는 별도로, 개개인의 내면적인 의식 속에 있는 빈곤문제에 대한 태도가 과연 국가가 개입할 수 있는 것인지 또 가능하다고 하더라도 그것이 바람직한 것인지 또는 도대체 헌법규범의 차원에서 접근할 수 있는 문제인지, 헌법을 준거로 하여 국가에 대하여 어떤 유효한 지침과 한계를 제시할 수 있는 것인지 일련의 회의적인 의문들이 제기될 수 있을 것이다. 그러나 Coase[31]가 말하는 "두 사람이 숲 가장자리에서 호두와 딸기를 거래하는 물물교환시장"이라면 모르겠으되, 여기에서 관심 대상인 가치배분의 수단으로서의 시장에서는 빈곤과 사회양극화의 문제를 외면하거나 회피하는 국가의 태도는 용납되지 않는다. 국정운영에서 경제 및 사회정책의 기조는 '조금 더 작거나 큰 정부와 조금 더 크거나 작은 시장'의 상대적인 이항대립의 구도 속에서 이익과 이념 또는 이데올로기 등이 작용되는 정치적, 경제적 힘에 따라 선택되는 것이고, 그 방향과 내용에 의해 조정과 설득의 과제와 그에 따른 당위적인 정책적 관심과 개입노력의 크기가 정해지기 때문이다. '가난한 사람은 가난한 사람'[32]으로 고착되는 현상에 대한 우려가 현실로 나타나고 있는 상황에서 빈곤문제에 대한 사

---

29) 주거공간, 교육기관 및 시장에서 상층과 하층집단이 완전히 분리되면 이른바 중남미의 '8자형 경제'에 해당하는 것으로 보는데 이른바 '요새주택'은 주거공간이 완전히 차단 분리되는 전형적인 현상의 하나이다. 이에 관해서는 우석훈, 『괴물의 탄생』, 개마고원, 2008, 185-186면.

30) 이에 관해서는 특히 L. Wacquant, 류재화(역), 앞의 책.

31) R. H. Coase, "The institutional structure of production", *American Economics Review*, Vol. 82. No.4(1992), 718면. Coase는 "이런 시장과 그 속에서의 교환과정에 대한 세밀한 분석이 특정한 관점에서 뭔가를 규명해주기는 하지만, 그것이 완전하다고 믿는 시대는 이미 지났다"고 단언한다.

32) 김수현 외, 앞의 책, 176면.

회의 태도는 이른바 '현실기준적인 헌법해석'의 관점에서 중요한 변수의 하나일 뿐더러, 헌법규범과 헌법현실의 간극 속에서 정의와 평등한 존엄의 지향점을 설정하고, 그에 이르는 노정을 설계하는 헌법정책의 차원에서도 각별한 관심의 대상이 아닐 수 없다. 또한 그 자체가 정책기조를 정하는데 중요한 변수일 뿐 아니라 정책적 개입을 통한 소득재분배 등 사회경제적 조정의 필요성에 대하여 동의를 구하고, 그에 필요한 재원을 확보하고 우호적인 정치적, 규범적 환경을 조성하는 작업에 관건이 되기 때문이다.

2. 사회국가원리와 빈곤문제

사회정의이념의 구현을 위한 매개체인 사회국가원리는 "개인과 사회 전체의 지속가능성과 역동적인 발전가능성을 담보할 수 있는 자유와 평등의 절충"[33]을 헌법과제로 제시한다. 이 절충의 과제는 그것의 구현을 위한 필수조건인 조화와 타협의 정신과 함께 헌법이 국가에 대하여 제시하는 당위적인 지향점인 동시에 그 지점에 도달하는 과정에 대한 전략적인 지침이다.

이러한 점에서 모든 국민에게 적정한 최저수준 이상의 생활을 보장하는 사회국가의 목표는 공공복리의 일반원칙에 대한 예외로 설정된 것이 아니다. 모순 배척관계에 있는 것은 더더욱 아니다.[34] 필요한 경우에는 일정한 기본권적 한계 내에서 시장에 간섭하여 그 결과를 수정하고 조정하는 국가의 정책적 개입은 소득의 재분배를 통해 특정한 집단에 혜택을 주게 되는 결과의 편향성 때문에 일견 공공복리원칙과 연계된 국가의 중립성의무에 대한 예외로 여겨질 수 있다. 하지만 사회국가원리는 궁극적으로 이른바 '개별 또는 특수이익'이 아니라 사회정의 이념에 부합되는 '일반이익'을 지향하는 국가의 구조적인 원리다.[35] 따라서 차별화의 과정 또는 수단인 시장에 대한 사회국가적 조정과 개입은 "법적 자명성과 자유"[36]에 합당한 헌법의 지침에 부응하는 것으로 이해되는바, 이른바 '원칙과 예외'의 관점에서 예외에 해당하는 것이 아니고, 따라서 적어도 국가가 시장에 직접 개입하여 개인과 기업의 자유와 창의를 제약하는 간섭이 아닌 한, 예외를 선택하는 경우에 요구되는 가중된 정당화소명의 부담은 면제된다. 말하자면 관련된 기본권적 법익

---

33) P. Kirchhof, *Die Erneuerung des Staates −eine loesbare Aufgabe*, 87면.

34) Hans F. Zacher, "Das soziale Staatsziel", J. Isensee/P. Kirchhof(Hg.), *HBStR* Bd. Ⅰ, §25, Rn. 25f.

35) '개별이익'과 '일반이익'의 관계에 대해서는 J. Isensee, "Gemeinwohl und Staatsaufgaben im Verfassung srecht", in: ders./P. Kirchhof(Hg.), *HBdStR*, Bd. Ⅲ, § 57, Rn. 19f.

36) P. Kirchhof, 앞의 책.

과 사회국가원리에 따른 배려의 요청은 동렬선상에서 적정한 절충, 즉 실천적 조화의 대상으로 주어지는 것이다. '궁핍으로부터의 해방'이라는 사회국가적 과제와 연관된 빈곤문제는 이러한 배려의 전형적인 대상인바, 적정한 절충을 위한 접근의 단서로 빈곤문제의 본질과 성격을 검토해본다.

여기에서 전술한바 있는 시장과 가격의 정치성, 즉 국가의 의도적인 개입과 조정에 의해 시장이 형성되고 유지되는 점은 재론하지 않는다. 다만 시장의 차별화를 통한 부의 축적의 과정과 수단이 불법이기 때문에 부 자체를 부정당한 것으로 평가할 수 있는 예외적인 경우가 아닌 한 부를 개인의 능력과 노력에 따른 결과로 보는 견해에 동의한다고 하더라도, 가난을 단순히 빈자 개인의 무능력과 나태에 따른 당연한 것으로 인식하는 입장에는 찬성할 수 없다. 부자집단에게 빈곤문제에 대한 원인제공자로서 규범적인 또는 도의적인 책임을 묻는 직접적인 인과관계가 성립되지 않는다고 본다면, 이는 빈자들의 경우에도 마찬가지다. 빈곤문제의 원인을 단순히 개개인의 차원에서만 찾는 환원론적인 주장은 타당하지 않기 때문이다. 적어도 일반적으로 늘 그러하지 않을뿐더러, 특히 정보 지식기반사회에서 급격하게 진행되는 산업구조의 재편이나, 시장의 세계화 등, 급하고 격함에 있어서 거의 혁명적인 변화가 진행 중인 이즈음에는 더더욱 개인의 나태와 무능력에서 가난의 책임을 묻는 것은 그 자체가 무책임한 것이 아닐 수 없다고 보기 때문이다.

우리가 소득상위계층의 집단에게 빈곤문제를 함께 고민하고 또한 가난한 사람들을 부끄럽지 않게 하는 태도와 구체적인 협력을 요청할 수 있는 것은 원인제공자로서 책임을 추궁할 수 있기 때문이 아니라, 사회통합의 기본원리로 사회국가원리를 수용한 헌법공동체의 구성원이기 때문에 가져야 하는 '동반의식'에서 그 규범적 근거가 찾아진다. '부자가 부자이기 때문에 가난한 사람들이 가난하다'라는 식의 주장은 빈곤을 나태와 무책임에 따른 '부끄러운 결과'로 보는 것만큼이나 과격하고 편향된 정략적 구호일 뿐이다. 이러한 점에서, 현실적으로 일정 수준 이상의 경제공동체라야 가능한 인식이겠지만, "국가의 갱신 — 하나의 해결 가능한 과제"라는 책제목이 시사하는바와 같이, P. Kirchhof의 다음 주장은 한낱 정치적 수사만으로 취급하기에는 헌법규범과 연관된 정치철학적 성찰의 깊이가 예사롭지 않다: "경제적으로 능력이 있는 사람이 자신의 삶의 영위로 인해 다른 사람들이 사회문화적인 최저한의 생존수준 이하로 살 수밖에 없다고 한다면 개인적인 성과능력을 자신의 고유한 것으로 주장할 수는 없다."[37]

시장의 자율에 맡기는 것만이 경제의 '지속가능한 발전'을 위한 추동력과 가치배분의

---

37) P. Kirchhof, 앞의 책, 88면.

공평성이 동시에 확보되고 또한 시장만이 궁극적으로 빈곤문제의 해결을 위한 최선의 대안이 될 수 있다고 보는 자유시장의 신화가 '유일한 옳은 답'으로 공론의 시장을 지배하고 왜곡하는 현상은 사회국가원리와 함께 사회적 시장경제질서를 취하고 있는 우리 헌법에 부합되지 않는다. 이른바 '절대적 평등'의 이념에 따른 '생활수준의 균등화'를 의미하는 것이라면 '사회적 평등'의 실현은 규범적으로 기대될 수도 없고 또한 현실적으로 불가능하기 때문에 국가의 과제로 상정될 수 없고, 따라서 원천적으로 헌법의 전제조건이나 과제로 설정될 수 없는 것은 물론이다.[38] 다만 일정 수준 이상의 '사회적 평등'은 헌법이념의 관점에서는 '인간의 존엄성'을 최고가치로 하는 우리의 헌법질서에서 그 자체가 공동선이고 또한 현실적으로는 경제의 '사회적 지속가능성'을 담보하는 필수조건이기 때문에 국가가 용인할 수 있고 또는 용인해야만 하는 불평등의 정도, 역으로는 국가의 개입이 당위적으로 요구되는 불평등의 수준을 가늠하는 것은 '조화적 통합'을 지향하는 헌법과 헌법해석이 회피할 수 없는 기본적인 과제이다.

이러한 맥락에서 볼 때 우리 헌법상 '인간다운 생활을 할 권리'는 사회적 양극화로 표현되는 소득불평등의 한 극, 즉 빈곤문제에 대한 헌법 또는 국가의 수인한도를 설정해놓은 규범적 지표라고 할 수 있다. '인간다운 생활을 할 권리'의 내용을 주관적 공권으로서의 법적 성격과 함께 객관적 질서의 측면, 말하자면 국가의 구조적인 원리인 사회국가원리와 그에 따른 국가의 존립근거 및 당위적인 과제의 관점에서 이해하는 경우, "생활무능력자를 궁핍으로부터 해방시키지 못하는 국가는 존립의 이유와 정당성 자체가 의문시될 수밖에 없다"고 보는 단호한 입장은,[39] 적어도 '시장의 실패', 말하자면 개인의 책임으로 귀착시킬 수 없는, 구조적이고 제도적인 요인에 의한 절대빈곤에 대해서는 그대로 적용될 수 있기 때문이다.

주지하는바[40]와 같이 사회계약론의 대부인 루소도 그러했거니와, 그 계보를 이은 '정의론'의 저자 J. Rawls도 정서(emotion)를 사회적으로 형성되는 일종의 '지성적인 태도'(intelligent attitude)로 파악하면서 정의원칙을 지지하는 도덕적 심성교육의 중요성을 강조한바 있거니와, 사회국가의 유지와 발전의 가능성은 물론이고, 그에 앞서 정의사회로의 지향과 출발 자체부터 구성원들이 바른 윤리적 태도와 심성을 갖게 만들 수 있는 교육의 능력에 달려

---

38) '사회적 평등'의 주제는 '헌법의 전제조건들의 갈등'을 대주제로 하여 개최된 2008년 독일 국법학자대회에서 "헌법의 전제조건 또는 과제?"라는 부제를 달고서 제2주제로 깊게 논의된바 있다. *VVDStRL* 68, 122면 이하.

39) 허영, 『한국헌법론』, 박영사, 2010, 542면.

40) *A Theory of Justice*, 479면 이하.

있다.[41] 물론 여기에서 말하는 교육이 국가가 일방적으로 주도하는 훈화성의 교육이나 교조적인 이데올로기 교육을 의미하는 것일 수는 없다. 그 수단과 방법이 개방적이고 민주적인 대화를 통한 교육이어야 하고, 경제적 가치 배분의 정당성에 대한 끊임없는 '구체적인 자기반성'을 내용으로 하는 헌법교육이어야 한다. 우리 헌법은 이 자기반성에 대한 지침과 함께 매우 유용한 교재를 제공해준다. 사회국가원리에 대한 바른 이해가 그 중심에 있다.

요컨대 우리 헌법상 사회국가원리는 사회정의의 이념을 토대로 하는 가치배분의 정치경제적 질서이되, 그 성패는 우선 근본적으로는 얼마나 많은 구성원들이 헌법지향적인 도덕적 심성과 '절제된 기대'를[42] 공유하는 것에 달려 있다.[43] 또한 후술하는바와 같이, 빈곤문제에 대한 국가 및 사회 전체, 특히 소득상위계층의 태도가 중요한바, 이를 중요한 '헌법문제'로 인식해야 하는 것은 그것이 바로 사회국가의 '지속가능한 발전'을 결정하는 가장 핵심적인 요소이기 때문이다.

3. 법치국가원리와 빈곤문제

"안간힘을 다해도 제몫을 챙기기 어려운 사회에서 그 몫의 전제조건과 정당성에 대해서 시비하는 것이 쉽지 않다"[44]는 말은 정의의 이념과는 거리가 먼 현실과 정의담론시장의 척박함을 강조한 것으로 이해된다. 하지만 일반적으로 나와 내 가족보다 남을 먼저 배려하는 이타심을 기대할 수 없다면 우선 안간힘을 다해야 할 자리는 제몫을 정하는 공적 결성의 마당일 수밖에 없다. 빈곤선이 상대적일 수밖에 없지만, 적어도 무책임한 나태에서 귀책사유를 찾을 수 있는 경우가 아니라면, 절대빈곤선 이상에서 제몫을 챙길 수 있도록 하기 위해 가능한 모든 수단이 동원되지 않는다면 그것은 법원에 의한 사법적 심판의 가능성[45]과 무관하게 객관적으로 법치국가원리에 반하는 위헌의 부작위이다.[46]

---

41) 이와 관련해서는 특히 M. C. Nussbaum, *Frontier of Justice*, 2006, 410-411면.

42) 20세기의 걸출한 역사가의 한 사람인 홉스봄은 '더 나은 세상'에 대한 소망과 사회주의이념에 대한 자신의 확신과 열정을 고수하면서도, 자유주의 사상가들의 비판, 즉 공산주의를 비롯해서 대의를 주장하는 모든 이데올로기가 갖는 최악의 단점으로 "자신들의 대의를 너무나 고결하게 생각하기 때문에 자신만이 아니라 타인의 희생까지도 정당하게 여기는 것"이라는 지적을 담백하게 수용하면서 세상에 대한 기대의 절제를 강조한다. Hobsbawm, 강성호(역), 『새로운 세기와의 대화』, 끌리오, 2000, 203-204면.

43) 앞에서 인용한바 있는 Kirchhof는 97%의 강자들이 조정이 가능한 잉여분을 제공하고, 그것을 3%의 약자의 지원에 활용하는 것을 사회국가실현의 조건으로 제시하면서, 사회구성원의 다수가 자신들을 사회적 약자로 자리매김을 한다면 그것은 사회국가 자체의 모순이라고 단언한다. 앞의 책, 87-88면.

44) 박은정, 『현대의 사회문제와 법철학』(법학교양총서35), 을유문화사, 1995, 93면.

가치질서의 체계인 동시에 최고의 정치경제규범인 헌법에는 단순히 GDP의 증가만으로 측량되는 것이 아닌 사회발전, 말하자면 '좋은 삶'의 다양한 가치를 함께 키워나가고 즐기는, 동등한 인격존중을 전제로 하는 개인의 자율과 책임의 윤리, 상호신뢰를 토대로 하는 상생과 협력의 문화규범이 내재되어 있다. 내일을 준비하고 투자하는 책임성과 건강한 노동윤리 등 개인의 윤리적 규범, 경쟁을 촉진하는 합리적인 혁신지향적인 시장규범과 함께 상호 간의 신뢰를 바탕으로 하는 협력의 의식이 경제발전의 추동력을 지속시켜주는 필수적인 문화규범의 요소로서 강조되는바,[47] 법을 수단으로 하여 모든 국가생활에서 절차 및 과정상의 정당성을 담보하기 위한 법치국가원리도 이러한 문화적 환경의 조성을 위한 기본원리가 헌법에 수용된 것이다.

그런데 이들 문화규범에 따라 조성되는 전체 사회의 구조와 환경도 단순히 구성원 개개인의 특정한 믿음이나 태도, 즉 부분들의 총합으로 구성되지 아니한다. 문화규범의 영향은 개별 주체들이 문화규범에 순응 또는 역행하는 가운데 복잡한 동태적 변화를 만들어낸다. 여기에서 특히 주목하고자 하는 것은 협력의 문화규범이다. 어떤 사회라도 정당한 분배의 기준에 대하여 모든 사람들이 일치된 견해를 가질 수는 없을 것이나 그 불일치가 협력의 문화규범이 지속될 수 없는 정도를 넘어서게 되면 지속적인 경제발전을 위한 추동력이 유지될 수 없다. 예컨대 경제적 파이는 고정되어 있는 것이고, 따라서 제몫을 정하는 배분은 제로섬게임일 수밖에 없다고 생각하거나 또는 제로섬게임은 아니라고 하더라도 협력에 상응하는 제몫의 보상을 기대하기 어렵다고 생각하는 사람들과 경제적 파이의 지속적인 확대가능성을 전제로 배분이 제로섬게임이 아니라고 생각하고 또 기본적으로 이 배분게임의 정당성을 신뢰하는 사람들이 혼재하는 사회에서 전자의 크기가 일정한 선을 넘어서게 되면 협력의 문화적 환경은 쇠퇴될 수밖에 없다. 협력하지 않은 집단이 협력을 통해서 창출한 부에 대하여 자기 몫을 요구하고, 그에 따라 갈등이 심화되고 사회적 비용부담이 가중되면 결국은 모든 사람들이 제로섬론자가 되고 마는, 말하자면 악화가 양화를 구축하는 결과가 불가피하기 때문이다. 그런데 이러한 경향은 늘 점진적으로 진행되지 아니하고 일종의 임계점(tipping point)이 존재하는바, 말하자면 정당성

---

45) 이 점에서 헌법재판소와 법원이 사회적 기본권의 법적 성격과 효력에 대한 해석에서 지나치게 소극적인 입장에 대하여 비판을 하면서, 법조와 함께 헌법학계의 인식전환의 필요성과 대안을 제시한 다음 논문은 시사하는바가 적지 아니하다. 한상희, 「사회권과 사법심사 — 여전히 "생성 중인 권리"의 복권을 위하여」, 『공법연구』, 제39집 제1호, 2010. 9, 107-119면. 이와 관련해서는 다음 장에서 재론한다.

46) Martin Kriele, *Grundprobleme der Rechtsphilosophie*, LIT, 2003, 207면.

47) 이에 관해서는 Eric Beinhacker, 안현실·정성철(역), 『부의 기원』, 랜덤하우스코리아, 2007, 672-674면.

확보의 기제로서 법치국가에 대한 신뢰가 추락하여 한 사회에서 협력의 문화규범에 순응하는 집단과 그렇지 않은 집단의 구성비가 일정한 한계치를 넘어서게 되면 더 이상 사회 전체적으로 대규모의 타협과 협력행위가 유지될 수 없고, 결국은 빈곤의 함정으로 급전 직하하게 되는 추세를 피할 수 없게 되는 것이다.[48]

우리 사회의 문화규범의 현 상태가 어떤 추세 속에 있는지, 말하자면 임계점에 접근하고 있는지 또는 이미 임계점을 넘어 섰는지는 쉽게 예단할 수 있는 문제가 아닐 것이다. 다만 다음 <표 6-5>에서 나타난 소득분배에 대한 부정적인 태도는 자못 심각하다. 하위 소득자일수록 대체로 분배의 공평성에 대하여 부정적인 의견을 갖게 될 경향이 있기 때문에 소득분배에 관한 의견이 협력과 비협력의 태도를 판단하는 결정적인 근거가 될 수 없다는 점을 고려하더라도, '매우 불공평'하다는 의견 26.8%를 포함하여 전체적으로 소득분배가 '불공평'하다고 보는 의견이 70%를 상회하는 것은 적어도 우리 사회가 임계점에 매우 근접해 있다는 것을 추단할 수 있는 유력한 준거가 된다. 소득분배의 공평도가 '보통'이라고 보는 의견 25.7%를 일단 긍정적인 태도에 포함시켜서 보더라도 협력의 문화규범을 공유할 수 있는 잠재적인 협력자집단이 30%에 불과한 것은 경제발전의 추동력을 유지해나가기 어려운 수준이기 때문이다. 추측건대 소득분배의 공평성에 대한 매우 부정적인 의견의 상당 부분은 분배된 파이의 크기에 대한 불만족이 표출된 것이겠지만, 그 근원은 분배의 결과보다는 분배의 과정과 절차의 공정성에 대한 불신과 회의에서 찾아진다.

〈표 6-5〉 소득분배에 대한 견해

	전체	공평(4.1)		보통	불공평(70.1)	
		매우	약간		약간	매우
2009년	100.0	0.6	3.5	25.7	43.3	26.8

출처: 통계청, 『2009 한국의 사회지표』, 220면.

앞에서 제로섬게임 또는 비제로섬게임에 대한 믿음과 그에 따른 협력 또는 비협력의 태도를 지속적인 경제발전의 관건으로 언급하였거니와, 이 두 가지 요소 중에 더욱 관심을 가져야 하는 것은 협력의 태도이다. 여기에서 관심의 대상인 분배적 정의를 포함하는 어떤 행위나 그 행위의 과정과 절차 또는 준거 등의 가치에 관한 의견의 불일치는 크게 두 가지, 즉 '믿음의 불일치'(disagreement in belief)와 '태도의 불일치'(disagreement in

---

48) 위의 책, 675면.

attitude)로 대별될 수 있는데[49] 의견의 불일치를 해소하거나 또는 적어도 사회적비용을 최소화하는 방향으로 문제를 완화시켜나가는 담론에서 관건은 믿음이 아니라 태도의 변화에 있다. '유일한 옳은 답'(only one right answer)의 존재를 전제하고 추상적인 분배적 정의의 원칙을 찾아내는 것이 아니라 그 자체가 정의의 핵심인 '정당한 배분행위'를 통해서 또는 이를 위하여 '의견의 일치와 불일치 간에 옳은 조화'를 추구하는 담론의 마당에서 관심은 우선 '태도의 불일치'에 모아진다. Stevenson이 주장하는바와 같이 흔히 태도가 믿음에 의해서 규정되는 점에서 '믿음의 불일치'와 '태도의 불일치'는 서로 연관되어 있지만, 윤리적인 담론을 우선 지배하는 것은 '믿음의 불일치'가 아니라 '태도의 불일치'인바, 우선 주어진 윤리적 담론에서 어떤 종류의 믿음의 불일치가 관련된 것으로 논의될 것인지는 '태도의 불일치'에 의해서 결정되고 또한 '태도의 불일치'가 계속 유지되고 있는지 또는 해소되었는지 여부에 의해 논쟁의 해결 여부가 결정되기 때문이다.[50]

다만 여기에서 유의해야 할 점 두 가지가 있는바, 그 첫째는, 이 태도가 예컨대 경제적 파이를 키워나가는 과정에서 협력 또는 비협력의 태도와 같은 단층적인 태도에만 국한되는 것이 아니라는 것이다. 말하자면 Stevenson은 관심을 가져야 할 불일치의 또 하나의 유형으로 '태도에 대한 믿음의 불일치'(disagreement in belief about attitudes), 즉 '상반되는 태도를 갖고 있지는 않지만, 대립된 다른 태도에 대하여 상이한 믿음을 갖고 있는 경우'를 제시하고 있지만,[51] 오히려 '창조적인 타협'을 지향하는 담론의 장에서 관건은 '태도에 대한 믿음에 관한 태도의 불일치'(disagreement in attitude about beliefs about attitudes)의 해소이다. 앞에서 언급한 빈곤이나 부에 대한 사회의 태도의 경우도 마찬가지이지만, 대립되는 태도를 갖고 있는 협력자 또는 비협력자 집단 상호 간의 담론에 앞서서, 우선 제로섬 또는 비제로섬론자로서 배분의 과정과 결과에 대하여 동일한 믿음과 태도를 갖고 있는 각각의 집단 내부에서 대립되는 태도에 대하여 갖고 있는 '믿음의 불일치'의 해소가 필수적인 선결과제이고, 이 문제 역시 믿음 자체보다는 믿음에 대한 태도의 변화에 초점을 맞추어야 해결의 실마리를 찾을 수 있기 때문이다.

둘째는 협력 또는 비협력의 태도 자체이든, '태도에 대한 믿음에 관한 태도'이든 이 태도를 바꾸거나 또는 변화시키는 것은 단순히 지식의 문제라기보다는 일종의 행동의 문제로 이해되어야 한다는 점이다. 정의에 관한 담론에서 정서의 중요성에 관해서는 전술

---

49) 이 구별에 관해서는 Charles L. Stevenson, "The Nature of Ethical Disagreement", in; R. Schafer-Landau(ed.), *Metaethics*, Vol. Ⅲ, 2008, 3-4면.

50) 위의 논문 6면.

51) 위의 논문 3-4면.

한바 있거니와, Stevenson이 윤리적인 태도에 내재되어 있는 정서적인 의미를 강조하면서 감성적인 접근의 필수성을 강조하는 것도, 과학적인 논증과 지적인 담론이 불필요하다고 보거나 또는 정서적인 영향만으로 윤리적인 태도를 결정적으로, 영구적으로 변화시킬 수 있다고 믿기 때문이 아니다. 다만 지적인 수단들에 의해서 태도의 변화가 지지되고 촉진될 수는 있으나, 감성을 불러일으키는 정서적 영향이 없이는 변화의 과정 자체가 시작될 수 없다고 보기 때문이다.[52]

이러한 맥락에서 볼 때, 앞에서 소득분배의 공평성에 대한 의견을 검토하였거니와, 경제발전을 위한 윤리적 태도와 그에 대한 믿음 및 그 믿음에 대한 태도의 불일치의 관점에서 우리가 더 관심을 가져야 하는 것은 공평성에 대한 극히 부정적인 의견과 비협력의 태도 자체가 아니다. 그 의견 또는 태도에 대한 믿음과 그 믿음에 대한 태도, 즉, 공평한 것으로 본 약 4%에 불과한 집단, 또는 보통으로 본 약 27%의 집단을 잠재적으로 긍정적인 의견과 태도를 가진 것으로 본다면 약 30%에 해당하는 집단과, 또 한편으로는 약 70%에 가까운 부정적인 태도를 갖고 있는 집단이 각각의 집단 내부적으로 대립되는 태도에 대하여 어떤 상이한 믿음들을 갖고 있는지 또 그 믿음들에 대하여 어떤 태도들이 어떠한 양태로 대립되고 있는지가 관건이다.

앞에서 분배의 결과에 대한 불만과 함께, 또는 그보다는 파이를 나누는 과정과 절차 자체에 대한 불만이 공평성에 대한 극히 부정적인 의견의 근원일 것으로 추측하였다. 이러한 추측은 그 자체가 주관적인 믿음과 태도가 반영되는 것이고 또한 태도에 대한 믿음 및 '태도에 대한 믿음'에 대한 태도에 상당한 영향을 미치는 것이라는 점에서 조심스럽게 접근해야 한다는 전제하에, 여기서는 한 가지 요인만 논거의 하나로 적시한다. 지난 수십년간의 경제성장의 결과에 대한 평가나 또는 논공행상식의 요인분석에 대한 입장과는 별도로, 그동안 우리 사회에서 재화배분게임의 공평성과 관련하여 시장설계자, 시장규율자 또는 시장참여자로서 국가의 역할과 그것을 뒷받침했던 법과 법운용 그리고 법원을 포함한 모든 법운용의 주체들이 중립적이었는지 또는 얼마나 중립적이었는지에 대해서는 긍정적으로 평가하기 어렵고, 또한 적어도 긍·부정의 믿음과 태도가 대립된다면 그에 대한 입증 또는 반증의 책임은 긍정하는 측에 있다는 점이 그것이다. 적어도 부정의 입장에서는 어려움 없이 매우 구체적이고 현실적인 불신의 근거를 제시할 수 있다. J. Rawls[53]를 인용하여 말하자면, 일일이 적시할 것도 없이, 공공연히 '무지의 장막'(veil of ignorance)

---

52) 위의 논문, 8-9면.
53) *A Theory of Justice*, 1971, 136-141면.

앞으로 나오거나, 그것을 찢고 들여다보면서 진행된 불공정한 게임과, 그에 수반된 불법과 탈법을 법이 예방 또는 응징하지 못하고 오히려 용인하고 방조하였던 수많은 예들만으로도 증명력은 충분한 것으로 생각되기 때문이다. 단지 소극적으로 '찢어진 장막'의 틈새로 엿보았을 뿐이라거나, 또는 전혀 엿보지 못하였지만 의도하거나 예측할 수 없었던 상황에서 우연히 이득을 취하게 되었을 뿐이라는 항변도 타당한 반증이 될 수는 없다. 적어도 믿음 및 태도와 관련된 윤리적 판단의 차원에서는 면책의 이유가 될 수 없다.

요컨대 우리 헌법상 최고의 공적 가치인 인간의 존엄성에 부합되는 사회발전과 이와 궤도를 같이 하는 경제의 지속적인 발전을 위해서는 기존의 정치경제적 토대, 특히 과거의 법치국가운용에 대한 비판적인 반성이 필요하고, 이를 위해서는 전체 공동체 구성원들의 참여와 협력을 통해서만 확보될 수 있는 막대한 동력의 결집과 재생산이 필수적이다. 기본적으로는 구성원 모두에게 요구되는 것이지만 빈곤 또는 분배의 문제를 개인 차원의 또는 집단적 이익의 문제가 아니라 헌법을 준거로 하여 우리가 공유하고 있는 공공선의 이상과 가치의 관점에서 인식하는 것이 필수적이다. 이를 위한 의식의 전환을 우선 소득상위계층에게 요청할 수 있는 것은 바로 이것만이 대화와 타협에 필수적인 선행조건, 즉 상호신뢰를 토대로 한 태도변화의 계기를 만들어 낼 수 있다고 믿기 때문이다.

Ⅳ. 사회복지 예산과정과 빈곤문제 – 세 가지 개선방안

1. 사회복지지출 확대의 헌법적 당위성과 실현방안 – 사법부의 적극적인 역할 기대

1997년 외환위기 이후, 특히 노동시장의 유연화정책에 따라 소수의 대기업 정규직 노동자들은 사회보장서비스와 함께 높은 수준의 기업복지서비스를 중첩적으로 향유하고 있는 한편, 빈곤층이 전적으로 의존하고 있는 국가의 복지서비스는 많이 미흡한 상태이다. 복지사각지대가 여전히 적지 않은 것은 물론이고, 적어도 차상위계층을 포함하여 거의 20%에 가까운 것으로 추정되는 빈곤층의 '건강하고도 문화적인 생활'을 보장하기에는 사회적 안전망이 충분히 넓지도 조밀하지도 못한 것이 현실이다. 우리나라의 사회복지예산지출의 절대적, 상대적 크기 또는 그 증가속도에 대해서는 논란이 없지 아니하지만, 아직은 과잉과 과속을 우려할 시점은 아닌 것으로 여겨진다. 우리나라의 사회복지재정지출의 전체 규모와 구성은 소득수준이 비슷하였던 시점을 놓고 비교하더라도 선진국에 비해

턱없이 낙후된 수준이다.[54] 또한 앞에서 검토한바와 같이 소득불평등의 심화와 엇물려서 고착화되고 있는 빈곤문제, 특히 장애인, 노인, 여성, 아동 등 사회적 약자집단에 집중되어 전가되고 있는 빈곤효과의 추세나 사회적 서비스가 활성화되어 있지 못한 현실을 고려하면 적어도 단기적으로는 사회복지 재정지출의 과감한 확대가 절실하다. 1997년 외환위기 이후에 소득의 평등보다는 노동시장의 유연화를 통한 고용유지와 건전재정의 유지에 초점을 맞추어 왔던 우리나라의 사회정책의 흐름, 말하자면 보수주의적인 노동시장정책과 혼합된 자유주의적 복지국가유형의 사회정책의 기조[55]도 적어도 잠정적으로는 방향선회와 보완이 필요하다.

요컨대 사회복지정책의 초점은 '건강하고 문화적인 최저생활'을 하지 못하고 있는 빈곤층, 특히 복지사각지대에 있는 소외된 사회적 약자집단의 고단한 삶을 배려하는 사회적 안전망의 확충에 맞추어져야 하고, 이에 필요한 재원을 마련하는 것은 예산당국자나 국회의 정책적 재량이나 입법형성 또는 이른바 '가능성'에 유보되어 있지 않은, 말하자면 단순한 정책방침이 아니라 헌법의 구속력 있는 명령에 따른 최우선의 당위적인 국가과제이다.[56] 헌법상 '인간다운 생활을 할 권리'가 예산의 유무에 의하여 좌우될 것이 아니라 그것이 재원조달과 예산편성을 지도하고 지배해야 한다.[57] 헌법규범과 헌법현실의 교차관계 속에서 역할분담을 어떻게 하여, 어떤 과정과 절차를 거쳐 이 과제를 수행할 것인지는 '최선의 노력의무'라는 당위명제에 대한 확인 후의 문제이다.

적정한 역할분담의 관점에서 우선 1차적인 대응의 주체로는 당연히 국회를 주목하게 된다. 이른바 '기능적합적 기관구조'(funktionsgerechte Organstruktur)의 논리형식, 말하자면 '누가 어떤 사항에 관하여 결정을 할 때 옳은 결정을 내릴 수 있는 가능성이 가장 클 것인가?'라는 기능적인 관점에서 권력분립론을 이해하는 경우에 경제적 파이를 나누는 문제는 조세입법권과 예산결정권을 갖는 대의정치기관인 국회의 몫이기 때문이다. 하지만 우리의 헌법현실을 보면 실제 예산과정에서 국회보다는 오히려 예산편성권을 갖는 정부의 역할이 압도적으로 우위에 있다. 적어도 부문별 예산투자의 우선순위를 정하고 배분하는 결정에서는 더욱 그러하다. 국회는 정부의 동의를 얻지 아니하고는 정부가 제출

---

54) 세부적인 내용에 대해서는 김수현 외, 앞의 책, 288-289면.

55) 이에 관해서는 김준현, 『경제적 세계화와 빈곤문제 그리고 국가』, 집문당, 306-312면.

56) 재정투자와 관련하여 광범위한 정책적 재량을 강조한 대표적인 결정례는 헌재결 1995.7.21. 93헌가14, 『판례집』, 7-2, 19-21면; 2000.6.1. 98헌마216, 『판례집』, 12-1, 640-641면. 2002.12.18. 2002헌마52, 『판례집』, 14-2, 909면 이하.

57) 권영성, 『헌법학원론』, 2010, 658면.

한 예산안의 어떤 항목의 증액도 할 수 없고, 새 비목을 설치할 수 없기 때문이다(헌법 제57조). 이른바 '예산주도권'과 '입법주도권'을 분리하여 예산편성과 집행의 권한과 책임을 정부에 맡기고 국회는 예결산심사를 통해 예산과정에 관여하는 2원적 체제가 보편화된 기능배분의 모델이라고 하더라도,[58] 우리의 헌법현실은 정당을 통한 정부와 여당의 권력통합의 일반적인 현상과 함께 실무상 당정협의회를 거친다고 하더라도 60일에 불과한 법정 예산심사기간[59] 등 비효율적인 예산심사제도와, 행정부가 압도적으로 우위에 있고 야당도 요식적인 역할을 넘어서 실질적인 대화와 타협의 파트너로서 참여하지 못하고 있는 정치구조에 의해 예산과정이 지배되고 있다. 종래에도 그러하였지만, 이러한 현실이 단기간 내에 쉽게 바뀌기 어려운 정치구조와 행정문화적 환경에 기인한다는 점에서 앞으로도 상대적으로 부유한 집단이 자발적으로 내놓으려고 하는 것보다 더 많은 것을 요구할 수 있는 국회의 정치적 역할은 거의 기대하기 어렵다.

하지만 보다 좋은 삶의 질서를 형성해나가야 하는 '좋은 정치'의 관점에서 보면 "안락한 다수자 집단이 자발적으로 내놓으려고 하는 것보다 훨씬 많은 것을 요구하지는 않는 정치"가 "가장 좋은 정치"[60]로 여겨지는 현실을 헌법규범이 그대로 수용하거나 타협해야 할 '헌법현실'로 받아들일 수는 없다. 또한 여기에서 말하는 '좋은 정치'는 전술한 헌법의 대국가명령인 '최선의 노력의무'의 핵심이고, 정치적 사법기관인 헌법재판소는 물론이고 법원의 역할도 이 국가의무와 관련하여 단순한 관찰자에만 그칠 수는 없다. 적어도 늘 그럴 수는 없다. 이러한 점에서 우리 대의정치의 현실과 구조적인 여건을 고려하는 경우, 사회적 안전망을 확충하는 과제와 관련하여 사법부의 보다 적극적인 역할을 기대하고 주문하는 의견이 주목된다. 사회권에 대한 적극적인 해석과 이른바 '강한 심사'를 통해서 의회나 행정부가 배려하지 못하거나 배려할 수 없는 부분을 보완해 나가는 역할과 기능을 법원에게 기대하는 것이 이론적으로나 실무상 가능하고 또 필요하다는 주장이다.[61] 일반적인 요청이기도 하지만, 특히 가용 재원을 비롯하여 구체적인 조직과 절차 등

---

[58] 빅종수, 「"재정국가"와 "법치국가" – 영원한 평행선인가?」, 『국가재정 건전화를 위한 규범통제의 방향』, 한국법제연구원, 2006. 4, 74면.

[59] 다만 10월에 진행되는 국정감사와 대정부질문 등을 고려하면 그나마 실제로 본격적인 예산심의에 투자되는 기간은 11월 한 달에 불과하다.

[60] R. Dworkin, 「우리는 평등에 대한 인권을 가지고 있는가?」, 『인권 정의 평등』, 2008, 제10회 석학연속강좌 자료집, 63면.

[61] 이에 관한 상세한 논의는 한상희, 앞의 논문, 93면 이하. 특히 학교교육 관련예산이 교육권의 실현을 위한 헌법상 최저선을 확보할 수 없다고 보아 학교운영비 55억 달러, 교육기금 92억 달러 등 구체적인 예산배정조치를 명령한 미국 연방항소법원의 결정은 시사하는바가 크다. Campaign for Fiscal Equity v. Stete of N.Y. 100 N.Y. 2ed. 893(2003), 같은 논문, 112, 119면에서 재인용. 이른바 '가능성유보'의 논

정책의 결정과 시행에 영향을 미치는 요인들을 포착할 수 있는 법이론과 법해석론, 즉 '법의 실천을 지향하는 법학'에 대한 주문은[62] 포괄적인 또는 개별적인 프로그램들과 이를 뒷받침해주는 예산조치에 의해 그 구체적인 실현의 수준과 내용이 정해지는 사회적 기본권과 관련된 사회복지 분야에서 각별한 의미를 갖는다. 그렇다고 해서 예산편성과 예산결정권의 대위행사나 예산과정에 대한 사법부의 전면적인 간섭과 통제를 제시하는 것은 아니다. 잠정적으로 또한 부분적으로, 예컨대 해결이 지연되는 경우 '정의의 부정'으로 볼 수밖에 없는 절박한 궁핍의 해소나, 헌법규범적으로 용인될 수 없는 상태에서 방치되고 있는 복지사각지대를 보살피기 위해서 필요한 경우라면 상당한 재정부담이 수반되는 법적 판단과 적극적인 구제조치를 명령하는 판결을 내리는, 법원의 '보완적인 구제자'로서의 역할에 대한 요구와 기대이다. 말하자면 적어도 예외적으로는 종래의 '약한 사법적 처방들'(weak judicial remedies)[63]이 아닌, "그냥 거기 서 있지만 말고 무엇이든 하라"는 좀 더 '강한 사법적 처방'(strong judicial remedies)을 주문하는 것이다.

　재삼 강조하건대, 이러한 법원의 전향적인 역할에 대한 기대는 기본적으로 잠정적인 것이고 또한 부분적이고 예외적인 경우에 국한된다. 물론 여기에서 잠정성과 제한성 등의 조건은 상호 공조와 견제의 복합적인 관계 속에서 입법과 집행 및 예산과정을 주도하는 국회와 행정부가 헌법이 요구하는 밀도의 사회적 안전망을 정비하고 좀 더 효율적으로 운영하여 나가는 상황, 즉 그 과정 속에서 배려되지 못하는 사각지대의 크기나 사회복지가 일정 수준 이상에 이르는 시점과 연계된다. 다만 좀 더 깊은 연구와 관찰 후에야 구체적으로 확인될 수 있는 것이겠지만, 분명한 것은 '보완적 구제자' 또는 '응급구조자'로서 헌법재판소나 법원의 적극적인 법적 판단과 판례들이 그 시점을 앞당기는 촉매제가 될 수 있을 것이다. 또한 사회복지지출규모의 확대를 포함하여 헌법지향적인 입법 및 예산운용의 개선의 방향과 내용에 대하여 매우 유용한 지침과 자료를 제공하게 될 것으로 기대된다.

리형식으로 사회적 기본권을 소극적으로 해석하여 구체적인 예산결정을 광범위한 정책재량에 맡겨져 있는 것으로 보는 우리 헌법재판소의 소극적인 결정에 대해서는 이덕연, 「법률과 예산 — 사회복지 분야에서의 국회역할의 재정립」, 『국가재정 관련법제의 현안과 과제(Ⅰ)』, 2004. 6, 한국법제연구원, 21-23면.

62) W. Hoffmann-Riem, "Gesetz und Gesetzesvorbehalt im Umbruch Zur Qualitaetsgewaehr-leistung durch Normen", *AoeR* 130(2005), 47면.

63) Cass R. Sunstein, "The Minimalist Constitution", in; J. M. Balkin/R. B. Siegel, *The Constitution in 2020*, 2009, 52면.

2. 가칭 '빈곤인지예산'(poverty specific budget)의 도입

예산제도의 개혁에 관한 논의에서 늘 강조되는 일반적인 문제이지만, 예산운용의 비효율성의 문제는 특히 사회복지 부문에서 특히 주목된다. 사회복지예산은 주무 부처인 보건복지부를 비롯하여 행정안전부, 교육과학기술부, 노동부, 여성부, 국토해양부 등 여러 관련 부처에 의해 다원적으로 편성되고 집행되는데[64] 상호연계 및 조율되지 못한 상태에서 예산이 운용됨으로 인해 지자체나 일선 집행기관에서 업무의 혼선이 야기되는 것은 물론이고, 예산투입의 정책적 정합성이나 우선순위에 혼선이 초래되거나 유사사업이 중복 집행되어 예산이 낭비되고, 집행의 효율성이 떨어지게 되기 때문이다. 또 한편 법과 정책의 일반적인 관계와 역할분담이라는 관점에서 보면, 정당 또는 행정부가 정책을 구상하여 구체적인 시행의지를 갖고 그 대강과 지침을 마련하면 정치적·정책적 도관(導管)기능을 수행하는 정치의 주체로서 국회와 구체적인 프로그램의 기술적인 내용과 구체적인 집행계획을 설계하는 정부의 각 부처가 입법과 예산과정을 통해서 정책의 내용과 그 시행을 위해 필요한 조직과 절차 및 재원을 확정하게 되는데 정책의 일관성과 계속성이 유지되기 위해서는 정책의 기획단계에서부터 예산편성과 배정 및 집행에 이르기까지 관련 제도와 사업들을 예산결정과 연계하여 조율할 수 있는 총괄적인 통합수단이 필요하다.

이러한 점에서 '국가재정법' 제26조에 의거 시행되고 있는 '성인지예산제도'와 같은 '빈곤인지예산제도'를 유효한 대안의 하나로 적극 검토해봄직하다.[65] 문제 또는 정책의 복합성과 포괄성을 비롯하여, 특히 여러 부처와의 연관성이나 예산과정과의 중층적이고 다원적인 연계성, 객관적인 성과목표 설정의 가능성과 필요성 등 그 구조와 기술적인 특성이 유사하고, 따라서 상당한 긍정적인 효과가 기대되면서도 큰 추가비용의 부담 없이 시행될 수 있을 것으로 생각되기 때문이다.

'성별영향평가제도'를 규정하고 있는 '여성발전기본법' 제10조와 동 시행령 제9조, '국가재정법' 제26조와 제57 및 국가회계법 제15조의 2 등에 따르면, 정부는 예산이 성차별의 개선에 미칠 영향과 그 집행의 효과를 검토 및 분석하고 평가하는 '성인지예산서'와 '성인지결산서'를 작성해야 한다. 이는 예산에 의해 시행되는 정부의 정책과 개별 프로그

---

64) 예컨대 2007년 정부예산에서 사회복지 분야의 총예산 61.8조 원 중에 보건복지부의 예산(기금 포함)은 19.5조 원이고, 나머지 42.3조 원은 타 부처의 예산으로 편성되고 집행되었다. 황성원·배득종, 『2007 정부재정규모의 국제비교 – 한국의 사회투자재정을 중심으로』, 한국행정연구원, 93면.

65) 동법의 개정을 통해서 제26조 제2항은 성평등 기대효과, 성과목표, 성별 수혜분석 등이 성인지예산에 포함되어야 하는 것을 명시적으로 규정하였다. 2010. 5. 17, 신설.

램이 성형평성에 부합되도록 하기 위해서 예산과정을 헌법적 과제인 양성평등을 촉진하는 방향으로 개선하려는 취지의 제도이다.[66] 이 제도는 2004년 시범사업을 거쳐 2005년부터 중앙행정기관과 광역 지방자치단체에서 실시되었고, 2006년에는 기초지방자치단체까지 그 대상에 포함되어 시행되고 있다. 그간 성별영향평가제의 시행에 따라 성차별의 개선에 기여하는 다양한 정책개선이 이루어져 왔고, 향후에도 재정투자의 투명성과 성과관리의 측면에서 적지 않은 효용이 기대된다.[67]

요컨대 이러한 '성인지예산제도'의 시행경험을 통해 확인된 긍정적인 정책적 효과는 '빈곤인지예산제도'의 도입에 대하여 매우 유용한 근거와 참고자료를 제공해주는바, 말하자면 다음과 같은 유형의 개별적인 성과분석과 그 결과를 전체 예산과정 속에 지속적으로 반영할 수 있는 기회를 환류프로그램으로 편입하여 제도화하자는 것이다. 예컨대 2008년도에 시행된 지식경제부의 공공요금안정지원 및 저소득층 연탄보조사업과, 보건복지부의 저소득층 에너지 보조금지원사업 등과 관련된 사업에 대하여 그 실질적 수혜대상자나 경제적 효율성 등을 분석한 보고서[68]와 같은 방식으로 빈곤정책예산도 각 부처 및 위원회별로 분산된 사업과 예산을 총괄하여 체계적인 성과관리와 함께 지출비용의 적정성을 점검하는 것이 필요하다. 특히 인지예산제도의 도입을 통해 활성화될 것으로 생각되는 성과보고서와 비용의 비교를 통한 성과관리의 효과는 '국가회계법'(제11조)의 개정에 따라 2011년 결산부터 정식으로 시행되는 새로운 국가회계기준, 즉 발생주의회계에 따른 복식부기식의 결산서와 연계되는 경우 더욱 큰 효과를 볼 수 있을 것이다.

3. 예산결산특별위원회의 상임위원회화 및 가칭 '빈곤문제특별위원회'의 신설

사회복지 분야에서 특히 그 효용이 주목되는 '법의 실천을 지향하는 법학'에 대해서 앞에서 언급한바 있거니와, 이는 입법과 예산과정을 포함하는 모든 국가정책의 결정과

---

66) 이에 관해서는 김세진, "성별영향평가제도", "입법동행과 평가", 2008년 겨울호, 제4호, 한국법제연구원, 134-142면.

67) 주요 정책개선 사례에 관해서는 위 논문, 135면, 주석 3번. 국회 예산정책처는 국가재정법에 따라 2010년에 이어 2011년 예산안에 대해서도 '성인지예산서'(2010. 11. 19)를 제출하였다. 이 보고서는 34개 중앙관서에서 수행하는 10조 1,748억 원 규모의 245개 세부사업을 대상으로 하여(2010년에는 29개 부처, 7조 3,144억 원 규모의 195개 사업) 성인지 예산서 현황 및 문제점과 그에 따른 개선과제를 제시하는 동시에 위원회별로 각 부처별 성인지 예산사업을 개별적으로 분석하고 있다.

68) 이화실, 「저소득 서민의 고유가부담완화 관련 사업 분석」, 『예산춘추』, 통권 제12호, 2008. 10, 국회예산정책처, 48-55면.

집행에 해당하는 '헌법지향의무'에 충실할 것을 주문하는 것이다. '빈곤인지예산제도'의 도입의 필요성과 당위성을 제시한 것도 법률의 집행을 담당하는 정부와 집행을 전후하여 법률을 제정하고 필요한 예산을 의결하고 또한 정부의 법집행과 나라살림을 감시하는 국회의 이항대립구도와, 이 구도와 연계된 전통적인 기능 및 책임배분의 체계만으로는 제1의 헌법문제인 빈곤문제에 대한 체계적이고 효과적인 정책적 대응을 기대할 수 없다고 보는 인식을 전제로 한 것이다.

전술한바와 같이 정부가 주도하는 단선적인 일방통행성의 예산과정 속에서 국가권력행사의 과잉금지 또는 과소금지에 초점을 맞추는 전통적인 사법적 통제나 단순한 수권과 위임에 그치는 형식적인 입법권과 예산팽창의 억제에 초점을 맞춘 예산결정권을 갖는 국회의 전통적인 기능만으로는 설득을 위한 정당화의 요청과 함께 정책의 효율성과 효과성을 동시에 충족시킬 수 있는 정치적 대화와 통합적 조정의 과정 자체인 동시에 그 수단인 정책적 피드백의 과정을 활성화시킬 수 없다. 이러한 의회기능부전의 현상은 크게는 전체 거버넌스의 문제로 또는 예산제도개혁의 차원에서 주목되는 일반적인 문제이지만 기본적으로 권력의 순화와 절제가 아니라 재원조달의 현실적인, 제도적인 가능성과 예산규모에 의해 시행의 여부와 그 내용과 수준이 결정되는 사회복지정책, 특히 법률 차원에서 급부의 수준과 내용이 객관적으로 확정되지 않는 개별적인 복지프로그램의 경우에 그 흠결성이 두드러지게 나타난다.[69]

물론 사회복지정책의 기조를 정하는 것이나, 이와 연관되는 예산결정에서 법과 정책 또는 국회와 정부 간의 적정한 역할과 기능의 분담은 획일적으로 어느 일방을 우선하는 식으로 쉽게 정리할 수 있는 문제가 아니다. 또한 헌법재판소[70]의 말대로 사회적 기본권과 국가의 다른 중요한 헌법적 의무들은 상호 간의 경쟁관계 속에서 현실적인 재정능력의 범위 내에서 여러 국가목표를 균형 있게 고려하여 사안마다 선택과 집중 또는 조정을 통해 우선순위를 결정해 나갈 수밖에 없고, 그 판단은 말 그대로 '광범위한 정책적 재량'에 맡겨질 수밖에 없다. 하지만 문제는 대부분의 경우 이 결정은 정부의 예산부처와 소관 부처의 재량에만 맡겨져 왔는데 사회복지정책기조의 전향적인 변화와 이를 뒷받침해 주는 일관된 복지예산정책, 헌법 도그마틱의 관점에서 보면, 본질적으로 중앙예산기관과 소관 행정청의 정책기술적인 재량만으로 구현될 수 있는 것이 아니다. 광범위한 '입

---

69) 예컨대 '예산의 범위 안에서~할 수 있다'는 식으로 규정하거나 또는 기금을 설치하여 그 운용규모와 가변적인 방침에 연계시킴으로써 결국 예산당국자의 광범위한 재량결정에 맡겨져 있는 지출예산의 배정에 따라 수급의 가능성과 규모가 결정되는 경우가 적지 아니하다. 이에 관해서는 이덕연, 앞의 논문 28면.

70) 헌재결 2002.12.18. 2002헌마52, 『판례집』, 14-2, 910면.

법재량' 또는 '정책적 재량'은 토론과 설득을 통해 창조적 타협을 도출하는 정치적 형성의 의무를 전제로 하는 것이지, 재량의 포기를 정당화하거나 용인하는 것이 아니다. 국회에 대한 헌법의 명령에는 단순한 추상적인 수권 및 위임법률의 제정을 넘어서 재정민주주의의 중심에 있는 예산심의 및 결정권의 주체로서 '복지정책 대토론회'[71]를 주관하고, 이를 통해 정부가 제안한 정책의 범위를 넘어서 적정한 복지서비스의 수준과 내용 및 사업별 우선순위에 대한 정치적·정책적 재량을 하라는 요청이 포함되어 있다. 우리 국회가 이 요청에 부응하고 있지 못한 것은 물론이다.

이러한 흠결을 고려하건대, 국회 예산심의절차의 개선에 대한 논의과정에서 전술한바 예결산심사기간의 연장방안이나 예산결산특별위원회와 상임위원회가 각각 거시 및 미시 예산중심의 심사로 역할을 분담하는 예산심의방식의 전환 등과 함께 제시되어 온 예산결산특별위원회를 상임위원회로 개편하는 방안을 더 이상 논의 대상으로 남겨 둘 이유는 찾아보기 어렵다. 일반적인 예산심의제도개선의 차원에서도 큰 추가 비용부담이나 역기능에 대한 우려 없이 국회법의 개정만으로 바로 시행할 수 있는 방안일 뿐만 아니, 복지예산 분야에서 대의기관으로서 국회의 정치적 역할, 즉 설득과 정당화를 위한 대화와 토론기능의 회복과 함께 적정한 빈곤정책의 수립과 일관되고 효과적인 집행에 긍정적인 효과가 적지 않을 것이기 때문이다.

또한 예산결산특별위원회를 상임위원회로 개편하는 방안과 함께 예산결산위원회 소속으로 또는 독립된 위원회로 가칭 '빈곤문제특별위원회'의 신설을 제안하는 것도 같은 맥락에서이다. 관련 상임위원회들이 함께 참여하여 빈곤정책과 관련된 중장기 재정계획을 수립 및 보정해나가고, 이와 연계하여 개별적인 예산결정들을 조율하면서 개별 프로그램들의 성과를 공동으로 관리하는 협력적 통합기구로서 운용하면 전술한 '빈곤인지예산제도'와 연계되어 시너지효과가 기대되기 때문이다.

V. 맺는말

우리 사회에 '좋은 정치'를 절실하게 고대하는 주요 현안이 산적해있지만, 양적, 질적 크기에서 최우선의 관심사는 사회적 양극화와 엇물려 있는 빈곤문제이다. 원인의 측면에

---

71) 예산심의의 정책토론회적 기능을 강조한 견해는 윤성식, 『예산론』, 나남, 2003, 212면.

서든, 영향의 관점에서든 빈곤문제는 더 이상 개인과 개별 가구 차원의 문제로 환원시킬 수 없는 국가와 사회 전체의 구조적인 문제이다. 적어도 빈곤문제의 상당 부분이 '일을 열심히 해도 해결될 수 없는 문제'로 주어지고 있는 상황에서는 그러하다. 또한 빈곤문제는 우선 우리 헌법이 보장하는 '인간다운 생활'을 하지 못하는 개인 차원의 궁핍의 문제이지만, 거시적으로 보면 사회통합과 지속가능한 경제발전을 뒷받침해주는 신뢰자본과 성장동력을 유지하고 재창출해나가는 데 가장 큰 장애가 되고 있다. 이미 가치 및 생활공동체로서 국가유지의 필수조건인 조화적 통합의 기반을 위협하는 수준에 이르고 있다. 특히 장애인, 여성, 노인, 조손가정 등 빈곤의 영향이 집중적으로 전가되고 있는 사회적 약자집단의 고단한 삶들은 1조 달러의 GDP, 1인당 국민소득 2만 달러의 화려한 경제지표를 내세우는 국가의 존재이유를 되묻게 하고 있다.

빈곤문제를 해결하기 위하여 국가가 무엇을, 언제, 어떻게 할 수 있고 또 해야만 하는가? 본질적으로 이데올로기로부터 자유로울 수 없는 정치경제학적 논의나 정치적 경쟁의 마당에서 한 발 물러나서, 빈곤문제를 '헌법문제'로 자리매김하고, 민주주의 원리, 사회국가원리 및 법치국가원리 등 우리 헌법의 기본원리들에서 그 이유를 찾아보았다. 국가가 우리 사회의 빈곤문제, 특히 가난과 가난한 사람들에 대한 사회 전체의 태도를 현 상태에서 방치하고 그 추세를 되돌리려고 최선의 노력을 다하지 않는 것은 우리 헌법상 최고의 가치인 '인간의 존엄'과 이를 실현하기 위한 수단으로 채택한 헌법의 기본원리들 또한 국민통합의 요청에 정면으로 위배된다. '통치의 위기'나 '통치 과부하' 등을 거론하는 보수주의의 반론은 적어도 현재 우리의 복지상황에서 제기될 수 있는 주장과 논거로서는 설득력을 갖기 어렵다. 또한 빈곤문제가 사회 전체 차원에서 이른바 '큰 타협'을 통하지 않고서는 해결의 실마리를 찾기 어려운 문제이지만, 이것 역시 국가와 정치의 선도적인 역할이 없이는 진행될 수 없다. 사회복지예산의 확대와 관련하여 법원의 적극적인 역할을 주문한 것이나, 예산과정상 두 가지 제도개선방안을 제시한 것도 국가가 우선 가능한 범위에서 '그냥 거기 서 있지만 말고, 늦기 전에 지금 당장 뭔가를 더 하라'는 헌법의 명령에 따르는 '조그만 타협'의 대안을 모색해 본 것일 뿐이다.

<『공법연구』, 제39집 제3호, 2011. 2, 231~264면>

제3장

경제적 기본권

【7】 '단계이론'을 중심으로 본 '당구장결정'의 선도성과 이론적 과제

I. 머리말

1. 연구의 배경

우리 헌법(제15조)은 "모든 국민은 직업선택의 자유를 갖는다"고 규정하여 개인이 독자적으로 생계를 이끌어 나갈 수 있는 영리소득활동의 기반, 즉 직업을 자유롭게 선택할 수 있는 직업활동의 공간과 함께 이 공간 속에서 개방된 기회를 자율적인 판단과 결정에 따라 향유할 수 있는 직업수행의 자유를 헌법적으로 보장하고 있다.[1] 헌재도 분명히 확인하고 있는바와 같이, 직업의 자유는 생활의 기본적 수요를 충족시키는 경제적 방편의 차원을 넘어서 독자적인 '살림', 말하자면 자신이 원하는 방식으로 기본적인 생활수요를 충족시키면서 스스로의 삶을 일궈 나가고, 그 과정에서 삶의 의미와 가치를 추구하는 개성신장과 인격발현의 수단으로서도 중요한 의미를 갖는다.[2]

이러한 관점에서 '소득활동의 공간과 과정' 자체를 보호하는 직업의 자유는 '소득활동의 성과물'을 보호대상으로 하는 재산권 보장과 함께 경제영역에서 개인의 자기결정권을 보장하는 '종합적이고 포괄적인 기본권'으로 이해된다.[3] 또 한편 직업의 자유의 이러한 종합성과 포괄성의 특성은 직업의 자유의 '객관적 가치질서'의 구성요소로서의 의미 및 기능과 연관된다. 말하자면 대국가 방어권으로 이해되는 주관적 공권으로서의 헌법규범

---

1) '직업선택의 자유'만을 명시하고 있는 것이 직업의 자유의 보호영역의 획정, 즉 기본권의 구성요건을 해석하는 맥락에서 유의미한 표현이 아니라는 점에 대해서는 이견이 없다. 예컨대 허영, 『한국헌법론』, 박영사, 2011, 475면. 우리 헌재도 같은 의견이다. 예컨대 1995.7.21. 94헌마125. 판례집 7-2, 155(162). 다만 헌재는 직업수행의 자유에 대한 제한을 "직업활동의 대상 및 태양에 일정한 규제를 가하는 것"으로 규정하면서 이와 구별되는 범주로 '좁은 의미의 직업선택의 자유'라고 표현한바 있는데 좁은 의미의 '직업선택의 자유에 대한 제한', 말하자면 '객관적 사유에 의한 직업선택의 자유에 대한 제한'의 의미는 아닌 것으로 생각되는바, 그렇다고 한다면 개념의 혼란만 초래하는 무용한 표현에 지나지 않는다. 1998.3.26. 97헌마194, 『판례집』, 10-1, 302, 314면.

2) 헌재 1997.10.30. 96헌마109, 판례집 9-2, 537, 543면.

3) 헌재 1993.5.13. 92헌마80, 『판례집』, 5-1, 365, 374면. '소득활동' 자체와 '소득활동결과'의 관점에서 본 직업의 자유와 재산권 보장의 관계에 대해서는 한수웅, 『헌법학』, 법문사, 2011, 631면.

적 의미와 기능을 넘어서 사회국가원리나 사회적 시장경제질서 등과 마찬가지로 객관적인 '근본규범'(Grundsatznorm)으로서의 내용이 그것이다. 헌재가 직업의 자유를 "사회적 시장경제질서의 불가결한 요소"로 파악하여 '객관적 가치질서'로서의 측면을 강조하는 것도 같은 맥락에서 이해된다.[4] 이러한 직업의 자유의 양면성, 즉 주관적 공권과 객관적 헌법질서로서의 기능과 성격은 직업의 자유의 보호범위는 물론이고, 직업의 자유에 대한 제한의 헌법적 한계를 획정하는 데 있어서 각별한 의미를 갖는다. 즉 헌재가 밝히고 있는바와 같이, 직업의 자유는 한편으로는 "개인의 자기결정권에 맡겨져 있는 직업수행에 의해서 국가의 사회경제질서가 형성된다는 점에서 '사회적 시장경제질서'라고 하는 객관적 법질서의 구성요소"로서 "공동체의 경제사회질서에 직접적인 영향을 미치고,[5] 다른 한편으로는 '최적화의 명령'(Optimierungsgebot)에 따라 헌법원리나 '사회적 시장경제질서' 등의 객관적인 헌법질서와 합치되는 범위 내에서 객관적 질서로서의 그 내용이 정해지기 때문이다.[6]

이와 같은 종합성과 포괄성, 그리고 다면적으로 연관되는 객관적 질서성이 특히 부각되는 양면성은 직업의 자유와 관련된 정책의 수립과 입법과정을 포함하여 '행위규범' 또는 이른바 위헌심사의 척도인 '통제규범'으로서 헌법을 해석하고 적용하는 데 있어서 유의해야만 하는 것은 물론이되, 다만 직업의 자유의 경우에는 기본권의 보호 또는 제한의 환경인 사회와 경제생활의 영역, 특히 시장이 매우 가변적이고 역동적이라는 점에서 주관적 공권 및 객관적 질서 양면의 의미와 기능이 이 환경조건에 적합하게 파악되고 실현되어야 하는 점에서 유의의 당위성과 필요성이 각별하게 강조될 수밖에 없다.[7] 주지하는바와 같이 기후변화문제를 비롯하여 세계화, 정보화, 그리고 지식기반사회로의 혁명적 변화에 따른 정치, 경제, 사회, 문화 등 모든 생활영역에서의 격변은 직업환경의 지형구조의 변화로 이어지고, 이에 대한 거시적, 미시적 차원에서의 적정한 정책대응은 제도적 조건이 날마다 달라질 수밖에 없게 만들고 있다.

우리나라는 물론이고 지구촌 차원에서 심각한 사회현안으로 대두된 청년실업문제나 이른바 1% 대 99%의 소득양극화문제는 말할 것도 없고, 특히 요동치는 경제 및 재정상황

---

4) 헌재 1996.3.28. 94헌바42, 『판례집』, 8-1, 199, 206면.

5) 헌재 1996.8.29. 94헌마113, 『판례집』, 8-2, 141, 153면 이하.

6) 경제질서와 직업의 자유의 관계에 관해서는 이승우, 「직업의 자유의 보장을 위한 인허가제도의 운영방안」, 『공법연구』, 제38집 제2호, 2009. 12, 35-36면.

7) 이에 관해서는 정태호, 「헌법 제15조의 "직업의 자유" – 직업의 자유의 정치화를 위하여 – 」, 이방기 교수, 『정년기념논문집(법학과 행정학의 현재적 과제)』, 전남대학교출판부, 2000, 298-300면.

은 한 순간에 수많은 근로자들이 일자리를 잃고 길거리로 내몰리는 모습을 수시로 목격하게 한다. 영세자영업자를 비롯한 다수 소상공인의 경우와 같이 실업자로 전락한 후에는 손바닥만 한 마당에서의 과열경쟁 끝에 대다수가 큰 손실을 보고 폐업하게 되는 악순환도 거듭되고 있다. 또한 이러한 문제와 상황은 국가와 개인의 개별화된 관계를 넘어서 대부분 계층과 지역 또는 업종 간의 복합적이고 집단적인 갈등으로 증폭되어 나타나고 있다.

요컨대 이 글에서 주목하는바, 직업의 자유의 복합적이고 다층적인 사회적 관련성과 함께 정치경제적·문화적 생활영역에서 직업의 영향이 크게 증대된 현실의 요청에 부응하고 적응하는 헌법해석론이 불가피한 상황에서, 적어도 상당 부분은 더 이상 이른바 '한계-한계'의 논리형식이 아니라 '기본권 형성적 법률유보'의 관점에서 접근되어야 하는 직업의 자유의 의의와 기능 그리고 직업의 자유를 제한 또는 형성하는 입법에 대하여 적정한 헌법적 한계를 설정하는 문제들이 새롭게 조명될 필요가 있는 것이다.

2. 연구의 목적과 범위

전술한 다양하고 복합적인 사회경제적 현상은 고스란히 시장의 설계자, 운영자, 특히 중재심판관으로서 국가의 역할에 대한 기대와 압력으로 연결되어서 결과적으로는 국가의 유연하고 탄력적인 다원화된 정책적 대응과 이에 따른 법제에 대한 수요가 기하급수적으로 증대되고 있다. 이러한 환경 속에서 직업의 자유는 상당 부분 이른바 '제도화된 자유' 또는 '제도 속의 자유'로의 변질이 불가피한바, 직업의 자유와 관련된 정책적, 법제적 대응에서 일년 형평성과 체계정당성 그리고 필요한 만큼의 역동성을 유지시키면서 타면 자의성을 배제하고 경직성과 당파성 또는 편향성을 억제할 수 있는 규범적 준거틀이 절실하게 요구된다.

다음에서 직업의 자유와 관련된 헌재 결정 중에 대표적인 '선도결정'의 하나라고 할수 있는 이른바 '당구장결정'[8]의 내용과 헌법해석론적 의의에 대한 비판적 검토를 통하여 직업의 자유의 의미와 기능을 정리하고, 특히 동 결정에서 처음으로 제시된 이른바 '3단계이론'(이하 '단계이론'으로 약함)의 위헌심사틀로서의 이론적 타당성과 실무상 효용 및 기능적 한계를 확인하고자 하는 것도 바로 이러한 현실과 당위적 요청에 부응할 수 있는 합리화된 정책결정 및 위헌심사의 헌법적 준거를 마련하기 위한 것이다. 특히 직업의 자유에 대한 제한과 관련하여 과잉금지원칙과의 기능적 관계 속에서 '단계이론'의 적

---

8) 헌재 1993.5.13. 92헌마80, 『판례집』, 5-1, 365, 385면.

정한 적용을 위한 전제조건과 그 기능적 한계를 규명하고자 하는 것은 '단계이론'에 내포된 주요 논점, 즉 직업의 자유와 관련된 행위규범 및 통제규범적 지침의 기능적 효용과 조건 그리고 동 이론의 외연 확장의 가능성과 한계를 규명함으로써 위헌심사틀로서의 효율성과 정당성을 동시에 수렴하는 데 그 목적이 있다.

다만 이 글은 기본적으로 특정한 헌재 결정에 대한 평석을 중심으로 하는바, 직업의 자유에 관한 원론적인 논의에서 일반적으로 요구되는 폭과 깊이를 갖출 수 없다. 또한 직업의 자유, 특히 직업의 자유에 대한 제한과 그 한계에 관한 각론적 논의에서 특히 부각되는바와 같이 획일적으로 동일한 문제로 인식하고 접근하기에는 구조와 기능 및 그 성격이 너무나도 다양하기 때문에 불가피한 차별화의 요청, 즉 직업생활의 다양한 영역과 부문, 그리고 제한 또는 구체화입법의 목적과 대상 및 형식 등에 따른 개별적인 접근의 요청과 그에 따른 헌법이론적 과제를 확인하고 제시하는 데 그칠 뿐,[9] 그에 부응하는 세밀하고 구체적인 수행은 장래의 숙제로 남겨둔다.

II. 직업의 자유와 관련된 헌재결정의 궤적 속에서 본 '당구장결정'

1. '당구장결정' 이전의 '단계이론'

헌재가 직업의 자유에 대한 규제입법에 대하여 상당한 수준에서 정형화된 과잉금지심사틀로 '단계이론'을 적용한 결정은 본고에서 초점을 맞추고 있는 이른바 '당구장결정'이지만, 헌재 결정에서 '단계이론'이 처음 언급된 것은 법무사법시행규칙에 대한 헌법소원 사건[10]이었다. 동 결정에서 반대의견을 낸 이성렬 재판관은 직업선택의 자유도 당연히

---

9) 예컨대 자격사제도에 따른 전문적인 자영업이나, 서비스시장에서 세분화, 분업화된 직업군 등이 좋은 예이다. 이에 관해서는 김응희, 「전문자격사제도의 헌법적 의미와 입법한계」, 『헌법학연구』, 제15권 제1호, 2009. 3, 149-176면. 변호사와 변리사를 비롯하여 의사와 한의사 또는 약사, 이발사와 미용사 간의 직역 다툼의 경우에도 다른 직업군들과 비교해서는 물론이고, 이들 직종 간에도 헌법해석론상 고민의 차원과 관점이 다를 수밖에 없다. 특히 면허제도의 본질과 기능과 관련한 논의로는 이승우, 「특허침해소송에서의 변리사의 소송대리권 인정여부」, 『헌법학연구』, 제16권 제4호, 2010. 12, 461-503면; 앞의 논문, 41-44면. 일반적으로 직업의 자유에 포섭되는 것으로 이해하여 접근하고 있는 '기업의 자유'의 경우에도 통상적인 개개인 단위의 직업활동 및 그에 대한 규율과는 문제의 본질과 구조가 다르다는 점에서 헌법해석론 및 헌법정책론상 차별된 관점에서 특유한 문제로 파악되어야 한다. '기업의 자유'에 관한 논의는 이덕연, 「한국의 경제헌법질서상 기업의 자유」, 『공법연구』, 제29집 제1호, 2000. 11, 161-179면.

10) 헌재 1990.10.15. 89헌마178, 『판례집』, 2, 365, 379-380면.

절대적인 것은 아니라는 점과 함께, 필요하고 불가피한 경우에는 본질적 내용을 침해하지 않고 또한 헌법 제37조 제2항의 기본권 제한입법의 범위 내에서 제한될 수 있음을 전제하면서 직업의 자유에 대한 제한의 범위와 한계에 대한 일반론으로 단계이론을 원용한 것으로 여겨지는 법리를 다음과 같이 설시하였다.

"선택된 직업의 행사를 제한하는 것은 직업의 선택을 제한하는 경우보다는 개성신장에 대한 침해의 진지성이 적다고 할 것이므로 직업선택에 대한 제한은 행사에 대한 제한보다 더 엄격한 제약을 받는다 할 것이고, 나아가 직업선택의 자유를 제한하는 경우에도 그 제한의 사유가 기본권 주체에 일정한 자격을 요구하는 주관적 사유를 이유로 하는 경우보다는 기본권 주체와는 전혀 무관하여 그 스스로는 요건을 충족시킬 수 있는 방법이 없는 객관적 사유를 이유로 하는 경우에는 직업의 자유에 대한 침해의 진지성이 가장 크다 할 것이므로, 매우 엄격한 요건을 갖춘 경우에만 이를 허용할 수 있다고 할 것이다."[11]

이 재판관은 명시적으로 단계이론을 거명하지는 않았지만, 위 설시의 내용은 주지하는 바와 같이 독일 연방헌법재판소가 1958년에 이른바 '약국판결'(Apotheken-Urteil)[12]에서 적용한 '단계이론'의 기본권 해석론적 관점 및 논리형식의 구조와 전혀 다르지 아니하다. 특히 실제 위헌심사의 척도로 적용하는 경우에 유의해야만 할 문제점을 지적하면서 단계이론을 단계별로 순차적으로 그 제한의 헌법적 정당화 요건을 차별화하여 요구하는 것으로 파악하고 있는 점에서 "단계이론의 전형적인 모습"[13]을 언급한 것으로 볼 수 있다.

"직업의 자유를 제한하는 경우를 위와 같이 단계적으로 나누어서 순차적으로 그 제한의 엄격성을 강하게 요구한다 하더라도 각각의 경우에 있어서 과연 어느 범위에서 제한이 허용되는 것인지의 기준이 해결의 요체가 될 것이나 이는 일률적으로 말할 수는 없을 것이고, 각각의 경우에 있어서 첫째로 제한의 목적 내지는 필요성, 둘째로 제한되는 직업

---

11) 위의 결정 380면.

12) BVerfGE 7, 377ff. 이 판결의 핵심내용과 그 후 관련 판결의 추이에 관해서는 Maunz-Duerig, Grundgesetz Kommentar, C. H. Beck, 1993, Art. 12, S. 165-171; M. Ch. Jakobs, Der Grundsatz der Verhaeltnismaessigkeit, Carl Heymanns Verlag, 1985, S. 116, S. 260ff.; O. Deppenheuer, Freihet des Berufs und Grundfreiheit der Arbeit, Festschrift 50 Jahre Bundesverfassungsgerichts Bd. Ⅱ, Mohr Siebeck, 2001, S. 260ff.

13) 표명환, 「독일연방헌법재판소의 약국판결과 우리 헌법상의 직업의 자유의 해석론」, 『헌법학연구』, 제15권 제1호, 2009. 3, 446면.

의 성질과 내용, 그리고 셋째로 제한의 정도 및 방법 등을 종합적으로 비교·교량하여 신중히 결정하여야 할 것이지만, 제한의 목적이 사회·경제정책적인 것인 경우에는 그 타당성 여부의 판단은 1차적으로 입법기관의 권한 내지는 책무로서, 그 제한이 명백히 비합리적이고 불공정하지 아니하는 한 그 판단은 가급적 존중되어야 할 것이다."[14]

소수의견을 통해 일단 헌재 결정에 공식적으로 족적을 남긴 '단계이론'은 그 후 직업의 자유와 관련된 일련의 헌법소원사건들을 통해 법정의견에서 반복 원용되면서 상당한 정도로 정형화된 위헌심사틀로 자리를 잡게 되었다. 그 시발점이 바로 '당구장결정'이다. 동 결정에서 헌재는 '법률상 규제 가능성의 상대적 차별화'를 언급하면서 직업수행의 자유에 대한 제한의 단계에서는 직업결정, 즉 직업선택에 대한 제한의 경우보다 위헌심사의 강도가 완화된다는 단계이론식의 논리형식을 수용하였다.

"직업이란 생활의 기본적 수요를 충족시키기 위한 계속적인 소득활동을 의미하며 그러한 내용의 활동인 한 그 종류나 성질을 불문하는데 헌법재판소는 직업선택의 자유를 비교적 폭넓게 인정하고 있으며 그에 관련하여 여러 개의 판례를 남기고 있는 것이다 (1989.11.20. 선고, 89헌가102 결정; 1990.10.8. 선고, 89헌가89 결정; 1990.10.15. 선고, 89헌마178 결정; 1990.11.19. 선고, 90헌가48 결정; 1991.6.3. 선고, 89헌마204 결정 각 참조). 직업선택의 자유에는 직업결정의 자유, 직업종사(직업수행)의 자유, 전직의 자유 등이 포함되지만 직업결정의 자유나 전직의 자유에 비하여 직업종사(직업수행)의 자유에 대하여서는 상대적으로 더욱 넓은 법률상의 규제가 가능하다."[15]

2. '당구장결정' 이후 '단계이론'의 추이

'당구장결정' 이후 헌재는 직업의 자유에 대한 제한입법과 관련한 헌법소원사건에서 적어도 논증의 구조상으로는 '단계이론'의 준거에 따른 것으로 볼 수 있는 결정을 내려왔다. 말하자면 직업선택 또는 직업수행 등 규율대상과 제한의 양태의 범주에 따라 침익의 크기와 그에 따른 입법재량의 크기가 우선 확정되고, 그에 따라 심사의 척도와 밀도 또는 강도를 원칙적으로 차별화하겠다는, 일종의 정형화된 위헌심사틀을 분명하게 제시

---

14) 헌재 1990.10.15. 89헌마178, 『판례집』, 2, 365, 381면.

15) 헌재 1993.5.13. 92헌마80, 『판례집』, 5-1, 365, 374면.

하지는 않았지만, 직업의 자유의 제한입법에 대한 위헌심사에서 해당 법령의 규율 내용이 객관적·주관적 사유에 의한 직업선택의 자유에 대한 제한과 직업수행의 자유에 대한 제한 중 어떤 것에 해당하는지에 대한 포괄적이고 사전적인 분류의 판단이 선행되고, 분류된 단계 내에서 과잉금지심사가 후속되는 논증이 관행적으로 반복되어 거의 정형화되었다고 할 수 있다.

중요한 결정례들만을 선별하여 보면, 예컨대 「군법무관임용법」 부칙 3항 등에 대한 결정에서 일정한 요건을 갖춘 자에게만 변호사자격을 인정하는 면허제도와 관련하여 처음으로 '이른바 주관적 요건에 의한 직업선택의 자유의 제한'에 해당하는 것으로 설시하였는바, '단계이론'에서 제시되는 범주화된 단계적 논증형식을 원용하였음을 '이른바'라는 단서를 통해 암시하고 있다.[16] 또한 헌재는 상세하게 후술하게 될 「경비업법」 제7조 제8항에 대한 위헌결정[17]에서 '객관적 사유에 의한 직업선택의 제한'을 명시적으로 언급하면서 이러한 제한은 "직업의 자유에 대에서도 가장 심각한 제약"이고, "따라서 이러한 제한은 월등하게 중요한 공익을 위하여 명백하고 확실한 위험을 방지하기 위한 경우에만 정당화될 수 있다"고 설시하였다. 동 결정은 종래 직업의 자유와 관련된 헌재 결정들 중에서 '단계이론'의 논증형식을 취하였고, 구체적으로 선판단된 단계에 따라 심사를 진행하여 위헌결정의 최종판단에 이르게 되었음을 처음으로 가장 분명하고 확실하게 제시한 경우로 생각되는바, 이는 특히 다음 설시를 통해 확인될 수 있다.

"경비업을 경영하고 있는 자들이나 다른 업종을 경영하면서 새로이 경비업에 진출하고자 하는 자들로 하여금 경비업을 전문으로 하는 별개의 법인을 설립하지 않는 한 경비업과 그 밖의 업종 간에 택일하도록 법으로 강제하고 있다. 따라서 이미 선택한 직업을 어떠한 제약아래 수행하느냐의 관점이나 당사자의 능력이나 자격과도 상관없는 객관적 사유에 의한 이러한 제한은 직업의 자유에 대한 제한 중에서도 가장 심각한 제약이 아닐수 없다 …… 따라서 헌법재판소가 이 사건을 심사함에 있어서는 헌법 제37조 제2항이 요구하는바 과잉금지의 원칙, 즉 엄격한 비례의 원칙이 그 심사척도가 된다는 것도 바로이러한 이유 때문이다."[18]

---

16) 헌재 1995.6.29. 90헌바43, 『판례집』, 7-1, 854, 868면.

17) 헌재 2002.4.25. 2001헌마614, 『판례집』, 14-1, 414면.

18) 위의 결정, 427면.

다만 위 설시에서 헌재는 동 사건에 관한 심사척도로 '엄격한 비례의 원칙', 즉 헌법 제37조 제2항이 요구하는바 '과잉금지원칙'을 언급하였는바, 생각건대 논의의 맥락상 '엄격한 비례의 원칙'은 이른바 상당성 또는 좁은 의미의 비례성 심사에서 '월등하게 중요한 공익에 대한 명백하고 확실한 위험의 방지'가 정당화 요건으로 요구된다는 심사척도를 제시한 것으로 생각된다. 아무튼 다음에 상술하게 될 '단계이론과 과잉금지원칙의 기능적 관계'에 대하여 헌재가 어떻게 파악하고 있는지 불분명하기는 하지만, 헌재가 직업의 자유에 대한 제한의 대상 및 태양을 기준으로 하여 심사대상의 범주를 선획정하고, 그에 따라 심사강도를 차별화하는 위헌심사틀, 즉 '단계이론'의 전형을 수용하였다고 볼 수 있다. 동 결정에서 제시된 '객관적 사유에 의한 직업선택의 자유'에 대한 엄격한 제한과 심사강도의 기준은 2006년의 이른바 안마사자격 '비맹제외기준'에 대한 위헌결정[19] 등에서 명시적으로 반복 원용되면서 '단계이론'은 상당한 정도로 정형화되는 단계에 접어든 것으로 평가된다.[20]

이러한 맥락에서 보면, 헌재가 '단계이론'의 논증형식체계를 직업의 자유와 관련된 기본권 해석론에 전면적으로 수용한 것인지 여부나 또는 직접 적용한 것인지, 간접 적용한 것인지에 관한 논란은 실익이 없는 논의에 불과하다.[21] 다음에서 검토하는바와 같이, 문제는 명시적이든, 잠재적이든 또는 직접적이든, 간접적이든 '단계이론'의 심사틀을 수용하여 적용한 결정례가 수없이 많은데도 불구하고, 위헌심사 실무상의 기능과 효용, 그리고 구체적인 적용의 성과에 대한 평가, 특히 효용을 극대화하기 위한 보완의 필요성과 내용 등에 대해서는 밀도 있는 논의가 충분하게 이루어지지 못하였다는 점이다.

---

19) 헌재 2006.5.25. 2003헌마715, 『판례집』, 18-1(하), 112, 123면.

20) 학원강사의 자격인정과 관련된 결정에서도 헌재는 직업의 자유에 대한 제한의 단계별로 점차적으로 입법재량의 크기와 '엄밀한 정당화'의 요건이 차별화됨을 분명하게 밝혀 '단계이론'에 따라 심사하고 논증하였음을 재확인한바 있다. 헌재 2003.9.25. 2002헌마519, 『판례집』, 15-2(상), 454, 472-3면. 직업선택의 자유에 대한 제한 외의 나머지 범주, 즉 직업수행의 자유에 대한 제한과 관련해서는 이하의 논의에서 결정례를 적시하여 검토하되, 여기에서는 주요 결정례들만을 제시하는 데 그친다. 1995.7.21. 94헌마125, 7-2, 155, 162면; 1996.8.29. 94헌마113, 8-2, 141, 153면; 1997.4.24. 95헌마273, 9-1, 487, 496면; 2001.6.28. 2001헌마132, 13-1, 1441, 1458면; 2002.4.25. 2001헌마614, 14-1, 410, 427면.

21) 표명환, 앞의 논문, 448면. 적극적으로 보는 입장은 권영성, 『헌법학원론』, 법문사, 2010, 580-581면. 반면에 '당구장결정'이 독일 연방헌법재판소의 '약국판결'에서 제시된 "독일의 3단계이론을 간접적으로 인정하는 정도에 그친 것"으로 보는 소극적인 의견은 성낙인, 『헌법학』, 법문사, 2011, 654면. 헌재가 다수의 결정에서 '단계이론'의 단계를 전혀 언급하지 않고 과잉금지심사를 하는 반면, 일련의 결정에서는 기본권 제한을 3단계로 구분하여 적용하는 단계이론적 논증을 하고 있다는 점 등을 고려한 절충적인 입장은 한수웅, 앞의 책, 650-651면.

3. '당구장결정'의 기본권 해석론적 의의와 문제점

위에서 살펴본바와 같이, '당구장결정'은 '단계이론'을 명시적으로 언급하지는 않았지만, 직업의 자유의 내용을 '직업결정의 자유', '직업종사의 자유', '전직의 자유' 등의 범주로 구별하여 획정하고, '직업결정의 자유'나 '전직의 자유', 즉 직업선택의 자유에 비해서 '직업종사의 자유', 즉 직업수행의 자유는 "상대적으로 더욱 넓은 법률상의 규제"가 허용되는 것으로 봄으로써 위헌심사의 준거틀로서 '단계이론'을 수용한 선도결정으로서 의미가 적지 아니하다.

다만 적지 않은 선도판결들이 그러하듯이, 첫 단추를 꿰었다는 점에서 주목되기는 하지만, '당구장결정'은 '단계이론'의 수용을 위한 사전작업, 말하자면 동 이론의 구체적인 위헌심사틀로서의 실무상 효용과 기능적 한계, 그리고 그 효용을 담보할 수 있는 적확한 적용의 조건들을 세밀하게 확인하는 등의 적격성검토와 이론적인 정지작업이 충분히 선행되지 않은 상태에서 논증형식 자체만을 원용하는 데 그친 것이었다. 특히 기본적으로 논증형식의 구조적 체계와 기능이 다르지 아니한 과잉금지원칙과 '단계이론'의 관계를, 예컨대 상호 대체 또는 상호 보완의 관계 아니면 단순한 보조적인 관계 중 어떤 구도 속에서 이해하고 형성해나갈 것인지, 그리고 어떤 해석론을 취하는가에 따라 달라지는 법리적 보완의 필요성과 방향 및 그 내용과 관련되는 이론적 과제에 원인을 제공하였을 뿐, 어떤 구체적인 내용과 지침도 제시되지 않았다.

요컨대 다음에서 수행하게 되는 과제, 즉 일반적인 기본권 해석론의 체계상 또는 직업의 자유와 관련하여 특화된 위헌심사체계 속에서 '단계이론'의 구조적·기능적 좌표를 짚어보고, 그 외연 확장의 가능성과 한계를 검토하는 것은 궁극적으로 논증 및 심사형식으로서 동 이론의 내포, 즉 "내재적인 구조화능력"[22]의 허실과 그 적용원칙으로 '절제'의 필수성과 당위성을 확인하여 효용극대화를 위한 일종의 '사용매뉴얼'을 마련하고자 하는 것이고, 이는 원천적으로 '단계이론'의 적격성에 대한 인정을 전제로 하는 것인바, 적어도 이 전제의 확립 자체는 온전히 '당구장결정'의 몫이다.

---

22) 정태호, 앞의 논문, 310면.

Ⅲ. 직업의 자유에 대한 제한과 '단계이론'

1. 직업의 자유와 관련된 기본권 해석론의 과제와 '단계이론'

전술한바와 같이, 우리 헌재는 직업이 각자의 생활의 기본적 수요를 충족시키는 수단인 동시에 개성신장의 바탕이 된다는 점을 주목하여 국민 모두가 "자유롭게 자신이 종사할 직업을 선택하고, 그 직업에 종사하며, 이를 변경할 수 있는 직업의 자유"를 우리 헌법이 지향하는 자유주의적 경제·사회질서의 본질적 요소가 되는 '기본적 인권'의 하나로 보면서, 직업의 자유의 양면성, 즉 주관적 공권의 성격으로서의 성격과 함께 객관적인 법질서인 '사회적 시장경제질서'의 구성요소로서의 성격과 기능을 강조한다.[23] 이러한 기본인식을 토대로 하여 헌재는 '직업의 자유의 최대한 보장'을 "우리 헌법을 관류하는 이념 가운데 자리하고 있는 기본정신"으로까지 천명하면서 직업의 자유를 "설혹 제한하는 경우라도 반드시 법률로써 하여야 하고 국가안전보장, 질서유지 또는 공공복리 등 정당하고 중요한 공공의 목적을 달성하기 위하여 필요하고 적정한 수단·방법에 의하여서만 가능한 것"이라는, 헌법 제37조 제2항이 명시적으로 규정하고 있는 과잉금지원칙을 재삼 확인하고 있다.[24]

오늘날 종류와 성질, 사회문화적 영향 등이 극도로 다양화된 직업활동의 의의와 기능, 그리고 직업의 자유에 대한 제한입법을 둘러싼 정치경제적 지형과 사회적 생활의 환경이 구조적으로, 항구적으로 급변하고 있음은 전술한바 있거니와, 헌법이론적·헌법정책적 접근, 특히 직업의 자유에 대한 규제입법의 정당성을 판단하는 기본권 해석론의 관점과 구체적인 위헌심사의 준거나 논증방식도 근본적으로 변화된 사태의 구조와 성격 그리고 이를 규정하는 문제상황에 새롭게 적응해나가야 하는 당위적인 과제를 안고 있다.[25] 더욱이 헌법규범과 헌법현실의 교차지점에서 일종의 '복잡계'의 양태를 보이는 전형적인 경우라고 할 수 있는 직업생활영역에서의 규제입법은 사회, 경제 및 문화정책적인 이유와 목적과, 그 시행에 따른 순기능 또는 역기능적 영향이 극도로 복합적이고 다양할 수밖에 없다. 그렇기 때문에 입법의 단계에서부터 집행 및 그에 대한 사후적인 사법적 통

---

23) 헌재 1997.4.24. 95헌마273, 『판례집』, 9-1, 487, 496면.

24) 헌재 2002.4.25. 2001헌마614, 『판례집』, 14-1, 410, 427면.

25) 여기에서 상론할 수는 없지만, 이러한 현상은 일반적으로 직업의 자유의 내용으로 인정되는 '기업의 자유'나 기업 차원의 영업상 '경쟁의 자유'에 대한 규제의 경우에 더욱 복합적이고 다면적인 문제로 주어진다. 이와 관련된 대표적인 결정은 헌재 1996.12.26. 96헌가18, 『판례집』, 8-2, 680면.

제의 전체 환류과정에서 일면 효율성과 유동성, 유연성과 탄력성이, 타면 정당성과 계속성, 일관성과 안정성이 요구되는바, 이러한 딜레마적 상황 속에서 직업의 자유를 제한하는 입법에 대한 위헌심사방법의 효율성과 합리성, 그리고 궁극적으로는 심사결과의 헌법규범적 정당성과 현실적 타당성이 최대한 확보될 수 있게 뒷받침해 주어야 하는 것이 기본권 해석론의 핵심 과제로 주어진다.

요컨대 '단계이론'도 바로 이러한 과제의 수행을 위한 이론적 고민의 결과로 주어진 하나의 헌법 또는 기본권 도그마틱이다. 따라서 그 위헌심사틀로서의 적격성과 논증형식으로서의 적실성도 완결된 상태로 가부 간의 평가대상으로 주어지는 것이 아니다. 복잡다양한 문제상황의 변화와 사태의 구조와 맥락에 따라 계속 발전시켜 나가야 하는 헌법 도그마틱의 과제일 뿐이다. 다음의 논의는 바로 이 발전의 방향과 적확한 수단과 방법을 모색하고자 하는 것이다.

2. '단계이론'의 내용과 독자적인 기능적 효용

직업의 자유의 제한입법과 관련하여 '정형화된 과잉금지심사틀'이라고 할 수 있는 '단계이론'의 내용은 기본적으로 과잉금지원칙의 논증체계 속에서 파악될 수 있는 세 가지 요소, 즉 하나의 이론적 전제와 2개의 심사준거로 구성된다. 첫째는 직업의 자유에 대한 제한의 대상은 세 가지 범주, 즉 '객관적 사유에 의한 직업선택의 자유'와 '주관적 사유에 의한 직업선택의 자유', 그리고 '직업수행의 자유'로 범주화되어 구별될 수 있고, 정형화된 이 세 가지 범주는 직업의 자유에 대한 제약의 크기, 즉 침익의 중대성을 기준으로 단계화될 수 있다고 보는 것이다. 둘째는 침익의 크기에 따라 단계화되어 획정된 세 가지 범주의 직업규율은 순차적인 선택의 대상으로 주어진다는 것이다. 말하자면 이는 입법자 또는 정책당국자에게 직업의 자유에 대한 제약의 크기가 가장 작은 '직업수행의 자유'의 단계에서부터 입법목적의 달성을 위한 유효한 수단의 존부를 순차적으로 판단하고, 하위단계의 제한으로는 목적달성이 불가능하다는 것을 확인한 이후에만 상위단계의 제한을 수단으로 선택해나가야 '숙고의무'를 부여하는 것이다. 과잉금지원칙의 세부원칙인 필수성 또는 최소침해성의 원칙에 따른 위헌심사는 바로 이 '숙고의무'의 이행 여부 또는 그 이행에 대한 입증의 타당성을 검증하는 것이라고 할 수 있다. 셋째는 직업의 자유에 대한 제한의 정당화 요건인 그 제한의 수익, 즉 제한을 통해 실현 또는 확보되는 공익의 크기도 침익의 크기에 따라 단계별로 설정된 개념에 포섭되는지 여부, 즉 세 가지의 범주에 대한 상응 여부를 판단하게 된다는 것이다. 이 역시 과잉금지심사에서 '상당성' 또는 '좁은 의미의 비례성'의 원칙에 따른 심사와 동일한 구조이다.

'단계이론'의 내용과 위헌심사틀로서 그 논증구조가 이와 같이 파악된다면, 전술한바와 같이 동 이론의 논리형식은 기본권 제한의 정도와 지속에 대한 필수성의 요건, 즉 불필요한 또는 필요한 범위를 넘어서는 기본권 제한인지 여부와 함께, 직업의 자유에 대한 제한을 통해서 초래되는 침익과 증진되는 공익 간의 비례성을 주목하는 과잉금지원칙 또는 과잉금지심사체계에 포섭된다. '단계이론'의 위헌심사틀로서의 적격성, 독자적인 효용과 그 기능적 한계, 구체적인 적용상의 문제점과 보정의 필요성 등에 관해 계속 이어져 온 논란은 이 포섭의 관계와 함께 또는 그 속에서 과잉금지원칙과의 기능적 관계를 어떻게 설정하고 발전시켜 나갈 것인가에 관한 관점의 차이가 표출에서 비롯되었던 것이다.

논란의 핵심은 크게 '단계이론'과 과잉금지원칙을 직업규율이라는 대상이 특화된 것일 뿐 양자가 본질적인 논증구조와 기능은 동일한 것으로 보거나 또는 이른바 '부분과 전체'의 관계로 이해하여 전자가 후자에 완전 포섭되는 것으로 파악하는 일원론적 입장과 '단계이론'의 독자적인 기능적 효용을 인정하여 양자가 선후 또는 추가적인 보완의 관계에서 병행 적용되는 것으로 보는 이원론의 대립이다.[26] 일원론을 취하는 경우에도 논리적으로 '단계이론'의 독자적인 기능과 효용을 완전히 부인하는 결론이 불가피한 것은 아니지만, 기본적으로 이원론을 부정하는 입장에서는 양자의 바람직한 기능적 관계를 설정하는 것은 실익이 없는 이른바 '사이비문제'로 취급된다.[27]

실제 논의는 보다 복합적이고 또한 다음에서 살펴보는바와 같이 위헌심사틀로서 '단계이론'의 적격성을 전면적으로 부인하는 입장은 이미 극복되었지만,[28] 편의상 의도적으로 단순화해서 본다면, 일원론의 입장에서는 이원론이 제시하는 다음 세 가지의 핵심논제, 즉 '과잉금지원칙과 단계이론은 분명히 구별된다'는 기본전제와 '직업수행의 제한에 대해서는 과잉금지원칙만이 심사척도로 적용된다', 그리고 '단계이론은 적합성 및 필수성심사의 단계에서만 적용될 수 있다'는 주장을 근본적으로 인정하지 않는다. 우선 논리형식상의 구조적 동일성이나 상호포섭의 관계를 주목하는 입장에서 적어도 '양자가 분명히 다

---

26) Vgl. J. Ipsen, "Stufentheorie und Uebermassverbot – Zur Dogmatik des Art.12 GG", JuS 1990, S. 634ff. 이와 관련된 판례로는 특히 BVerfGE 13, 97(104); 25,1(12); 30,292(315); 46, 120(138).

27) '단계이론'의 토대와 기능적 효용에 대한 논의, 특히 비판적인 견해의 개요는 R. Breuer, "Die staatliche Berufsregelung und Wirtschaftslenkung", in: J. Isensee/P. Kirchhof(Hg.), *HBdStR* Ⅵ, C. F. Mueller, 2001, S. Rn.6013.

28) 이에 관해서는 정태호, 앞의 논문, 310-311면.

르다'는 기본전제부터 인정하지 않는 것은 물론이고, 두 번째, 세 번째의 주장에 대해서도 표제어를 달리하여 논의할 타당한 이유, 즉 과잉금지심사틀과 차별화된 적용의 실무상 필요성을 부인한다.

위에서 전제한바와 같이, 적어도 '단계이론'의 적격성 자체는 부인될 수 없다고 보는 입장에서는 이러한 도식화된 논의틀 자체는 물론이고, 적어도 '단계이론'의 독자적인 기능과 효용을 전면 부인하는 절대적 일원론은 수용될 수 없다. 다만 논증형식과 위헌심사 척도의 구조적, 기능적 동일성을 전제로 하여 '단계이론'을 독자적으로 또는 추가적으로 적용할 수 있는 가능성과 또한 그래야만 하는 필요성을 부정하는 견해는 다음 절에서 논의되는 구체적인 위헌심사틀로서 '단계이론'의 기능적 전제조건에 대한 정밀한 재검토와 실무상 문제점의 보정에 대하여 이론적 압력을 가하는 동시에 유용한 논점을 제공한다.

3. 위헌심사틀로서 '단계이론'의 효용과 그 한계 - '허즉실'(虛即實)의 기능적 특성

1) '단계이론'의 기능적 전제조건

위에서 정리한바와 같이 '단계이론'은 우선 직업의 자유에 대한 제한을 침익의 중대성을 기준으로 세 단계로 범주화하고, 각각의 단계에 상응하는 3단계로 차등화된 공익을 정당화 요건으로 요구한다. 따라서 '단계이론'이 실무상 위헌심사에 적용되기 위해서는 세 가지 전제조건이 충족되어야 한다.[29] 이 조건과 연계되는 '단계이론'의 위헌심사틀로서의 적격성과 독자적인 효용 또는 그 크기는 논리형식의 구조와 기능에 대한 추상적인 차원의 논의로 예단될 수 있는 것이 아니라 이 전제조건들이 성립될 수 있는지 여부 또는 충족되는 정도나 범위에 따라 정해진다.

첫째는 직업선택의 자유와 직업수행의 자유에 대한 제한이 범주화되어 구분될 수 있어야 한다는 것이다. 말하자면 규율대상으로서 직업 또는 직업생활의 영역이 특정한 직종의 선택과 포기 및 전직의 자유 등을 내용으로 하는 적극적·소극적인 직업선택의 자유의 범주와 선택한 특정한 직업 영역 내에서 자유롭게 소득을 추구하고 개성을 신장하는 직업수행의 범주로 명확하게 유형화되어 구별될 수 있는가의 문제이다. 이는 기본적으로 '직업상'(Berufsbild)을 기준으로 하여 판단될 수 있는데 '직업상' 자체가 사회경제적 환경

---

29) Vgl. J. Ipsen, a.a.O., S. 634ff.

에 따라 가변적일 수밖에 없고, 전통적인 '직업상'과 마찬가지로 입법자에 의해 사회제도로 형성 및 확정되는 '직업상'도 확정적인 준거가 될 수는 없다.[30] 입법자의 '직업상형성권'도 그 자체가 계속 변화되고 있는 다양한 직업활동 영역의 전통과 사실상의 관행 등을 고려해야만 하고 또한 개인의 이른바 '비전형적인 직업상'을 창출할 수 있는 자유도 완전히 배제될 수는 없기 때문이다. 특히 고도의 전문화와 분업화의 추세 속에서 '분화와 융합'의 과정이 중첩적으로 복잡다양한 양태로 계속되는 오늘날의 환경에서 직업에 대한 규율대상이 직업선택인지 아니면 직업수행인지는 간명하게 구별될 수 없다. 독자적인 특정 '직업상'의 범위를 어떻게 설정 또는 파악하는가에 따라 동일한 규율이 독립된 직업의 선택에 대한 제한과 직업활동의 한 부분, 즉 직업수행의 자유에 대한 제한 둘 중 어느 것에 해당하는 것으로든 판단이 가능하다. 예컨대 헌재가 명시적으로 '직업상이론'을 제시하지는 않았지만 헌법소원사건으로 심판한바 있는 사건,[31] 즉 양약사에게 한약조제판매권을 제한하는 약사법의 경우 약사의 면허범위에 따른 직역을 양약과 한약을 다 취급할 수 있는 범주로 설정하면 직업수행의 자유의 제한에 해당하지만, 현행 약사법 및 의료법에 의해 확정된 '직업상'에 따르면 주관적 사유에 의해 '한약사업' 또는 양약과 한약을 동시에 취급하는 약사업의 선택을 제한하는 것이 된다.[32] 요컨대 이러한 '직업상'의 상대성과 가변성, 그리고 그에 따른 직업의 자유에 대한 제한의 단계별 귀속의 작위성과 '임의성'(Beliebigkeit)은 구체적인 위헌심사틀로서 '단계이론'의 독자적인 기능적 효용과 그 한계를 가늠하는 데 있어서 중요한 판단준거의 하나로 고려된다.

둘째는 제한의 단계에 따라 점증하는 침익의 중대성과 이에 상응하는 차별화된 정당화 요건이 유형화될 수 있어야 하는 조건이다. 세 개의 단계별로 구분된 제한에 따라 침익의 크기, 즉 제한의 중대성이 층위로 단계화되어야 하는 것이다. 위에서 '직업상'의 설정에 따른 3단계 구분 자체의 '임의성'을 논의하였거니와, 이 조건은 3단계의 구분 자체가

---

30) '직업상'과 관련해서는 정태호, 앞의 논문, 304-306면. 독일 연방헌법재판소의 판례상 '직업상'에 대한 논의의 대강은 Deppenheuer, a.a.O., S. 254ff. 참조.

31) 헌재 1991.9.16. 89헌마163; 89헌마231; 1997.11.27. 97헌바10. 89헌마163사건의 결정에 대한 평석으로는 이승우, 「약사법에 대한 헌법재판소 결정의 평석」, 『직업선택의 자유와 면허제도』, 세창출판사, 2002, 62-71면. 독일 연방헌법재판소가 다룬 사건 중에 건축노동자공급을 금지하는 규제가 좋은 예가 될 것이다. 건축노동자공급업을 독자적인 직업으로 보는 경우에는 직업선택의 자유를 제한하는 것이 되고, 모든 직종을 대상으로 하는 직업소개업의 단위에서 보면 이른바 '부분시장'(Teilmarkt)의 폐지, 즉 직업수행에 대한 규제에 해당한다. 이 사건에서 동 재판소는 후자에 해당하는 것으로 보았다. 다만 후술하는바와 같이 실질적인 침익의 크기는 중대한 것으로 보아 '중대한 공익'에 의해서만 정당화될 수 있는 것으로 판단하였다. BVerfGE 77.84(106).

32) 약사와 한의사 간의 면허범위를 둘러싼 다툼의 배경과 내용, 그리고 관련 면허제도에 따른 직역획정과 이와 관련된 헌법적 문제점에 대한 상세한 논의는 이승우, 위의 책, 34-61, 88-147면.

명백한 경우에도 제한의 각 단계별로 "제한의 실체적 중대함",[33] 즉 그 실질적인 침익의 효과가 반드시 상응하지 않을 수 있다는 관점에서 비판적인 검토의 대상이 된다. 말하자면 직업의 자유에 대한 제한이 직업수행의 자유 또는 주관적 사유에 의한 직업선택의 자유에 대한 제한에 해당한다고 해서 기계적으로 그에 따른 실질적인 제한의 효과가 각각 상위 단계의 제한보다 적은 것으로 판단할 수는 없는 문제점을 주목하는 것이다. 이 점은 보존음료수의 국내시판을 금지한 고시의 위헌성을 심판한 대법원 판결에서도 분명하게 규명되어 제시된바 있다.[34] 또한 범주화된 제한의 상하위 단계와 실질적인 침익의 크기의 단계가 상응하지 않을 수 있다면, 제한의 중대성과 단계에 따라 유형화된 정당화조건 간에 명백한 불일치가 초래될 수밖에 없다. 예컨대 의료보험이 적용되는 의료업의 범위를 객관적 또는 주관적 조건과 연계하여 제한하는 경우 규제의 양태는 직업수행의 자유에 대한 제한에 해당하지만, 실질적인 제한의 효과는 직업선택의 자유에 대한 제한의 경우와 다르지 아니하다. 현실적으로 의료보험작용환자들을 대상으로 하지 않는 의료업은 유지될 수 없기 때문이다.[35] 앞에서 언급한바 있는 직업소개업에 대한 규제도 좋은 예이다. 건축노동자나 CEO급의 고급전문인력 등 특수한 직종 또는 집단을 대상으로 하는 소개업을 폐지 또는 제한하는 경우 직업수행에 대한 단순한 규율로 판단된다고 하여도 전문화된 '직업상'과 시장의 구조와 상황에 따라서는 그에 따른 침익의 중대성은 직업선택의 자유에 대한 제한의 경우와 다르지 않거나, 적어도 그에 근접하는 것으로 판단될 수 있다.[36] 이 경우 제한은 단순한 공공복리에 대한 고려가 아니라 실질적인 제한의 효과에 상응하는 보다 중대한 공익에 의해서만 정당화될 수 있는 것은 물론이다. 요컨대 침익의 크기와 그에 상응하는 정당화조건을 단계에 따라 정형화하는 것은 타당하지 않다.

---

33) 한수웅, 앞의 책, 650면.

34) 대법원 1994.3.8. 92누1728. "일반적으로 직업의 자유에 대한 제한이 직업의 선택 자체는 제한하지 않으면서 직업활동의 내용이나 태양만을 제한하는 것일 때에는 직업선택의 자유를 제한하는 것보다는 제한의 정도가 가볍다고 할 것이고 따라서 자유를 제한할 수 있는 범위도 커서 비교적 용이하게 제한의 필요성과 합리성을 긍정할 수 있겠지만, 이와 같은 구분도 반드시 절대적인 것은 아니어서, 형식적으로는 직업활동의 자유를 제한하는 것처럼 보이더라도 실질에 있어서는 직업선택의 자유를 제한하는 것과 다를 바가 없을 정도로 직업활동의 자유를 크게 제한할 경우에는 그 제한의 합리성을 쉽게 긍정하여서는 안 되고, 개인의 자유보다 우월한 매우 중요한 공공의 이익을 보호하기 위하여 그와 같은 제한이 필요하다고 인정되는 경우에만 그 제한을 합헌적인 것으로 보아야 할 것이다. … 위 고시는 보존음료수제조업의 허가를 받으려는 자에게 그 허가를 하여 주면서 그 대신 국내에서 우리 국민에게 판매하는 것(이 뒤에는 "국내판매"라고 약칭한다)만을 금지하고 있으므로, 형식적으로는 직업활동의 자유만을 제한하는 가벼운 정도로 영업의 자유를 제한하는 것으로 볼 여지가 있다. 그러나 피상적으로 보면 그럴지 모르지만 실질적으로 원고들이 위 고시로 인하여 받는 제한은 매우 중대한 것이라고 하지 않을 수 없다."

35) 이와 관련해서는 전광석, 『한국헌법론』, 집현재, 2011, 432면 참조.

36) Vgl. BVerfGE 77, 84(106).

적어도 예외의 경우에 대한 어떤 유보도 없는 경직된 '표준화'(Kanonisierung)[37]는 용인될 수 없다. 이 '예외에 대한 유보'와 '표준화금지'의 요청은 일면 '단계이론'의 실무상 적용의 문제점과 기능적 한계를 규명하고, 타면 동 이론의 독자적인 기능과 효용 또는 그 범위를 확인하는 데 결정적인 단서가 된다.

셋째 조건은 입법자는 침익의 크기가 작은 하위단계의 제한이 목적달성의 실효성이 없는 경우에만 차상위단계로 이행할 수 있다는 지침의 일반화의 가능성이다. 전술한바와 같이, 이는 과잉금지원칙의 세부원칙인 최소침해성(필수성)원칙과 동일한 내용의 지침인데, 이 지침은 단계별로 유형화된 범주를 단위로 하는 심사척도라는 점에서 최소침해성심사를 전면 대체할 수 없는 기능적인 한계가 있다. '하위단계의 제한이 실효성이 없는 경우에만 차상위단계의 제한이 허용될 수 있다'는 원칙이 최하위의 단계, 즉 직업수행의 자유에 대한 제한의 단계에 해당하는 경우라고 하여 입법자에게 제한의 '전권'(plein pouvoir)[38]을 부여하는 내용으로 이해되어서는 아니 된다. 말하자면 심사대상으로 주어진 직업규제가 실효성이 확보되는 한 최하위 또는 차하위 단계의 제한에 해당한다고 하여 그 자체가 최소침해성심사의 무사통과를 담보하는 것은 아니라는 점이다. 각각의 동일한 단계의 범위 내에서도 제한의 효과는 천차만별이고, 이는 또 다시 층위화될 수 있는바, 최소침해성심사는 단계별 심사로 종결되는 것이 아니라 동일한 단계 내에서의 세밀한 심사, 즉 구체적인 제한을 대상으로 하는 개별심사의 형식으로 수행되어야만 한다. 결국 이 세 번째 조건에 대한 검토를 통해 우리는 일면 '단계이론'의 일반화의 한계, 즉 최소침해성심사 척도로서 기능적 흠결을 규명함으로써 그 기능적 유용성의 부분을 확인하게 되는 단서를 확보하게 된다.

2) '단계이론'의 독자적인 기능과 효용 – '애벌체'

위에서 검토한바와 같이, '단계이론'을 구체적인 위헌심사틀로 적용하는 것은 직업의 자유에 대한 제한이 확정된 범주에 따라 각 단계에 귀속될 수 있다는 전제조건을 비롯하여 침익의 크기와 그에 상응하는 정당화 요건으로서 공익의 크기의 정형화와 단계별 최소침해성심사의 종결성 등의 조건이 적어도 완전히 충족될 수 없다는 점에서 구조적인 흠결과 기능적 한계가 있을 수밖에 없다. 그러나 이 흠결과 한계가 동 이론의 독자적인

---

37) Ipsen, a.a.O., 637.

38) Ipsen, a.a.O., S. 636.

기능과 효용을 전면 부정하거나, 그 이론적 의미와 가치를 폄하할 수 있는 논거가 되지는 않는다. 예컨대 '단계이론'을 단순히 과잉금지원칙의 '보조적인 수단'으로 보아 '헌법적 권위'를 인정할 수 없다고 보는 의견이나[39] 유사한 맥락에서 동 이론의 적용은 '법적용의 오류'에 해당하는 무익한 '과잉금지심사의 중복'[40] 또는 결국은 과잉금지심사로 회귀되는 "꼬인 길"(gewundenen Pfaden)[41]에 불과한 것으로 단정하는 입장은 바로 이 흠결 자체에 내포되어 있는, 그리고 기능적 한계를 벗어나지 않는 범위 내에서 주목되어야 하는 실질적인 기능과 효용을 제대로 포착하지 못하였다는 비판을 면하기 어렵다.

'단계이론'에서 우리가 주목해야 하는 것은 범주화된 침익의 크기의 '단계'가 아니다. '단계이론'의 이론적 의미와 가치는 과잉금지심사에 수반되는 도그마틱의 문제를 일반적으로 해결하기 위하여 심사지침을 기본정리(基本定理)들로 체계화하여 하나의 '총괄개념'(Inbegriff von Lehrsaetzen)으로 묶은 데에서 찾아진다.[42] 심사의 척도와 방법의 핵심을 간명한 매뉴얼로 별도로 정리하여 '적요란'(摘要欄)에 분명하게 기록해 놓은 것 자체의 기능을 우선 주목해야 한다. '적요란'에 명기된 '단계이론'의 이론적 가치는 그 명기에 따른 '주목가능성'과 '예측가능성'의 제고와 함께 직업의 자유의 제한을 대상으로 하는 위헌심사의 효율성을 높이는 실무상의 효용으로 연결된다. '단계이론'의 '필터효과'(Filterwirkung)[43]가 그 핵심이다. 직업의 자유와 관련하여 정형화된 특유한 과잉금지심사틀로서 '단계이론'은 '대강심사틀'(Grobraster)[44]로 기능하는 일종의 '애벌체'로서 독자적인 기능과 효용이 파악된다. 말하자면 망이 촘촘하지 않은, 그래서 비교적 큰 힘을 들이지 않고 걸러낼 수 있는 '체'로 일단 큰 불순물, 즉 상대적으로 쉽게 위헌 여부를 판단해낼 수 있는 양태의 심사대상을 신속하게 처결하는 '애벌체질'의 기능이다. 늘 과부하가 걸려 있는 헌법재판의 실무상, 특히 과잉금지심사의 부담을 상시적으로 과잉상태로 만드는 주된 요인의 하나라고 할 수 있는 직업규제에 대한 위헌심사의 효율성을 높이는 것은 심사결과의 내용상의 타당성을 확보하는 것 못지않게 중요한 의미를 갖는다. 대법

---

39) Peter J. Tettinger, "Das Grundrecht der Berufsfreiheit in der Rechtsprechung des Bundesverfassungsgerichts", in: AoeR 108(1983), S. 122f.

40) Vgl. BVerfGE 30, 292(313f.); 40, 120(148).

41) H.H. Rupp, "Das Grundrecht der Berufsfreiheit in der Rechtsprechung des Bundesverfassungsgerichts", in: AoeR 92(1967), S. 212(235).

42) Ipsen, a.a.O.

43) R. Wendt, "Der Garantiegehalt der Grundrechte und das Uebermassverbot", AoeR 104(1979), 414(428f.).

44) M. Ch. Jakobs, a.a.O., S. 116.

원[45)]이 설시하는바와 같이 "직업은 그 종류, 성질, 내용, 사회적 의의 및 영향이 각양각색이어서 그 규제를 요구하는 사회적인 이유나 목적도 천차만별이고 그중요성도 꼭 같지 않아 직업의 자유에 대한 제한도 구체적인 경우에 따라 다양한 형태를 취하게 되기 때문에 그것이 위헌인지의 여부도 일률적으로 논할 수는 없고 구체적인 제한조치에 관하여 제한의 목적 필요성 내용과 그것에 의하여 제한되는 직업의 자유의 성질 내용 및 제한의 정도 방법 등을 검토하고 이들을 비교형량하여 신중하게 결정"해야 하는바, 직업규제 입법에 대한 위헌심사의 부담은 양적·질적 크기가 만만치 않다. 이러한 맥락에서 거시적으로 보면 신속한 심사절차를 통하여 부담을 경감시키는 것은 보다 많은 시간과 고민을 필요로 하는 난제들을 선별하여 숙고할 수 있는 여력을 크게 하는 이른바 '선택과 집중'의 전략으로서도 중요한 의미를 갖는바, 이는 전체적으로 또한 개별 사건들에 대한 결정의 타당성과 설득력을 높이는 유효한 수단이기도 하다.

'단계이론'이 과잉금지원칙을 완전히 대체하는 것으로 볼 수도 없지만, 그렇다고 해서 '과잉금지원칙'에 완전히 포섭되는 것으로 파악하여 그 유용성이 부정될 수 없는 것은 '단계이론'의 '애별위헌심사틀'로서의 기능과 효용이 부분적이기는 하지만 충분히 독자적이기 때문이다. 실제로 이러한 양식의 심사척도와 방법론은 '단계이론'에만 국한되는 것은 아니다. 예컨대 양심의 자유에 대한 제한에서 '내심의 자유'와 '외적 표현 및 실행의 자유'나 예술의 자유에서 – '창작영역'과 '영향영역', 사생활의 자유에서 내밀성의 기준에 따른 공간의 차등화, 기업의 자유에서 조직편성, 핵심 인사, 투자 및 생산규모결정 등 대내적·대외적인 핵심 경영전략적 판단의 영역과 지배구조나 공시 등의 기타 영역을 구별하여 제한의 가능성과 허용범위, 그리고 헌법적 정당화 요건과 위헌심사의 척도와 강도를 차별화하는 기본권 도그마틱들도 실체적인 위헌심사의 준거를 체계화한 것인 동시에 '애별과잉금지심사틀'로서의 기능도 포함하고 있다. 의사표현의 자유에 대한 규제와 관련하여 미국 연방대법원이 취하고 있는 단계별 범주화, 즉 '내용중립적인 규제'(content-neutral regulation), '내용을 사유로 하는 규제'(content-based regulation), '관점을 사유로 하는 규제'(viewpoint-based regulation)[46)]도 마찬가지이다. 다만 '단계이론'의 경우에 비해 헌법재판 실무상의 필요성과 효용이 크지 않고, 그에 따라 정형화된 독자적인 위헌심사틀로서 주목되지 않는 것일 뿐이다.

---

45) 대법원 1994.3.8. 92누1728.

46) 예컨대 R.A.V. vs. City of St. Paul, 505 U.S. 377, 382(1992); Turner Broadcasting System vs. FCC, 512 U.S. 622(1994). 이에 관한 상세한 논의는 E. Chermerinsky, Constitutional Law, ASPEN, 2006, 932-941면.

3) '정밀과잉금지심사틀'로서 '단계이론'의 효용

위와 같이 '대강심사'를 하는 '애벌체'로서 '단계이론'의 기능과 그 효용의 범위를 이해하게 되면, 직업의 자유에 대한 제한이 '단계이론'의 '애벌체질'을 통과하였다고 하여 당연히 그것이 합헌이라는 최종판단이 내려진 것으로 볼 수는 없다. '일응 위헌'은 아니라는 잠정적인 판단이 내려진 것일 뿐, 세밀한 과잉금지심사가 추가로 진행되어야 한다. 말하자면 과잉금지원칙과의 관계 속에서 이 '정밀과잉금지심사'의 틀로서 '단계이론'의 기능적 효용에 대한 해명이 필요한 것은 이 때문이다. '단계이론'의 독자적인 효용을 긍정적으로 평가하는 입장에서 제시하는 기능적 유용성과 장점은 크게 두 가지로 대별되는데 이 의견들이 설득력을 갖기 위해서는 그 기능적 장점이 '단계이론'에 의해서만 포섭, 구현될 수 있어야만 한다.

우선 논증형식의 정형화와 그에 따른 위헌심사의 체계화의 장점을 논거로 제시한다. 개념적으로 구조화된 논증을 통해서 비례성통제의 합리성통제기능이 강화된다고 보는 입장에서는 "단계이론에 의거한 판결들이 언제나 설득력이 있는 것은 아니라고 할지라도, 얻어진 결과들이 개념적, 체계적 합리성에 바탕을 두고 증명되고, 바로 이러한 수단들을 통해 비판적으로 검증될 수 있게 된다는 점"을 단계이론의 장점으로 강조한다.[47] 유사한 맥락에서, '단계의 획정' 자체에 큰 의미를 찾는 입장에서는 '단계이론'의 유용성을 과잉금지심사의 예측가능성과 객관성의 제고에서 찾는다. 기본권 제한입법을 제한의 양태와 효과에 따라 분류된 각각의 단계에 포섭하여 단계별로 차등화된 정당화를 요구함으로써 보다 높은 수준의 논증의 합리성과 정확성을 확보할 수 있게 된다는 것이다.[48]

하지만, 정형화의 정도에서 차이가 있을 뿐 '단계이론'과 유사한 구조와 기능의 논증형식과 위헌심사방법론은 다른 기본권들의 경우에도 적잖이 찾아진다는 것은 전술한바 있거니와, '애벌체질'의 단계에서가 아니라 위에서 제시된 '단계이론'의 '정밀과잉금지심사틀'로서의 기능적 효용과 장점이 명실상부하게 독자적인 이름의 '단계이론'을 통해서만 확보될 수 있는 것인지는 보다 세밀한 검토를 통해서만 확인될 수 있다. 우선 기본권심사척도로서 과잉금지원칙의 구조적 추상성과 그에 따라 불가피한 일원적인 적용의 한계,[49] 특히 개별화된 합리성 및 비례성통제에서 요구되는 정밀한 법익형량의 요청에 부

---

47) 정태호, 앞의 논문, 310면.
48) 한수웅, 앞의 책, 650면.
49) 한수웅, 앞의 책, 650면.

응할 수 없다는 문제점이 지적되는데 과연 이 기능적 흠결이 과잉금지원칙의 구조에 기인하는 것인지 또한 그렇다고 하더라도 그것이 '단계이론'에 의해서 수정되고 보완될 수 있는 것인지는 의문이다. 과잉금지원칙은 명칭 그대로 '과잉의 금지'에 초점을 맞춘 효율적인 '합리성통제'의 수단이기 때문에 원천적으로 그 논증형식과 심사체계가 일원적이고 추상적인 구조를 가질 수밖에 없다. 그렇기 때문에 동 원칙 자체에서 다원적이고 구체적인 논증형식을 찾고 또한 정밀한 심사의 지침과 척도를 구하는 것은 '연목구어'(緣木求魚)와 다르지 아니하다. 말 그대로 하나의 '형식적인 구조의 원칙'으로 구성되었고, 또한 바로 이 형식성과 원칙성이 보편적인 위헌심사척도로서의 고유한 효용의 원천이 되는 과잉금지원칙에서 세밀한 실체적 판단의 준거를 찾으려 하는 것은 '과잉기대'이다. 유사한 맥락에서 다른 기본권의 경우와 달리 직업의 자유에서 학설과 위헌심사가 "법익형량, 이익형량, 비례성 또는 실제적 조화라는 상당히 무정형적인 논거에만 의거하는 상태"[50]로부터 벗어날 수 있었던 성과를 '단계이론'의 몫으로 보는 견해에도 찬성할 수 없다. 세밀하고 합리적인 법익형량과 이를 통한 이른바 '실천적 조화'를 위한 정형화된 준거를 제공할 필요도 없고 또한 원천적으로 그럴 수도 없는 점에서 과잉금지원칙과 '단계이론'은 전혀 다르지 아니하기 때문이다. 굳이 논공행상을 그렇게 하자면 기본권심사척도로서 과잉금지원칙에 내장되어 있는 '단계적 논증형식'의 성과로 보는 것이 타당하고, 다음에서 논의하는바와 같이 그 자체가 '체계화된 단계적 위헌심사틀'이라고 할 수 있는 과잉금지원칙의 기능적 효용을 보다 분명하게 부각시키는 데 기여한 부분을 '단계이론'의 성과로 평정하는 것이 맞을 것이다.

요컨대 직업의 자유에 대한 제한과 관련하여 정형화된 과잉금지원칙으로서 '단계이론'은 과잉금지원칙을 완전히 대체할 수는 없는바, '정밀과잉금지심사'의 단계에서는 그 독자적인 기능과 효용을 인정하거나 또는 의도적으로 별도의 성과로 논할 필요가 없다. 다만 전술한바 '단계이론'의 '애벌심사체'로서의 독자적인 기능과 효용, 즉 과잉금지원칙의 과잉부담을 덜어 내는 부분적이지만, 긴요한 효용을 인정하는 전제하에 합리성통제의 수단으로서 과잉금지심사에서 요구되는 논증의 구체적인 타당성과 효율성의 요청을 기계적으로 의식하게 만드는 매뉴얼로서 이론적, 실무적 가치는 주목되어야 한다.

---

50) H-J. Papier, "Art. 12 GG -Freiheit des Berufs und Grundrechte der Arbeit", DVBl. 1984, S. 801ff.

Ⅳ. '허허실실'(虛虛實實)의 접근전략

1. 헌재 판례의 경향 속에서 본 '허와 실' – '정밀과잉금지심사'의 차별화의 필요성

1) 직업수행의 제한

'자도소주구입명령제도'를 규정하고 있는 주세법 규정에 대한 위헌결정은 차별화된 '정밀과잉금지심사'의 필요성과 유용성을 확인하는 데 좋은 단서를 제공한다. 동 결정에서 헌재는 직업의 자유에 대한 규제입법자에게 '광범위한 형성의 자유'가 인정됨을 분명히 밝히는 한편, 직업의 자유의 제한의 정당화 요건으로 "합리적이고 이성적인 공익상의 이유"를 제시하고, 직업의 자유를 제한하는 직업규제는 '단계이론'심사와 함께 또는 동 심사의 결과가 '일응 합헌'으로 나온 경우 필수적으로 '적합성'과 '최소침해성' 그리고 '상당성'을 단계적으로 심사해 나가는 과잉금지심사의 대상이 됨을 재확인하였다.

"기본권인 직업행사의 자유를 제한하는 법률이 헌법에 저촉되지 아니하기 위하여는 그 기본권의 침해가 합리적이고 이성적인 공익상의 이유로 정당화할 수 있어야 한다. 물론 입법자는 경제정책의 목표와 그 목표를 달성하기 위하여 적합한 수단을 결정하는 데 있어서 광범위한 형성의 자유가 부여되고, 또한 경제정책적 조정조치를 통하여 시장경제의 자유로운 힘의 대결을 수정할 수 있다. 그러나 자유로운 직업행사에 대한 침해는 그 침해가 공익상의 충분한 이유로 정당화되고 또한 비례의 원칙을 준수하여야 비로소 직업의 자유와 조화될 수 있다. 즉 입법자가 선택한 수단이 의도하는 입법목적을 달성하기에 적정해야 하고, 입법목적을 달성하기 위하여 똑같이 효율적인 수단 중에서 기본권을 되도록 적게 침해하는 수단을 사용하여야 하며, 침해의 정도와 공익의 비중을 전반적으로 비교형량하여 양자 사이에 적정한 비례관계가 이루어져야 한다."[51]

위 설시를 '단계이론'과 연관하여 재구성해 본다면, 여기에서 제시된 과잉금지심사는 '단계이론'에 따른 '애벌과잉금지심사', 즉 "합리적이고 이성적인 공익"을 준거로 한 '대 강심사'를 거친 후에 추가로 진행되는 '정밀과잉금지심사'의 당연한 필수성을 강조한 것

---

51) 헌재 1996.12.26. 96헌가18,『판례집』, 8-2, 689, 692면.

으로 이해된다. 위 설시문의 앞부분에서 헌재는 고알코올주류의 소비에 대한 규제입법의 공익상 필요성과 그 양식, 특히 '직업선택의 자유'를 제한하는 전매제도의 정책대안을 비롯한 다양한 규제방안의 가능성과 필요성에 대하여 상세하게 검토하면서 '자도소주구입 명령제도'가 직업수행의 자유에 대한 제한의 단계에 해당한다는 것과 함께, 다만 자도소주의 구매를 강제하는 제도가 그 내용과 기능상 '국민보건'과 '세수보전'의 공익목적과는 관계가 없다는 점에서 주류산업에 대한 일반적인 규제와는 법적 성격을 달리하는 특수한 규제라는 점을 확인하였다.

"주류는 이를 과도하게 소비하거나 절제하지 아니하면 소비자의 건강을 해침은 물론 제3자에게 피해를 줄 뿐만 아니라 사회의 생산성을 저해하여 국민경제에도 악영향을 미치며 사회적 비용을 증가시킨다. 따라서 먼저 국민보건이라는 공익을 위하여, 그리고 국가의 재정확보를 위한 주세보전을 목적으로 이에 대한 규제를 할 필요가 있다. 그러므로 세계 각국에서의 주류산업에 대한 규제는 국민보건과 재정의 확보를 위한 주세보전을 목적으로 하되, 특히 국민보건의 측면에서 주류소비량을 억제하거나 주종에 따른 주세의 차별적 부과, 광고와 판매시간의 차별적 규제 등을 통하여 고알코올주류에서 저알코올주류로 소비형태의 변화를 유도하려는 것을 주된 목적으로 한다. 주류산업에 대한 이러한 규제의 목적은 구체적인 실현수단인 규제의 형태에 있어서도 잘 나타나 있다.

일반적으로 고알코올증류주에 한하여 정부가 주류의 제조·판매의 과정에 직접 개입하여 주류의 유통을 효율적으로 관리함으로써 주류 소비량의 억제 내지는 적정유지 및 정확한 세원확보를 목적으로 하는 전매제도를 시행하고 있는 국가가 있는가 하면, 주류전매제를 시행하지 않는 경우에도 이를 대신하는 주류의 제조 및 판매에 관한 다양한 면허제도, 미성년자의 음주를 방지하기 위한 음주허용연령의 법적 규제, 광고를 통하여 주류소비를 조장하는 효과를 제한·방지하기 위한 광고의 규제, 주류의 무분별한 과소비를 막기 위한 판매시간의 규제 등 각 나라마다 국민의 음주습관과 사회·문화적 여러 요소를 고려하여 다양한 규제정책을 시행하고 있다. 현행의 주세법도 제정의 연혁과 그 내용에 의하면 주류가 국민건강에 미치는 영향이 크고, 국가의 재정에도 직접 영향을 미치는 것이기 때문에 다른 상품과는 달리 특별히 법률을 제정하여 주류의 제조 및 판매에 걸쳐 폭넓게 국가의 규제를 받도록 하고 있다. 따라서 입법자는 주류에 대하여 "국민보건"과 "세수확보"를 위한 규제에 있어서는 일반 상품과는 달리 광범위한 입법형성의 자유를 가진다 할 것이다.

그러나 이 사건 법률조항이 규정한 구입명령제도는 판매업자에게 자도소주의 구입의무를 부과하고 이로써 결과적으로 소비자에게 자도주의 구매를 일정비율 강제하는 내용의 것이므로 국민보건과는 관계가 없음이 명백하고, 국가의 세수확보의 측면에서도 아래에서 보는바와 같이 주세를 제조자로부터 직접 징수하는 것에 비추어 국세보전에 도움이 되는 것도 아니므로 국민보건과 세수의 보전을 위하여 시행되는 주류산업에 대한 일반적인 규제와는 그 법적 성격이 다른 특수한 것이다."[52]

말하자면 헌재는 암묵적으로 '단계이론'에 따른 '애벌과잉금지심사틀'을 적용하였고, 일단 입법목적의 정당성을 인정하면서 '직업수행의 자유'를 제한하는 최하위 단계의 규제수단을 취한 점에서 적어도 '단계이론' 심사의 단계에서는 '최소침해성'과 '상당성'의 원칙에 위배되지 않는 것으로 판단하였으나, '직업수행의 자유'에 대한 제한의 단계 내에서 '정밀과잉금지심사'를 진행하였고, 최종 결과는 '상당성원칙'의 위배를 이유로 한 위헌결정이었다.

"구입명령제도가 물류비증가와 교통량체증의 방지에 적정하고 필요한 수단인가 하는 것은 별론으로 하더라도, 구입명령제도의 도입을 통하여 달성하려는 성과가 직업의 자유에 대한 침해의 정도와 현저한 불균형을 이루고 있다. 입법을 통하여 달성하려는 공익은 그중요성에 있어서 기본권침해의 정도와 적정한 비례관계를 유지하여야 한다. 그러나 소주제품에만 국한된 자도소주구입명령제도는 현재 우리나라의 전체 물동량에 비추어 물류비증가 및 교통량체증을 방지하는 효과가 작은데 반하여, 이로써 소주판매업자, 제조업자, 소비자의 기본권을 침해하는 정도와 침해의 효과는 상당히 크다. 특히 소주판매업자의 경우 자도의 소주제조업자로부터 의무적으로 반 이상의 자도소주를 구입해야 하고 또한 구입의무에 대응하는 계약체결의 강제를 법률이 규정하고 있지도 아니하므로 이에 따른 지방소주제조업자의 거의 독점적 지위로 말미암아 소주판매업자의 제조업자에 대한 의존의 정도가 매우 크고 경제적 활동의 자유에도 큰 제약을 받게 된다. 따라서 구입명령제도가 물류비증가 및 교통량체증의 방지에 기여하는 정도는 비교적 작은데 반하여 그로 말미암아 특히 소주판매업자의 경우에는 상대적으로 심각한 기본권침해를 가져오므로 침해를 통하여 얻는 성과와 침해의 정도가 합리적인 비례관계를 벗어났다고 아니 할 수 없다."[53]

---

52) 위의 결정, 689-690면.

2) 주관적 사유에 의한 직업선택제한

주관적 사유, 특히 특정한 자격기준의 충족을 요건으로 하여 특정 직역에 진입을 제한하는 직업선택의 자유에 대한 제한과 관련하여 헌재가 '단계이론'을 가장 분명하게 적용한 대표적인 결정의 하나로는 '학원강사자격기준 사건'[54]을 들 수 있다. 다음 설시문에서 잘 드러나는바와 같이, 헌재는 단계별로 제한에 대한 정당화의 수준이 다르고, 그에 따라 심사척도가 차별화됨을 재확인하고 있다. 특히 주관적 사유에 의한 직업선택의 제한과 객관적 허가조건에 따른 직업선택의 제한에서 후자의 경우가 침익의 크기가 더 중대하기 때문에 엄격한 심사척도가 적용되는 것으로, 역으로 말하자면 동 사건에서와 같이 전자의 경우에는 폭넓은 입법재량이 인정되고, 상대적으로 완화된 심사척도가 적용되는 것으로 보고 있는바 전형적인 '단계이론'적 논증형식을 취하고 있다.

"직업의 자유에 대한 제한이라고 하더라도 그 제한사유가 직업의 자유의 내용을 이루는 직업수행의 자유와 직업선택의 자유 중 어느 쪽에 작용하느냐에 따라 그 제한에 대하여 요구되는 정당화의 수준이 달라진다. 그리하여 직업의 자유에 대한 법적 규율이 직업수행에 대한 규율로부터 직업선택에 대한 규율로 가면 갈수록 자유제약의 정도가 상대적으로 강해져 입법재량의 폭이 좁아지게 되고, 직업선택의 자유에 대한 제한이 문제되는 경우에 있어서도 일정한 주관적 사유를 직업의 개시 또는 계속수행의 전제조건으로 삼아 직업선택의 자유를 제한하는 경우보다는 직업의 선택을 객관적 허가조건에 걸리게 하는 방법으로 제한하는 경우에 침해의 심각성이 더 크므로 보다 엄밀한 정당화가 요구된다.

이 사건 심판대상 조항들은 일반학원의 강사라는 직업의 개시를 위한 주관적 전제조건으로서 '대학 졸업 이상의 학력 소지'라는 자격기준을 갖추도록 요구함으로써 자격제 유사의 진입규제를 설정하는 방법으로 직업선택의 자유를 제한하고 있다. 이때 그와 같은 제한이 헌법상 용인될 수 있기 위하여는 기본권 제한의 한계원리인 과잉금지의 원칙에 따라 '대학 졸업 이상의 학력'이라는 자격기준을 갖추도록 요구하는 것이 학원법이 추구하는 공익의 달성을 위하여 적합하고, 또 기본권제약에 비추어 볼 때 필요하며, 제한목적과 적정한 비례관계를 유지하고 있어야 한다. 다만 과잉금지의 원칙을 적용함에 있어서도, 어떠한 직업 분야에 관한 자격제도를 만들면서 그 자격요건을 어떻게 설정할 것인가에 관

---

53) 위의 결정, 694면.
54) 헌재 2003.9.25. 2002헌마519, 『판례집』, 15-2(상), 454면.

하여는 국가에게 폭넓은 입법재량권이 부여되어 있는 것이므로 다른 방법으로 직업선택의 자유를 제한하는 경우에 비하여 보다 유연하고 탄력적인 심사가 필요하다 할 것이다."[55]

위와 같이 헌재는 우선 일단 '단계심사'를 통해 판단대상인 직업규제가 주관적 사유에 의해 직업선택의 자유를 제한하는 차상위 또는 차하위의 단계, 말하자면 직업수행에 대한 제한의 단계와 객관적 사유에 의한 직업선택의 자유에 대한 제한의 단계와 비교해서 각각 상대적으로 침익의 크기가 크고, 작은 중간단계에 해당하는 것으로 보고, 따라서 이에 상응하는 중간 수준의 '엄밀한 정당화'가 요구된다는 것과 함께 동 규제가 '단계이론'에 따른 '애벌심사'의 단계에서의 '필수성원칙'에 위배되는 것으로 볼 수 없다는 점을 암묵적으로 확인한 후, 해당 단계 내에서 다시 '정밀과잉금지심사'를 추가로 진행하여 동 규제를 합헌으로 최종 판단하였다.

"기본권에 대한 제한은 입법자가 헌법적으로 허용되는 정당한 목적을 추구하는 경우에만 용인될 수 있는바, 이 사건 심판대상 조항들을 통하여 달성하고자 하는 입법목적이자 기본권에 대한 제한을 정당화하는 공익은, 사설학원의 영리 추구와 결합한 자질 미달의 강사가 가져올 부실교육 등의 폐단을 미연에 방지하여 학원교육이 그 최소한의 공적 기능을 수행하도록 함으로써 양질의 교육서비스를 확보하고 교육소비자를 보호하며, 국가 전체적으로 평생교육을 성공적으로 실현하고자 하는 것으로서, 그 목적의 정당성을 인정할 수 있다.

기본권 제한의 수단·방법은 제한목적 달성에 적합하여야 한다. 학원에서 교습을 담당하는 강사의 자질과 능력은 학원의 물적 시설을 위시한 교육환경과 함께 학원교육의 질을 좌우하는 요소로서 특히 중요하다 할 것인바, 학원의 설립·운영을 규율하는 법령에 일정 수준의 학력과 같은 강사의 자격기준을 명시적으로 정해 놓고 일괄적으로 통제하는 것은 학원시장의 질서를 효율적으로 규율하는 방법의 하나로서 앞서 본 제한목적의 달성에 기여하는 수단으로서의 적합성이 있다고 볼 것이다.

법률에 의하여 기본권을 제한함에 있어서도 그 제한의 목적을 달성하는 데 적합한 수단들 가운데 가장 권리침해가 적은 방법을 선택하여야 하는데 그 경우 우선 제한의 수단들은 동등의 효과를 거둘 수 있는 것들이어야 한다는 전제가 충족되어야 한다. 자질과 능력을 갖춘 강사를 확보하여 학원교육의 질을 높이거나 유지하는 방법으로서는 이 사건 심판대상 조항들과 같이 일률적으로 자격기준을 설정하여 통제하는 방식 이외에도 누구

---

55) 위 결정, 472-473면.

나 자격제한 없이 학원강사가 될 수 있도록 하되 학원강사로서의 직업수행과정에서 개별적으로 자질과 능력을 검증하여 함량미달자를 퇴출시키는 방법도 생각해볼 수 있다. 그러나 그와 같은 방법은 매우 번잡한 절차를 필요로 할 뿐 아니라 자격기준에 의한 일률적 통제에 비하여 운영의 투명성을 기하기도 어려워 과연 자격기준 설정만큼의 효과를 거둘 수 있을지 의문이 아닐 수 없고, 그밖에 자격기준의 설정과 동등한 효과를 거둘 만한 제도나 절차를 쉽게 찾아보기 어렵다. 그러므로 결국 이 사건 심판대상 조항들에 의한 기본권 제한과 관련하여 최소침해의 원칙은 문제되지 않는다.

끝으로 기본권 제한의 입법수단이 추구하는 공익과 그 기본권 제한의 정도 또는 침해되는 사익과의 사이에는 적절한 균형관계가 있어야 한다. 이 사건 심판대상 조항들이 요구하는 자격기준을 갖추지 못한 청구인이 당장 일반학원의 강사라는 직업을 선택할 수 없음으로써 생활유지의 수단이자 인격발현의 바탕이 되는 직업선택의 자유를 제한받게 된다 하더라도, 그로 인하여 청구인이 입는 불이익은 청구인의 신분과 이 사건 경위 등에 비추어 볼 때 학원교육의 질적 수준을 보장하여 교육소비자를 보호하고 궁극적으로 국가 전체적으로 평생교육을 성공적으로 실현한다는 공동체이익을 능가할 정도로 심각하다고 보이지 아니하므로, 위와 같은 충돌하는 법익 상호 간의 균형성도 구비되어 있다."[56]

다만 여기에서 최소침해성 및 상당성의 심사가 '단계이론'에 따른 '애벌심사'의 단계에서 진행된 심사인지, 아니면 그 선행판단의 암묵적인 전제 속에 추가적으로 진행되는 '정밀과잉금지심사'의 일환인 것인지는 분명하지 않다. 아무튼 이 불분명함은 그 자체가 '과잉금지원칙과 단계이론의 관계', 특히 '단계이론'의 독자적인 기능과 효용에 대한 헌재의 입장이 분명하게 정리되어 제시되지 못하고 있는 점에 대한 증좌이되, 만일 후자의 경우라고 본다면 같은 단계 내에서 자격기준의 종류나 수준 등을 비교심사의 대상으로 하였어야 하는 점에서 적어도 그 논증의 관점과 내용이 달리 구성되었어야 한다.

3) 객관적 사유에 의한 직업선택제한

헌재는 객관적 사유, 즉 개인의 능력이나 자격과 무관한 조건으로 하여 직업선택을 제한하는 규제입법의 위헌심사에서도 일반적으로 단계이론식의 논증을 취하고 있으나 구체적인 위헌심사척도로서 '단계이론'과 과잉금지원칙의 기능적 관계에 대해서는 명확한 입

---

56) 위 결정, 473-474면.

장을 제시하고 있지 못하다. 즉 '단계이론'을 우선 '애벌심사틀'로서(만) 적용하는 것인지, 아니면 '정밀과잉금지심사'의 단계에서도 적용하는 것인지 분명하게 해명된바가 없다.

예컨대 헌재는 관련된 대표적인 결정의 하나라고 할 수 있는 '경비업겸영금지사건'[57]에서도 법인설립을 조건으로 경비업겸영의 허가를 직업의 자유에 대한 제한 중에 침익의 크기가 제일 큰 단계, 즉 객관적 사유에 의해 직업선택의 자유를 제한하는 단계에 해당하는 것으로 보아 '엄격한 비례원칙'의 심사척도가 적용된다는 것을 우선 확인하였는데 여기에서 '엄격한 비례원칙'의 의미와 그것의 과잉금지심사체계상 좌표가 명확하지 않다.

"경비업을 경영하고 있는 자들이나 다른 업종을 경영하면서 새로이 경비업에 진출하고자 하는 자들로 하여금 경비업을 전문으로 하는 별개의 법인을 설립하지 않는 한 경비업과 그 밖의 업종 간에 택일하도록 법으로 강제하고 있다. 따라서 이미 선택한 직업을 어떠한 제약아래 수행하느냐의 관점이나 당사자의 능력이나 자격과도 상관없는 객관적 사유에 의한 이러한 제한은 직업의 자유에 대한 제한 중에서도 가장 심각한 제약이 아닐 수 없다. 따라서 이러한 제한은 월등하게 중요한 공익을 위하여 명백하고 확실한 위험을 방지하기 위한 경우에만 정당화될 수 있다고 보아야 한다. 헌법재판소가 이 사건을 심사함에 있어서는 헌법 제37조 제2항이 요구하는바 과잉금지의 원칙, 즉 엄격한 비례의 원칙이 그 심사척도가 된다는 것도 바로 이러한 이유 때문이다."[58]

다만 동 결정의 설시문의 맥락, 특히 앞에서 일단 위헌심사의 척도를 선판단 및 확인한 후에 "과잉금지원칙의 위배 여부"라는 별도의 소제목하에 '목적의 정당성'과 '방법의 적절성', '피해의 최소성' 그리고 '법익의 균형성'에 대한 판단결과를 제시한 논증의 순차적인 체계를 고려하건대, 헌재가 위헌심사척도를 선별해내는 유용한 준거로 '단계이론'을 우선 적용한 것으로 파악할 수도 있다.

"경비업과 그 밖의 영업 사이에서 한쪽을 선택하도록 강제하고 있으므로 직업의 자유라는 기본권행사의 '방법'이 아닌 '여부'에 대한 강한 규제이다(헌재 1998.5.28. 96헌가5, 『판례집』, 10-1, 541, 556 참조). 이와 같은 규제방법을 선택하려면 이 사건 법률조항으로 달성하려는 공익을 위한 다른 수단이 없는 경우에만 가능하다고 보아야 한다. 우선

---

57) 헌재 2002.4.25. 2001헌마614, 『판례집』, 14-1, 410면.
58) 위의 결정, 427면.

이 사건 법률조항은 그 입법목적 중 경비업체의 전문화 추구라는 목적달성을 위하여 효과적이거나 적절하지 아니하고 오히려 그 반대의 결과를 가져올 수 있다는 점은 앞에서 본바와 같고, 다른 입법목적인 경비원의 자질향상과 같은 공익은 이 법의 다른 조항에 의하여도 충분히 달성할 수 있는 것으로 보인다.

(동법의 관련 규정을 상세하게 검토하건대: 필자 부기) 특수경비업자는 물론 기타 다른 경비업자의 경우에도 무자격자가 소속 종사자로 유입될 우려는 방지될 수 있고, 특수경비업자로부터 무기가 외부로 유출되거나 과·오용될 위험은 충분히 제거될 수 있으며, 경비업자가 경비원을 본연의 직무 외에 다른 활동에 종사하게 하거나 다른 회사의 경영 또는 노사문제에 개입하는 등의 부작용은 제도적으로 봉쇄되고 있다. 그러함에도 노사분규 개입을 예방한다는 이유로 경비업자의 겸영을 일체 금지하는 접근은 기본권침해의 최소성 원칙에 어긋나는 과도하고 무리한 방법이 아닐 수 없다."[59]

하지만 그렇다고 하여도 이는 앞에서 제시한 '단계이론'의 '애벌심사틀'로서의 독자적인 '대강심사틀'의 기능에 포섭될 수 있는 것은 물론이고 또한 '정밀과잉금지심사'의 단계에서 별도의 위헌심사틀로서 '단계이론'의 유용성을 부정하는 반면논거가 될 수 있을 뿐이다. 특히 다음 설시문에서 헌재는 목적의 정당성에 대한 심사에서부터 '상당성심사'에 이르는 '정밀과잉금지심사'의 순차적인 단계에서 매우 포괄적이고 세밀한 최소침해성심사를 진행하여 위헌으로 판단하고 있는바, 이 같은 양식과 내용의 최소침해성심사라면 '단계이론'에 따른 '대강심사'를 통해 효율적으로 위헌입법을 걸러내는 '애벌심사'로 진행하는 것이 더 타당한 것이 아니었는지 재검토될 필요가 있다. 무엇보다도 '단계이론'의 독자적인 기능과 효용을 포용하는 이러한 논증형식을 취하게 되면, 본질적으로 추상적인 가치형량심사일 수밖에 없는 '상당성심사'를 '정밀과잉금지심사'의 단계에서는 물론이고 '애벌심사'의 단계에서도 불필요하게 만드는 매우 유용한 순기능의 효과가 수반된다는 점에서 그러하다.[60] 과잉금지심사의 체계에 대한 이러한 비판적 재검토의 필요성과 그 결론은 "일반적인 목적의 정당성 외에 '월등하게 중요한 공익에 대한 명백하고 확실한 위험'을 방지하기 위한 목적"[61]을 제시하는 '상당성심사'의 경우에도 그대로 해당된다.

---

59) 위 결정, 429-430면.

60) 이러한 맥락에서의 논의의 필요성과 핵심논지는 객관적 사유에 의하여 직업선택의 자유를 제한한 입법에 대하여 헌재가 내린 다른 결정들에 대해서도 그대로 적용되는바, 안마사자격과 관련한 이른바 '비맹제외기준'에 대한 위헌결정이 대표적인 예이다. 헌재 2006.5.25. 2003헌마715, 『판례집』, 18-1(하), 112면. 특히 123-126면 참조. 퇴직 후 검찰청장의 공직취임제한에 대한 위헌결정에서도 유사한 시사점이 찾아진다. 헌재 1997.7.16. 97헌마26, 『판례집』, 9-2, 72, 80면.

2. '허즉실'의 관점에서 본 '단계이론'과 과잉금지원칙

앞에서 검토한바와 같이, 직업규제에 특유한 정형화된 과잉금지심사틀로서 '단계이론'의 독자적인 효용은 우선 '대강심사틀'로서의 '애벌체질'에서 찾아지고, 이른바 '정밀과잉금지심사'의 단계에서는 매뉴얼화된 정형화된 논증형식을 통해서 간접적으로 위헌심사의 효율성을 제고하는 데 기여를 할지언정, 각각의 단계별 심사의 영역에 따라 미세한 차이가 있기는 하지만, 기본적으로 구체적인 위헌심사의 척도와 방법의 측면에서 과잉금지원칙과 차별화되는 독자적인 심사틀로 주목하고 기대할 만한 실질적인 기능은 없다.

논리형식의 구조와 기능의 관점에서 보면, 사실 '단계이론'은 동일한 보호영역에 포함되는 기본권의 내용과 제한의 대상, 그리고 제한의 양태가 세 개의 범주로 구분되어 연계시키기에 매우 적합한 특정한 기본권, 즉 직업의 자유와 관련하여 과잉금지원칙이 정형화된 것에 지나지 않는다. 정형화의 정도의 차이가 있을 뿐 '단계적 접근'이 '단계이론'의 전유물이 아님은 전술한바 있다. 말하자면 '단계이론'의 핵심인 '단계적 접근'의 논리형식은 그 자체가 '합리화된 결정체계'라고 할 수 있는 과잉금지원칙에 내장되어 있는 것이다. 우선 기본권 제한의 정당한 목적과 수단의 두 범주로 나누어서 판단하고, 전자에 대한 선행판단 후에 수단의 적합성과 필수성 및 상당성을 심사해나가는 과잉금지심사의 체계는 말 그대로 단계적인 논리형식의 구조이고, 이 단계적 심사의 핵심효용은 가장 얼토당토않은, 즉 간명하게 판단될 수 있는 명백한 위헌에서부터 추상적인 가치형량의 요소를 포함하기 때문에 상대적으로 세밀하고 심층적인 숙고를 필요로 하는 위헌상태를 순차적으로 판단해나가는 '합리화기능'에 있다. 요컨대 과잉금지원칙의 실질적인 기능과 효용의 원천은 바로 과잉금지심사의 단계적인 구조, 즉 그 형식성에서 찾아지는바, '허즉실'의 특성이다.

과잉금지원칙의 이러한 '허즉실'의 본질과 특성은 '단계이론'의 정치화(精緻化)에 대한 논의, 말하자면 '애벌체'를 무사통과하여 '일응 위헌'이 아닌 것으로 판단된 직업규제에 대하여 각각의 단계별 범주에서 진행되는 '정밀과잉금지심사'에서 '단계이론'을 적용할 수 있는 조건, 특히 '단계이론'의 일반적이고 추상적인 심사틀을 보정하여 개별적이고 구체적인 이른바 '비전형적인 효과'[62]를 포섭할 수 있는 가능성을 확보하려는 시도가 별

---

61) 헌재 2006.5.25. 2003헌마715, 『판례집』, 18-1(하), 112, 124면.

62) 정태호, 앞의 논문, 312면. 이 글에서 '비전형적인 타격'에 대한 고려의 필요성은 본 논문에서 강조한 '단계이론'에 따른 '대강심사'의 맥락에서 제시된 것으로 이해된다. 다만 유사한 문제인식과 관점이 각 단계 내에서 추가로 진행되는 '정밀과잉금지심사'의 범주에서도 제기될 수 있을 것이다.

실익이 없다는 것을 규명하고, '단계이론'의 '애벌심사틀'로서의 기능적 한계와 그에 따른 독자적인 효용의 범위를 재확인하는 데 유용한 단서가 된다. 이 단서는, 다음 절에서 논의되는바, 즉 '단계이론'과 이른바 '합리성심사'(rational base test), '중간심사'(intermediate level of scrutiny) 및 '엄격심사'(strict scrutiny test)의 3단계로 정형화된 위헌심사틀, 특히 평등심사틀로 '미국 연방대법원이 취하고 있는 단계이론'(이하 '미국의 단계계이론'으로 약함)[63]과, 그에 따른 각각의 위헌심사의 기능과 체계에 대한 비교를 통해 그 맥락과 의미가 분명해진다.

3. '단계이론'과 '미국의 단계이론'의 비교를 통해서 본 '단계이론'의 정치화의 한계

'단계이론'의 부분적이지만, 긴요한 독자적인 기능적 효용은 '미국의 단계이론'의 그것과는 다르다. 기본적으로 그 자체가 '합리화된 결정체계'라고 할 수 있는 과잉금지원칙에 내장된 단계별 심사의 척도와 방법론의 구조, 그리고 기본권심사의 효율성을 높이는 기능, 즉 위헌심사부담을 경감시키는 기능은 양자에 공통되지만, 구체적인 위헌심사틀로서의 기능은 다르다.

'단계이론'이 독자적인 '대강심사틀'로서 '애벌체'의 기능만을 수행하는 데 반해서, '미국의 단계이론'의 경우는 단순한 '애벌심사'에 국한되지 않는다. 전자의 경우 '애벌심사'를 무사통과하였다고 하여도 그것은 '일응 위헌'이 아닌 것이라는 '대강심사'의 잠정적인 결과일 뿐 위헌 여부에 대한 최종판단은 추가적인 '정밀과잉금지심사'의 단계에서 내려지게 된다. 이에 반해 '미국의 단계이론'에서는 기본권을 규제나 차별입법의 대상이나 내용, 양태 등에 따라 그 범주가 분류되고, 각각의 범주에 따라 단계화된 심사수준이 결정되면 사실상 위헌 여부에 대하여 거의 최종적인 판단이 예정된다. 우선 '단순한 자의심사'(blosse Willkuerkontrolle)에 머물게 되는 '합리성심사'의 단계로 분류되면, 전혀 없지는 않지만 실무상 거의 희박한 예외적인 경우가 아닌 한 그 자체가 사실상 최종적인 합헌판단을 예고하는 것으로 볼 수 있다. 반면에 '엄격심사단계'로 분류되면 당해 규제 또는 차

---

63) '중간심사'의 단계는 '합리성심사'와 '엄격심사'에 의해 포섭되지 않는 규제나 차별들을 총괄하여 포착하는 제3의 단계인바, 상대적으로 정형화의 정도가 미약하다. 이러한 점 때문에 '미국의 단계이론'을 2단계의 심사단계로 구성되는 것으로 파악하기도 한다. 다만 여기에서는 논리적으로는 두 단계의 체계적 구조에 따른 반사적 결과에 불과하지만, 일종의 '매개적 심사단계'로 위헌심사 실무상 독자적인 의미와 기능을 갖는다는 점을 고려하여 3단계로 구성된 것으로 본다. 이에 관해서는 E. Chemerinsky, ibid., 540-543, 668-689; W. Brugger, Einfuehrung in das oeffentliche Recht der USA, C.H. Beck, 1993, S. 90-92, 116-119.

별은 "이론적으로는 엄격하게 심사된다는 것이지만, 실제로는 치명적"(strict in theory, but fatal in fact)이다. 말하자면 분류 후에 각 단계의 수준에서 적합성과 최소침해성 및 상당성에 대한 심사가 진행되지만, 이 단계에서 정책당국자나 입법자의 소명과 입증은 '일응 위헌'으로 판단된 결과에 거의 영향을 미치지 못한다고 할 수 있을 정도로 사실상 요식적인 것에 불과하기 때문에 사망선고, 즉 위헌판단은 사실상 거의 분류 자체에 의해서 내려지는 것으로 볼 수 있는 것이다.[64]

이러한 점에서 '미국의 단계이론'과 '단계이론'은 논리형식의 구조는 유사하지만, 구체적인 위헌심사틀로서의 그 기능은 분명히 다르다. '단계이론'의 경우 '애벌체'를 통한 '대강심사'를 무사통과한, 즉 '일응 위헌'은 아닌 것으로 판단된 규제에 대해서 추가적으로 실질적인 '정밀과잉금지심사'가 진행되는데 '미국의 단계이론'에서는 선행되는 포괄적인 단계분류작업 자체에 이미 실질적인 위헌판단이 포함되어 있는 것으로 볼 수 있기 때문이다. 좀 더 정확하게 말한다면, '미국의 단계이론'에 따른 위헌심사의 실무상 '합리성심사'의 경우에는 합헌으로, '엄격심사'의 경우는 위헌으로 '정밀과잉금지심사'의 결과가 단계분류작업 자체에 의해 거의 확정적으로 예단되는바, 사실상 '정밀과잉금지심사'의 부담이 포괄적으로, 원천적으로 해소되는 것이다. 이러한 순기능의 장점이 규제를 설계하는 정책당국자나 입법자에게는 예측가능성과 객관성을 확보하는 데 상당한 기여를 하는 효과로 연결됨은 물론이다.[65] 반면에 일반원칙으로 헌법적 권위를 확보한 지 오래고, 헌재도 보편적인 위헌심사척도로 적용하고 있는 과잉금지원칙에 따른 심사는 심사대상을 단계별로 분류하여 원천적으로 심사척도와 방법을 차별 적용하는 것이 아니다. 원칙적으로 모든 대상에 대하여 '정밀과잉금지심사'를 동일하게 진행하되, 그 효율성은 적합성과 최소침해성, 그리고 상당성심사로 구성된, 난이도가 점증하는 3개의 심사단계를 통해 확보하는 기능체계이다.

재삼 강조하건대, 과잉금지원칙은 '미국의 단계이론'과 달리 범주를 우선 분류하여 획정하지 아니하고 원칙적으로 모든 경우에 동일한 심사틀을 적용하지만, 가장 쉽게 판단할 수 있는 위헌상태부터 순차적으로 확인하여 정리해나가는 '합리화된 결정체계'이다. 앞에서 논의한 '단계이론'의 '애벌체'의 기능은 바로 이러한 과잉금지원칙의 합리화기능에도 불구하고 불가피하게 남게 되는 심사부담 또는 바로 그 기능적 한계에서 비롯되는

---

64) G. Gunther, "Foreword: In Search of Evolving Doctrine on a Changing Court: A Model for a New Equal Protection", 86 Harv. L. Rev. 1, 8(1972).

65) 이에 관해서는 W. Brugger, a.a.O., S. 91.

심사부담을 '대강심사'를 통해서 경감시키는 맥락 속에서만 그 독자성과 유용성이 인정될 수 있고 또 인정되어야만 한다.[66]

이러한 맥락에서 '단계이론'의 독자적인 효용을 주목한다면, 일견 논의해봄직한 동 이론의 정치화, 말하자면 심사대상의 범주와 그에 연계되는 심사척도의 단계를 좀 더 세분화하여 '정밀과잉금지심사'의 효율성을 높이려고 하는 방안이 실제로는 무익한 것임을 알 수 있다. 위헌심사의 실무상 필요성이 인정되는 한 그 범주와 단계는 가능한 한 세분화되는 것이 바람직한 것이기는 하다. 하지만 '합리화된 결정체계'인 과잉금지원칙이 효율적인 위헌심사틀로 기능하는 메커니즘을 고려하면 정형화된 단계를 세분화하는 것이 한계가 있을 수밖에 없고 또한 세분화의 수준은 관점과 맥락에 따라 상대적인 것이라는 점은 차치하더라도, 적어도 '대강심사'를 거친 후에 진행되는 '정밀과잉금지심사'의 단계에서 심사척도의 단계를 세분화하자고 하는 것은 실익이 없는 '사이비논제'일 뿐이고, '애벌심사'의 단계에서 동일한 의미의 정치화는 정작 '단계이론'의 '애벌체'로서의 독자적인 기능적 장점과 효용을 오히려 잠식하는 부정적인 효과만을 가져올 뿐이다. 요컨대 '단계이론'의 '허'는 적정한 상태 그대로 유지되어야 '실'이 확보되는바, 이른바 '허허실실'의 대응이 타당하다.

V. 맺는말

이제까지 직업의 자유와 관련하여 '단계이론'을 처음으로 본격 적용한 '당구장결정'의 내용과 함께 이른바 '선도결정'으로서 그 의미를 비판적으로 검토하였다. 우선 동 결정은 '약국판결'을 통해 일찌감치 정형화된 위헌심사척도로 적용해 온 독일과 달리 우리나라의 경우에는 이론적으로만 논의되어 오던 '단계이론'을 법정의견을 통해 위헌심사의 실무에 적용한 효시라는 점이 주목된다.

다만 '단계이론'의 적확한 적용을 위한 전제조건과 그 조건을 모색하기 위해서 필수적

---

66) "동일한 기본권의 보호영역 속에서 각 내용별로 보호영역의 크기를 다르게 평가하는 것은 기본권의 동일한 효력의 관점에서 타당하지 못하다"는 입장에서 동일한 보호영역에 속하는 직업선택의 자유와 직업수행의 자유를 구별하여 침익의 정도를 구별하는 것이 불필요한 것이고, 결국 우리의 경우 "헌법 제37조 제2항의 법리", 즉 과잉금지원칙을 발전시켜 적용하는 것으로 충분한바, '단계이론'의 적용은 바람직하지 않다고 보는 것은 과잉금지원칙과 단계이론의 기능적 관계, 특히 '단계이론'의 '대강심사틀'로서의 독자적인 기능과 효용에 대한 오해에서 비롯된 성급한 예단이다. 표명환, 앞의 논문, 450-451면.

으로 정리되어야 하는 동 이론의 기본권 해석론적 좌표, 그리고 과잉금지원칙과의 관계에서만 명확하게 설정되는 구체적인 위헌심사척도로서의 독자적인 기능과 효용의 범위 등의 주요 논제들에 대한 필수적인 검토작업이 선행 또는 병행되지 못한 아쉬움은 없지 아니하다. 하지만 적어도 '단계이론'을 처음으로 상당한 수준에서 정형화된 위헌심사틀로 정리하여 적용한 것 자체가 동 이론에 대한 진지한 논의의 필요성, 특히 위헌심사척도로서 그 기능적 장점과 효용을 살려나가기 위한 보정의 방향과 구체적인 내용의 범위 등을 공식적인 논제로 상정하였다는 점에서 '선도결정'의 목록에 포함되기에 그 이론적 의의와 위헌심사실무상의 효용에서 모자람이 없다.

그러나 동 결정 이후 수없이 많은 직업규제에 대한 위헌심사에서 '단계이론'이 적용되어 왔으나, 구체적인 기본권심사틀로서 '단계이론'의 기능적 문제점을 보정하고 정치화해 나가는 기본권 도그마틱은 상당 부분 여전히 숙제로 남아 있다. 본 논문도 '단계이론'의 주요 문제점의 기본권 해석론적 의미와 내용을 재검토하고, 기본권심사의 실무와 연관하여 필수적으로 수행되어야 하는 이론적 과제를 정리하여 본 것에 지나지 않는다. 다만 '단계이론'의 '허즉실'의 기능적 특성과, 이에 부합되는 동 이론의 '위헌심사틀'로서의 독자적인 기능과 효용을 적정하게 살려 나가기 위한 적확한 대응전략으로 제시한 '허허실실'의 논제에 대한 학계의 적극적인 관심과 함께, 어떤 식으로든 그것이 헌법재판소의 설시문을 통해 반영될 수 있기를 기대한다.

<『헌법재판 주요선례연구 1』, 헌법재판연구원, 2012. 4, 63~101면>

【8】 한국의 경제헌법질서상 기업의 자유

Ⅰ. 머리말 - 문제제기

규제완화와 철폐의 용어가 호경기를 맞고 있다. 특히 경제와 기업활동의 분야에서 그러하다. 대기업 오너의 이익을 대변하는 일부 이익단체들은 외환위기 이후에 이른바 '신자유주의'를 내세우며 경제헌법의 전면적인 개정까지 주장하고 있다.[1]

전면적인 경제구조조정의 긴박한 흐름 속에서 제일의 화두(話頭)는 기업이다. 국가와 사회 혹은 정부의 일과 기업의 자율경영의 교차점에 자리 잡고 있는 이 문제는 작금의 비상상황에서 더욱 부각되고 있지만, 실은 지난 수십 년간 계속해서 우리 사회에서 가장 중대한 헌법문제의 하나로 주어져 왔다고 할 수 있다. 성장일변도의 경제개발, 개발독재, 정경유착, 재벌소유집중 등 몇 가지 표제어만으로도 문제의 실상이 충분히 짐작되는 우리 경제의 중심에 바로 기업이 자리 잡고 있다.

사실 최대한의 기본권실현이 헌법의 궁극적인 목적이라고 한다면 개별적인 헌법학 논의주제 중에 기업만큼 관심과 논의가 집중되어야 할 대상은 별로 없다. 기업은 최소한 전체 국민 중 반 이상의 생존권의 터전이고 대부분의 국가세입이 직간접적으로 기업활동을 원천으로 하고 있기 때문이다.[2]

최근의 대내외적인 기업환경의 급변이나, 21세기 정보지식 산업사회의 등장에 따른 새

---

[1] 정순훈, 「신자유주의와 우리 헌법상의 경제조항」, 『공법연구』, 제27집 제2호, 1999. 6, 13면 이하; 자유기업센터, 『경제헌법 개정을』, 제7회 자유주의 워크숍, 1998, 54면. 이들은 기본적으로 우리의 경제헌법을 "대중의 권력남용을 막지 못한 분위기의 결과물"로 전제하는 인식하에 그간의 헌법학논의가 "인간과 사회질서에 대한 근원적 의문의 관점에서 헌법 조항들의 정당성을 판단하는 것이 아니라, 묵시적으로 현행 헌법의 정당성을 인정한 상태에서 헌법의 해석에 치중해 왔다"고 비판한다. 이에 대한 상세한 반론은 여기에서는 유보한다. 이는 본질적으로 사회·경제의 흐름에 대한 역사적인 평가와 정치적인 해석의 문제이고 또한 학문방법론의 문제이기 때문이다. 다만 이 글에는 헌법정책론적인 논의가 상대적으로 부족하였다는 점에 대한 자성과 함께 경제헌법에 대한 전면개정론의 성급함과 논리적 비약에 대한 비판의 뜻이 담겨져 있음을 밝혀 둔다. 경제헌법 개정론에 대한 신중론의 입장으로는 길준규, 「경제행정법의 전제로서의 경제질서」, 『공법연구』, 제28집 제2호, 2000. 1, 455면 이하.

[2] 1998년 12월말 현재 우리나라의 모든 사업체 수는 약 278만 개이며, 전체 종사자는 약 1,240만 명 정도이다. 종사자 수 규모별로는 1~4명인 소규모사업체가 87.5%(약 244만 개)를 점하고 있고, 5~49명인 사업체가 11.5%(약 32만 개), 50~299명인 사업체가 약 1%(약 2만 3천 개)이고, 300명 이상의 대규모 사업체는 2,478개로 0.1%를 차지하고 있다. 또한 법인세만도 2000년 예산을 기준으로 하여 약 13%에 해당된다. 『1998년 기준 사업체기초통계조사보고서』, 통계청, 1999. 11, 27-30면 참조.

로운 기업경영에 대한 이해 등3)을 떠나서도 이처럼 중대한 기업의 의미와 기능에 비추어 보면 그간 우리 헌법학계에서 기업이 독립된 주제로 논의된바가 많지 아니하다는 점은 놀라운 일이 아닐 수 없다. 물론 우리 헌법상의 기본경제질서에 관한 논의에서 혹은 직업의 자유, 재산권 등 개별 기본권의 해석을 통한 부분적인 접근은 없지 않았다. 그러나 대체로 '사회적 시장경제질서'의 개념원용과 그 해석에 그친 원론적인 차원의 접근만으로는 기업과 관련된 구체적인 법적 문제에 대한 헌법 도그마틱의 접점을 찾아내기 어렵다. 또한 경제현상으로서 기업의 존재와 경영활동의 본질과 특수성을 주목하지 아니한 채 진행되어 온 개별 기본권 해석을 통한 논의도 직접 혹은 간접적으로 기업활동에 영향을 미치는 다양한 기업규제법령과 그 구체적인 집행의 합헌성 여부에 대한 실질적인 판단준거를 제시할 수 없었다.

본 논문에서는 우선 우리 헌법질서에서 기업의 자유의 좌표를 검색해 본다(Ⅱ). 그다음에 '기업의 헌법적 의무'와 관련하여 우리 헌법상 수용의 가능성과 필요성을 탐색하고 (Ⅲ), 이를 바탕으로 시론차원에서 '기업의 자유'의 내용에 관한 특화된 해석론의 필요성과 접근단서를 제시한다(Ⅳ).

Ⅱ. 헌법질서와 '기업의 자유'4)

1. 경제헌법의 체계

1) 경제헌법 기본조항 – 헌법 제119조의 해석

우리 헌법은 전문(前文)에서 국민의 자유로운 경제활동의 기회가 최대한 보장된다는 기본이념을 천명하고 있다. 또한 제119조 제1항에서는 "대한민국의 경제질서는 개인과 기업의 경제상의 자유와 창의를 존중함을 기본으로 한다"고 규정하여 기업의 자유를 명

---

3) 이에 관해서는 특히 Peter F. Drucker, 이재규(역), 『21세기 지식경영』, 30면 이하 참조.

4) 본 논문에서 기업은 통속적인 개념, 즉 사경제의 주체로서 생산, 판매, 서비스 등의 활동을 하는 모든 경영조직체의 의미, 즉 상법상의 '회사'나 공정거래법 기타 세법상의 유사 개념과는 구별되는 일반적인 의미로 사용된다. 이 글에서는 '법인의 기본권 주체성'에 관한 논의는 생략된다. 다만 경제활동단위로서 '기업의 자유'에 대한 법적 규제의 필요성과 가능성 및 그 한계에 대한 특화된 해석론에 관심을 가지고 있기 때문에 논의의 대강은 주로 법인 형식의 대기업에 해당되는 것임을 밝혀 둔다.

시적으로 보장하면서, 제2항에서는 "국가는 균형 있는 국민경제의 성장 및 안정과 적정한 소득의 분배를 유지하고, 시장의 지배와 경제력의 남용을 방지하며, 경제주체 간의 조화를 통한 경제의 민주화를 위하여 경제에 관한 규제와 조정을 할 수 있다"고 규정하여 '기업의 자유'를 제한할 수 있는 헌법적 근거를 마련해 놓고 있다.

경제헌법 기본조항의 핵심은 우리 헌법상 경제질서가 자유방임적 시장경제를 지향하지 아니하는 동시에 계획통제경제도 지양한다는 점에 대한 확인이다.[5] 말하자면 우리 헌법은 양극단의 대안을 배격하고, 요즈음 유행하는 이른바 '제3의 길'을 제시하고 있다고 할 수 있다. 그 노선을 '사회적 시장경제질서'(soziale Marktwirtschaftsordnung)로 보는 점에서는 헌법학자들 간에 대체로 의견이 일치되고 있다.[6] 헌법재판소의 입장도 다르지 아니하다.[7]

그런데 헌법 제119조는 그 '제3의 길'의 구체적인 노정에 대해서는 아무런 판단의 기준을 제시하지 못한다. 물론 자유와 평등이념의 조화, 말하자면 중용의 지침이 아무런 가치전제도, 규범적 결정도 없는 무정향적인 것은 아니다. 무정향성과 개방성은 구별되기 때문이다. 다만 규범내용의 고도의 개방성 때문에 구체적인 경제정책에 관한 행위규범 혹은 통제규범으로서 규준력(規準力)은 기대하기 어렵다. 국가에게 기업의 경제상의 자유와 창의를 존중할 의무와 함께 국민경제목적상 필요한 경우에는 기업활동을 규제할 수 있는 객관적이고 추상적인 국가의 권한을 부여하고 있지만 여기에서 기업의 자유와 책임, 즉 기업의 자유에 대한 규제의 가능성과 그 한계에 대한 구체적인 판단의 준거점은 탐색되지 아니한다.

2) 법적 성격과 내용

(1) '윤곽규정(輪廓規定)' 아니면 '최적화명령(最適化命令)'?

이처럼 고도의 개방성과 추상성을 특징으로 하는 헌법 제119조는 국가의 경제에 관한 규제와 조정의 한계를 설정하는 규율(Regelung)적 성격의 '윤곽규정'(Rahmens-ordnung)으로 보기에는 그 '윤곽' 자체가 극히 불분명하다. 물론 일정한 정도의 규범의 개방성은 규범

---

5) 헌재 1989.12.22. 88헌가13. 헌판집 제1권, 378면.

6) 허영, 『한국헌법론』, 박영사, 2000, 160면, 권영성, 『헌법학원론』, 법문사, 2000, 167면. 일부 학자들은 독일에 특유한 개념과 구별하는 의미에서 "사회조화적 시장경제"라는 개념을 사용하고 있는데 "시장경제를 기본으로 하면서, 사회조화적 요구를 실현하기 위하여 국가가 경제에 대한 규제와 조정을 할 수 있는 경제질서라는 의미"라는 설명에 따르면 그 내용상 차이는 없는 것으로 생각된다. 황적인·권오승, 『경제법』, 법문사, 1996, 41면 이하.

7) 헌재 1996.4.25. 92헌바47.

목적상 혹은 법기술적으로 필요한 양식이다. 경제규율은 그 전형적인 예라고 할 수 있다.

경제정책의 목표를 설정하고 수단을 선택하는 결정권자에게 경제헌법의 기본조항을 통해서 구속력 있는 구체적인 지침과 한계를 제시하는 것은 입법기술상 불가능하거나 혹은 가능하다고 하여도 헌법정책적인 관점에서 타당하지 아니하다. 말하자면 경제에 관한 규제와 조정의 수단이 '사회적 시장', 말하자면 '참여자의 책임과 자유가 조화되는 시장'[8]에 부합되는 것인지, 경제관련 법률이 개별 집단의 이익에 치우친 것인지 혹은 경쟁당사자와의 관계에서 중립적인지 여부 등의 문제에 관하여 헌법 제119조의 해석을 통해 헌법재판소나 법원이 정책적 판단을 대신하는 것은 적절하지 못한 것이다.

헌법 제119조는 이른바 '최적화의 명령'(Optimierungsgebot)[9]으로 이해된다. 이 개념은 국가권력행사에 대한 합헌성판단의 형식이라는 점에서는 과잉금지의 원칙과 동일하지만 행위규범, 통제규범으로서 그 구체적인 내용은 분명히 구별된다. 과잉금지의 원칙이 공공복리의 목적과 수단 간의 관계에서 목적의 정당성과 수단의 적합성, 필수성 및 상당성을 판단기준으로 하는 한계설정의 수단인데 반해서, '최적화의 명령'은 목적과 목적 간의 관계에서 적정한 이익 혹은 기회와 그에 따른 위험배분의 적정성에 대한 판단방법을 제시한다.[10]

(2) '최적화명령'의 내용

'최적화명령'에서 제시하는 기준은 과잉금지의 원칙과 마찬가지로 실질적인 가치판단의 척도가 아니라 결정의 과정과 절차상의 지침이다. 정책결정권자의 현상에 대한 인식과 예측 또한 그에 따른 규제와 조정의 필요성에 관해서는 폭넓은 판단여지와 재량이 인정된다. 다만 상충하는 헌법상 원리나 법익에 대한 합리적인 비교형량, 위험과 불확실성의 요소에 대한 충분한 고려 등 정책결정과정상의 의무를 부과한다. 이러한 내용의 헌법적 의무는 특히 헌법 제119조의 규정체계를 제120조 이하의 개별적인 경제관련 규정들과 연결하여 통일된 경제규율복합체로 이해할 때 그 의미가 더욱 분명해진다.

우선 제119조 제1항과 제2항은 국가의 경제 관여에 대한 '원칙과 예외의 규율형식'(Regel-Ausnahme-

---

8) Vgl. K.-H. Fezer, Verantwortete Marktwirtschaft, JZ 1990, S. 657ff.

9) Vgl. R. Alexy, Theorie der Grundrechte, 1986, S.75ff.; W. Hoppe, Die Bedeutung Optimierungsgeboten im Planungsrecht, DVBl. 1992, S.853ff.; Th. Wuertenberger, Rechtliche Optimierungsgebote oder Rahmensetzungen fuer das Verwaltungshandeln?, VVDStRL 57(1999), S. 139ff.

10) '최적화 명령'을 '넓은 의미', '보통 의미', '좁은 의미'로 구분하고 '비례의 원칙'의 본질을 '최적화명령'으로 이해하는 입장에 관해서는 이준일, 「'원칙'으로서의 기본권과 비례성 '명령'」, 『공법연구』, 제28집, 제1호, 1999. 10, 85면 이하. 다만 이는 논증양식의 공통점을 주목한 것이기는 하지만, 침해에 대한 한계설정을 내용으로 하는 판단작용과 가치형성의 적정성에 관한 판단작용은 법리적으로 분명히 구별된다.

Regelung)을 취하고 있다.[11] 원칙적으로 기업의 자유는 보장되고 예외적으로 필요한 경우에 국가의 경제에 관한 규제와 조정이 허용되지만, 그 결정은 정책결정권자의 자의(恣意)에 맡겨져 있는 것이 아니라 '최적화의 명령'에 부합되어야만 한다는 의미로 해석된다. 이 헌법적 명령은 경제정책에 대한 사법심사의 기능법적 한계 때문에 이른바 '통제밀도'(Kontrollintensitaet)가 낮을 수밖에 없지만, 그렇다고 해서 법적 구속력이 없는 단순한 정책프로그램이나 정치적인 요청에 그치는 것은 아니다.

'최적화명령'은 입법자의 예외결정, 즉 경제개입의 목적과 이유 및 정책수단의 선택에 대한 가중된 '소명(疏明)의무'(Darlegungspflicht)[12]를 내용으로 하는 구속력 있는 헌법적 의무이다. 헌법상 실질적인 기준의 고도의 개방성 혹은 불확정성에 따른 분명한 행위기준, 통제기준의 결여는 형식적, 절차적인 측면에서 보완되는 것이다. 예외적으로 경제에 관한 규제와 조정에 나서는 입법자는 '국민경제의 균형성장과 안정', '적정한 소득분배', '시장지배와 경제력남용의 방지' 및 '경제주체 간의 조화를 통한 경제의 민주화'의 측면에서 구체적으로 어떤 심각하고 지속적인 문제점이 있는지, 어떤 의도에서 특정한 경제규제와 조정의 정책수단을 선택하였는지 또한 그 효과에 대한 전망은 어떻게 판단하는지 분명하게 밝혀야만 한다. 고도의 경제정책적인 판단을 내용으로 하는 법률의 합헌성 심사에서 특히 폭넓은 입법형성의 자유가 인정되기는 하지만 그것이 무제한적인 것은 아니다. 최소한 입법자의 정책판단과 예측의 오류를 검증할 수 있는 객관적인 헌법적 척도를 탐색하는 노력은 포기될 수 없다. 문제는 실질적인 사법심사척도로 적용될 수 있는 객관적인 통제기준을 설정하는 것이 현실적으로 얼마나 가능할 것인가 하는 것이다.[13]

---

11) 이는 우리 헌법재판소에 의해서 확인된바 있다. "현행 헌법이 제23조 제1항, 제119조 제1항에서 추구하고 있는 경제질서는 개인과 기업의 경제상의 자유와 창의를 최대한으로 존중·보장하는 자본주의에 바탕을 둔 시장경제질서이므로, 국가적인 규제와 통제를 가하는 것도 보충의 원칙에 입각하여 자본주의 내지 시장경제질서의 기초라고 할 수 있는 사유재산제도와 아울러 경제행위에 대한 사적 자치의 원칙이 존중되는 범위 내에서만 허용될 뿐이다." 헌재 1989.12.22. 88헌가13, 헌판집 제1권, 376면. 헌법 제119조를 '원칙 - 예외' 형식의 규정으로 이해하는 것에 대해서는 경제헌법의 명문규정이 없는 독일의 중립성이론을 바탕으로 하는 '권한규정의 일반적인 이론'을 도입한 것으로 보는 비판이 없지 아니하다. 길준규, 위의 글, 466면. 다만 전술한바와 같이 '원칙 - 예외' 규정에서 '소명의무'와 연계되는 개방성은 무정향성과는 구별된다. 또한 우리 경제헌법에 담겨 있는 '명백한 입헌자의 결정'은 전체 헌법질서체계 속에서 이해하는 경우에 경제정책적 개방성과 중립성을 내포하고 있다는 점이 고려되어야 한다.

12) Vgl. BVerfGE 79, 311(344ff.). 독일 연방헌법재판소는 기본법 제115조 제1항에서 '국민경제전체의 균형'에 대한 심각하고 지속적인 장애를 제거하기 위한 경우에만 예외적으로 허용되는 '투자'(Investition)목적 이외의 초과국채발행의 합헌성에 관한 결정에서 입법자의 '疏明의무'의 개념을 제시하였다.

13) Vgl. H. Spanner, Zur Verfassungskontrolle wirtschaftspolitischer Gesetze, DOEV, 1972, S. 218; H. Krueger, Die verfassungsgerichtliche Beurteilung wirtschaftspolitischer Ent-scheidungen, DOEV 1971, S. 289ff.; F. Ossenbuehl, Die Kontrolle von Tatsachen-feststellungen und Prognoseentscheidungen durch das Bundesverfassungsgericht, in; C.Starck(Hg.), Bundesverfassunfsgericht und Grundgesetz, Bd. 1, 1976,

이러한 '최적화명령'의 재판통제규범으로서의 한계는 본질적으로 헌법재판의 기능법적 한계, 특히 '정치문제론'(Political-Question-Doctrine)에서와 마찬가지로 정치 혹은 정책적인 판단과 헌법해석에 따른 법적 판단을 구별하는 입장, 즉 '경제문제'(Economical-Question)를 내용으로 하는 입법에 대한 헌법재판의 기능적 한계를 제시하는 논리형식에서 제기되는 문제이다.[14] 말하자면 「독일기본법」에서와 같이 경제정책에 관한 실질적인 내용의 헌법 규정을 두고 있지 않은 경우에 이른바 헌법의 경제정책적 중립성과 연계된 논제라고 할 수 있다. 그런데 우리 헌법은 제120조 이하에서 사영기업의 존립보장(제127조)과 같은 기본적인 사항이나 대외무역의 육성(제124조)의 정책기조, 더 나아가서는 중소기업의 보호나 농수산물의 가격안정(제123조) 등과 같은 미시적인 개별경제정책에 이르기까지 다양한 '국가목적조항'(Staatszielbestimmung) 형식의 실물경제 관련규정을 두고 있다. 이러한 규정들의 실질적인 필요성 여부와 문제점에 관한 헌법정책적 논의는 별론으로 하되, 다만 여기에서 관심의 대상은 '최적화의 요청'으로 해석되는 제119조와 연계해서 생각할 때 과연 이러한 헌법 규정들이 행위규범, 통제규범으로서 어떤 의미와 기능을 가질 수 있는가의 문제이다.

우선 이러한 객관적인 '국가목적조항'이 국가의 기본권보호의무의 측면에서건 주관적 공권의 측면에서건 기본권적 법익과 상충되는 경우, 예컨대 중소기업의 보호와 대기업의 경영의 자유 또는 소비자보호와 '기업의 자유'가 상충되는 경우에 정책결정권자에 대하여 과연 '프로그램적 규정' 이상의 어떤 규범적 효력을 가질 수 있는지 의문이다. '경자유전(耕者有田)의 원칙'(제121조)과 같이 예외적으로 특별한 헌정사적 배경에 대한 고려가 필요한 경우를 포함해서 이러한 구체적이 국가목적들은 개방된 '최적화의 명령'에 당연히 수렴될 수 있고 또 그렇게 되었어야 바람직한 것으로 생각된다. 개별적인 경제정책 사항들이 헌법상의 '국가목적조항'으로 규정됨으로써 일견 헌법 차원에서 구속력 있는 구체적인 지침과 통제기준을 제시한 것으로 보이지만, 오히려 헌법현실에서는 그 개방성의 폭은 그대로인 채 오히려 '최적화명령'의 규범적 효력만 희석시키는, 즉 예외적으로 경제에 관한 규제와 조정을 하는 입법자의 '소명의무'만 감면해주게 되는 방향으로 작용되어 왔다.

S.459ff.; W. Hoppe, a.a.O., S. 861f.

14) H. Spanner, a.a.O., S. 217ff.

2. 기본권체계상 기업의 자유

1) 개별 기본권 해석을 통한 접근 - 일반론

경제헌법 조항의 규범적 효력의 내용, 특히 통제규범으로서 그 해석과 적용상의 기능적 한계는 경제정책관련 법률에 대한 위헌성판단의 기준이 경제헌법 조항의 해석을 통해서 탐색되기 어렵다는 결론으로 이어진다. 다만 '최적화명령'에 따른 '소명의무'가 기본권심사과정에서 중요한 입법(立論)의 근거로 반영될 수 있을 것이다. 물론 이른바 '국제그룹해체사건'에 관한 헌법재판소의 판례15)에서 알 수 있듯이 극단적이고 불법적인 수단의 경영개입의 경우에는 헌법 제119조 제1항과 제126조가 우선 적용될 수 있겠지만 그것은 극히 예외적인 경우일 뿐이다.

일반적인 '기업의 자유'에 대한 제한은 대부분 헌법적 가치 간의 상충을 해결하는 문제이고, 그것은 개별기본권의 해석을 통해서 접근될 수밖에 없다. 앞에서 살펴본바와 같이 제119조 이하의 경제헌법의 규정체계는 전체적으로 사경제영역에 국가가 개입할 수 있는 명분은 구체적으로 규정하고 있지만, 그 한계에 대해서는 '원칙-예외'의 기본적인 논리형식과 형식적인 '최적화명령'만을 제공하기 때문이다. 경제정책관련 '국가목적조항'들은 경제적 자유를 제한하려는 입법자에게는 매우 유용한 소명자료로 손쉽게 활용될 수 있지만, 그 제한의 한계를 찾으려는 합헌성 통제의 관점에서는 실효성 있는 판단기준을 제공하지 못한다. 기업활동에 대한 규율이 그 전형적인 예라고 할 수 있다. 이처럼 부분체계로서 우리 경제헌법은 헌법현실에서는 '기업의 자유'를 제한하는 경제입법자와 그에 대한 합헌성통제자와의 관계에서 중립적이지 못하다.

우리 경제헌법에 결여된 균형성은 바로 기본권의 해석을 통해서 경제입법자에 대한 헌법적 통제의 가능성과 그 기준을 밝혀냄으로써 통일된 헌법의 전체체계 차원에서 복원된다. 그 핵심적인 의미와 기능은 정치 혹은 정책과 헌법 상호 간의 보완과 통제의 관점에서 두 가지로 나누어 볼 수 있다.16)

우선 경제관련 기본권은 경제정책결정, 특히 경제입법의 과정과 절차에 대한 제어기능을 갖는다. 유기적인 다원사회에서 대부분의 경제입법은 이해가 다른 집단 혹은 계층 간의 교차적인 갈등과 긴장의 관계 속에서 결정된다. 따라서 그 방향과 내용은 현실적으로

---

15) 헌재 1993.7.29. 89헌마31.

16) Vgl. H. Hauser, Zur Bindung des Wirtschaftsgesetzgebers durch Grundrechte, 1989, S.37ff.

이익의 조직력과 단기적인 성과에 민감할 수밖에 없는 정치시장의 논리에 따라 결정되기 쉽다. 이러한 오류에 대한 보충적인 검색의 절차와 기준을 기본권이 제공하는 것이다. 정치의 구조와 기능상 유동적인 경제입법기능과 이에 대한 법적 통제, 즉 보다 장기적이고 근본적인 관점에서 법적안정성과 예측가능성의 보장에 관심을 갖는 합헌성통제의 기능이 상호 견제와 균형의 관계에 있어야 한다는 당위명제는 정치경제학적 측면에서 헌법의 '상반구조적 특성'(Gegenseitigkeit)이 표현된 것이라고 할 수 있다.

또한 이러한 절차적 통제의 기능은 기본권 제한의 절대적 한계, 즉 본질적 내용의 침해금지의 원칙에 의해 보완된다. 즉 전자가 기본권 제한의 목적과 수단 간의 비례성을 판단하는 통상적인 기본권심사에 해당된다면, 후자는 경제정책의 수단으로서 그 침해가 허용되지 않는 핵심적인 기본권적 가치를 기준으로 하는 보완적인 통제장치라고 할 수 있다. 다만 후술하는바와 같이 이러한 절대적 한계는 일반적인 기본권 제한에 비해서 상대적으로 특히 폭넓은 형성의 자유가 인정되는 경제입법, 그중에서도 기업규율영역에서 그 기능적 의미가 부각된다. '기업의 자유'의 본질적 내용을 파악하는 데 기업의 역할과 조직 및 기능상의 특수성이 충분히 고려되어야 함은 물론이다.

2) '기업의 자유'의 독자성

이처럼 경제정책에 관한 헌법의 고도의 개방성은 직업의 자유나 재산권 등의 경제관련 기본권에 의해서 상대적인 것으로 제한된다. 다만 그 개방성과 그에 따른 입법형성의 자유의 폭은 경제정책의 내용, 즉 그 목적과 대상 및 개입양식에 따라 달리 설정된다. 이는 경제에 관한 규제와 조정에 나서는 입법자의 '소명의무'의 차별화로 연결된다.

여기에서 우선 주목되어야 할 점은 침해중심적 논리형식을 벗어나야 한다는 것이다. 경제입법의 일반적인 특성이기도 하지만, 특히 기업을 규율하는 경제입법은 기본적으로 양극적인 대립구도가 아니라 다양한 기본권과 헌법적 가치들 간의 다극적이고 복합적인 교차관계 속에서 내려지는 정책결정이기 때문이다. 그 본질은 공공복리의 목적상 특정한 기본권을 일방적으로 단순히 제한하는 것이 아니다. 경제적 자유와 책임을 구체적으로 배분하는 적극적인 형성작용이다.[17] 이른바 '기본권형성적 법률유보'의 전형적인 예이다.

또한 국가와 사회의 경제현실에서 기업이 가지는 경제적·사회적 역할과 기능이 고려되어야 한다. 이제까지 기업활동에 관한 규율의 한계는 재산권이나 직업의 자유 등 관련

---

17) Vgl. F. Ossenbuehl, Die Freiheit des Unternehmers nach dem Grundgesetz, AoeR 1990, S. 8f.

되는 기본권에 대한 전통적인 해석, 즉 경제활동의 주체로서 기업의 조직과 경영활동의 독자성을 충분히 고려하지 못하는 양식으로 접근되어 왔다. 자연인 개인을 단위로 하는 경쟁체제 속에서의 직업선택, 직업활동의 자유, 개성신장의 기회와 기업 단위의 경쟁의 자유나 경영활동의 자유 또는 기업가의 창의개발은 그 본질과 기능이 분명히 구별된다. 제한의 목적과 수단, 특히 그 한계의 문제에 관해서도 다른 시각에서 차별적으로 접근되어야 하는데 이제까지는 그렇지 못하였다.[18] 헌법재판소가 직업의 자유와 관련하여 명시적으로 '기업활동의 자유' 혹은 '기업경쟁의 자유'를 언급한바 있지만,[19] 헌법 제119조나 제126조 또는 법치국가원리를 직접 적용할 수 있는 예외적인 경우였다. 기본권 해석의 범주에서 기업의 자유의 독자성에 주목한 것은 아니었다. 자연인 개인의 재산권과 준별되는 복합적이고 통일된 유기적인 경영조직체로서 기업의 재산권도 그 독자적인 의미와 기능이 제대로 인식되지 못한 것은 마찬가지이다.[20]

이처럼 독자적인 의미와 기능을 갖는 '기업의 자유'의 내용은 획일적인 것으로 이해되어서는 아니 된다. 기업의 규모나 조직형식, 기업활동의 영역과 경쟁구조 등 다양한 기준에 따라 그 보호영역, 제한의 가능성과 필요성 및 한계는 일정한 유형별로 달리 설정될 수밖에 없기 때문이다. 재벌대기업과 중소기업, 금융기업과 일반 기업, 주식회사와 개인기업 또는 중후장대(重厚長大)의 굴뚝산업영역의 기업과 경박단소(輕薄短小) 혹은 정보지식산업영역의 기업의 자유와 책임 또한 법적 규제의 필요성과 내용이 같을 수는 없다. 차별취급의 기준과 내용은 일차적으로 특히 폭넓게 인정되는 입법형성의 자유에 맡겨져 있지만, '원칙과 예외'의 관계에서 주어지는 입법자의 '소명의무'에 대한 요구수준은 헌법 차원에서 개별 기본권의 해석을 통해 정해진다. 기업활동의 국민경제적, 사회적 영향의 크기와 내용이 중요한 판단요소로 고려됨은 물론이다.

---

18) 법인의 기본권주체성과 관련된 '사법인의 직업선택의 자유'의 논리형식이나, 직업의 자유와 '영업의 자유'의 개념구별에 관한 논의도 적어도 기업의 자유의 독자성의 관점에서 보면 이미 자연인 개인을 단위로 하는 직업의 자유와 동일한 차원에서 접근하고 있다는 점에서는 별로 실익이 없다. 예컨대 허영, 『한국헌법론』, 박영사, 2000, 441면. 법인의 설립을 간접적인 직업선택의 한 방법으로 보는 입장에 관해서는 권영성, 『헌법학원론』, 법문사, 2000, 527면; 헌재 1996.4.25. 92헌바47, 헌판집 제8권 제1집, 380면 참조.

19) 예컨대 헌재 1993.7.29. 89헌마31; 1996.12.26. 96헌가18.

20) 다음 장에서 검토되는 '기업의 헌법적 의무'의 논리형식도 오늘날 경제현실에서 기업이 갖는 엄청난 영향력의 크기와 그에 따른 기업활동의 공공성을 주목하면서 헌법 차원에서 기업의 공적 책임과 의무를 설정하고자 하는 점에서 기업의 독자성에 대한 인식을 전제로 한다.

Ⅲ. 기업의 공적 책임과 의무

1. 개요

앞에서 살펴 본 기업의 의미와 기능에 비추어 볼 때 헌법질서에서 '기업의 자유'는 자연인 개인의 기본권과 같은 시각에서 이해되지 아니 한다. 국가와 경제의 적정한 관계에 대하여 어떤 입장을 취하건 적어도 국민경제에서 차지하는 기업의 역할과 기능이나, 이른바 '중간권력'(intermediaere Gewalt)으로까지 자리매김되는 기업의 정치·경제 및 사회적 영향력을 무시하지 않는 한 기업의 공적 성격 자체는 부인할 수 없다. 국가와 기업 간에 상당한 정도의 다원적이고 복잡한 상호의존성이 불가피한 현실에서 가장 중요한 정치의 대상이 경제정책결정이고, 그 핵심에 기업이 자리 잡고 있다. 특히 웬만한 국가의 경제력을 넘어서는 다국적 기업을 포함한 대기업의 경우에는 더욱 그러하다. 우리 헌법상 국가의 '환경보전의무'(제35조 제1항)와 '사회보장·사회복지증진의무'(제34조 제2항)도 기업과의 관계를 떠나서는 현실성이 없다.

이러한 현실적인 관점이 법정책 혹은 법해석차원에서는 물론이고, 입법과정에서도 외면될 수 없음은 물론이다. 회사법을 포함하여 노동법, 공정거래법, 증권거래법 기타 각종의 경제조정적 세법 등 수많은 경제법령과 환경법, 사회보장법 등 기업활동에 직간접적인 영향을 주는 다양한 법령들이 그 외연적 결과이다. '기업의 헌법적 의무'에 관한 논의는 기업의 영향력의 크기와 권력적 속성에 따른 통제의 필요성과 당위성을 법률차원을 넘어서 직접 헌법차원에서 적극 확인하고 수용하려는 논리형식이다.

2. 기업의 헌법적 의무

1) '기업의 사회적 책임'과 공적 성격

'기업의 사회적 책임은 이윤의 극대화일 뿐이다'라고 주장하는 M. Friedman[21]도 기업의 공적 성격을 부인하지는 않는다.[22] 기업목표로서 이윤만을 절대시하는 것은 신고전학

---

21) The New York Times Magazine, Sept. 13, 1970, p.32. P. Saladin, Unternehmen und Unternehmer in der verfassungsrechtlichen Ordnung der Wirtschaft, VVDStRL 35(1977), S.16에서 재인용.

22) 이러한 점에서 최근에 유행처럼 외쳐지고 있는 '신자유주의'를 경제정책의 만능열쇠로 받아들이는 무분

파의 순수이론에서도 주장된바 없고, 어떤 때, 어떤 기업에도 설득력 있는 명제가 아니었다. 기업목표의 구조는 보다 다면적이고 복잡한 성격을 가지고 있고, 특히 사회적 연관성이 큰 대기업의 경우에 이윤극대화의 목표는 더욱 상대적인 의미를 갖는다.[23]

또한 국가와 기업의 관계에서 제시되는 자유경쟁의 기회와 기업경영의 독자성과, 사회영역에서 기업의 공공성은 다른 관점에서 제기되는 명제이다. 예컨대 다양한 이해당사자들이 유기적으로 연결되어 있는 기업 내부에서 대주주와 소액주주, 경영자와 주주, 경영자와 노동자 혹은 기업과 소비자, 더 나아가서는 하청기업과의 관계에서 기업의 조직과 경영활동을 규율하는 것이나 환경보호 혹은 기술안전등과 관련하여 규제하는 것은 국가와 기업의 양극적인 대립관계에서 국가의 일방적인 경제 혹은 경쟁개입의 문제가 아니다. 자유와 책임, 권리와 의무를 조정하고 배분하는 문제이다.

물론 기업의 공적 성격은 기업의 규모나 법적 형태 또는 영업 분야 기타 경쟁의 환경조건과 구조에 따라 다르겠지만 기본적으로 사회적 연관성의 크기에 따라 달리 평가된다. 다만 소유와 경영이 분리되지 못한 상태에서 국민경제의 상당부분을 과점하고 있는 재벌의 문제를 안고 있는 우리의 경제현실에서 기업의 사회적 연관성과 공적 성격에 대한 판단에는 정치·사회적인 요소도 충분히 고려되어야 할 것이다.

기업활동에 관한 법적 규제의 필요성이나 효율성 또는 그 방법과 수단의 적합성 등에 관한 경제정책적인 판단은 별론으로 하되, 다만 '기업의 사회적 책임'을 법적으로 수용하는 여부와 그 양식에 관한 결정은 전적으로 헌법이론과 입법정책의 몫으로 남겨져 있다.

2) 헌법이론적 접근단서

(1) 사회국가원리

우리 헌법에 기업의 의무나 책임에 관한 명시적인 규정은 없다. 그러나 국가의 정치·경제생활 속에서 기업의 역할과 기능을 주목하는 경우에 우리 헌법질서에서 기업은 순수

별한 자세는 지양되어야 한다. 오히려 미국식 경제모델에 내포되어 있는 정치경제학적 문제점과 그것의 경제력을 무기로 한 반강제적인 국제표준화 시도의 배경과 그에 따른 위험을 경고하고 나서는 목소리도 적지 아니하다. 예컨대 N. Chomsky, 강주헌(역), 『그들에게 국민은 없다』, 모색, 1999, 36면 이하 참조. 또한 단순한 수익추구사업(doing business)을 넘어서는 기업의 'nobless oblige' 즉 '기업의 사회적 책임'을 강조하는 입장이 설득력 있게 제시되고 있다. 이에 관해서는 특히 R. C. Solomon, It's Good Business Ethics and Free Enterprise for the New Millennium, 1997, 203면 참조.

23) H.-J. Papier, Unternehmen in der verfassungsrechtlichen Ordnung, VVDStRL35(1977), S. 70ff.; J. K. Galbraith, Economics and the Public Purpose, 1973, 274면.

한 의미에서 사적 존재로 남아있을 수 없다. 기업의 공적 성격을 추론할 수 있는 헌법상의 단서는 크게 세 가지로 생각해볼 수 있다.

우선 명시적인 '사회국가조항'을 두고 있지는 아니하지만, 다양한 사회적 기본권규정을 통해서 적극 수용하고 있는 사회국가원리를 들 수 있다. 우리 헌법에 폭넓게 규정되어 있는 사회적 기본권의 실현에 필요한 기본동력은 상당 부분 기업에 의존될 수밖에 없다. "국가는 사회보장·사회복지의 증진에 노력할 의무가 있다"(헌법 제34조 제2항)는 '국가목적조항'은 그 구체적인 정책방향에서 일차적으로 기업과 연결된다. 말하자면 사회국가원리는 국가와 기업 간의 적절한 역할분담 속에서 실현되는 것이다. 여기에서 기업의 역할은 자연인 개인과 비교해서 상대적으로 권리와 자유보다는 의무와 책임이 강조되는 공적 성격이 부각될 수밖에 없다. 직업의 자유나 노동기본권, 재산권, 특히 재산권의 사회적 기속성을 해석하는 데서도 마찬가지이다.

(2) 제도론적 관점

기업의 공적 성격에 대한 인식의 단서는 헌법질서 속에서 설정되는 국가와 경제의 기본관계에서도 찾아진다. 실질적인 자유와 평등의 실현을 지향하는 정책기조를 제시한 것으로 이해되는 사회국가원리와 함께 경제관련 기본권들과 경제기본조항이라고 할 수 있는 헌법 제119조 및 개별적이고 구체적인 경제정책목표까지 제시하고 있는 다양한 경제관련 국가목적조항들을 하나의 규범복합체(Normenkomplex)로 이해하는 경우에 우리 헌법질서에서 경제는 국가영역과 유리된 단순한 사적 자유의 영역에 속하는 것으로 볼 수 없다.

이러한 관점에서 볼 때 경제를 '특정한 과제를 내포하고 있는 제도'(Institution mit einer bestimmten Aufgabe)로 이해하는 입장이 주목된다.[24] 말하자면 '제도'의 측면에서 '객관적 질서성'을 고려하여 '언론'에 자유와 함께 특별한 헌법적 한계가 주어지는 것과 같은 논리형식이다. 그 법적 의미와 규범적 효력에 관해서는 이견이 있을 수 있고 또한 국가와 경제, 국가와 시민 간의 이원적 관계가 국가와 경제와 시민의 3원적인 관계로 전면 대체되어야 하는가에 대해서는 쉽게 단정할 수 없다. 다만 분명한 것은 기본권에 의해서 국가와 경제의 분계선을 설정하는 전통적인 이분법적 사고에 의해서는 우리 헌법질서상 경제의 역할과 기능 및 그에 따른 경제입법의 현실을 제대로 이해할 수 없다는 점이다.[25] 예컨대 회사법, 공정거래법, 노동법, 사회보장법 기타 각종 기업경쟁과 관련된

---

24) Vgl. G. Puettner, Unternehmen und Unternehmer in der verfassungsrechtlichen Ord-nung der Wirtschaft, DOEV 1976, S. 435.

경제행정법에 의한 기업의 조직과 경영활동 및 기업 간의 경쟁에 대한 각종의 직간접적인 규제와 지원 혹은 조정작용은 경제의 헌법제도로서의 공적 성격을 전제하는 경우에만 법리적 설명이 가능하다.

이처럼 국가와의 역할분담체계 속에서 헌법상 '제도'로서 이해되는 경제의 중심에 기업이 자리 잡고 있다고 본다면, 최소한 부분적으로는 기업도 특정한 헌법적 기능과 과제가 부여되어 있는 헌법상 '제도'로서 성격을 가지고 있다고 할 수 있다.

(3) 기본권의 양면성 이론

기업을 공적 과제가 부여되어 있는 헌법상 '제도'로 이해하는 경우에 그에 대한 추가적인 헌법이론적 근거와 그 '제도'에 내포되어 있는 공적 과제의 법적 성격과 효력에 관한 구체적인 이해의 단서는 기본권의 양면성 이론에서 찾아진다.

기본권의 '주관적 권리성'과 함께 '객관적 질서성'을 강조하는 양면성 이론은 기본권 해석의 일반론으로 받아들여지고 있다. 이는 기업의 공적 책임과 관련해서 그 의미와 기능이 더욱 부각된다. 앞에서 사회국가원리를 중심으로 하는 규범복합체를 설명한바 있거니와, 특히 사회국가적 헌법질서에서 도출되는 '기업의 자유'의 객관적 질서의 요소는 기업의 '사회적 책임'을 '헌법적 의무'로 전환시키는 데 설득력 있는 법리적 논거를 제공한다.

사회와 시장 속의 기업은 자유와 권리의 주체이면서 동시에 '가장 강력한 시민'이다. 기업에 따라 정도의 차이는 있겠지만 대부분이 '국민자산의 수탁자(受託者)'이기도 하다.[26] 특히 투자주체로서 기업은 현실적으로 국가통합과 대의과정에 막강한 정치적 영향력을 행사하기도 한다.[27] '기업의 자유'는 이러한 기업의 정치·경제·사회적 지위와 역할 및 그 기능의 특수성을 고려할 때 자연인 개인의 기본권과 같은 시각에서 이해되지 아니한다. 상대적으로 '제도'의 측면과 '객관적 질서'에 내포되어 있는 책임과 의무가 강조될 수밖에 없는 것은 당연하다. 물론 제도적 기본권이론에서 주장하는 식으로 '기업의 자유는 제도일 수밖에 없다'라고 볼 수는 없지만, 기업의 자유는 재산권과 마찬가지로

---

25) Vgl. A.a.O.

26) Ch. Handy, 노혜숙(역), 『헝그리 정신』, 생각의 나무, 1998, 190면, 199면.

27) Vgl. E.-W. Boeckenfoerde, Die politische Funktion wirtschaftlich-sozialer Verbaende und Interessen-traeger in der sozialstaatlichen Demokratie, Der Staat, 1976, S. 463ff. 현실적으로 한 기업의 대규모 투자결정의 방향과 내용은 지방자치단체 차원에서는 물론이고, 국가 더 나아가서는 국제적으로도 매우 중대한 공적 관심사이다. 예컨대 금융·세제상의 지원이나 규제완화 등의 경제행정법 차원을 넘어서 직간접적으로 정치적인 이해관계에 따라 그 결정이 좌우되는 경우가 적지 아니하다. 물론 여기에서 말하는 정치와의 연계성은 단순히 부정적인 측면, 즉 이른바 '정경유착'의 관계를 뜻하는 것이 아니고, 오늘날 대의정치의 구조와 기능의 관점에서 객관적인 현상을 지적한 것이다.

사회적 기속성이 강조될 수밖에 없다. 또한 특히 폭넓은 입법형성의 자유가 인정되는 것도 공적 책임과 의무의 요소가 부각되는 '객관적 질서성'의 표현이다.

3) '기업의 의무'의 헌법적 수용?[28]

기업의 자유와 책임의 배분 혹은 책임의 법적 수용방법과 형식에 관해서는 의견이 다를 수 있다. 앞에서의 헌법이론적 검토는 어떤 방식으로든 기업의 사회적 책임이 법적으로 수용되어야 하고 또 수용되고 있음을 밝힌 것이다. 다만 '기업의 기본의무'를 헌법에 명시적으로 규정할 것인지 여부의 문제는 별개의 문제이다. 여기에서는 소극적인 입장에서 세 가지 문제점만을 지적한다.

우선 '기업의 기본의무'를 실질적인 내용을 가지는 개념으로 이해하는 경우 행위규범 혹은 구체적인 재판통제규범으로서 적용가능성이 어느 정도나 확보될 수 있을지 의문이다. 기업의 사회적 책임은 기업의 공적 성격 이외에는 합의된 내용이 없는 불명확한 개념으로 남아 있다. 헌법상 '기업의 기본의무'의 개념을 명시적으로 수용하는 것은 기업의 사회적 책임을 확인하는 상징적인 '기업윤리선언' 이상의 의미를 갖기 어렵다. 오히려 '기업의 자유'에 대한 자의적인 제한의 근거로 악용될 위험이 있다. 말하자면 '기업의 자유'를 제한하는 입법자의 '소명의무'와 경제규제의 법률유보의 원칙을 유명무실한 것으로 만들 가능성만 열어 놓게 된다.

또한 앞에서 검토한바와 같이 기업의 공적 책임의 문제는 헌법이론적으로 충분히 수용될 수 있다. 더구나 '기본권의 제3자효'에 관한 이론을 들지 않더라도 우리 헌법상 노동기본권이나 환경권의 규정은 기업을 직간접적인 수범자로 하는 헌법적 의무를 내용으로 하고 있을 뿐만 아니라, 기본권의 양면성 이론을 통해서 기업의 공적 의무에 대한 차별화된 접근이 가능하다. 기업의 자유와 책임은 '기업의 기본의무'라는 통합개념을 통해서 접근하기에는 너무나도 다양하다.[29]

---

28) 이에 관해서는 독일 공법학자대회에서 상세하게 논의된바 있다. 다소 유보적이고 조심스러운 접근이지만 적극적인 수용이 필요하다는 입장은 P. Saladin, a.a.O., S. 15ff. 이에 대한 비판으로는 특히 Vogel, a.a.O. Diskussionsbeitrag, S. 140f. 참조.

29) 설령 헌법정책적인 관점에서 이러한 개념형식을 헌법에 규정하는 것이 필요하다고 하여도 그 규정은 기업의 헌법적 의무에 관한 기본 조항하에 기업의 규모나 법적 형식 혹은 사업 분야 등을 기준으로 하여 유형별로 세분화될 수밖에 없을 것이다. 법기술적인 문제점을 지적하지 않더라도 국가생활의 기본법인 헌법 규정의 경제성이나 현실정합성의 관점에서 그러한 규정형식이 바람직하지 않음은 물론이다.

Ⅳ. '기업의 자유'의 제한 및 그 한계

1. 개요

우리 헌법상의 경제는 단순히 재화와 용역의 생산과 분배의 질서에 그치지 아니한다. 보다 광범위한 헌법적 가치의 실현과 연결되는 헌법제도이다. 그 제도에 내포되어 있는 객관적 질서의 핵심이념이 자유와 책임의 조화라고 한다면 그 구체적인 내용, 즉 '기업의 자유'에 대한 제한의 가능성과 그 한계는 어떻게 설정되는가?

앞에서 살펴본바와 같이 헌법 제119조에서는 시장자율과 국가개입에 대하여 '원칙 – 예외'의 형식에 따라 규제와 조정을 통해 경제에 개입하는 입법자에게 가중된 '소명의무'만을 부과하고 있고, 제126조는 사영기업의 원칙적인 국공유화금지와 경영불간섭의 원칙만을 규정하고 있다. 또한 사회국가원리나 경제제도론 등의 경우에도 기업의 공적 책임성의 원칙에 대한 확인 이상의 구체적인 판단기준은 제시하지 못한다.

'기업의 자유'의 제한과 그 한계의 문제는 '자유와 책임의 조화'라는 추상적인 헌법적 지침만으로는 해결될 수 없다. 기업활동규제의 효과와 역기능에 대한 면밀한 검토를 바탕으로 하는 개별적인 기본권 해석을 통해서만 판단될 수 있다.[30] 여기에서는 '기업의 자유'에 대한 제한의 구체적인 내용, 즉 경제현실에서 주목되는 '기업의 창설 및 시장진입의 자유', '기업조직의 자유', '기업경영의 자유', '기업의 시장경제활동의 자유' 및 '기업재산권' 등에 대한 제한의 가능성과 그 한계에 관한 전면적인 논의는 다음 기회로 미루고, 문제제기의 시론차원에서 '기업의 자유'와 관련된 기본권 해석에서 특히 주목해야 할 두 가지 논점을 확인하는 데 그친다.[31]

---

30) 이러한 점에서 '규제'(regulation)의 문제는 자유시장과 정부 간의 단순한 이분법적 대립관계를 넘어서 구체적으로 어떤 범위에서, 어떤 종류의 규제가 정의가치에 부합되는지를 검토하는 방향에서 접근되어야 한다는 전제하에 '규제의 모순'(regulatory paradoxes)을 유형별로 치밀하게 분석하고 있는 Sunstein의 연구는 시사하는바가 크다. C. R. Sunstein, Free Markets and Social Justice, 1997.

31) 여기에서는 직업의 자유와 재산권에 한정해서 논의된다. 독일의 학설과 판례에서도 '기업의 자유'는 대체로 직업의 자유와 재산권의 범주에 포함되는 '특별한 자유권'으로 이해되고 있다. 다만 '자유로운 개성신장권'이 적용될 수 있다는 의견도 제기되고 있지만, 그것을 인정한다고 하여도 보충적인 경우에 국한되는 것일 뿐만 아니라 실익이 별로 없는 해석론이다. Vgl. W. Frotscher, Wirtschaftsverfassungs- und Wirtschaftsverwaltungsrecht, 2. Aufl., 1994, S. 33ff.; G. Duerig, in; Maunz/Duerig, GG-Kommentar, 7. Aufl., 1992, Art.2 I Rn. 46; BVerfGE 29, 260(266f.); 50, 290(366).

2. 특화된 기본권 해석

1) 직업의 자유 - '3단계이론' 적용의 문제점

기업은 경제주체로서뿐만 아니라 정치·사회적으로도 엄청난 영향력을 가진다. 또한 독자적인 이익과 위험의 귀속주체인 유기적이고 복합적인 경영조직체로서 일반 개인과는 그 기능과 역할에서 크게 다르다. 이에 관해서는 앞에서 검토되었는바, 여기에서는 직업의 자유의 제한에 관한 '3단계이론'(Drei-Stufen-Theorie)을 '기업의 자유'에 적용하는 것의 한계와 문제점만을 지적한다.

이 이론은 독일연방헌법재판소의 이른바 '약국판결'[32)]에서 정립된 후 학설과 판례에서 일반적으로 수용되고 있다. 우리 헌법재판소도 마찬가지이다.[33)] '3단계이론'은 직업의 자유의 제한에 관해서 정형화된 과잉금지원칙적용의 모델이라고 할 수 있다. 그런데 이 이론은 원래 자유직업군이나 기타 자연인 개인 차원의 영업의 자유에 대한 제한을 그 적용 대상으로 하고 있다는 점에서 '기업의 자유'에 그대로 적용하는 것은 문제가 있다.[34)] 생활수단성의 요건과 개성신장의 불가결한 전제조건으로서 성격이 강조되는 일반적인 직업의 자유와 '제도'의 측면이 강조되는 '기업의 자유'는 법적 의의와 효력 및 그 기능이 준별되고, 특히 자유와 책임 간의 조화에서 그 가중치의 배분이 크게 다를 수밖에 없기 때문이다. 예컨대 회사설립의 자유를 "사법인의 직업선택의 한 방법"으로 본다든지[35)] 혹은 기업활동, 특히 기업 간의 경쟁의 자유를 단순히 직업의 자유의 한 부분으로만 이해하는 것[36)]은 시장과 기업활동의 현실을 외면하는 도식적인 접근일 수밖에 없다.

또한 직업상(職業像)에 대한 전통적인 관념을 전제로 하여 직업선택의 자유를 제한하는 단계를 설정하는 경우에 드러나는 '3단계이론'의 논리적 문제점이 지적되고 있거니와,[37)] 이는 특히 경쟁마당의 분계선으로서 국경의 개념이 무의미해진 지구촌경쟁의 상황에서 시장구조와 경쟁양상의 본질적인 변화나 기타 다종다양한 기업 간의 인수합병과 새로운 사업 분야의 개척 등을 통해 이제까지와는 전혀 다른 개념의 복합기업이 생겨나는

---

32) Vgl. BVerfGE 7, 377(400ff.)

33) 헌재 1993.5.13. 92헌마80.

34) Vgl. F. Ossenbuehl, a.a.O., S. 6f.

35) 예컨대 권영성, 전게서, 527면.

36) 헌재 1996.12.26. 96헌가 18면 참조.

37) Vgl. J. Ipsen, "Stufentheorie" und Uebermassverbot - Zur Dogmatik des Art.12 GG, JuS 1990, S. 634ff.

시장의 역동성을 전혀 반영할 수 없다는 점에서 그 한계가 더욱 부각된다. 기업의 '시장 진입의 자유'를 단순한 직업선택의 자유로 이해하는 것은 지나치게 소박하다. '기업의 자유'에 대한 특화된 전문적인 기본권 해석이 요구된다.

2) '기업재산권'

'기업의 자유'에 관한 특화된 기본권 해석은 재산권 보장의 경우에도 마찬가지이다. 이제까지 학설과 판례에서는 기업재산권에 대한 차별화된 논의가 별로 없었다. 재산권의 범위와 관련하여 "인적・물적 종합시설로서의 사업 내지 영업"은 그 존립기반인 부동산・동산 기타 사업연락망이나 사업장통행권 등과 함께 재산권 보장의 객체에 포함되는 것으로 보는 입장이 있었지만, '기업재산권'의 독자성을 주목한 논의는 아니었다.[38] 생존과 자유로운 개성신장의 물질적인 기초를 보장하는 의미로 이해되는 재산권의 이해는 오늘날의 사회경제구조에서는 일면적인 것일 뿐이다.

기업은 독자적인 경영조직체이고, 유무형의 물적・인적・재정적 요소가 포괄된 유기적인 복합체이다. 또한 기업의 경영활동은 유동적인 시장상황에 극히 민감할 수밖에 없고, 기업 간의 경쟁에서 가장 중요한 요소는 시장변화에 대한 예측과 대응의 정확도와 신속성이다. 이러한 시장현실과 기업의 조직적・기능적 특성을 주목하지 않는 '기업의 자유'의 제한에 대한 논의는 현실성이 떨어질 수밖에 없다.

우선 경영의 흐름과 전망 자체가 중요한 재산적 가치로서 의미를 갖는 '기업의 자유'에 대한 제한에서는 적지 않은 경우에 경영활동에 대한 제한과 재산권에 대한 제한의 구별이 쉽지 않다. 예컨대 기업창설, 병합, 해체의 자유, 내부조직의 자유에 대한 제한이나 정찰제, 가격강제, 가격규제를 통한 가격책정의 자유에 대한 제한 등 각종의 기업규제는 기업경영의 자유에 대한 제한인 동시에 재산권에 대한 제한이기도 하다. 특히 여기에서 강조하고자 하는 것은 직업의 자유와 재산권 보장의 기본권경쟁의 관계가 아니다. '존속보장－가치보장'으로 이해되는 현재의 실물가치를 중심으로 하는 정적인 재산권 보장체계와는 다른 관점에서, 즉 경영계획과 활동의 관점에서 '기업경영의 자유'에 대한 간섭과 통제의 성격과 영향을 판단해야 한다는 점이다.[39] 이러한 점에서 이제까지 재산권 보장

---

38) 허영, 전게서, 450면.

39) 최근에 논란이 되고 있는 「금융산업구조개선법률」에 따른 금융기관퇴출문제나, 통신사업자선정, 생명보험 회사들의 상장문제 등은 적절한 참고사례라고 할 수 있다. 증권거래법(제191조의 16 제1항－2000. 1. 21, 시행)의 개정 이후에도 논쟁이 계속되고 있는 社外理事의 문제도 마찬가지이다. 이에 관해서는 전삼현, 『

의 범위에 포함되지 않는 것으로 간단하게 정리해왔던 '단순한 기대이익', '경제적인 기회' 등에 관해서도 적어도 '기업재산권'과 관련해서는 차별화된 접근이 필요하다.

또한 '역동적인 통일체'[40]로서 기업재산권은 기업을 구성하는 개별적인 재산권과는 다른 접근을 필요로 한다. 예컨대 기업의 산업소유권이나 각종 지적재산권, 사업면허권 등은 인적, 물적, 기능적으로 연계된 경영의 조직과 활동 속에서만 제대로 가치가 유지·발전될 수 있다.[41] 또한 기업의 영업금지 혹은 사업면허취소나, 사업용 부동산의 수용 등의 경우에도 기업의 경영 및 경쟁활동과의 기능적인 연계관계 속에서 불이익의 크기와 가치가 평가되어야 한다. 사회보장법이나 세법, 환경법 분야 등에서 기업에 부과되는 각종 조세와 기타 준조세 성격의 부담금이나 목적세 등의 비용부담의 헌법적 한계를 판단하는 경우에도 이러한 점이 고려되어야 한다.

또 한편 통일체로서 기업재산권의 사회적 기속성은 개별적인 기업의 재산권이나 일반적인 재산권의 그것과는 구별된다. 자유와 책임, 이익과 위험배분의 기준이 되는 사회적 관련성의 크기나 방향 및 그 내용에 따라 기업재산권의 사회적 기속성의 정도는 상대적으로 더 클 수도, 작을 수도 있다. 기업재산권의 내용과 한계를 정하는 입법에서 특히 주목되는 점이다.

3. 기본권심사의 기능법적 한계

실물정책적인 판단과 헌법규범해석에 따른 판단은 기능적으로 분리되지는 않지만, 분명히 구별된다. 이른바 헌법재판의 '기능법적 한계'(funkionell-rechtliche Grenzen)의 논제이다.

'기업의 자유'의 제한에 대한 합헌성 통제기준으로서 기본권은 전형적인 불확정 개념으로 규정되어 있는바, 대부분의 경우에 입론(立論)의 관점을 제공할 뿐이다. 단순한 기본권의 제한이 아니라 대부분 기본권을 형성하는 내용인 경제입법에서 기본권 해석의 핵심은 본질적으로 정책적 판단과 전망이다. 기업규제입법은 선재하는 기본권의 내용을 해석의 방법을 통해서 확인하는 것이 아니다. 기본권적 가치를 적극적으로 조정하고 배분

사외이사와 감사위원회』, 1999, 자유기업센터, 44면 이하 참조

40) Vgl. Ch. Engel, Eigentumsschutz fuer Unternehmen, AoeR 1993, S. 206ff.

41) 이와 관련하여 조세소송판결이기는 하지만 '영업권'에 관한 대법원의 개념규정, 즉 소위 '영업권'이라는 것을 "그 기업의 전통, 사회적 신용, 그 입지조건, 특수한 제조기술 또는 특수거래관계의 존재 등을 비롯하여 제조판매의 독점성 등으로 동종의 사업을 영위하는 다른 기업이 올리는 수익보다 큰 수익을 올릴 수 있는 초과수익력이라는 무형의 재산적 가치"로 이해하여 종합적이고 독자적인 가치로 본 것이 주목된다. 대판 1985.4.23. 84누281.

하는 형성적 작업이다. 기업경영활동의 많은 부분을 다양한 양식으로 조정하고 유도하는 경제입법자에게 특히 폭넓은 형성의 자유가 인정될 수밖에 없는 것도 이 때문이다.

요컨대 시장 속의 기업, 사회 속의 기업에 관한 국가의 개입에 대하여 기본권 해석을 통해서 간명한 '정지선(停止線)'이 그어지기를 기대할 수는 없다. 다만 이러한 기본권 해석 혹은 기본권심사의 한계가 그 기능적 효용을 부인하는 근거가 될 수는 없다. Leisner[42]가 주장하는바와 같이 합헌성통제의 중요한 기능은 가부 간의 간명한 판단에 국한되지 아니한다. 경제입법자와의 적절한 역할분담 속에서 헌법적 주의경보를 발령하는 오리엔테이션기능의 중요성도 간과되어서는 아니 된다.

Ⅴ. 여론(餘論) - 경제헌법 개정론?

'시장자유화'의 깃발 아래 경제헌법의 전면개정, 특히 헌법 제119조 제2항의 폐지에 관한 논란이 일고 있다. 그러나 '자유경쟁시장' 자체가 절대적인 목적이 될 수는 없다. 시장은 효과에 의해서 그 가치가 평가되는 단순한 수단일 뿐이다. 사회정의실현의 가치가 '자유시장'의 보호보다 우위에 있는 것임은 물론이다.[43]

탈규제의 방향, 즉 시장과 기업의 자율성 확대의 명제에 관해서는 이론(異論)이 있을 수 없다. 다만 우리의 경제현실에서 경제헌법을 전면 개정하는 것이 과연 타당한 것인지에 관해 결론을 내리는 것은 성급하다. 적어도 헌법 개정의 차원에서 해결방안을 찾기에는 이르다.[44] 또한 시장과 기업의 책임을 전제로 하지 않는 무조건적인 경제자유화의 주장은 무책임하다. 무엇보다도 우리는 아직 국가의 경제에 관한 규제와 조정의 결과에 관하여 정리된 판단자료를 갖고 있지 못하기 때문이다.

경제와 기업경영에 대한 과도한 국가개입은 상시적인 현상이었지만, 그것은 많은 경우에 원천적으로 우리 헌법이 예정하고 있는 방향과 범위를 넘어서는 것이었거나 혹은 헌법상의 절차와 방법상의 요건을 무시하는 불법적인 것이었다. 이른바 '관치금융(官治金融)'이나 관주도(官主導)의 기업구조조정의 문제는 그 대표적인 예이다. 또한 개발독재체제에서의 경제개입은 적어도 정치경제학적 관점에서 보면 국가와 시장 혹은 기업의 대립

---

42) W. Leisner, Verfassungsschranken der Unternehmensbelastungen, NJW 1996, S. 1516.

43) C. R. Sunstein, op.cit, p. 9.

44) 同旨, 김준규, 앞의 글, 471면.

구조 속에서 일방적으로, 일원적으로 시장의 자율성이 침해된 것이 아니었다. 특히 재벌 대기업과의 관계에서는 자본집중의 필요성이나 연구개발투자 촉진 등의 긍정적인 목적에서건 혹은 '정경유착'이라는 말로 표현되는 부정적인 맥락에서건 오히려 국가와 기업의 긴밀한 공조체제 속에서 각종 특혜와 지원을 통해 자유경쟁의 시장질서가 왜곡되는 복합적인 현상이었다.

이런 관점에서 보면 이제까지 우리는 법 외적인 요인들 때문에 헌법질서에서 국가와 경제, 국가와 기업 간의 적정한 역할배분의 문제를 제대로 논의할 기회를 갖지 못하였다고 할 수 있다. 적어도 경제학의 범주를 넘어서 헌법 개정과 연결하여 '신자유주의'를 논하기에는 우리는 법치국가원리와 기본권질서의 틀 속에서 '자유주의'를 실험해보지 못하였다. 논쟁의 대척점에 있는 자율시장과 국가개입 혹은 시장실패와 정부실패 그 어느 것도 제대로 경험해보지 못하였고, 경제규제입법과 공권력에 의한 각종 직간접적인 유형·무형의 기업규제에 대한 헌법적 판단의 기회를 제대로 갖지 못하였다.[45] 과도한 준조세 성격의 기업부담금에 대한 논란이나, 공정거래위원회나 금융감독위원회의 처분에 대한 헌법·행정소송 등 공권력에 의한 기업규제의 문제가 법적, 특히 헌법적 분쟁으로 공식적으로 표면화되기 시작한 것도 최근의 일이다.

여기에서 경제헌법 개정에 관한 입장표명은 유보한다. 그것이 결론이다. 경제헌법 개정에 관한 논의에는 한편으로는 현행 경제헌법의 규범적 의미와 실효성 및 그 한계에 관해서, 또 한편으로는 어제와 오늘의 헌법현실과 전망에 대한 광범위하고 치밀한 검토가 선행되어야 하기 때문이다. 헌법규범에 문제가 있는 것인지, 헌법현실 혹은 헌법해석에 문제가 있는 것인지 먼저 진단되어야 한다. 헌법질서체계상 기업의 좌표를 확인하는 것은 그 핵심적인 내용이다.

이 글의 목적은 국민경제목표와 기업의 경쟁력확보의 조화라는 헌법적 명제의 당위성을 확인하고 헌법질서 속에서 경제주체로서 기업의 독자적인 기능과 역할을 주목하면서

---

45) '국제그룹해체사건'(헌재 1993.7.29. 89헌마31)이나 '自道소주구입명령제도'(헌재 1996.12.26. 96헌가18)에 관한 헌법재판소의 위헌결정이 매우 의미 있는 것으로 평가되는 것도 이 때문이다. 다만 기술한바와 같이 이 사건들은 비교적 그 위헌성이 농후한 예외적인 경우였다. 이러한 점에서 외환위기 이후 급격한 금융구조조정의 과정에서 금융감독위원회의 금융기관의 퇴출 혹은 영업정지처분이나 기타 부실기업퇴출에 관한 결정 등과 관련하여 제기된 행정소송과 헌법소원들에 대한 결정, 특히 「금융산업의 구조개선에 관한 법률」에 대한 위헌 여부에 관한 판단은 앞으로 경제입법자의 형성의 자유와 그 한계에 대한 법원과 헌법재판소의 입장을 가늠할 수 있는 기회라는 점에서 그 귀추가 주목된다. 이제까지 헌법재판소는 관련 헌법소원에 대하여 직접성이나 보충성의 요건이 결여되어 있다는 이유로 각하결정을 내리는 데 그쳤다. 예컨대 헌재 1998.7.29. 98헌마236; 1999.9.16. 99헌마97. 조만간 본안판단의 기회가 있을 것으로 기대된다.

자유를 전제로 하는 기업의 책임, 책임을 전제로 하는 '기업의 자유'를 탐색하는 것이었다. 현행 헌법상 국가와 기업 간의 적정한 역할분담체계 속에서 개별 기본권의 해석을 통해 '기업의 자유'와 기업의 공적 책임의 조화점이 찾아질 수 있다는 이 글의 결론에는 최소한 전면적인 경제헌법 개정에 대한 유보적인 신중론의 뜻이 담겨져 있다.

<『공법연구』, 제29집 제2호, 2000. 12, 161〜179면>

【9】 보상 없는 재산권 제한의 한계

Ⅰ. 서론

1. 문제제기

최근에 서울고등법원(서울 고법특별4부 95구32220)은 한남동 단국대부지와 관련하여 도시계획법 제10조를 근거로 한 도시계획용도지구변경결정처분무효소송에서 각하결정을 하면서 다음과 같이 설시하였다. "이 사건 토지를 포함한 위 학교부지는 한강변에서 볼 때 서울시의 경관을 대표할 수 있는 남산과 조망상 일체를 이루므로 서울시민이 쾌적한 환경에서 생활할 수 있도록 그 경관유지를 위해 최고고도를 제한해야 할 필요성은 이로 인해 침해받는 개인의 이익보다 결코 적다고 볼 수 없다."

한편 이른바 '그린벨트'와 관련된 판결에서 대법원은 다음과 같은 견해를 보였다. "도시계획법 제21조 제1항, 제2항의 규정에 의하여 개발제한구역 안에 있는 토지의 소유자는 재산상의 권리행사에 많은 제한을 받게 되고, 그 한도 내에서 일반토지소유자에 비하여 불이익을 받게 되었음은 명백하지만, '도시의 무질서한 확산을 방지하고 도시주변의 자연환경을 보전하여 도시민의 건전한 생활환경을 확보하기 위하여 또는 국방부장관의 요청이 있어 보안상 도시개발을 제한할 필요가 있다고 인정하는 때'에 한하여 가해지는 위와 같은 제한은 공공복리에 적합한 합리적인 제한이라고 볼 것이고, 그 제한으로 인한 토지소유자의 불이익은 공공의 복리를 위하여 감수하지 않으면 안 될 정도의 것이라고 인정되므로 손실보상의 규정을 하지 아니하였다 하여 도시계획법 제21조 제1항, 제2항의 규정을 헌법 제23조 제3항이나 제37조 제2항에 위배되는 것이라고 할 수 없는 것이다."[1]

위의 두 판결에서 우리는 보상 없는 '재산권 제한'[2]의 문제에 대한 유용한 접근의 단서를 찾아 볼 수 있다. 비록 두 판결에서 공히 재산권을 제한함으로써 얻어지는 공익이 제한되는 사익보다 크다는 점만을 강조하고 있지 '왜' 시민의 입장에서 아무런 보상 없이 그것을 참아낼 수밖에 없는지 납득시킬 만한 설득력 있는 설명은 전혀 없다. 다만 전

---

1) 대판 1990.5.8. 89부2
2) 이 용어의 개념에 관해서는 따로 개념을 정리함.

자의 경우에는 일반적인 통념에 따라 생각하는 경우에도 우선 서울 한복판에 있는 해당 토지재산의 지역적 여건과 외부적인 개발이익 등에 비추어 볼 때 그것이 재산권의 사회적 기속성의 한계 내의 것이라는 대체적인 합의에 의해 납득될 수 있는 있을 것으로 생각된다. 반면에 후자의 경우에는 그 '부담전가'에 대한 법리적 대응논리로서는 아무런 합리적인 논거가 제시되지 않았다는 점에서 궁극적으로 판결의 힘을 뒷받침해주는 객관적인 설득력은 찾아지지 아니한다.

과연 이러한 판결이 "그린벨트가 도시민의 건전한 생활환경을 위하여 필요한 것이라면 그 지정의 원인제공자와 수익자는 수익자부담의 원칙에 따라 최소한의 부담도 하지 않고 남의 희생 위에 무임승차하면서 무고한 그린벨트 주민에게는 그 부담의 전부를 전가하는 것은 형평과 사회정의의 요청에 의한 공평부담의 원리에 정면으로 배치된다"고 주장하는 이해당사자들을 납득시킬 수 있는 설득력을 가지고 있는가는 의문이 아닐 수 없다. 예컨대 경기도 하남시, 고양시 등 서울과 인접한 개발제한구역에서 길 하나를 사이로 한쪽 편은 개발제한구역으로 묶여서 일상생활상의 극심한 불평까지 초래하는 정도로 토지재산권행사가 극도로 제한되어 있는 반면에, 또 길 건너편은 아파트단지나 상가 등 대규모 건물이 들어서고 있는 상황에서 제기되는 이른바 '그린벨트민원'을 단순히 '지역이기주의의 발로'라고 무시할 수 있는 것인가?

그린벨트로 대표되는 이러한 보상 없는 재산권 제한의 문제는 그 문제성의 정도에서 차이가 있을 뿐 사실상 재산권 제한법제의 거의 대부분의 경우에 해당된다. 그 근본적인 원인은 우선 충분한 법리적 검토 없이 정책당국의 일방적인 시각에서 제정된 각종 재산권규제법령에서 찾아진다. 또 한편으로는 국가공권력 자신부터 재산권 제한의 취지에 역행하는 행태를 보이고[3] 재산권규제법령의 구체적인 집행과정에서도 종종 일관성과 형평성이 지켜지지 않는 사례가 빈번해서 민원을 증폭시키기도 하였다.[4] 최근 들어서 관련민원이 증폭·표출되는 배경에는 위헌법률심사제도 등 헌법재판제도가 유명무실하였던 제도적 여건을 차치하더라도, 사실상 공권력에 의한 재산권 침해에 대하여 아무런 불이익에 대한 우려나 심리적 부담감 없이 자유롭게 방어하고 구제받을 수 있는 법문화적 환경조건이 정착되지 못하였던 사정도 작용되는 것으로 여겨진다.

---

3) 내곡동의 안기부청사, 우이동 북한산역 내의 통일연수원, 서초구 우면동의 교육문화회관 등 대규모 공공기관건물의 그린벨트 내의 신축 등이 그 대표적인 예이다.

4) 예컨대 경기도 고양시, 하남시 등에서 만연되고 있는 탈법적인 호화별장신축, 이른바 '딱지거래'를 통한 개발권 매매를 통해 원지인 명의로 건축한 후 나중에 명의이전을 하는 현상은 그린벨트의 근본취지를 퇴색시키고 있다.

많은 경제규제법령의 경우에도 위임입법의 한계를 벗어났다는 입법형식상의 문제를 넘어서, 영업의 자유 혹은 기업의 자유와 함께 재산권에 대한 침해를 이유로 그 위헌성에 대한 문제제기가 많아지고 있다. 그 이유는 우선 경제관계법령의 경우에 많은 경우에 단기적인 경제정책적 목적 때문에 입법을 서두르는 경향이었고, 그에 따라 충분한 법리적 검토 없이 졸속입법을 하던 잘못된 정책결정 및 시행과정에서 찾아 볼 수 있을 것이다. 물론 그 근원은 '헌법속의 정책'이 아니라 정책의 효율성만을 우선시하였던 후진적인 우리 법문화현실과 성장제일주의 혹은 효율성만능주의에서 벗어나지 못하였던 정책결정권자들의 헌법경시현상에 있었다고 할 수 있다. 이러한 졸속입법을 통한 경제정책이 더 이상 국민과 기업에 대한 설득력을 가질 수 없고, 그에 따라 궁극적으로는 정책으로서 타당성과 실효성을 가질 수 없다는 비판은 비단 경제정책적인 관점에서의 지적에 그치는 것이 아니다. 이는 바로 헌법의 테두리 내에서 법과 정책의 조화의 명제가 왜 중요한지를 역설해주고, 경제관계법령 전반에 걸친 헌법적 검토가 시급하게 요구된다는 점을 역설하는 것이기도 하다.

헌법의 재판규범성이 확보되고 국민의 권리의식이 높아진 우리 사회에서 더 이상 고도성장 혹은 개발, 자연보호 등의 공공복리를 위해서는 개인 혹은 기업의 개별적인 사익은 제한될 수밖에 없다는 일방적인 구호는 설득력을 가질 수 없게 되었다. 토지재산권관계법령이나 경제법령을 포함하여 모든 재산권관련 법령에 있어서 우리는 희생 혹은 일방적인 양보의 시대가 아니라 조화와 타협의 시대로 넘어가는 전환기에 있다. 이러한 점에서 '보상 없는 재산권 제한의 한계'의 문제는 법리적으로나 정책적으로나 그 자체로서 매우 중요한 문제임은 두말할 나위 없고, 더 나아가서는 법규범의 설득력을 확보하고 법에 대한 국민의 신뢰를 회복하여 올바른 법문화와 정책문화를 정착・발전시키는 데 큰 의미를 가지는 주목의 대상이기도 하다.

2. 연구의 목적과 범위

본 연구는 다음과 같은 전제하에 설정된 제한된 범주에서 진행된다.

ⅰ) 본 연구는 힘의 논리에 따른 체제선택, 말하자면 이데올로기를 바탕으로 하는 초헌법적인 영역에서 계급투쟁의 상징적인 구호로서 의미를 가지는 해방과 자유 혹은 절대적인 정책만능주의가 키워드일 수는 없고, 헌법의 테두리 내에서 헌법원리를 구체화하는

작업, 즉 헌법원리에 따른 재산권 제한의 한계와 지침을 밝히는 헌법해석 작업에 지향된 것으로서 합리적인 규범논리와 최소한의 객관적이고 합리적인 설득력으로 뒷받침되는 법리적인 작업을 그 내용으로 한다.

ii) 재산권 보장의 범위와 내용 혹은 재산권에 대한 규제가 경제·사회·문화 등 전반적인 국가정책과 전방위적으로 연계되어 있다는 점에서 재산권문제는 단순히 좁은 의미에서의 법리적인 접근만으로 해결될 수 있는 문제는 아니다. 그러나 재산권문제에 대한 헌법적 담론이 단순히 정책의 오류 내지는 부작용을 사후에 법리적으로 정당화시켜준다든지 혹은 그에 따른 법적 분쟁에서 정책결정 혹은 집행당국의 입장을 변호하기 위한 논리제공을 위한 것은 아니다. 당연한 것이기는 하지만 올바른 문제설정을 위해 재확인이 필요한 것으로 여겨지는 전제는 헌법상 보장되는 재산권의 효력과 내용이 유동적일 수밖에 없는 정책적 판단에만 편향되어서 일관성 없이 자의적으로 결정되어서는 아니 된다는 당위적 사실이다. 특히 재산권규제의 허용성과 자유성, 즉 재산권 보장의 효력이 원천적으로 국가의 재정부담 혹은 재정상의 한계에 의해서만 결정되는 것은 법리적으로 전혀 설득력을 갖지 못한다. 재산권문제는 당위와 현실, 법과 정책이 상호 배제의 관계가 아닌, 상호교차, 조화 혹은 상승의 관계로 이해, 접근되어야 할 필요성이 가장 극명하게 드러나는 예라고 할 수 있다.

iii) 입법 영역에서 요구되는 법정책적 접근이 헌법조문해석에 의해 포섭되어서도 아니 된다. 옳은 법률을 둘러싸고 진행되는 경쟁작업은 다양한 정치적 대안 간의 설득력을 수단으로 하는 토론게임이다. 이는 추론적인 규범해석 작업과는 본질과 기능이 다른 정치적 혹은 정책적인 담론의 과정이다. 이러한 과정의 산물인 법률의 독자성의 정도와 범위는 법률의 해석과 적용에서 실정법률상의 규준과 구성요건들이 충분한 지침을 제공하는가, 아니면 개별적인 경우마다 항상 헌법상 원칙의 원용을 필요로 하는가 하는 점을 기준으로 판단할 수 있다. 요컨대 법률의 매개 없이 개별적인 사항의 규율이 헌법에 유보되는 것은 용인될 수 없다. 이는 과잉금지원칙 혹은 기본권의 방사효과이론 등을 적용하는 기본권이론 형성에 있어서 항상 유의해야만 하는 점이다. 헌법의 '화려한 고립'(splendid isolation)은 가능하지도, 바람직하지도 아니하다. 이는 특히 헌법상 확정된 보호영역을 전제로 하지 않는 재산권, 즉 그 내용과 한계를 법률로 정하도록 되어 있는 재산권 영역에서 가장 들어맞는 말이다.[5]

---

5) Vgl. *R. Wahl*, Der Vorrang der Verfassung und die Selbständigkeit des Gesetzesrechts, *NVwZ* 1984, S. 408f.

ⅳ) 정책적인 혹은 법경제학적인 관점은 법률에 대한 사법심사의 관점에서 보면 입법자가 단순히 주도적인 이익집단들의 요구에 기계적으로 반응하였다거나, 혹은 정부가 자신의 정책상의 오류를 특정집단의 희생을 대가로 시정 혹은 수습하려는 것이 아니라, 공익의 실현을 위해 합리적인 최적의 수단을 선택하였는지 여부에 대한 판단의 기준으로서 합리성심사의 핵심적인 요소이다.

다만 거래비용과 효율성을 핵심적인 기준으로 법의 기능을 분석, 평가하는 미국의 법경제학에서 개념으로 사용되고 있는 넓은 의미에서의 불법행위(undesirable acts), 즉 민법상의 불법행위(torts)뿐만이 아니라 그 행위로 인한 사회비용의 기대치가 사회편익의 기대치보다 큰 경우를 포함하는 개념은 법정책학적인 개념도구로서는 매우 유용하고, 따라서 전향적인 연구검토가 요망된다. 그러나 특히 법률 및 행정행위에 대한 법원의 사법심사에 대한 지침으로서는 그 체계정합성과 현실적인 적용가능성의 관점에서 치밀한 이론적 검토작업이 선행되어야만 한다. 법정책학적인 관점에서는 규율대상의 독자적인 특성과 문제점을 고려하여야 하는 반면에 법이론은 법질서의 구조형성과 체계정립을 지향하기 때문이다. 예컨대 후에 언급하게 될 Michelman의 기준, 즉 경제학적 입장에서 토지이용규제를 희소한 토지재산을 효율적으로 배분하기 위한 조정장치로 이해하는 관점에서 토지이용규제의 허용성과 자유성을 '비용편익분석'(cost-benefit-analysis)에 따라 판단하는 기준으로 제시되는 사회적 효용과 공평성의 보장 여부는 입법 영역에서의 정책형성과정에서는 일정한 효용이 기대되지만 구체적으로 계량화하기 어렵다는 점에서 적어도 사법심사에서 지침으로 활용되기는 어렵다.[6] ⅴ) 재산권 제한의 허용성과 자유성에 대한 일반적이고 절대적인 기준의 정립은 불가능하다. 목적과 그에 따라 활용가능한 수단이 상이한 법 영역을 작위적인 일반이론화작업을 통해서 통일된 원칙을 도출하고, 이를 무차별적으로 적용하는 것은 이제까지의 실무정책과정이나 이론적인 논의를 통해서 충분히 입증된바와 같이 가능하지도, 바람직하지도 아니하다. 다만 일면 효과적이고 효율적인 정책결정과 집행을 위해서나 타면 개인재산권의 무제한적인 상대화를 방지하기 위해서나 양측에 공히 필수불가결한 일정한 정도의 예측가능성을 담보할 수 있는 체계적인 문제인식과 재산권법제에 대한 헌법적 판단을 위한 기본권이론적 준거점은 마련되어야 한다. 또한 이러한 전체와 개인 혹은 공익과 사익 간의 적절한 조화를 정향점으로 하는 공통된 문제인식과 체계적인 이론틀을 전제로 다양한 재산권규제 현상을 각각의 상이한 제도적

---

6) 이러한 관점에서 본 연구에서 미국에서의 재산권 제한과 관련된 법제도, 이론 및 판례는 필요한 최소한의 경우에만 언급된다.

특성과 기능, 규제의 목적 혹은 동기 또는 그 영향 등을 기준으로 필요한 만큼 유형화하여 각각의 유형에 따라 구체적이고 실천적인 해결책을 제시하는 것이 재산권이론의 핵심적인 과제이다.

3. 용어 및 개념정리

1) 공용침해 – 수용, 사용, 제한

우리 헌법 제23조는 재산권은 그 내용과 한계가 법률로써 정해진다는 전제하에 입법자에 의해 구체적으로 그 보호영역이 설정된 재산권을 공공필요에 의해 '수용'·'사용' 또는 '제한'하는 경우에 법률로써 하되, 정당한 보상을 지급하여야 한다고 규정하고 있다. 이처럼 우리 헌법은 재산권의 '수용'과 '사용' 및 '제한'을 각각 상이한 공용제한 혹은 공용침해의 유형으로 구별하여 개념을 사용하고 있기 때문에 일반적으로 기본권의 구성요건, 즉 기본권보호영역의 설정과 그에 대한 제한 및 그 제한의 정당성, 즉 '한계의 한계'(Schranken-Schranken) 유월 여부에 대한 단계적인 판단을 내용으로 하는 전통적인 3단계구조의 기본권이론에서의 제한의 개념과 구별하여 이해하여야 할 필요성이 제기된다. 즉 기본권 제한입법에 대한 헌법적 한계를 규정하고 있는 우리 헌법 제37조에서 사용하고 있는 기본권 제한의 개념은 전통적인 3단계 기본권이론체계상 사용되는 제한 (Eingriff), 즉 논리적으로 그 적법성 혹은 불법성여부에 대한 판단 이전의 과도적이고 중립적인 개념이다. 또한 여기에서 사용되는 제한의 개념은 예컨대 해석상 논란이 되고는 있지만 재산권 제한의 한 유형으로 '수용'(Enteignung)만을 규정하고 있는 「독일기본법」 (기본법 제14조 3항)과 달리 우리 헌법의 재산권규정에서는 구별되어 사용되고 있는 '수용'과 '사용'이 포함되는 포괄적인 상위개념이다.

이러한 헌법상의 '제한' 개념의 중복·혼용 예로 인해 개념이 입법적으로도 통일되지 못하고, 이론적으로도 왕왕 혼용되기도 하여 단순한 용어사용의 불일치를 넘어서 다른 기본권과는 구별되는 특별한 구조와 속성을 가지는 기본권인 재산권문제, 특히 재산권 제한문제에 대한 이론적 논의에 있어서 불필요한 오해나 낭비가 초래되고 있는바, 최소한 재확인하는 의미에서라도 개념을 정리할 필요가 있다.

위에서 언급한바와 같이 「독일기본법」과 달리 '수용' 및 '사용'과 구별하여 재산권 제한의 한 유형으로 '제한'을 따로 규정하고 있는 우리 헌법상의 재산권 조항에 있어서

'제한'의 개념은 그 내용상으로는 통상적으로 많이 사용되는 재산권 '규제'(regulation)에 해당되는 것으로 이해된다. 즉 '고전적인 의미의 수용'에 가까운 소유권의 전체적인 혹은 부분적인 박탈'을 의미하는 좁은 의미의 '수용'이나 적극적인 공용 '사용'과는 달리 소유권의 변동이나 재산권자의 기존의 법적 지위 자체에 대한 적극적이고 형성적인 변경 없이 단순히 특정 재산권에 대한 사용 및 수익과 관련된 부작위부담 혹은 거래제한 등을 통해서 재산권의 사용·수익·처분권을 규제하는 제한유형이다. 다만 위에서 언급한 좁은 의미에서의 '수용' 개념을 전제하지 아니하고 재산권 제한의 세 가지 유형을 제한의 내용과 양식에 따라 그 기능적 연관성을 이해하면 '사용'은 '소극적이고, 제한적인 수용', '제한'은 '소극적이고, 간접적인 사용', 말하자면 '소극적이고 제한적이고, 간접적인 수용'에 해당되는 것으로 여겨진다.

그러나 과거 독일에서 협의 또는 광의의 '수용'(Enteignung) 개념을 둘러싸고 벌어졌던 논란을 우리 헌법상의 재산권이론에서 반복해야 할 이유는 되지 못한다. 또한 연방헌법재판소의 정의에 따르면 '재산권적 법적 지위에 대한 부분적인 박탈'이 포함되는 협의의 '수용'(Enteignung), 따라서 우리 헌법상 제23조 3항의 '수용'과 완전히 일치되는 것으로 볼 수는 없는 개념을 전제로 하는 경우에 초래되는 개념론상의 논란, 재산권이론체계상의 혼선 및 그에 따른 정책적인 문제점 등을 해결하기 위한 이론적 논의, 예컨대 이른바 '보상의무 있는 재산권내용규정'(ausgleichspflichtige Inhaltsbestimmung) 등의 논의도 후에 기술하는바와 같이 재산권규제와 관련된 새로운 환경조건에서 재산권 보장의 효력범위를 확장하기 위한 이론적 단서로서는 우리 입장에서도 충분히 검토되어야 할 필요성이 있지만, 적어도 똑같은 관점과 맥락에서 우리가 추종할 이유가 없음은 분명하다. 「독일기본법」과 달리 우리 헌법은 명시적으로 재산권의 '수용'과 '사용' 및 '제한'을 구별하고 있기 때문이다.

요컨대 우리 헌법 제23조 3항에 규정된 재산권 '제한'의 개념은 재산권 제한의 한 유형으로서 넓은 의미에서의 제한 즉, 일반기본권이론 혹은 우리 헌법 제37조에서 사용되는 기본권의 제한과는 분명히 구별해서 이해하여야 한다. 이러한 이유 때문에 종래에 상위개념으로 많이 사용되던 '공용제한' 혹은 '(광의의) 공용수용' 개념 대신에 '공용침해'라는 용어를 사용하는 경향이 주목되는데, 이 용어 역시 독일에서의 용어사용례를 떠나서, 우리나라에서의 법이론적 논의에서도 일반적으로 '침해'(Verletzung)가 '위법한 제한'(rechtswidriger Eingriff)의 개념으로 사용되는 점에서는 부적절한 점이 없지 아니하다.[7]

---

7) 예컨대 김남진, 『행정법 Ⅰ』, 법문사, 2006, 429면; 「공용제한과 손실보상」, 『고시연구』, 1994. 6, 63면

2) 보상 없는 '재산권 제한'

다만 이러한 용어사용례를 엄격하게 적용하고 또한 재산권에 대한 규율양식을 전통적인 수용이론에 따라 보상이 필요 없는 재산권 정의, 말하자면 재산권의 내용과 한계를 정하는 입법작용과 정당한 보상지급을 전제조건으로 허용되는 '공용침해' 두 가지로만 제한하여 구별하는 경우에 본 논문의 연구주제로 제시되고 있고, 일반적으로 사용되고 있는 '보상 없는 재산권 제한'이라는 용어는 개념논리적으로 논의의 범위를 성급하게 제한하게 되는 문제점을 내포하고 있다. 즉 이에 포함되어 있는 재산권의 내용규정과 공용제한의 구별이라는 여전히 의미 있는 논점에도 불구하고 그것을 '보상 없는 공용수용'에 해당되는 것으로 보는 경우에는 적어도 개념논리상 더 이상 그 적법성 여부에 대한 검토작업을 필요로 하지 않기 때문이다.

그러나 독일에서 새로운 재산권 제한유형으로 논의되고 있는 이른바 '보상의무 있는 재산권내용규정'의 예를 차치하더라도, 재산권관련 법제, 특히 공용제한법제의 극심한 다양성과 복잡성 때문에 이론적으로나 입법 혹은 사법심사실무상 설득력 있는 객관적인 기준에 따라 공용제한과 재산권내용규정의 구체적인 재산권규율에 따른 재산권적 제한을 간명하게 구별하는 것이 쉽지 않다. 또한 이러한 2원적인 구도를 바탕으로 정당한 보상지급이 요구되는 공용침해의 세 가지 유형만을 전제하는 경우에는 일면 헌법상 재산권보장의 효력범위와 그 내용이 자의적으로 축소될 수도 있다는 점이 우려되고, 또 한편으로는 효과적이고 일관된 재산권관련정책의 결정과 집행을 법리적으로 뒷받침해줄 수 있는 이론적 가능성이 사전에 봉쇄되는 것이 아닌가 하는 지적이 있을 수 있다. 다만 여기에서는 새로운 재산권 침해유형에 대한 논의의 필요성과 그 가능성에 대한 이론적 검토의 결론을 예단하고자 하는 것은 아니다. 요컨대 충분한 이론적 검토 없이 개념논리에 의해 재산권이론적 논의의 가능성과 방향이 봉쇄되거나 왜곡되지 않도록 개념을 분명하게 확인(정)해 두고자 하는 것이다.

요컨대 본 논문의 연구테마로 제시된 '보상 없는 재산권 제한'은 일반적으로 통용되고 있는 개념이기 때문에 그대로 사용하되, 다만 여기에서 '재산권 제한'의 개념은 헌법 제23조 3항의 '공용제한'을 의미하는 것이 아닐 뿐만 아니라 전통적인 기본권이론적 개념

주석 16 참조. 바로 이러한 문제점 때문에 적절한 새로운 용어의 개발이 요망된다는 점을 전제하면서 본 논문에서도 일단 우리 헌법 제23조 3항의 재산권의 수용·사용 및 제한을 포괄하는 상위개념으로 '공용침해'라는 용어를 사용하기로 한다. 유지태 교수가 '공용제약'이라는 용어를 제안하는 것도 같은 이유에서이다.

인 '재산권 제한', 말하자면 '공용침해'보다 확장된 개념, 말하자면 '기본권으로 보호되는 재산권적 법익에 대한 영향'의 의미로 사용된다. 여기서 '영향'의 개념에는 '법적으로 존재하는 무엇'인가가 사전에 확정되어야만 상정가능한 전통적인 기본권이론상의 '제한'(Eingriff)의 양식뿐만이 아니라, '법적 형성'(rechtliche Ausgestaltung) 및 '사실상의 제한'(faktische Beeinträchtigung) 등과 같은 다양한 양식의 영향이 포함된다. 특히 이러한 개념정리가 필요한 까닭은 재산권의 경우에는 그 '무엇', 즉 재산가치있는 권리 자체가 법률로 정해지게 되어 있기 때문에 논리적으로 보호영역이 헌법 차원에서 확정되는 기본권에 연계된 전형적인 기본권이론만으로는 논리적으로 접근될 수 없기 때문이다(이는 독일연방헌법재판소의 새로운 재산권 이해에 따라 '존속보장'을 재산권의 보호영역을 설정하는 개념으로 보는 경우에도 마찬가지이다. 재산권의 경우에 다른 기본권과 비교해서 기본권형성적 법률유보의 기능영역의 크기에서 다른 접근을 요하는 점은 부인되지 아니하기 때문이다. 이러한 점에서 기본권의 구성요건, 즉 보호영역, 제한 및 그 정당화의 전통적인 3원론적 구조의 고전적인 기본권이론은 다양한 기본권 양상에 비추어 볼 때 적어도 일반적으로 타당할 수는 없다는 입장에 설득력이 더해진다고 할 수 있다).[8]

Ⅱ. 헌법상 재산권 보장의 의의와 내용

1. 재산권 보장의 의의

헌법상 보장되는 재산권은 '권리성'과 '질서성'의 이른바 '양면성' 특히 부각되는 기본권이다. 재산권은 일차적으로 주관적 공권으로서 개인의 사유재산권에 대한 독자적인 사용, 수익, 처분권과 이에 대한 침해에 대항하고 방어할 수 있는 권리이다. 그러나 재산권은 주관적인 권리성과 함께 객관적인 가치질서로서의 성격을 동시에 내포하고 있다. 재산권은 우선 개인의 독자적인 생활설계와 자유로운 개성신장의 경제적인 필수조건인 부의 창출·유지 및 그 축적과정의 결과 및 수단에 대한 법적 보장장치로서 경제영역을 포함한 모든 생활영역에서의 실질적인 자유의 전제조건이다. 또한 개인의 재산권을 보장하는 것은 개인의 능력과 노력에 따른 가치배분을 바탕으로 하는 자유시장경제질서의

---

8). Vgl. *J. Ipsen*, Gesetzliche Einwirkungen auf grundrechtlich geschützte Rechtsgüter, *JZ* 1997, S. 473ff.

이념적 기초이다. 더 나아가서 재산권은 '자율적인 생활설계의 자유'와 함께 모든 국민의 '인간다운 생활'을 추구하는 사회국가이념실현의 조건인 동시에 실현수단이기도 하다.

이렇게 특히 부각되는 재산권의 객관적인 질서성과 가치질서로서의 다양한 기능 때문에 헌법사가 여실히 보여주듯이 헌법상 보장되는 재산권의 내용과 범위는 고정적인 것일 수 없었고, 항상 정치・경제・사회 전반에 걸친 변동에 따라 유동적일 수밖에 없었다. 또한 예컨대 경제성장, 물가안정, 합리적인 소득분배, 산업정책 등 거시적인 경제정책, 환경보호, 도시정책, 효과적인 국토개발전략 등 현대산업사회에서 경제・사회 분야 등 주요국가정책영역에서 재산권과 직간접적인 관련성을 갖지 않는 경우가 거의 없다고 할 수 있을 정도로 재산권은 주요정책의 대상 자체인 동시에 수단이기도 하다. 이러한 점에서 재산권 보장의 대상과 그 내용을 설정하는 것은 특히 법과 정책 간에 균형된 시각이 요구되는 문제이기도 하다. 다른 기본권과 달리 재산권의 경우에 그 보호영역 자체의 설정, 즉 재산권의 내용과 한계를 정하는 데 있어서 특히 폭넓은 입법형성의 자유가 주어지는 것이나 통일된 재산권이론과 간명한 보상법제가 정립되지 못하고 있는 것도 이 때문이다.

2. 재산권 보장의 내용

1) 보장의 대상 - 헌법상 재산권의 개념

우리 헌법 제23조 제1항은 '모든 국민의 재산권은 보장된다'고 규정하는 동시에 그 구체적인 내용과 한계는 법률로 정해진다고 규정하고 있는바, 이 재산권 조항은 기타 기본권규정과 다른 특징을 가지고 있다. 즉 통설적인 기본권이론에 따르면 다른 일반적인 기본권들의 경우에는 기본권의 보호영역이 원칙적으로 헌법차원에서 설정되고, 입법자에게는 엄격한 헌법적 한계 내에서 기본권을 제한할 수 있는 권능만이 주어지는 데 반해서, 재산권은 그 내용 자체가 입법자에 의해 법률로 정해진다. 말하자면 재산권은 매우 폭넓은 형성의 자유가 주어져 있는 입법자에게 사실상 '재산권 정의권(定義權)'(Definitionsmacht des Eigentunms)이 주어져 있기 때문에 이른바 '기본권 형성적 법률유보'에 의해서 구체적으로 그 존속보장의 영역이 설정되는 특이한 규범구조를 가지고 있다. 다시 말해서 헌법상 보장되는 재산권은 '법적인 기본장치'(rechtliche Infrastruktur) 없이는 실현될 수 없는 공허한 개념형식일 뿐이다.[9]

따라서 이러한 재산권규정의 규범구조적인 특징에 대한 깊은 고려 없이 헌법상 보장되는 재산권의 범위를 "사적인 유용성과 임의적인 처분권능이 인정되는 모든 재산가치있는 권리"[10]라거나, "경제적 가치가 있는 모든 공법상 및 사법상의 권리" 혹은 "사회통념에 의하여 형성된 모든 재산가치적 법익"[11]으로 확정적으로 전제하는 일반적인 서술경향은 논리적으로 문제가 있다. 즉 법률에 의해 재산권의 내용과 한계가 정해진다는 규정의 의미는 개념에 충실하게 해석한다면 헌법상 재산권적 권리의 '존속보장'과 '가치보장'의 범위가 법률에 의해 '비로소' 설정된다는 의미이고, 재산권의 내용을 정하는 것은 객관적인 법적 차원에서 재산권자의 법적 지위, 즉 재산권자의 주관적인 권리와 의무를 규정하는 것이기 때문이다. 이렇게 본다면 재산권의 사회적 기속성을 구체화하여 재산권의 내용과 한계를 정하는 법률규정은 사전에 확정된 재산권 개념을 전제로 하는 것이 아니라 재산권제도 자체의 내용을 결정하는 규범이기 때문이다. 재산권이론에 따르는 어려움은 바로 이러한 사실상 입법자에 대한 '재산권 정의권의 위임'에 해당되는 재산권 형성적 법률유보와 이에 대한 헌법적 한계 간의 분명한 관계설정이 불분명하다는 점에서 비롯된다.

법률유보를 기본권 제한의 관점에서 보지 아니하고, 오히려 기본권을 구체적으로 실현하고 강화하는 수단이라고 이해함으로써 기본권과 제도를 동일시하는 Häberle의 이른바 '제도적 기본권이론'(Institutionelle Grundrechtstheorie)[12]은 차치하더라도 기본권 제한이 입법자에게 맡겨져 있지 아니한 절대적 기본권을 명시적으로 규정하지 아니하고, 기본권 제한의 일반적 법률유보를 채택하고 있는 우리 헌법체계상 피상적으로 접근하면 그 차별성은 간과하기 쉽다. 그러나 재산권의 내용과 한계를 법률로 정한다는 것은 헌법이론적으로 기본권 제한에 관한 일반적인 법률유보와는 구별된다. 일반적인 경우와 달리 헌법 제23조 제1항상의 재산권 형성적 법률유보, 즉 재산권의 내용을 법률로서 정하는 것은 입법자가 재산권의 보호영역 자체를 확정적으로 설정하는 것이다. 그러나 또 한편으로는 헌법 23조에서 보장하는 재산권은 사유재산권 영역에 대한 입법자의 침해를 제한하는 한계설정의 의미를 갖는다. 여기에서 일견 제기되는 논리적인 모순의 문제가 바로 재산권 형성적 법률유보와 기타의 일반적인 기본권 제한적 법률유보를 구별지우는 차이점인 동시에 재산권 제한의 한계문제에 대한 이론적 해결을 어렵게 만드는 결정적인 요인이기도 하다.

물론 입법자에 대한 '재산권 정의권'의 위임은 백지위임은 아니다. 재산권의 내용과 한

---

9) Vgl. *W. Böhmer*, Grundfragen der verfassungsrechtlichen Gewährleistung des Eigentums, *NJW*, 1988, S. 2568.

10) 허영, 『헌법이론과 헌법』, 박영사, 1995, 594면.

11) 권영성, 『헌법학원론』, 법문사, 1995, 479면, 481면.

12) Vgl. *Die Wesensgehaltsgarantie des Art. 19 Abs. 2 GG*, 2 Aufl., 1972, insbes. S. 180ff.

계를 정하는 입법자의 형성의 자유는 무제한적인 것이 아니고, 과잉금지의 원칙, 자의금지의 원칙, 신뢰보호의 원칙 등 헌법상의 원칙이나 위에서 언급한 객관적인 가치질서로서 재산권의 자유보장기능 등에 의해 제한된다. 따라서 독일 연방헌법재판소가 분명하게 밝히고 있는바와 같이 헌법상의 재산권 개념은 궁극적으로 헌법 자체에서 설정된다.[13] 말하자면 헌법의 하위규범인 법률규정에서 헌법상의 재산권 개념이 도출될 수 없고 또한 단지 혹은 우선적으로 사법상의 권리설정에 따라 구체적인 재산권 보장의 범위가 정해질 수는 없는 것이다. 이렇게 본다면 특정한 시점에서의 재산권자가 가지는 구체적인 권능의 내용과 범위는 재산권자의 법적 지위를 규율하고 있는 모든 '합헌적인 법 규정'들에 의해 결정된다고 할 수밖에 없다.[14] 바로 이러한 특정한 시점과의 연계성 때문에 재산권 개념은 가변적이고 유동적일 수밖에 없다. 여기에서 법 규정에는 당연히 공법, 사법 규정이 다 포함된다. 예컨대 재산권에 포함되는 것으로 인정되고 있는 건축의 자유는 토지소유자의 임의적 처분권으로 보호되는 것이 아니고 따라서 그것이 건축관련법에 의해 규제된다고 해도 그것은 재산권이 제한되는 것이 아니라 원칙적으로 법률이 허용하는 범위 내에서 건축할 수 있는 내용의 재산권으로 보장되는 것이다.[15]

요컨대 헌법적 재산권 개념이 헌법에서 정의되지 않은 우리 헌법의 경우에도 헌법상 재산권으로 보호되는 재산권적 법익의 범위는 재산권의 궁극적으로 헌법의 전체구조 속에서 재산권 보장이 갖는 의미와 연계되는 재산권 보장의 목적과 기능에 따라 결정된다. 다만 이러한 '한계의 한계'를 의미하는 헌법상 재산권 개념이 구체화되어 재산권의 범위가 확정되는 것은 법률에 의한 내용규정에 의한 것이다. 따라서 정확하게 말하면 헌법상 보장되는 재산권의 범위는 헌법상의 재산권제도보장의 한계에 따라 법률로써 그 대상에서 배제할 수 없는 것으로 평가되는 재산가치있는 권리와 그 외의 범주에 속하는 재산가치있는 권리 중에 법률에 의해 재산권으로 형성된 권리의 합에 해당된다고 할 수 있다. 전자의 범주를 설정하는 데 일정한 기준으로 제시되고 있는 것이 바로 '사적 유용성'(Privatnüzigkeit)과 '원칙적인 임의적 처분권능'(grundsätzlich beliebige Verfügungsbe-fugnis)이다.

---

13) Vgl. *BVerfGE* 58, 300(335f.)

14) 이러한 점에서 기본권의 구성요건, 즉 보호영역, 제한 및 그 정당화의 전통적인 3원론적 구조의 기본권 이론에 따라 기본권의 보호영역을 특정한 영역개념으로 이해하고 이 영역에 대한 개입 여부와 그 정당성을 따지는 고전적인 기본권이론이 다양한 기본권 양상에 비추어 볼 때 적어도 일반적으로 타당할 수는 없다는 이론이 설득력을 가질 수 있는 대표적인 예의 하나로 재산권을 들 수 있을 것이다. Vgl. *J. Ipsen*, a.a.O., S. 473ff.

15) Vgl. *BVerfGE* 35, 263(276).

2) 구체적인 재산권의 범위

여기에서 구체적인 재산권의 범위에 관한 상세한 논의는 생략하고 몇 가지 중요한 논점만을 정리한다.

ⅰ) 우선 헌법상 재산권의 범위는 '사법상 재산가치를 가지는 모든 권리와 재화'의 범위를 넘어선다는 점을 지적할 수 있다. 물건에 대한 절대적인 지배권을 뜻하는 민법상의 소유권에 비해 헌법상 재산권의 범주에는 재산가치있는 모든 사법 · 공법상의 권리가 포함된다.16) 따라서 민법상의 모든 물권은 물론이고 급료청구권, 주식권, 임차권 등 재산가치있는 모든 사법상의 채권과 광업권, 어업권 등 특별법상의 권리가 모두 헌법상 재산권에 속한다. 뿐만 아니라 공무원의 급료청구권이나 연금청구권 등과 같은 재산가치있는 공법상의 권리도 원칙적으로 헌법상의 재산권에 포함된다. 우리 헌법상 명시적인 규정은 두고 있지 아니하지만 상속권도 재산권에 포함되는 것은 물론이다.17)

오늘날 헌법상의 재산권의 범위가 소유권 중심의 물적재산권의 범주를 넘어서 재산가치있는 모든 사법상, 공법상의 권리의 범주로 확대된 이유는 우선적으로 국가구조와 사회경제질서의 근본적인 변화에 따른 생활양식의 변화에서 찾아진다.18) 예컨대 19세기 당시만 해도 물권 특히 토지소유권이 생산관계형성의 핵심적인 축이었고, 개인의 생존과 독자적인 생활설계의 자유를 보장해주는 가장 중요한 경제적 기반이었던 것에 비해, 오늘날에는 저당권 등의 담보물권, 주식권, 봉급청구권 등의 채권을 비롯해서 연금청구권, 사회보장법상의 급부청구권 등 공법상의 권리가 자유와 생존보장의 기초로서 적어도 그에 못지않은 중요한 의미를 가지게 되었다. 앞으로 재산권과 관련된 어려운 문제들은 바로 이러한 재산권의 내용과 한계를 정하고 또한 그 제한에 대한 헌법적 한계를 설정하는 과제와 관련된 범주에서 비롯될 것으로 전망된다. 특히 재산권에 포함되는 공법상의 권리 중에서 사회국가적 경향이 심화되면서 확대일로에 있는 연금, 사회보험 등 각종 사회보장법상의 급부청구권은 경제 및 재정상황과의 각별한 연관성과 개인생활에 대한 막대한 영향력 등 때문에 헌법이론에 의해 해결되기에 어려운 난제로 대두되고 있다.

ⅱ) 이른바 '자리 잡힌 사업체'(eigerichtete und ausgeübte Gewerbebetrieb)가 재산권의

---

16) 이른바 '지적소유권'에 속하는 저작권, 산업재산권 등의 정신적 재산권은 당연히 재산권에 속하는 것이지만 우리 헌법은 '학문과 예술의 자유'(제22조)와 연계하여 보호하고 있다.

17) 예컨대 「독일기본법」 제14조 1항은 상속권(Erbrecht)이 재산권과 함께 보장된다는 것을 명시적으로 규정하고 있다.

18) 허영, 전게서, 596면.

범위에 포함되는가의 문제가 논의되고 있다. 긍정적으로 보는 입장이 압도적인 다수의 입장이기는 하지만 예컨대 독일의 연방헌법재판소는 그것이 단순한 사실상의 결합이라는 점에서 부정적인 견해를 보이고 있다.[19] 다만 '자리 잡힌 사업체'가 현실적으로 한 단위의 인적·물적 종합체로서 인식이 가능하고 또한 그것이 독자적인 경제적 기능을 가지고 있는 경우에는 특정 영업과 관련된 신용·영업능력 등의 인적요소와 재화 및 권리 등의 단일복합체로서 재산권에 포함되는 방향으로 적극적으로 고려해야 할 것이다. 즉 구체적으로 사업운영의 전체가 한 단위의 경제적 가치로 평가되는 것이 사업주의 독자적인 자본투자와 노력의 산물에 해당되는 경우에 이들 재산적 가치들은 경제적인 관점에서 볼 때 물적재산권자의 지위와 재산법적으로 달리 평가할 이유가 없기 때문이다. 여기에서 사업장 부동산이나 설비는 물론이고 재고상품, 단골손님, 거래선, 영업보호권 등 모든 재산적 가치가 포함된다. 또한 서비스업종을 포함해서 제조업, 농업 등 모든 업종이 포함되는 것은 물론이다.[20] 물론 개별적인 단순한 영업의 기회나 사실상의 혹은 법적 영업여건 등은 독자적인 재산권의 대상에서 제외된다. 예컨대 접객업소의 위치가 손님을 많이 끌 수 있는 병영 근처에 자리 잡고 있는 영업장 여건이나 점포 주변 공로상에 여유 있는 주차공간이 주어져 있는 여건 등은 재산권의 대상에서 배제된다.[21] 또한 세법이나 관세법 및 기타 경제관계법령 등의 법적 상황에 따라 주어진 영업 혹은 수익전망 등은 제외된다.

　iii) 재산 자체가 재산권 보장의 범위에 포함되는가의 문제도 단순한 개념적인 혼용에 따른 문제만은 아니다. 이 문제는 국가에 대한 금전지급의무의 부과, 특히 조세의 부과와 재산권 제한의 연관성의 문제와 관련된 중요한 의미를 가진다. 대체적으로 재산 자체가 재산권의 범위에 포함되지 않는 것으로 보는 입장으로 정리되기는 하였지만 과세권과 재산권의 관계에 대하여는 논란이 계속되고 있다.[22] 조세입법을 재산권의 내용을 정하는 것으로 이해하는 입장[23]과 혹은 조세입법이 재산권을 제한하는 효과를 가져오는 것으로 보아 재산권의 한계를 구체화하는 것으로 보는 입장[24]이 대립되고 있으나, 재산권의 내용규정과 한계규정을 적어도 재산권 제한의 문제와 관련시켜서 구별할 필요가 없다고 보

19) Vgl. *BVerfGE* 51, 193(221f); 74, 129(148).

20) Vgl. *Nüßgens/Boujong, Eigentum, Sozialbindung, Enteignung*, 1987, S. 40f.

21) Vgl. *BGHZ* 55, 261.

22) 김성수, 「국가의 과세권과 국민의 재산권 보장의 관계」, 1991. 2, 『고시계』, 68ff; 허영, 전게서, 1995, 601면 이하.

23) *P. Kirchhof*, Besteuerungsgewalt und Grundgesetz, S. 24ff.

24) *Schmidt-Bleibtreu/Schäfer*, Besteuerung und Eigentum, *DÖV* 1980, S. 494f.

는 입장에서는 중요한 의미를 갖지 못한다.

또한 국가의 과세권 행사로 인하여 특정한 재산권의 내용이 확정된다기보다는 과세는 이미 실현된 소득이나 재산 기타의 소비행위에 대한 간접적인 사실상의 제한으로 보아야 할 것이다.25) 즉 법질서에 의해 승인된 구체적이고 개별적인 특정한 재산권에 대한 제한은 아닌 것이다. 물론 조세가 부과되는 경우에 어떤 방법으로 자금을 마련하여 조세채무를 이행하건 간에 전체적인 재산가치의 감소를 가져오기 때문에 이는 궁극적으로 조세채무자는 자신의 전체적인 재산권 중에서 일부분을 포기할 수밖에 없게 된다. 그러나 이는 재산권의 보호대상에서 제외되는 재산 자체와 관련된 결과적인 부담일 뿐이다. 최소한 조세채권자에게 어떤 수단으로 세금을 충당할 것인가에 대한 선택권은 남아 있기 때문이다.26)

또한 법률에 의해서 그 내용이 정해진 구체화된 재산권을 보호대상으로 하는 재산권 보장의 범주에서 모든 재산적 교환가치의 변동까지 고려되는 것을 기대할 수는 없다. 헌법상의 보장되는 재산권이 과세권을 현실적으로 제한한다거나 혹은 제한할 수 있다는 이론이 다수 제시되고 있기는 하다.27) 다만 현재까지 과세권과 재산권 보장과의 관계에 대해서 일반적으로 승인되거나 이론적으로 정립된 원칙은 찾아볼 수 없다. 독일연방헌법재판소가 재산권이 과세권행사의 합헌성 여부를 심사하는 기준이 되어야 하는 방향으로 이론을 발전시켜 왔지만 아직 분명한 입장을 정리하지 못하고, 다만 조세법상 이른바 '몰수적 조세'(konfiskatorische Besteuerung),28) 즉 조세채무자에게 지나친 과잉부담을 주거나 재산상 원본을 잠식하는 정도의 과잉과세의 경우에는 재산권 침해 여부가 검토될 수 있다는 입장을 수정하지 않고 있는 것도 재산 자체는 재산권 개념에 포함되지 않는다는 일관된 입장 때문이다.29) 반면에 조세부과요건이 재산권의 취득, 유지 및 사용과 연계되어 있는 경우에는 근거세법은 재산권을 기준으로 그 위헌 여부가 판단될 수 있다고 보는 것도 같은 맥락에서의 반증으로 이해된다. 우리 헌법재판소도 토지초과이득세법에 대한 헌법불합치결정30) 등 세법에 관한 다수의 위헌결정을 통해 재산권을 세법에 대한 위헌심사기준으로 보는 입장을 전제하였다.31)

---

25) 김성수, 전게논문, 85면.

26) Vgl. *D. Ehlers*, Eigentumsschutz, Sozialbindung und Enteignung bei der Nutzung von Boden und Umwelt, *VVDStRL* 51(1992), S. 224.

27) Vgl. *P. Kirchhof*, *VVDStRL* 39, S. 217(281ff.); *ders*., Besteuerungsgewalt und Grundgesetz, S. 12, 20ff.

28) Vgl. *Tilpke/Lang*, *Steuerrecht*, 13. Aufl., 1991, S. 56f.

29) Vgl. *BVerfGE* 65, 196(209); 74,129(148).

30) 헌재결 1994.7.29. 92헌바49.52.

31) 다만 재산과 재산권 간의 관계에 대한 충분한 이론적 검토가 결여되어 있다. 예컨대 배우자나 직계존비

iv) 재산가치있는 주관적 공권이 재산권에 포함되는지 혹은 어느 정도 포함되는지의 문제가 사회국가경향이 확대되면서 매우 중요한 재산권문제로 제기되고 있다. 재산가치 있는 사인의 주관적인 공법상의 지위에 대한 재산권보호문제는 오랜 기간의 논란을 거쳐 오늘날에는 긍정적으로 보는데 의견이 모아졌다. 즉 법상, 사실상의 조건상 재산권자의 법적 지위에 비견되는 법적 지위가 개인에게 인정되는 경우에는 재산권 보장의 대상에서 제외시킬 이유가 없다는 입장이 바로 그것이다.[32] 연금청구권, 의료보험금, 실업보험금 혹은 실업수당청구권, 원호보상금급부청구권 등 사회보장법적 청구권이 이에 포함된다. 여기에서 그 비교기준은 배타적인 독점성, 사적 유용성, 권리귀속의 생존보장기능과 함께 그 법적 지위의 형성에 개인의 기여분이 어느 정도인가 하는 점들이다. 개인의 공법상의 지위가 사회국가적 생존배려적 차원에서 주어지는 일방적인 성격의 급부가 아니라 개인의 독자적인 자본투자 혹은 노력의 결과인 경우에는 당연히 재산권에 포함되어야 한다는 입장이다. 헌법상 재산권 개념의 중요한 요소인 임의적인 처분권능은 재산권객체에 대한 지배권과 재산권자와 재산권객체 간의 각별한 인정관련성을 의미하는바, 예컨대 연금청구권과 연금기대권의 경우에 이러한 특별한 인적 관련성은 장래에 연금이 실제로 지급되기 이전의 단계에서도 그 법적 지위가 소득기준에 따른 부담액 등 가입자의 개인적인 기여분에 의해 형성된다는 점에서 확인되기 때문이다.

따라서 재산가치있는 주관적 공권의 경우에 그것이 재산권에 포함되는지 그 여부의 문제는 단순히 가부만을 판단하는 문제를 넘어서 실제로 더욱 중요하고 어려운 문제는 재산권 보장의 대상으로 인정되는 범위를 설정하는 문제이다. 여기에서는 상세한 논의를 약하고 독일 연방헌법재판소가 제시하였고 일반적으로 받아들여지고 있는 단계적 차별화의 기준만을 지적한다. 이에 따르면 우선 재산가치있는 주관적 공권의 자유보장기능, 즉 그것이 개인의 기본적인 생존과 생활에 필수불가결한 전제조건인가 혹은 사회적 연관성과 그에 따른 사회적 기능이 부각되는가에 따라 입법형성의 자유의 크기가 달라질 수 있고 또한 청구권에 대한 개인의 기여분의 크기에 따라 헌법적으로 달리 평가되어야만 하는 인적 관련성에 따라 재산권 보장의 범위가 차별화될 수 있고, 더 나아가서는 이미 성립된 '완

속 간의 채무인수를 조건으로 하는 부담부증여의 경우 그 채무액을 과세가액에서 공제하지 않는다는 상속세법 규정(제29조의 4 제2항)에 대한 위헌결정(1992.2.29. 91헌가5; 90헌바3; 90헌가69), 조세부과 당시를 기준으로 상속 또는 증여재산의 가액을 평가하도록 규정한 구 상속세법 규정(제9조 제2항 21)에 대한 위헌결정(1992.12.24. 90헌바21).

32) Vgl. *BVerfGE*, 1, 264(277); 14,288(293); 22,241(253); 24,220(226); 53,257(281); *F. Ossenbühl*, Der Eigentumsschutz sozialrechtlicher Positionen in der Rechtssprechung des Bundesverfas-sungsgerichts, in; *W. Fürst(Hg.), Fs.f. W. Zeidler* Bd. Ⅰ, S. 636.

전권'(Vollrecht)과 이른바 '기대권'(Anwartsrecht)도 달리 평가될 수 있다는 것이다.[33]

그런데 주지하는바와 같이 사회보장법 영역은 입법자의 형성의 자유가 각별하게 강조될 수밖에 없는 영역이다. 즉 사회보장체계 혹은 관련 법제의 구체적인 형성은 고도의 정치성 때문에 헌법해석을 통해 그에 대한 구체적인 지침 혹은 평가기준이 추론되어 나올 수 없는 전형적인 정치적인 과제이다. 사회보장체제의 기능과 재정능력의 유지 및 개선을 위해서 혹은 급변하는 경제상황의 변화에 적응할 수 있기 위해서는 구체적으로 재산권의 범위를 정하는 데 있어서 입법자에게 특히 폭넓은 형성의 자유가 인정될 수밖에 없다. 다만 공공복리목적이나 과잉금지원칙, 신뢰보호의 원칙 등 헌법상의 일반원칙과 위에서 언급된 기준들이 그에 대한 최소한의 헌법적 평가기준이라고 할 수 있다.

사회보장정책시행의 경험이 그리 많지 못한 우리나라에서는 아직 재산권과 관련해서는 충분한 논의기회를 갖지 못하고 있지만, 의료보험제도, 국민연금제도 기타 사회보험 등 각종 관련정책이 시행되는 과정에서 매우 심각한 문제로 대두되게 될 것으로 전망된다.

3) 재산권 보장의 범위

재산권은 재산적 가치 있는 재화라고 하는 객체와 특정한 권리주체 간의 귀속관계이다. 재산권 보장에서 '존속보장'은 이러한 귀속관계의 인적 측면과, '가치보장'은 물적 측면과 연계된 이론적 개념이라고 할 수 있다. 앞에서 이미 언급한바와 같이 재산권 보장의 핵심적인 과제는 기본권주체에게 재산법적 영역에서 능력과 개성에 따라 마음 놓고 경제생활을 영위할 수 있는 자유의 영역을 보장해 주고, 이를 통해 궁극적으로 자기 책임하에 독자적인 생활을 영위할 수 있게 하는 것이다. 이러한 재산권 이념은 오늘날 재산권이론에서는 당연한 것으로 받아들여지고 있지만, 그렇게 된 것은 사실상 그리 오래지 않다.

실질적인 법치국가원리가 실현되기 이전의, 예컨대 독일의 경우에는 기본법 제정 이전까지의 지배적인 재산권 이해에 따르면 그것은 '상대적인 보상보장'(relative Entschädigungs-garantie)만을 의미하는 것이었다.[34] 재산권에 대한 공용제한의 경우에 보상을 約束하는 것에 지나지 않았다. 그 보상도 입법자에게 유보되어 있는 것이었음은 물론이다. 이러한 입장에서는 재산권 제한의 허용 여부는 문제가 아니었다. 재산권 제한으로 인해 야기된 재산적, 즉 물적 손해를 보상을 통해 보충해주기만 하면 그것이 헌법적 한계를 넘는 불법적인 재산

---

33) Vgl. *BVerfGE* 53, 257(291).

34) Vgl. *W. Böhmer*, a.a.O., S. 2568.

권 제한인 경우에도 그 위법성이 치유된다는 결론이 가능하였다. 결국 재산권주체의 입장에서 대국가적인 측면에서 보장받는 재산권의 내용은 재산권 제한의 적법성 여부, 즉 허용 여부와 관계없는 이른바 '수인 후 보상'(dulde und liquidiere)의 범주에 국한되는 것이었다. 이러한 재산권 이해는 국가에 의한 모든 재산권 제한이 우선적으로 개인적인 법적 지위에 대한 제한, 즉 물적 보호대상으로서의 재산이 아니라, 재산권주체의 인적 자유영역을 축소 혹은 부인하게 된다는 점을 무시 내지는 경시하는 결정적인 오류를 내포하고 있었다.

"재산권 보장은 '물적보장'(Sachgarantie)이기에 앞서 '권리주체에 대한 인적보장'(Rechts-trägergarantie)이다"라는 독일연방헌법재판소[35]의 확인은 이러한 오류로부터 재산권에 대한 헌법적 보장의 역사를 바로 잡는 것이었다. 이러한 재산권 이념의 근본적인 전환에 따라 재산권 보장의 기능을 재산권적인 관점에 우선해서 인적인 자유권적 관점에서 바라보게 되었다. 이에 따르면 자율적인 인간상을 전제로 하는 사회적 법치국가에서 재산권 보장의 범위는 단순히 재산에 체화된 가치를 보장하는 데 그치는 것이 아니다. 말하자면 재산권 보장이 더 이상 재산적 손해에 대한 대체물로 주어지는 보상을 보장하는 것에 그치는 것이 아니라, 그 존속 자체가 보장되고, 그 '존속보장'에 모든 국가권력이 기속되고 또한 완전하게 법적으로 보호되는 실질적인 기본권으로서 재산권을 보장하는 것을 뜻한다. 이에 따르면 재산권자는 당연히 재산을 개인적으로 소유할 수 있는 자유뿐만이 아니라 그것을 사용, 수익 및 처분하는 인적 권리도 갖는다. 또한 이러한 권리의 침해에 대한 완전한 법적 대항 혹은 방어, 즉 합헌적인 재산권상태를 유지하고 회복할 수 있는 소송청구권 등의 포괄적인 법적 보호장치가 주어져야 한다.

이러한 재산권 보장의 인적 측면을 전면적으로 수용하여 재산권이론을 재구성하고 나온 입장이 바로 독일 연방헌법재판소가 '자갈채취판결'(Naßauskiesungsbeschluß)[36]에서 정리·제시한 이른바 '단절이론'(Trennunftheorie)이다. 종래의 재산권이론에 따르면 '사유재산권제도보장'과 '존속보장'이 각각 같은 동전의 양면 같은 관계에 있는 재산권 보장의 객관법적, 주관법적인 측면인 것으로 보고, 공용수용 시 재산권 보장의 내용이 존속보장에서 가치보장으로 변하게 되는 것으로 보았는데 '단절이론'은 이러한 재산권이론체계를 완전히 새롭게 재편하였다. 즉 '제도보장'과 '존속보장'을 별개의 독립된 보장범주로 보는 입장에서 '존속보장'은 재산권의 보호영역에 해당되고, 제도보장은 존속보장에 대한

---

35) Vgl. *BVerfGE* 24, 367(404).

36) *BVerfGE* 58, 300ff.

제한에 대한 한계, 이른바 '한계의 한계'(Schranken-Schranken)에 해당되는 것으로 이해하였다. 또한 재산권의 '존속보장'과 '가치보장'을 완전히 '단절된' 상이한 차원의 보장으로 보는 입장에서 새롭게 재산권 조항을 해석하였다. 이러한 새로운 재산권이론은 일부 비판적인 견해가 없지는 아니하지만[37] 지배적인 다수에 의해 지지되어 오고 있다.

우리 헌법상의 재산권 조항과 유사하기는 하지만 경시할 수 없는 다른 내용으로 규정되어 있는 「독일기본법」상의 새로운 재산권이론을 우리가 그대로 수용할 이유는 없다고 할 것이다. 그러나 후에 상술하겠지만 그 문제점의 크기나 문제제기의 동인이 다를 뿐 문제상황과 그에 따른 진지한 이론적 검토의 필요성은 우리의 경우에도 동일하게 적용되는 것으로 여겨진다. 특히 '보상의무 있는 재산권내용규정'과 이른바 '구제적 보상규정'을 중심으로 하는 새로운 재산권 제한유형의 구별에 관한 논의나 이와 관련된 수용유사 침해이론 등의 수용필요성과 그 법리적 가능성에 대해서는 보다 활발한 논의가 기대된다. 이는 특히 본 논문의 주제이고, 재산권질서형성의 핵심적인 주체인 입법자는 물론이고 헌법재판소를 포함한 모든 법운용자들에게 오늘날 매우 중대한 난제로 제기되고 있는 '보상 없는 재산권 제한' 문제의 문제점을 보다 정확하게 인식하고 또한 바람직한 해결방안을 모색하는 데 상당한 시사점을 제공해줄 것으로 믿기 때문이다. 해서 이에 관해서는 다음 장에서 '단절이론'의 내용과 그에 대한 비판을 정리하기로 한다.

Ⅲ. 재산권이론체계에 대한 재검토

1. 재산권내용규정과 수용의 법제형식상 구별

재산권에 대해 상이한 영향을 주는 국가작용은 그 작용양식을 기준으로 구분해야지 결과에 따라 구분되어서는 아니 된다. 중요한 것은 재산권 관련 조치의 형식이지 사후에나 특정이 가능한 결과로서의 영향이 아니다. 수용은 특정한 법적 지위를 박탈하는 데 지향되어 있는 고권적 조치이고 재산권의 내용규정이 장래에 대한 재산권자의 권리와 의무를 확정하는 것으로서 별개의 재산권법제인 것이다. 말하자면 재산권의 내용규정이 이른바 수용적 효과를 초래한다고 해서 그것이 수용으로 전환되는 것은 아니라는 것이다.

---

37) Vgl. *J. Papier, Maunz/Dürig, GG-Kommentar*, Art. 14 Rn. 313ff.

독일 연방헌법재판소의 '단절이론'에 따르면 재산권내용규정은 추상적이고 일반적인 형식으로 재산권내용, 즉 재산권자의 권리와 의무를 새롭게 정의하는 것을 뜻한다. 이는 현재와 장래의 특정한 사안을 대상으로 하지 않고 추상적으로 재산권제도와 객관적인 재산권의 범위를 설정하는 작용이다.

이에 반해 수용은 이미 설정된 객관적인 재산권적 상태에 따라 그 자체로서 헌법상 재산권으로 보장되는 구체적이고 개인적인 법적 지위를 박탈하는 것으로 본다. 즉 재산권의 내용규정에 의해 설정된 객관적인 재산권상태를 특정시점에서 확정되는 재산권자와의 관계에서 의도적이고 계획적으로 파기하는 것이다. 다만 여기에서 관련 당사자의 수가 결정적인 기준이 아니다. 재산권내용규정의 경우에도 적은 수의 재산권자에게만 해당되는 예가 있을 수 있고, 반면에 수용의 경우에는 오히려 많은 재산권자를 대상으로 하는 이른바 '대중수용'(Massenenteignung)도 있을 수 있기 때문이다.

다만 여기에서 주목해야 하는 점은 우리 학계에서 흔히 오해하고 있는 것과 달리 여기에서 형식적인 기준에 따른 좁은 의미의 수용(Enteignung) 개념이 19세기의 고전적인 수용 개념, 즉 부동산의 종국적인 '이전'(Übertragung)만을 내용으로 하는 것이 아니라는 점이다. 이 개념에는 재산권의 내용규정에 의하여 설정된 범위 내에 있는 모든 재산권적 법적 지위에 대한 전면적인 혹은 부분적인 박탈이 포함된다. 다만 여기에서 부분적인 박탈은 재산권자의 포괄적인 법적 지위 중에 법적으로 독자성을 가지는 혹은 독자성이 확인될 수 있는 부분에 대해서만 인정된다고 보는 것이 일반적인 입장이다.[38] 예컨대 부동산에 대한 '물적부담' 등과 달리 천연기념물지정이나 토지에 대한 일정한 양식의 사용을 제한하는 지역 혹은 지구지정 등과 같은 경우에는 분리·제한되는 권능의 법적 독자성이 결여되어 있기 때문에 수용에 해당되는 '부분적인 박탈' 자체를 인정할 수 없다는 것이다. 이는 매우 중요한 의미를 갖는 경제적 사용이 제한되는 경우에도 마찬가지이다. 즉 그에 따른 손해에 대한 재정적 전보가 보장되고 재산권자가 그것을 받아들이면 합헌적인 '보상의무 있는 내용규정'으로 정리되는 것이고, 그렇지 못한 경우에는 허용되지 않는 재산권 제한, 즉 위헌적인 재산권 침해로 정리되는 것이다.

그러나 적어도 이론적으로는 간명한 장점을 갖는 '단절이론'은 아래에서 상세히 검토되겠지만 오히려 그 간명함 때문에 실용적인 면에서 새로운 문제점을 내포하고 있다.

---

38) Vgl. *D. Ehlers, a.a.O.,* S. 236.

2. 재산권 제한유형의 새로운 구별이론

– 보상의무 있는 재산권내용규정(Ausgleichspflichtige Eigentumsinhaltsbestimmung)

재산권의 정의(定義) 즉, 그 내용 및 한계규정의 반사적인 결과로서, 말하자면 특정 재산권에 대한 의도적인 제한이 아니라, 일반적이고 추상적인 내용규정에 의해 결과적으로 주어지는 부담 혹은 제약으로써 재산권의 사회적 기속성의 한계에 따라 법적으로 수인이 허용되고 요구되는 제한은 재산권이론상 공용제한과는 구별된다. 공용제한의 경우는 그 범주설정 혹은 재산권내용규정과의 구별이 문제이지, 보상이 없는 공용제한은 위법이다. 그러나 재산권의 내용규정과 공용제한을 통한 제한적 효과는 사실상 그 결과에 있어서는 동일하되 그 과정과 수단 혹은 규율의 양식, 즉 일반적, 추상적, 비의도성과 개별성, 구체성, 의도성 또한 제한의 결과에 이르는 방향성만이 다르다. 요컨대 객관적인 기준에 따른 간명한 구별이 어려운 경우가 적지 아니하다.

그렇다면 공용제한이냐 아니면 재산권의 내용규정이냐의 일차적인 구별은 현실적으로 입법자의 형식선택에 따라 결정될 수밖에 없다. 문제는 입법자의 결정이 잘못되었다고 판단되는 경우의 그 해결방법이다. 즉 입법자가 보상규정 없이 재산권내용규정형식의 법제를 택하였지만 그것이 법제의 형식과 내용상 공용제한에 해당되는 경우나 제한의 경우와 다름없는 특별한 혹은 중대한 부담, 즉 '수용적 효과'를 가져 오는 경우에 또한 보상규정을 두기는 하였지만 보상의 기준과 범위를 제시하지 아니하는 백지형식의 이른바 '구제적 보상규정'을 두는 경우에 어떻게 해결할 것인가의 문제이다. 그 해결방안을 둘러싸고 근본적으로 대립되는 두 이론이 바로 독일최고재판소와 연방행정재판소의 이른바 '문턱이론'(Schwellentheorie)과 연방헌법재판소의 '단절이론'(Tren-nungstheorie)이다.[39]

'문턱이론'의 핵심적인 내용은 입법자가 보상에 관한 규정을 두지 않은 경우에도 그것이 수용에 해당된다고 판단되는 경우 혹은 재산권의 내용을 규정한 경우일지라도 재산권 제한의 한계를 넘어서 수용과 유사한 이른바 '수용적 효과'를 가져오는 때는 법원이 독자적으로 직접 보상에 관한 결정을 할 수 있다는 것이다. 역으로 시민의 입장에서는 그러한 내용의 법률을 근거로 한 조치 혹은 법률 자체에 국한해서 대항해야만 하는 것은 아니라는 입장이다. 결국 보상이 필요 없는 재산권의 내용규정과 보상이 필수불가결한 수용을 '유이한' 재산권규율법제로 볼 수 없고 또한 입법자의 법제형식선택이 그 자체로 최종 확정되는 것이 아니라, 특별희생 혹은 중대성 등의 기준에 따라 평가되는 그 제한

---

39) Vgl. vor allem *J. Lege*, Wohin mit den Schwellentheorie?, *JZ* 1994, S. 431ff.

의 질에 따라 법원에 의해 재평가될 수 있다는 것이다.

이러한 '문턱이론'과 근본적으로 대립되는 입장이 바로 이른바 '자갈채취판결'[40]에 의해 분명하게 정리된 연방헌법재판소의 '단절이론'이다. 1981년에 연방헌법재판소는 '물－관리법(管理法)'(Wasserhaus-haltsgesetz)과 관련된 동 결정에서 종래의 재산권 조항해석과는 근본적으로 다른 입장에서 재산권법제의 체계를 재편하는 이론을 제시하였다. 즉 종래의 해석에 따르면 사유재산제도의 보장(Insitutsgarantie)과 존속보장(Bestandsgarantie)은 재산권 보장의 두 가지 측면, 즉 객관적인 법적 측면과 주관적인 법적 측면으로 동전의 앞뒷면과 같은 관계에 있는 것이고, 입법자나 행정에 의해 평등의 원칙에 어긋나게 혹은 수인한도를 넘는 정도로 재산권적 법익이 제한되는 경우에는 보장의 내용이 '존속보장'에서 '가치보장'(Wertgarantie)으로 전이되는 것으로 보았다. 그러나 연방헌법재판소는 기본법 제14조의 재산권 조항을 새롭게 해석하여 '제도보장'과 '존속보장', '존속보장'과 '가치보장'의 범주를 상호 단절된 체계로 재구성하였다. 우선 연방헌법재판소는 '존속보장'은 재산권의 보호영역을 설정하는 개념으로, '제도보장'은 그 보호영역에 대한 제한의 헌법적 한계, 이른바 '한계의 한계'(Schranken-Schranken)를 내용으로 하는 개념으로 이해하여 두 가지 보장이 각각 그 범주가 다른 독립된 관계에 있는 것으로 보았다. 또한 '존속보장'을 내용으로 하는 보호영역에 대한 제한에 재산권의 내용과 한계를 정하는 입법작용을 포함시켰다. 이러한 재산권체계 속에서 '가치보장'은 수용의 경우에 '존속보장'에 대체되는 것이 아니라, 수용은 물론이고 재산권의 내용규정의 경우에도 그에 따른 '존속보장'에 대한 제한이 헌법적으로 정당화되기 위해서는 존중되어야 하는 조건으로 이해되었다.

이러한 새로운 이론틀을 전제로 연방헌법재판소는 기본법 제14조 제3항상의 '수용'(Enteig-nung)을 협의의 개념, 즉 '구체적이고 주관적인 재산권적 법적 지위의 전면적인 혹은 부분적인 박탈'(die vollstädige oder teilweise Entziehung konkreter subjektive eigentumsrechtliche Positi-onen)의 개념으로 해석하고, 그에 따라 '재산권자의 권리와 의무에 대한 일반적이고 추상적인 확정'을 내용으로 하는 재산권내용규정의 법제와 준별하여 수용법상 보상문제에 대한 입장을 분명히 하는 동시에 재산권질서의 형성에 관한 입법자와 법원 및 헌법재판소 간의 관할권을 재확인하였다.

우선 연방헌법재판소는 기본법 제14조 제3항의 적법한 수용에 연계되어 있는 보상제도를 엄격하게 해석하여 법률상 명시적인 근거가 있는 경우에만 보상청구권이 인정될 수

---

40) *BVerfGE* 58, 300ff.

있음을 분명히 하였다. 보상규정이 결여되어 있는 경우에 침해 당사자는 해당 처분 자체에 대한 취소청구나 근거 법률에 대한 위헌심판 등의 방어권 행사를 할 수 있을 뿐이고, 또한 일반법원의 판결 역시 이에 국한된다는 입장이다. 이는 궁극적으로 재산권 및 수용 개념의 해석은 헌법재판소의 고유권한에 속하는 사항이며, 따라서 일반법원은 기본법상의 수용보상청구권을 유추 혹은 확대해석하여 이를 근거로 공용침해보상을 인정하는 내용의 판결을 할 수 있는 권한을 갖고 있지 못하다는 논리이다.

결국 연방헌법재판소의 '단절이론'에 따르면 헌법 규정상 재산권내용규정과 수용은 정형화된 형식적인 기준에 따라 상호 '단절적으로' 구별되는 각각의 독립된 법제일 뿐이다. 헌법상의 한계를 넘어서 수용적 효과를 가져 오는 재산권내용규정일지라도 그것이 수용으로 바뀌어질 수는 없고, 재산권내용규정은 재산권내용규정일 뿐이고 그 위헌 여부에 대한 판단만이 헌법재판소의 몫으로 남게 된다는 것이다. 말하자면 법원의 입장에서는 입법자의 두 법제 간의 형식선택은 최종적인 것으로 받아들일 수밖에 없다는 결론이다. 법원은 입법자가 수용의 형식을 택하여 보상규정을 둔 경우에 한해서 구체적으로 '정당한 보상'에 관해서만 판단해주면 되고, 법제형식에 대한 입법자의 선택에 오류가 있는지 혹은 재산권내용규정이 헌법상의 한계를 넘었는지 여부의 문제는 법원의 관할사항이 아니라는 입장이다. 요컨대 보상규정을 두지 않은 입법자의 결정을 그 의사에 반해서 혹은 최소한 입법자가 의도하지 아니한 내용으로 적극적으로 변용시킬 수 있는 법원의 헌법적 권한은 인정될 수 없고, 법제형식선택의 최종적인 권한과 책임은 궁극적으로 예산고권을 가지는 입법자에게 있고, 그에 대한 법적 통제는 최종적인 헌법유권해석기관인 헌법재판소의 독점관할사항이라는 것이다.

3. '단절이론'의 비판적 검토

그러나 문제는 이와 같이 재산권법제를 간명하게 단절적인 이원적 체계로 이해하고 법원의 적극적인 법해석을 통한 보상결정권을 회수한 '단절이론'은 시민의 재산권 보장과 재산권관련 정책결정과 집행의 효율성 보장이라는, 배척의 관계가 아닌 조화의 관계에 있는 두 가지 당위적인 요청을 제대로 수용해 내지 못한다는 데 있다.

우선 지적할 수 있는 문제는 이른바 '보상의무 있는 재산권내용규정'이라는 새로운 재산권 제한유형에 관한 최근의 논의과정에서 충분히 지적된바와 같이 극도로 다양하고 복잡한 정책환경조건의 변화에 따라 재산권내용규정과 수용 간에 재산권법제를 선택하는 입법자의 입장에서 형식오용 여부나 재산권내용규정이 구체적으로 이른바 '수용적 효과'를 초래할지 여부에 대하여 입법단계에서 충분히 예견할 수 없다는 점이다. 따라서 적지 않은 경우에 입법자의 입장에서는 일정한 재산권법제가 사후에 구체적으로 아무런 '수용적 효과'를 가져오지 않는 경우에는 재정부담만 초래하는 필요이상으로 관대한 보상을 규정하든지, 아니면 장래 법률의 위헌결정가능성에 대한 위험부담을 안을 수밖에 없다.

이러한 딜레마적인 문제해결을 위한 대안으로 모색되고 있는 것이 바로 이른바 '구제적 보상규정'이다. 보상의 기준이나 방법 등에 관한 구체적인 내용 없이 '필요하면 보상해줄 수도 있다'는 식의, 말하자면 법원에 대한 백지위임형식의 보상규정을 두면서 형식선택에 관한 분명한 결정을 보류 혹은 회피하는 방법이다. '구제적 보상규정'의 헌법적 허용성 여부에 대해서는 비판적인 입장이 우세한 가운데 논란이 계속되고 있지만 어쨌든 '단절이론'의 한계를 잘 보여주는 사례임은 분명하다. 즉 '단절이론'에 따라 재산권법제를 이해하는 연방헌법재판소가 전제한 헌법상 수용과 보상의 '불가분조항'(Junktimsklausel)의 기능이 제대로 실현될 수 없다는 반증현상이기 때문이다. 주지하는바와 같이 '불가분조항'의 헌법적 의의는 한편으로는 재산권관련 법률을 제정하는 경우에 재산권질서형성의 주체이고 재정고권을 가지는 입법자로 하여금 분명한 형식선택을 하게 하고, 언제, 어느 정도의 보상청구권이 발생하고 그에 따라 어느 정도의 재정부담이 소요되는지 확인을 강제하는 것이고, 또 한편 시민의 입장에서도 언제 보상조건부로 혹은 보상 없이 재산권 제한을 수인해야 하는지를 분명하게 알 수 있게 하여 재산법적 안정성과 예측가능성이 보장되어야 한다는 것이다. 이른바 '구제적 보상규정'은 '불가분조항'의 이러한 두 가지 헌법적 의의에 정면으로 위배되는 것이다. 다만 연방헌법재판소는 '구제적 보상규정'의 위헌 여부 문제를 미결로 남겨 놓았다.[41]

또한 '단절이론'은 예산고권을 가지는 의회가 의도 내지는 예상하지 않았던 재정부담을 지울 수 없다는 권력분립원칙에 충실한 논리를 전제하고 있는데 이에 대해서는 법원이 개별적으로 보상 여부를 결정하는 경우에도 '일차적 권리구제수단 우선의 원칙'(Prinzip des Vorranges des Pri-märrechtsschutz)을 엄격하게 적용함으로써 재정적인 문제는 대부분 해결될 수 있다.[42] 실제로 독일최고법원은 동 원칙을 일관되게 적용하고 있다.[43] 즉 동 법

---

41) 구제적 보상규정에 관해서는 S. Detterbeck, Salvatorische Entschädigungsklauseln vor dem Hintergrund der Eigentumsdogmatik des Bundesverfassungsgerichts, DÖV, 1994, S. 273ff.

42) Vgl. H. Maurer, Allgemeines Verwaltungsrecht. 8.Aufl. 1992, §26 Rn 75; F. Ossenbühl, Staatshaftungsrecht, 4.Aufl. 1991, S, 217ff.

43) Vgl. BGHZ 102, 350(357); 91,20(28); 90,17(30f.).

원에 따르면 1차적, 2차적 권리구제수단, 즉 관련된 고권적 조치나 근거법률 자체에 대한 대항과 수인 후 보상청구에 대한 선택권은 무제한 허용되는 것이 아니고, 시민의 입장에서 1차적 권리구제수단의 동원이 불가능하거나 현실적으로 기대하기 어려운 경우에만 주어지는 것이다. 그런데 이러한 경우의 대부분은 입법자가 형식선택을 분명히 할 수 없고 따라서 위헌결정의 위험을 회피하면서 사실상 법원에 그 보상에 관한 결정권을 위임할 수밖에 없는 내용인 것이다. 요컨대 입법자의 입장에서나 일반법원의 입장에서나 또 하나의 유용한 재산권법제의 제3의 대안이 모색될 수도 있는 것이다. 그것이 이론적으로 정리 제시된 것이 '보상의무 있는 재산권내용규정'이고, 같은 맥락에서 많은 비판에도 불구하고 실제로 일부 법률에 수용된 것이 바로 '구제적 보상규정'이기도 하다.

재산권법제를 일반성과 추상성, 개별성과 구체성이라는 정형화된 형식적 기준에 따라 보상이 필요 없는 재산권내용규정과 보상조건부로만 허용되는 수용을 구분하는 '단절이론'은 이론적으로는 간명하고, 위에서 언급한 '불가분조항'의 헌법적 의의에 부응하는 것이기도 하지만 실제로 다양하고 복합적인 재산권법제에 그대로 적용하기에는 한계가 있다. 여기에서 제기되는 의문은 '단절이론에 따르는 경우에 재산권내용규정이 아니면서 재산권과 관련되는 모든 고권적 조치가 아무런 추가검토 없이 당연히 불가분조항에 따른 보상규정을 두어야 하는 입법의무가 전제되는 수용에 해당되는 것으로 되는 것인가 아니면 이러한 범주에 속하는 고권적 조치일지라도 일정한 경우에만 불가분조항이 요구되는 것인가의 문제이다.[44] 또한 재산권의 내용과 한계를 새롭게 정하는 내용의 재산권관련 법률개정을 하는 경우에 그것은 보호영역을 설정하는 것인 동시에 입법수용에 해당되는 내용이 중첩적으로 포함될 수도 있다. 즉 개정 전의 구법에 따라 성립되었던 재산권은 신법에 의해 제한되는 것이고 반면에 개정시점 이후를 기준으로 보면 신법에서 정하는 내용의 재산권이 성립될 뿐인 것이다.[45]

이러한 의문에 대하여 설득력 있는 대안을 제시하지 못하는 한 정형화된 형식적인 기준 자체가 극히 상대적인 것일 뿐만 아니라, 그 이론적 간명성이 현실적으로는 대안모색의 가능성을 봉쇄하는 이론적 경직성으로 작용된다는 비난을 피할 수 없다. 즉 일반적이고 추상적인 재산권법제를 규정한 법률이 구체적으로 적용되는 과정에서 개별적인 고권적 조치를 통해 구체적인 재산권 제한의 효과를 가져오는 경우 그 수권규정과 일반적이

---

44) Vgl. *A. Schmitt-Kammler*, Ungelöste Probleme der verfassungsrechtlichen Eigentumsdog-matik, in: *Fs. f. der rechtswissenschaftlichen Fakultät zur 600-Jahr der Universität Köln*, S. 824.

45) 독일 연방헌법재판소도 이러한 중첩적인 경우를 배제하지 않고 있다. Vgl. *BVerfGE* 58,300(331f).

고 추상적인 형식으로 제정된 수용법률은 형식적인 기준에 따라 구별되지 못한다. 특히 후에 검토하게 될 환경보호관련법률에서 많이 볼 수 있는 경우로서 협의의 수용에 포함되는 것으로 여겨지는 '재산권적 법적 지위의 부분적인 박탈'의 경우와 재산권내용규정에 의한 재산권능의 축소 혹은 재산권에 대한 법적 제약은 그 구별이 쉽지 아니하다.

그렇다면 어쨌든 현실적으로 입법자가 보상규정을 두었는지 여부에 따라 수용인지, 재산권내용규정인지가 결정될 수밖에 없다는 결론인데, 이러한 결론에 따르면 재산권의 사회적기속성을 명분으로 보상 없이 수인을 요구하기에는 지나친 부담을 주는 재산권법제이면서도 입법자가 보상규정을 두지 않은 경우에 그것은 위헌인 재산권내용의 결정일 뿐이다. 물론 이러한 경우에 입법자는 당연히 경과규정이나 예외규정 혹은 조정적 보상규정 등의 이른바 '비례성보완규정'(Verhält-nismäßigkeitsausgleichsregelung)을 통해서 예외적으로 발생한 특별한 부담을 경감시켜 위헌의 소지를 줄여야 한다. 그러나 문제는 법률제정단계에서 장래의 예외적인 현상에 대한 충분한 예측이 불가능한 경우가 적지 아니하다는 점은 이미 지적한바 있거니와, 그러한 경우에 해당되어 아무런 '비례성보완규정'을 두지 아니하였지만 그 법률 자체를 위헌으로 결정하여 무효화하는 것보다는 이른바 '원칙과 예외'의 형식에 따라 예외적으로 비례성보완을 조건으로 합헌성을 유지하게 하는 것이 입법자의 의도에도 맞고, 정책의 안정성과 계속성을 유지시키면서 효과적인 권리구제의 요청을 동시에 수용하는 보다 합리적인 해결책으로 요구되는 상황이 적지 않다는 점이다. '보상의무 있는 재산권내용규정'이 바로 이러한 현실적인 문제에 대한 이론적 대안으로 제시된 새로운 재산권 침해 및 보상유형인 것이다. 실제로 독일헌법재판소는 '의무납본판결'(Pflichtexemplar-Entscheidung) 이후 계속 이를 인정해오고 있고,[46] 연방행정재판소와 최고재판소도 같은 입장을 보이고 있다.[47]

이에 따라 재산권 제한법제유형을 보상이 필요 없는 재산권내용규정과 보상이 필요한 공용침해 및 보상의무 있는 재산권내용규정 세 가지로 본다면 전통적인 수용이론에서 제시된 기준은 적어도 수용과 재산권내용규정의 구별, 즉 보상필요성 유무를 판단하기 위한 기준으로는 더 이상 아무런 의미를 갖지 못한다. 다만 그것은 오히려 보상이 필요 없는 재산권내용규정과 보상의무 있는 재산권내용규정을 구별하기 위한 것으로서 결국 보상이 필요 없는 법률에 의한 재산권내용규정의 범위와 그 헌법적 한계를 설정하는 기준으로 그 효용이 그대로 유지되고 있다. 즉 그 활용영역이 이전되었을 뿐 수용이론의 문

---

46) Vgl. *BVerfGE* 58,137(147ff.); 77, 295(297f.); 79,174(192); 81,329(340).

47) Vgl. *BVerwGE* 84,361(368f.); *BGHZ* 102,350(360); 110,12(16).

제는 그대로 남아 있다.

4. 수용유사침해보상이론 수용의 가능성 및 필요성에 관한 논란

우리 헌법상 독일에서 고안된 수용유사침해법리를 수용할 수 있는 가능성과 필요성에 대한 이론적 논란이 계속되고 있다. 이러한 의문은 「독일기본법」 제14조 제3항과 우리 헌법 제23조 제3항의 공용침해규정이 다르게 규정되어 있기 때문이다. 앞에서 개념정리의 맥락에서 이미 언급되었듯이 기본법 제14조 제3항은 '수용'만을 공용침해유형으로 규정하고 있는데 반해, 우리 헌법 제23조 제3항은 '수용' 외에 별도로 '사용'과 '제한'을 명시적으로 공용침해의 유형으로 규정해 놓고 있다. 또한 기본법 제14조 제3항의 수용개념은 독일 연방헌법재판소의 이른바 '자갈채취판결' 이후에 엄격하게 제한적으로 해석되어 형식적 의미의 수용으로 축소되었다. 이에 따라 독일연방헌법재판소의 동 결정의 의미, 즉 동 결정에 의해 이론적으로 정리된 문제와 미결로 남아있는 문제들에 대한 다양한 논의, 특히 수용유사침해법리의 운명에 관한 독일에서의 논의가 우리나라에 그대로 적용될 수는 없다. 요컨대 그 논증의 전제조건과 배경이 다르기 때문이다.

그동안 '자갈채취판결'의 내용과 재산권이론적 의의에 관해서는 그 결론과 그에 따른 수용의 필요성이나 가능성에 대한 의견은 엇갈리고 있지만 우리나라에서도 충분히 검토되었다고 할 수 있다.[48] 따라서 여기에서는 이를 그대로 재론할 필요는 없다. 그러나 '자갈채취판결'의 결론 중 '수용유사책임이론'의 이론적 의미와 그 실제적 기능에 대한 그릇된 평가의 예가 없지 아니하다. 또한 동 판결 이후, 특히 1993년 Saarland자연보호법과 관련된 연방최고법원의 이른바 'Birzberg결정'[49]이후의 새로운 이론적 논의가 충분하게 검토되지 못하였다.

우선 지적할 수 있는 것은 '자갈채취판결' 이후에 수용유사침해제도가 전면적으로 부인되게 되었다는 일부학자들의 주장은[50] 그간의 계속된 논의를 통해 더 이상 설득력을 갖지 못하는 것으로 정리되었다는 점이다[51]. 즉 수용유사침해보상제도를 기본법상 '수용'

---

48) 예컨대 홍준형, 『행정구제법』, 제2판, 1996, 169면 이하; 정하중, 「수용유사적 그리고 수용적 침해제도」, 『고시연구』, 1994. 3. 106면 이하.

49) BGH-Urteil v.18.2.1993, *BGHZ* 121, 328ff=*NJW*, 1993, 2095ff.

50) Vgl. vor allem *R. Scholz*, Identitätsprobleme der verfassungsrechtlichen Eigentumsgarantie, *NVwZ* 1982, S. 346f.

51) Vgl. *F. Ossenbühl*, Der Anspruch wegen rechtswidriger Eigentumsverletzung(ent-eignungsgleicher Eingriff)

의 개념을 확대해석하여, 즉 일반법원이 헌법재판소의 독점적인 헌법해석권을 침해하면서 수용보상청구권에서 유추(類推)하는 논리형식에 따라 도출된 국가책임제도가 아니라, 다수설이 주장하는바와 같이 프로이센 일반국가법(一般國家法, Allgemeines Landrecht) 제 74조, 75조 이래 '헌법관습법'(Verfassungsgewohnheitsrecht)으로 인정되고 있는 '일반희생 원칙(一般犧牲原則)'(Allgemeiner Aufopferungsgrundsatz)을 바탕으로 관습법상 확립된 독자적인 국가책임제도로서 인정하여 기본법 제14조 제3항에서 그 법적 근거를 찾아야 할 이유가 없는 것으로 본다면 동 판결은 수용유사침해제도의 효력 자체에 대해서는 아무런 판단을 하고 있지 아니한 것으로 이해된다고 보는 입장이 바로 그것이다.[52] 연방최 고법원도 비록 제한적이기는 하지만 수용유사침해법리를 계속 유지하고 있다. 특히 동 재판소는 많은 논란의 대상이 되고 있는 'Birzberg결정'을 통해 법률에 보상규정을 두지 않고 있는 경우에도 그것이 이른바 '수용적 효과'를 가져오는 보상의무 있는 재산권내용 규정에 해당되는 것으로 판단되는 경우에는 직접 보상에 관한 결정을 할 수 있다는 입장 을 분명히 하였고, 그 이론적 근거가 바로 수용유사침해법리인 것이다.[53] 또한 사실행위 (Realakte)나 의도하지 않은 법적 작용으로 결과적으로 초래된 재산권 침해나 기타 현실 적으로 제1차적 권리구제수단의 활용을 기대하기 어려운 경우 등에 의해 결과적으로 초 래된 재산권 침해의 경우에는 계속해서 손실보상청구권의 독자적인 근거로 판례상 인정 되고 있고, 학설상으로도 대체로 긍정적으로 평가되고 있다.[54]

요컨대 수용유사침해에 대한 국가책임제도는 그 용어상의 유사점에도 불구하고 그 법 적 체계를 달리하는 수용보상과는 법리상 전혀 연관되어 있지 아니한 별개의 보상제도이 기 때문에 기본법 제14조의 '재산권(財産權)'(Eigentum)과 '수용(收用)'(Enteignung)의 개념에 대한 헌법재판소의 독점적인 해석권한을 핵심적인 논거로 한 동 판결을 수용유사 침해보상청구권의 적용범위에 대한 일정한 제한 이상의 내용, 즉 수용유사침해제도에 대 한 종언으로 볼 수는 없다고 할 것이다.

─ eine Zwischenbilanz, in; *Fs. f. W. Geiger*, 1989, S. 476ff.

52) Vgl. *J. Ipsen*, Enteignung, enteignungsgleicher Eingriff und Staatshaftung, *DVBl.* 1983, S.1032f.

53) Vgl. *W.-R. Schenke*, Der Rechtsweg für die Geltendmachung von Ausgleichsansprüchen im Rahmen der Sozialbindung des Eigentums, *NJW*, 1995, S. 3145ff.;*F. Schoch*, Der Rechtsweg bei ausgleichspflichtigen Eigentumsinhalts-bestimmungen, *JZ* 1995, S. 768ff.

54) Vgl. BGH=*JZ* 1994,S. 259ff.

5. 요점정리

위에서 살펴본 '자갈채취판결' 이후 독일에서 계속되고 있는 논의에서 국가책임법상 소송절차 등과 관련되는 쟁점을 제외하면 대체로 재산권이론체계상 기초적인 쟁점은 정리되었다고 할 수 있다. 또한 연방헌법재판소, 행정재판소 및 연방최고법원 간에도 부분적으로 중요한 입장 차이는 여전히 존재하는 것이 사실이지만, 멀지 않은 장래에 개별적인 문제에 있어서까지도 이견이 해소될 수 있을 것이라고 전망할 수 있을 정도로 기본적인 입장에서는 상당히 근접하고 있는 느낌이다.[55]

사실상 '단절이론'으로 정리되는 연방헌법재판소의 재산권이론이 재산권 침해에 대한 방어에 중점을 두고 있는 것이라고 한다면, 연방최고재판소의 입장은 효과적인 보상에 일차적인 관심을 두고 있는 차이가 있을 뿐이다. 또한 그 차이는 개인재산권의 보장과 공공복리의 규범적 조화라는 재산권이론의 궁극적인 목표를 달성하기 위해서 가장 효과적인 수단과 방법을 모색하는 과정일 뿐이다. 그것은 재산권이론의 혼란이라기보다는 보다 많은 대안을 검토하는 담론의 과정으로 보아야 할 것이다. 어쨌든 일부 학자들이 지적하고 있는바와 같이 실질적인 이유보다는 독일법원체계 특유의 전통적인 이유나[56] '시대착오적인 입법불비'[57]에서 비롯되는 입장 차이, 즉 재산권보상의 소송절차를 둘러싼 법원간의 대립을 제외하면 '단절이론' 이후 독일에서의 재산권논의에서 의견이 모아진 내용은 대체로 다음과 같이 정리할 수 있다.

첫째, '단절이론'에 따라 '제도보장'과 '존속보장' 또한 '존속보장'과 '가치보장'이 단절, 독립되어 있는 범주로 설정된다. '가치보장'에 우선하는 '존속보장'은 재산권의 보호영역으로, 제도보장은 이 보호영역에 대한 제한의 헌법적 한계, 즉 '한계의 한계'로 이해한다.

둘째, 일반성, 추상성과 개별성, 구체성의 형식적 기준에 따라 구별되는 재산권내용규정과 수용은 각각 단절된 범주의 존속보장과 가치보장에 연계되어 있는 것이다. 말하자면 재산권내용규정은 재산권내용규정이고, 수용은 수용이라는 것이다. 결국 재산권내용규정이 개별적으로 이른바 '수용적 효과'를 초래하는 경우에도 그것이 수용으로 전환되는 것이 아니라 위헌인 재산권내용규정일 뿐이다. 결국 재산권내용규정인지 아니면 수용인지는 궁극적으로 재정고권을 가지는 입법자의 결정에 맡겨져 있다.

---

55) Vgl. *F. Schoch*, a.a.O., S. 768.

56) A.a.O., S. 773.

57) W.-R. Schenke, a.a.O., S. 3152.

셋째, 다만 재산권적 가치에 대한 전면적인 혹은 부분적인 박탈의 범주로 설정되는 좁은 의미에서의 수용과 함께 재산권의 내용규정도 재산권 제한의 한 유형으로 인정된다. 재산권의 내용규정이 예외적인 경우에 개별적으로 비례의 원칙이나 평등원칙에 어긋나는 가혹한 부담을 초래하는 경우에는 이른바 '보상의무 있는 재산권내용규정'에 해당되는 것으로 본다.

넷째, 결국 이러한 새로운 재산권이론체계에 따르면 재산권의 사회적 기속성과 수용의 구별에 지향된 독일에서의 전통적인 '수용이론'은 재산권내용규정과 수용의 구별이 아니라 보상이 필요 없는 내용규정과 보상의무 있는 내용 규정을 구별하는 데 그 초점이 맞추어져 있다.

다섯째, 다만 이러한 경우에 재산권자의 입장에서 당해 고권적인 조치나 근거법률 자체에 대한 제1차적인 대항과 이른바 제2차적인 '수인 후 보상'(dulde und liquidiere)에 대한 선택권을 가지는지 여부, 법원의 입장에서 독자적으로 보상에 관한 결정을 할 수 있는지에 관해서는 연방최고법원과 연방헌법, 행정재판소간에 이견이 대립되고 있다. 또한 이른바 '구제적 보상규정'의 헌법적 허용성 여부도 특히 특정성의 원칙과 관련하여 논란이 계속되고 있는 실정이다. 다만 최근에 연방최고재판소와 이전의 부정적인 입장에서 다시 긍정적적인 입장으로 선회하고 있는 경향을 보이고 있다.[58]

6. 우리 헌법상 검토의 필요성과 도입의 법리적 가능성

우리 헌법은 「독일기본법」과 달리 '공용수용'과 함께 '공용사용'과 '공용제한'을 공용침해유형으로 명시적으로 규정해 놓고 있다. 따라서 독일에서 좁은 의미의 수용개념을 전제로 우리의 '공용제한'에 속하는 고권적 조치가 '재산권의 내용규정'에 해당되는 것인지 아니면 '수용'에 해당되는 것인지의 문제를 둘러싸고 계속되고 있는 논의는 적어도 개념형식론적인 면에서는 우리와는 그 문제상황이 다르다. 왜냐하면 독일에서 좁은 의미의 수용에 해당되는 것으로 볼 수 없고, 따라서 재산권내용규정이 구체화된 결과로 볼 수밖에 없는, 그러나 예외적으로 보상 없는 수인을 기대하기에는 한계를 넘는 가혹한 부담이 주어지는 경우에 이른바 '보상의무 있는 재산권내용규정'의 형식을 통해 이론적으로 해결할 수밖에 없는 많은 경우를 우리는 적어도 형식적으로는 헌법상 명시적으로 공용침해유형의 하나로 규정하고 있는 '공용제한'에 포섭하여 해결할 수 있기 때문이다.

---

58) Vgl. BGH=*DÖV*, 1995, S.157ff.

그러나 실질적인 관점에서 보면 우리에게도 문제상황은 그대로 적용된다. 말하자면 '재산권내용규정'인지 혹은 '수용'인지를 구별하는 난제 대신 우리는 '재산권내용규정'인지 아니면 '공용제한'인지를 구별하는 문제를 그대로 안고 있는 것이다.

앞에서 언급한바와 같이 「독일기본법」 제14조 제3항상의 '수용'의 개념을 연방헌법재판소의 단절이론에 따라 협의의 개념으로 보는 경우에도 그것이 우리 헌법 제23조 제3항상의 공용침해유형 중 하나인 '공용수용'과 전혀 차이가 없는 동일한 범주를 내용으로 하고 있는 것은 아니다. 일반적이고 객관적인 재산권내용규정에 따른 입법 당시에 예상하지 못한 혹은 예상하기 어려웠던 개별적인 재산권 침해와 입법자의 의도적이고 계획적인 '공용제한'은 결과에 따른 구별이 아니고, 작용양식에 따라 구별되는 것이기 때문에 우리의 경우에도 그 구별이 가능하고 또한 구별하여 취급하여야 할 이론적인·실질적인 이유가 있기 때문이다. 즉 해당 법률에 대한 헌법적 평가에서 단순한 위헌 여부가 아닌 이른바 '원칙과 예외'(Regel-Ausnahme)의 기준을 교차적으로 적용하는 제3의 대안모색의 가능성을 열어두는 것이 바람직하기 때문이다.

이러한 점에서 독일에서 "보상을 요하는 재산권규정에 의한 재산권 침해에, 즉 기본법 제14조 제1항에 반하여 재산권의 내용을 정한 법률에 의거한 재산권 침해는 기본법 제14조 제3항에 의한 수용보상이 아니라 그 침해조치에 대한 취소소송이나 보충적으로 기본법 제14조 제3항과는 별개의 법 규정이나 법 원칙에 의한 손실보상의 대상이 된다고 하겠지만, 우리나라의 경우 그러한 재산권 침해는 의연 헌법 제23조 제3항의 재산권에 대한 공용제한으로서 같은 조항에 의한 손실보상의 대상이 되는 것"이라고 보는 입장[59]에는 문제기 없지 아니하다. 예컨대 보상의무 있는 내용규정을 인정한 '의무납본판결'의 사안의 경우 과연 우리 헌법 제23조 제3항의 공용제한으로 해결할 수 있는지 의문이 아닐 수 없기 때문이다. 또한 '수용이론'을 통해 제시된 여러 가지 이론적 기준들에 따라서 엄격하게 구별되는 보상이 필요 없는 재산권내용규정과 보상이 필수적으로 요구되는 공용제한의 두 법제 간 어느 것에 해당되는가를 명확하게 구별하는 것이 현실적으로 매우 어려운 일이 아닐 수 없다는 문제상황은 동일하기 때문이다. 예컨대 사회적 기속성(Sozialbindung), 특별희생(Sonderopfer), 기대가능성(Zumutbarkeit), 중대성(Schwere), 사적 유용성(Privatnützigkeit), 상황기속성(Situationsgebundenheit) 등의 기준들 자체가 상대적인 것일 수밖에 없고, 따라서 이들 기준들이 두 법제 간 양자택일을 해야 하는 입법자에게 구체적인 준거지침이 되지 못하는 것은 물론이고 또한 적지 않은 경우에 이 기준들에 따른 구별이 그 결과에 따라 재산

---

59) 예컨대 홍준형, 전게서, 138면.

권내용규정에 해당되는 것일 경우에는 아무런 보상 없이 참을 수밖에 없는 시민들에게 설득력 있는 것으로 받아들여지기를 기대하기 어려운 것이 현실이다.

이러한 어려움은 특히 오늘날 재산권관련 정책의 내용과 속성상 재산권법제가 점점 다양해지고 그에 따른 효과가 갈수록 복잡하고 중첩적일 수밖에 없는 현실상황 때문에 더욱 심해질 것으로 전망된다. 더 이상 단순히 개인적 혹은 지역적 이기주의에 기초한 민원(民怨)만으로 외면하고 방치할 수는 없게 된 이른바 'green belt' 문제를 비롯한 각종 환경보호정책은 물론이고 도시계획, 국토개발, 지역균형개발정책, 경제정책, 문화정책 등 거의 모든 정책영역에서 재산권과 관련된 심각한 갈등이 야기되고 있는데 많은 경우에 그것이 '공용제한'에 해당되는 것인지 아니면 재산권의 내재적인 사회적 기속성에 따른 반사적인 불이익, 즉 보상 없이 수인할 수밖에 없는 불가피한 손해일 뿐인지를 판단하는 것은 극히 어려운 일이 아닐 수 없다. 특히 1989년 12월 이념적, 법리적 내용에 대한 충분한 검토 없이 유행어처럼 되어 버린 이른바 '토지공개념'을 바탕으로 한 '택지소유상한법', '개발이익환수법' 및 '토지초과이득세법' 등이 새로 입법·시행되면서 재산권에 대한 침해 여부를 둘러싸고 논란이 계속되고 있고, '토지초과이득세법'에 관해서는 이미 사실상 위헌판결에 해당하는 헌법불합치결정이 내려진바 있다. 동 결정으로 인해서 토초세법의 운용 자체에 엄청난 혼란이 초래되었음은 물론이고, 더 나아가서는 법과 국가정책에 대한 국민의 신뢰가 크게 손상되어 올바른 법문화정착에 큰 부담으로 작용하고 있는 것은 주지의 사실이다.

또한 많은 경우에 현실적으로 '공용제한'과 '재산권내용규정' 두 법제형식의 간명한 구별이 어렵다고 한다면, 실제로 시행되고 있는 재산권법제 중 보상규정을 두고 있지 않은 많은 경우와 또한 이른바 백지위임식의 '구제적 보상규정'만을 두고 있는 법령들을 어떻게 평가할 것인지 문제가 아닐 수 없다. 결국 문제는 우선 한편으로는 헌법상 부여받은 폭넓은 형성의 자유에 따라 사실상 '재산권 정의권'을 가지고 재산권 형성을 책임지고 있으면서 적지 않은 많은 경우에 입법 당시에 장래 그 결과, 특히 헌법적 한계를 넘는 가혹한 부담이 초래될 수도 있는 예외적인 가능성을 예상할 수 없는 입법자에게 장래 위헌결정에 대한 부담을 덜어주면서 정책적 효율성과 일관성을 담보해줄 수 있는 객관적이고 합리적인 통일된 지침이 주어진 것이 없고 또한 그것이 현실적인 여건상 불가능하다는 것이다. 또 한편으로는 법원과 헌법재판소의 보상의무 여부에 대한 결정, 말하자면 '보상 없는 재산권 제한'이 '공용제한'에 해당됨에도 불구하고 보상규정이 없기 때문에 근거 법령이 위헌이라든지 혹은 재산권내용규정에 해당되기 때문에 보상이 필요 없고 따라서 합헌이라는 간명하지만 극히 도식적인, 따라서 유연성을 가질 수 없는 결정양식이 정책당국자에게나 일반 국민들에게 공히 설득력 있는 결정으로 받아들여지지 않는 경우가 적지 않다는 점이다.

헌법상 재산권이론의 정향점이 궁극적으로 자유보장기능을 가지는 개인재산권의 보장의 측면과 공공복리실현의 측면, 말하자면 정당한 국가정책의 효율성의 측면의 바람직한 조화, 즉 '규범적 조화'를 도출해내는 것이라고 한다면 재산권문제의 현황에 비추어 볼 때 우리의 경우에도 재산권이론체계에 대한 면밀한 재검토와 합리적인 대안모색이 시도되어야 할 것으로 생각된다. 이러한 점에서 독일 연방헌법재판소가 이른바 '자갈채취판결'을 통해서 제시하고, 그 후 많은 학자들의 비판적 지지를 받고 있는 이른바 '단절이론'을 중심으로 한 새로운 재산권이론체계와 그에 따른 많은 논의의 성과들은 우리에게도 매우 유용한 것이 아닐 수 없다.

우선적으로 독일에서 재산권 제한의 한 유형으로 새롭게 인정되고 있는 '보상의무 있는 재산권내용규정'의 입법형식과 또한 독일에서도 아직 많은 논란 속에서 일반적으로 허용되고 있지는 못하지만 '구제적 보상규정'은 우리에게도 매우 유용한 제도나 대안모색을 위한 유용한 단서로서 활용이 가능하다고 본다.[60] 논란이 계속되고 있기는 하지만 '구제적 보상규정'은 재산권내용규정에 있어서 예상하기 어려운 부수적인 재산권 침해의 결과를 해결하기 위한 수단으로 '일반조항'이나 '예외규정' 등 기타 유용한 보완입법수단의 활용이 불가능한 경우에 한해서 보충적이고 예외적인 수단으로만 허용하는 것이 바람직하다. 재산권의 내용을 규정하는 법률의 경우에 예외적으로 보상을 요하는 재산권 침해의 결과를 사전에 유형화하기 어렵다. 따라서 입법 당시에는 충분히 예견하지 못하는 부수적인 효과가 법집행단계에서야 가시화되는 경우가 많기 때문에 학설상 많은 비판[61]에도 불구하고 최소한 보충적인 제도로서는 입법정책적인 의도와 비례의 원칙을 조화시킬 수 있는 적절한 방책이 될 수 있다.[62] 그 예로는 철도법 76조 1항, 원자력법 96조 2항, 문화재보호법 25조 1항, 소방법 8조 등을 들 수 있다.

또한 수용유사침해이론의 도입가능성의 문제도 권리구제공백이 현존하고 있는 것이 분

---

60) 우리나라에서는 보상의무가 있는 재산권내용규정의 법제에 관하여는 일부 학자가 긍정적적인 입장을 보이고 있다. 김남진, 『행정법의 기본문제』, 법문사, 1990, 1054면 이하; 특히 도시계획법상 개발제한구역, 보존지구, 제4종미관지구, 시가화조정지역 등을 그 대표적인 적용가능사례로 들고 있다. 박상희, 「재산권 침해유형에 대한 구별이론의 새로운 필요성」, 『법제연구』, 1994, 193면 이하 참조

61) Vgl. J. Papier, in: Maunz/ Dürig, GG-Kopmmentar, Art. 14 Rn 283ff.

62) Vgl. H. Maurer, Allgemeines Verwaltungsrecht, 9. Aufl., 1994, Rn. 83.

명하다면 그 적실성에 대한 진지한 검토를 거쳐 적극적으로 도입하는 것이 바람직할 것이다. 여기에서 주목해야 할 점은 앞에서 언급한 '보상의무 있는 재산권내용규정'이나 수용유사침해보상의 법리가 궁극적으로는 개인재산권의 보장과 공공복리실현수단인 국가정책의 효율성을 규범적으로 조화시키기 위한 이론구성의 결과였고, 특히 수용유사침해보상의 법리는 당연히 규범적 조화라는 헌법적 명제를 인식하면서 현실적으로 제1차적인 권리구제수단을 통해서는 피해구제가 불가능하거나 충분하지 못한 경우에 그에 따른 불가피한 피해의 구제에 중점을 둔 독일최고법원의 적극적인 법해석의 산물이었다는 점이다.[63]

재산권에 관한 논의에서 우리에게 가장 절실하게 필요한 것은 어떤 방향, 내용의 입장이건 불문하고 균형성을 잃지 않으면서도 보다 진지하고, 적극적인 법운용의 자세임은 물론이다. 재산권문제의 현실여건에 따라 입법상, 사법실무상 헌법상의 불가분조항 등의 문제 등과 같은 여러 가지 어려운 문제가 단시간 내에 간명하게 해결되기를 기대할 수 없는 사정이 본질적으로 독일과 우리의 경우가 크게 다르지 않다고 한다면 우리에게도 최소한 과도적인 차선책으로서는 적극적인 도입이 바람직하다고 여겨진다. 이러한 지적과 논의가 가장 절실하게 요구되는 문제영역이 바로 본 논문의 테마인 '보상 없는 재산권 제한'의 영역이다. 문제의 양적, 질적 크기 때문에 심각한 재산권문제로 제기되어 있는 도시계획법상의 개발제한구역(그린벨트) 문제를 예로 들지 않더라도, 우리나라에서 보상 여부가 다투어지는 '보상 없는 재산권 제한'의 문제야말로 한편으로는 분명한 원칙의 정립과 그에 따른 일관된 입장과 또 한편으로는 적극적이고 유연한 입장이 동시에 요구되는 딜레마적인 상황에서 설득력 있는 대안을 제시해야 하는 난제이기 때문이다.

Ⅳ. 보상 없는 재산권 제한의 한계 - 재산권 형성에 대한 헌법적 지침 및 한계

1. 개요

정당한 공익목적상 필수불가결한 경우에 법률로써 그에 대한 정당한 보상을 조건으로 또한 그 양식과 정도에 있어서 과잉금지원칙에 어긋나지 않는 범위 내에서 재산권을 수용, 사용 및 제한하는 '공용침해'와 함께 위에서 지적한 '보상의무 있는 재산권내용규정'

---

63) 同旨, 홍준형, 전게서, 1996, 189면 이하.

이 우리나라에서도 재산권 제한의 한 유형으로 인정된다면 결국 재산권제도보장과 재산권의 사회적 기속성(Sizialbindung des Eigentums) 또한 모든 기본권 제한에 적용되는 헌법원칙들에 의해 설정되는 보상 없는 재산권 제한의 한계는 공용침해와 재산권의 내용규정을 구별하는 그치는 것이 아니라 재산권의 내용과 한계를 정하는 입법형성권에 대한 헌법적 한계이기도 하다. 또한 재산권에 대한 입법형성권은 당연히 그 규율목적상 정당성을 포함하는 과잉금지의 원칙과 평등의 원칙, 신뢰보호의 원칙 등 헌법원칙에 의해 제약되고, 재산권의 본질적인 요소라고 할 수 있는 사적 유용성과 원칙적인 임의적 처분가능성을 부인해서는 아니 된다.

다만 재산권의 내용규정에 따른 구체적인 결과로서 초래되는 개별적인 재산권능의 축소와 공용제한을 실질적인 기준에 따라 구분하는 것이 어렵다고 보면 우선 재산권내용규정과 공용제한형식의 법제를 각각 그 재산권 제한의 결과가 아니라 작용양식에 따라, 즉 작용양식의 추상성·일반성과 구체성·개별성의 형식적인 기준에 따라 구별하고, 전자에 해당되는 경우에 입법자가 아무런 보상규정을 두지 않은 경우에는 예외적으로 그것이 '보상의무 있는 재산권내용규정'에 해당되는지 여부를 판단하면 되고, 반면에 후자에 해당되는 경우에도 입법자가 보상규정을 두지 않은 경우에는 원칙적으로 위헌인 것으로 보면 된다. 생각건대 여기서 형식적인 구별기준은 해당 법제의 상이한 법리적, 기능적 의미를 내포하고 있다. 즉 일반적이고 추상적인 재산권내용규정은 그 자체가 특정 재산권자의 법적 지위와 상관없이 재산권의 사회적 기속성을 구체화하는 것이고, 반면에 개별적이고 구체적인 공용제한은 이미 설정된 재산권질서의 틀, 말하자면 재산권의 보호영역을 '공공의 필요'에 따라 의도적이고 계획적으로 침범하여 특정한 재산권자의 특별희생을 야기하는 것이다. 어쨌든 이렇게 본다면 보상 없는 재산권 제한의 정당성 혹은 그 한계의 문제가 이론상, 실무상 심각하게 제기되는 사례군은 전자의 경우에 해당된다고 할 수 있다.

2. 재산권의 사회적 기속성의 헌법적 의의

앞에서 자세히 언급한바 있듯이 재산권은 그 내용과 한계를 정하는 것, 즉 보호영역을 설정하는 사실상의 '재산권 정의권'이 입법자에게 위임되어 있다. 그러나 그것이 특별히 폭넓은 입법형성권이기는 하지만 무제한 허용되는 것이 아님은 물론이다. 우리 헌법상 재산권의 내용과 한계에 대한 입법형성적 법률유보(제23조 제1항 제2절)도 재산권의 사회적 기속성을 구체화하는 것이고, 사회적 기속성은 폭넓은 입법형성권의 이념적 기초인 동시에 그 한계이기 때문이다. 또한 재산권의 사회적 기속성은 재산권자에 대하여 공공복리존중의 의무를 부과하는 헌법적 근거이고, 법원과 행정부에 대해서는 법해석과 적용의 지침이기도 하다.

이러한 사회적 기속성의 기능적 특성은 우선 공공복리에 대한 개인재산권적 법익의 절대적인 우위가 부인되는 것과 마찬가지로 재산권의 사회적 기속성 또한 재산적 가치 있는 권리가 오로지 공적인 목적 혹은 타인을 위한 목적에 공여하기 위해 존재하는 것으로 보는 논리를 정당화시키는 근거는 되지 못한다는 명제를 전제로 한다.[64] 결국 이에 따르면 헌법상의 재산권 보장을 구체적으로 실현하는 데 있어서 관건은 헌법적인 법률유보와 입법자에게도 적용되는 헌법상의 재산권보호를 상호 연계시키고 적절한 균형관계를 정립하는 것이다. 그 구체적인 내용이 바로 재산권 제한의 한계와 근거로 각각 이해되는 재산권 '제도보장'과 재산권의 사회적 기속성의 규범적 조화를 도출해내는 것이다. 따라서 사회적 기속성의 헌법적 의의는 우선 현대 사회에서 더 이상 무제한적인 자유권으로 인정될 수 없는 재산권의 사회적 연계성과 사회적 기능을 강조함으로써 사회국가적 현실에서 사익과 공익의 적절한 조화점을 모색하는 수단이라는 점에서 찾아진다.[65] 우리 헌법은 "재산권의 행사는 공공복리에 적합하도록 하여야 한다"(제23조 2항)고 규정하고 있으나 재산권의 사회적 기속성이 재산권적인 권능의 '행사'뿐만 아니라 헌법상 재산권 개념의 내용 전체에 적용됨은 물론이다. 또한 국민경제목적상 국가가 경제에 관하여 규제와 조정을 할 수 있다는 경제질서 형성에 관한 포괄적인 국가위임규정(제119조 제2항)을 포함하여 이례적으로 다양하고 구체적인 경제조항을 두고 있는 우리 헌법상의 재산권의 사회적 기속성은 농지소작제도의 원칙적인 금지(제121조), 지하자원 등에 대한 제한(제120조), 대외무역의 규제조정(제125조) 등 여러 가지 특수한 형태의 재산권 제한을 정당화시켜 주는 이념적 근거로서의 기능도 가지고 있다.

---

64) Vgl. *W. Leisner*, Regalien und Sozialbindung des Eigentums, *DVBl.* 1984, S.701; *J. Papier, in; a.a.O.,* Art.14 Rn 275

65) 허영, 전게서, 1995, 604면.

3. 사회적 기속성의 한계 - 헌법상 이익형량

1) 헌법적 의의

그러나 재산권의 사회적 기속성이 재산권적 지위에 대한 공권력의 임의적인 혹은 무제한적인 제한을 허용하거나, 이른바 '사회적 유해성'(Sozialschädlichkeit)을 명분으로 자의적으로 권리를 박탈하거나 합리적인 근거 없이 개별적인 재산권자들을 차별취급할 수 있는 근거가 될 수 없음은 물론이다. 재산권의 사회적 기속성은 법적 해석의 가능성과 필요성을 전제로 하는 법적 기준이지, 오로지 정치적 의사에 의해서만 그 내용이 채워질 수 있는 이른바 '공백규범'(Blankonorm)이 아니다.[66] 재산권의 사회적 기속성을 구체화하는 입법자는 사회적으로 정당한 재산권질서의 요청과 함께 헌법상 보장되는 재산권의 자유보장적 기능을 동일 선상에서 고려해야만 한다. 재산권에 내재되어 있는 이 두 가지 요소는 헌법적으로 조화의 대상으로서 상호 변증법적인 관계로 설정되어 있는 것이지, 형량에 따른 우열의 관계에 있는 것이 아니다. 또한 재산권을 형성함에 있어서 입법자는 모든 관련 당사자의 보호법익을 정당하게 조정 혹은 조화시켜야 한다.

또한 재산권의 사회적 기속성의 내용과 그 한계는 가변적이고 유동적일 수밖에 없다. 경제, 사회 및 과학기술발전의 상황 등의 변화에 따라 가치평가기준이 달라지고, 따라서 헌법적 이익형량의 척도 자체가 모든 시대, 모든 상황에서 같을 수는 없기 때문이다. 형량되는 이익은 평형추로 손쉽게 비교할 수 있는 무게를 가지고 있는 것들이 아니다. 즉 헌법의 증력에 의해서 동일적으로 징해지는 무게를 가지는 것이 아니라, 각각 그 기준에 따라 달리 평가될 수밖에 없는 개별적인 가치를 갖는다. 궁극적으로 가치평가의 내용은 평가방법과 자료, 즉 사실 혹은 정책에 대한 판단과 법적용자의 주관적인 가치관에 의해 결정된다고 할 수 있다.[67] 이러한 관점에서 새로운 의미의 사실의 규범력(Normative Macht des Faktischen in einem neuen Sinne)이 지적되기도 한다.[68] 결국 문제는 자유로운 설득력의 경쟁이다.

이러한 변화는 특히 재산권 보장의 대상이 크게 확대되고, 그에 따라 재산권 보장의

---

66) Vgl. *P. Badura*, Eigentum, in; *E. Benda(Hg.), Handbuch des Verfassungsrechts*, 1994, § 10, Rn. 58.

67) Vgl. *W. Leisner*, "Awägung überall" - Gefahr für den Rechtsstaat, *NJW* 1997, S. 638.

68) Vgl. *C. Starck*, Zur Notwendigkeit einer Wertbegründung des Rechts, in: *P. Kirchhof(Hg.) Verantwortlichkeit und Freiheit: Die Verfassung als wertbestimmte Ordnung; Fs. f. W. Geiger zum 80. GT.*, 1989, S. 40ff.

의미가 사안영역에 따라 상대화되면서 부각될 수밖에 없었던 점도 주목된다. 예컨대 사회보장법상의 급부청구권 등과 같이 사회적 관련성이 큰 공법상의 청구권의 경우에는 사회적 기속성이 특히 강조되게 되는 전형적인 사례이다. 또한 헌법상 규정된 환경보호의 명제가 거의 최우선적인 국가과제로 인식되고 있는 오늘날의 상황에서 환경문제와 관련된 재산권의 사회적 기속성의 의미는 환경문제가 심각하게 제기되지도, 인식되지도 않았던 자유주의적 재산권 이념이 지배하던 19세기의 그것과는 본질적으로 다르다.

요컨대 이러한 가변성의 전제하에 법률에 의해 구체화되는 재산권의 사회적 기속은 그 법제형식을 불문하고 내용적으로 그 범위가 특정 및 제한되어야만 하고, 규율 대상으로부터 요구되는 것인 동시에 그 규율 내용 자체가 사리적으로 정당해야만 한다는 것이 바로 사회적 기속성의 한계이다. 이러한 포괄적인 헌법적 이익형량의 정당성에 대한 평가기준을 제시해 주는 것이 바로 사회적 기속성의 한계이론이다.

2) 한계설정이론의 비판적 검토

재산권의 사회적 기속성의 한계로 지적되고 있는 특별희생, 수인기대가능성, 중대성, 사적 유용성, 상황기속성 등의 기준들은 원래는 보상이 필요한 수용과 보상이 필요 없는 재산권내용규정을 구별하기 위하여 판례와 학설을 통해 변증법적으로 발전되어 온 '수용이론'에서 제시된 것이다. 즉 헌법상의 재산권 형성적 법률유보와 재산권의 사회적 기속성이 지나치게 확대 해석되어 재산권이 유명무실해지는 것을 막기 위해 분계선을 설정하기 위한 기준이었던 것이다. 그러나 위에서 언급한바와 같이 재산권내용규정과 수용, 특히 우리헌법의 공용제한 간의 구별이 보상의 관점에서는 상대적인 것에 지나지 않는 것으로 본다면 이제 수용이론은 재산권에 대한 입법형성의 영역을 제한하는 데 그 초점이 옮겨졌다고 해야 할 것이다. 말하자면 헌법상 폭넓게 인정되는 입법형성권에 의해 재산권의 보호영역이 서서히 잠식되어 결국은 재산권제도보장의 본질인 내용 자체가 부인될수도 있는 결과를 방지하기 위한 마지노선을 긋는 것이다.

다양하게 제시되고 있는 구체적인 기준의 내용과 그 이론적 한계 등에 관해서는 충분히 검토된바 있다. 또한 재산권객체의 속성과 재산권자의 주관적 사정 혹은 제한의 목적, 양식, 정도 등 구체적인 상황조건에 따라 "연관되는 여러 가지 판단기준을 함께 고려하여 종합적으로 평가"할 수밖에 없고, 결국은 "정형적·사례유형별 접근방식에 의해 해결"될 수밖에 없다는 일반적인 결론을 여기에서 재론할 필요는 없다.[69] 따라서 여기에서는 재산권의 사회적 기속성에 내포되어 있는 규범조화의 헌법적 명제, 즉 재산권 형성에 대한 제1의 헌법적 지침으로 주어지는 헌법상의 정당한 이익형량의 의미와 그에 따른 문제점만을 비판적으로 지적한다.

우선 재산권의 사회적 기속성은 입법자가 재산권의 내용과 한계를 정하는 데 있어서 절대우선적인 가치가 아니라는 점을 주목해야 한다. 물론 우리 헌법 제23조 제2항상의 재산권의 공공복리기속성은 재산권객체가 사회적 관련성이 클수록 더욱 강조될 수밖에 없다. 특히 입법자가 권한과 함께 의무를 지고 있는 환경보전의 영역이 그 전형적인 예이다.(헌법 제35조) 그러나 재산권의 사용이 오로지 공공복리에만 적합해야 하는 것은 아니다. 말하자면 개인의 사적 유용성과 임의적인 처분가능성도 일반공익과 함께 교량되어야 하는 헌법적 가치인 것이다. 또 한편으로는 반대방향에서의 지적도 유의해야 한다. 예컨대 재산권 제한의 '중대성'만을 기준으로 한계유월 여부를 판단하는 것은 공공복리목적을 추구하는 입법자의 입장을 무시하고 일방적으로 재산권자 개인의 입장만을 배려하는 오류를 범하기 쉽다는 점이다.

이는 타인과 비교해서 '특별한 희생' 여부를 판단하는 특별희생이론의 관점에서나, 관련 재산권자 개인의 주관적인 사정을 고려하여 '수인기대가능성'을 평가하는 기대가능성이론에서나 마찬가지인바, 바로 이러한 점에서 특별희생설의 논리적인 문제점이 지적될 수 있다. 즉 특별희생 여부를 기준으로 사회적 기속성의 한계유월 여부를 판단하는 경우에는 현실적으로 거의 모든 재산권 제한이 수용에 해당될 수밖에 없다. 예컨대 일반적이고 추상적인 재산권내용규정의 형식으로 자연보호 등의 공익목적상 특정한 보전지구를 설정하거나 혹은 설정할 수 있는 법적 근거를 마련한 경우에도 단지 차별 취급하였다는 사실만으로 사회적 기속성의 한계를 넘었다고 볼 수는 없는 것이다. 모든 해당 재산권객체가 동시에, 같은 양식으로 제한될 수는 없기 때문이다.

이러한 특별희생성의 문제점을 극복하기 위하여 제시된 대안이 바로 상황기속성의 기준이다. 그러나 자연보호나 문화재보호 관련법의 영역에서 강조되는 토지 등 부동산재산권의 상황기속성의 기준의 적용도 일정한 문제점을 안고 있다. 환경조건이나 자연적인 속성 및 일반적인 이용관행 등에 따른 상황기속성은 독일의 학설과 판례상 일반적으로 재산권자의 권리에 대한 내재적 한계로 받아들여지고 있다.[70] 그러나 재산권의 사회적 기

69) 예컨대 허영, 전게서, 607면; 김남진, 『행정법 Ⅰ』, 법문사, 1992, 538면; 박상희, 「공용침해의 요건에 관한 연구」, 고려대박사학위논문, 1993년, 27면 이하; 박영도 외 4인, 한국법제연구원, 『현행공용침해법제의 현황과 개선방향』, 1992, 5면.

70) Vgl. *W. Leisner, Sozialbindung des Eigentums*, 1972, S. 167, 210; *BVerwGE* 3,335; 4,57; 5,143; 32,173;

속성이 해당 재산권객체의 자연적인 속성에서 직접 도출된다고 보는 것은 문제가 있다. 자연적 속성은 헌법상 사회적 기속성을 구체화하는 과정에서 고려되는 중요한 여러 요소 중 하나일 뿐이기 때문이다. 상황기속성은 특정된 재산권객체의 상황에서 그 사회적 기속성이 구체화된 결과이다. 예컨대 토지 등의 부동산재산권의 객체의 경우에는 말 그대로 부동의 재산이기 때문에 그 공간적인 상황이 확정되어 있기 때문에 상황기속성이 부각될 수밖에 없는 것이다. 오히려 상황기속성 그 자체는 대부분 입법자의 재산권 형성의 결과로서 주어지기 때문이다. 결과적으로 독일연방최고재판소[71]와 행정재판소[72]가 각각 제시하고 있는 공공복리의 요청을 전혀 무시하지는 않는 '이성적인 재산권자'(vernünftiger Eigentümer)나 '거래관행'(Verkehrsanschauung)으로부터 재산권자의 헌법적인 의무가 도출되는 것으로 볼 수는 없다. 즉 이러한 요소는 재산의 구체적인 상황이 어느 정도까지 사회적 기속성의 용인을 정당화시키는가 하는 문제는 해결하지 못한다. 다만 이 관점들은 재산권의 내용을 규정함에 있어서 전체공동체의 요청과 개인의 이익을 적정하게 고려하여야 한다는 추상적인 헌법상 지침을 구체화시키는 유용한 단서를 제공해준다.

요컨대 다양한 현실적 요소를 비교형량해야 하는 입법자에 대한 지침 혹은 그 판단기준으로 원용하기에는 다양하게 제시되고 있는 기준들이 최소한 일반적인 설득력은 갖지 못한다. 결국 하나의 통일된 기준에 의하여 문제가 해결될 수 없다는 점이 결론 아닌 결론으로 재확인된다. 다만 이익형량척도 자체의 가변성과 유동성의 전제하에 학설과 판례에 의해 일반적으로 인정되고 있는 사회적 기속성의 한계의 설정, 즉 헌법적 이익형량에 대한 기본지침으로 다음 세 가지는 확인될 수 있다. 즉 재산권의 자유보장기능, 재산권객체의 사회적 연관성과 사회적 기능 및 과잉금지원칙 등의 헌법원칙이 그것이다. 그러나 이러한 결론 아닌 결론은 재산권 형성에 대한 제1의 지침으로 주어지는 헌법적인 이익형량의 요청이 상이한 이론 혹은 기준들 간의 담론을 요구하는 것이고, 또한 여기에서 이익형량은 현재 시점에서의 담론에 그치는 것이 아니라 미래지향적인 관점에서 시대 간 혹은 세대 간의 가치의 비례적인 배분과 조화라는 요청을 담아내야 하는 것이라는 것을 확인해주는 중요한 의미를 갖는다.

이러한 관점에서 재산권질서의 형성에서 요구되는 헌법적 이익형량의 요청에는 단순한

49,368; BGHZ 23,301; 30,338; 72, 216; 77,354; 80,115. 또한 '그린벨트'와 관련된 도시계획법 제21조 제1항에 대한 우리 대법원의 합헌판결(대판 1990.5.8. 89헌부2)에서도 자세한 논증은 없으나 개발제한구역으로 지정된 토지의 지역적 환경에 따른 내재적인 기속성을 전제로 하고 있는 것으로 여겨진다.

71) Vgl. BGHZ 87,66(71f.).

72) Vgl. BVerwGE 49,365(372).

개별적인 이익 간의 형량을 넘어서 원리 간의 형량이 포함되는 것이라고 할 수 있다. 국가와 사회와 개인, 효율성과 자유, 공익과 사익의 최적형량, 사회국가원리와 민주적 법치국가원리, 즉 사회적 법치국가원리의 구체적인 형성이 바로 그 구체적인 내용이다. 이러한 의미에서의 이익형량에서 핵심적인 문제는 형량가치요소에 대한 규범적 평가와 연계된 가치판단의 기준을 정립하는 것이다. 이는 우선 헌법 도그마틱의 문제인 것은 물론이지만, 그 문제의 성격과 구조 및 접근단서의 측면에서 보면 현재 상황에 대한 정확한 판단과 당위적인 지향점의 설정을 바탕으로 한 거시적인 사회경제정책적 프로그램과의 연계성과 개별적인 사안에서의 미시적인 타당성을 동시에 충족시켜야만 하는 고도의 정책평가적인 문제이기도 하다. 재산권질서형성에서 요구되는 헌법적 이익형량의 이러한 의미는 전반적으로 전환기적 상황에 있는 우리 현실상황에서 더욱 부각된다. 특히 환경보호나 경제질서와 관련된 재산권 규율의 영역에서 공공복리의 명분 아래 국가의 일방적인 이익형량에 따라 정책이 결정·집행되던 단계에서 개인과 기업의 자유와 창의를 존중하는 방향으로의 전환이 요구되는 시점에서 특히 강조되어야 하는 헌법적 명제이기 때문이다.

3) 기타 입법형성권의 한계로서 헌법원칙

헌법상 인정되는 폭넓은 입법형성권은 위에서 사회적 기속성의 한계 외에도 과잉금지의 원칙, 자의금지의 원칙, 신뢰보호의 원칙 등의 헌법원칙에 의하여 당연히 제한된다. 다만 여기에서 이 원칙들에 대한 논의는 약한다. 물론 위에서 검토한 사회적 기속성의 한계의 기준들은 이러한 헌법원칙들을 재산권제도보장의 측면에서 구체적으로 함께 고려하고 평가한 이론적 검토의 결과이기도 하기 때문이다. 다만 구체적인 재산권관련 법률의 입법형성의 자유의 한계유월 여부를 판단하는 관점에서 이러한 원칙들의 의미와 기능은 다음의 측면에서 찾아진다.

우선 이 헌법원칙들은 재산권의 사회적기속의 한계를 설정하기 위한 기준들이 구체적으로 어떠한 방법으로 적용되고 또한 그 문제점들이 무엇인지를 재검토할 수 있는 유용한 지침을 제공해 준다고 할 수 있다. 예컨대 개인적 법익과 공공복리의 정당한 형량과 비례원칙에 맞는 조정의 관점에서 사회적 기속성의 한계를 판단하는 데 있어서 위에서 검토한 어떤 기준도 일반적인 타당성을 가질 수 없다고 한다면 1차적인 판단의 기초자료는 입법형성의 과정에서 찾아진다. 그러나 비례의 원칙에 관한 그간의 논의에서 지적된 바와 같이 한편으로는 가치판단을 내용으로 하는 이익형량의 실질적인 기준 자체가 사안에 따라 상대화되었고, 또 한편으로는 심사척도로서의 비례원칙이 입법형성의 과정에 영향을 미치고 있다.[73] 따라서 우선적으로 요구되는 것은 입법자가 자신의 정책목적을 분명하게 제시하고 그 목적에 연계된 정책적인 고려와 의도를 구체적으로 밝히는 것이다. 그렇지 않으면 이익형량의 기준 자체가 설정되지 않는 것이다. 또한 입법자는 사안에 따라 일반조항형식이나 혹은 면제허용규정 기타 조정적 보상규정 등 입법기술적으로 여러 가지 형식을 활용하고 있는바, 각각 비례성심사의 대상과 기준 자체가 다를 수밖에 없다.

이러한 점에서 비례의 원칙은 사회적 기속성의 한계설정에 관한 '기준의 기준'에 해당된다고 할 수 있을 것이다. 말하자면 입법자의 의도가 불분명하거나 혹은 입법의도와 재산권질서형성의 현실 간에 괴리가 있는 경우에 입법자의 입장에서 설득력 있는 기준을 선택·적용하거나 혹은 절충·적용하는 데 필요한 준거틀을 제공해준다. 예컨대 문화재 혹은 기념물보호와 관련된 재산권 제한조치에 대하여 기대가능성설에 따라 판단하는 경우에도 구체적인 재산권객체를 기준으로 이익형량의 비례성심사가 이루어져야 한다는 구체적인 지침이 주어진다. 즉 재산권자의 일반적인 재산상황의 기준이 아니라, 조치 후의 해당 재산의 잔존가치, 즉 허용되는 사용 및 수익가능성의 질에 따라 평가되어야 한다는 것이다. 반면에 부분적으로 재산권이 제한되는 경우에는 제한되는 재산권의 객체와 재산권 전체와의 연관성도 고려되어야 한다. 예컨대 업무용 토지 중 일부 면적이 자연보호지역으로 지정되어 개발이 제한된다든지 혹은 기술적으로 특정한 영업시설에 편입되어 있는 오염방지시설의 사용금지 혹은 교체를 요구하는 경우에 그 자체만을 기준으로 평가되는 것이 아니라, 사업 혹은 영업 전체에 대한 영향이 함께 고려되어야 하는 것이다.

한편 평등의 원칙과 신뢰보호의 원칙은 최후의 보완적인 추가검토장치로서 기능을 갖는다. 예컨대 실제로 판례에서 많이 원용하고 있는 상황기속성의 기준에 따라 판단한 결과가 충분한 설득력을 갖지 못하는 경우에 필수적으로 요구되는 헌법적 이익형량에 대한 보완적인 재검토의 기준으로 활용될 수 있다. 특히 일정한 법적 상황의 지속성에 대한 신뢰를 전제조건으로 하는 '독자적인 생활설계의 보호'(Dispositionsschutz)를 뜻하는 신뢰보호의 원칙[74]은 사회보장법상의 급부청구권과 관련된 재산권규율영역에서 경과규정 혹은 예외규정 등에 의한 비례성보완을 요구할 수 있는 헌법적 근거로서 해당 영역에서 수인기대가능성기준의 적합성을 부각시키거나 혹은 수인기대가능성의 기준을 보완해줄 수

---

73) Vgl. *F. Ossenbühl*, Maßhalten mit dem Übermaßverbot, in; *P. Badura/R. Scholz(Hg.), Wege und Verfahren des Verfassungslebens*, S.151ff.

74) Vgl. *F. Ossenbühl*, Vertrauensschutz im sozialen Rechtsstaat, *DÖV* 1972, S. 25ff.

있다. 또한 평등의 원칙도 예컨대 환경보호를 절대우선적인 가치로 전제하는 편향된 관점에서 상황기속성의 기준을 지나치게 확대적용하는 것을 제지하거나 혹은 필요한 경우에는 그 결론을 수정 혹은 완화시킬 수 있는 추가적인 제동 내지는 시정장치로서 기능을 갖는다. 물론 이러한 보완적인 기능은 비례의 원칙의 경우에도 인정된다. 다만 그 구체적인 적용가능성과 필요성은 사회기속성의 한계와 마찬가지로 재산권 제한의 목적과 내용 및 재산권객체의 특성 등에 따라 구별되는 사례유형별로 접근될 수밖에 없다.

V. 우리나라 현행 재산권 제한법제의 현황과 헌법적 평가

1. 개요

우리나라에서 현재 시행되고 있는 재산권 제한법제의 대부분은 보상에 관한 규정을 두고 있지 아니하다. 그나마 보상규정을 두고 있는 경우에도 보상의 구체적인 기준과 방법을 명시하지 아니하고 막연히 필요하면 '정당한 보상을 하여야 한다'는 식의 거의 백지규범에 가까운 규정을 두고 있는 경우가 적지 아니하다. 그 예로는 철도법(제76조 1항), 원자력법(제96조 2항), 문화재보호법(제25조 1항), 소방법(제8조) 등을 들 수 있다. 또는 수도법(제5조 제5항)과 산림법(제63조) 등의 경우에는 보상에 관한 구체적인 내용은 대통령령으로 정하도록 위임하고 있는 실정이다. 또한 수도법(제6조의 2) 등 일부 입법례의 경우에는 정당한 보상이 아닌 소득증대사업 등의 '수민지원사업'을 규정하면서 그 구체적인 내용규정을 대통령령에 위임하고 있다. 자세한 내용은 도표로 대신한다.[75]

문제는 보상규정을 두고 있지 않은 대부분의 법령들에 의해 주어지는 재산적 부담이나 손해가 과연 재산권의 사회적 제약에 해당되는, 즉 시민의 입장에서 보상 없이 참고 받아들일 수밖에 없는 것인가 하는 점이다. 1971년 이래 약 27년 이상 시행되어 온 도시계획법에 따른 개발제한구역과 관련된 엄청난 민원이나 이른바 '토지공개념'[76]의 실천입

---

75) 도표는 박영도 외 4인, 『현행 공용침해법제의 현황과 개선방향』, 1992에 정리되어 있는 것을 일부 수정·보완하여 원용한 것이다. 기타 소유 자체를 제한하는 법률은 농지개혁법(1949년 법 제31호), 택지소유상한에 관한 법률(1989년 법 제4174호) 등이 그 대표적인 예이고, 토지의 거래를 제한하는 법률로는 농지개혁법(제19조 2항), (산림법 111조) 및 최근에 헌법재판소에 의해 합헌결정이 재확인된(헌재결 1997.6.26. 92헌바) 국토이용관리법(제21조의 3) 등이 있다.

76) 토지공개념이라는 용어가 언제부터 사용되었는지는 분명하지 않으나, 대체로 1970년대 이후 정책당국자들

법으로 1989년 12월 이후에 전격적으로 제정된 택지소유상한법, 토지초과이득세법 등 일련의 토지공법에 대해 계속되는 논란 또한 규제철폐 혹은 규제완화의 흐름 속에서 수많은 경제규제법령에 대한 전면적이고 무차별적인 위헌성의 제기[77] 등은 바로 현안으로서 이 문제에 내포되어 있는 현실적·법리적 의미의 크기를 잘 보여주는 예라고 할 수 있다. 또한 그 중요한 의미는 바로 이 문제의 해결에 따르는 여러 가지 어려움과 함께 해결의 시급성을 잘 말해준다.

다만 앞에서 언급한바와 같이 특정한 재산권 제한법제가 재산권내용규정인지 아니면 공용제한에 해당되는지 현실적으로 그 구별이 어려운 경우가 적지 아니하다. 예컨대 공용제한의 특정사업 구체성과 개별성의 특성도 광역화된 국토개발계획이나 환경보호정책 등에 의해 특정사업관련성이 희석되면서 상대적인 의미만을 가지게 되었다. 따라서 형식적인 기준에 따른 구분 자체가 상대화되었다고 본다면 결국 보상규정을 두고 있지 않은 재산권 제한법제가 구체적으로 사회적 기속성의 한계를 넘었는지 여부에 대해 헌법적으로 판단하는 문제는 사례별 접근방식에 의해 개별적으로 해결될 수밖에 없다. '원칙과 예외' 형식을 상반되게 적용하는 접근방법도 재산권 제한법제의 선택에 있어서 합리적인 기준을 갖지 아니하고 무차별적으로 보상규정을 두지 않고 있는 우리 입법 현실에서는 그 효과를 기대하기 어려운 것이 사실이다. 다만 제한적이고 보완적인 기능 이상을 기대하기는 어렵겠지만 사례유형별로 정형화하여 일정한 공통된 판단준거점의 도출은 가능하다고 할 것이다. 구별기준은 관련 공익사업수요의 종류, 제한의 내용 혹은 그 양식 등 여러 가지 관점에서 제시될 수 있을 것이다. 어쨌든 재산권제한법제상 재산권의 사회적 기속성의 한계 내의 것인지 여부는 재산권 제한의 목적과 내용 및 재산권객체의 특성 등을 고려하여 개별적으로 판단될 수밖에 없다.

다음에서는 보상 없는 재산권 제한의 한계문제가 심각하게 부각되고 있는 대표적인 두 가지 정책영역, 즉 넓은 의미에서 환경 및 자연보호정책과 경제정책영역에서 각각 가장 중요한 현안으로 제기되어 있는 개발제한구역(그린벨트) 문제를 전형적인 사례로 보아 이

에 의해 사용되기 시작하였던 것으로 알려져 있다. 이에 관해서는 강경근, 「토지공개념의 헌법상 문제」, 『사법행정』, 1991. 11, 34면. 다만 토지공개념은 적확한 개념정의를 전제로 역시 매우 조심스럽게 사용되어야 한다는 점이 지적되고 있다. 민경식, 『인권과 정의』, 1989. 7. 토지공개념이라는 용어의 헌법적 의미에 대한 분명한 인식과 정리의 필요성과 법규범적·제도적 한계에 대해서는 허영, 「토지거래허가제의 헌법적 문제점」, 『고시연구』, 1989. 8, 184면 이하; 김남진, 「토지공개념의 사상적 기초」, 『사법행정』, 1991. 11, 11면 참조. 기타 권오승, 「토지문제와 토지공개념」, 『인권과 정의』, 1989. 7, 46면 이하; 김상용, 「전통적 재산권 제한원리와 토지공개념과의 관계」, 『사법행정』, 1991. 11, 12면 이하.

77) 예컨대 특정한 이익단체인 전국경제인연합회에 의해 주최된 심포지엄에서 발표된 것이기는 하지만, 이철송, 「경제법령의 선진화를 위한 위헌요소검색」, 『경제법령의 선진화과제』(심포지엄자료집), 1996. 6.

를 중심으로 구체적인 위헌성 검토와 바람직한 해결대안을 제시해본다.

2. 도시계획법상 개발제한구역의 문제

1) 현황 및 문제제기

그린벨트, 즉 도시계획법 제21조에 의한 개발제한구역은 "도시의 무질서한 확산을 방지하고 도시주변의 자연환경을 보전하여 도시민의 건전한 생활환경을 확보하기 위하여 또는 국방부장관의 요청이 있어 보안상 도시개발을 제한할 필요가 있다고 인정하는 때" 각종 재산권사용이 제한되는 구역을 말한다. 1971년 1월 19일 개정·공포된 도시계획법 제21조 제2항은 개발제한구역으로 지정된 구역 안에서는 "그 구역지정의 목적에 위배되는 건축물의 건축, 공작물의 설치, 토지의 형질변경, 토지면적의 분할 또는 도시계획사업의 시행을 할 수 없다"고 규정하고 있다. 또한 동조 제3항에서는 "제2항의 규정에 의하여 제한될 행위의 범위 기타 개발제한에 관하여 필요한 사항은 대통령령으로 정하는 범위 안에서 건설교통부령으로 정한다"고 규정하고 있고, 동법시행령 제20조와 시행규칙 제7조에서 제한되는 행위와 기타 제한의 범위를 구체적으로 정하고 있다. 관련 법령에 따른 광범위한 제한은 개발제한구역지정의 목적 자체가 개발목적의 토지이용을 원칙적으로 지정 당시 현재를 기준으로 동결하는 것이기 때문에 사실상 장래의 개발권에 대한 전면적인 제한이라고 할 수 있다.

개발제한구역은 1971년부터 1977년끼지 8차에 걸쳐서 시차를 두고 지정되었는데, 1997년 현재 서울과 5개 광역시, 36개 시, 21개 군에 걸쳐서 총 5천3백97.1㎢(16억2천만 평)이 그린벨트로 묶여 있다. 이는 국토 총면적의 5.4%, 도시계획구역의 36.9%에 해당된다. 그린벨트 내 거주인구는 96만5천 명이고 그중에 약 45%인 43만4천 명이 원거주인이다. 또한 전체구역 내 토지의 53.2%가 구역지정 후 소유권이 변동되었다.

1971년 도시계획법개정에 따라 강력한 그린벨트정책이 본격적으로 실시된 이래 계속 제기되어 온 지역주민들의 '재산권의 부당한 침해'와 '생활불편'에 대한 민원은 현실적으로 더 이상 지역이기주의로 무시할 수는 없게 된 것이 사실이다. 게다가 시간이 지나감에 따라 도시지역이 급속한 확산 등 여러 가지 여건의 변화에 따라 개발이익배분의 불평등성이나 구역지정 당시의 필요성과 현실 간의 괴리현상이 심화되면서 개발제한구역 내에서의 규제를 일괄적으로 헌법상 재산권의 사회적 기속성의 한계 내에 있는 것으로 볼 수 없다는 비판이 제기되기에 이르렀다.[78] 개발제한구역지정으로 재산상 권리행사에 막대한 제한을 받는 토지소유자의 손실에 관하여 아무런 보상규정을 두고 있지 않은 도시계획법 제21조의 위헌성 여부에 대한 논란이 그 핵심적인 내용이다. 최근에 파격적인 규제완화조치가 입법예고되어 있기는 하지만[79] 현실적으로 근본적인 민원해결은 기대하기 어렵고 헌법해석론을 통한 법리적 정리와 설득력 있는 적절한 대안제시의 과제는 그대로 남아 있는 실정이다. 그 구체적인 내용은 다음 별표와 같다.

항목		입법예고(안)
자녀 분가용 주택증축 허용	대상자	· 구역지정 당시부터 거주하고 있는 주민 중 기혼 자녀와 동거하고 있는 주민
	세부방안	· 300㎡ 이하, 3층 이하, 100㎡는 분할등기가능 · 대지면적이 500㎡ 이상이거나 취락정비지구 내 대지 · 용도변경 및 부속사 건축 금지
생활편익 시설신축	대상지역	· 행정구역면적의 3분의 2이상 또는 인구의 2분의 1 이상이 개발제한구역인 시-군-구 · 면적 또는 인구의 10분의 9 이상이 제한개발구역인 읍-면-동
	대상토지	· 구역지정 당시부터 소유권변동이 없는 공부상 나대지 중 6m 이상 도로에 접한 대지
	허용대상 시설	· 생활체육시설 * 시-군-구 단위: 테니스장 등 8개 시설 * 읍-면-동 단위: 배드민턴장 등 5개 시설 · 의료시설: 병·의원 등 5개 · 문화시설: 도서관 등 3개 · 금융시설: 은행-보험시설 등 3개 · 판매시설: 생필품 슈퍼마켓

2) 재산권 제한의 한계유월 여부

도시계획법 제21조의 위헌성 여부의 문제는 개발제한구역 내의 토지이용규제가 참고 받아들일 수밖에 없는 재산권의 내재적인 사회적 제약에 해당되는지, 즉 보상 없는 재산

---

78) 예컨대 유해웅, 「토지이용계획제한과 손실보상」, 건국대학교 박사학위논문, 1989년; 「개발제한구역의 규제에 관한 고찰」, 『사법행정』, 1992. 7, 41면; 김남진, 「도시계획법 제21조(개발제한구역지정)의 위헌심판」, 『판례월보』, 1992. 11, 39면; 「그린벨트와 행정구제」, 전게서, 738면 이하; 박윤흔, 「계획제한과 손실보상」, 『고시계』, 1995. 8, 128면; 홍준형, 전게서, 192면.

79) 정부는 최근에 시행령과 시행규칙의 개정을 통해 1971년 개발제한구역지정 이후 가장 파격적인 규제완화조치를 하여 선거전략용 선심이 아니냐는 의혹과 함께 환경파괴위험이 지적되고 있는데 여기서는 건설교통부가 발표한 "그린벨트의 기본골격은 그대로 유지하면서 지역주민의 생활불편해소에 도움이 되도록 생활기초시설의 설치허용 등 주민생활불편을 해소하기 위한 최소한의 조치"라는 기본취지를 그대로 수용한다. 이미 입법예고된 개편안이 그대로 확정되면 전국의 그린벨트의 약 0.2%에 해당되는 약 44만 평에 생활편익시설의 설치가 가능하게 된다. 다만 이 개편안에 의해 개발이 활성화될 것으로 예상되는 지역이 서울 주변의 경기도 일원의 시지역을 중심으로 부산, 대전, 광주 등 대도시주변지역이기 때문에 환경훼손과 부동산투기 등의 부작용이 우려되고 있다. ≪조선일보≫, 1997. 9. 12, 3면 참조

권 제한의 한계를 넘었는지 그 여부를 판단하는 문제이다. 위에서 언급한바와 같이 그간 학설상 여러 가지 상황변화에 따른 재산권 제한의 질적 변화에 대한 지적과 함께 그에 따른 보상과 효과적인 권리구제수단 강구의 필요성이 역설되어 왔지만 우리 대법원은 기본적으로 일응 개발제한구역 내의 토지소유자가 받는 재산상의 특별한 손해를 인정하는 입장을 보이면서도 이에 대하여 부정적인 입장을 견지하고 있다. 즉 대법원의 입장은 다음과 같다.

"도시계획법 제21조 제1항, 제2항의 규정에 의하여 개발제한구역 안에 있는 토지의 소유자는 재산상의 권리행사에 많은 제한을 받게 되고, 그 한도 내에서 일반토지소유자에 비하여 불이익을 받게 되었음은 명백하지만, '도시의 무질서한 확산을 방지하고 도시주변의 자연환경을 보전하여 도시민의 건전한 생활환경을 확보하기 위하여 또는 국방부장관의 요청이 있어 보안상 도시개발을 제한할 필요가 있다고 인정하는 때'에 한하여 가해지는 위와 같은 제한은 공공복리에 적합한 합리적인 제한이라고 볼 것이고, 그 제한으로 인한 토지소유자의 불이익은 공공의 복리를 위하여 감수하지 않으면 안 될 정도의 것이라고 인정되므로 손실보상의 규정을 하지 아니하였다 하여 도시계획법 제21조 제1항, 제2항의 규정을 헌법 제23조 제3항이나 제37조 제2항에 위배되는 것이라고 할 수 없는 것이다."[80]

그러나 이러한 법논리만으로 이해당사자들을 설득할 수 없다는 것은 대법원 자신부터 잘 알고 있을 것으로 생각된다. 그간 학설상 많은 논의를 거친 형식설, 실질설 혹은 통설적 견해로 정리된 절충설 중 어떤 기준에 따르는 경우에도 이러한 대법원의 입장과는 상반되는 결론에 이를 수밖에 없다. 또한 개발구역으로 지정되었던 초기의 잠재적·명목적이었던 개발권의 제한이 개발여건익 성숙에 따라 현실적인 개발권으로 전환된 상황변화와 그에 대한 당사자와 일반 시민들의 현실인식은 대법원의 기본입장과는 다른 새로운 문제인식과 그에 따른 설득력 있는 법적 대안을 요구하고 있다.[81] 그 설득력은 바로 형평성에서 나오고, 형평성은 문제상황에 대한 총체적이고 균형적인 인식과 이를 바탕으로 한 상충법익 간의 비례적인 조정, 즉 규범조화적 조정에 의해서만 도출될 수 있다.

도시계획법 제21조에서 명시적으로 입법취지를 밝히고 있듯이 개발제한구역제도는 환경보호의 공익목적상 개발을 현상에서 동결하는 것으로서 "단순한 이익형량의 관점을 넘

---

80) 대판 1990.5.8. 89부2.

81) 정책당국 스스로도 제도개선의 필요성에 대해서는 인식을 같이 하고 있다. 다만 보상문제에 대해서는 법적으로 정리되지 않은 상황에서 구체적인 대안을 제시할 수 없다는 입장을 표명하고 있는 실정이다. 「개발제한구역제도개선방안」, 『개발제한구역제도개선을 위한 공청회자료집』, 1993. 9, 「공용제한과 손실보장」, 『고시연구』, 1994. 6, 59면에서 재인용.

어서서 환경보전에 우월성을 인정하는 환경정책적 고려가 반영된 제도"라고 할 수 있다.[82] 오늘날 환경보호의 절박한 필요성과 당위성을 부인하는 사람은 아무도 없을 것이다. 우리 헌법(제35조 1항)도 "모든 국민은 건강하고 쾌적한 환경에서 생활할 권리를 가지며, 국가와 국민은 환경보전을 위하여 노력하여야 한다"고 규정하여 환경보전이 국가과제인 동시에 국민 모두에게 권리와 의무를 함께 부여하고 있음을 분명히 밝히고 있다. 여기에서 환경보전과 관련된 재산권의 경우에 특히 폭넓은 사회적 기속성이 내포되어 있음을 알 수 있다.

다만 그렇다고 해서 우리 헌법질서에서 환경보전이 절대적 우위에 있는 유일한 가치라고 할 수는 없다. 자유보장기능을 갖는 재산권 보장도 공공복리목적상 환경보호와 동렬선상에 있는 헌법적 가치이다. 환경보호 없이 인간의 생존과 자유가 불가능지만, 재산권이 보장되지 아니하는 경우에도 자유보장은 불가능하다. 우리 헌법재판소도 헌법에 명문화된 재산권의 사회적 기속성이 "사유재산제도의 보장이 타인과 더불어 살아가야 하는 공동체생활과의 조화와 균형을 흐트러뜨리지 않는 범위 내에서의 보장"임을 분명히 확인하는 한편, 또 한편으로는 "사유재산의 자유로운 이용·수익과 그 처분 및 상속을 보장"하는 것이 "자유와 창의를 보장하는 지름길이고 궁극에는 인간의 존엄과 가치를 증대시키는 최선의 방법"이라는 이상을 재산권 보장의 배경으로 강조하고 있다.[83] 문제는 부담의 형평성이다. 위험과 부담의 배분에 관한 구체적인 결정은 원칙적으로 헌법상 폭넓은 형성의 자유를 부여받고 있는 입법자의 몫이기는 하지만, 그것은 무제한적인 것이 아니라 합리적인 헌법적 이익형량과 상충되는 이익 간의 비례적인 조정의 헌법적 한계 내에서 재산권의 사회적 기속성을 구체화하는 것이다. 이러한 비례적인 조정의 관점에서 볼 때 환경보호와 관련된 개발제한구역제도에서 사회적 기속성은 환경보전과 연계된 재산적 이익과 손실 상호 간의 국민전체 혹은 국토전체 차원에서의 교차적인 균형관계를 전제로 한다. 예컨대 강가에 사는 사람의 수자원보호를 위한 재산권 제한과 산중에 사는 사람의 산림환경보호를 위한 재산권 제한에 따른 손실이 상호 교차되는 이익과 비례관계에 있어야 한다는 것이다. 이러한 균형관계가 산술적인 정확성을 요하는 개념이 아님은 물론이다. 그것은 가치판단을 내용으로 하는 규범적 평가의 문제이고, 따라서 내재적인 혹은 의도적인 오차의 허용을 전제하는 것이다. 그 허용오차의 한계가 바로 부담형평성의 원칙이다. 대법원의 판결은 개발제한구역지정에 따른 제한이 "공공복리에 적합한 합리적인

---

82) 홍준형, 전게서, 158면.
83) 헌재결 1989.12.12. 88헌가13.

제한"이기는 하지만, 그 제한으로 인한 토지소유자의 불이익이 '왜' "공공의 복리를 위하여 감수하지 아니하면 안 될 정도의 것"으로 인정되는지에 대해서는 아무런 설명을 하고 있지 못하다. 말하자면 부담편중의 정도가 허용오차를 넘었는지 여부에 대해서는 논의를 회피한 것이라고 할 수 있다.

관련된 독일의 판례를[84] 원용하지 않더라도 환경보전을 위해 재산권이 제한되는 경우에 보상의무가 발생하는 것은 단지 이미 행사된 혹은 합리적인 범위 내에서 인정되는 사용가능성이 제한되는 때에만 국한되는 것이 아님은 물론이고, 장래의 사용가능성이 제한되는 경우에도 그것이 재산권객체의 속성상 인정되는 사용가능성과 경제적 활용가능성을 부인하는 것이거나 혹은 본질적인 제한인 때에도 보상이 요구된다. 여기에서 재산권객체의 속성은 지역적인 주변정황과 해당 토지의 특성 및 기타 환경보전과 관련된 제반 여건에 비추어 객관적으로 평가된다. 다만 합리적인 범위 내에서 인정되는 사용가능성의 기준은 단순히 경제적인 관점에만 국한되는 것은 아니다. 또한 거래관행에 따라 아직 실현되지 않은 사용가능성도 고려되어야 한다. 요컨대 자연보전 목적에 따른 토지재산권 제한의 경우에도 계속적인 사용제한의 결과 토지재산권의 사적 유용성이 본질적으로 제약되어서 법적으로 허용되는 남은 사용가능성이 재산권자의 입장에서 보상 없이 참아내기를 기대하기 어려운 경우, 즉 비례성의 한계를 넘어서는 경우에는 보상이 필요하다고 할 것이다. 다만 다음에서 검토되는바와 같이 여기에서 보상만이 유일한 해결방안은 아니다.

3) 해결대안

도시개발 등 우연한 사정으로 불로이득이 발생한 경우에 그것은 환수하여 일반에 배분하는 것이 정당하다는 논리는 그 반대의 경우에도 당연히 해당된다. 문제는 위에서 언급한 이익과 손실 간의 교차적인 균형관계의 설정에서 그 허용오차의 한계이다. 앞에서 검토한바에 따르면 개발제한구역지정에 따른 토지소유자의 재산적 손실을 최소한 일괄적으로 재산권의 사회적 제약에 해당되는 것으로 볼 수는 없다는 대다수 학설상의 지적은 상당한 설득력을 가진다. 또한 정책당국도 불합리한 문제점과 그에 따른 대안제시의 필요성에 대해서는 공감하고 있다는 점도 이미 지적하였다. 그러나 그 해결방안에 대해서는 통일된 입장이 정리되지 못하고 있는 실정이다. 헌법상 보상이 보상의무가 인정됨에도 불구하고 보상규정을 두고 있지 않은 재산권법제의 처리방법과 관련된 위헌무효설, 직접

---

84) Vgl. BGH 60,126(131)=*NJW* 1973,S. 623f.; 90,4(16)=*NJW* 1984, 1172ff.

효력설, 유추적용설 등의 입장이 분분하고 또한 이는 특히 수용유사침해이론 도입의 필요성과 가능성에 대한 입장 차이와 연결되어 논란이 계속되고 있는 실정이다.

바람직한 해결대안을 모색하는 데 있어서 우선 다음 세 가지 사항이 전제되어야 한다. 첫째는 그린벨트제도 자체의 기본골격은 유지되어야 한다는 점이다. 환경보호절대론자적인 입장에 동조하지 않는다 할지라도 갈수록 심각해져 가는 공해문제 등에 비추어 볼 때 필수적인 환경보전정책의 포기나 지체의 이유로 재산권 보장을 거론하는 것은 용인될 수 없다. 둘째는 전면적으로 보상을 인정하는 것은 국가의 재정여건상 최소한 상당기간 내에는 현실적으로 타당한 해결방안이 될 수 없다. 헌법해석이 정책적인 관점에서 좌지우지되는 것은 있을 수 없지만, 헌법해석이론의 타당성은, 특히 재정문제와 관련된 경우에는 현실적 가능성에 유보되어 있다는 점도 고려하지 않을 수 없다. 셋째는 가장 바람직하고 또한 장기적으로 당연한 해결방안은 입법적으로 해결하는 방법이다. 헌법상 광범위한 입법형성권과 함께 재정고권을 가지고 있는 입법자가 직접 상충되는 이익 간의 규범조화적인 조정을 하는 것은 바로 헌법상의 권한이고 의무이기 때문이다.

그렇다면 이러한 전제조건하에 입법적으로 해결되기 전까지 지금 가장 바람직하고 또한 중장기적인 입법적 해결에 자연스럽게 연결될 수 있는 대안은 무엇인가? 이제까지 우리나라에서 논의·정리된 핵심적인 내용은 다음과 같다. 즉 보상을 필요로 하지 않는 재산권내용규정과 보상이 필요한 공용침해로 구별하는 이른바 '양분론'을 바탕으로 하여 개발제한구역지정에 따른 토지재산권의 제한을 그것이 사회적 기속성의 한계를 넘는 것으로 인정되는 경우에는 공용제한에 해당되는 것으로 보고, 그렇지 않으면 재산권의 사회적 제약을 구체화한 재산권내용규정의 결과로 본다는 논리를 전제로 하고, 개발제한구역에 따른 재산권 제한이 상황변화에 따라 사회적 기속성의 한계를 벗어 난 것으로 평가되기 때문에 헌법 제23조 제3항상의 공용제한에 해당됨에도 불구하고 아무런 보상규정을 두지 않고 있는 도시계획법은 위헌의 소지가 크다는 것이다.

다만 그 구체적인 해결방법에 있어서는 입장이 대립되고 있다. 우선 헌법 제23조 제3항상 불가분조항의 요청은 공용제한에도 당연히 적용되기 때문에 도시계획법은 위헌무효이되, 그로 인한 재산적 손실은 손실보상이 아니라 입법불법 혹은 이를 근거로 한 2차적인 재산권 침해에 대한 손해배상형식으로 구제받을 수 있다는 입장이 이른바 위헌무효설인데 이 견해는 위에서 제시한 전제조건에 맞지 아니할 뿐만 아니라, 위헌법률결정의 향후무효의 제한된 효력과 위헌법률에 근거한 행정처분의 경우에 중대한 흠은 인정되나 명백한 흠은 아니고 따라서 취소할 수 있는 행정행위에 그친다고 보는 우리 대법원의 판결례에[85] 비추어 볼 때 효과적인 권리구제방법이라고 볼 수 없다.

한편 위헌무효로 보되, 보상규정을 두고 있지 아니한 법률에 의해 재산권이 침해되는 경우에 헌법상 재산권 조항을 법률의 매개 없이도 직접 손실보상을 청구할 수 있는 법적 근거로 보는 입장이 직접효력설인데 앞에서 검토된 '불가분조항'(Junktimsklausel)의 헌법적 의미와 기능을 고려할 때 헌법해석상 문리해석의 한계를 넘는 것이 아닌가 하는 설득력 있는 지적이 있다.[86] 이에 대해 헌법 제23조 제3항의 보상규정의 법률유보에 관해 적어도 공용제한에 대해서는 그것을 불가불 '불가분조항' 조항으로 해석해야만 하는 것은 아니라고 보는 입장에서 반론이 제기되기는 하지만[87] 어쨌든 재정고권을 가지는 입법자가 예상하지 못하였건 혹은 의도적으로 회피하였건 보상규정을 두지 않은 경우에 일반법원이 직접 헌법을 근거로 입법자의 역할을 전면적으로 대신하게 되는 결과는 이론적으로나 현실적으로 받아들이기 어렵다.

한편 이른바 유추해석론의 입장에서는 헌법해석상의 한계 때문에 헌법 제23조 제3항을 직접적인 보상청구권의 근거로 볼 수 없다는 입장에서 헌법 제23조 제1항과 제11조와 연계하여 헌법 제23조 제3항을 유추해석하는 우회적인 논리형식을 통해 손실보상의 법적 근거가 도출될 수 있다고 보는 견해이다. 최근에는 헌법재판소의 독점관할하에 있는 헌법 규정의 유추해석을 통해서가 아니라 독일최고법원에 의해 발전되어 온 수용유사적침해이론을 원용하여 보상근거를 도출하고자 하는 유력한 견해가 제기되고 있다.[88]

위에서 살펴본바와 같이 대다수 학설은 개발제한구역지정에 따른 재산권 제한을 공용제한에 해당되는 것으로 보는 공통된 전제하에 권리구제방법상 이견을 보이고 있다. 그러나 독일에서 제기된 새로운 재산권이론, 특히 새로운 재산권 침해유형으로 인정되고 있는 '보상의무 있는 재산권내용규정' 형식과 이른바 '구제적 보상규정' 또한 그와 관련하여 수용유사침해이론 등에 대한 앞에서의 검토를 통해 그 도입의 필요성과 법리적 가능성을 가늠해본 결과는 바로 이러한 개발제한구역문제를 해결하는 데 매우 유용한 단서가 될 수 있을 것으로 생각된다. 즉 앞에서 제시한 대안모색의 전제하에 개발제한구역지정에 따른 재산권 제한을 공용제한이 아니라 재산권내용규정으로 보는 사고전환을 통해

---

85) 대판 1994.10.28. 93다41860; 이에 대한 설득력 있는 평석으로는 이상규, 「위헌법률에 근거한 처분의 효력」, 『판례연구』, 제9집, 1996, 25면 이하.

86) 정하중, 「독일기본법」 제14조상의 부대조항의 의미와 한국헌법 제23조 제3항의 해석(하)」, 『사법행정』, 1992. 10, 34면 이하.

87) 홍준형, 전게서, 142면 이하.

88) 예컨대 김남진, 『행정법 Ⅰ』, 법문사, 1990, 448면 참조.

그것이 사회적 기속성의 한계를 넘는 가혹한 부담으로 판단되는 경우에는 이른바 '보상 의무 있는 재산권규정'의 결과로 보는 이론구성이 가능하고 또한 그것이 최소한 과도적 으로는 유용한 해결방안을 찾을 수 있는 단서가 될 수 있다고 여겨진다.

이러한 입장이 설득력을 가질 수 있는 이론적 장점은 다음과 같다. 우선 그린벨트제도 자체를 폐지해서는 아니 된다는 헌법상의 당위적인 요청을 수렴할 수 있는 헌법해석상의 유연성이 확보될 수 있다. 공용제한의 경우에는 '불가분조항'의 적용대상에서 배제될 수도 있다는 반론이 있기는 하지만, 어쨌든 반대의 입장에 서 있는 다수설에 따른다면 도시계획법 자체는 위헌무효결정 외에는 대안이 있을 수 없지만, 도시계획법 제21조를 원칙적으로 보상이 필요 없는 재산권의 내용규정의 형식으로 이해하면 그것이 예외적으로 수인을 기대하기 어려운, 즉 사회적 기속성의 한계를 넘는 가혹한 부담을 초래하는 경우에도 이론구성을 어떻게 하건 근거 법률의 효력 자체는 유지시키면서도 '조정적 의미에서의 보상'(Ausgleich)을 통한 권리구제가능성이 남게 된다.

둘째는 근거 법률을 그대로 유지하면서, 즉 그린벨트제도 자체의 골격을 훼손하지 않는 범위 내에서 시행령이나 시행규칙의 개정을 통해서 그 부담을 줄여줌으로써 비례성을 보완하여 그 위헌성의 소지를 줄여 나갈 수 있는, 적어도 과도기적으로는 활용이 가능한 대안의 모색이 가능하다는 점이다. 즉 상황변화에 따른 유연한 조정과 적응이 가능하다.

셋째는 법률에 대한 위헌결정이 불가피하다고 판단되는 경우에도 단순한 위헌결정이나 혹은 보상규정을 보충하라는 취지의 촉구결정을 하는 것보다는 '손실보상에 갈음하거나 혹은 손실을 완화시킬 수 있는 제도'[89]의 보완을 통한 '비례성의 보완'(Ausgleichung der Verhältnismäßigkeit)을 촉구하는 내용의 결정을 할 수 있는 여지가 마련된다는 이론적 장점이 있다. 즉 미국에서 많이 활용되고 있는 토지매수청구권제도, 개발권이전제도, 공공지역권제도 등의 적극적인 대상보상(代償補償)제도나 유도적·차별적 지구제(Incentive Zoning)[90] 등과 같은 소극적인 정책보상제도들이 비례성을 보완할 수 있는 구체적인 제도로 검토될 수 있을 것이다.

넷째는 법리적 문제점과 실제 부작용의 가능성에 대한 충분한 검토가 필요한 것으로 생각되지만 같은 맥락에서 정책의 내용과 특성상 불가피한 경우에는 위헌성에 대한 우려를 피하면서 보상의 구체적인 기준과 방법을 명시하지 않는 이른바 '구제적 보상규정'의

---

89) 이에 관해서는 박윤흔, 전게논문, 141면 이하 참조.

90) 박윤흔, 전게논문, 144면; 「미국에 있어서의 토지이용규제와 손실보상」, 『미국헌법연구』, 제2호, 1992, 88면 참조.

법제형식을 활용할 수 있는 가능성은 최소한 보장된다. 헌법합치적 해석을 이유로 들지 않더라도[91] 공용제한에 대한 손실보상이 아니라 조정적 의미에서의 보상에 대한 법제형식으로서는 그 위헌성이 제기될 소지가 상대적으로 적은 것만은 분명하기 때문이다.

다만 이러한 이론구성은 법원의 적극적인 법운용 자세에 의해서 뒷받침되는 경우에만 실현이 가능한 것은 물론이다. 이러한 점에서 최근에 법원에서 수용유사침해이론에 대한 구체적인 원용가능성을 엿볼 수 있게 하는 적극적인 이론원용의 시도를 보이는 것은 주목되는바가 크다.[92] 또한 앞에서 전제하였듯이 개발제한구역제도를 포함하여 부당한 재산권 침해에 대한 논란이 일고 있는 모든 보상 없는 재산권법제의 문제는 궁극적으로는 일관성과 유연성을 동시에 수렴하는 합리적인 입법개선을 통해 해결되어야 하지만, 적지 않은 경우에 다양한 정책환경 조건과 일반적이고 추상적인 규범정립작용으로서 입법의 내재적인 한계 때문에 현실적으로 완벽하고 간명한 문제해결이 불가능하다고 한다면 입법자와 법원 및 헌법재판소와의 적정한 기능분담, 말하자면 규범조화적인 기능배분이 필연적으로 요구된다고 할 수 있다.

3. 경제규제법과 재산권문제

우리 헌법은 제119조 제1항에서 "대한민국의 경제질서는 개인과 기업의 경제상의 자유와 창의를 존중함을 기본으로 한다"고 규정하고, 제2항에서는 경제성장과 안정, 적정한 소득분배, 경제력남용방지 및 경제의 민주화를 위해 국가가 경제에 관한 규제와 조정을 할 수 있다고 규정하고 있다. 또한 제120조 이하에서는 농지소작제도의 금지(제121조) 등 각종 특수한 형태의 경제에 대한 국가간섭제도에 대한 헌법적 근거를 마련해 놓고 있다. 이는 입법자에게 폭넓은 형성의 자유가 인정되는 경제정책과정에서 우리 헌법상의 기본적인 경제질서를 유지하면서 경제정책기조의 방향과 그 한계를 구체적으로 명문화한 것이기 때문에 재산권질서의 형성과 밀접한 기능적 관련성을 갖는다. 즉 경제에 관한 규제와 조정은 대부분의 경우에 경제정책적 목적과 연계된 특수한 형태의 재산권 제한이기도 한 것이다. 재산권의 사회적 기속성과 경제조항 간의 상호 불가분의 이념적 관계를 언급하는 것도 이 때문이다.[93]

---

91) 박윤흔, 『행정법강의(상)』, 1995, 773면. 박영사.

92) 예컨대 서울고법판결, 1992.12.24. 92나20073; 대판 1993.10.26. 93다6409.

93) 허영, 『한국헌법론』, 박영사, 1997, 458면 참조.

그러나 현행헌법상의 경제조항은 규정내용 자체가 "불명료한 조문의 나열"에 지나지 않고, 또한 경제정책의 기조와 국가의 경제영역에 대한 간섭의 범위와 그 수단에 대한 한계설정이 극히 불분명하기 때문에 무제한적인 국가간섭이 우려된다는 설득력 있는 지적이 제기되고 있다.[94] 사실상 이러한 우려는 우려로만 남지 아니하고 불행하게도 현재 우리의 모습이기도 하다. 국가주도의 경제성장 전략이 구조적인 한계를 보이면서 부각된 경제자유화의 명분 속에 규제철폐와 완화에 대한 목소리는 높지만, 경제학적인, 정책론적인 관점에서의 논의나 일부 이익단체에서 거의 모든 경제규제법에 대하여 전면적인 위헌성을 주장하는 입장을 발표한 것[95] 외에는 그에 대한 헌법적 검토작업은 의외로 부진하다.

재산권의 사회적 기속성의 한계의 기준은 경제정책에 대한 헌법적 판단에서 가장 중요한 준거점의 하나이다. 이러한 관점에서 다음에서는 공정거래법상 위헌성의 논란이 제기되는 규제제도를 중심으로 재산권 침해여부에 대한 기본적인 입장을 정리해 본다.

독점규제 및 공정거래에 관한 법률(공정거래법)은 1987년의 개정을 통해 경제력 집중억제를 목적으로 하는 다양한 제도를 도입하였는바, 그중에 특히 위헌성이 지적되고 있는 것은 대규모기업집단에 대한 지주회사설립의 금지(제10조), 상호출자금지(제11조), 출자총액제한(제12조), 계열회사에 대한 채무보증의 제한(제11조), 금융보험회사의 의결권제한(제13조) 등의 규제이다.

우선 이러한 제도의 도입배경인 경제력 집중억제의 입법목적에 대한 타당성 여부는 우리나라의 특유한 '재벌문제'를 거론하지 않더라도 입법자의 고도의 정책적인 결정에 맡겨져 있는 문제라는 점에서 "경제력 집중억제라는 입법목적이 매우 추상적인데다 입법 당시 만연했던 분배의 불균형에 대한 대중적 감정을 배경으로 한 까닭에 입법상 객관성을 잃은 부분이 많다"는 일부의 강한 비판[96]에도 불구하고 쉽게 예단할 수 없는 문제이다. 또한 기타 규제제도의 재산권 침해 여부도 주식지분 등과 같은 관련되는 재산권객체의 속성상 특히 강한 사회적 연관성과 사회적 기능 때문에 기타 재산권에 비해서 상대적으로 재산권의 사회적 기속성이 강조될 수밖에 없다는 점에서 많은 헌법적 검토를 필요로 한다. 특히 국가의 경제에 대한 거의 포괄적인 규제 및 조정권을 헌법상 명시적으로 허용하고 있는 우리 헌법질서에서는 더욱 그러하다.

이러한 점에서 예컨대 독일 연방헌법재판소가 주권행사를 5% 이내로 제한하는 것을

---

94) 정순훈, 『경제헌법』, 1993, 241면 이하.
95) 이철송, 「경제법령의 선진화를 위한 위헌요소검색」, 『경제법령의 선진화과제』(심포지엄자료집), 1996. 6.
96) 이철송, 전게발표논문, 16면 이하.

사회적 기속성의 범위 안에 있는 것으로 본 이른바 '폴크스바겐결정'(Volkswagen-Urteil)[97]이나 회사경영에 근로자들이 상당부분 동참하게 하는 것을 내용으로 하는 1976년 제정된 공동결정법(Mitbestim-mungsgesetz)에 대한 합헌결정, 이른바 '공동결정판결'(Mitbestim-mungs-Urteil)[98]에서 지분재산권에 대한 제한과 사회적 기속성의 한계에 대한 설시는 참고할 만하다. 그에 따르면 주식 혹은 지분권에 대한 제한의 경우에 주주 혹은 지분권자는 원칙적으로 직접 재산권과 그에 대한 처분권능을 직접 행사하는 것은 아니다. 오히려 그러한 재산권은 재산가치에 국한되어 행사되는 것이고 그 처분권능은 회사의 기관을 통해 행사된다. 따라서 이러한 주식지분권에 대한 제한은 주권 혹은 지분재산권에 대한 실체적인 변경을 내용으로 하는 것이라고 할 수 없다. 또한 주식지분권은 해당관련회사 종업원들의 생활기반에 직접 영향을 미친다는 점에서 사회적 연관성이 특히 크다고 할 수 있다. 다만 종업원들의 공동결정권이 주식소유자의 의사에 반해서 회사자본에 대한 결정을 허용한다거나 주주의 회사임원의 선출권이 상실된다거나 혹은 중요한 경영상의 정책 결정권이 근로자들에게 이전되는 결과를 초래하는 경우에는 주식재산권의 내용규정에 있어서 사회적 기속성의 한계를 넘는 것으로 볼 수 있다는 견해를 밝혔다. 또한 기업의 영업기회 및 수익전망을 축소시키는 영향을 초래하는 시장조정적 혹은 시장규제적 조치들의 경우에도 과잉금지원칙에 위배되지 않는 한 대체로 재산권의 사회적 기속성의 한계 내에 있는 것으로 판단하고 있는 경향도 주목된다.

Ⅵ. 결론

입법자의 재산권 형성권의 헌법적 한계는 결국 관련 당사자들의 보호가치있는 모든 이익들이 정당하고 합리적으로 배려, 조정되어야 한다는 요청에서 도출된다.

이제까지 법학적인 관점에서는 재산권의 한계와 내용, 즉 다른 편에서 접근하면 재산권 제한의 가능성 혹은 재산권 제한에 대한 헌법적 한계의 문제에만 초점을 맞추어서 규범논리적인 접근만을 해왔는데 이는 법정책적인 관점을 경시 내지는 배제시키는 역기능을 가져왔다. 또 한편으로는 폭넓은 입법형성의 영역은 결코 초헌법적인 혹은 탈헌법적인 무법지대일 수는 없다. 그것은 단순히 적나라한 힘이나 이익만을 둘러싼 투쟁의 마당

---

97) *BVerfGE* 35,377ff.

98) *BVerfGE* 50,290(341ff.).

으로 주어져 있는 것이 아니라, 사리적으로 정당하고, 규범조화적인 해결책이 추구되어야 하는 토론과 타협의 장이다. 결국 사유재산제도는 매우 제한된 그러나 결코 무의미한 것으로 볼 수는 없는, 최소한 입법자에 대한 비상제동기 혹은 마지막 울타리 기능을 가지는 헌법적 안전장치라고 할 수 있다. 따라서 입법자에 의한 재산권내용규정의 독자성이 부인되지 않는 것과 마찬가지로 법률에 대한 헌법의 우위 또한 그 의미와 기능은 유지되는 것이다. 재산권의 내용규정에 있어서 양자는 결코 상호배척의 관계에 있지 아니하다.

결국 보상 없는 재산권 제한의 한계의 문제의 적정한 해결을 위한 최선의 방책은 이러한 헌법해석의 알파요 오메가인 규범조화의 정신에 따라 원칙에 따르는 일관성과 유연성을 유지하는 균형성을 잃지 않는 자세라는 점을 마지막으로 강조하면서 앞으로 학계와 실무법조계 간의 좀 더 진지하고 폭넓은 논의를 기대해 본다.

<『헌법재판연구』, 제9권, 헌법재판소, 1997. 12, 3~115면>

<별표>

* 보상규정을 두고 있는 공용제한법제의 보상유형(표1)

법률명	행위제한	보상주체	보상방법	보상절차	비고
하천법	−하천구역의 지정(제2조 1항 2호 다목) −하천예정지의 지정(제9조의 2) −새로이 하천구역(제2조 1항 2호 가목에 해당되는 하천구역)으로 지정된 경우(제74조 ②)	제74조 1항 −건설부장관이 행한 처분: 국고 −도지사가 행한 처분: 도		제74조 ③, ④ −협의 (건설부장관 또는 도지사와 손실을 받은 자) −협의가 성립하지 않거나 협의할 수 없을 때 관할토지수용위원회에 재결 신청	보상의 구체적 내용을 정한 법률
폐기물 관리법	−사후관리대상인 폐기물을 매립하는 시설이 사용종료되거나 폐쇄된 후 침출수의 누출, 제방의 유실 등으로 인하여 주민의 건강 또는 재산이나 주변환경에 중대한 위해를 가져올 우려가 있다고 인정되는 경우에 대통령령이 정하는바에 따라 당해 시설이 소재한 토지의 소유권 또는 소유권 외의 권리를 가지고 있는 자에 대하여 대통령령이 정하는 기간 동안 그 토지 이용을 공원, 수목의 식재, 초지의 조성 및 체육시설의 설치에 한하도록 용도제한(제50조 ①)	−환경처장관(제50조 ②)	−기금으로 정당한 보상(제50조 ②)	−환경처장관이 손실보상받을 자와 협의(제50조 ②)	
수도법	−대통령령이 정하는바에 의하여 수질보존상 필요하다고 인정되는 구역에 상수보호구역을 지정하고 수질의 오염을 초래할 우려가 있는 행위를 금지하거나 제한할 수 있음(法 제3조, 令 제5조)	−수도사업자 또는 전용수도의 설치자(令제6조 ①)	−수도사업자와 손실을 받은 자가 협의(令 제6조②) −협의가 성립되지 아니하거나 협의를 할 수 없을 때는 관할 토지수용위원회에 재결 신청(令제6조 ③)		보상의 구체적 내용을 대통령령으로 정한 법률
산림법	−보안림 안에서의 행위제한(法 제62조)	−국가(法 제63조)	−통상 받을 손실을 보상(法 제63조)	−산림소유자는 허가를 하지 아니하기로 결정된 날로부터 1월 이내에 산림청장에게 손실보상을 청구(令제3조 ①) −산림청장은 손실보상청구를 접수한 날로부터 25일 이내에 보상에 관한 결정을 하고 그 결과를	보상의 구체적 내용을 대통령령으로 정한 법률

				청구인에게 통지 (令 제53조 ②)	
산림법					
군용 전기 통신법	−특별구역 안에서 군용통신에 장애요소가 되는 각종 장애설비 등의 사용을 제한(제9조 ④)	−국방부장관(제11조 ①)	−정당한 보상금을 지급(제11조 ①)	−손실보상을 받고자 하는 자는 대통령령이 정하는바에 의하여 손실보상청구서와 기타 필요한 서류를 첨부하여 국방부장관에게 청구(제11조 ②) −국방부장관은 보상청구를 받은 날로부터 3월 이내에 보상금액을 결정하여 청구자에게 서면으로 통지(제12조)	
군용 전기 통신법				−보상금액의 결정에 대하여 불복이 있는 자는 그 결정의 통지를 받은 날로부터 1월 이내에 국방부장관에게 이의신청(제13조) −손실보상의 청구는 그 청구의 원인이 된 사유가 발생한 날로부터 1년 이내에 하여야 함(제14조)	
철도법	−교통부장관이 철도보호상 필요하다고 인정할 때에 철도노선에 인접한 일정한 지역 내에서 입목, 생나무가지, 낙엽, 잔디, 토석, 나무뿌리·풀뿌리나 나무껍질의 채취 또는 채굴이나 경작 또는 죽목의 식재를 금지하거나 제한할 수 있음(제76조 ①) −교통부장관은 열차의 안전운행상 필요하다고 인정될 때에는 철도경계선으로부터 30미터를 초과하지 아니하는 범위 내에서 건축 기타 공작물 등의 설치·증축·증설 또는 개량을 제한하거나 그 점유자 또는 소유자에 대하여 필요한 사항을 명할 수 있음(제76조 ②)	−국가	−법률에서 대통령령에 위임하고 있으나 대통령령이 제정되어 있지 않음		보상의 구체적인 내용을 정하고 있지 않은 법률

원자력법	-방사선에 의한 인체·물체 및 공공의 재해를 방어하기 위하여 정하여진 일정범위의 제한구역 안에서 일반인의 출입이나 거주의 제한(제96조 ②)	-정당한 보상(法 제96조 ④)	-대통령령에 위임하고 있으나 대통령령에는 이에 대한 규정을 두고 있지 않음		
문화재보호법	-국가지정문화재의 관리상황이 그 문화재의 보존상 부적당하거나 특히 필요하다고 인정되는 경우 그 소유자·보유자·관리자 또는 관리단체에 대한 일정한 행위의 금지 또는 제한(제25조 ① 1호)	-국가(제30조)	-규정되어 있지 않음		
소방법	-시장 또는 군수는 소방대상물의 위치·구조·설비 또는 관리의 상황에 관하여 화재예방상 필요하거나 또는 화재가 발생하면 인명에 위험이 미칠 것으로 인정된 때에는 그 근원을 가진 관계자에 대하여 당해 소방대상물의 개조·이전·제거·사용의 금지 또는 제한, 공사의 정지나 중지 기타 필요한 조치를 명할 수 있음(제7조)	-시 또는 군(제8조)	-규정되어 있지 않음		
제주도개별특별법	-도지사는 법 제23조 제1항에 의하여 지정된 보존자원의 보호를 위하여 특별히 필요하다고 인정되는 경우에는 신고·공개금지·이동금지 등의 필요한 조치를 할 수 있음(제23조 ③)	-도지사(제23조 ⑥)	-규정이 마련되어 있지 않음		

* 보상규정이 없는 부작위부담(행위제한)법제(표2)

법률명	지역·지구 등	행위제한의 내용
국토이용관리법(제15조)	○도시지역	·다음의 행위는 허가를 받아야 할 수 있음 -토지의 형질변경 -죽목의 벌채·재식 -토석의 채취 -건축물 기타 공작물의 신축·개축·증축 -건설자재 또는 컨테이너를 장기간 쌓아 놓는 행위 -토지의 분할
	○취락지역	·환경오염의 위험이 있는 공장, 유류 및 화약류저장소 등의 시설·건축물 또는 공작물의 설치가 금지됨
	○경지지역	·농축산업에 직접 관련된 목적 이외의 토지이용행위가 금지됨
	○산림보전지역	·영림과 관련되지 아니한 농지조성, 택지조성, 공장설치, 집단묘지의 설치 그리고 채토장 또는 채석장의 설치가 금지됨
	○공업지역	·공장 및 산업시설과 이의 운용·관리를 위한 건축물, 종업원의 사택 등의 시설·건축물 또는 공작물만 설치할 수 있음

국토이용관리 법(제15조)	○ 자연환경보전지역	• 다음의 행위가 금지됨 －건축물 기타 공작물의 신축·개축 기타 증축 －입목·죽의 벌채 －개간·매립 또는 간척 －토지의 형질변경 －가축의 방목 －야생 동·식물의 포획·채집 －토석·사력의 채취
	○ 관광휴양지역	• 관광진흥법의 관광지에 관한 규정에 의함
	○ 수산자원보전지역	• 다음의 행위가 금지됨 －공장의 설치 －공유수면의 매립 또는 간척 －준설 －광물의 채굴 －가축의 방목
	○ 개발촉진지역	• 지역을 세분하는 경우 세분목적에 어긋나는 행위가 금지됨
	○ 유보지역	• 별도의 행위제한이 없음
수도권정비계 획법(제9조~ 13조)	○ 개발유보권역	• 다음의 행위가 금지됨 －토지구획정리사업, 택지조성사업, 공업용지조성 등 시가화를 촉진하는 사업 －공장의 신설 또는 증설
	○ 자연환경보전지역	• 다음의 행위가 금지됨 －일정규모 이상의 택지조성사업, 공업용지조성사업과 공유수면매립 및 간척사업 －공장의 신설 또는 증설 －기타 자연보전권역의 지정목적에 위배되는 행위
	○ 이전촉진권역	• 인구집중유발시설의 신설 또는 증설이 금지됨
	○ 제한정비권역	• 인구집중유발시설의 신설이 금지됨
	○ 개발유도권역	
도시계획법 (제4조, 제19조~22조)	○ 도시계획구역	• 다음의 행위는 허가를 받아야 할 수 있음 －토지의 형질변경 －죽목의 벌채·재식 －토석의 채취 －건축물 기타 공작물의 신축·개축·증축 －건설자재 또는 컨테이너를 장시간 쌓아놓는 행위 －토지의 분할
	○ 전용주거, 일반주 거, 준주거, 중심상 업, 일반상업, 근린 상업, 전용공업, 일 반공업, 준공업, 보 전녹지, 생산녹지, 자연녹지지역	• 건축법에서 허용하고 있는 용도의 건축물만 건축할 수 있음
	○ 풍치, 미관, 고도, 방화, 보존, 주차 장정비, 공항,	• 건축법 및 건축조례에서 정한 기준에 따라 건축하여야 함

	시설보호도시설계, 아파트지구	
	−방재지구	
도시계획법 (제4조, 제19조~22조)	○구역 −특정시설제한 −시가화조정	−규모가 큰 공장, 학교, 중앙도매시장 등 특정시설의 설치가 금지됨 −농·임·어업용 건축물의 건축, 죽목의 벌채 재식, 토석의 채취 등만 허용됨
	○개발제한구역	·구역지정목적에 위배되는 건축물의 건축, 공작물의 설치, 토지의 형질변경, 토지의 분할 그리고 도시계획사업의 시행이 금지됨
	○도시개발예정구역	·도시계획이 결정될 때까지 건축, 토지형질변경 등의 토지이용행위에 대한 허가를 거부할 수 있음
자연공원법 (제24조, 제25조)	○공원구역 −자연보존지구 −자연환경지구 −취락지구 −집단시설지구	−학술연구 또는 자연보호상 필요한 행위, 최소한의 공원시설의 설치, 자연경관을 해치지 아니 하는 조림·육림 등만 허용됨 −자연보존지구 안에서 할 수 있는 행위, 1차산업행위, 밀집하지 아니한 공원시설의 설치, 조림·육림·벌채, 기존 건축물의 증축·개축·재축 등만 허용됨 −자연보존지구와 자연환경지구에서 할 수 있는 행위, 주거용 건축물의 건축 등 주민의 생활환경조성행위, 비공해가내공업, 의원·약국·이용원·미용원 일용품판매점 등의 설치만 허용됨 −탐방휴양에 적합한 공원시설 및 그 부대시설의 설치만 허용됨
	○공원보호구역	·취락지구 안에서 할 수 있는 행위만 허용됨
수도법(제5조 ③, ④)	○수도권보호구역	·다음의 행위가 금지됨 −특정유해물질, 폐기물, 그리고 오수·분뇨 또는 축산폐수를 버리는 행위 −기타 상수원을 오염시킬 명백한 위험이 있는 행위
		·다음의 행위는 허가를 받아야 할 수 있음 −건축물 기타 공작물의 신축·증축·개축·재축·이전·변경 또는 제거 −죽목의 재배 또는 벌채 −토지의 굴착, 성토 기타 토지의 형질변경
환경정책기본 법(제22조 ②)	○특별대책지역	·다음의 경우에는 토지이용과 시설설치를 제한할 수 있음 −주민의 건강·재산이나 생물의 생육에 중대한 위해를 가져올 우려가 있는 경우 −자연생태계가 심하게 파괴될 우려가 있는 경우 −토양 또는 수역이 특정유해물질에 의하여 심하게 오염된 경우
자연환경보전 법(제23조)	○해양생태계보호 구역	·다음의 행위가 금지됨 −건축물 기타 공작물의 신축·개축 또는 증축 −하천·호소 등의 수위 또는 수량에 증감을 가져오는 행위 −입목·죽의 식재 −택지의 조성, 토지의 개간 기타 토지의 형질변경 −토석의 채취 −입목·죽의 벌채 또는 훼손 −입목·죽 이외의 식물이나 낙엽 또는 나뭇가지의 채취 −동물의 포획 또는 동물의 알의 채취 −가축의 방목
	○보전지역	·다음의 행위가 금지됨 −폐기물을 버리는 행위 −합성세제나 특정수질유해물질을 사용하여 수질을 오염시키는 행위 −산불예방을 위하여 금지된 인화물질의 소지, 불을 이용한 취사 그리고 야영하는 행위 −자연환경보전에 관한 안내판 기타 표지물을 이전·오손 또는 훼손한 행위

제주도개발특별법 (제20조~제22조)	○절대보전지역	• 자연환경의 고유한 특성을 보호하기 위한 지역지정목적에 위배되는 건축물의 건축, 공작물 기타 시설의 설치, 토지의 형질변경, 토지의 분할, 공유수면의 매립, 수목의 벌채, 토석의 채취, 도로의 신설 등이 금지됨
	○상대보전지역	• 자연환경의 보전과 적정한 개발을 유도하기 위한 지역지정 목적에 위배되는 건축물의 건축, 공작물의 설치 등이 금지됨
	○특별관리지구	• 자연환경의 계획적 보전·관리를 위한 지역지정 목적에 위배되는 건축물의 건축, 공작물의 설치, 토지의 형질변경, 공유수면의 매립 그리고 하천의 복개가 금지됨
공업배치 및 공장설립에 관한 법률(제20조)	○이전촉진지역 및 제한정비지역	• 연면적이 200㎡ 이상이거나 종업원이 16인 이상인 공장의 신설·증설 또는 이전이 원칙적으로 금지됨(이전촉진지역의 경우 제한정비지역에 비하여 규제가 더 강함)
특정지역 종합개발 촉진에 관한 특별조치법 (제10, 12조)	○개발촉진지구	• 다음의 행위는 허가를 받아야 할 수 있음 -토지의 형질변경, 토석·사력의 채취 -입목·죽의 벌채와 재식 -건축물 기타 공작물의 신축·개축·이축·증축 -이동이 용이하지 아니한 물건의 설치 또는 퇴적 -토지분할
	○개발예정지구	• 개발촉진지구가 지정될 때까지 위의 행위에 대한 허가를 거부할 수 있음
	○개발규제지구	• 지구지정목적에 위배되는 건축물의 건축, 공작물의 설치, 토지의 형질변경, 토지의 분할 그리고 도시계획사업 기타 이와 유사한 사업의 시행이 금지됨
농지확대개발 촉진법(제8조)	○개발촉진지역	• 다음의 행위는 허가를 받아야 할 수 있음 -토지의 형질변경 -공작물 등의 설치 -분뇨의 설치 -기타 개간에 지장을 주는 행위
(제50조, 제51조, 제54조의 2)	○속교통구역	-토지의 형질변경 -건축물 기타 공작물의 신축·개축·증축 -물건을 부가 또는 증치하는 행위 -죽묵의 재식·벌채
	○연도구역	• 건축물 기타 공작물의 신설, 죽목 또는 토석의 채취 그리고 공사는 허가를 받아야 할 수 있음
고속국도법 (제10조)	○접도구역	• 도로법에 의한 접도구역 안에서의 행위제한에 의함
하천법 (제45조)	○연안구역	• 다음의 행위는 허가를 받아야 할 수 있음 -공작물의 신축·개축 또는 제거 -죽목의 재식 또는 벌채 -토지의 굴착·성토·절토 기타 토지의 형질변경
군사시설보호법(제7조)	○군사시설보호구역	• 행정청이 다음 사항을 허용하는 처분을 할 때에는 미리 군부대장과 협의하여야 함 -도로·철도·교량·운하·수도·수로 등과 그 부속공작물의 설치·변경 -하천 또는 해면의 매립·준설 및 항만의 축조·변경 -가옥 기타 축조물의 신축 또는 증축 -통신시설의 설치 및 사용 -광물·토석 또는 토사의 채취 -조림 또는 임목의 벌채 -토지의 개간 또는 지형의 변경
공군기지법 (제8조)	○비행안전구역 -제1구역 -제2~6구역	• 군사시설이 아닌 건조물·수목 등 장애물의 설치 또는 재배가 금지됨
		• 일정높이 이상의 건조물·수목 등 장애물의 설치 재배 또는 방치가 금지됨

해군기지법 (제6조)	○해군기지구역	·행정청이 다음 사항을 허용하는 처분을 할 때에는 미리 군부대장과 협의하여야 함 －항만의 축소·변경 －해안의 굴착 －하천 또는 해안의 매립·준설 －해저시설물의 부설 또는 변경 －해운의 영위 －어업권설정, 어렵 또는 해조 채취 －부표·입표 기타 표지의 설치 또는 변경 －각종 포의 발사, 폭발물의 파열 －지반의 개칙, 매립 기타 지형의 변경 －도로·철도·교량·운하·터널·수로 등과 그 부속공작물의 설치 또는 변경 －광물 또는 토사의 채취 －가옥 기타 건축물의 신축 또는 증축 －통신시설의 설치·사용 또는 전파의 발사
방어해면법 (제6조)	○방어해면구역	·어로·채조·시설물설치 기타 군사상 장해가 될 행위를 금지 또는 제한할 수 없음
학교보건법 (제6조)	○학교환경위생정 화구역	·다음의 행위와 시설의 설치가 금지됨 －오염물질 배출허용 기준을 초과하여 학습과 보건위생에 지장을 주는 행위 및 시설 －극장·총포화약류의 제조장 및 저장소, 압축가스·액화가스의 제조장 및 저장소 －도축장·화장장 －오물수집 장소
학교보건법 (제6조)		－오물매립장, 오물진개소각장, 쓰레기종말처리시설 및 분뇨종말처리시설 －폐수처리장, 화제장 －전염병원, 전염병격리병원, 격리소 －전염병요양소, 진료소 －가축시장 －전문음식점, 각종유흥음식점, 간이주점 －호텔, 여관, 여인숙 －공중목욕장 중 휴게시설 －사행행위장, 당구장, 경마장
문화재보호법 (제20조)	○문화재보호구역	·다음의 행위는 허가를 받아야 할 수 있음 －보호구역 안의 동물·식물·광물을 포획·채취하거나 이를 그 구역 밖으로 반출하는 행위 －보호구역의 현상을 변경하거나 문화재의 보존에 영향을 미칠 우려가 있는 행위
전통건조물보 존법(제8조)	○보존대상전통건 조물의 보호구역	·건조물을 신축·개축 또는 증축하거나 그 토지의 형질을 변경하는 행위는 허가를 받아야 할 수 있음
	○전통건조물보존 지구	·다음의 행위는 허가를 받아야 할 수 있음 －건조물의 현상을 변경하거나 그 보존에 영향을 미칠 우려가 있는 행위 －건조물을 신축·개축 또는 증축하거나 그 토지의 형질을 변경하는 행위
전파법 (제74조의 3)	○전파방해방지구 역	·다음의 행위는 승인을 받아야 할 수 있음 －최고부의 높이가 지표에서 30m를 넘는 건축물 또는 공작물의 신축·증축·개축 또 는 수선 －건축물 또는 공작물을 최고부의 높이가 지표에서 30m를 넘도록 하는 증축

* 긴급 시의 공용침해(표3)

법률명	행위주체	사유	공용침해의 내용	손실보상
도로법(제49조, 제79조)	관리청	재해로 인한 도로의 구조와 교통에 대한 위험방지를 위하여 특히 필요한 때	○토지·가옥 기타 공작물의 일시사용 ○장애물의 변경·제거 ○토석·죽목·운반기구 기타 물건의 수용·사용	−손실을 받은 자와 협의하여 정함 −협의 불성립 시에는 관할토지수용위원회에 재결신청 −관할 토지수용위원회의 재결에 불복할 때에는 법원에 제소(정당한 보상)
항만법(제46조, 제65조)	관리청	재해로 인한 항만시설 또는 항만사용에 대한 위험방지를 위하여 특히 필요한 때	○토지·가옥·선박 기타 공작물의 일시 사용 ○공작물 기타 장애물의 변경·제거 ○토석·죽목·운반구 기타물건의 수용·사용	−손실을 받은 자와 협의하여 정함 −협의 불성립 시에는 관할 토지수용위원회에 재결신청 −관할 토지수용위원회의 재결에 불복할 때에는 법원에 제소(정당한 보상)
어항법(제21조)	수산청장, 직할시장, 도지사	천재·지변 기타 비상재해로 인하여 어항관리가 필요한 때	○토지·가옥·선박 기타 공작물의 일시사용 ○공작물 기타 장애물의 변경·제거 ○토석·죽목·운반구 기타물건의 수용·사용	−손실을 받은 자와 협의하여 정함 −협의 불성립 시에는 수산청장이 결정(정당한 보상)
방조제관리법(제10조, 제11조)	농림수산부장관, 지방자치단체의 장	천재·지변 기타 긴박한 사태로 인하여 관리방조제의 위험을 방지하거나 재해복구에 필요한 때	○토지·가옥·선박 기타 공작물의 일시사용 ○공작물 기타 장애물의 변경·제거 ○토석·죽목·운반구 기타물건의 사용	−직할시장·도지사·시장 또는 군수가 결정(정당한 보상)
광업법(제84조)	광업권자, 조광권자	광업상 긴박한 위험방지에 필요한 때	○토지에의 출입 ○토지의 사용	(보상한다는 규정만 있음)
농촌근대화촉진법(제155조, 제157조)	국가, 지방자치단체, 농지개량조합, 농어촌진흥공사	풍설·출수·해일 또는 토지의 훼괴 등에 의한 관개배수시설·농업용도로 기타 농지의 보전이나 이용에 필요한 시설의 급박한 재해를 방지할 필요가 있는 때	○토지의 일시사용 ○토석·토목 기타 현물의 수용·사용	−손실을 받은 자와 협의하여 정함 −협의 불성립 시에는 농림수산부장관, 서울특별시장, 직할시장 또는 도지사가 결정(정당한 보상)
전기사업법(제55조 ②, 제58조)	전기사업자	천재·지변 기타 긴급한 사태로 인하여 전기사업용 전기설비가 손괴되거나 손괴될 우려가 있는 때	○토지 또는 이에 정착한 건물 기타 공작물의 일시사용(15일 이내)	−손실을 받은 자와 협의하여 정함 −협의불성립 시에는 서울특별시장, 직할시장 또는 도지사가 결정(정당한 보상)
집단에너지사업법(제46조)	집단에너지사업자	천재·지변 기타 긴급한 사태로 인하여 공급시설이 손괴되거나 손괴될 우려가 있는 때	○토지 또는 이에 정착한 건물 기타 공작물의 일시사용(15일 이내)	−토지수용법 준용(협의→관할 토지수용위원회 재결신청→중앙토지수용위원회 이의신청)

제4장

재정과 경제

【10】 헌법 제38조 주석

Ⅰ. 기본개념과 입헌취지

1. 개요

납세의무는 국방의무와 함께 국민의 2대 기본의무로서 국가의 유지를 목적으로 하는 이른바 고전적인 의무에 속한다. 우리 헌법은 '법률이 정하는바에 의한 납세의 의무'를 국민의 기본의무로 명시적으로 규정하고(제38조), 납세의무를 구체화하는 입법수권, 즉 조세의 종목과 세율은 법률로 정하도록 하는 별도의 법률유보조항(제59조)을 두고 있다.

규범구조상 조세평등주의, 조세법률주의 등의 과세원칙이나 조세국가원리를 비롯한 조세의 정당화론 등 조세입법에 대한 헌법 및 헌법이론적 지침과 한계에 대한 논의는 제38조와 제59조 중 어떤 조항과 연관해서도 진행될 수 있다. 다만 편제상 제38조는 제2장 '국민의 권리와 의무'에 통합되어 배열되어 있고, 제59조는 통치구조에 관한 제3장에 국회의 입법권한규정으로 배치되어 있는 규정체계는 기본적으로 총론과 각론의 체계에 해당되는바, 과세원칙 등 적어도 총괄적인 핵심논점은 제38조에 대한 주석에서 정리되는 것이 타당한 것으로 생각된다.[1]

이러한 맥락에서 우선 국민의 기본의무의 의의와 법적 성격을 개관하고 핵심논점을 정리하는 차원에서 납세의무의 기본개념과 입헌취지를 검토한다.

---

[1] 총괄적인 부분과 세부적인 내용을 배분하는 양적 차이는 있지만 대부분의 헌법교과서의 기본편제도 다르지 아니하다. 권영성, 『헌법학원론』, 법문사, 2007, 700면 이하; 김철수, 『헌법학개론』, 박영사, 2007, 1005면 이하; 성낙인, 『헌법학』, 법문사, 2007, 677면 이하; 홍성방, 『헌법학』, 현암사, 2003, 656면 이하; 허영, 『한국헌법론』, 박영사, 2007, 594면 이하. 다만 계희열, 『헌법학(중)』, 박영사, 2007, 771면; 정종섭, 『헌법학원론』, 박영사, 2007, 731, 886면 이하; 장영수, 『헌법학』, 홍문사, 2007, 92면, 1139면 이하 등 일부는 기본의무에 관한 부분에서는 납세의무의 기본개념만을 기술하고 주요 논점은 제59조의 조세법률주의와 관련해서 총괄하여 정리하고 있다.

2. 국민의 기본의무의 의의와 법적 성격

국민의 '기본의무'는 국가공동체 구성원 개개인의 의무 중에 헌법에 규정된 기본적인 대국가적 의무를 말한다.

우선 그 범위를 보면, 대국가적 관계가 아닌 시민 상호관계에서의 의무나 국가기관의 의무 및 일반 법률상의 의무는 이에 속하지 아니한다. 일반적으로 '기본권'의 개념에 대한 대비개념으로 이해되는 '기본의무'의 개념에서 '기본'의 의미는 해당 의무의 내용과 속성에 대해서도 그대로 원용될 수 있는바, 보편성과 중대성 및 그에 따른 특별취급의 당위성이 그것이다. 말하자면 국가공동체의 구성원인 국민 모두에게 지워지는 부담이고 또 그 부담이 국가의 존립과 운영에 필수불가결한 중대한 내용이고, 따라서 그 이행의 강제와 실효성 확보수단 등과 관련하여 법적으로 특별하게 취급된다는 의미를 갖는다.[2]

국민의 기본의무는 일반적으로 헌정사적 관점에서 '고전적 의무'와 20세기 현대 헌법상의 '현대적 의무'로 분류하는데, 그에 따르면 전자에는 납세의무와 국방의무가 속하고, 재산권 행사의 공공복리적합의무, 근로의무, 교육의무, 환경보전의무 등이 후자의 예로 적시되고 있다.[3]

이 분류방법에 따른 '고전적 의무'와 '현대적 의무'의 구별은 단순히 헌정사적 맥락을 넘어서 의무의 태양과 성격상의 차이점과도 연결된다. 즉 전자는 국민의 생명과 재산권 등 우선 자유권적 기본권의 보장수단으로서 소극적 성질의 의무인데 반해서 20세기 사회국가, 문화국가, 환경국가의 환경조건에 부응한 후자는 보다 적극적인 의무이다. 따라서 일반적으로 권리와 의무가 혼합되어 있는 복합적인 양태를 보이는바, 이는 법적 성격의 차이와도 연관된다.

일반적으로 기본의무의 법적 성격과 관련해서는 직접효력설과 간접효력설 등이 제기될 수 있으나, 적어도 국민의 기본의무를 실정헌법상의 의무로 전제한다면 실익이 없는 구별일 뿐이다. 법적 성격과 관련된 핵심은, 기본의무의 내용이 헌법에 의해 직접 정해지는 것이 아니라 법률에 의해서 구체화된다는 점에서 헌법상의 기본의무는 소극적인 관점에

---

2) 기본의무 개념의 변천에 관해서는 홍성방, 「국민의 기본의무」, 『공법연구』, 34-4-1(2006. 6), 314면 이하.

3) 민주국가국민의 일반적 의무와 헌법상 의무(권영성, 『헌법학원론』, 699-700면)로 나누거나 또는 국가창설적인 국민의 의무, 기본권에 내포된 윤리적 의무, 헌법상의 기본적 의무로 나누는 등(허영, 『헌법론』, 590-593면) 기본의무의 분류방법은 다양할 수 있다. 다만 기본의무를 헌법에 규정된 의무로 한정하는 개념 정의에 따르면 이러한 분류방법은 일반적인 국민의 의무와 관련된 맥락에서 이해되어야 한다는 지적이 있다. 홍성방, 『헌법학』, 655면, 주석 1110.

서는 헌법에 규정이 없는 의무를 법적 의무로 무한정 확장하는 것을 인정하지 않는다는 확정선의 의미를 갖고,[4] 다른 한편 적극적인 관점에서는 헌법의 과제와 입법에 대한 수권근거의 헌법적 근거가 된다는 것이다. 말하자면 규범구조적 측면에서 기본의무는 일종의 제도보장과 기본의무 구체화적 법률유보조항의 성격을 갖는다.[5]

3. 납세의무의 기본개념 및 의의

1) 조세의 개념

대부분의 입법례가 그러하듯이 우리나라의 경우에도 헌법이나 국세기본법 등 조세관련 법령에서 조세의 법적 개념을 정의하고 있지 아니하다.[6] 학설과 판례를 통해 일반화된 개념정의에 따르면 조세는 국가 또는 지방자치단체가 재정충당의 목적으로 반대급부 없이 일반 국민에게 강제적으로 부과하여 징수하는 공법상의 부담금이다.[7] 요컨대 국가의 유지와 운영을 위한 재원확보의 객관적인 목적성과 조세의 부담 여부 또는 그 크기에 따른 특정한 반대급부와의 비견연성이 핵심적인 개념적 요소이다. 따라서 특정한 재화나 행정서비스의 제공에 대한 반대급부와 연관되는 사용료, 수수료, 분담금 등은 조세에 해당되지 아니한다. 논란이 전혀 없지는 아니하지만 재정목적이 아닌 또는 적어도 재정목적보다는 특별한 경제사회정책적 목적이 더 강한 이른바 유도적·조정적 조세(Lenkungssteuer)의 경우는 학설과 판례를 통해 합헌적인 조세로 인정되고 있다. 다만 이른바 특별부담금(Sonderabgabe)의 경우는 매우 엄격한 정당화 요건허에서만 예외적으로 합헌으로 인정된다.[8]

2) 납세의무 헌법 규정의 의의

헌법 제38조에서 납세의무를 국민의 기본의무로 규정한 것은 일차적으로는 국가존립의 재정적 기반이 되는 납세의무를 헌법적 의무로 규정하고, 그 구체적인 내용은 법률로

---

4) 김철수, 『헌법학개론』, 박영사, 2007, 1004면.
5) 허영, 『한국헌법론』, 박영사, 2007, 594면; 홍성방, 『헌법학』, 현암사, 655면.
6) 김성수, 『세법』, 법문사, 2003, 3면 이하 참조.
7) 우리 헌재는 재정수요의 충족과 함께 경제사회적 특수정책실현의 목적을 포함시켜서 개념을 정의하였다. 헌재 1990.9.3. 89헌가95, 2, 245, 251면.
8) 이에 관해서는 김성수(주 6), 13면. 특히 독일 연방헌법재판소의 관련 결정에 대해서는 27-37면 참조.

정하도록 하여 납세의무 또는 국가의 조세고권도 법치국가원리와 민주주의 원리에 의해서 지배된다는 기본지침을 제시한 것이다. 헌법유보사항으로 규정된 납세의무는 생명과 재산 등 국가의 기본권보호의 비용의 관점에서든 또는 경제활동을 통한 소득 및 재산증식의 기회를 제공하는 시장의 개설 및 유지비용의 측면에서든 국가공동체 구성원 모두에게 유보된 헌법적 의무로서 그 자체의 정당화는 헌법규범적으로 선결된 추상적 의무로 존재한다. 이를 구체화는 조세입법에 대한 헌법의 지침과 한계, 특히 조세평등원칙은, 후술하는바와 같이 특정한 재정학적 관점에 고착된 것은 아니지만, 근본적인 국가관과 재산권 등의 기본권을 중심으로 하는 헌법 도그마틱에 의해 설정된다. 이러한 점에서 "의무는 원칙적으로 기본권의 효력을 배제한다"는 전제와 그에 따라 기본권은 원칙적으로 조세부담에 대한 대항의 논거가 될 수 없다는 법리구성[9]은 추상적인 의무의 범주에서만 타당하다.

요컨대 후술하는 조세법률주의는 별론으로 하고, 국가가 직접 경제주체로 나서서 경비를 조달하는 '국가경제'와 과세를 통해 사경제활동의 과실에 참여하는 모델 두 가지 중에 후자의 대안을 선택한 납세의무의 헌법제도화와 더불어 헌법에 납세의무를 국민의 기본의무로 정한 것의 재정정책적 함의의 핵심은 다음 두 가지로 정리된다. 정책과정상 조세와 지출 부문의 결정, 특정인 또는 특정집단의 조세납부자와 국가 재정력의 분리와 함께 궁극적으로 재원공여자로부터 재정국가의 독립이 국가운영에 대한 헌법상의 제도적 지침으로 확정되어 있다는 점이다. 이에 관해서는 후에 조세국가원리에 관한 논의에서 상술한다.

Ⅱ. 연혁

납세의무를 기본의무로 규정하고 있는 현행 헌법 제38조는 조문번호의 변경 외에는 제헌헌법에서 기본권에 관한 제2장 제29조에 규정된 이래 그대로 이어져 오고 있다. 4차 개헌까지는 편제도 그대로 유지되었고, 제3공화국헌법(제5차 개헌, 1962), 유신헌법(제7차 개헌, 1972)에서는 제33조에, 제5공화국헌법(제8차 개헌, 1980)에서는 제36조에 규정되었다.

---

9) 정종섭, 『한국헌법론』, 박영사, 2007, 888면.

반면에 후술하는바와 같이 기능적인 관점에서 볼 때 조세입법에 대한 기본적인 수권근거규정과 '조세의 종목과 세율'에 관한 구체적인 법률유보규정의 관계에 있는 현행 헌법 제59조는 내용은 변화가 없었지만 조문편제는 적지 않은 변화를 거쳤다. '재정'에 관한 별도의 장(제7장)을 두었던 제헌헌법에서는 제90조에 규정되어서 제4차 개헌까지 그대로 유지되었지만, 제5차 개헌을 통해 처음으로 통치기구에 관한 제3장 제55조에 규정되기 시작해서 대통령 관련 규정이 국회에 우선되었던 제7차, 제8차 개헌을 통해 제94조, 제95조, 현행 헌법 제59조에 이르고 있다.

Ⅲ. 입헌례와 비교법적 의의

시민의 납세의무를 전제로 국가의 과세권에 대한 법률적 통제와 조세입법의 의회(대표)유보가 헌법체제로 확립된 시초는 1776년 미국의 독립과 1787년의 미국연방헌법에서 찾아지지만 '대표를 통한 국민의 동의가 없이는 조세를 부과할 수 없다'는 근대법치주의가 명시적으로 헌법에 규정된 것은 1789년의 프랑스 인권선언을 수용한 1791년 프랑스헌법이었다.[10]

프랑스대혁명을 촉발한 직접적인 원인이 방만한 재정운영과 그에 따른 과도한 조세부담이었다는 점을 고려할 때, 헌정사적 관점에서 그 의미는 혁명 주체였던 시민세력이 장악한 '의회의 승인, 즉 조세법의 근거가 없는 어떤 공적 부담도 부과할 수 없다'는 '무대표 무과세'(no texation without representation)의 원칙이 혁명승리의 전리품으로 헌법 차원에서 확보되었다는 것에서 찾아진다. 따라서 그 일차적인 기능은 '형식적 법치주의'로서 충분히 제한될 수 있는 정치경제적 조건하에서 납세의무를 국민의 기본의무로 규정하여 조세의 재정충당기능을 확보하는 동시에 조세법률주의를 헌법에 규정함으로써 국가의 무분별한 과세권으로부터 시민의 재산권을 보장하기 위한 방어적 또는 소극적 성격에서 찾아진다.

납세의무를 국민의 기본의무로 규정하고 있는 우리 헌법과 유사한 최초의 입헌례는 "모든 국민은 법률이 정하는바에 따라 모든 공적 부담을 능력에 비례하여 균등하게 부담한다"고 규정한 바이마르 헌법 제134조이다. 바이마르 헌법의 영향을 크게 받았던 현행

---

10) 세금과 관련된 근대 법치주의의 발전사에 대해서는 이창희, 『세법강의』, 박영사, 2007, 12-14면.

일본국헌법(1946. 11. 3. 제정, 1947. 5. 3. 시행)은 "국민은 법률이 정하는바에 의한 납세의무를 진다"는 별도의 기본의무규정(제30조)과 함께 '재정'에 관한 제7장에서 "새로 조세를 과하거나 현행의 조세를 변경할 때는 법률 또는 법률이 정하는 조건에 의하지 않으면 아니 된다"(제84조)는 조세법률주의를 규정하고 있다. '재정'에 관하여 독립된 장을 두었던 제헌헌법의 체제와 자구까지 동일하게 규정된 제29조는 일본국 헌법의 조항을 그대로 차용한 것으로 여겨진다.

기타 납세의무에 관한 기본의무조항을 별도로 두지 아니하고, 우리 헌법 제59조와 유사한 조세법정주의만을 규정하고 있는 입헌례로는 벨기에 헌법 제170조, 덴마크 헌법 제43조, 핀란드 헌법 제61조, 프랑스 헌법 제34조, 그리스 헌법 제78조 제1항, 이탈리아 헌법 제23조, 일본 헌법 제84조 등이 있다.

Ⅳ. 다른 조문과의 체계적 관계

1. 개요

민주적 법치국가와 조세국가체제의 헌정국가에서 헌법 제38조가 국가의 헌법적 과제, 즉 시민의 생명과 재산 등기본권의 보호와 거래질서와 사법질서의 확립을 통한 거래질서와 시장관리의 비용을 시민이 부담하는 추상적인 기본의무를 선언적으로 규정한 이른바 '의무프로그램규정'[11]이라고 한다면, 이 납세의무는 조세의 종목과 세율 등을 정하는 입법을 통해서 구체화된다. 추상적인 의무프로그램을 현실화하여 직접적인 구체적 의무로 형성하는 입법자는 '조세평등의 원칙', '조세법률주의'를 존중해야 하고, 재산권을 비롯하여 관련되는 기본권의 제한에 대한 헌법적 한계를 준수해야 한다.

헌법재판소도 평등권, 재산권, 조세법률주의, 소급과세금지원칙 등을 과세권에 대한 헌법적 한계로 제시하여 조세법률에 대한 위헌심사기준으로 적용하고 있는바,[12] 입법권자에 대한 수권근거규정인 동시에 간접적인 효력을 갖는 제38조는 우선 조세법률주의의 구체적인 법률유보근거규정인 제59조와 '기본법'과 '시행법'의 관계에 있다고 할 수 있고, 제59조에 의거 구체적인 납세의무를 정하는 조세입법형성에 대한 헌법적 한계의 규범체

---

11) 허영, 『한국헌법론』, 박영사, 2007, 594면.
12) 예컨대 헌재 2002.8.29. 2001헌가24.

계 속에서 법치국가원리는 물론이고, 특히 기본권 제한입법에 대한 헌법적 한계의 '일반조항'이라고 할 수 있는 헌법 제37조 제2항을 비롯하여 재산권(제23조), 직업의 자유(제15조) 등 관련되는 개별 기본권규정들과 이른바 '한계-한계'의 논리형식으로 연관된다. 상세한 내용은 제59조에 대한 주석에서 다루어질 것이고, 여기에서는 이론적으로 논란이 계속되고 있는 재산권의 보장과 평등조항(제11조)과의 관계만을 간략하게 정리한다.

2. 재산권 보장(제23조)과 과세

종래의 일반적인 기본권 도그마틱에 따르면 국가의 과세는 원칙적으로 사유재산권의 침해가 아닌 것으로 본다. 그 헌법적 근거는 여러 가지가 제시되고 있지만, 대체로 두 가지로 대별된다.[13]

첫째는 납세의무를 국민의 헌법상 기본의무로 정하고 있는 경우 재산권은 납세의무에 대항할 수 있는 헌법적 준거가 되지 못한다는 입장이다. 사유재산권의 헌법상 보장은 납세에 의하여 국가에 공여하는 재산을 제외한 부분에 국한되어 인정된다는 논리다.[14] 이는 후술하는바와 같이 조세입법을 선재하는 '보호영역'을 갖는 재산권에 대한 제한이 아니라 헌법 제23조 제1항에 의거 납세자의 '재산권의 내용과 한계'를 정하는, 즉 재산권의 '보호영역'을 원천적으로 형성하는 입법행위의 결과로 보는 해석론이다.

둘째는 사유재산권 보장의 본질이나 과세의 특성 등을 주목하여 제한의 정당화, 즉 재산권에 대한 제한성은 인정하되, 침해성을 부인하는 데 초점을 맞추는 논증방법이다. 예컨대 재산권이 '재산의 현 상태'가 아니라 '사적 유용성'과 '임의적 처분권'을 보장하는 것이기 때문에 과세에 의한 재산권 침해는 인정되지 않는다고 보는 입장, 보편성을 이유로 평등권의 관점에서 과세를 재산권에 대한 일반적인 제한으로 보거나 또는 재산권의 사회적 기속성을 근거로 정당화하는 견해 등이 있다.[15] 이러한 입장들은 기본권 도그마틱상 '보호영역'에 초점을 맞추는 전자의 경우와 달리 '제한의 한계'와 연관된 논증방법이라고 할 수 있다.

---

13) 김성수, 「국가의 과세권과 국민의 재산권 보장과의 관계」, 『고시계』, 1991. 2, 69면 이하.

14) 이에 관한 상세한 것은 김성수, 「경제질서와 재산권 보장에 관한 헌재결정의 평가와 전망」, 『공법연구』, 33-4, 2005. 6, 152면 이하. 다만 재정충당목적의 과세가 아니라 목적세, 유도세 등 물가안정, 경제조정 등 정책목적의 수단으로 활용되는 과세의 경우는 재산권에 대한 제한성을 인정하는 견해가 있다. 정종섭, 『헌법학원론』, 박영사, 2007, 573면.

15) 이에 관한 독일에서의 다양한 논의에 대한 소개는 허영, 『헌법이론과 헌법』, 박영사, 2006, 601-602면; 김성수(주 6), 92-106면.

이와 같이 상이한 입장에 따라 다양한 이론과 논증방법들이 제시되고 있지만, 재산권과 세금의 관계에 대한 논의는 여전히 통일된 의견으로 정리되고 있지 못하다. 이러한 현상은 후술하는바와 같이, '기본권과 조세의 단절론'을 견지해 온 전통적인 기본권 도그마틱의 이론적 한계는 별론으로 하더라도 기본적으로 재정조달수단으로서뿐만 아니라 경제 및 사회정책의 수단으로서 유연성과 탄력성이 강조되는 조세의 일반적인 특성과 직접세와 간접세, 보통세와 특별세, 기타 목적세 또는 유도세 등 조세의 종류에 따라 천차만별인 기능과 성격, 특히 기본권에 대한 직간접적인 영향의 복잡다양성에 따른 일반이론화의 한계와 과세권의 헌법적 한계를 계량화하기 어려운 문제점[16] 등에서 비롯된다.

다만 이론과 판례의 큰 흐름 속에서 확립된 견해로 공유되고 있는 전제와 정향점은 국가의 과세권 역시 헌법적 제약으로부터 자유로울 수 없다는 것이다. 이른바 거시적인 국가체제차원의 담론주제인 '조세정당화론'의 핵심이 바로 국가의 과세권에 대한 헌법적 한계의 이론적 토대를 구축하는 이론구성의 작업이고,[17] 국가의 방만한 재정운영과 무분별한 조세입법에 대한 무장해제에서 벗어나서 특히 재산권규정에서 국가의 과세권에 대한 헌법적 방어수단을 도출하고자 하는 학계의 이론적인 노력과 헌법재판실무상의 관심도 같은 맥락에서 이해된다. 요컨대 조세입법자에게는 상대적으로 광범위한 형성의 자유가 인정되지만, 그렇다고 해서 모든 조세제도가 헌법적으로 정당화되는 것은 아닌바, 조세입법형성권도 개인의 재산권을 최대한 보장하는 원칙을 준수하면서 최소한으로 행사되어야 하며 그렇지 않은 경우 과잉금지원칙 위반과 함께 헌법 제23조 제1항 제1문에도 위반되는 것으로 평가된다는 논리구성과 실무상 적용의 가능성에 대한 탐색의 노력이 그것이다.[18]

현재 우리나라에서의 이론적인 논의와 헌법재판실무와는 적어도 그 방향과 속도에서 거리가 없지 아니하지만, 독일에서의 세법에 대한 기본권심사와 관련된 이론전개는 우리에게도 유용한 참고자료로 시사하는바가 적지 아니하다고 생각되어 그 동향을 간단하게 소개한다. 논의의 흐름은 크게 세 단계로 나누어지는바, 세법에 대한 재산권 등의 관련 기본권을 준거로 하는 헌법적 통제가 전면 배제되었던 '단절의 단계'와 조세입법권이 '윤곽질서'로서

---

16) 전광석, 『한국헌법론』, 법문사, 2007, 328면.

17) 이에 관해서 상세한 소개는 김성수(주 6), 61-154면. '조세의 정당성' 문제와 관련하여 매우 평이하게 서술하면서도 깊은 헌법철학적 성찰을 토대로 유용한 헌법정책적 시사점을 제공하고 있는 최근의 문헌으로는 P. Kirchhof, Die Erneuerung des Staates, 2006. S. 80-106.

18) 예컨대 김성수(주 14), 152면 이하. 헌법재판소도 적어도 수용에 이르는 정도로 재산권을 제한하는 경우에는 이른바 '교살적 조세'로서 헌법적으로 정당화될 수 없는 재산권 침해로 본다. 예컨대 헌재 1990.9.3. 89헌가95; 1997.12.24. 96헌가1; 2001.6.28. 99헌바54; 2001.12.20. 2001헌바25; 2002.12.18. 헌바27 등.

헌법의 통제권 내에 포함되게 되는 '인입의 단계' 및 기본권이 세법에 대한 구체적인 통제규범으로 적용되는 '포착의 단계'가 그것이다.[19] 다만 후자의 두 단계는 국가의 과세권에 대한 헌법적 통제의 가능성과 필요성 자체에 대해서는 인식을 같이하되, 절제 또는 적극적인 통제확대의 필요성에 대한 기본적인 시각의 차이에 따른 상이한 입장인바, 순차적인 선후의 단계라기보다는 여전히 현안으로 논의되고 있는 접근의 대안일 뿐이다.[20]

3. 평등권(제11조)과 조세평등

우리 헌법은 '성별, 종교 또는 사회적 신분'에 의하여 모든 생활영역에서 차별을 받지 아니한다고 규정(제11조 제1항)하여 '기회균등'과 '자의금지'를 내용으로 하는 '일반적인 평등권'을 모든 기본권의 실현의 방법적 지침과 준거로 천명하고 있다. '조세평등의 원칙'도 불일반적인 '차별대우금지'에 따른 구체적인 효과의 하나인바, 헌법적 입법수권에 따라 추상적인 조세의무를 구체화하는 즉 조세의 종목과 세율을 정하는 조세입법형성권자도 당연히 과세요건법정주의와 과세요건명확주의 등을 내용으로 하는 조세법률주의와 함께 조세평등의 원칙을 존중해야 한다.

다만 차별대우금지의 요청은 합리적인 준거에 따른 차별대우까지 금지하는 절대적 평등이 아니라 상대적인 평등, 즉 합리적인 이유와 기준에 따라 '같은 것은 같게, 다른 것은 다르게' 취급할 것을 요구하는 것이기 때문에[21] 그 기능과 특성이 일반적인 기본권 제한입법과는 크게 다른 조세입법의 경우 차별 또는 무차별의 과세에 대한 헌법심사의 통제규범으로서 평등원칙을 적용할 수 있는 가능성과 한계 및 그 양시 또한 달리 접근될 수밖에 없다.

조세입법자에 대한 평등원칙의 기준, 즉 차별과 무차별의 합리적인 근거로서의 객관성은 기본적으로 도그마틱의 범주에서 도출될 수 있는 것은 아니다. 그것은 근본적인 국가관과 및 정치적 결정의 기조에 따라 또는 직접세와 간접세, 보통세와 목적세 등 조세의 종류나 과세대상의 성격에 따라 상이한 기준에 의해 정당성의 근거가 제시될 수 있을 뿐이다. 더욱이 조세의 기능이 재정충당기능에 그치는 것이 아니라 다양한 정책수단으로서

---

19) Vgl. K. Vogel, Die Steuergewalt und ihre Grenzen, in: P. Badura/H. Dreier(Hg.), Fs. 50 Jahre Bundesverfassungsgericht, Bd. Ⅱ, S. 529ff.

20) 좀 더 상세한 논의는 이덕연, 『재정헌법의 흠결에 대한 헌법정책적 평가』, 한국법제연구원, 2005, 65-69면.

21) 예컨대 헌재 1996.3.28. 94헌바42; 1999.3.25. 98헌가2; 1999.2.25. 96헌바64 등

의 복합적인 기능이 중시되는 오늘날의 '조세국가 - 재정국가 - 민주적 법치국가'의 체제에서 조세정당화의 기준은 특정한 재정학의 입장과 연계되는 고착된 단일의 국가관이 아니라 이른바 혼합체제를 전제로 다양하게 설정될 수밖에 없다. 논란이 전혀 없지는 아니하지만, 조세평등의 헌법적 원칙으로 확립된 '응능과세원칙'도 추상적인 법원칙으로서의 당위성보다는 이론적인 논의의 관심과 초점은 결국 구체화의 척도, 즉 부담능력을 평가하는 관점과 기준을 설정하는 문제와 동 원칙에 대한 예외를 인정하는 합리적인 준거와 그 범위를 제시하는 것에 모아진다.[22]

요컨대 헌법 제11조는 국민의 납세의무를 구체화하는 조세입법에 대하여 적용되는 평등원칙의 헌법적 근거인 동시에, 헌법상의 추상적인 원칙인 '응능과세원칙'에 따라 조세체계를 구축하고 개별 세법을 형성하는 조세입법형성자에 대하여 합리적인 차별 또는 무차별의 기준을 설정하고, 동 원칙 적용의 '원칙과 예외'의 합리적인 분계선을 획정하라는 입법지침과 헌법적 한계를 제시하는 '일반조항'(General Klausel)적 성격의 '국가목적규정'(Staatszielbestimmung)[23]에 해당된다.

V. 개념과 원리에 대한 판례 및 학설

1. 개요

'법률이 정하는바'에 의한 납세의무를 국민의 기본의무로 규정한 헌법 제38조는 국가의 재정적 기반의 형성이라는 조세의 적극적인 측면에서 국가운영의 경비를 원칙적으로 조세를 통해 조달해야 하는 재원조달의 형식, 역으로는 '국가경제' 또는 이른바 '기업형국가'(Unternehmerstaat)를 배제하면서 경제적 자유를 보장하는 국가체제와 함께 재산권 등의 경제적 자유에 대한 침해의 방지라는 조세의 소극적인 측면에서 납세의무의 구체화에 대한 입법수권과 함께 헌법적 한계를 선언적으로 규정하고 있다.

상세한 논의는 과세법정주의를 규정하고 있는 헌법 제59조의 평석에 맡기되, 여기에서는 '조세국가원리'와 '조세법률주의'에 대한 학설 및 판례의 동향과 헌법이론적 논의의 현황만을 정리한다.

---

22) 이에 관해서는 이동식, 「응능과세원칙」, 『공법연구』, 32-5, 2004. 6. 618-621면.

23) J. Isensee, Steuerstaat als Staatsform, in: FS H. P. Ipsen, 1977, S. 409.

2. 조세국가원리

사회적 법치국가 과제수행의 두 가지 중요한 수단인 법과 돈, 두 가지 중에 국가재정의 측면에서 '국가수입 조세충당'의 원칙을 내용으로 하는 조세국가는 독일에서 법적 개념으로 논의 및 체계화된 것으로서 명시적인 헌법 규정은 없고, 그 법적 효과에 대해서도 회의적인 의견이 적지 아니하지만[24] 법치국가원리, 민주주의 원리 등과 마찬가지로 일종의 '국가목적조항'에 해당되는 것으로 이해되고 있다.[25]

우리의 경우에도 많이 논의되지는 못하였지만, '경제적 자유'와 '부담평등'을 조세국가의 본질적인 요청으로 보는 입장에서 제38조 및 평등원칙(제11조 제1항), 재산권(제23조), 직업의 자유(제15조) 등의 규정을 근거로 우리 헌법도 조세국가를 전제하고 있다고 보는 견해가 제시되고 되고 있다.[26] 헌재도 그 의미와 내용, 법적 효과 등에 대해서는 구체적으로 정리한바 없지만 '조세우선의 원칙'과 '자력집행원칙'을 조세채권의 확보수단으로 확인하면서 현대국가의 재정형태로 조세국가가 전제된 것으로 보았고[27] 국가과세권의 적극적인 근거의 하나로 '조세국가원리'를 적시한바 있다.[28]

현실적으로 국가수입 중에 조세가 차지하는 절대적인 비중을 떠나서도, 생존배려와 복지를 국가의무로 하는 현대의 사회국가와 사회국가실현의 수단과 형식의 관점에서 표현되는 재정국가 및 법치국가는 조세국가의 연결고리에 의해서 일관된 연계체계로 구성되어 있다는 점에서 적어도 국가의 재정형태에 관한 추상적이고 형식적인 원칙으로서 이해되는 조세국가원리를 헌법원칙으로 인정하는 것은 별 무리가 없어 보인다. 다만 전술한 바와 같이 조세국가원리를 헌법원칙으로 인정한다고 하더라도 조세입법과 재정운용 및 재정과 관련된 구체적인 국가활동 등에 대한 행위규범 및 통제규범으로서 적용의 가능성과 한계 및 그 구체적인 법적 효과에 대해서는 제대로 정리되어 있지 못한바, 앞으로 많은 논의가 필요하다. 여기에서 이에 관한 상세한 논의는 약하되, 다만 조세국가원리에 관한 논의의 동향과, 구체적인 법적 효과와 관련된 문제점만을 간략하게 정리한다.

원래 '국가수입 조세충당'의 원칙을 내용으로 하는 '조세국가원리'는 국가의 영리활동에 대한 헌법적 한계의 근거로 제시되었고, 목적세 성격의 특별부담금이 재정정책수단으

---

24) 김성수(주 6), 70-74면.

25) J. Isensee(주 23),

26) 차진아, 「조세국가의 헌법적 근거와 한계」, 『공법연구』, 33-4, 2005. 6. 320면.

27) 헌재 1990.9.3. 89헌가95, 2, 245, 260면.

28) 헌재 2002.8.29. 2001헌가24, 14-2, 138, 150면.

로 많이 활용되면서 부담평등의 원칙과 관련하여 논의범위가 확대되었으나 세입형식에 대한 헌법적 제한의 관점에서는 그 실익이 크지 않다는 인식이 확대되었다. 최근에는 오히려 세출형식의 선택에 대한 헌법적 제한에 초점을 맞추어서 논의가 진행되고 있다.[29]

우선 전술한바와 같이 조세국가원리의 실체적인 내용이 충분히 구체화되지 못하였고, 따라서 행위규범 또는 통제규범으로서 그 구체적인 헌법적 효력의 내용도 제대로 규명되지 못한 상태이지만, 적어도 이른바 '원칙-예외관계'에서 세입 측면에 요구되는 형식의 명확성(Formenklarheit)과 구속성(Formenbindung)의 요청은 세출의 경우에도 동일하게 적용된다. 더욱이 최근에 동 원리의 핵심은 전형적인 세입형식으로서 조세의 절대적 우선성을 요구하는 것이 아니라는 견해가 제시되고 있는바, 이에 따르면 기본권침해 등의 헌법상 문제가 없는 한 기본적으로 세입형식의 선택은 입법형성의 자유에 맡겨져 있고, 세입형식에 대한 조세국가의 요청은 일반적인 목적의 국가사업을 위하여 자유롭게 운용할 수 있는 재원을 최대한 조달하라는 헌법 차원의 명령으로 이해된다.[30]

따라서 예컨대 특별부담금과 같은 조세 외의 세입형식 자체에 대한 헌법적 한계는 유연하게 설정될 수 있는 여지가 있을 수 있겠지만, 그 실질적인 내용상의 '특별한 정당성 요건', 그중에서도 특히 '형식의 명확성'과 그에 따른 헌법적 한계는 오히려 세출의 측면에서 더욱 엄격하게 요구·적용된다는 관점에서 조세국가원리의 재정운용에 대한 객관적인 헌법적 한계와 지침으로서 구체적인 법적 효과와 관련해서 시사하는바가 크다.

둘째로 조세국가원리의 객관적인 통제규범으로서 적용가능성 및 그 법적 효과와 관련해서는 대체로 세 가지 논점이 제시되고 있는바, 조세국가원리에서 조세 이외의 공과금 부담의 입법에 대한 헌법적 한계와 지침이 도출될 수 있는지 여부와 동 원리가 국가의 영리수익활동이나 조세를 개인과 기업의 사경제활동을 간섭하고 조정하는 수단으로 조세를 활용하는 것을 일반적으로 금지하거나 또는 제한하는 통제규범으로 적용될 수 있는지 여부 등의 문제들이 그것이다.[31]

---

29) Vgl. R. Hendler, Umweltabgaben und Steuerstaatsdoktrin, AoeR 1990, S. 595ff. mit Fn. 49.

30) 김성수·이덕연, 「국민건강부담금과 건강기금의 헌법적 문제점」, 『공법연구』, 32-5, 2004. 6. 726-729면.

31) 이에 관해서는 김성수(주 6), 72-74면. 특히 공권력주체의 영리활동의 헌법적 한계에 대해서는 이덕연, 「지방자치단체의 영리수익사업의 헌법적 문제」, 『지역개발연구』(연세대학교), 15, 2006, 147면.

3. 조세법률주의

국민의 납세의무를 기본의무로 규정하고 있는 헌법 제38조는 조세국가의 재정형태를 규정하는 동시에, 추상적인 과세권에 대한 헌법적 근거로서 제59조와 함께 과세권을 구체화하는 조세입법형성에 대한 수권과 객관적인 형식적 지침을 제시한다. 말하자면 조세법률주의는 헌재[32]가 밝히고 있는바와 같이 '과세권 행사라는 이름 아래 법률의 근거와 합리적 이유 없이 국민의 재산권이 함부로 침해되지 않도록 하기 위한' 기본적인 법적 장치를 헌법제도로 형성해 놓은 것으로서 과세권의 '소극적인 헌법적 근거'라고 할 수 있다.[33]

과세의 근거와 구체적인 조세부담을 정하는 중요사항(본질적인 사항)은 국회에서 제정하는 '형식적 법률'로 규정되어야 한다는 이른바 '과세요건법정주의'를 핵심내용으로 하는 조세법률주의는 법치국가원리의 중요 원칙인 '행정의 법률적합성원칙', 특히 법률유보의 원칙이 조세행정법관계에도 그대로(또는 특히 엄격하게) 적용된다는 것이 헌법적으로 명시적으로 재확인되어 표현된 것이다.

일반적으로 조세법률주의의 핵심내용은 '과세요건법정주의'와 '과세요건명확주의'로 이해되고 있다. 헌재는 많은 세법 관련 결정들을 통해서 평등권, 재산권과 함께 조세법률주의와 위임입법의 한계, 소급과세금지원칙을 국가과세권의 헌법적 한계로 확인하면서 조세법률에 대한 위헌심사의 기준으로 적용하고 있다.[34] 판례를 통해 헌재가 정리한 것에 따르면, 우선 '과세요건법정주의'는 '납세의무를 성립시키는 납세의무자, 과세대상, 과세기간, 세율 등의 모든 과세요건과 부과징수절차'가 국민의 대표기관인 국회가 제정하는 법률로 규정되는 것을 말한다.[35] '과세요건명확주의'는 과세요건을 정하는 형식적 법률의 규정내용이 과세관청의 자의적인 해석과 자유재량의 집행을 막을 수 있을 정도로 명확하고 일의적이어야 한다는 것이다.[36]

다만 헌법 제38조와 제59조에서 '조세법의 기본원칙'[37]으로서 조세법률주의를 도출하는 헌법재판소와 지배적인 다수설에 대하여 조세법률주의가 과연 "더 이상 토론을 필요

---

32) 헌재 1992.12.24. 90헌바21, 4, 890, 903면.

33) 김성수(주 6), 65-66면 참조.

34) 상세한 내용은 이창희(주 10), 19.

35) 1992.12.24. 90헌바21, 4, 890, 899; 1999.3.25. 98헌가11 등 병합, 11-1, 158, 174면.

36) 예컨대 헌재 1992.12.24. 90헌바21, 4, 890, 899; 1994.8.31. 91헌가1 등 병합, 6-2, 153, 163면.

37) 세법의 기본원칙에 대한 상세한 논의는 소순무, 「조세법의 헌법적 조명」, 『헌법문제와 재판(하)』, 법원도서관, 1997, 497-500면; 김웅희, 「헌법상 재산권과 조세법의 기본원칙에 관한연구」, 『헌법학연구』, 11-1, 2005. 3, 366-381면.

로 하지 않는 헌법원리인가"라는 설득력 있는 의문이 제기되고 있다.[38] 조세의 복합적이고 다양한 정책적 기능과 그에 기인하는 조세입법의 특수성을 고려할 때, 다른 행정작용의 경우와 유사한 강도 또는 밀도로 법률유보원칙이 적용될 수는 없다는 점이 주된 이유로 제시된다. 그러나 헌재가 분명하게 정의하고 있는바와 같이 조세법률주의가 그 내용이 어떻든 간에 "법률만 있으면 과세할 수 있다"는 의미의 '형식적 법치주의'가 아니라 "기본권보장의 헌법이념과 헌법상의 제 원칙", 특히 기본권 제한이 유보되어 있는 비례원칙에 합당한 법률에 의한 과세를 요구하는 '실질적 법치주의'로 해석된다고 보면,[39] 조세법률주의가 "일본식 조세법률주의의 아류"나 "일부 세법학자들의 작품"이라고 보는 견해에는 동의할 수 없다.[40] 다만 적어도 이른바 '본질성이론'의 지침과 한계를 그대로 조세법에도 적용할 것을 요구하는 식의 조세법률주의에 대한 도식적인 이해는 더 이상 설득력을 갖기 어렵다는 점은 분명하다. 재판실무상으로도 이제까지 조세법률주의, 특히 포괄적 위임금지의 원칙을 이유로 조세법에 대하여 적지 않은 위헌결정을 내려온 헌재[41]도 근래에 들어서는 신중한 입장을 보이고 있고,[42] 관련 조세법률의 전체적 맥락, 과세사안의 성격, 입법목적 및 위임의 배경 등에 비추어 과세요건이 상당한 정도, 즉 행정청의 자의에 맡겨져 있는 것으로 볼 수 없는 정도로 정해져 있는 경우에는 포괄위임금지의 원칙에 반하지 않는 것으로 보아야 한다는 견해가 자리를 잡아가고 있다.[43]

VI. 개정의 필요성에 대한 검토

적어도 납세의무를 국민의 기본의무로 정하고 있는 헌법 제38조 자체와 관련해서는 개헌의 필요성이 전무한 것으로 단언할 수 있고, 이제까지 학계에서도 논의된바 없다. 다

---

38) 이창희(주 10), 22면.

39) 헌재 1992.2.25. 90헌가69 등, 4, 114, 121면.

40) 동지, 김성수(주 6), 63면.

41) 예컨대 1991.2.11. 90헌가27; 1994.7.29. 92헌바49; 1994.8.31. 91헌가1; 1995.11.30. 94헌바40 등 병합; 1996.6.26. 93헌바2; 1997.10.30. 96헌바92; 1998.4.30. 95헌바55; 1998.4.30. 96헌바78; 1999.3.25. 98헌가11 등; 1999.12.23. 99헌가2; 2000.1.27. 96헌바95 등; 2001.6.28. 99헌바54; 2001.9.27. 2001헌가4.

42) 이에 관해서는 이창희(주 10), 19면 이하 참조. 위임의 구체성과 명확성의 문제는 규율대상의 종류와 성격에 따라 유연하게 접근되어야 한다는 지침을 정리하면서 규율대상이 다양하고 가변성이 큰 경우에 명확성의 요건이 완화될 수도 있음을 확인한 결정례는 헌재 1996.6.26. 93헌바2. 2000년대 이후로는 2003.6.26. 2002헌바101; 2003.7.24. 2000헌바28; 2003.10.30. 2002헌바81 등.

43) 예컨대 장영수, 「조세법에 있어서 위임입법의 한계」, 『한독법학』, 14, 2003, 147, 150면.

만 전술한바와 같이 헌법 제59조와 관련해서 조세법률주의의 헌법원리성에 대한 의문이 제기되고 있는바, 당장 개헌의 필요성과 연결시키는 것은 성급한 예단이겠지만 법치국가 원리의 근간이 다치지 않는 범위 내에서 규범환경의 유동성과 조세행정의 복잡다양성 및 그에 따른 조세입법의 특수성을 적절하게 반영하여 법치조세행정의 규범틀을 개선하는 과제의 당위성을 확인하고 그 실행의 가능성과 한계를 탐색하는 작업은 이른바 '조세정 당화론'과 함께 우리 헌법학이 당면하고 있는 핵심과제의 하나임은 분명하다.

<『헌법주석서 Ⅱ』, 총강 및 기본권에 관한 장, 법제처, 2010. 3, 518~535면>

【11】 다시 생각해본 종부세법과 종부세결정

(헌재 2008.11.13. 2006헌바 112 등 병합)

I. 머리말

종합부동산세법(이하 '종부세법'으로 약칭함)에 대하여 마침내 헌법재판소가 결정을 내렸다. 헌법보다 더 바꾸기 어렵게 하겠다는 호언장담을 하면서 박았던 '대못'이어서인지 못을 빼고 난 후 남은 상흔이 깊고 넓다. 입법 당시와는 뒤바뀐 여야 정치권에서는 물론이고, 일반 시민들도 동 결정에 대한 찬반의견이 극명하게 대립되는 상황 속에서 개정 종부세법(2008.12.26. 법률 제9273호)의 내용을 둘러싸고도 다시금 말들이 많다.

결정은 내려졌고 개정안이 통과된 마당에 사족지언을 더할 필요는 없을 것이되, 앞으로도 얼마든지 유사한 문제상황이 재연될 수 있다고 생각되기 때문에 종부세의 본질과 특성에 에 초점을 맞추어서 예외적인 '별종의 잡종성'의 세제에 대한 헌법적 수용의 가능성과 그 한계를 되짚어보고자 한다(단, 주택분 과세규정에 국한함).

II. 결정의 요지

동 결정의 핵심취지는 종부세법의 입법목적과 체계의 정당성 및 과세준거로서의 기본구조와 내용은 문제될 것이 없지만, 과세대상을 세대단위로 합산하는 것과 주거목적의 1주택보유자, 특히 장기보유자나 과세대상 이외에 다른 재산이나 수입이 없는 경우에도 일률적으로 고율의 누진세율을 적용하는 것은 헌법에 위반된다는 것이다.

우선 위헌으로 결정한 세대별 합산규정은 혼인한 자 또는 가족과 함께 세대를 구성한 자를 상대적으로 불리하게 차별취급한 것이기 때문에 혼인과 가족생활에 대한 특별한 보호를 요구하는 헌법 제36조 제1항에 위반된다는 것이다. 후자의 경우는, 보유의 동기나 기간 등 주택보유의 정황과 조세지불능력 등을 고려하지 않고 무차별적으로 고율의 종부세를 부과하는 것은 적어도 일정 주택보유자에 대해서는 지나치게 과도한 부담이기 때문에 필수성 및 균형성의 원칙에 위배된다는 이유를 적시하였다. 기타 이중과세, 소급입법과세의 문제, 미실현 이득에 대한 과세나 원본잠식의 문제를 비롯하여 자치재정권, 헌법 제119조, 체계정당성원리의 위반 여부, 입법권남용 등의 헌법적 쟁점들에 대해서는 합헌으로 판단하였다.

Ⅲ. 개정 종부세법의 핵심 내용

결정 이후 개정된 종부세법의 내용은 그 자체의 당부에 대한 판단이나 헌재 결정의 취지를 어떻든 해석하든 간에 사실상 신법이라고 해도 과언이 아닐 정도로 원래의 세제와는 거리가 멀다.

우선 과표는 6억 원의 기준을 그대로 유지하였지만, 1세대 1주택보유의 경우에는 합산금액에서 3억 원을 공제하도록 함으로써 공시지가 9억 원까지는 종부세를 면제하는 예외조항을 두었고(제8조 제1항), 세율도 3억 원 이하에서 94억 원 이상의 4단계 과표를 기준으로 각각 1~3%였던 것을 6억 원 이하에서 94억 원 이상의 5단계로 하여 최저 0.5%, 최고 2%로 대폭 낮추었다(제9조 제1항). 이외에도 만 60세 이상인 1주택보유의 경우 10%에서 30%까지 세액을 공제해주고(제6항), 과세기준일 현재 5년 이상 보유한 경우 20%에서 40%까지 세액을 공제해주는 감면조항(제7항)을 신설하였다. 또한 이 두 감면특례조항의 중복적용을 인정하여 해당 납세의무자는 적게는 30%에서 많게는 70%까지 세액을 공제받게 되었다.

내용에 대한 당부의 평가를 떠나서, 어쨌든 개정 종부세법의 내용은 헌재 결정의 취지를 십분(?) 반영한 것으로 생각된다.

Ⅳ. 평석

1. 종부세제 자체의 합헌성 – 종부세의 본질과 특성

종부세는 부동산 자체를 과세대상으로 인정하고 그 가액을 과세표준으로 삼아 과세하는 점에서 그 본질은 재산보유세로 이해된다. 그러나 헌재도 설시에서 밝힌바 있듯이, 종부세는 일부 수익세로서의 성격과 함께 재정수요의 충당 외에 '부동산 가격안정', '지방재정의 균형발전', '국민경제의 건전한 발전' 등의 목적을 추구하는 정책적 조세로서, 이른바 '유도세' 또는 '목적세'로서 특성을 갖는다는 점을 고려하면 일반적인 재산보유세와는 범주가 다르다. 특히 소재지와 무관하게 전국에 보유하고 있는 주택을 합산하여 누진세율을 적용하는 세제는 소재지에서 공여되는 지방공공재와의 대가관계를 바탕으로 하여 구성되는 전통적인 의미의 재산세와는 거리가 멀다(이창희, 『세법강의』, 310면 이하 참조).

또한 공시가격 6억 원 이상의 주택만을 과세대상으로 하여 최고세율이 0.5%인 재산세에 비해서 고율의 누진세를 부과하는 것이 기본적으로 비례세율제를 원칙으로 하는 보유세제에 맞지 않는다는 조세론적 비판에 대해서는 딱히 대응논리가 떠오르지 않는다. 말하자면 사실상 고가주택의 보유 자체에 대한 징벌적 조세로서 공평과세의 원리에 어긋난다는 지적에 대하여 아마도 유력한 반론의 논거로는 이른바 '수직적 공평'의 이념을 제시할 수밖에 없을 것인데, 이는 바로 종부세가 '부유세'임을 인정하는 것이기 때문이다.

그러나 조세를 부동산정책의 수단으로 활용하는 세제 자체의 문제점은 별론으로 하더라도, 종부세의 일부 부유세적 성격을 인정하게 되면, 다른 자산과 비교되는 근본적인 형평성의 문제를 떠나서라도, 부동산, 특히 주거목적의 1주택 보유의 경우에 저당권부 채무나 임차보증금 등의 부채자산을 공제하지 아니하고 명목상의 자산가치만을 기준으로 하여 과세하는 것과의 모순을 피할 수 없게 된다. 이러한 모순은 종부세의 '잡종성'(hybridity)에 따른 불가피한 부정합성의 문제이기는 하지만, 입법목적과 정책수단 간의 적합성의 원칙은 잡종의 경우에도 내재적인 한계로 적용된다. 맥락이 다르기는 하지만, 헌재도 이 문제점을 과잉금지원칙에 어긋나는 입법불비로 인정하였다.

또 한편 일부 수익세 및 부유세적 성격과 함께 유도적, 형성적 기능을 고려하면, 헌재가 부인한바와 같이 이른바 '몰수적 조세'까지는 아니라고 하더라도, 종부세는 국가가 개인의 거주지선택과 자산운용계획에 의도적으로 간섭하는 '정책적 과세'임은 분명하다. 보유 및 소득정황에 따라서는 감당하기 어려운 수준의 조세부담을 통해서 사실상 수요와 공급을 인위적으로 맞추어 나가려 했던 개정 전 종부세법은 사실상 특정 지역에서 고가주택을 보유한 것 자체만을 기준으로 하여 '집단적 동질성'과 '사항근접성'을 예단하여 무차별적으로 '책임'을 묻는 세제였다. 게다가 종부세의 재원을 지방자치단체 교부금으로 사용하는 '집단적 효용성'까지 고려하면, 이는 바로 '특별부담금'(Sonderabgabe)과 유사한 성격을 갖는 것으로 보인다. 그러나 기금이 아니라 일반예산에 편입되고, 국세청에 의해서 부과되는 점 등 '특별부담금'에 해당하는 것으로 볼 수 없는 외형상 특징을 갖고 있기도 하거니와, 설령 종부세를 '특별부담금'으로 본다고 하더라도 헌법상의 실체적 정당화 요건을 충족하지 못함은 물론이다. 이에 관한 상론은 약하되, 다만 한 가지 강조하고자 하는 것은, '특별부담금' 자체가 본래 엄격한 헌법적 정당화 요건을 충족하는 경우에 극히 예외적으로만 허용되는 공과금 형식인데, 종부세는 본질적으로 전체 국민에 대한 '공동부담'인 조세의 형식을 통해 '동질적이지도 않고 또 집단적으로 특별한 책임을 물을 수도 없는 한정된 납세의무자'들을 대상으로 하여 '특별부담'을 지운 '별종의 형식오용'이라는 점이다.

요컨대 종부세는 그 본질은 재산보유세이되, 전통적인 재산세와는 성격과 기능이 크게 다르다. 또 일부 수익세 및 부유세적 성격도 포함하고 있으면서, 특히 부동산 투기억제와 가격안정의 적극적인 정책목적을 실현하기 위한 유도세 또는 목적세로서 형식상 '특별부담금'은 아니되, '특별부담'을 지우는 한마디로 '별종의 잡종세'라고 할 수 있다. 모든 법 분야에서 다 그러하지만, 특히 조세법의 경우에 더욱 각별하게 주목되어야 하는 이른바 '원칙과 예외'의 논리형식, 즉 예외를 선택하는 경우 그 필요성과 정당성에 대하여 논증부담이 특별히 가중된다는 관점에서 볼 때, 종부세의 극히 예외적인 '별종의 잡종성'을 정당화할 수 있는 법리구성은 쉽지 않아 보인다.

2. 세대별 합산규정 및 주택분 종부세 부과규정에 대한 위헌판단

세대별 합산규정에 대한 위헌결정과 일률적인 주택분 과세규정에 대한 헌법불합치결정의 결론에는 이견이 없다. 다만 소수의견이 입법형성의 자유에 초점을 맞추어 제시한 반대논거들 외에 고려될 필요가 있었던 단서 두 가지만 적시한다.

우선 전자의 경우, 혼인과 가족에 대한 특별한 보호를 규정한 헌법 제36조 제1항에 위반된다는 헌재의 판단은 적확하다. 그러나 종부세법 자체와 조세회피방지라는 동 규정의 입법목적의 정당성을 인정하는 전제하에서라면, 입법기술적으로 어려움이 없지는 않겠지만 독신자나 사실혼 관계의 부부 등 개인별로 과세하는 경우의 과세기준을 하향조정하는 것이 논리적 일관성에 맞는 것으로 생각된다. 또한 구체적인 데이터를 제시할 수 없어서 유감이지만, 실제로 세대별로 종부세를 부과하는 경우에 비해서 개인별로 부과대상이 되는 경우는 그다지 많지 않을 것이다. 그런데, 전술한바와 같이 종부세법 개정은 반대방향을 취했다.

1주택보유자에 대한 보유정황에 따른 과세감면의 필요성을 강조한 점에 대해서도 이견은 없다. 전술한바와 같이, 보유정황이나 소득수준만을 고려하여도 고가주택의 소유 자체만을 기준으로 '집단적 동질성'이 추단될 수는 없기 때문이다. 다만 헌재의 설시 중, 오로지 주거목적으로 장기간 1주택을 보유하였을 뿐인데, 사회경제적 요인에 의해 가격이 상승하여 결과적으로 고가의 주택을 보유한 경우, 특히 대상 주택 외에 별도의 수입원이 없어서 조세지불능력이 낮거나 사실상 거의 없는 정황 등은 투기억제라는 정책목적의 관점에서는 유력한 논거가 될 수 있겠지만, 특정지역에서 주택의 수요와 공급을 맞추어서 가격안정을 유도하려는 입법목적과 관련해서는 얼마든지 달리 고려될 수도 있는 조건들이다. '왜 꼭 강남에서만 살려고 하느냐?'라는 타박성의 질문을 국가가 할 수 없는 것은 분명하다. 정책적 유도에 부응할 것인지 숙고할 수 있는 시간적 여유와 함께 양도세 감면 등의 보완책을 통해 전자의 선택을 유도해 나가는, 보다 유연하고 세밀하게 세제를 설계하지 못한 점에 대한 아쉬움도 없지 아니다. 하지만 '조세부담의 형평성제고'와 '부동산 가격안정'의 입법목적을 명시적으로 제시한 입법자가 경우에 따라서는 상당한 대출이자부담을 포함하여 억대 이상의 기회비용을 감수하면서라도 세금을 충분히 전가할 수 있는 가격상승을 기대하면서 주택보유를 고집하는 개인의 선택과 자산운용전략까지 친절하게 배려할 필요는 없지 않은가?

V. 맺는말

종부세제 자체에 대하여 부정적으로 평가하는 조세론적, 법리적 관점과 대다수 일반서민들의 그것은 편차가 크다. 실제로 양극화현상의 심화에 따른 정치적 부담, 특히 서민정당을 표방하였던 '참여정부'의 입장에서는 감당하기 어려울 정도의 이데올로기적 압력이 입법의 주된 동인이었음은 주지의 사실이다.

문제는 정책수단으로 선택된 것이 조세적 수단이었고, 게다가 극히 예외적인 '별종'의 세제형식이었다는 점이다. 정책론의 관점에서 보아도 부동산에 대한 조세의 대부분이 가격에 전가된다는 점에서 종부세는 적어도 중장기적으로 보면 실효성을 기대하기 어려운 정책수단이었다. 정치적 상징성과 단기적인 효과만을 염두에 두었다면 모르겠으되, 만약 시장이 종부세법의 취지에 따라서 움직일 것으로 믿고 기대하였다면 입법자는 지나치게 순진한 것이었고, 그렇지 않으면서도 입법을 강행한 것이었다면 불순 또는 적어도 무책임하였다고 할 수 밖에 없다.

어쨌든 종부세제 자체의 정당성은 인정하였지만 핵심 규정을 위헌으로 판단한 헌재 결정의 결과를 놓고 보면, 종부세법은 순진하거나 아니면 불순한 입법자에 의해 성급하게 진행된 무리한 입법이었다. 이로 인해 초래된 징수 및 환급비용을 포함한 막대한 예산낭비나 정치와 입법자에 대한 신뢰추락의 부작용이야 그렇다고 하더라도 종부세 폐지를 반대하였던 97%(김종대 재판관이 반대의견에서 인용한바 있는 국민여론조사결과, ≪중앙일보≫, 2008. 9. 24. 사설 참조) 대다수 국민들의 마음은 어떻게 추스를 것인지 민망하고 답답하다.

<≪법률신문≫, 2009. 2. 2, 연구논단, 15면>

【12】 지방자치단체의 영리수익사업의 헌법적 문제

Ⅰ. 머리말

온 국민의 큰 관심과 기대 속에 1995년 6월 자치단체장의 선거를 거쳐 본격적으로 시작된 지방자치제도는 지난 10여 년 동안은 물론이고, '지방분권'과 '국가균형발전'을 국가운영의 핵심과제로 설정하고 있는 참여정부에 들어 와서도 여전히 많은 어려운 문제점을 드러내고 있다.[1] 그중에서도 지방자치의 성패를 가름하는 관건이라고 여겨지는 재정의 문제, 특히 지방재정의 일반적인 구조적 취약성과 자치단체 간의 심각한 재정력격차의 문제는 지방자치제도의 정착에 여전히 심각한 장애가 되고 있다.

우선 지방자치제도를 헌법제도로 보장하고 있는 헌법정신에 걸맞게 국세 위주로 되어 있는 조세구조의 근본적인 개혁이나 합리적인 지방재정조정제도의 보완 및 기타 국고보조금제도의 효율적인 운용을 통한 지역 간의 불균형 또는 양극화문제의 해결 등은 더 이상 재론할 필요가 없을 정도로 반복하여 지적되어 온 해묵은 과제들이다.[2]

한편 기본적인 재정제도의 개혁이 계속 미뤄지는 상황에서 재정기반이 극히 취약한 대부분의 자치단체들은 주민들의 지역발전과 복리증진에 대한 기대치를 충족시킬 수 있는 최소한의 소요재원을 확보하는 것조차 불가능하였던 것이 이제까지의 현실이었고, 이는 선거를 의식하지 않을 수 없는 민선자치단체장의 입장에서는 자치단체의 운영상 늘 상당한 무리를 감수할 수밖에 없게 만드는 난감한 문제가 아닐 수 없다. 이러한 여건하에서 자체적으로 재원확보에 최선을 다할 수밖에 없는 자치단체들이 자구책의 하나로 직접 무역회사를 운영하거나 사우나 운영, 쓰레기봉투제작, 주유소운영, 생수사업, 요식업 등 각종의 영리수익사업에 나서고 있다.[3]

---

1) '지방재정의 확충 및 건전성 강화'의 프로그램(제11조)을 포함하는 '지방분권특별법'(2004.1.16. 법률 제7060호)과 '지역 간의 불균형 해소' 등을 통하여 '전국이 개성 있게 골고루 잘 사는 사회의 건설'을 목적으로 제정되고 특별회계까지 설치하면서 다양한 지역개발 및 혁신프로그램을 제도화한 '국가균형발전특별법'(2004.1.16. 법률 제7061호)은 재정운용의 측면에서도 그 헌법정책적 의미와 기능이 주목되는바, 적정한 운용을 기대한다.

2) 2003년 현재 세입결산총액 중 지방세 비율을 보면 전체 평균은 약 21.6%이고, 군의 경우는 평균 4.6%에 불과하다. 지방재정연감, 지방재정공개시스템 지방결산현황 참조. 지방세와 자체 세외 수입을 합쳐도 인건비조차 충당하지 못하는 자치단체가 적지 아니하다.

3) 최근에는 뜸해졌지만 1996년 7월 초 민선자치시대 1주년을 전후해서 각종 언론매체에서 자치단체장의 업

Ⅱ. 문제의 제기

그러나 이러한 현상은 사업실패에 따른 심각한 재정부담이나, 단순히 관련 업계의 민간영업자들과 갈등을 빚는 차원을 넘어서 공권력주체의 사경제활동의 법적 허용성과 그 한계에 관한 법리적 난제와 연계하여 주목되어야 한다. 이는 후술하는바와 같이 우리 현행 헌법상의 경제조항이나 지방자치법, 지방재정법, 지방공기업법 등 관련 법령에서 이 문제에 대한 구체적인 준거를 찾을 수 없고, 또한 관련되는 경제기본권의 해석을 통한 접근 역시 기본권과 우리 헌법상의 기본적인 경제질서를 어떻게 이해하느냐에 따라 그 결론이 달라질 수밖에 없기 때문에 더욱 그러하다. 또한 이 문제는 중앙정부 차원에서 '작은 정부'의 구호 아래 국가경쟁력의 강화와 효율성의 제고를 위한 주요사업으로 계속 추진되어 왔고, 앞으로도 계속되어야 하는 민영화의 정책기조와는 정반대의 방향성을 가지고 있기 때문에 경제 및 재정정책의 통일성의 관점에서도 그와 관련된 법리적인 문제점에 대한 체계적인 정리 작업이 시급하게 요구되고 있다.

이제까지 국가 또는 지방자치단체의 경제활동과 관련하여 공법학에서 주된 관심의 대상은 순수한 영리활동과는 구별되는 '급부행정작용'의 영역에서 논의되는 조직형식의 문제였다. 말하자면 이른바 '단순고권행정활동'(schlicht-hoheitliches Verwaltungshandeln)영역에서 '조직형식'(Organisationsform)의 선택과 관련된 법적 허용성과 그 한계의 문제나, 주식회사 등의 사법인을 따로 설립하여 경제활동을 하는 경우에도 법률상의 근거가 필요한지, 또는 공법상의 기속으로부터 자유로울 수 있는지 여부나 그 정도 등 주로 행정의 조직 및 활동형식과 관련된 문제였다.

본 논문의 우선 관심사는 국가와 마찬가지로 공권력의 주체이기는 하지만 그 환경조건이 다를 수밖에 없는 지방자치단체 차원의 영리사업에 국한해서 법적 허용성과 그 한계를 해명하는 것이다. 또한 여기에서 관심의 대상은 순수한 사경제적 영리활동에 국한된다. 비록 일반적인 급부 또는 복리행정과 영리활동의 영역이 분명하게 구별하기 어렵고 또한 현실적으로 넓은 의미에서 보면 영리사업에 있어서도 적지 않은 경우에 그 공익성이 전면 부인되지는 아니하지만 일정한 범주에서는, 특히 위에서 언급한바 있는 특정된 경제활동의 예에서 알 수 있듯이 영리목적 이외에 기타 일반적인 공공복리실현의 공적

무수행능력을 등위를 매겨가면서 평가하는 가운데 수익사업능력을 중요한 비중의 평가항목으로 설정할 정도로 지방자치단체의 영리수익활동은 유행을 타고 있는 이른바 '경영마인드'의 관점에서 보면 일단은 당연한 현상으로 받아들여진다.

목적과의 직접적인 관련성을 찾기 어려운 '순수한 사경제적 영리활동'의 갈래[4]가 설정될 수 있다고 본다.

이러한 전제하에 본 논문에서는 공권력주체의 영리수익사업의 법적 허용성의 문제를 포괄적으로 접근하기 위해서 선행되어야 하는 국가와 사회, 국가와 경제의 기본관계설정에 대한 법정책적 논의나 조직형식의 문제와 관련된 행정법이론적인 논의는 별론으로 한다. 여기서는 직영의 형식을 택하건, 별도의 법인을 설립하건 또는 최근에 특히 사회간접자본시설에 대한 민간자본유치의 문제와 관련하여 활성화되고 있는 이른바 '민관합작형식'이건 그 형식을 떠나서 최소한 지방자치단체가 실질적인 경영에 주도적으로 참여하고 있고 또한 그 사업의 내용이 위에서 설정된 '영리수익사업'에 해당되는 경우에 그것이 과연 현재 우리 법체계상 허용되는지 여부 또는 어떤 기준에 따라 허용 또는 금지 및 제한되는 것인지를 검토한다.

Ⅲ. 지방자치단체의 영리수익사업의 헌법적 문제점

1. 개요

우리 헌법은 공권력주체의 경제활동, 특히 '영리수익사업'에 대하여 그 허용 여부나 요건과 한계에 관한 아무런 명시적인 규정을 두고 있지 아니하다. 따라서 지방자치단체의 영리수익사업의 허용 여부를 헌법적으로 판단하기 위해서는 우선 "대한민국은 …… 정치, 경제, 사회, 문화의 모든 영역에 있어서 각인의 기회를 균등히 하고 능력을 최고도로 발휘하게 한다"는 헌법 전문의 내용과 제119조 이하의 경제조항의 해석을 통해서 우리 헌법이 어떠한 경제 질서를 바탕으로 하고 있는지 살펴보는 작업이 선행되어야 한다. 그 다음에 보충성의 원리와, 우리 헌법상 명문규정도 없고 논란이 없지는 않지만 대체로 헌법원칙의 하나로 인정되는 '조세국가원리'를 검토해 본다. 헌법 제15조와 제23조에 각각 규정되어 있는 직업의 자유와 재산권 또한 우리 헌법 제10조에 규정되어 있는 행복추구권의 보호영역에 속하는 경제활동의 자유 등 자유로운 사경제활동을 보호하고 있는 관련 기본권의 준거들도 검토대상이다. 마지막으로 지방자치단체의 직무범위에 관한 헌법 제

---

4) 이하에서는 '영리수익사업'이라는 용어로 약함.

117조에서 지방자치단체의 영리수익사업에 대한 한계와 구체적인 제한의 기준이 찾아질 수 없는지를 검토한다.

2. 현행 헌법의 경제질서

현행 헌법은 전문과 헌법 제119조의 경제조항에 경제기본질서의 핵심적인 내용을 담고 있다. 헌법 전문은 국민에게 자유로운 경제활동의 기회가 최대한 보장된다는 기본 이념을 천명하고 우리 헌법상의 경제기본조항이라고 할 수 있는 제119조는 제1항에서 "대한민국의 경제 질서는 개인과 기업의 경제상의 자유와 창의를 존중함을 기본으로 한다"고 규정하여 이를 재확인 하는 동시에, 제2항에서는 국민경제의 균형성장, 소득의 적정분배, 시장지배와 경제력남용의 방지 및 경제주체 간의 조화를 통한 경제의 민주화 등의 국민경제목적을 위해 국가가 경제에 관한 규제와 조정을 할 수 있도록 하여 경제현상에 대한 국가의 간섭과 통제의 가능성을 열어 놓고 있다. 우리 헌법은 이처럼 자유경쟁과 '보이지 않는 손'에 의해 자율적으로 조절되는 시장경제질서를 우리 경제질서의 기본으로 삼으면서도, 또 한편으로는 국가가 단순한 국외의 관찰자가 아니라 '보이는 손'으로서 일정한 국민경제적 정책목적을 달성하기 위해 적극적으로 경제현상에 개입하고 관여할 수 있는 헌법적 근거를 마련해 놓고 있다.

국가와 사회 및 경제의 적정한 관계에 관한 원론적인 정치경제학적, 헌법이론적 논의는 여기에서 불필요하다. 우리 헌법이 상정하고 있는 경제질서가 자유방임적 시장경제질서로 볼 수 없다는 섬은 분명하다. 또한 비록 국기와 경제의 적정한 관계형성에 대한 기본적인 헌법정책적 지향점이나 국가의 경제에 대한 개입의 허용범위나 양식 등에 관해서 구체적인 입장의 차이가 전혀 없는 것은 아니지만 적어도 우리 헌법의 경제질서를 사회국가원리나 복지국가원리의 구체적인 실현양식으로서 수정자본주의의 원리를 바탕으로 하는 혼합경제질서로 보아야 한다는 데 대체적으로 헌법학자들 간에 의견이 일치한다.[5]

---

5) 김철수, 『헌법학개론』, 2006, 218면 이하; 헌법학원론, 163면 이하; 허영, 『한국헌법론』, 2006, 160면 이하; 성낙인, 『헌법학』, 2006, 189면 이하 참조. 독일에서 통용되는 '사회적 시장경제질서'(soziale Marktwirtschaftsordnung) 개념의 원용을 둘러싸고 반복되는 논의는 전혀 무익한 개념론은 아니지만, 그 실익은 별로 기대할 것이 없다. 예컨대 정순훈, 『경제헌법』, 228-230면; 최근의 논의로는 정종섭, 『헌법학원론』, 178면. 이와 관련된 상세한 논의현황에 대해서는 이덕연, 「한국헌법의 경제적 좌표 - 시장(기업)규제의 범위와 한계」, 『공법연구』, 제33집 제2호, 2005. 2, 12면, 주석 31 참조. '사회적 시장경제체제'의 개념이 오이켄(W. Eucken), 하이에크(F. A. Hayek) 등에 의하여 주장된 '신자유주의'(Neu-Liberalismus)를 이념적 바탕으로 하는 전후 「독일기본법」의 특정한 경제모델로 이해된다면, 국가의 경제과정에 대한 적극적인 형성적 개입 및 조정의 가능성을 폭넓게 인정하고 있는 우리 헌법의 경제질서를 해명하려는 의도로 동 개

다만 생산수단의 소유관계와 경제자원 및 소득의 배분방법 등을 기준으로 경제질서를 구분하는 비교경제체제론에 따라 우리 헌법의 경제질서를 이른바 '혼합경제질서'로 이해하는 것은 현실적으로 혼합경제체제가 아닌 순수한 경제체제가 더 이상 존재하지 않는다는 점에서 아무런 실익이 없는 개념설정이다.

오히려 여기서 중요한 점은 적어도 헌법재판소가 분명하게 밝히고 있는바와 같이 우리 헌법이 극단적인 경제체제, 즉 한편으로는 순수한 자유방임주의적인 자본주의경제체제와 또 한편으로는 전체주의적인 계획경제 혹은 통제경제체제를 분명히 배격하고 있지만 특정한 경제체제를 전제하고 있지는 아니하다는 점이다.[6) 우리 헌법의 다양한 사회적 기본권과 제119조 이하의 경제조항을 우리와는 판이하게 다른 정치, 경제, 사회의 배경에서 형성된 특정한 경제질서모델을 기준으로 하여 이해하고, 그에 따라 구체적인 경제입법과 정책의 헌법적 정당성과 타당성을 판단하는 것은 논리적으로 간명하기는 하지만, 이론적 설득력과 현실정합성이 결여되어 있다.

요컨대 우리 헌법은 특정한 경제체제를 전제하고 있지 아니하다. 따라서 헌법재판소에 의해 위헌으로 확인된 국제그룹해체[7) 등의 경우나 또는 예컨대 국방상 또는 국민경제상 긴절한 필요로 인하여 법률이 정하고 있는 경우에만 사영기업의 국공유화와 또한 그 경영에 대한 통제와 관리를 허용하고 있는 헌법 제126조에 정면으로 위배되는 자의적인 기업 활동제한 등과 같은 극히 예외적인 경우를 제외한다면, 통상적인 범위 내에서 설정되는 거시적인 경제정책기조와 개별적인 경제정책의 내용과 그 한계에 대해서 적어도 우

념을 사용하는 것은 문제가 없지 아니하다. 다만 이제까지 이 개념을 원용하는 경우에도 그것이 '혼합경제질서'의 범주에서 가능한 수없이 많은 대안들 중에 하나의 유력한 모델이라는 점에서 우선 관심을 가져왔던 것일 뿐이다. 사실상 그것은 독일 헌법상의 경제체제의 구체적인 제도와 그 운용에 대한 구체적이고 명확한 인식을 전제로 사용되었던 것이 아니었고, 그 내용은 전면 개방된 '혼합경제질서'의 개념과 같은 의미로 사용되어 왔다고 해도 과언이 아니기 때문이다.

6) 헌재결 1989.12.22. 88헌가13, 『판례집』, 제1권, 378면. 다만 우리 헌법재판소는 아직 통일된 개념에 따른 일관된 입장을 보이고 있지 못한바, 즉 위의 판례에서는 우리 경제질서가 '민주복지국가의 이상'을 추구하고 있다고 했으나, 그 후 판례(1991.6.3. 89헌마204)에서 소수반대의견은 우리 경제체제를 '사회적 시장경제체제'라고 주장하였고, 그 후 이른바 '국제그룹해체사건'에 대한 위헌결정(1993.7.29. 89헌마31)에서는- 당해 사건의 판단을 위한 논리전개의 맥락에서는 타당하지만- 헌법 제119조 제1항의 해석을 통해 우리 헌법상의 경제질서가 '시장경제의 원리에 입각한 경제체제'라고 밝히고 있다. 최근에 들어서는 특정한 경제모델을 적시하지 아니하고, 헌법 제119조가 '개인의 경제적 자유를 보장하면서 사회정의를 실현하는 경제질서'를 경제헌법의 지도원칙으로 표명함으로써 '개인의 경제적 자유를 존중하여야 할 국가의 의무'와 함께 '국민경제의 전반적인 현상에 대한 국가의 포괄적인 책임'을 규정하고 있는 것으로 이해하고 있다. 예컨대 헌재결 2004.10.28. 99헌바91, 판례집 제16권 2집, 129면. 경제질서와 관련된 우리 헌법재판소의 결정례에 대한 분석과 평가는 김성수, 「경제질서와 재산권 보장에 관한 헌재결정의 평가와 전망」, 『공법연구』, 제33집 제4호, 144-149면 참조.

7) 헌재결 1993.7.29. 89헌마31, 『판례집』, 제5권 2집, 87면 이하.

리 헌법의 경제조항에서는 구체적인 합헌성판단과 헌법재판통제의 단서가 주어지지 아니한다. 결국 이렇게 본다면 국가나 지방자치단체의 영리활동의 허용 여부나 그 제한과 관련하여 헌법상의 경제질서에 대한 논의로부터 사경제과정에 대한 공권력주체의 영향력 행사 자체가 원천적으로 위헌이라는 결론은 도출되기 어렵다. 다만 이른바 '원칙과 예외의 형식'(Regel-Ausnahme Formel)의 논리형식에 따르는 경우에 공권력주체의 경제활동은 예외적인 것이고, 따라서 그 예외는 필요한 경우에 최소한에 그쳐야 하고 또한 그 예외가 선택되는 경우에는 당연히 그것을 정당화하는 '소명부담'(Darlegungslast)[8]이 가중된다는 추상적이고 형식적인 헌법적 요청일 뿐이다.

3. 보충성의 원리

이와 같이 우리 헌법상의 경제질서에 어떤 명칭을 붙이고, 어떻게 이해하건 간에 이로부터 국가나 지방자치단체의 영리활동에 대한 아무런 구체적인 한계 또는 제한의 준거를 찾을 수 없다고 보는 경우에도, 최소한 우리 헌법의 경제질서를 '자유시장 우선 및 국가개입 예외'의 혼합경제질서의 모델이라고 한다면 '보충성의 원리'와 관련하여 최소한의 검토가 필요하다.

헌법 이론적으로 개인과 사회 및 국가의 관계설정에 관한 일반적인 조직 및 기능배분의 원리인 동 원칙은 가능한 한 하위의 단계 또는 작은 단위의 조직에게 기능과 권한이 우선 배분되어야 한다는 요청으로 이해된다. 즉 하부단위의 일차적인 우선적 관할권을 원칙으로 하되, '보충적'으로 그렇게 하는 것이 주어진 과제의 적정한 수행을 하기에 적절하지 못한 경우에 한해서만 차상급 단위에 기능과 그에 따른 권능이 배분되어져야 한다는 원리이다. '보충성의 원리'의 이런 내용은 바로 경제생활영역에서 국가와 사회의 역할분담에 관한 사회적 시장경제질서의 기본적인 내용과 일치한다. 이는 동 원리의 이념적 바탕으로 알려진 '가톨릭 사회이론'에서 동 원리를 자율적인 자동체로서 사회의 기능이 모든 국가기능에 대하여 일반적으로 우선된다는 것으로 이해하는 점에서도 그 관련성이 더욱 분명해진다.[9] 이를 경제영역에 적용하면 사경제과정에 대한 국가공권력의 개입과 조정은 자율적인 시장에 맡겨 두는 경우에는 공공복리의 실현이 불가능하거나 심각한 장애가

---

8) 최적화명령과 연계된 '소명부담'의 논리형식을 통한 헌법 제119조의 해석으로는 이덕연. 전게논문, 12면 이하.

9) 이와 관련해서는 J. Isensee, Subsidiaritaetsprinzip und Verfassungsrecht, S. 18ff.; P. Haeberle, Das Prinzip der Subsidiaritaet aus der Sicht der vergleichenden Verfassungs-lehre, AoeR 1994, S. 190ff.

초래될 위험이 있는 경우에 한해서만 정당화된다는 논리로 원용될 수 있기 때문이다.

다만 문제는 '보충성의 원리'가 헌법적 효력을 가지는가 하는 점이다. 독일에서 많이 논란되고 있듯이, 개인의 존엄, 가족생활, 사적 단체의 보장 등과 같은 기본권보장과 연방국가원리나 사회국가원리 및 지방자치제도 등에 관한 개별적인 헌법 규정에서 동 원리의 자유우호적인 이념성이 그대로 드러나고 있고 또한 그것이 헌법해석에 있어서도 중요한 지침이 된다는 점에는 이견이 없지만,[10] 그렇다고 하여도 '보충성의 원리'를 국가생활의 모든 영역에서 당연히 구속력을 가지는 일반적인 헌법원칙으로 볼 수는 없다는 견해가 지배적이다.[11] 이에 따르면 결국 '보충성의 원리'가 기능과 권능분배의 원리로서 공권력주체의 '영리수익사업'의 허용 여부 또는 그 한계의 문제에 대하여 제시할 수 있는 것은 앞에서 우리 헌법의 경제질서에서 도출하였던 '원칙과 예외형식'의 추상적이고 형식적인 준거를 뒷받침해주는 방론의 근거일 뿐이다.

4. 조세국가원리

우리 헌법상 명시적으로 규정되어 있지는 아니하지만, 자명한 것으로 전제되는 국가는 '조세국가'(Steuerstaat)[12]이다. 이른바 중세기적인 '자가생산국가'(selbst-produzierender Staat)가 아님은 물론이다. 이른바 조세국가의 원칙은 예외적인 경우를 제외하고는 국가가 시민에게 인적인 부역의무를 부과함으로써 공적 과업을 해결해 나가서는 아니 되고[13] 또한 공적 과제의 수행을 위한 재원은 원칙적으로 전형적인 수입원이 세금이나 기타 부담금, 수수료 등의 공과금으로 마련되어야 하지, 국가 스스로가 사경제과정에 참여하여 영리활동을 하거나 의도적으로 재산가치를 늘려나가는 방법으로 조달해서는 아니 된다는 국가재정운영의 기본원칙이다. 따라서 사경제활동의 자유를 보장하는 의미를 담고 있는 조세국가원리를 우리 헌법상의 원칙으로 전제한다면 국가 또는 지방자치단체의 모든 영

---

10) 이에 관해서는 특히 Haeberle, a.a.O., S. 195ff.

11) Vgl. R. Herzog, Subsidiaritaetsprinzip, Evangelisches Staatslexikon, 2. Aufl., 1975, Sp. 2592f.; H. Schulze-Fielitz, Staatsaufgabeentwicklung und Verfassung, in: D. Grimm (Hg.), Wachsende Staatsaufgaben – sinkende Steuerungsfaehigkeit des Rechts, S. 35f.

12) 조세국가원칙의 내용과 근거에 관해 자세한 것은 D. Birk, Steuerrecht Ⅰ, S. 3ff.; R. Hendler, Umweltabgaben und Steuerstaatsdoktrin, AoeR 1990, S. 595ff. mwN. 특히 국가형식의 관점에서 심층 접근으로는 J. Isensee, Steuerstaat als Staatsform, in: R. Stoedter/ W. Thieme(Hg.), Hamburg, Deutschland, Europa, Fs. f. H. P. Ipsen zum 60. GT, S. 409ff. 조세국가의 헌법적 근거에 관해서는 차진아, 「조세국가의 헌법적 근거와 한계」, 『공법연구』, 제33집 제4호, 319면 이하.

13) Vgl. Isensee, a. a. O., S. 421ff.

리수익사업은 전면 금지될 수밖에 없다는 간단한 결론이 가능하다.

그러나 이러한 결론은 실질적인 의미에서의 '재정헌법'(Finanzverfassung, fiscal constitution)[14] 이 결여되어 있는 우리 헌법의 체계상 위에서 가정한 조건을 그대로 받아들일 수 없다는 점에서 성급한 예단이 될 수밖에 없다. 예산안의 제출, 심의 확정 및 결산에 관한 절차적 규정을 제외하고 우리 헌법이 직접 재정문제에 대하여 명시적으로 규정하고 있는 것은 제38조의 국민의 납세의무에 관한 규정과 제59조의 조세법률주의를 선언하고 있는 규정 뿐이다. 이 두 규정에서 직접 도출될 수 있는 내용은 국가에게 독점적인 과세고권이 인정된다는 점과 조세의 종목과 세율은 법률로서만 정하도록 함으로써 과세고권행사에 분명한 형식상의 한계를 설정하여 놓았다는 점이다. 그 외에 재정수입의 방법이나 그 규모 및 조세의 종류나 그 구체적인 내용에 관해서는 아무런 한계와 지침을 찾아 볼 수 없다. 다만 우리 헌법은 위에서 언급한바와 같이 기본적으로 '개인과 기업의 창의를 존중'하는 한편, 국민경제목적상 필요한 경우에는 개인의 경제적 자유를 제한하는 국가의 경제에 대한 조정과 개입이 폭넓게 허용되는 혼합경제질서를 채택하고 있는바, 국가와 경제는 통일된 일원적인 관계가 아니라 완전히 유리되어 있지는 아니하지만 상호 구별되는 관계에 있다. 이는 직업의 자유, 재산권 및 일반적 행동자유권에 포함되는 것으로 해석되는 경쟁의 자유와 같은 사경제적 자유의 보장에서도 분명히 드러난다. 국가의 기능은 원칙적으로 사인 간의 자유로운 경제 활동의 기회를 보장하고, 그 성과에 대한 권리를 보장하여 경제적 개성신장의 동기를 마련해줌으로써 경쟁과정을 보호, 촉진하는 것이고, 국가는 단지 법률에 따라 조세형식으로 그 과실을 분배받을 수 있을 뿐이다.

이렇게 볼 때, 조세국가원칙은 한편으로는 국가의 경제활동에 대한 한계의 형식인 동시에 또 한편으로는 국가운영을 위한 최소한의 필요조건의 형식으로서 이중적인 의미를 가진다. 오로지 공공복리실현의 목적에 따른 필수성의 요건에 따라 그 필요경비를 조달할 수 없는 국가, 말하자면 자신의 business능력이나 본질적으로 예측이 불가능하고 불안정할 수밖에 없는 경기변동 등의 경제상황 변화에 따라 수입이 결정되는 국가는 이미 민

---

14) '재정헌법'의 개념은 일반적으로 넓은 의미에서의 경제헌법의 일부분에 해당되는 개념 으로서 국가재정 운영의 기본적인 방향이나 재정정책에 대한 지침과 한계 또는 재정관할권이나 재정배분의 방법 및 기준 등과 같은 재정운영에 중요한 사항을 규정해 놓고 있는 실정헌법상의 규정 전체로 이해된다. 다만 미국 의 Buchanan이나 Friedman 등은 재정규모의 축소를 통한 조세감축과 균형예산편성을 기본적인 명제로 제시하면서 그 실현방법으로 예산증가나 세율인상 등에 대한 계량화된 한계를 실정헌법화할 것을 주장 하였다. 비록 연방차원에서는 실현되지 아니하였지만, 1970년대 이후에 주 헌법의 차원에서는 상당히 수용되었다. 이에 관한 상세한 내용은 이덕연, 「헌법과 재정법」,『헌법의 규범력과 법질서』, 허영 박사 정년기념논문집, 907면 이하. 현행 헌법상 '재정헌법'의 현황과 문제점에 대해서는 이덕연,『재정헌법의 흠결에 대한 헌법정책적 평가』, 법제연구원, 2005, 29면 이하 참조.

주적 정당성에 그 근거를 두고 있는 결정과 책임의 주체로서의 권위와 힘을 가질 수 없기 때문이다.[15] 바로 이러한 점에서 헌법은 국가에게 과세특권을 부여하고 있고, 그 운용에 있어서도 폭넓은 형성의 자유를 인정하고 있는바, 국가는 원칙적으로 재원조달을 목적으로 사경제활동의 주체와 동일한 입장에서 시장경쟁에 참여할 당위적인 이유를 갖지 못한다. 따라서 과세고권을 가지고 있는 국가나 지방자치단체가 경제를 안정과 활성화의 지원을 통한 과세기반의 확충과 합리적인 세정운영을 통한 세수확대는 게을리 하면서 스스로 직접적인 사경제활동을 통해 재원을 조달하는 것은 모순이 아닐 수 없다. 공권력 주체는 무제한적인 재정상의 위험으로부터 벗어나 있어야 한다는 잠재적인 요청을 내포하고 있는 조세국가원리는 이미 국가의 사경제활동상의 '보충성'과 '예외성' 및 세원(稅源)의 바탕인 사경제활동의 '우선성'을 전제하고 있는 것이기 때문이다.[16]

이러한 통일된 헌법해석에 따르면 조세국가원칙은 헌법상 명시적으로 규정되어 있지는 아니하지만 우리 경제질서에서 부인할 수 없는 것으로 전제되고 있다고 여겨진다. 다만 이미 지적한바와 같이 여기서 조세국가원칙의 개념을 공권력주체의 재정수입이 오로지 공과금으로만 조달되어야 한다는 극단적인 의미, 말하자면 '국가의 모든 사경제적 활동이 절대적으로 금지된다'는 간명하지만 비현실적인 의미로 받아들여서는 아니 된다. 또한 국가와 지방자치단체, 지방자치단체 상호 간에 과제나 재정의 규모, 구조 및 경제상황 등의 조건이 판이하게 다르기 때문에 그 구체적인 적용에 있어서도 탄력적으로 해석될 수밖에 없다.

요컨대 조세국가원칙을 우리 헌법상의 원칙으로 본다고 하여도 그것이 국가나 지방자치단체의 영리수익사업이 절대적으로 금지되는 것으로 볼 수 있는 근거는 되지 못한다. 단지 공권력 주체의 '영리수익사업'은 우리 경제질서에서 결코 통상적인 공권력활동의 내용이 되어서는 아니 되는 이질적인 것으로서 예외적으로 재정과 경제상의 불가피한 필요성이 있는 경우에 한해 허용될 수 있다는 위에서의 결론을 재확인해 줄 수 있을 뿐이다. 이는 바로 기능적으로 목적과 수단, 수단과 조건의 관계 속에서 '사회국가－재정국가－조세국가'로 연계되어 있는 국가운영체계에 대하여 그 활동양식과 방법상의 한계를 설정하는 법치국가의 절차 및 형식적 내용이다.

---

15) Vgl. H. Krueger, Allgemeine Staatslehre, S. 897ff.

16) 차진아, 전게논문, 321면 이하.

5. 관련 기본권

1) 개요

모든 국민이 '인간으로서의 존엄과 가치'와 '행복추구권'을 가지고 있음을 선언하고 있는 우리 헌법(제10조)은 이를 실질적으로 뒷받침하기 위해 국민의 자유로운 경제활동을 보호하는 여러 가지 기본권을 규정해 놓고 있는바, 직업의 자유(제15조), 재산권 보장(제23조) 또한 헌법 제10조의 행복추구권에 포함되는 것으로 여겨지는 경제생활영역에서의 자유로운 개성신장권 등이 바로 그것이다. 위에서 살펴본바대로 헌법상의 기본경제질서를 규정하는 경제조항이나, 기능 및 권능분배의 원리로서 이해되는 '보충성의 원리', 기타 '조세국가원리' 등으로부터 국가 또는 지방자치단체의 영리수익사업의 허용 여부나 제한의 기준에 대한 아무런 구체적인 판단준거가 도출될 수 없다면 관련되는 개별 기본권에 대한 검토 작업이 요구된다.

2) 직업의 자유

우선 직업의 자유와 관련하여 지방자치단체의 '영리수익사업'이 관련되는 당사자의 직업선택의 자유와 직업행사의 자유 혹은 영업의 자유를 부당하게 제한하는 것인가의 문제를 검토한다. 먼저 전제하고 넘어가야 할 것은 여기서 문제로 삼고 있는 자치단체의 '영리수익사업'은 이른바 '3단계이론'(Drei-Stufen-Theorie)[17]에 따른 '비례성심사'의 대상인 전형적인 직업의 자유에 대한 제한, 즉 국가의 안전보장, 질서유지 및 공공복리의 목적을 달성하기 위해 의도적으로 직업의 자유를 규율하는 기본권 '제한'과는 다른 성질의 것이라는 점이다. 서두에서 언급한바와 같이 지방자치단체가 직영의 형식이든 별도의 사법인을 설립하건 간에 오로지 수입확대의 목적만을 위해 수익활동을 하는 경우이기 때문이다. 따라서 여기에서는 공권력 주체에 의한 고권적인 직업선택의 금지나, 자치단체의 특정사업독점 또는 독점의 효과를 가져 오는 정도의 절대적인 경쟁의 우위에 따른 직업선택의 자유에 대한 제한은 상정되지 아니한다.

문제는 공권력의 주체인 지방자치단체가 '영리수익사업'을 하는 것이 제한된 지역에서

---

17) 이에 대하여 자세한 것은 BVerfGE 7, 377ff.; Pieroth/Schlink, Grundrechte, Staats-recht Ⅱ, 5. Aufl., 1989, S. 217ff.; 허영, 앞의 책, 441면 이하 참조.

동종의 영업을 하는 사영업자들의 직업행사의 자유에 대한 제한이 아닌가 하는 것이다. 우선 확인해두어야 하는 것은 직업의 자유의 보호영역에 '경쟁의 자유'가 포함되는가의 문제는 의견이 일치되고 있지 아니 하지만,[18] 다만 이를 긍정하는 경우에도 여기서 중요한 점은 직업의 자유가 보호하는 것은 '경쟁의 기회'이지 특정한 '경쟁의 상태'가 아니라는 점이다. 이는 공권력이 경쟁의 직접적인 당사자로 나서는 경우에도 마찬가지이다.[19] 국민에게 영리활동의 영역에서 공권력의 주체와 경쟁하지 아니할 수 있는 권리, 즉 공권력배제를 내용으로 하는 방어권이 직업의 자유의 한 내용으로 보장되지는 아니한다. 이를 인정한다고 하여도 자치단체의 '영리수익사업'으로 인해서 원천적으로 자유로운 시장접근의 기회가 제한되거나 경쟁참여가 배제되는 것은 아니다. 단지 현실적으로 경쟁업자들의 영업수익이 감소될 가능성이 커질 뿐이다. 경쟁의 자유나 기회균등의 원칙에 대한 아무런 침해도 인정되지 아니한다. 결국 기본권의 기능을 공권력에 의한 의도적인 고권적 침해에 대한 방어권으로만 이해하는 이미 극복된 기본권관에 따르는 경우에는 직업의 자유에서 자치단체의 영리수익사업에 대한 한계설정의 헌법적 근거는 도출되지 아니한다고 볼 수 있다.

그러나 지방자치단체의 영리수익활동과 사인의 경제활동은 그 법적 본질과 성격이 구별된다. 지방자치단체는 원칙적으로 기본권 보호의무의 주체일 뿐이지, 기본권의 주체일 수는 없기 때문이다. 따라서 "기본권이 경쟁하지 않을 자유를 보장하는 것은 아니다"라는 논리만으로 공권력주체의 사경제활동과 경쟁참여를 정당화시키는 입론은 충분한 설득력을 가질 수 없다.[20] 또한 기본권을 단순히 주관적 권리의 측면에서만 이해하는 자유주의적 기본권관을 넘어서 기본권의 '객관적인 가치질서'로서의 내용을 강조하는 새로운 기본권이해에 따르면 이러한 결론은 또 다른 검토를 요한다. 지방자치단체가 언제, 어떤 영역에서, 어떠한 종류와 규모의 영리활동을 하는가에 따라 경쟁관계에 있게 되는 혹은 있게 될 특정한 사영업자집단 혹은 개인에게 정도의 차이는 있겠지만 최소한 무시할 수 없을 정도의 영업상 불이익이 주어질 것은 부인할 수 없기 때문이다.

이른바 '사실상의 기본권 제한'(faktische Grundrechtsbeeintraechtigung)의 문제이다.[21]

---

18) Vg. BVerfGE 50, 290(363); 46, 120(137); 32, 311(317). F. Ossenbuehl, Die Freiheit des Unternehmers nach dem Gesetz, AoeR 115(1990), S. 1ff.; R. Breuer, Freiheit des Berufs, in: Isensee/Kirchhof, HdBdSR, Bd. Ⅵ, 1989, §147, Rn. 23.; R. Scholz, in: Maunz/ Duerig, GG. Komm., Art. 12 Rn. 79.

19) Vg. BverWGE 39, 329(333f., 336f.).

20) Vgl. BVerwGE 39, 329(333f.); P. Kirchhof, Staatliche Einnahmen, Isensee/ Kirchhof (Hg.), HdBStR Bd. Ⅳ, §88, Rn. 313.

21) Vgl. vor allem H.-U. Gallwas, Faktische Beeintraechtigung im Bereich der Grundrechte - Ein Beitrag

전통적인 기본권이론에 따르면 헌법적 정당성의 요건에 따라 특별하게 제한되는 '기본권의 제한'은 관련되는 공권력작용의 '목적성 또는 의도성', '강제성', '규율성' 및 '직접성' 등이 필수조건이었다.[22] 일정한 공적 목적을 달성하기 위한 의도적인 국가작용으로서 법적 구속력이 있는 수단에 의해 직접 기본권의 보호영역에 개입하는 고권적인 공권력작용만을 기본권의 '제한'에 해당되는 것으로 보았었다. 그러나 주지하는바와 같이 국가의 급부국가적 활동영역이 급속도로 확대되고 그 기능이 다양해지면서 국가작용은 더 이상 야경국가시절의 고권적인 수단만으로 수행될 수 없게 되었다. 특히 최근에 들어서 이른바 '후견인국가'(praezeptoraler Staat)[23]의 새로운 역할, 즉 시민의 생명과 건강을 보호하기 위해서 정보를 제공하고 경고하고 주의를 환기하는 비공식적 행정작용이 증대되면서 특히 국가의 '고권적인 정보제공활동'에 의한 '사실상의 기본권침해'의 문제가 새롭게 주목되게 되었다. 비록 목적성도, 법적 구속력도 없고 또한 직접적인 기본권 제한성이 인정되지 아니하는 행정작용이기는 하지만 어쨌든 그 형식과 양식을 떠나서 분명히 공권력작용에 의해서 현실적으로 중대한 기본권적 법익이 침해되었음에도 불구하고, 이를 전통적인 기본권이론에 따라 기본권에 대한 제한이 아닌 것으로 보고, 따라서 원천적으로 헌법상의 특별한 보호의 대상에서 제외하는 것, 예컨대 법률상 수권근거 없이도 허용되는 것으로 보는 것은 부당한 것이 아닌가 하는 당연한 비판적 인식과 의문이 그 출발점이다.

독일 연방헌법재판소는 직업의 자유와 관련된 판례[24]에서 이러한 인식을 수용하여 두 가지 상이한 관점에서 기본권에 대한 제한이 인정되는 경우를 적시하고 있다. 우선 전통적인 입장에서와 마찬가지로 국가가 일정한 목적달성을 위하여 의도적으로 직업을 규율하는 행위를 하는 경우에는 이미 국가의 주관적인 의도 자체에서 당연히 인정된다는 것이다. 그러나 이러한 의도성과 목적성이 없는 경우에도 국가작용으로 인하여 실제로 관련 기본권적 법익에 대한 중대한 손해가 초래되면 법익침해의 '중대성'이라는 객관적 기준에 따라 기본권 제한성이 인정된다는 것이다. 이에 따르면 주관적인 '목적성'과 객관적인 법익 침해의 '중대성'의 두 요건은 상호 보충적인 관계에 있게 된다.[25] 물론 이러한

zum Begriff der Nebenwirkung, 1970.

22) Vg. R. Eckhoff, Der Grundrechtseingriff, 173ff.; Pieroth/Schlink, a. a. O., S. 64ff.; J. F. Linder, "Grundrechtseingriff oder grundrechtswidriger Effekt?", DOeV, 2004, S. 765ff.

23) U. Di Fabio, Grundrechte im praezeptoralen Staat am Beispiel hoheitlicher Infor-mationstaetigkeit, JZ 1993, S. 690f.

24) BVerfGE 46, 120(137f.); 61, 291(308); 82.209(223f.);

25) Vgl. BVerwGE 87, 37(43f.)=JZ 6624ff. 이른바 Glykol 스캔들과 관련된 동 판결은 포도주 등 일부 주류에 포함되어 있는 것으로 확인된 Diethylenglykol(DEG)이라는 물질이 인체에 해롭다는 판단에 따라 청소

논리에 대해 이견이 없지는 아니하다. 여기에서 자세히 논의할 수는 없지만, 이와 같이 '사실상의 기본권침해'의 문제를 제한성의 관점에서 접근하는 것은 기본권이론상 정합성이 결여되어 있고, 특히 실제 기본권적용에 있어서 일관성과 구체적 타당성을 해치게 되고, 따라서 이 문제는 기본권의 '보호영역의 문제'로 접근하는 것이 타당하다는 설득력 있는 비판에 직면하고 있는 것이 사실이다.26)

다만 여기서 중요한 것은 전통적인 기본권이론과 달리 '중대성'의 요건만으로도 기본권 제한성이 인정될 수 있다고 보는 이론구성에서는 기본권이론상 일반적으로 당연히 전제되는 것이지만 간과하기 쉬운 기본적인 명제를 재확인하였다는 점이다. 즉 기본권이론의 궁극적인 목적은 공권력주체의 주관적인 '선의' 또는 '악의'에 대한 평가와 제재가 아니라 최대한의 실효성 있는 자유보장이라는 점이다.27) 이는 기본권을 해석함에 있어 불분명한 점이 있는 경우에 항상 가능한 한 최대한의 기본권 실현이라는 헌법명령에 따라 기본권의 법적 효력이 가장 강하게 인정되는 방향으로 해석하고 있는 동 재판소의 일관된 입장에도 부합된다.28)

기본권의 제한성의 인정 여부와 관련하여 '목적성'을 필수적인 요소로 보지 아니하는 이러한 인식의 변화와 같은 맥락에서 '법적 규율성'이나 '직접성'의 기준에 대한 이해도 바뀌었다.29) 실제로 최근에 식품안전 및 보건행정영역에서 빈번하게 일어났던 이른바

년, 가족 및 보건을 관할하는 연방장관(BMJFG)이 생산국, 년도, 명칭, 생산업체, 첨가물, 시험횟수 등을 포함시킨 '잠정적인 명단'을 공개한 것이 직업의 자유를 침해한 것이 아닌가 하는 것이 핵심적인 논점이었다. 여기에서 관심을 두고 있는 논점, 즉 정보제공 혹은 경고 내지는 주의환기 등의 비공식적인 행정작용으로 인한 기본권 제한, 즉 기본권의 사실상의 침해와 관련해서 독일연방행정재판소는 일반적으로 생산업체의 명칭과 함께 특정제품을 대상으로 하여 공개적으로 경과하는 경우에는 기본권에 대한 제한성이 인정되는 것으로 판단하였다. 다만 동 재판소는 동 사안에서 기본권 제한의 근거가 국가의 기본권 보호의무, 특히 정부의 국가 전체의 내적·외적 위기 극복을 위한 일종의 불문의 헌법적 권능에서 직접 도출되는 것으로 결론 내리고 있다. 요컨대 기본권 제한성이 인정되지만 구체적인 법률상의 수권근거는 없어도 된다는 입장이다. 이러한 결론은 법률유보의 원칙을 유명무실하게 만들 수도 있는 매우 위험한 전체주의적 논리를 따르고 있다는 격렬한 비난을 받고 있다. 특히 F. Schoch, Staatliche Informationspolitik und Berufsfreiheit, DVBl. 1991, S. 667ff.; R. Groeschner의 평석, JZ 1991, S. 628ff. 어쨌든 환경, 보건위생 혹은 소비자보호행정 등의 영역에서 특정한 기능과 효과를 내포하고 있는 이러한 새로운 양식의 행정작용이 요구되는 현실적인 필요성이 있고 또한 그 영역이 점점 확대되어 갈 것이란 점은 분명하다. 반면에 이러한 행정작용은 그 근거와 한계 및 지침을 사전에 법률로서 규정하는 것이 그 내용상 기술적으로 어려울 뿐만 아니라, 가능한 경우에도 법률로써 미리 규정해 놓는 것이 기능적인 관점에서 바람직한 것인지 여부도 속단하기 어려운 사정이 있다. 앞으로 많은 시행착오가 예상되고, 따라서 심각한 법정책적, 법이론적인 검토가 요구되는 것도 이 때문이다.

26) Vg. isnbes. M. Albers, Faktische Grundrechtsbeeintraechtigung als Schutzbereichsproblem, DVBl. 1996, S. 233ff.

27) Di Fabio, a. a. O., S. 695.

28) BVerfGE 6, 53(72); 32, 54(71); 51, 97(110F.).

'녹즙기사건'이나 고름우유, 돈지(豚脂)소송, 통조림 포르말린, 양조간장과 분유의 발암물질소동 등과 같은 사례들은 이러한 인식변화의 필요성을 이해하는 데 좋은 본보기가 될 것이다. 이러한 사례에서 우리가 분명히 목격할 수 있었던바와 같이 보건복지부나 관련 행정청의 발표는 '경고', '권고' 혹은 '주의환기' 그 어떤 양식이건, 또한 발표내용의 당부 혹은 진실 여부 또는 경우에 따라서는 발표내용의 번복 내지는 수정과 전혀 관계없이 그 발표 자체가 언론매체의 민감한 보도를 통해 순식간에 모든 소비자의 관심이 집중되고, 따라서 그 경제적·사회적 영향이 지대할 수밖에 없다. 아무런 법적 구속력을 갖지 못하는 정보제공 차원의 비공식적인 행정활동이기는 하지만 실질적으로는 제조업면허취소나 해당 제품의 품목생산허가취소 혹은 영업허가취소 및 정지와 같은 법적 구속력을 가지는 행정처분이나 기타 제재수단의 동원 등의 고권적인 조치에 의한 경우보다 오히려 더 광범위하고 장기적인 법익침해를 초래하게 되는 것이다.

또 한편 국가의 또한 국가작용과 그로 인한 권익침해 간의 직접적인 인과관계의 관점에서 보아왔던 '직접성'의 기준도 단순한 사실적인 개념이 아니라 귀책관계를 판단하는 규범적인 판단기준으로 이해된다. 말하자면 단순히 일정한 국가작용과 그로 인한 효과 간에 사실상의 인과관계가 불분명하다는 이유로 기본권 제한성을 부인할 수 있는 부정의 논거로서가 아니라 현실적으로 입증이 매우 어려운 정도로 인과관계가 복잡한 경우에도 침해법익의 중대성이나 기타의 구체적인 정황에 따라 판단되는 규범적인 개념으로 보는 것이다.[30] 예컨대 분유발암물질소동이나 기타의 유사 사례에서 볼 수 있듯이 '직접성'의 요건을 규범적인 귀책관계로 이해하면 발표 자체와 그로 인한 기본권침해의 인과관계는 구체적인 정황상 쉽게 추정될 수 있다. 역으로 그 귀책관계가 추정되는 한 인과관계 부인의 입증책임을 지게 되는 보건복지부나 식품의약품안전청의 입장에서 내세울 수 있는 책임회피의 논거, 즉 '위험하다는 확증은 없다'는 최종발표를 했고 또한 단순히 주의환기 내지는 권고의 목적으로 정보를 제공하였을 뿐이지 최종적인 구매 여부는 소비자의 판단에 맡겼을 뿐이라는 항변은 인과관계를 단절시키는 단서로 성급하게 인정될 수 없는 것이다.

이러한 입장에 따라 직업의 자유의 보호영역과 그에 대한 '사실상의 기본권 제한'을 폭넓게 인정한다면,[31] 사영업자에게 영업상의 손실을 가져오는 지방자치단체의 영리수익

---

29) Vgl. R. Eckhoff, a. a. O., S. 236ff.

30) Di Fabio, a. a. O. S. 697.

31) 이에 반대하는 입장에서는 공권력주체의 영리수익사업에 의한 기본권 제한성은 법률에 의해 독점적인 권한이 부여된다든지 혹은 그로 인해서 사경제적 경쟁이 의도적으로 왜곡되는 경우에만 인정되는 것으로 본다. 말하자면 자유경쟁의 원칙의 내재적인 한계를 넘어서지 않는 범위 내에서 경쟁이 심화되는 간접적인

사업의 허용 여부나 그 제한의 문제는 이른바 '한계의 한계'의 논리형식, 즉 전형적인 기본권의 제한과 그 한계의 문제이다. 다만 여기서 비례성심사의 요소는 한편으로는 사실상 침해되는 사영업자의 경쟁의 자유이고, 또 한편으로는 재정수입의 증대라는 특정한 성질의 공익인 점에서 다를 뿐이다. 논란의 여지가 없지 아니하지만, 수익증대의 목적 자체를 우리 헌법 제37조에서 규정하고 있는 '공공복리'의 개념에 포함되는 것으로 보는 경우[32] 지방자치단체의 영리수익사업의 한계에 관해서는 법률상의 수권근거를 가져야만 한다는 형식상의 한계 이외에는 통일적인 기준이 주어지지 아니한다. 기본권 제한입법의 내용과 한계는 해당 '영리수익사업'의 종류나 규모, 또는 사업장의 위치와 기존 사영업자들 간의 경쟁관계의 양상과 그에 대한 영향의 정도 등과 같은 직간접적인 모든 경쟁조건을 구체적으로 고려하여 판단될 수 있을 뿐이다. 이는 물론 위에서 언급한바와 같이 직업의 자유의 보호영역을 폭넓게 해석하는 전제하에서만 가능한 결론이다.

3) 재산권

우리 헌법이 제23조에 규정해 놓고 있는 재산권 보장의 핵심은 사유재산제도를 헌법제도로 보장하는 것과 사유재산을 공공복리에 어긋하지 아니하는 범위 내에서 자유롭게 사용·수익·처분할 수 있는 개인의 주관적 권리의 보장이다. 여기서 관심의 대상은 개인의 기본권으로서의 재산권이다. 자유로운 시장접근기회와 자유로운 영리활동의 과정 자체를 보호하고 있는 직업의 자유와 달리 재산권 보장은 영리활동을 통해 취득된 것을 보호한다. 이에 따르면 지방자치단체의 영리수익사업은 재산권에 대한 '제한성'의 문제 이전에 원천적으로 재산권의 보호영역과의 관련성이 부인된다.

이는 아직 논란이 계속되고 있지만 확보된 사업거래선, 명성, 신용 등과 같은 '자리 잡힌 영업'상의 재산적 가치를 재산권의 보호영역에 포함되는 것으로 보는 경우[33]에도 마찬가지이다. 이러한 영업상 무형의 자산이 관념적으로 인적·물적 종합체인 영업과 연계되어 한 단위의 가치를 구성하기 때문에 이를 영업활동을 통해 취득한 것, 즉 재산권의 대상에 포함되는 것으로 보는 경우에도, 이러한 관념적인 재산권 자체는 지방자치단체의

영향만으로는 기본권 제한성이 인정되지 아니한다는 것이다. 예컨대 vgl. P. Badura, Wirtschaftsverwaltungsrecht, in: I. v. Muench (Hg.), Besonderes Verwaltungsrecht, 1988, S. 347.

32) 이 문제에 대해서는 뒤에 일반적 행동자유권과 관련하여 재론한다.

33) Vgl. W. Leisner, Eigentum, in: Isensee/Kirchhof, HdBStR Bd. Ⅵ, §149, Rn. 108; J. Papier, in: Maunz/Duerig, GG. Komm. Art. 14, Rn. 96ff.

'영리수익사업'으로 인해서 아무런 직접적인 영향을 받지 아니하기 때문이다. 영향이 있다면 단지 경쟁관계의 변화에 따라 현실적으로 매출기회가 감소되고 수익성이 악화될 수 있는 가능성이다. 영업상의 가능성이나 수익전망 혹은 기대 등은 재산권의 보호대상이 아니다.

요컨대 지방자치단체가 여러 경쟁자 중의 하나로서 기본적인 사경제적 자유경쟁질서의 틀 내에서 영리수익활동을 하는 한, 재산권을 보장하고 있는 헌법 제23조에서는 이에 대한 아무런 한계설정 혹은 제한의 근거를 찾을 수 없다.

4) 일반적 행동자유권

우리 헌법체계상 '행복추구권'의 독자적인 기본권성을 인정하기 어렵다는 설득력 있는 이견이 제기되고 있지만,[34] 일단 헌법재판소의 견해에 따라 헌법 제10조에 규정되어 있는 행복추구권에 '일반적 행동자유권'과 '자유로운 개성신장권'이[35] 포함되는 것으로 본다면 그 보호영역에는 개인 또는 기업이 경제생활영역에서 자기능력을 최대한 발휘하면서 자유롭게 경쟁할 수 있는 '경쟁의 자유'가 포함되는 것으로 해석된다.

경제활동을 통한 개성신장의 자유의 핵심적인 한 내용이 바로 '경쟁의 자유'이다. 다만 '일반적 행동자유권'을 명시적으로 기본법에 규정하고 있는 독일에서 해석하고 있는바와 같이 이 기본권은 포괄적인 기본권이다. 따라서 이 기본권은 해당되는 공권력작용이 기타 명시적으로 규정되어 있는 개별 기본권의 보호영역과 아무런 연관성을 갖지 아니하는 경우에만 보충적으로 적용된다. 일반적으로 지방자치단체의 영리활동의 재산권과의 관련성은 부인되는 데 반해서, 직업의 자유의 보호영역과의 관련성에 대하여는 의견이 엇갈리고 있다는 것은 앞에서 살펴보았다.

결국 직업의 자유의 보호영역을 폭넓게 해석하여 경제활동영역에서 경쟁의 자유가 그것에 포함되는 것으로 보는 경우에는 '일반적 행동자유권'과 관련된 추가적인 논의는 불필요하다. 우리나라에서는 아직 이와 관련하여 별로 논의되지 아니하였고 판례의 입장도 분명히 정리된 것은 없다. 독일에서는 경제생활영역에서의 '경쟁의 자유'를 직업의 자유보다는 기본법 제2조 제1항에 규정되어 있는 '일반적 행동자유권'의 문제로 이해하는 것이 일반적인 경향이나[36] 이미 언급한바와 같이 '경쟁의 자유'에 공권력 주체가 '영리수

---

34) 허영, 앞의 책, 322면

35) 특히 헌재결 1991.6.3. 89헌마204, 『헌재판례집 Ⅲ』, 268면 이하 참조

익사업'의 주체로서 직접 사경제적 경쟁에 참여하는 것을 금지하는 내용이 포함되는지에 관해서는 의견이 일치되지 아니한다.

전통적인 자유주의적 기본권관에 따르는 입장에서는 다음 세 가지의 기본인식을 자명한 것으로 제시하고 있다. 우선 공권력의 주체가 사경제적 경쟁에 참여하면서 사법상의 조직 및 행위형식을 취한다는 이유로 기본권 기속으로부터 해방되지는 아니한다는 것이다. 행정법에서 많이 논의되고 있는 이른바 '사법으로의 도피' 현상과 관련된 '행정사법'(Verwaltungsprivatrecht)이론의 핵심적인 내용이다. 두 번째는 스스로 기본권의 주체가 될 수 없는 공권력의 주체가 사경제적 경쟁에 참여하는 것은 '경쟁의 자유'의 보호대상이 아니라는 점이다. 마지막으로 오로지 재정수입의 확대만을 목적으로 하는 경우나 일반적인 공익실현의 목적보다는 영리수익을 주된 동기로 하는 영리활동은 '공공복리' 실현을 위한 것으로 볼 수 없다는 것이다. '급부국가', '재정국가'일 수밖에 없는 '사회국가'의 실현을 위해 최대한의 가용재원조달이 요구되기는 하지만 재정목적 그 자체가 자의적인 기본권 제한을 헌법적으로 정당화시키는 근거가 될 수는 없다는 입장이다.[37]

5) 소결

그러나 우리 헌법체계상 이러한 입장을 그대로 받아들일 수는 없다. 경제에 대한 국가의 폭넓은 규제와 조정의 가능성을 열어 놓고 있는 경제질서에서 공권력 주체가 동등한 경쟁자의 입장에서 경쟁과정에 참여하는 '영리수익사업'이 원천적으로 전면 금지되는 것으로 볼 수는 없다. 사경제영역의 경쟁과 관련된 공권력주체의 모든 경제활동이 법률유보원칙의 적용대상인 기본권 제한에 해당되는 것은 아니다. 공권력 주체의 사경제활동의 양적, 질적 적합성, 즉 독점이나 경쟁참여 등에 따른 시장의 개방 여부 및 그 크기와 경쟁구도의 요소나, 기타 공과금이나 광고, 행정규제 및 간접적인 사실상의 영업지원 등의 차별화에 따른 경쟁조건의 차이 등에 따라 구별하여 유형별로 개별적으로 판단되어야 한다.[38]

다만 적어도 자금력의 차이나 경쟁자의 숫자 또는 경쟁의 정도 등과 같은 구체적인 경

---

36) Maunz/Duerig, GG. Komm. Art. 2, Rn. 48ff.

37) A. a. O., Rn. 52.

38) Vgl. J.-P. Schneider, Der Staat als Wirtschaftssubjekt und Steuerungsakteur, DVBl. 2000, 1255. 이러한 관점에서 우선 지방자치단체의 사경제활동은 국가의 그것과는 근본적으로 차별되고 또한 지방자치단체의 사경제활동도 시장의 크기나 경쟁의 구도 및 양상 등에 따라 기본권 제한성에 대한 판단도 다를 수밖에 없을 것이다.

쟁관계의 조건으로 인해서 공권력 주체의 특정한 '영리수익사업'이 현실적으로 기존의 자유로운 사경제적 경쟁 자체를 불가능하게 하거나 사영업자의 영업활동의 지속가능성을 위태롭게 하는 경우에는 경쟁의 자유의 본질적인 내용을 침해하는 것으로 볼 수 있을 것이다.[39] 경쟁의 자유에서 도출되는 최소한의 '봉쇄효과'이다. 어쨌든 공권력 주체의 재정수입만을 목적으로 하는 '영리수익사업'이 일반적인 공익실현의 과제와는 달리 재정경제적 환경조건과 관련된 이질적인 정당성근거가 요구되는 예외적인 것이어야 한다는 점과 구체적으로 특정한 '영리수익사업'이 금지되는지 여부의 문제가 일률적으로 판단될 수 없다는 점은 위에서 직업의 자유와 관련해서 기본권의 '제한성'의 문제가 주목의 대상이었던 반면에, 여기서는 기본권의 '보호영역'에 논의의 초점이 모아져 있다는 점에서 접근 논리상의 차이가 있을 뿐이다.

6. 지방자치제도보장규정 – 헌법 제117, 118조

우리 헌법은 "지방자치단체는 주민의 복리에 관한 사무를 처리하고 재산을 관리하며 법령의 범위 안에서 자치에 관한 규정을 제정할 수 있다"(제117조 제1항)고 규정하여 자치단체와 자치기능 및 자치사무를 핵심요소로 하는 지방자치제도를 헌법제도로서 보장하고 있다. 이렇게 지방자치를 제도적으로 보장하여 지방자치제도의 존폐문제나 기타의 제도본질적인 요소를 직접 결정해 놓고 있는 우리 헌법은 지방의회(제118조 제1항)와 지방자치단체의 장(제118조 제2항)을 자치기구로 두어야 한다는 규정 외에 기타 모든 사항은 법률로 정하게 히였다(제117조 제2항, 제118조). 말하자면 지방자치단체의 종류나 지방의회의 조직·권한과 의원선거 또한 지방자치단체장의 선임방법과 함께 기타 지방자치단체의 조직과 운영에 관한 사항은 법률에 유보하여 놓고 있는바, 요컨대 우리 헌법은 지방자치제도 그 자체와 그 운영을 담보할 수 있는 최소한의 기본적인 지침만을 규정하고 있다.

이렇게 볼 때 지방자치제도를 어떠한 관점에서 이해하건 헌법 제117조, 제118조의 규정에서 지방자치단체의 영리수익사업의 허용 여부나 또는 그 제한에 관한 직접적이고 구체적인 준거는 발견되지 아니한다. 지역고권·재정고권·조세고권·계획고권·조례고권 등 자치기능의 본질적인 내용에 관한 해석은 지방자치제도의 본질과 기능을 이해하는 기본입장의 차이에 따라서 많이 다를 수밖에 없다. 그러나 그 다른 해석은 일차적으로 국가와 지방자치단체 및 상·하위 지방자치단체 상호 간의 권한배분과 관련되는 것일 뿐이

---

39) Vgl. BVerwGE 39, 329(336); 71, 183(193).

다. 여기에서 관심대상은 지방자치단체와 국가 간의 관계가 아니라 지방자치단체와 주민 간의 관계에서 주목되는 지방자치단체의 영리수익사업의 허용성과 자유성의 문제이다. 이 문제와 관련해서 지방자치단체는 그 기능과 권한의 차이점에도 불구하고 기본적으로 국가와 다름없이 기본권에 기속되는 공권력의 주체일 뿐이다.

요컨대 우리 헌법은 지방자치제도에 관한 위의 두 규정에서 이 문제에 관하여 따로 아무런 판단기준을 두고 있지 아니하다. 지방자치제도를 헌법제도로 보장하고 있는 헌법정신에 어긋나지 않는 한 지방자치단체의 운영에 관한 구체적인 사항은 전적으로 입법자에게 위임하여 놓고 있을 뿐이다.

Ⅳ. 관련 법률규정 검토

결국 위에서 살펴 본바와 같이 구체적으로 지방자치단체의 '영리수익사업'이 허용될 수 있는지 여부와 허용되는 경우 그 한계의 문제는 위에서 경제헌법 조항과 연계되는 기본권, 특히 경쟁의 자유 또한 조세국가의 원칙 등과 관련하여 검토해본 헌법적 한계와 그 한계 안에서 형성의 자유를 가지는 입법자의 의사에 따라 결정된다. 그런데 이 문제에 대한 명시적인 규정은 지방자치단체의 운영에 관한 관련 법규 어디에서도 찾아볼 수 없다.

지방자치법은 지방자치단체의 재정이 '수지균형의 원칙'에 따라 건전하게 운영되어야 한다(제113조 제1항)고 규정하면서, 공과금징수의 근거와 범위 및 기준에 관한 규정을 통해 간접적으로 지방자치단체의 주된 수입원이 지방세(제126조), 사용료(제127조), 수수료(제128조), 분담금(제129조)임을 시사하고 있고, 예외적으로 '지방자치단체의 항구적 이익이 되거나 또는 비상재해복구 등의 필요가 있는 때에는 행정자치부장관의 승인을 받은 범위 안에서' 지방채를 발행할 수 있도록 하여(제115조) 추가적인 재원조달의 가능성을 열어 놓고 있으나, 이들 규정에 지방자치단체의 영리수익사업을 통한 재원조달을 금지하는 내용이 포함되어 있는 것으로 보기는 어렵다. 다만 동법 제9조 제2항은 자치단체의 경제 관련활동과 관련된 주민의 복리증진(제2호)과 농림 상공업 등 산업진흥(제3호) 및 지역개발(제4호)에 관한 사무에 지방공기업의 설치와 운영이나 지역산업과 지역경제의 육성·지원 등과 같이 지역경제를 활성화시키기 위한 여건조성을 내용으로 하는 간접적인 지원활동만을 적시하고 있는데 이 역시 입법자가 '예시규정'임을 명백히 밝히고 있는 바, '영리수익사업'과 같이 예시되지 아니한 기타의 활동이 전면 금지되는 것으로 볼 수 있는 근거는 되지 못한다. 다만 동법 제15조는 조례제정의 근거와 한계를 규정하면서 '주민의 권리제한 또는 의무부과에 관한 사항'을 정할 때는 법률의 위임이 있어야 한다고 밝히고 있는바, 법률의 위임이 없이 조례만을 근거로 하는 지방자치단체의 '영리수익사업'이 허용될 수 없는 것으로 판단된다.

또한 2005년 8월에 전부 개정된 지방재정법[40]도 '건전재정의 원칙'(제3조)과 함께 기타 '회계연도독립의 원칙'(제3조), '예산총계주의의 원칙'(제34조) 등의 예산법상의 일반원칙을 규정하고 있지만 구체적으로 지방자치단체의 수입에 관해서는 세금의 징수와 수납에 관한 기술적인 내용만을 정하고 있다(제61조 이하). 새로 정리 및 신설된 '재정운영의 기본원칙'(제3조) 규정도 건전성과 함께 효율성을 강조하고 있고, 성과중심의 재정운영의 지침을 규정한 제5조도 지출 측면에서의 성과극대화를 제시하고 있는바, 재정수입의 증대를 위한 '영리수익사업'의 허용 여부에 대한 법적 근거는 발견되지 아니한다.

한편 지방공기업법은 지방자치단체가 직접 설치·운영하는 '지방직영기업'(제2조 제1항)이나 따로 법인을 설립하여 경영하는 기업의 조직과 운영에 관하여 필요한 사항을 정하고 있는데 그 적용대상은 우선 상하수도사업, 주택사업, 의료사업, 관광사업 등 15항목의 공익사업으로서 우선 대통령령인 지방자치법시행령 제2조에서 정하고 있는 상근직원 수 또는 일정한 사업규모의 기준을 넘어서는 '지방직영기업'과 효율적인 사업수행을 위해 필요한 경우에 설립할 수 있는 '지방공사'(제49조)와 '지방공단'(제76조)이 경영하는 사업이다(제2조 제1항). 그다음에 경상경비의 5할 이상을 경상수입으로 충당할 수 있는 사업 중에서 원칙적으로 "민간인의 경영참여가 어려운 사업으로서 주민복리의 증진에 기여할 수 있고, 지역경제의 활성화와 지역개발의 촉진에 이바지할 수 있다고 인정되는 사업" 등의 경우에는 조례가 정하는바에 따라 동법이 적용되도록 규정하고 있다(제2조 제2항). 오로지 재정수입의 확대만을 목적으로 하기 때문에 공공복리실현의 목적과는 아무런 직접적인 관련성을 갖지 아니하는 '영리수익사업'이 여기에 포함될 수 없음은 물론이다. 다만 그렇다고 해도 직영의 형식이건, 따로 사법인을 설립하여 운영하건 간에 지방자치단체의 영리수익사업이 전면 금지된다고 볼 수 있는 구체적으로 명시된 근거는 찾아지지 아니한다.

요컨대 지방자치단체가 사법인의 형식으로 기업을 설립하거나 사기업에 지분형식으로 참여하는 것을 허용하는 요건으로서 '보충성', '경제성' 및 '공공성' 등을 예산법이나 지방자치법에서 명시적으로 규정하고 있는 독일의 경우[41]와 달리, 우리의 지방자치법, 지방

---

40) 2005.8.4. 법률 제7663호.

재정법 등 관계 법령에서는 이 문제에 관한 아무런 허용, 금지 또는 제한규정도 찾아볼 수 없다.

V. 맺음말

이제까지 지방자치단체의 영리수익사업에 대한 법적 한계 및 그 제한의 근거를 검토하여 보았다. 그 결론은 다음과 같이 요약된다.

첫째로, 오로지 재정수입의 증대만을 목적으로 하는 지방자치단체의 영리수익사업이 직업의 자유나 혹은 일반적 행동자유권에 포함되는 것으로 인정되는 경쟁의 자유를 침해하는 경우, 말하자면 '공정경쟁원칙'에 위배되는 정도로 경쟁을 제한하고 왜곡하는 경우에는 기본권 제한에 대한 헌법적 한계의 논리가 그대로 적용된다. 요컨대 경쟁의 자유의 본질적인 내용을 침해하지 않아야 한다는 전제하에 법률에 따라 비례의 원칙에 어긋나지 않는 범위 안에서만 허용된다.

둘째로, 조세국가원리와 사회적 시장경제질서모델에 가까운 우리 경제질서에 비추어 볼 때, 국가와 마찬가지로 일정한 범위에서 조세고권과 재정고권을 가지는 공권력주체인 지방자치단체의 '영리수익사업'은 일반적인 복리실현의 공공사업과는 구별되는 이질적인 현상으로 볼 수밖에 없고, 따라서 그것은 재정·경제상의 엄격한 정당성 요건이 충족되는 경우에만 허용될 수 있다. 그 정당성에 대한 입증 또는 소명의 부담은 전적으로 입법자에게 있다. 또한 지역 간의 상이한 환경조건에 따라 구체적인 사항은 폭넓게 조례에 위임될 수밖에 없겠지만, 허용범위나 금지의 기준 등과 같은 '본질적인 내용'은 직접 법률에 규정되어야 함은 물론이다.

셋째로, 현재 지방자치단체의 영리수익사업의 법률상의 근거나 그 제한에 관한 법률규정은 전무하다. 결국 지방자치단체의 영리수익사업에서 사실상의 기본권 제한성을 배제할 수 없다고 보면, 그 예외적인 허용의 필요성을 인정하는 경우에도 구체적인 법률상의 근거가 없는 현재로서는 법리상 지방자치단체의 '영리수익사업'은 허용되지 않는 것으로 볼 수밖에 없다. 부정의 결론으로 해석할 수밖에 없는 이른바 '무결정의 결정'이다.

이러한 법리적 결론은 지방자치단체의 '영리수익사업'이 재정운용상 심대한 부작용과

---

41) §65 BHO/LHO; §67 Deutsche Gemeindeordnung. Vgl. H.-G. Henneke, Oeffentliches Finanzwesen Finanzverfassung, S. 102.

역기능을 초래할 위험이 있다는 정책론적 관점에서의 지적에 의해서도 그 설득력이 더해진다. 재정학에서 지적되고 있는 이른바 관료들의 '도덕적 해이'나 '동기의 결여'에 대한 우려를 차치하더라도, 우선 불확실한 수입을 기초로 사업계획이 확정되고, 그에 따라 예산이 편성되는 경우에 계속적이고 일관성 있는 지방자치단체의 운영이 어렵게 될 위험이 따르게 될 뿐만 아니라 극단적인 경우에는 고유 임무의 수행까지도 지연되고 포기될 수밖에 없는 재정파탄의 가능성도 전혀 배제할 수 없다.

바로 이러한 문제점은 그대로 공권력에 의해서 공정경쟁질서가 왜곡될 수 있는 잠재적인 가능성으로 연결된다. 즉 오로지 수익성만을 추구하는 경쟁과정에서 지방자치단체는 현실적으로 활용이 가능한 모든 유·무형의 수단을 동원하려 할 것이고, 그것은 이미 경쟁의 공정성을 해칠 상당한 위험을 내포하고 있기 때문이다. 또한 본래의 업무만을 수행하기에도 충분하지 아니한 인력을 가지고 있고 또한 일반적으로 사영기업과 민간업자에 비해서 상대적으로 경영마인드와 적응력이 뒤질 수밖에 없는 지방자치단체가 어떠한 형식으로건 스스로 실질적인 경영의 주체로 나서서 영리수익사업에 힘을 쏟는 것은 정책적인 관점에서도 바람직한 것으로 평가되기 어렵다. 오히려 바람직한 것은 지극히 원론적인 주문이지만, 지방자치단체가 직접 '영리수익사업'을 하는 것보다 지역특성에 맞는 산업개발을 육성·지원한다든지, 지방자치단체가 독자적으로 관장하는 행정규제를 완화한다든지 또는 정보제공 등 다양한 행정서비스를 개발하고 강화하는 등의 투자유인책이나 조세감면과 보조금지급, 사회간접시설의 확충 또는 전시회 개최나 홍보활동 등 각종의 직간접적인 지역산업육성에 힘을 기울여 지역경제를 활성화시켜서 세원을 개발하고 확대하는 것이다.

다만 현재 지방재정의 실태를 고려하면 과연 이러한 법리적·정책론적 차원의 원칙론이 현실적으로 얼마나 설득력을 가질 수 있는지는 의문이다. 지방재정의 일반적인 영세성이나 지역 간의 극심한 격차 등의 구조적인 문제는 차치하더라도 차기 선거를 의식하면서 홀로서기 위한 자구책으로 '영리수익사업'을 벌이는 민선 자치단체장들에게는 탁상공론으로 받아들여질 수밖에 없을 것이다. 그러나 어려운 지방재정의 현실상황은 제도개혁과 입법개선을 촉구하는 이유일 수는 있지만, 헌법의 명령을 회피할 수 있는 명분이 될 수는 없다.

<『고시계』, 제471호, 1996. 5, 104~127면>

【13】 BTL사업비 처리방식의 합헌성과 국회의원의 권한쟁의심판 청구인적격

－ 헌재결정 평석(2008.1.17. 2005헌라10) －

Ⅰ. 사건개요 및 결정요지

1. 사건개요

헌법재판소는 2008년 1월 17일 대통령과 국무총리 및 기획예산처장관을 상대로 13명의 국회의원이 청구한 권한쟁의사건에 대하여 재판관 전원의 일치된 의견으로 각하결정을 내렸다(2005헌라10). 본안판단의 내용은 이른바 임대형 민자사업(BTL: Build Transfer Lease, 이하 'BTL사업'으로 약칭함) 방식의 민간투자사업[1]의 결정과 그 시행의 형식 및 절차의 위헌 여부였다.

권한쟁의심판청구(2005. 11. 11)를 통해 청구인이 국회의원의 심의표결권을 침해한 처분으로 주장한 '2006년도에 실시할 BTL사업 한도액(안)'[2]의 대국회 제출행위(2005. 9. 30, 이하 '한도액제출'로 약칭함)는 「사회간접자본시설에 대한 민간투자법」(「사회기반시설에 대한 민간투자법」으로 개정, 이하 「민간투자법」으로 약칭함) 제7조의 2에 근거한 것으로, 동 규정은 2005년 1월 1일에 재적의원 244인 중 찬성 146인, 반대 97인, 기권1인으로 가결되어 동년 1월 27일에 공포되었다. 동 조항은 다음과 같이 규정하고 있다.

"정부는 다음 회계연도의 예산안을 국회에 제출할 때 다음 연도에 실시할 제4조 제2호의 규정에 따른 민간투자사업의 총한도액과 대상시설별 한도액을 예산안과 함께 제출하고, 다음 연도 중에 총한도액과 대상시설별 한도액을 변경하는 경우에는 국회에 보고하여야 한다."[3]

---

[1] 1994년에 '사회간접자본시설에 대한 민간자본유치촉진법'(1998년 12월 「사회간접자본시설에 대한 민간투자법」으로 전면개정)이 제정된 이래 수익형 민자사업(BTO)은 2006년 말 총 146건에 42.2조 원 규모의 사업이 추진되고 있고, BTL사업의 규모는 고시기준으로 2005년부터 약 4년간 약 25조 원에 이르고 있다. 기획예산처 보도참고자료, 2008. 1. 18.

[2] 헌재 결정문에 첨부된 '2006년에 실시할 BTL 대상시설별 한도액(안)'은 별표 참조 『헌재판례집』, 20- I (상), 83면.

청구인의 주장에 따르면 「민간투자법」에 따른 BTL사업은 사회기반시설의 건설과 국가의 임차행위가 결합된 사업이라는 점에서 '예산'과는 다른 형식이지만, 사업시행자의 실시계획에 대한 승인은 국가의 임차사용의무와 연관되고, 따라서 그것은 헌법 제58조에 따라서 사전에 국회의결을 얻어야 하는 '예산 외에 국가의 부담이 될 계약'의 체결에 해당되는데 단순히 국회에 보고하는 형식의 '한도액제출'로 대체하는 것은 국회의 동의권과 국회의원의 심의표결권에 대한 침해라는 것이다.

2. 결정요지

7명 재판관의 다수의견은 국회의원에게 이른바 '제3자 소송담당', 즉 자신의 이름으로 전체기관으로서 국회의 권한침해를 주장하며 소송을 수행할 수 있는 권한은 인정될 수 없고 또 개별 국회의원의 심의표결권은 국회 내부에서만 그 침해 여부가 문제될 수 있을 뿐이고 대외적 관계에서는 직접적인 법적 효과와 연관될 수 없다는 이유로 부적법판단을 내렸다.

별개의견을 낸 두 명의 재판관은 다수의견과 달리 명시적인 법률규정이 없다 하더라도 기본적으로 개별 국회의원의 청구인적격 또는 이른바 '제3자 소송담당'은 인정될 수 있지만, 이 사건의 경우는 다음과 같은 이유를 들어 해당되지 않는 것으로 보았다. 청구인 측이 국회의원의 심의표결권을 침해한 처분으로 주장한 정부의 2006년도 '한도액제출'은 청구인들이 개정 법률안에 대한 심의표결절차에 정상적으로 참여하여 다수결로 통과된 「민간투자법」제4조 제2호 및 제7조의 2의 단순집행행위에 불과하고(이공현) 또 '한도액제출' 후 국회 내 심의과정에서 심의표결권한을 행사할 수 없지 아니하였고 따라서 "헌법상의 권력분립이 명목적 원리로 전락하였다고 볼 만큼의 예외적 상황에 해당되는 것으로 보기 어렵다"(송두환)고 보아 청구인적격을 부인하였다.[4]

---

3) 2005년 1월 1일 의결된 「민간투자법」의 개정, 특히 이른바 BTL사업의 시행방식을 추가하는 개정의 이유로는 다음 세 가지가 제시되었다. (1) 현재 다양한 민간투자사업 시행방식을 채택할 수 있는 통로는 열려 있으나, 민간사업자가 직접 시설을 운영하기 곤란하거나 운영수입만으로는 투자비의 회수가 어려운 문화·체육시설 등에 대한 민간투자실적은 저조한 상황이므로 이러한 분야들에 대하여 민간투자를 촉진하기 위한 사업시행방식을 명문화하려는 것. (2) 사업자는 주로 자금투자와 건설을 담당하고 정부가 시설운영을 담당하며 민간투자비는 정부의 시설임대료 및 부대사업수익 등으로 회수할 수 있는 "건설-이전-임대" 방식을 민간투자사업 시행방식의 하나로 추가. (3) 교육·복지·문화시설 분야 등에 대한 민간의 투자가 활성화됨으로써 이들 분야에 대한 시설의 조기 확충과 함께 국민에 대한 서비스 수준의 향상.

4) 동 결정 이후 기획예산처는 보도자료를 통해 헌법재판소의 각하결정에 따라 "현행과 같이 BTL사업의 총한도액과 대상시설별 한도액을 국회에 제출하는 체계를 유지"하겠다는 방침을 재확인하였다. 앞의 보도자료 참조

Ⅱ. BTL사업 관련 '한도액제출' 행위 및 실시협약의 내용과 법적 성격

1. '한도액제출' 행위

1) '한도액제출' 행위의 내용과 법적 성격

전술 보도자료에 따르면 BTL사업의 규모는 2005년 도입 이후 총 250여 건에 약 13.1 조 원에 이르고 있고('07년 9월말 고시 기준), 2006년 5.7조, 2007년, 2008년에 각각 약 9.9조, 5.0조 원이 총한도액으로 설정되어 급속하게 팽창되는 경향을 보이고 있다.

전술한바와 같이 「민간투자법」 제7조의 2는 정부가 BTL사업의 총한도액과 대상시설 별 한도액을 예산안과 함께 국회에 '제출'하고, 다음 연도 중에 총한도액과 대상시설별 한도액을 변경하는 경우에는 국회에 '보고'하도록 규정하고 있는데 이 '한도액제출' 자체 가 청구인 측이 주장하는바와 같이 헌법 제58조에 의거 미리 국회의 의결을 거쳐야 하는 '국가의 부담이 될 계약'의 체결에 해당된다고 볼 수는 없을 것이다. 국회에 제출되는 총 한도액은 사업시행자와의 실시협약(제13조 제3항)과 실시계획에 대한 승인(제15조)의 전 단계, 즉 구체적인 국가의 재정부담이 법적으로 최종 확정되지 않은 상태에서 총사업비 와 개별 대상시설별 사업비의 한도와 내역이 설정되는 것일 뿐이고, 구체적인 사업의 실 집행 규모와 해당 사업비는 총한도액 범위 내에서 실시협약의 체결 후 계약의 조건과 내 용에 따라 임차료와 운영비 등의 국고지급금이 해당 사업별로 해당 회계연도 예산에 계 상(計上)된다.

그러나 그렇다고 해서 '한도액제출'이 예산지출에 대한 수권 및 국가의 재정부담으로 연결되는 법적 의무와 무관한 것으로 볼 수는 없다. 국회에 제출된 총한도액과 개별 대 상시설별 사업비, 특히 총한도액은 비유해서 표현한다면 '마이너스 통장대출'과 마찬가지 로 정부에게 총한도액 범위 내에서 해당 사업비의 예산편성과 집행에 전권이 포괄적으로 위임된 것을 의미하기 때문이다. 국회의 예산심의 대상인 당해 사업시행의 연도 예산안 에 편성되는 해당 사업비는 후술하는바와 같이 이미 '실시협약'의 체결과 함께 사업시행 자가 지정된 법 상태에서 계약을 통해 합의된 임차료 등의 조건에 따른 국가의 임차의무 가 법적으로 확정된 내용이기 때문에 그에 대한 심의와 의결은 요식적인 것일 수밖에 없 다. 그렇다면 결국 시차가 있을 뿐 '한도액제출'은 실질적으로 국회의 예산심의절차상 '예산'과 달리 취급할 이유가 없다고 생각된다.

2) 회계처리방식 재검토의 필요성과 예산원칙

투자위험은 전무하면서 상당한 수익이 담보된다는 점에서 민간투자사업은 건설업계에서 '황금알거위'로 통하고 있거니와, 실제로 각각 연간 약 8백 억, 1,000억 원 정도의 보조금이 세금으로 지급되는 인천–서울 간 신공항고속도로와 신공항철도 등의 수익형 민간투자사업(BTO)의 비경제성과 혈세낭비에 대한 비판이 쏟아지자 법 개정을 통해 대안으로 마련된 것이 BTL사업인데, 이 사업시행방식 역시 재정부담 또는 예산투자의 시점과 회계처리방식이 다를 뿐이지 사실상 사업시행자에게 상당한 수익을 보장하는 수준의 임대료를 정부가 매년 지불하기 때문에 일반 재정사업과 별 다를 것이 없다.

또 총액과 연부액(年賦額)이 정해진 예산지출이 사전에 일괄적으로 승인된다는 점을 생각하면 실시협약에 따라 소정의 계약기간 동안 국가의 지급의무가 확정되는 임차료 상당의 예산은 헌법 제55조와 국가재정법 제23조에 따른 예산형식, 즉 한 회계연도를 넘어 계속하여 지출할 필요가 있을 때 정부가 연한을 정하여 국회의 의결을 얻어야 하는 '계속비'와 실질적인 차이점을 찾기 어렵다. 결국 정부의 '총한도액제출'만으로 미리 국회의 의결을 얻어야 하는 '국가의 부담이 될 계약의 체결'(헌법 제58조)에 대한 전권이 정부에 백지위임되고, 그 계약에 따라 '한 회계연도를 넘어 계속하여 지출할 필요'가 있는 '계속비'적 성격의 연부임차료에 해당되는 예산이 예산심의나, 개별 사업비가 확정 또는 변경되는 단계에서의 별도의 통제 없이 사실상 확정되기 때문이다.[5]

이 총한도액과 해당 시설별 사업비 및 해당 회계연도의 연부액 등에 대한 회계처리를 어떤 형식으로 할 것인지는 많은 논의가 필요한 문제이다.[6] 다만 여기에서 관심대상인 BTL사업비에 대한 현행의 회계처리방식이 '헌법시행법'적 성격을 갖는다고 할 수 있는

---

5) 국회의 예결산심사의 실무에서도 BTL사업비는 예산과는 일면 달리 취급되고 있다. 예산결산특별위원회 홈페이지(http://budget.na.go.kr)에서 확인한바에 따르면 예산안 심사보고자료에는 그나마 총한도액의 규모와 전년대비 증감에 관한 내용이 포함되어 있지만 확정예산과 정부가 국회에 제출한 결산보고서와 결산심사자료 등에는 총한도액 중 실제로 집행된 예산의 규모나 개별 대상시설별 지출의 내역이 별도로 제시되지 않고, 소관 부처 및 개별 조직단위별 '시설비' 항목에 포함되어서 정리되어 있기 때문에 BTL사업과 관련하여 구체적인 지출내역과 그 적정성을 파악하는 것이 거의 불가능한 실정이다.

6) 이러한 점에서 특정 회계연도의 지출원인행위로 수년간에 걸쳐서 지출이 계속되는 경우에 국고채무부담행위로 처리하는 것이 헌법과 국가재정법상 허용되는 것인지, 특히 분담금과 최소수입보장의 조항에 따라 예산지출의무를 확정하는 「민간투자법」상의 '실시협약'을 일괄계약의 형식과 연계되는 국고채무부담행위로 처리할 것인지 또는 계속비의 예산형식으로 처리할 것인지에 대한 가능성과 타당성에 대한 검토가 요망된다. 그런데 실제로 우리나라의 경우 대부분 일괄계약 성격의 계속비 계약으로 체결되는 민간 부문의 건설공사계약과 달리, 「민간투자법」에 의거한 대규모 BTL사업은 예산사정 등을 고려하여 연부액의 변경 가능성을 유보하는 장기계속계약의 형식을 취하고 있다. 이에 관해서는 옥동석, 『예산항목별 예산권한의 법제적 개선』, 한국법제연구원, 2005, 78-81면.

국가재정법상의 예산원칙들, 특히 '예산과정의 투명성'과 '예산과정에의 국민참여'를 제고하기 위하여 노력해야 하는 정부의 의무(제16조 제4호)에 부합되는 것으로 보기는 어렵다. 또한 동법 제17조에 규정되어 있는 '예산총계주의'와 불가분의 기능적 관계에 있는 '예산완전성' 또는 '예산단일성'의 원칙, 즉 예산결정의 민주성과 투명성, 특히 효과적인 예산통제를 위하여 국가의 수입과 지출을 하나의 예산에 통합하여 계상(計上)하도록 하는 예산원칙에도 부합되기 어려운 것으로 볼 수밖에 없는 문제점이 적지 아니하다.[7] 총액주의가 그대로 지켜지는 경우에도 모든 국가수지의 내역이 통일된 예산에 계상되지 않는다면 전체 재정운용에 대한 조감(鳥瞰)과 개별 예산사업의 적정성에 대한 판단이 쉽지 아니하고, 결과적으로 재정통제가 효과적으로 수행되기 어렵게 되기 때문이다.[8] 또한 이러한 사업시행 및 회계처리의 방식은 '법률에 따른 것과 세출예산금액 또는 계속비의 총액의 범위 안의 것 외의 국고채무부담행위'에 대하여 개별 사항마다 '필요한 이유를 명백히 하고, 해당 연도와 상환연도, 채무부담의 금액을 표시'하도록 규정하고 있는 국가재정법 규정(제25조 제3항)의 기본취지에도 맞지 않는다.

BTL사업과 개별 사업비예산이 예결산심사보고서에 요식적으로 포함되는 것과 형식적으로 실제로 정부지출이 있게 되는 회계연도의 예산편성에 반영되어 확정 예산에 포함되어 계상된다는 점을 고려하더라도 적어도 해당 예산에 대하여 접근하여 사업시행의 추이를 쉽게 판독할 수 없는 현행의 회계처리방식은 사실상 '예산총계주의', 즉 '총액주의원칙'(Brutto-prinzip)이 원칙적으로 모든 세입과 세출의 내역이 있는 그대로 예산에 투명하게 드러나게 하여 차단하려고 하는 이른바 '예산도피'(Haushaltsflucht)[9]의 위험성을 안고 있는 탈법적인 계리형식이라는 비판을 면하기 어렵다. 공식적인 확정예산에 포함되어 있다고 하더라도, 예산당국자와 소관 부처들만 파악할 수 있고, 개별 국회의원을 포함하여 예산통제자나 일반 시민들이 알아보기 어려운 '잠복예산'은 '예산도피'와 다를 것이 없는 '형식의 오류'이기 때문이다. 전술한 재정투명성을 확보하기 위한 '예산공개의 원칙'은

---

7) 이에 관해서는 김성수, 「국가의 재정적 책임과 국가의 재정행위에 대한 법적 통제」, 『공법연구』, 제22집 제2호, 1994, 160쪽 이하; 김성수·이덕연, 「국민건강부담금과 건강기금의 헌법적 문제점」, 『공법연구』 제32집 제5호, 2004, 731-732면.

8) '예산완전성'의 원칙은 '재정통합의 원칙', 즉 특정한 세입과 지출목적의 연계를 금지하고, 전체 수지를 통합하여 투자의 우선순위와 완급을 조절하여 예산을 배분하는 재정운용의 일반원칙의 실효성을 뒷받침하는 기능을 갖는바, 이른바 '기금행정'(Fondverwaltung)의 형식을 엄격한 정당화 요건 하에서만 허용하는 것도 같은 맥락에서 이해된다. 이에 관해서는 김성수·이덕연, 위의 글, 731면 이하; G. Kisker, Staatshaushalt, J. Isensee/P. Kirchhof(Hg.), HdBStR Ⅳ, § 89, Rn. 77.

9) 이 개념은 세입과 세출 모두에 해당되는 개념이다. 이에 관해서는 U. Sacksofsky, Verfolgung oekologischer und anderer oeffentlicher Zwecke durch Instrumente des Abgabenrechts, NJW 2000, S. 2625.

단순히 접근의 가능성을 형식적으로 보장하는 데 그치는 '소극적인 재정공개'가 아니라 '적극적인 재정공개'(aktive Finanzpublizitaet), 즉 시민 모두에게 재정의 상황과 문제들에 대하여 진정하고 완전하며 또한 분명하게 이해되는, 특히 쉽게 스스로 일별하여 알아볼 수 있는 현황표를 제공해주어야 하는 것으로 이해되기 때문이다.[10]

생각건대 BTL사업비를 일반 예산과 구별하여 '한도액제출'을 통해 소요예산을 일괄 확보하고, 대상 시설별로 실시협약을 통해 사업을 집행하도록 하는 회계처리 및 사업시행의 방식은 나름대로 순기능적 효용이 없지 아니하다. 사회기반시설의 확충에 필요한 막대한 재정부담을 시차를 두어 분산시킴으로서 시급한 공적 수요에 부응하는 동시에 예산운용의 탄력성을 확보하고자 하는 「민간투자법」의 기본취지, 특히 한편으로는 대부분 장기간에 걸친 사업시행의 과정에서 재정상황 등 다양한 사정변경에 유연하게 대응해 나가야 하는 필요성과 또 한편으로는 사업시행의 안정성과 수익성보장을 통해 민간투자를 적극 유치하려는 정책목적의 관점에서 보면 유용한 사업운용체계라고 할 수 있기 때문이다.

하지만 그렇다고 해서 이러한 정책적 요청들이 예산과정 및 사업시행의 투명성과 공정성, 특히 예산통제의 민주성과 효과성이라는 의회민주주의와 법치국가원리의 기본명제에 우선되는 것이 아님은 물론이거니와, 민간참여사업의 정책목적과 헌법의 예산법적 원칙 및 기준들이 상호 배제의 관계에서 선택의 대안으로 주어지는 것도 아니다. 입법 및 제도운용의 전 과정에서 정책 또는 행정편의주의를 지양하고, 헌법규범이 요구하는 숙고와 절제의 요청에 따른다면 두 마리 토끼를 동시에 포착하는 것이 충분히 가능하다.

2. 예산과정과 '실시협약'의 법적 성격

전술한바와 같이, 예산결정과정에서 예산, 특히 계속비와 달리 취급할 이유가 없다고 여겨지는 '한도액제출' 행위와 관련하여 보건대, 그 구체적인 지출의무는 실시협약의 체결 및 이와 동시에 진행되는 사업시행자의 지정에 따른 계약상의 법적 의무로 확정된다.[11] 「민간투자법」상 실시협약의 법적 성격에 대해서는 사법상 계약으로 보는 견해와 공법상 계약으로 보는 견해가 대립되고 있으나, 여기에서 이에 관한 상론이 필요한 것은 아니다. 다만 어떤 입장을 취하든 구체적인 예산지출의무가 확정되는 공법적 법률효과를

---

10) G. Schmoelder, Finanzpolitik, 3. Aufl., 1970, S. 143; W. Hoefling, Private Vorfinanzierung oeffentlicher Verkehrsinfrastrukturprojekte – ein staatsschuldenrechtliches Problem?, DOeV, 1995, S. 144에서 재인용.

11) 실시협약의 구조와 법적 성격에 대해서는 김성수, 「민간투자사업의 성격과 사업자 선정의 법적 과제」, 『공법연구』, 제36집 제4호, 2008, 472-475면.

떠나서라도, 사업 내용의 실질적인 공적 성격과 그에 따라 일반적으로 사업시행자에게 인정되는 공법적 권한과 지위, 예컨대 토지 등에 대한 수용 또는 사용권, 타인 토지 출입 권 등을 고려할 때 순수한 사법상 계약으로 보기는 어려운 것이 사실이다.

그러나 논의의 실익을 떠나서, 실시협약의 형식과 절차, 특히 행정처분의 개입 없이 주무 관청과 협약상대방의 합의만으로, 즉 인가나 다른 행정기관의 동의 등의 행정작용 의 개입이나 관여 없이 계약이 체결되는 점, 협약상의 채무불이행의 경우 민사책임의 문 제로 취급되고 또 협약상의 요건에 따라 해지권이 제한 없이 인정된다는 점 등을 주목한 다면, 실시협약을 '대등한 당사자 간의 자율적인 의사합치'라는 본질의 일반적인 사법상 의 계약과 굳이 달리 취급할 이유가 없는 것으로 여겨지기도 하거니와, 법형식론의 관점 에서 관건은 실시협약이 사법상의 계약인가 아니면 공법상 계약인가를 둘러싼 공사법상 의 귀속의 문제가 아니라, 기능적 장단점이 교차되는 공법적 형식과 사법적 형식을 적절 하게 절충 또는 혼용하는 제도설계의 대안을 선택하는 것이다. 예컨대 공법상의 계약으 로 보는 입장에서 강조하는바, 특히 공공성의 요청을 「민간투자법」과 같은 법률에서 직 접 공법적 제도를 통해서 수렴할 것인지, 아니면 이른바 '행정사법'의 논리형식에 따른 일정한 공법적 기속 하에 또는 일반적인 공법상의 원리 외에는 특정한 공법적 기속 없이 주무 관청의 재량에 맡겨 구체적인 개별 계약의 단계에서 반영되도록 할 것인지 등등에 관한 입법정책적인 병렬과 조합의 선택, 말하자면 '기능적합적인 법형식'의 문제이고, 후 자를 선택한 경우에는 '기능적합적인 법집행'의 문제일 뿐이다.[12]

다만 여기에서 관심사는 실시협약의 체결과 시행상의 공정성, 투명성 등을 확보하기 위한 공법적 규율이나 '외부법'적 효과와 연계된 법적 성격이 아니라 실시협약의 예산결 정과 관련된 이른바 '내부법'적 효과이다. "주무관청과 민간투자사업을 시행하고자 하는 자 간에 사업시행의 조건 등에 관하여 체결하는 협약"(「민간투자법」 제2조 제6호)인 실 시협약에는 협약당사자의 기본적인 권리와 의무를 정하는 기본약정 및 사업시행과 관련 된 구체적인 조건과 책임분담 및 분쟁해결방법 등의 내용이 담겨지는바, 총사업비와 함 께 수익성을 보장하기 위한 임차료나 시설사용료, 위험배분 및 주무관청의 지원조치 등 구체적인 예산지출의무를 확정하는 사항이 포함된다. 요컨대 「민간투자법」 제13조 제3항 에 따라 실시협약의 체결과 동시에 사업시행자가 지정되면, 특정한 계약당사자의 확정된 권리에 상응하는 계약상의 채무가 확정되는 것이다.

---

12) 공공조달법제의 기본적인 요청이라고 할 수 있는 투명성과 효율성의 관계 및 이와 관계되는 공법과 사법 의 관계에 대해서는 김대인, 「'법과 개발'의 관점에서 본 공공조달법제의 현황과 과제」, 『공법연구』, 제 36집 제4호, 2008, 445면 이하.

실시협약의 법적 성격을 어떻게 보든 또는 공법상 계약으로 보는 경우라도 그것은 계약체결 과정상의 공정성과 투명성 및 계약 내용의 경제성과 공공성을 담보하기 위해 필요한 공법적 규율수단을 모색하는 데 초점이 맞추어져 있는 것일 뿐이다. 전술한바와 같이 마이너스 통장에서 설정되는 대출 총한도액과 다를 바 없는 '총한도액'의 범위를 넘지 않는 한, 개별 사업에 대한 예산투자 자체의 적정성을 확보하는 것과는 무관하다. 말하자면 특정 사업에 대한 예산투자는 총한도액과 개별 사업비의 명목 및 그 규모만 포함되는 '한도액제출' 외에는 아무런 사전승인이나 심의 또는 별도의 사후보고 등을 거치지 아니하고, 적어도 예산지출의무를 확정하는 국가채무의 발생이라는 측면에서는 사법상 계약과 전혀 다를 것이 없는 실시협약의 체결만으로 결정된다.

이렇게 볼 때, 개별 실시협약의 체결 단계에서 감독청의 인가나 국회의 사후승인 또는 승인조건부 계약 등과 같은 별도의 사전 및 사후적 통제수단이 전혀 없다고 한다면,[13] 결국 BTL사업 관련 '한도액제출'이 해당 회계연도의 예산심의절차를 거쳐서 수리 또는 승인되어야 하는 조건의 사전보고인 것인지, 아니면 단순한 통고식의 보고 자체로 일체의 예산심의절차를 대체하는 것인지 분명하지 아니하다. 「민간투자법」 제7조의 2 후단에서 총한도액을 제출한 다음 연도 중에 총한도액과 대상시설별 한도액을 변경하는 경우에 국회에 '보고'하도록 규정하고 있는 것을 고려한다면 국회에 대한 '한도액제출'과 이에 대한 의사처리가 적어도 공식적인 예산심의절차에 편입되어 또는 그와 동일하게 진행되어야 하는 것으로 규정한 것인지 여부는 해석론상 불분명하기 때문이다. 다만 기술한바와 같이 실무상으로는 후자에 해당되는 방식, 즉 전체 및 개별 사업에 대한 지출의 수권은 개별 사업의 명목과 비용내역이 첨부되는 '한도액제출'로 종결되는바, 결국 제출된 총한도액 범위 내에서의 사업비 지출권은 말 그대로 포괄적으로 정부에 백지위임된다.

---

13) 「민간투자법」 제15조는 '실시협약'의 체결 이후 민간투자사업을 시행하기 전에 당해 사업의 실시계획에 대하여 주무관청의 승인을 받도록 규정하고 있으나, 이는 '실시협약'에서 정해진 총사업비 등 사업시행의 조건과는 무관한, 시공과 관련된 기술적인 사항들만을 내용으로 한다. 동 시행령 제16조 참조.

Ⅲ. 청구인적격의 문제

1. 헌법소송법상 입법의 결여?

다수의견은 명시적인 법률규정이 없는 한 국회의원의 이른바 '제3자 소송담당'은 인정될 수 없다는 기본입장과, 권한의 귀속주체와 권한행사의 대외적 법적 효과가 다르다는 점에서 전체기관으로서 국회의 동의권에 대한 침해와 국회의 구성원인 국회의원의 심의표결권의 침해는 구별된다고 본 최근 선례의 취지를[14] 재확인하면서, 정부가 국회의 의결을 얻지 아니하고 '예산 외에 국가의 부담이 될 계약'을 체결하였다 하더라도 '국회의 동의권이 침해될 수는 있어도 국회의원의 심의표결권이 침해될 가능성은 없다'고 단언하였다. 요컨대 이 사건에서 '예산 외에 국가의 부담이 되는 계약 체결에 대한 국회의 동의'나 이와 유사한 각종 의안에 대한 국회의원의 심의표결권은 타 국가기관에 대해서 그 침해를 주장할 수는 없고, 오로지 국회 내에서만 주장할 수 있을 뿐이라고 보았다.

한편 송두환 재판관은 교섭단체와 그에 준하는 정도의 상당한 수의 의원들에게는 '제3자 소송담당'을 인정하여야 한다는 별개의견을 제시하면서 실질적 권력분립원칙과 소수 보호의 요청을 논거로 제시하였다. 말하자면 다수세력의 전횡에 의해서 의회의 정부견제 기능이 정상적으로 작동되지 못하는 정도로 권력분립이 명목적 원리로 전락하는 예외적 상황에서는 '제3자 소송담당'이 허용되어야 할 필요가 있는데 결국 이에 대한 명문규정을 두지 않은 현행 「헌법재판소법」은 입법의 흠결이고, 이 흠결은 헌법정신에 충실한 헌법해석론을 통해 보완될 수 있고 또 그래야만 하는 것이되, 다만 이 사건의 경우는 그에 해당되는 예외적 상황이 아니라는 것이다.

반면에 다수의견은 별도로 언급하고 있지는 않지만, '제3자 소송담당'의 인정 여부는 단순히 입법정책의 문제이고, 그 가능성을 명시적으로 규정하고 있지 않은 「헌법재판소법」 제61조에 입법적 흠결이 있는 것으로 보지는 않는 것으로 이해된다. 동 규정이 헌법 정책 및 입법정책적으로 신실한 숙고 끝에 문제상황을 충분히 인식하고, 법운용상의 문제점을 예견하면서 내린 '무결정의 결정', 즉 '제3자 소송담당'을 분명하게 허용하지 않는 '부정의 결정'인지, 아니면 성급한 예단과 부주의에 따른 입법흠결로 볼 것인지는 깊고 넓은 논의를 요하는 문제일 것이다. 다만 주지하는바와 같이 권한쟁의심판은 개인의

---

14) 헌재 2007.8.20. 2005헌라8; 2007.10.25. 2006헌라5.

주관적인 권리의 구제가 아니라 헌법상 기관 간의 권한에 관한 분쟁을 해결하는 객관적 소송으로서의 성격과 기능이 특히 부각되는 헌법재판제도이거니와, 적어도 단순히 헌법 해석론의 차원에서 법률규정 또는 동 규정의 집행행위의 위헌성이 아니라 법률개정의 형식을 통한 이른바 '잠복식 헌법 개정'이 문제가 될 수 있는 동 사건과 같은 경우의 권한 쟁의를 어떤 종류와 형식으로든 헌법재판의 심판대상에서 원천적으로 배제하는 것을 정당화할 수 있는 이유는 발견하기 어렵다. '동 법률규정 자체에 위헌성이 있다고 하더라도 그것은 국회에서 법률개정을 통해 시정될 문제일 뿐, 권한쟁의심판을 청구할 권리보호의 이익이 없다'는 피청구인의 반론도 마찬가지이다.

요컨대 어떤 법정책적·이론적 논거를 제시하든 논리의 일관성을 유지하려면, 다수의견은 동 사건의 「민간투자법」 또는 그 집행행위와 같이 규범통제나 헌법소원 등 다른 헌법소송을 통해 그 위헌성 여부에 대한 판단과 시정의 기회가 주어질 수 없는 재정법(財政法)의 경우, 더구나 그 법률의 위헌성이 단순한 헌법해석론상의 이견이 아니라 구체적인 절차와 형식, 권한 등에 관한 명시적인 헌법 규정에 위반되는지 여부가 문제로 제기되는 국회 다수에 의한 '헌법침훼(侵毁)'의 사태로 주어지는 경우에도-피청구인 측의 주장대로-"입법권을 보유한 국회가 대의제원칙에 따라 개정안을 상정하여 심의 및 의결함으로써 시정하면 그만일 뿐"이라는, 말하자면 '국회 다수세력의 뜻에 맡길 수밖에 없다'는 판단을 피할 수 없다.

생각건대 다수의견이 이러한 사태까지 상정하면서 논증을 한 것으로 생각되지는 않지만, 어쨌든 다수의견에 따르는 경우에 다른 해석과 판단의 여지가 없다고 한다면, 현행 「헌법재판소법」 제61조는 위헌의 중대한 입법흠결이라는 평가를 면하기 어려울 것이다. 하지만 전술한바와 같은 권한쟁의심판제도의 객관적인 헌법보호의 요청이 외면될 수 없음은 물론이다. 특히 일상적인 것은 아니지만, 적어도 전혀 배제되지는 않는 '다수독재'의 잠재적 위험성과 헌법의 최고규범으로서의 효력은 오히려 예외적인 상황에서 다수에 의해서 부정되는 것이 상례라는 점 등을 고려한다면, 결국 동 규정의 입법흠결은 법정책론적 논의에 맡겨두고 지켜볼 수 있는 단순한 입법부주의로 볼 수는 없다.

그러나 별개 의견이 제시한바와 같이, 우리는 「헌법재판소법」 제61조에서 합헌적 법률 해석의 대안을 찾을 수 있고 그 가능성과 당위성은 실효성 있는 권력통제와 소수보호의 헌법정신에 의해 뒷받침된다. '제3자 소송담당'을 허용할 것인지, 국회의원의 독자적인 청구인적격을 인정할 것인지 또는 두 가지를 동시에 인정할 것인지의 문제가 법리구성의 대안들로 주어질 뿐이다.

2. 대안선택의 가능성과 필요성

핵심 논점은 전술하였거니와, 본 결정에서 다수의견이 그대로 재확인한 선례의 입장, 특히 국회의원의 독자적인 청구인적격을 부인하는 판단과 논거의 문제점에 대한 필자의 지적과 비판 역시 그대로 유지하고자 하는바, 재론은 약한다.15)

다만 여기에서는 두 가지 논점만 다시 밝혀두고, 본 사건의 특유한 쟁점에 초점을 맞춘다. 우선 전제하는 것은 필자 역시 명시적인 법률규정이 없는 한 '제3자 소송담당'은 예외적으로만 허용될 수 있고 또 본 사건이 그 예외에 해당되지 않는다고 보지만, '제3자 소송담당'의 인정 여부와 독자적인 헌법기관으로서 개별 국회의원의 청구인적격은 별개의 문제라는 점이다. 말하자면 이론적으로 두 가지 소송형식은 병렬의 관계에서 선택적 청구의 대안으로 검토될 수 있는 것이고 또한 '제3자 소송담당'이 인정된다고 하더라도 요건과 범위가 다른 소송방식이기 때문에 그것이 단계적으로 선행되어야만 하는 것도 아니다.

또한 국회의원의 심의표결권은 국회 내부에서만 문제가 될 뿐, 대외적으로는 그 침해가 문제될 수 없다는 논증은 여전히 납득이 되지 않는다. 합의체식 대의기관인 국회의 동의권은 국회의원들의 의사결집을 통해 확정된 전체기관의 의사로 행사되는 것인 점에서 그 구성원인 개별 국회의원의 심의표결권과 분명히 구별된다는 점에 대해서는 이견이 없다. 하지만 그 동의안에 대한 긍·부정의 동의권의 행사는 전체국민을 대표하는 국회의원들의 '국가이익을 우선'하여 '양심'에 따른 대의의 최종적인 결과일 뿐이다. 따라서 논리필연적으로 형성적인 법적 효과를 갖는 의결절차를 통해 대외적으로 행사되는 국회의 권한이 외부로부터 침해되는 경우의 거의 대부분은 국회의원의 심의표결권에 대한 침해를 수반하게 된다. 오히려 전체기관으로서의 국회의 동의권의 침해 여부가 문제가 되는 경우에 사태의 본질은 후자의 관점, 말하자면 국회의 권한에 선행하는 개별 국회의원의 심의표결권 행사의 기회 자체가 박탈되었다는 방향에서 파악되어야 한다.

본 사건에서 청구인 측 주장의 핵심사항의 하나이기도 하였지만, 예컨대 동의형식이든, 승인형식이든 헌법에 따라 국회의 의결을 요하는 사항인데도 불구하고 법률에 의해서 국회의 의결을 얻지 않아도 되게 한다든지 또는 국회 다수세력의 명시적 또는 묵시적 용인

---

15) 헌재의 의견에 대해서 필자는 판례평석(《법률신문》 2007.8.13, 15면)을 통해 이미 이견을 제기한바 있고, 동 평석문에 대한 이명웅 헌재연구관의 반론(《법률신문》 2007.8.27, 14면)에 대하여 평석문을 보완하여 재반론의 논문을 발표한바 있다. 이덕연, 「조약비준에 대한 국회동의 관련 개별국회의원의 권한쟁의심판 청구인적격」, 『공법연구』, 제36집 제1호, 2007, 521-539면.

하에 국회의 의결을 얻지 아니하고 당해 처분이 행하여지는 경우라도 전체기관인 국회의 권한침해만이 문제될 뿐, 개별 국회의원의 심의표결권에 대한 침해는 주장될 수 없다고 전제하면서 정작 '제3자 소송담당'은 명시적인 근거규정이 없다는 이유에서 허용될 수 없다고 판단한다면, 그에 따른 '전혀 불합리한 결과'(absurd result)는 어떻게 해명할 수 있을지 의문이다.

Ⅳ. 맺는말

맺기 전에 개별의견이 제시한 부적법판단의 이유를 간단히 살펴본다. 이공현, 송두환 재판관은 각각 원칙적으로 개별 국회의원의 청구인적격과 '제3자 소송담당'은 인정하지만, 이 사건의 경우에는 청구인이 「민간투자법」 제7조의 2의 개정 시 또는 '한도액제출' 후 국회 내 심의과정에서 반대 또는 기권의 방식으로 정상적으로 심의표결권을 행사하였고, 정부의 '한도액제출' 행위는 동 조항의 단순집행행위에 불과하기 때문에 권한침해가 문제될 수 없다는 점 등을 들어 청구인적격을 부인하였다.

우선 청구인이 개정안 심의과정에 정상적으로 참여하여 심의표결권을 행사하였다는 지적은 「민간투자법」이 이른바 '처분법률' 또는 법률을 통한 '헌법파훼'가 아닌, 말하자면 헌법해석론상 위헌 여부가 문제가 되는 일반적인 내용의 법률이라면 설득력 있는 이유가 될 수 있을 것이다. 또 한편 해당 조항의 내용, 즉 '한도액제출'의 법적 성격이 예산안과 함께 심의의결의 대상인 것인지 또는 단순한 보고인지 여부가 분명치 않다는 점도 고려되어야 한다. 즉, 전자든 후자든 둘 중의 하나로 분명하게 합헌적으로 해석되어 BTL사업이 진행되고 있다면 전체 또는 개별사업의 타당성과 경제성 등에 대한 정책론적 논란은 있을 수 있겠지만, 권한침해의 가능성은 전혀 없다. 예컨대 후자의 경우라도, '한도액제출'은 총한도액 및 개별 사업의 한도액과 내역에 대한 보고일 뿐이고, 향후 상황에 따라 총한도액과 개별 대상사업의 내역 등은 실질적인 국회의 예산심의를 거쳐 실집행사업의 규모와 해당 예산이 확정된다거나, 개별 사업별로 국회의 사전승인을 얻어서 실시협약을 체결하거나 또는 국회의 추인조건부 계약의 형식을 활용하는 등의 방식으로 운용된다면 문제될 것이 없을 것이다. 문제는 전술한바 있듯이 「민간투자법」상의 불분명한 규정으로 인해 BTL사업이 이도저도 아닌 별종의 방식으로 운용될 수 있는 잠재적인 위험성을 안고 있고, 실무상으로도 이 위험성이 그대로 현실화되고 있다는 점이다.[16]

요컨대 현재 법운용의 상태는, 예산절차와 형식상 '총한도액제출'의 위헌성문제를 지적하면 그것은 말 그대로 '총한도액'에 대한 잠정적인 상한설정의 의미를 가질 뿐이고, 구체적인 국가의 재정부담은 '실시협약'의 체결에 따라 발생된다고 대응하고, 역으로 예산외에 국가의 부담이 되는 '실시협약'이 국회의 사전승인을 받지 아니하고 체결되는 문제점을 지적하면 그것은 이미 예산과 함께 국회에 제출된 '총한도액'에 의해 포괄적으로 지출수권이 선결된 사항이라고 답하는 전형적인 '떠넘기기 수법' 외에 다른 것이 아니다. 이것이 입법자와 정책당국자의 긴밀한 공조 속에서 계획적으로 고안된 법정책적 전략과 그에 따라 잘 수행된 작전의 결과인지는 모르겠지만, 문제는 이러한 법형식의 선택과 그 운용이 헌법상 허용될 수 있는 것인지 여부이다.

헌법에 명시적으로 규정되어 있는 절차와 형식은, 특히 그것이 '외부법'을 준거로 한 사법통제망으로 포착하기 어려운 지출 부문의 재정행위와 관련된 경우에는 더욱 엄격하게 해석 적용되어야 한다. 원칙적으로 별종이 허용될 수 없고, 예외가 허용되기 위해서는 그만큼 더욱 가중된 엄격한 정당화사유가 요구된다. 본 사건은 추상적 규범통제제도를 채택하지 않고 있고 또 행정소송은 물론이고, 위헌법률심판이나 헌법소원 등 다른 헌법재판제도를 통해 다툴 수 있는 수단이 전무한 소송법제의 상황 속에서 야당 소속 국회의원들이 다수결로 통과된 법률에 따른 BTL사업의 방식과 예산절차, 특히 정규의 예산심의도 받지 아니하고, '예산 외에 국가의 부담이 될 계약'의 경우에 필요한 국회의 사전승인도 받지 않는 별종의 예산처리방식이 헌법적으로 허용될 수 있는 것인지를 물었던 것인데, 헌법해석에 관한 최종 유권해석기관인 헌법재판소는 대답을 피하였다. 그렇다면, BTL사업의 운영체제와 관련한 현재의 법 및 법운용에 문제가 없다는 것인지, 아니면 문제가 있기는 하지만 국회의 대의과정을 통한 입법개선과 합리적인 의사운영에 맡겨 놓을 수밖에 없는 문제로 보는 것인지, 더 나아가서는 후자의 경우로 본다면, 문제는 있지만 이 문제를 권한쟁의심판 등의 헌법소송으로 다룰 수 없는 것을 단순한 입법정책적 부주의 또는 보정되어야만 할 '입법흠결' 둘 중에 어떤 것으로 이해하는 것인지 등등 궁금한 점이 적지 않다.

---

16) 법령 등 공포에 관한 법률 제8조는 "예산 및 예산외 국고부담계약공고문의 前文(전문)에는 국회의 의결을 얻은 뜻을 기재하고, 대통령이 서명한 후 대통령인을 압날하고 그 일자를 명기하여 국무총리와 관계 국무위원이 부서하여야 한다"고 규정하고 있는데 현재 BTL 사업비 또는 '실시협약'의 경우에는 동 규정에 따른 절차와 형식을 따르고 있지 아니하고, 「민간투자법」 등 관련 법령에 별도로 공고의 형식과 절차가 정해진 것도 없다.

Ⅴ. 보론 - 사태와 논점의 정리

현재의 법 및 법운용의 상태가 지속된다면 조만간 유사한 구조와 내용의 문제가 다시 헌법재판소의 답을 구하는 상황이 재발될 것으로 예상된다. 단순한 호기심 때문만은 아닌 이 의문점들이 해소되기를 기대하면서 무익한 논의의 반복을 피하고 생산적으로 토론을 진행하기 위해서는 문제의 내용과 맥락에 대한 인식의 공유가 필수적인바, 본 사건의 사태와 핵심 논점을 정리해두고자 한다.

ⅰ) 우선 본 사건은 그 개정과정상의 의결절차 자체가 아니라 그 내용에 대하여 위헌 논란이 적지 않았던 「민간투자법」 개정안이 야당이 적극적으로 반대하는 가운데 다수 여당에 의해서 의결된 데서 근원이 찾아진다.

ⅱ) 본 사건에서 문제가 되는 것은 대외적으로 국민의 권리를 제한하고 의무를 부과하는 사항과 관련된, 이른바 '외부법'에 해당하는 일반적인 법규사항이 아니라 헌법에 규정된 국회동의의 요부, 즉 국가 내부에서 진행되는 예산결정의 절차 및 형식과 관련된 이른바 '내부법'의 사항이다. 그렇기 때문에 추상적 규범통제제도가 없는 현행 헌법소송법제상 헌법소원 및 구체적 규범통제, 즉 위헌법률심판청구를 통해 다툴 수 있는 가능성은 전무하다.

ⅲ) 청구인 측이 '총한도액제출' 행위의 위헌성을 주장한 것과는 무관하게 그 근거조항인 「민간투자법」 제7조의 2는 국회동의의 요부와 관련하여 분명하게 규정하고 있지 않는바, 관건은 동 규정에 대한 '합헌석 법률해식'과 '총힌도액제춣'에 대한 국회의 의사 처리의 합헌성 여부이지, 단순한 집행행위인 '총한도액제출' 자체의 위헌 여부가 아니다.

ⅳ) 그런데 국회는 '총한도액제출'에 대하여 적어도 정규의 예결산심의절차를 적용하지 않고 또 실시협약을 국회의 사전승인을 받아야 하는 '예산 외에 국가의 부담이 될 계약'으로 취급하지도 않고, - 요식적으로 예결산심사보고서에 단순한 내역이 포함되고, 확정예산에 개별 조직단위별 시설비항목에 해당 예산이 포함되어 계상된다는 점을 감안한다 하더라도 - 사실상 단순한 보고절차로 처리하고 있다.

ⅴ) 따라서 근거 조항인 「민간투자법」 제7조의 2를 위헌으로 가정한다면, 위헌인 법률을 근거로 한 '총한도액제출' 행위와 함께 국회, 구체적으로는 소관 상임위원회 및 예결산위원회 위원장 또는 국회의장의 해당 의사처리 및 관련된 처분 또는 부작위가 권한쟁의심판의 대상이 될 것이다. 법률제정행위를 다투는 경우 법률규정 자체는 심판대상이

될 수 없지만, 동 사건의 경우와 같이 위헌인 법률규정을 근거로 한 처분이 단순히 법률을 집행 및 적용하는 경우에는 법률규정도 권한쟁의심판의 대상인 처분의 범위에 포함될 수 있다.[17]

vi) 다만 전술한바와 같이 동 조항에 대한 '합헌적 법률해석'이 가능하고 또 요구된다고 본다면, '총한도액제출' 행위는 단순한 법률집행행위로서 그 자체의 위헌 또는 위법성이 문제가 될 것은 없고, 결국 국회에서 '총한도액제출'에 대한 후속 의사처리행위의 위헌성, 즉 국회의장이나 예산결산특별위원회 위원장 등의 처분 또는 부작위가 국회의원의 심의표결권을 침해하였는지 여부가 심판의 대상으로 남게 된다.

vii) 그런데 이른바 '제3자 소송담당'의 가능성과 함께 개별 국회의원의 청구인적격도 인정하지 않는 헌재의 판단에 따르면, 국회의 자율적인 입법개선, 즉 야당 소속 국회의원인 청구인 측의 입장에서 볼 때, 현실적으로 발의권의 행사 이상을 기대할 수 없는 「민간투자법」의 개정을 추진하는 것 외에는 그 어떤 소송법적 수단도 남지 않게 된다. 향후 동 결정은 이러한 납득하기 어려운 결과와 핵심 논점들에 대한 충분한 숙고와 설득력 있는 해명을 거친 후에야 선판례로 유지될 수 있을 것이다.

<『헌법학연구』, 제14권 제4호, 2008. 12, 453∼477면>

---

17) 허영, 『헌법소송법론』, 박영사, 2008, 316면.

<별표>

* 2006년도에 실시할 BTL 대상시설별 한도액(안)

(단위: 억 원)

대상시설	사업규모	총사업비 (추정)	사업내역
□ 국가사업			
① 군인아파트 신축	6,000세대	5,880	부산 3함대, 동해 23사단 등
② 사병내무반 신축	126대대	7,298	육군 66대대, 해군 20대대, 공군 40대대
			대구, 창원, 대전, 부산, 항공
③ 기능대학시설 신축	5개교	651	
④ 일반철도 건설	56km	11,629	경전선 4,358, 전라선 7,271
⑤ 국립대 기숙사 신축	4개교	544	전북, 부산, 안동, 서울교대
소계		26,002	
□ 국고보조 지자체사업			
⑥ 노후하수관거 정비	3,627km	23,070	대전, 울산, 광주 등
⑦ 생활체육시설	4개소	762	동두천, 인제, 천안, 영양
⑧ 도서관 신축	3개소	377	해운대, 천안, 전주
⑨ 박물관·미술관 신축	1개소	460	울산시립박물관
⑩ 복합노인복지시설	3개소	817	천안, 산청, 영양
⑪ 우수한약유통지원 시설	5개소	500	안동, 진안, 제천, 평창, 화순
⑫ 과학관 신축	3개소	794	인천, 아산, 창원
⑬ 복합시설1)	8개소	1,438	인천, 청도, 철원 등
소계		28,218	
□ 예비사업 한도액2)		2,711	①~⑬ 한도액 합계의 5%
합계		56,931	

주: 1) 「민간투자법」상 대상시설 중 2개 이상 시설을 함께 건설하는 경우
    2) 국가사업 및 국고보조 지자체사업에 추가 사용될 수 있는 예비사업한도액

제5장

경제입법평론

【14】 소상공인 문제와 「소상공인지원법」제의 헌법적 당위성*

Ⅰ. 문제의 제기

'소상공인'[1]을 보호하고 지원하는 문제(이하 '소상공인 문제'로 약함)는 더 이상 잠정적이고 기술적인 '부분의 문제'가 아니다. 비정규직 근로자의 문제와 함께 우리 사회의 지속가능한 발전의 가능성과 그 한계를 규정하는 근본적이고 구조적인 '전체의 문제'이다. 사회정책의 관점에서 사회적 양극화 또는 빈곤의 문제로 보는 경우에도 그러하고, 저축률의 급감이나 내수경기의 위축 등 경제성장의 동력을 급속하게 떨어뜨리는 경제문제로 접근하는 경우에도 마찬가지다. 이미 상당 부분 현실화되고 있지만, 세계 최고수준의 저출산 및 급속한 노령화와 엇물려서 앞으로 막대한 재원을 요하게 만들 사회복지문제로 관심을 가지는 경우에도 다르지 아니하다. 지금 당장 시급한 보호와 미시적인 보호와 지원방안에 대해서도 관심을 가져야겠지만, 기본적으로 소상공인 문제를 거시적이고 중장기적인 관점에서 총체적으로 사회구조를 개선하고 이해관계를 조정하는 일종의 사회구조개혁의 문제로 인식해야 하는 것은 바로 이 때문이다.

이러한 관점에서 볼 때, 「소상공인지원에 관한 법률」(이하 「소상공인지원법」으로 약함)의 제정은 만시지탄이되 시의적절한 입법이라고 할 수 있다. 정치적 결단과 정책결정의 내용을 법률에 담는 것 자체가 중요한 정치적·정책적 결정이기도 하지만, 중소기업과

---

* 이 글은 필자가 2011년 2월에 한국공법학회지 『공법연구』(제39집 제3호, 234-264면)에 발표한 논문, 「헌법으로 본 빈곤(사회양극화)문제와 예산과정」의 헌법이론적인 논의와 결론의 대강을 유지 및 전제하면서, 말하자면 특수한 빈곤문제로서 '소상공인 문제'에 초점을 맞추어서 문제의 현황을 짚어보고, 소상공인의 지원을 위한 적절한 입법조치를 취해야 할 필요성과 그 과정에서 유의해야 할 점을 검토한 것으로서 2011년 7월 8일에 국회에서 개최된 「소상공인 지원에 관한 법률」제정을 위한 공청회(국회의원 김혜성, 전국소상공인단체연합회 공동 주최)의 발제문을 일부 수정 및 보완한 것임을 밝혀둔다.

1) 2011년 8월 19일에 국회에 발의되어 있는 '소상공인 지원에 관한 법률'(안) 제2조는 '소상공인'의 개념을 기본적으로 "「중소기업기본법」 제2조 제2항에 따른 소기업 중 상시근로자 수가 10명 미만인 기업을 운영하는 자"로 하되, 그 기준은 대통령령으로 정하도록 규정하고 있는바, 결국 동법에 의한 구체적인 보호대상의 범위는 대통령령에 의해 설정된다. 이는 일견 기술적인 입법사항으로 보이지만, 실제로 극히 다종다양한 업태와 또한 무등록사업자가 적지 않은 실태를 고려하면 보호대상의 범위나 업종과 업태별로 차별화된 보호의 수준과 방식 등에 관한 세부적인 기준을 어떻게 정하는가에 따라 동법의 규범적 효력과 현실적 효용의 크기를 결정하는 본질적인 사항이다. 예컨대 편의점을 비롯하여 최근에 급증한 다양한 업종의 프랜차이즈 가맹점이나 이발소, 미용실, 부동산 중개업, 약국 등 license를 허가 또는 등록요건으로 하는 소규모 자영업자 또는 재래시장의 영세상인이나 노점상 등을 어떻게 (차별)취급할 것인가의 문제이다.

구별되는 소상공인만을 대상으로 하는 동법을 제정하는 과정 속에서 이 문제와 문제의 심각성에 대한 관심이 증대되고, 다양한 관점이 수렴될 수 있는 것은 물론이고, 문제인식의 공감대를 확장하게 되는 기회가 주어질 수 있을 것이기 때문이다. 이에 대한 믿음과 기대를 갖고 헌법, 특히 기본적인 헌법원리의 관점에서 소상공인 문제의 현황과 「소상공인지원법」의 필요성과 당위성 및 기대되는 효용과 한계를 검토해본다.

Ⅱ. 소상공인 문제의 현황과 성격

1. 사회적 양극화(빈곤) 문제의 전형으로서 소상공인 문제

빈곤문제가 우리 사회의 현안으로 대두된 것은 1997년 말 외환위기를 거치면서였다. 적어도 소득불평등의 심화에 따라 사회의 지속가능성을 위협하는 거시적인 체제차원의 문제로서 주목되게 된 것은 그러하다.

〈표 14-1〉빈곤율 변화(가처분소득 기준. 1인 가구 및 농어가가구 제외)

	절대빈곤율			상대빈곤율(1)		
	절대빈곤(2)	차상위계층(3)	합계	40%	50%	합계
1996년(Ⅰ)	5.9	3.9	9.8	7.7	4.9	12.6
2000년(Ⅱ)	11.5	4.7	16.2	11.5	5.5	17.0
Ⅱ-Ⅰ	5.6	0.8	6.4	3.9	0.6	4.5
2005년(Ⅲ)	11.7	7.4	18.5	10.0	4.6	14.6
Ⅲ-Ⅱ	0.2	2.7	2.3	-1.5	-0.9	-2.4
2008년(Ⅳ)	11.1	?	?	10.3	4.6	14.9
Ⅳ-Ⅲ	-0.6	?	?	0.3	0.0	0.3

(1) 상대빈곤율은 전체가구 중 중위소득의 40% 이하 및 50% 이하인 가구의 비율 (2) 절대빈곤은 전체 가구 중 국민기초생활보장법상 생계보조수급의 기준인 최저생계비 이하인 가구의 비율[2] (3) 차상위계층은 가구원수별 최저생계비의 120% 이하인 가구[3] 자료:

---

[2] 단, 이 통계자료에서 '절대빈곤'의 수치가 실제 절대빈곤가구의 비율을 그대로 반영한 것으로 볼 수는 없다. 소득과 재산이 제대로 파악되지 못하여 실제 소득수준이 최저생계비 이하이면서 재산이 기초생활수급 요건에 해당되는 경우임에도 불구하고, 부양의무자가 있다는 등의 이유로 생계보조금을 지급받지 못하고 있는 사람이 2003년 현재 실제 수급자 약 138만 명의 128%에 해당하는 약 177만 명에 이르는 것으로

『2009년 빈곤통계연보』, 한국보건사회연구원 2009. 단, 2005년까지 통계는 김준현, 『경제적 세계화와 빈곤문제 그리고 국가』, 189면 <표 5-3>.

　1960년대 이래 30여 년간 우리 사회는 정치의 민주화는 정체되었지만, 경제적으로는 연평균 8% 이상의 고도성장의 지속적인 흐름 속에서 빈곤문제는 '일만 열심히 하면 해결되는 문제'였다.[4] 1980년대 접어들면서부터는 적어도 끼니를 거르는 수준의 빈곤은 찾아보기 어려워졌고, 10% 수준이었던 최저생계비 이하의 빈곤층비율도 1990년대 초반에는 5% 이하로 떨어지는 등 상당한 정도의 소득분배개선과 함께 절대빈곤의 문제는 극복된 듯 보였다.[5] 그러나 외환위기를 분수령으로 하여 경제성장의 지체, 사회적 양극화와 엇물린 빈곤문제의 심화의 흐름은 정반대의 양상을 보이고 있다. 상황이 더욱 심각한 것은 외환위기 후에 부각된 이러한 현상들이 예외적인 위기상황에서 초래된 과도기의 문제가 아니라 악순환의 흐름 속에서 구조적인 문제로 고착화되고 심화되어 가고 있기 때문이다. 아래 표에서 잘 드러나는바와 같이, 1997년 이래 지난 10여 년간 소득양극화의 추세 속에서 중산층이 크게 위축되고, 차상위계층을 포함한 절대빈곤층 가구가 급증하고 있는 문제는 이미 우리 경제의 지속적인 발전과 사회통합에 심각한 장애요인이 되고 있다.

　우선 절대빈곤가구, 즉 전체 가구 중 소득수준이 최저생계비 이하인 가구의 비율이 1996년에는 5.92%였던 것이 불과 3년이 지난 2000년에는 11.47%로 급증하였다. 특히 주목되는 것은 절대빈곤율의 증가분 6.29% 중에 절대빈곤가구가 5.55%포인트, 차상위계층은 불과 0.74%포인트를 차지하였다는 점이다.

　추정되고 있다 김선빈 외, 「배려의 경제학 : 저소득층의 활로모색」, 『CEO Information』, 642호, 2008. 2. 20. 구체적인 추정치는 적지 않은 차이를 보이고 있지만, 이 추산은 크지 않은 오차범위 내에서 현재 시점에서도 여전히 유효할 것으로 생각된다. 이에 관해서는 이현주 외, 『차상위계층 실태분석 및 정책제안』, 한국보건사회연구원, 2008. 12, 141면. 2008년 현재 기초생활보장 수급자가 약 153만 명으로 늘어났으나, 이는 빈곤층의 점증적인 확대에 따른 결과일 뿐이다.

3) 차상위계층의 대부분을 차지하는 일용직 근로자나 도시 영세자영업자의 소득이 제대로 파악되지 못하고 있기 때문에 정확한 통계자료 자체가 생산되지 못하고 있는 상황이다. 최저생계비 이하의 가구에 대한 불확실한 추정치와 연계되어 있는 것이기도 하지만, 오차범위가 적지 않아서 2008년 자료는 의문부호로 처리하였다. 한국보건사회연구원의 광범위한 실태조사에 따르면 2006년 현재 전체 가구 중 12.03%가 차상위계층에 속하는 것으로 추정된다. 이현주 외, 위 보고서, 170면, <표 5-1-1>. 다만 원용한 2005년까지 통계와 같은 기준을 적용하는 경우라면 2005년의 7.4%에 비해 큰 등락이 있지는 않을 것으로 생각된다. 표에 제시된 2005년까지 관련 통계는 2차 자료를 참고로 한 것이다.

4) 김수현·이현주·손병돈, 『한국의 가난』, 한울아카데미, 2009, 279면.

5) 물론 성장과 분배의 두 마리 토끼를 함께 잡은 모범의 성공사례로 평가될 만큼 실제 소득분배의 공평성이 확보되었는지 여부는 논란의 대상이고, 비판적인 견해가 적지 아니하다. 또한 지표로 나타나는 것과 빈곤층을 포함한 다수 서민들, 특히 여기에서 관심을 갖는 소상공인들이 체감하는 소득불평등의 실태나 분배구조개선의 정도 및 그 속도는 많이 다를 것으로 생각된다. 이에 관해서는 서울대학교 출판부, 『한국의 소득불평등과 빈곤』, 2006.

이는 차상위계층 중 상당수가 절대빈곤층으로 전락하였고, 그 자리의 대부분을 중위소득 40% 이하인 가구가 채운 결과이다. 이러한 하향 이동의 경향은 중하위권의 중산층을 포함하여 중위소득 40%계층과 50%계층의 경우에도 다르지 아니하다.[6] 서로 상쇄 또는 중첩 및 교체되는 점에서 함수관계에 있는 하위의 비정규직근로자집단과 함께 소상공인집단(약 270만 명?)[7]이 집단적인 하향 이동의 주류를 구성하는 것으로 추측된다. 한국노동패널을 활용한 2007년 노동연구원의 연구결과에 따르면 전체 자영업자의 40.12%가 월소득이 150만 원에 미치지 못하고 있는 실정이다.[8]

이러한 데이터를 통해서 우리가 주목해야 하는 것은, 우리 사회의 총체적인 빈곤문제의 차원에서는 물론이지만, 현상의 관점에서든 해결책의 관점에서든 빈곤문제의 일부분으로 인식되어야 하는 소상공인 문제의 경우에도 현 시점에서 문제의 크기가 아니다. 관건은 추세이고, 전망이다. 더 늦기 전에 선순환의 방향으로 적극적으로 전환의 기회를 포착하고, 이를 위한 정치적, 사회적 조건, 특히 사회 전체의 의지와 태도를 갖추는 것이 긴요하다.[9] 「소상공인지원법」의 제정이 부분적으로라도 정책기조의 선회의 계기와 촉매제가 될 수 있을 것으로 믿고, 또 기대한다.

2. 산업 및 경제정책상 전략적 고려의 대상으로서 소상공인 문제

주지하는바와 같이 우리나라 산업종사자 중 자영업자의 비율은 2005년, 2007년 현재 각각 약 33.6%, 31.8%로 멕시코(35.7%)에 이어 세계에서 두 번째로 높다.[10] OECD국가

---

6) 이에 관해서는 이덕연, 앞의 논문, 234-237면.

7) 아직 영세자영업자 또는 이를 포함한 소상공인집단의 전체 및 부문별 규모나 그 실태 등에 관한 조사와 연구가 크게 미흡하고, 정책지원시스템의 개발에 필수적인 데이터베이스조차 마련되지 않은 상태이다. 이에 관해서는 전인우 외 3인, 「소상공인 실태조사 및 통계기반구축방안」, 소상공진흥원, 연구보고서, 기본연구 06-9. 2007. 2.

8) 국회 환경노동위원회 전문위원 고용보험법 일부개정법률안(2009. 9. 정부제출) 검토보고서(2010. 4), 3면 주석 4번에서 재인용.

9) 바람직한 소상공인정책방향의 모색을 위해서는 거시적인 정향점과 적확한 중장기적 전략수립을 위한 준거가 필요하고 이를 위해서는 우선 실태에 대한 정확한 분석, 특히 적정규모에 대한 실증적인 검토가 선행되어야 한다. 이에 관해서는 전인우 외 4명, 「소상공인 경쟁력 강화를 위한 정책과제와 개선방안」, 소상공인진흥원 연구용역보고서, 기본연구 05-11, 2005. 11.

10) 우리나라 전체 산업 중 자영업 부문의 과잉규모를 추정해보면 2004년 현재 약 200~290만 명 정도인 것으로 분석되었는데 이에 따르면 비농업 부문의 과잉 자영업자 규모는 대략 160~235만 명 정도이고, 영세자영업자의 과잉규모는 110~160만 명 정도인 것으로 추정된바 있다. 이에 관해 상세한 것은 전인우 외 3인, 「비전 2030 영세자영업자 대책수립연구」, 소상공인진흥원 연구보고서, 2007. 2), 2-4면 참조. 그 후 이 과잉규모는 점증하여 약 270만 명으로 추산되는바, 이에 따르면 2011년 현재 소상공인의 과잉

들 평균은 각각 16.1%와 18.2%에 불과하다. 2011년 현재로 보아도 이 수치는 큰 변동이 없을 것으로 생각되고, 앞으로도 큰 변동은 없을 것으로 전망된다. 거시적인 산업구조의 차원에서 그 원인에 대한 진단과 구체적인 개선방안은 별론의 대상이되, 여기에서 우리의 관심은 전체적으로, 특히 이른바 '골목상권'이나 일부 서비스업종에서 두드러지게 나타나는 과잉시장진입과 그에 따른 생산성의 저하와 과도한 경쟁에 따른 수익감소와 폐업 및 새로운 과잉집중의 악순환으로 이어지는 현상에 모아진다.

이러한 현상은 특히 소규모의 식당이나 슈퍼, 세탁소, 미장원 등 근린생활 서비스업종에 종사하는 높은 비율의 이른바 '생계형 소상공인'의 경우에 부각된다. 또한 때로는 전체적으로, 때로는 업종과 업태별로 다를 수 있지만, 이들 집단은 기본적으로 경기변동에 따른 영향에 직접 노출될 수밖에 없다는 점에서 공통된다.[11] 불황이 장기화되고 심화되는 경우에는 실업자나 일자리를 잡지 못하는 비정규직 근로자들이 새로 영세자영업시장에 진입하게 되고, 전체 소상공인집단의 단위 내에서도 경쟁이 일정 수준 이상으로 과열되면서 동종 업종 내에서뿐만 아니라 이종 업종 간에도 연쇄적으로 수익성 악화와 폐업의 악순환이 초래된다. 적어도 일자리가 주어지는 경우에는 생산성이 낮더라도 일정한 생산과 소득으로 이어지게 되는 근로자의 임금보다 자영업자소득의 양극화가 더 심한 것도 이 때문이다.

모든 가격이 정치적이고,[12] 노동의 가격인 임금에 도덕적 가치가 내포되어 있다고 한다면, 이는 적어도 자신의 서비스에 대한 대가가 수익과 소득의 대부분에 해당되는 소상공인의 경우에도 다를 바 없다. 소규모 자영업자를 비롯한 소상공인집단은 그 업종과 양태 및 그에 따른 직간접적인 영업환경이 말 그대로 수없이 다양하지만, 기술한바와 같이 특정한 사회구성집단으로서 공통된 산업경제적 특성을 갖고 있다면, 열악한 시장조건과 그에 따른 낮은 소득수준, 그리고 극심한 소득의 양극화 등의 구조적인 문제도 그 원인과 결과의 일정 부분은 정치적이고 또한 사회 구성원들의 도덕적 가치와 연관되는 것으로 볼 수 있을 것이다. 말하자면 한국경제의 구조적인 문제점의 하나로 지적되는 중소기업의 취약한 경쟁력과 마찬가지로, 소상공인 문제도 근본적으로는 성장과 대기업을 위주

규모는 최대한 보수적으로 생각해도 100만 명 선은 넘어설 것으로 추산된다.

11) 2008년 현재 1인 이상 사업체는 326만 개이며, 5인 미만 사업체는 총 271만 개로 전체 사업체의 83.1%를 차지한다. 5인 미만 사업체가 가장 많이 있는 부문은 서비스산업으로 85.2%에 달한다. 이와 관련한 상세한 내용은 조용현, 「영세기업근로자 4대보험 개선방안」, 소상공인진흥원 연구보고서, 기본연구 10-6. 2010. 12.

12) 장하준, 이종태·황해선(역), 『국가의 역할』, 부키, 2008, 135-137면.

로 하는 수출주도형의 방침을 장기간 지속한 정부의 경제개입과 산업의 불균형 성장전략, 그리고 정부의 주도적인 역할과 경제정책에 대한 명시적인 또는 묵시적인 대중의 동의에 따른 결과이기 때문이다. 이미 2000년대 초반에 상위 30대 재벌 전 계열사들의 총매출액이 국내총생산(GDP)에서 차지하는 비중이 80%를 넘어섰는데 대략 나머지 20%의 생산과 매출에서 중소기업의 비중이 50%에 달하고, 이 남은 부분 중 대규모 자영업자가 상당 부분을 차지한다고 보면, 결국은 남겨진 조그만 빵 한 조각을 놓고 270만 명의 소상인들이 각축을 벌이는 형국이다. 비중에 관해서는 이견이 있겠지만, 이 모습 중 상당 부분이 이른바 '보이지 않는 손'으로 그려진 것이 아님은 물론이다.

다행히 최근에 부분적으로 관심이 증대되어 왔지만, 종래 영세자영업자를 비롯한 소상공인집단은 산업 및 경제정책적인 관점에서 보호와 육성의 대상으로 주목되지 못하였다. 말 그대로 정치적인 관심과 정책적인 배려에서 철저하게 소외된 집단이었다고 할 수 있다. 업태가 극도로 다종다양하여 집단적 동질성이 희박하고, 따라서 쉽게 조직화될 수 없는 점, 전체 소상공인 사업자 중 약 18%에 이를 것으로 추정되는 무등록사업자의 실태와 경영현황이 제대로 파악되고 있지 못한 점,[13] 그리고 정치적 영향력이 결집되기 어려운 점 등이 주된 원인이었을 것으로 추측되지만, 아무튼 문제의 양적·질적 크기를 고려할 때, 향후 정책과 합의형성 및 정책결정의 과정에서 소상공인 문제가 더 이상 후순위의 의제로 밀려나서는 아니 된다. 적어도 중견기업, 중소기업, 소기업 등의 규모별 집단은 물론이고, 농어민 등 직역별로 각별한 보호의 대상으로 취급되어 온 집단들과 동렬선상에서, 부분적으로는 더 우선하여 배려되어야 한다. 이러한 점에서 「소상공인지원법」의 제정은 소상공인 집단에 대한 정치적 관심과 산업경제정책적 배려의 결과인 동시에, 앞으로 독자적인 보호와 육성의 대상으로서 관심을 지속할 수 있게 하는 법규범적 토대를 마련하는 것이라는 점에서 그 의미와 효용이 적지 아니하다.

3. 사회복지 및 사회보장정책의 우선과제로서 소상공인 문제

전술한바와 같이 우리나라는 다른 OECD 국가들에 비해 산업종사자 중에서 영세기업의 근로자와 영세자영업자를 중심으로 하는 소상공인의 비중이 매우 높은데, 이들의 상

---

13) 이에 관해서는 홍성수 외 3인, 「소상공인 무등록사업자 실태조사 및 정책방안연구」, 소상공인진흥원, 기본연구 10-09, 2010. 9. 예컨대 2009년부터 중소기업청이 주관하여 금융소외 자영업자를 대상으로 특례보증사업(약 1조 6천7백억 규모)이 시행되어 왔는데 실무상 무등록사업자를 수혜대상에 포함시키는 데 제도적으로 기술적으로 어려움이 적지 아니하다.

당수가 중하위의 저소득층에 속하며 상시적으로 빈곤의 위험에 노출되어 있다. 이들은 현재 우리 사회에 폭넓은 차상위의 계층을 형성하고 있고, 향후 중장기적으로 경제상황에 따라서는 이들 중 상당수가 언제든지 절대빈곤층으로 전락할 위험이 상존한다. 이른바 '근로빈곤'[14]에 해당하는 주된 집단인 이들의 빈곤층화를 예방 또는 최소화하는 것이 사회복지정책에서 최우선적으로 주목되어야 하는 과제들 중의 하나라고 할 수 있다. 특히 빈곤의 예방이라는 관점에서 우선 가장 유용한 사회복지정책은 사회보장제도의 틀 내에서 국민연금과 같은 사회보험의 가입률을 제고하는 것이다.

우리나라 복지제도의 현황을 한마디로 표현한다면, 사회복지의 사각지대가 적지 않게 남아 있기는 하지만, 이에 비해 상대적으로 사회보장제도 자체는 잘 정비되어 있다고 할 수 있다. 하지만 객관적인 법제도와 실제 운용의 사이에는 적지 않은 차이가 존재한다. 이 차이 속에서 사회보장제도의 핵심기제인 '위험의 분산'이라는 사회적 보호수단의 효용이 사장되고 있는 것이 현실이다. 예컨대 2009년 현재 1~4인 규모의 영세사업장의 경우 4대보험의 가입률이 60%에도 못 미치고, 특히 이들 중 비정규직근로자들의 가입률은 20%에 불과한 정도이다.[15] 영세기업의 종업원들을 비롯하여 여기에서 주목의 대상인 소상공인들의 거의 대부분은 낮은 소득으로 인하여 개인적으로 노후생활을 대비한 계획과 준비를 전혀 못하고 있다. 지나치게 높은 사교육비의 부담도 엎친 데 덮치는 격으로 여건을 더욱 악화시키는 주원인 중의 하나이다.

장기적으로 보면 이러한 상태가 그대로 지속되는 경우 소상공인 집단의 상당 부분이 이른바 '사회보장제도의 사각지대'에 진입하게 될 것으로 예상된다. 말하자면 사회보험 중 노후의 일정한 소득을 보장하는 공적 부조 제도인 국민연금에 가입을 하지 못하거나 가입하였더라도 보험료 납부를 하지 못하거나 회피함으로써 앞으로 연금을 받지 못하고, 궁극적으로는 독자적인 생계능력이 없게 되어서 국민기초생활보장법에 따라 생활보호를 받아야 하는 요구조자로 전락하게 될 것이라는 암울한 전망이다.

저출산과 급속한 노령화의 추세 속에서 이러한 노후생활을 대비한 사회적 안전망의 부실은 개개인이 우리 헌법에 사회적 기본권의 내용으로 명시되어 있는 '인간다운 생활'을 할 수 없게 되는 주관적인 문제인 동시에, 그것은 필연적으로 객관적인 사회보장제도의 존립 자체를 위태롭게 하고, 궁극적으로는 국가에 막대한 재정부담을 초래하게 됨으로써 재정의 지속가능성에 대한 위기를 예고하는 것이기도 하다. 요컨대 소상공인 문제는 국

---

14) 이에 관해서는 구인회, 「근로빈곤」, 『입법지식 DB』, 2011. 9. 21. 참조.

15) 조용현, 앞의 보고서.

정운영과 지속가능한 사회발전의 중장기적인 기조를 설정하는 맥락 속에서 당면한 사회복지정책의 현안으로, 또한 총체적이고 중장기적인 사회보장정책의 최우선의 과제로 접근해야만 한다.

Ⅲ. 헌법원리로 본 「소상공인지원법」의 당위성

1. 민주주의 원리 및 사회통합의 과제로 본 소상공인 문제

1) 민주주의 원리와 소상공인 문제

빈곤은 단순히 저소득만을 의미하는 것이 아니다. 자기존중의 정체성을 갖지 못하는 일종의 무력감, 정치경제적 차원에서 관련된 정책결정과정으로부터의 소외를 포함한 각종 사회적 서비스로부터의 배제와 같은 다면적인 특성을 갖는다.[16] 특히 민주정치적인 관점에서 보면, 부는 그 자체가 상당 부분 정치적 의사표현의 기회의 크기를 규정하고, 선거를 통해 자신의 삶과 운명에 대한 국가의 정책결정 또는 그 결정을 하게 될 대의공직자들을 선출하는 결정에 최소한 n분의 1 이상의 지분을 갖고 참여할 수 있기 위한 필요조건이다.

다양한 실증적인 조사연구를 통해 확인된바와 같이, 정치경제의 영역에서 이른바 '참여불평등'(participatory inequality) 또는 '사회적 불균형'의 현상이 갈수록 심화되고 있거니와, 이는 경제적 양극화와 엇물린 빈곤문제가 문화, 특히 교육의 양극화, 정치참여의 기회 또는 정치적 영향력의 양극화로 이어지고, 정치적 불평등이 다시 경제적 의사결정의 불균형을 심화시키는 악순환의 흐름 속에서 그 원인이 찾아진다.[17]

대의(代議)에 대한 수요와 공급의 괴리 속에서 진행되는 정치적 의사형성과 정책결정의 과정에서 가장 소외된 집단을 들라면 아마도 영세자영업자를 비롯한 소상공인을 적시할 수 있을 것이다. '사회적 평등'의 실현을 국가가 주도할 수는 없고, 미시적인 조정 역시 국가의 몫이 아님은 물론이지만, 그것을 가능하게 하는 거시적인 윤곽질서와 이 질서

---

16) D. Green, 주성수(역), 『빈곤에서 권력으로』, 2010, 20면.

17) 특히 Sidney Verba/Kay Lehman Scholzman/Henry E. Brady, *Voice and Equality* (Cambridge Mass.; Havard University Press, 1995). Robert Kuttner, *Everything for Sale*, 355-356면에서 재인용.

의 유지와 발전을 위해 적합한 조건을 마련하는 것은 국가가 감당할 수 있고 또 감당해야만 하는 책무이다.[18] 이 헌법적 요청의 당위성과 그 의미는 민주주의 원리의 관점에서 빈곤문제를 접근할 때 더욱 분명해진다.

R. Forst[19]는 인간을 이른바 '정당화존재'(Rechtsfertigungswesen), 즉 "타자에 대하여 자신의 행위와 확신의 근거를 제시하여 정당화하고 책임을 지는 동시에, 특정한 맥락에서 그것을 당위적인 의무로 받아들이고 타자도 그러할 것으로 전제하는 존재"로 인식한다. 그에 따르면 정의란 한 공동체 내에서 "누가 어떤 권리와 재화를 왜 갖는지, 왜 갖지 못하는지 그 근거를 캐물을 뿐만 아니라, 누가 어떤 청구권을 갖고 또 관련 당사자들이 어떤 관계에 있고, 그것이 어떻게 정해져야 하는 것인가를 탐문하는 정치적 형식"이다. 여기에서 이 정의의 정치적 형식은 국가의 의사형성 및 정책결정과정에서 공동체 구성원 개개인이 참여자로서 정당화의 창출자인 동시에 수신자로서 이중의 역할을 수행한다는 점에서 필연적으로 민주적인 상호존중의 의식을 전제조건으로 한다.

'자유로울 수 없는 궁핍한 사람'[20]은 정당화의 창출자로서 참여할 수 있는 정치적 자유와 이 자유를 실질적으로 향유할 수 있는 기회를 갖지 못하고, 민주주의의 유지 및 발전에 필수적인 독자적이고 개방적인 태도를 취할 수 없다.[21] 이러한 점에서 오늘날 '정의(正義)에 대한 정의(定義)'의 담론과 실천의 마당에서 부정의에 대한 반대의 근본적인 동기는 단순히 "무엇인가 차지하려는 또는 좀 더 많은 것을 가지려는 욕망"(Etwas-oder Mehr-haben-Wollen)이 아니고, 오히려 '정당화존재'로서의 존중, 말하자면 "정당화에 대한 자신의 요구와 기본적인 권리가 더 이상 억압, 위축 또는 무시당하는 것을 원하지 않는 것"[22] 자체가 그 핵심이라는 말은 시사하는바가 적지 아니하다. 정치적 자유와 평등의 조화를 토대로 하는 민주정치의 과정과 절차, 특히 상호존중과 참여평등을 주목하는 이러한 정의관은 이 글의 관심사인 소상공인 문제에 관한 국가와 전체 사회의 태도 및 그에 대한 (헌)법적 고민의 당위성과 구체적인 정책개발의 관점에서도 유용한 단서를 제공한다.

---

18) P. Axer, "Soziale Gleichheit – Voraussetzung oder Aufgabe der Verfassung?". *VVDStRL* 68, 2008, 186면; O. Depenheuer, "Setzt Demokratie Wohlstand voraus?", *Der Staat*, 33, 1994, 346면.

19) R. Forst, *Das Recht auf Rechtfertigung*, 2007, 9면.

20) 미국 Roosevelt 대통령의 후보수락연설문에서 인용함. Acceptance of the Renomination for the Presidency, Philadelphia, Pennsylvania, June 27, 1936, 5 *Public Papers and Addresses of Franklin D. Roosevelt 234*(Samuel I. Rosenman, ed. 1938), "A necessitous man is not a free man."

21) 이에 관해서는 특히 W. Leisner, Freiheit und Eigentum-die selbstaendige Bedeutung des Eigentums gegenueber der Freiheit, in; J. Isensee(Hg.), Eigentum, Schriften zu Eigentumsgrundrecht und Wirtschaftsverfassung 1970-1996, 9-12면.

22) R. Forst, 앞의 책, 10면.

요컨대 경제 또는 사회문제로서 소상공인 문제가 '시장의 실패'로 인한 것이든, 아니면 차별의 기제로서 '시장의 성공' 또는 '시장의 작동'에 따른 자연스러운 현상이든 오늘날 우리에게 주어진 문제는 그 본질과 구조상 정치적인 '정치경제학적 문제'로 파악되어야 한다. 그래야만 포괄적이고 균형 잡힌 시각에서 접근할 수 있기 때문이다. 최고의 정치경제규범인 헌법의 민주주의 원리와, 다음에서 검토하게 될 사회통합의 관점에서 소상공인 문제에 대한 인식의 공유지평을 확장하고, 이를 바탕으로 하여 근본적인 정책기조의 변화를 위한 계기와 단서를 찾아보고자 하는 것도 바로 그 때문이다.

2) 사회통합의 과제와 소상공인 문제

국가권력의 정당성은 '국민에 의한 통치'와 함께, 또는 이보다 우선하여 '국민을 위한 통치'에 의해서 뒷받침된다.[23] 헌법상 사회국가원리의 제1의 핵심과제인 '사회경제적 통합'은 정치공동체로서 국가의 존재 이유 자체이다. 또한 사회통합이라는 헌법적 과제는 모든 개인과 집단들 상호 간에 '인간의 존엄성'에 대한 가치와 이를 바탕으로 한 '동반의식'(partnership)의 공유를 통해 실현되는바, 한 개인 및 집단과 연관된 통합의 과제는 다른 모든 공동체 구성원과의 상호의존의 관계 속에서만 실현될 수 있다.[24] 따라서 사회통합의 규범적 의미는 바로 전체와 부분, 부분과 부분 및 구성원 개인이 서로 의존하는 유기적인 존재구조와 삶의 방식을 주목해야만 제대로 파악될 수 있고, 이를 토대로 하여 형성되는 공존과 상생을 위한 협력의 관계망(network) 속에서 비로소 그 실현의 가능성과 계기가 포착될 수 있다. 또한 사회통합의 관점에서 소상공인 문제를 접근하는 경우에도 '가난을 엄벌'[25]하는 문제인식이나 문제의 근원을 개인의 무능력과 나태 또는 악운에서 찾는 식의 극단적인 보수편향의 신자유주의적 관점에는 찬성할 수 없다.

정치경제학적으로 어떤 이데올로기적 입장을 취하든, Coase[26]가 말하는 "두 사람이 숲 가장자리에서 호두와 딸기를 거래하는 물물교환시장"이라면 모르겠으되, 여기에서 관심 대상인 특정집단의 빈곤문제를 외면하거나 회피하는 국가의 태도는 용납되지 않는다. '가

---

23) 전광석, 「헌법과 국민통합」, 『법제연구』, 통권 제30호, 2006. 6. 18면.

24) '전체와 부분'의 유기적인 연관관계에 초점을 맞춘 이 부분의 서술은 구조주의에 관한 담론에서 생각과 표현을 원용했음을 밝혀둔다. 특히 H. Rombach, 전동진(역), 『살아있는 구조』, 48-54면.

25) 이에 관해서는 특히 L. Wacquant, 류재화(역), 앞의 책.

26) R. H. Coase, "The institutional structure of production", *American Economics Review*, Vol. 82. No. 4(1992), 718면. Coase는 "이런 시장과 그 속에서의 교환과정에 대한 세밀한 분석이 특정한 관점에서 뭔가를 규명해주기는 하지만, 그것이 완전하다고 믿는 시대는 이미 지났다"고 단언한다.

난한 사람=가난한 사람'[27] 식으로 고착되는 현상에 대한 우려가 현실로 나타나고 있는 상황에서 특화된 빈곤문제로서 소상공인 문제에 대한 전체 사회와 국가의 태도는 이른바 '현실기준적인 헌법해석'과 그에 따른 입법과 법운용의 관점에서 중요한 변수의 하나이다. 또한 단순한 개인적 태도의 총합과는 다른 전체 사회의 태도는 헌법규범과 헌법현실의 간극 속에서, R. Dworkin[28]이 국가의 정당화 요소로 강조하는 '평등한 배려'(equal concern)와 '평등한 존중'(equal respect)의 지향점을 설정하고, 그에 이르는 노정을 설계하는 헌법정책의 차원에서도 각별한 관심의 대상이다.

2. 사회국가원리와 소상공인 문제

우리 헌법상 사회국가원리는 "개인과 사회 전체의 지속가능성과 역동적인 발전가능성을 담보할 수 있는 자유와 평등의 절충"[29]을 헌법과제로 제시한다. 이 타협과 절충의 과제는 헌법이 국가와 전체 사회에 대하여 제시하는 당위적인 목표인 동시에 그 지점에 도달하는 과정에 대한 정치경제적인 전략상의 지침이다.

모든 국민 개개인에게 '건강하고 문화적인 최저생활'[30]을 보장하는 사회국가의 정책목표는 공공복리의 일반원칙에 대한 예외로 설정된 것이 아니다. 모순과 배척의 관계에 있는 것은 더더욱 아니다.[31] 필요한 경우에는 일정한 기본권적 한계 내에서 시장에 간섭하여 그 결과를 수정하고 조정하는 국가의 정책적 개입은 일견 소득의 재분배를 통해 특정한 집단에 혜택을 주게 되는 결과의 편향성 때문에 공공복리원칙과 연계된 국가의 중립성 의무에 대한 예외로 여겨질 수 있다. 하지만 사회국가원리는 궁극적으로 이른바 개별적인 '특수이익'이 아니라 사회정의 이념에 부합되는 '일반이익'을 지향하는 국가의 구조적인 원리다.[32] 따라서 시장에 대한 사회국가적 조정과 개입은 "법적 자명성과 자유"[33]에 합당한 헌법의 지침에 부응하는 것으로 이해되는바, 이른바 '원칙과 예외'의 관점에서

---

27) 김수현 외, 앞의 책, 176면.

28) 이에 관해서는 특히 「우리는 평등에 대한 인권을 가지고 있는가?」, 『인권 정의 평등』, 2008, 제10회 석학연속강좌 자료집 참조

29) P. Kirchhof, *Die Erneuerung des Staates — eine loesbare Aufgabe*, 87면.

30) 「국민기초생활보장법」 제4조 제1항.

31) Hans F. Zacher, "Das soziale Staatsziel", J. Isensee/P. Kirchhof(Hg.), *HBStR* Bd. Ⅰ, §25, Rn. 25f.

32) '개별이익'과 '일반이익'의 관계에 대해서는 J. Isensee, "Gemeinwohl und Staatsaufgaben im Verfassungsrecht", in: ders./P. Kirchhof(Hg.), *HBdStR*, Bd. Ⅲ, § 57, Rn. 19f.

33) P. Kirchhof, 앞의 책.

예외에 해당하는 것이 아니다. 따라서 적어도 국가가 시장에 직접 개입하여 그 시장의 1차적인 차별화 기능 자체를 형해화하는 정도로 개인과 기업의 자유와 창의를 제약하는 간섭이 아닌 한 가중된 정당화 소명의 부담은 면제된다. 말하자면 관련된 기본권적 법익과 사회국가원리에 따른 '평등한 배려'의 헌법적 가치는 우열의 관계에서 선택의 대상이 아니라 동렬선상에서 적정한 절충, 즉 '실천적 조화'의 대상으로 주어지는 것이다.

요컨대 자유시장만이 궁극적으로 빈곤문제의 해결을 위한 최선의 대안이 될 수 있다고 보는 시장신봉주의는 하나의 이데올로기적 도그마일 뿐, 자유와 평등의 적정한 조화를 과제로 제시하는 사회국가원리에 부합되지 않는다.

이른바 '절대적 평등'의 기준에 따른 '생활수준의 균등화'를 의미하는 것이라면 '사회적 평등'의 실현은 규범적으로 기대될 수도 없고 또한 현실적으로 불가능하기 때문에 국가의 과제로 상정될 수 없고, 따라서 원천적으로 헌법의 전제조건이나 과제로 설정될 수 없는 것은 물론이다.[34] 다만 일정한 최저수준 이상의 '사회적 평등'은 '인간의 존엄성'을 최고가치로 하는 우리의 헌법질서에서 그 자체가 공동선이고 또한 경제의 '사회적인 지속가능성'을 담보하는 필수조건이다. 따라서 국가가 용인할 수 있고 또는 용인해야만 하는 불평등의 정도, 역으로는 국가의 개입이 당위적으로 요구되는 불평등 또는 불균형의 수준을 가늠하는 것은 '조화적 통합'을 지향하는 헌법과 헌법해석이 회피할 수 없는 기본적인 과제이다. 이러한 관점에서 최저의 한계선을 넘나들고 있는 소상공인의 보호에 초점을 맞춘 「소상공인지원법」의 제정은 사회국가적 방침의 설정과 구체적인 사회경제정책 및 실행 프로그램의 개발을 위한 작지만 큰 시도로 주목된다.

3. 법치국가원리와 소상공인 문제

정치경제규범인 헌법에는 단순히 GDP의 증가만으로 측량되는 것이 아닌 사회발전, 말하자면 '좋은 삶'의 다양한 가치를 함께 키워나가고 즐기는, 동등한 인격존중을 전제로 하는 개인의 자율과 책임의 윤리, 상호신뢰를 토대로 하는 상생과 협력의 문화규범이 내재되어 있다. 책임성과 건강한 노동윤리 등 개인 차원의 윤리적 규범, 경쟁을 촉진하는 합리적인 혁신지향적인 시장규범과 함께 상호 간의 신뢰를 바탕으로 하는 협력의 의식이

---

34) '사회적 평등'의 주제는 '헌법의 전제조건들의 갈등'을 대주제로 하여 개최된 2008년 독일 국법학자대회에서 "헌법의 전제조건 또는 과제?"라는 부제를 달고서 제2주제로 깊게 논의된바 있다. *VVDStRL* 68, 122면 이하.

경제발전의 추동력을 지속시켜주는 필수적인 문화규범의 요소로서 강조되는바,[35] 법을 수단으로 하여 모든 국가생활에서 절차 및 과정상의 정당성을 담보하기 위한 법치국가원리도 이러한 문화적 환경의 조성을 위한 기본원리가 헌법에 수용된 것이다.

그런데 이들 문화규범에 따라 조성되는 전체 사회의 구조와 환경도 단순히 구성원 개개인의 특정한 믿음이나 태도, 즉 부분들의 총합으로 구성되지 아니한다. 문화규범의 영향은 개별 주체들이 문화규범에 순응 또는 역행하는 가운데 복잡한 동태적 변화를 만들어낸다. 여기에서 특히 주목하고자 하는 것은 협력의 문화규범이다. 어떤 사회라도 정당한 분배의 기준에 대하여 모든 사람들이 일치된 견해를 가질 수는 없을 것이나, 그 불일치가 협력의 문화규범이 지속될 수 없는 정도를 넘어서게 되면 지속적인 경제발전을 위한 추동력이 유지될 수 없다. 협력하지 않은 집단이 협력을 통해서 창출한 부에 대하여 자기 몫을 요구하고, 그에 따라 갈등이 심화되고 사회적 비용부담이 가중되면 결국은 모든 사람들이 제로섬론자가 되어 버리고 마는, 말하자면 '악화가 양화를 구축'하는 결과가 불가피하기 때문이다. 그런데 이러한 경향은 대개 점진적으로 진행되지 아니하고 일종의 임계점(tipping point)이 존재한다. 말하자면 정당성 확보의 기제로서 법치국가에 대한 신뢰가 추락하여 협력의 문화규범에 순응하는 집단과 그렇지 않은 집단의 구성비가 일정한 한계치를 넘어서게 되면 더 이상 사회 전체적으로 대규모의 타협의 기제와 협력행위가 유지될 수 없고, 결국은 빈곤의 함정으로 급전직하하게 되는 추세를 피할 수 없게 되는 것이다.[36]

앞에서 제로섬게임 또는 비제로섬게임에 대한 믿음과 그에 따른 협력 또는 비협력의 태도를 지속적인 경제발전의 관건으로 언급하였거니와, 분배적 정의를 포함하는 어떤 행위나 그 행위의 과정과 절차 또는 가치의 준거 등에 관한 의견의 불일치는 크게 두 가지, 즉 '믿음의 불일치'(disagreement in belief)와 '태도의 불일치'(disagreement in attitude)로 대별될 수 있는데[37] 의견의 불일치를 해소하거나 또는 적어도 사회적비용을 최소화하는 방향으로 문제를 완화시켜나가는 담론에서 관건은 믿음이 아니라 우선 태도의 변화에서 찾아진다.

추측건대 분배의 공평성에 대한 의견이 극히 부정적인 것으로 나타난다면, 그것은 분배의 결과에 대한 불만과 함께, 또는 그보다는 먼저 파이를 나누는 과정과 절차 자체에

---

35) 이에 관해서는 E. Beinhacker, 안현실·정성철(역), 『부의 기원』, 디지털교보문고, 2007, 672-674면.

36) 위의 책, 675면.

37) 이 구별에 관해서는 Charles L. Stevenson, "The Nature of Ethical Disagreement", in; R. Schafer-Landau(ed.), *Metaethics*, Vol. Ⅲ, 2008, 3-4면.

대한 불만이 근원일 것이다. 성장을 최우선의 경제목표로 추구해 왔던 지난 수십 년간의 우리 사회에서 재화배분게임의 공평성과 관련하여 시장설계자, 시장규율자 또는 시장참여자로서 국가의 역할과 그것을 뒷받침했던 입법과 법운용, 그리고 법원을 포함한 모든 법운용의 주체들이 중립적이었는지 또는 얼마나 중립적이었는지에 대해서 단정적으로 평가하기는 어렵다. 다만 적어도 부정적인 입장에서는 어려움 없이 추상적이지만 매우 구체적이고 분명한 불신의 근거를 제시할 수 있다. J. Rawls[38]를 인용하여 말하자면, 공공연히 '무지의 장막'(veil of ignorance) 앞으로 나오거나 그것을 찢고 들여다보면서 진행된 불공정한 게임과 그에 수반된 불법과 탈법을 법이 예방 또는 응징하지 못하고 오히려 용인하고 방조하였던 수많은 예들만으로도 그 증거로 충분한 것으로 생각되기 때문이다. 단지 소극적으로 '찢어진 장막'의 틈새로 엿보았을 뿐이라거나 또는 전혀 엿보지 못하였지만 의도하거나 예측할 수 없었던 상황에서 우연히 이득을 취하게 되었을 뿐이라는 항변도 믿음 및 태도와 관련된 윤리적 판단의 차원에서는 면책의 이유가 될 수 없다.

요컨대 '인간의 존엄성'에 부합되는 사회발전과 이와 궤를 같이 하는 경제의 지속가능한 발전을 위해서는 기존의 정치경제적 토대, 특히 과거의 법치국가의 기제와 그 운용에 대한 자성이 필요하고 또한 전체 공동체 구성원들의 적극적인 참여와 협력 그리고 이를 통해서만 확보될 수 있는 막대한 동력의 결집과 재생산도 필수적이다. 「소상공인지원법」이 이 구체적인 반성의 단초와 결과로서 그 의미가 확산 및 심화될 수 있기를 기대한다.

Ⅳ. 마무리 - 「소상공인지원법」의 정당성과 효용 및 유의해야 할 문제점

1. 평등원칙으로 본 「소상공인지원법」의 정당성

원인과 상황의 진단 및 향후 전망에 대해서는 이견이 없지 않지만, 전술한바와 같이 적어도 외환위기를 분수령으로 하여 그 이전과는 분명히 구별되는 추세, 말하자면 빈곤의 악순환과 소득양극화의 현상이 엇물려서 불균형의 구조가 고착되어 가는 흐름이 지속되고 있고 또한 이 흐름은 향후 상당 기간 계속될 것이라는 점에 대해서는 큰 의견차가 없다. 소상공인 문제가 그 한 축을 구성하고 있는 것은 물론이다.

---

38) *A Theory of Justice*, 1971, 136-141면.

최근에 이른바 보편적 복지와 선별적 복지를 둘러싼 복지정책의 기조에 관한 논란을 비롯하여 초중등교 전면무료급식, 무료의료, 반값 대학등록금 등 엄청난 재원을 요하는 정책 현안들은 근본적으로 '전부 아니면 전무' 식의 취사의 문제가 아니라 합리적인 차별화를 전제로 하는 '옳은 조화'와 완급조절의 문제로 주어진다. 좀 더 정확하게 말한다면, 그렇게 접근해야만 한다. 사회 전체적으로 타협의 맥락에서 보면, 이익의 형량과 조정의 대상인 여러 집단들 중에 하나의 집단이라고 할 수 있는 소상공인집단을 지원과 보호의 대상으로 하는 「소상공인지원법」의 제정도 우선 그 차별을 정당화할 수 있는 합리적인 이유가 있어야 정당하고 타당한 입법으로 인정될 수 있다.

하지만 원론적으로 이견이 있을 수 없는 이러한 지적이 동법제정의 정당화에 대한 소명부담을 가중시키지는 아니한다. 동질성을 갖는 한 집단의 단위에서 내부적으로 부문별로 차이가 적지 않다는 점은 별론의 대상이되, 앞에서 살펴본 소상공인 문제의 본질과 특성만으로도 소상공인집단의 차별취급을 정당화하는 논거로 크게 부족함이 없는 것은 물론이고, 농어민을 비롯한 특정 산업종사자나 대기업 또는 중소기업 등 보호와 지원의 관점에서 비교가 가능하고 필요한 특정 집단들에 비해서 산업경제정책의 결정에서 소외되고 오랜 기간 동안 상대적으로 불리하게 차별 취급되어 온 전력을 보정한다는 점에서 보면 오히려 이른바 '적극적인 평등조치'(affirmative action)의 관점에서도 「소상공인지원법」의 목적과 입법취지는 정당화된다.

요컨대 경영의 규모나 특성, 잠재적인 위험과 수익가능성 등의 제반 사업여건과 환경이 크게 다르고, 그래서 이른바 소기업과도 구별하여 독립된 보호와 지원의 단위집단으로 차별 취급하는 것은 이른바 '같은 것은 같게, 다른 것은 다르게'라는 평등원칙이 구현된 전형적인 경우에 해당하는 것이라고 할 수 있는바, 「소상공인지원법」 제정 자체의 필요성과 정당성에 대해서는 의문이 있을 수 없다.

2. 「소상공인지원법」의 효용과 유의해야 할 문제점

「소상공인지원법」의 제정을 통해 기대되는 효용은 우선 독자적인 문제로서 소상공인 문제에 대한 관심의 증대와 지속을 위한 최소한의 법제적 토대를 갖추게 된다는 것을 들수 있을 것이다. 그동안 정치적 의사형성과 정책 및 예산결정의 과정에서 소외되어 왔던 소상공인 문제가 자연스럽게 공식 의제로 반복 상정되게 될 것이고, 법적 근거가 마련됨으로써 정책의 수립과 예산지원의 기반이 구축됨으로 해서 필요한 통계기반의 구축과 구체적인 실행프로그램의 개발이 활성화될 것으로 기대된다.

또한 다양한 연구조사와 정책지원시스템의 개발 그리고 구체적인 실행계획의 수립과 그에 따른 개별적인 지원과 보호의 시책이 일관된 통합체계 속에 편입되어 진행됨으로 해서 정책의 효과도 크게 증대될 것으로 예상된다.

하지만 이러한 입법의 효과와 순기능에 대한 낙관적인 전망과 기대가 그대로 심각한 소상공인 문제의 해결 또는 완화의 성과로 이어질 것인가는 단정하기 어렵다. 정책을 수립하여 집행해 나가는 법의 집행과정에서 입법의 목적과 취지가 변질되고 또한 부작용과 역기능이 야기될 수 있는 가능성이 상존하기 때문이다.

전술한바와 같이 소상공인 집단 자체가 기본적으로 이해관계를 달리하는 이질적인 업종으로 구성되어 있기 때문에 공통된 지원정책을 수립하기 어렵다. 따라서 업종 간에는 물론이고 또는 동일한 업종 내에서도 다종다양한 업태가 혼재되어 있기 때문에 개별 정책과 각종 프로그램들 간의 충돌과 상쇄로 인한 효율성의 저하와 방만한 예산지출에 대한 우려도 없지 아니하다. 일관된 정책체계와, 합리적인 차별을 전제로 업종별로 다양한 금융, 세제, 기술지원, 교육, 자문 등을 통합한 이른바 '패키지형 지원프로그램'의 수립 그리고 세밀한 실행계획과 조정의 프로그램화가 긴요한 것은 바로 이 때문이다. 이러한 기본적인 문제인식을 전제로 특히 유의해야 할 점 세 가지를 적시하고 마무리한다.

첫째는 사업자단체조직의 지원과 관련하여 부작용과 역기능에 대해서 세심한 주의를 기울여야 한다는 점이다. 「소상공인지원법」(안)은(제19조, 20조) 소상공인의 경영활동 및 공동이익의 증진과 상호 간 친목도모를 위하여 소상공인사업자단체 및 연합회를 설립할 수 있는 법적 근거를 마련하고 있다. 일단 종래 전반적으로 미흡한 조직화와 그에 따라 상대적으로 미미했던 정치적 영향력을 보정한다는 점에서는 기본적으로는 긍정적인 것으로 평가된다. 하지만 극도로 이질적이고 다종다양한 업태를 고려하면 사업자단체와 연합회 결성의 지원이 종종 목격하는바와 같이 자칫 단체 집행부의 관료집단화와 이익단체의 난립 및 그에 따른 단체들 상호 간에 혼란스러운 갈등과 대립을 촉발할 수도 있다. 더구나 이 대립이 선거와 정쟁과 연루되는 경우에는 매우 심각한 부작용이 야기될 수도 있다는 점을 특히 유의해야 하고, 그 예방책의 마련에 만전을 기해야 한다.

둘째는, '소상공인의 자유로운 경제활동 지원', '경영혁신을 통한 구조개선 및 경영안정' 및 이를 통한 '균형 있는 국민경제 발전'이라는 동법의 목적(법안 제1조)과 입법취지가 제대로 구현되기 위해서는 소상공인집단 내에서 이해관계가 엇갈리는 이종 업종 간 또는 동종 업종 내에서 보호와 지원대상의 범위나 그 수준과 방법 및 수단 등이 합리적으로 설정되어야 한다. 구체적인 방침과 그에 따른 세부적인 기준을 어떻게 정하는가에 따라 정도가 달라지겠지만 근본적으로는 불가피한 갈등과 대립을 효과적으로 해소 또는 완화할 수 있는 정치한 조정의 절차와 장치가 불가결하다는 것이다. 그렇지 못한 경우에는 다른 관련 법령과의 체계 부적합성이 문제가 될 수 있고, 정책의 결정과 시행 자체가 불가능하게 되거나 적시에 진행될 수 없게 되어 결과적으로는 예산만 낭비되고 사회적 비용만 가중될 뿐 소기의 성과는 기대하기 어렵다. 오히려 동법은 변죽만 울리고 허울만 그럴듯한 '장식용 법률'로 전락될 수도 있다. 입법과정에서는 물론이고, 시행을 위한 준비와 계획의 단계에서도 각별한 관심이 요망된다.

마지막으로 소상공인사업의 경영안정과 구조의 고도화 및 이를 통한 성장의 지원에 필요한 재원을 확보하기 위하여 설치하도록 한 '소상공인진흥기금'의 경우에도(법안 제26조) 기본적으로 그 유용성은 인정하지만 기금운용이 방만하지 않도록 하고 또한 집행단계에서 불필요한 비용과 갈등을 야기하지 않게 하는 것이 전제되어야만 한다. 이를 위해서는 예산편성과 지출의 형식과 절차를 엄격하게 정하고 세밀한 감사 프로그램을 마련하여 실행하는 것이 필요한바, 입법단계에서부터 충분히 반영되어야 할 것이다.

<『연세 공공거버넌스와 법』, 연세법학연구원, 제2권 제2호, 2011. 8, 27～55면>

【15】 환경권 우선론?

– 생활환경상 이익과 건축의 자유[1] –

I. 문제제기

이른바 '러브호텔'[2] 건축허가거부처분의 적법성 여부를 다투는 행정소송이 계속 이어지고 있다. 한편에서는 자연환경훼손이나 지역주민의 정서문제, 퇴폐·향락문화조장의 우려 등을 제시하면서 그 적법성을 주장하고, 또 한편에서는 법규상 명시적인 근거도 없는 생활환경적 이익에 대한 막연한 위험을 이유로 하는 건축허가거부처분은 위법한 재산권 침해라고 항변하고 있다. 대립의 구도와 양상은 사안에 따라 상이하지만 직접적인 당사자인 지방자치단체와 건축주를 포함하여 이웃주민, 환경단체 기타 일반시민 등 제3의 직간접적인 이해당사자들이 각각 환경권과 재산권 혹은 영업의 자유 등을 내세우며 갈등을 빚고 있다.

법원은 아직 분명하게 정리된 일관된 판결을 내고 있지는 못하다. 생활환경상 이익에 대한 침해가능성이 있는 각종 건축·시설 및 개발사업과 관련하여 하급법원의 엇갈린 판결이 속출하고 있다. 댐건설, 온천개발, 골프장 등 각종 대규모 시설사업을 비롯해서 전자파피해와 관련된 변전소, 주민의 생활환경과 관련된 쓰레기 매립장, 소각장의 설치, 안

---

[1] 이 글은 대법원의 이른바 '러브호텔판결'에 대한 판례평석(≪법률신문≫ 1999. 12. 6. 14면)을 중심으로 하여 『헌법판례연구 2』, 2000, 363-378면에 발표되었던 논문이다. 동 판결 이후 건축법 등 관련 법령이 대폭 개정되어 법 및 현실상황은 크게 달라졌지만, 법과 정책, 법정책과 법해석의 적정한 관계의 관점에서 이 글에서 제시된 시사점과 숙제는 그 의미와 효용이 그대로 남아 있다. 헌법재판소의 판례에 대한 평석은 아니다. 그러나 이 글에서 검토하고자 하는 대법원의 '환경권 우선론'과 그에 따른 법운용의 기조는 특유한 '헌법해석'의 문제이고, 그 결론은 법해석론상으로나 법정책적으로 매우 중요한 의미와 문제점을 내포하고 있다. 주지하는바와 같이 현행 『헌법재판소법』(제68조 제1항)에 따르면 원칙적으로 법원의 재판에 대한 헌법소원은 허용되지 아니한다. 다만 우리의 경우에도 예컨대 독일같이 '재판소원(Urteilsverfassungsbeschwerde)'이 인정된다면-'재판소원'과 관련하여 여전히 어려운 숙제로 남아 있는 '헌법해석'과 '법률해석'의 경계선문제, 즉 헌법재판소와 일반법원 간의 관할권문제가 전혀 개재되지 아니하고- 헌법재판소에 의해 심판되고 또한 심판되어야 할 가능성과 필요성에 의문의 여지가 없는 전형적인 '헌법해석'의 문제라고 할 수 있다. 요컨대 '재판소원' 제도의 당위성과 필요성을 강조하고, 제도개선입법을 촉구하는 뜻이 포함되어 있음을 밝혀 둔다.

[2] 여기에서 '러브호텔'의 정확한 개념은 통속적으로 사용되는 의미와 다르지 아니하다. 다만 건축허가와 관련하여 명확하게 개념을 정의하면 건축허가 처분 혹은 거부처분 당시에 '주변여건과 시설내용에 비추어 볼 때 지역주민의 정서를 해치며 퇴폐·향락문화를 조장하는 이른바 러브호텔로 이용될 것으로 예상되는 숙박업시설'이라고 할 수 있다. 대전고법 1997.11.28. 96구4259 참조.

전문제와 관련된 주유소, LPG충전소 등의 위험시설 기타 주민의 정서생활의 피해가 우려되는 장례식장 등의 이른바 '혐오시설' 등이 그 대표적인 예이다. 구체적인 사안에 따라 이해관계 있는 제3자가 직접 당사자로서 개입하는지 여부에 따라 대립의 구조가 다르고 또한 시설 또는 건축의 규모와 내용에 따라 그 구체적인 갈등의 양상은 큰 차이가 있을 수밖에 없지만 공통된 논점은 관련법규상 제한사유로 정해 놓고 있지 아니한 환경보호 혹은 생활환경상의 법익 등의 보호를 이유로 건축, 시설사업허가 등을 거부할 수 있는가의 문제이다. 대립되는 입론은 재산권과 환경권 혹은 환경보호를 양극으로 하는 기본권 상충문제의 해결에 대한 상이한 방법론과 가치판단을 전제로 하고 그 구체적인 결론은 각각의 헌법해석에 따른 합헌적 법률해석의 결과일 뿐이다. 요컨대 논의의 핵심은 헌법해석의 문제이다.

이러한 관점에서 대법원이 최근에 '러브호텔' 건축과 관련된 판례[3]에서 제시한 환경친화적인 헌법해석, 말하자면 '환경권 우선론'과 그에 터 잡은 입론은 구체적이고 개별적인 사안의 차원을 넘어서 그 일반적인 영향력 파급의 범위와 내용을 고려할 때 헌법이론적인 관점에서도 큰 관심의 대상이 아닐 수 없다.[4]

---

3) 대법원 1999.8.19. 98두1857 전원합의체 판결. 이하에서는 '러브호텔판결'로 칭함.

4) 환경문제와 관련된 최근의 판례의 경향을 보면 대체로 환경보호우선을 기조로 하여 생태계훼손이나 이른바 '생활환경상의 법익'침해의 우려가 있는 건축 혹은 각종 시설사업을 제한하는 것을 정당한 것으로 보는 기본입장이 정리된 것으로 여겨진다. 날로 심해지는 환경오염과 자연파괴현상에 비추어 볼 때 법원의 전향적인 인식전환과 환경친화적인 법운용의 방향에 대해서는 이론이 있을 수 없다. '러브호텔'건축 관련 판례가 행정청이 대변하는 일반적인 환경공익과 건축주의 재산권, 영업의 자유등 기타 기본권적 법익이 상충되는 양극적인 분쟁구조라고 한다면, 특히 환경 관련 隣人소송에서 논의되는 제3자 보호의 문제는 '생활환경상의 이익'을 주장하는 특정한 제3자가 직접 당사자로서 가담하는 다극적 분쟁구조를 바탕으로 하고 있는바, 구체적인 법해석·적용의 기준과 방법 및 그 영향은 다를 수밖에 없다. 그러나 환경법익의 내용과 속성상 '환경공익'과 '환경사익'을 구분하기 어렵다는 점을 도외시하더라도 이 두 가지 유형의 법적 분쟁은 본질적으로 비교형량 혹은 규범조화의 대상이 동일한 기본권상충의 문제라는 점에서는 같다. 따라서 '제3자 보호' 문제의 해결방안으로 제시되는 '보호규범이론'(Schutznormtheorie)이나 '제3자 고려명령'(Ruecksichtnahmegebot)의 이론이 제3자 보호를 목적으로 하는 합헌적 법률해석의 한 예라고 본다면, 그 입론의 출발점과 핵심적인 내용은 법률의 해석준칙이 되는 헌법의 해석의 관점과 그 결론에 따라 결정된다. 말하자면 이 글에서 검토되는 대법원의 '환경권 우선론'에 터 잡은 기본권 해석을 전제로 하는 경우에는 환경관련 법적 분쟁에 있어서 '제3자 보호론'은 입론의 출발점과 법운용의 방향 및 그에 따른 법적 판단의 핵심적인 내용이 그에 따라 규정될 수밖에 없다. 일반적인 환경공익이 아니라, 관련되는 제3자의 '생활환경상의 이익'을 '법률상 이익'으로 인정할 것인지의 문제라는 점에서 구체적인 법해석·적용의 양상은 차이가 있을 수 있지만, '환경권 우선론'을 전제로 하는 기본권 해석에 의해서 주관적 공권의 범위를 판단하는 기준이 원천적으로 선결되기 때문이다. 환경적 이익이나 일반공중의 생활환경상의 이익을 개별적으로 보호되는 직접적이고 구체적인 법률상 이익 혹은 사법상의 구체적인 권리로 인정하여야 한다는 취지의 판결들은 일단 종래의 소극적인 입장에 비해서는 환경친화적인 점에서 전향적인 것으로 평가할 수 있다. 문제는 선결과제로 주어지는 법이론적 검토작업이 충분치 못하다는 점이다. 법해석의 일관성과 통일성이 확보되지 못하고 있는 점은 물론이고, 관련된 대법원판례의 설시의 내용도 법적 안정성과 충분한 설득력을 확보하기에는 법리와 현실에 대한 고민의 질과 양이 크게 미흡하다. 본 평석에서는 바로 이러한

이미 쾌적한 생활의 문제가 아니라 생존 자체의 문제로 볼 수 있을 정도로 심각해진 환경문제에 대하여 전향적인 문제의식을 가지고 '환경보전'과 '생활환경상의 이익'에 대하여 적극적인 가치판단을 전제하는 것은 매우 시의적절하고 의미 있는 시도임은 분명하다. 그러나 사회과학을 포함하는 모든 과학 분야에서 새로운 패러다임을 추구하는 경우에 그러하지만, 법학 특히 상충되는 법익 간의 합리적인 조화를 실현하는 내용의 공법학 분야에서 그 타당성은 단순한 이념적 전향성만으로는 확보되지 아니한다. 우선 새로운 법운용의 패러다임이 시민 대다수의 생활감각에 부합되어야 함은 물론이고, 헌법적 가치질서체계 내에서 그 바탕에 있는 이념과 법의 해석·적용 간의 논리적 일관성이 확보되고, 궁극적으로는 법해석의 결과가 법적 안정성과 형평성의 원칙에 부합되어야만 한다. 헌법해석에 있어서 고려되어야 할 지침으로 특히 헌법의 통일성과 현실정합성을 강조하는 것도 바로 이 때문이다.

다음에서는 '러브호텔' 건축을 비롯한 이른바 '환경분쟁'에서 내려진 관련판결의 현황을 개관해보고(Ⅱ), 대법원이 '러브호텔판결'에서 제시한 '환경권 우선론'과 그에 터 잡은 기본권 제한의 형식적 근거와 관련된 헌법해석의 문제점을 비판적으로 검토한다(Ⅲ).

Ⅱ. 판례변화개관

러브호텔의 건축허가와 관련된 법적 분쟁은 환경분쟁과 관련된 건축허가 문제의 구조와 내용을 단면적으로 보여주는 전형적인 사례이고, 관련된 대법원판례의 입장 변화는 논의의 핵심을 쉽게 파악할 수 있게 하는 유용한 자료를 제공하고 있다. 최근 기본적인 입장선회의 변화를 보이기 이전까지만 해도 건축법, 도시계획법 등 관계법규상 아무런 명시적인 근거도 없는 '농촌지역의 향락과 퇴폐분위기확산, 생활하수방류로 인한 인근농경지의 오염 우려, 부동산투기로 인한 농민들의 생산의욕감퇴, 농촌주민의 정서 및 자녀교육에 나쁜 영향을 끼칠 우려 등의 사유'를 들어 건축허가를 거부할 수는 없다는 것이 대법원의 일관된 입장이었다.[5]

구체적인 미흡함을 지적하고, 보완하면서 헌법이론적인 토론단서를 제공해보고자 한다. 이와 관련해서는 졸고, 「건축법상 제3자 보호문제와 기본권 — 공사상린법의 관계」, 『헌법규범과 헌법현실』, 권영성 교수 정년기념논문집, 1999, 573-597면 참조.

5) 대판 1995.12.12, 95누9051; 1996.1.26, 95누5479; 1996.2.13, 95누10594; 95누16981.

그러나 환경문제와 관련된 대규모 건축·시설사업에 대한 최근의 대법원 판결들의 내용은 – 전면적이고 통일된 입장은 아니지만 – '생활환경상의 이익', 특히 이웃소송에서 제3자의 원고적격문제와 관련하여 상당한 인식의 변화를 보여 왔다. 최근의 판례에서 대법원은 대규모시설사업과 관련해서 '쾌적한 환경에서 생활할 수 있는 이익' 등을 법률상 이익으로 폭넓게 인정하는 경향을 보이고 있다. 즉 환경생활적 이익을 환경공익보호의 반사적 결과에 불과한 '국민 일반이 공통적으로 가지게 되는 추상적 평균적 일반적인 이익'으로 보지 아니하고, 주민 개개인에 대하여 개별적으로 보호되는 '직접적이고 구체적인 이익'으로 판단하여 원고적격의 범위를 확대 인정하고 있다.[6] 또한 하급법원에서도 재판부마다 각각 다른 가치전제와 논리에서 상반된 내용의 판결들이 내려지고 있지만 대체로 같은 기조를 보이고 있다.[7]

이러한 경향은 행정소송의 범주를 넘어서 특히 상린권과 관계된 민사소송에서도 나타나고 있다.[8] 특히 '생활환경상 이익'에 대하여 적극적으로 판단한 대법원의 판결[9]에 부응하여 하급심에서도 적극적으로 환경권을 사법상의 권리로 인정하는 결정들이 나온바 있다. 우선 충북 괴산의 문장대온천관광지조성사업에 대한 공사중지가처분결정에서 '식수에 관한 환경이익' 등과 같이 침해법익이 중대한 경우에는 명시적인 법률규정이 없더라도 예외적으로 환경권을 구체적인 사법상의 권리로 인정해야 한다는 취지의 판결이 주목된다.[10] 또한 부산지방법원 제10민사부는 새로운 생태철학적 환경관의 입장에서, '종래의 접근방법'에 따라 사법상의 구체적인 권리의 범위가 설정된다면 '일반공중의 이익'은 그

---

6) 예컨대 인제 방대천과 양양군이 남대천 양수발전소댐의 건선사업승인처분과 관련된 대판 1998.9.22. 97누19571; 속리산 국립공원 용화온천집단시설 공원사업시행허가와 관련된 대판 1998.4.24, 97누3268.

7) 예컨대 서울고법 1999.2.24. 97구47158. 건축허가신청이 관계법규에 위반되는 사항이 없더라도 환경 미관 등의 보존유지와 우량 소나무 숲의 원형상태 보존이라는 공익이 불허가처분으로 원고회사가 입게 되는 불이익을 정당화할 만큼 강한 경우에는 명시적인 법적 근거가 없는 경우에도 공익상 필요를 이유로 이를 불허할 수 있다는 입장이다.

8) 최근의 일조권(日照權)과 관련된 손해배상청구소송에서 대법원은 건축 당시의 건축법 등의 공법적 규제에 적합하였다 하더라도 현실적인 일조방해의 정도가 현저하게 커서 사회통념상 수인한도(受忍限度)를 넘은 경우에는 불법행위로 손해배상책임이 인정된다는 입장을 분명히 한바 있다. 수인한도를 넘었는지 여부는 피해의 정도, 피해이익의 성질 및 그에 대한 사회적 평가, 가해건물의 용도, 지역성, 토지이용의 선후관계, 가해방지 및 피해회피의 가능성, 교섭경과 등을 기준으로 판단되고 공법적 규제의 위반 여부는 여러 판단 기준 중의 하나에 불과 하다는 견해이다. 즉 공법적 규제에 의하여 확보하고자 하는 일조는 원래 사법상 보호되는 일조권을 공법적인 면에서도 가능한 한 보증하려는 것으로서 특별한 사정이 없는 한 일조권 보호를 위한 최소한도의 기준에 불과하다는 것이다. 대판 1999.1.26, 98다23850; 2000.5.16, 98다56997 참조.

9) 예컨대 대판 1995.5.23. 94마2218; 1997.7.22. 96다56153; 1998.4.28. 97다48913 등 참조.

10) 청주지방법원 제3민사부 1998.2.26. 97카합613, ≪법률신문≫(1998. 4. 20), 12-13면 참조.

것이 아무리 중대한 것이라도 법적으로 고려될 수 없고, 결국 이는 헌법 제23조 제2항이 규정한 재산권행사의 공공복리적합성을 전혀 반영할 수 없게 하는 현상을 야기하게 된다는 전제하에 일반 공중의 생활환경상의 이익에 대하여 종래와는 다른 법적 판단이 요구된다고 밝히고 있다.[11] "모든 생태계 내의 현상을 개인에 국한된 윤리(와 법)를 기준으로 재단하는 것이 당연시되던 시대"와 달리 "생물종과 생태계 수준으로 확장된 윤리(와 법)를 기준으로 '생태학과 경제학이 통합되고, 윤리학이 연장되어 인간의 가치와 아울러 환경가치도 고려할 수 있어야 한다'는 주장이 폭넓게 지지받고 있는 작금의 시대"에는 일반 공중의 이익이 적극적으로 법적 판단에 반영되어야 한다는 논리이다.

환경보전문제의 중대성과 긴박성에 관한 이러한 적극적인 문제의식과 이를 바탕으로 한 법원의 환경친화적인 법운용의 기조는 대법원의 '러브호텔판결'의 보충의견에서 그 정점을 찾아 볼 수 있다.[12] '러브호텔'의 난립에 따른 환경파괴의 결과가 법원의 잘못된 법운용의 결과라는 자성과 함께, 요컨대 환경보호의 시대적인 요청에 비추어 볼 때 우리 헌법상 환경권은 "재산권이나 영업의 자유보다 우위에 있는 권리로까지" 해석될 수 있다는 '환경권 우선론'을 제시하고 있다. 또한 앞으로 환경관련 법규의 해석·적용은 철저하게 환경보전에 관한 헌법이념과 환경보전관련 법률의 이념에 합치되는 범위 안에서 합목적적으로 행해져야 한다는 입장이다.

Ⅲ. 대법원의 '러브호텔판결' - 평석[13]

1. 판결요지 및 문제제기

본 사안에서 기본적인 논점은 기본권의 상충문제와 연계되어 있는 건축허가거부처분의 적법성 여부에 대한 판단이다. 즉 한편으로는 재산권과 영업의 자유, 또 한편으로는 환경권이 대립되는 상충관계 속에서 이익과 위험의 합리적인 배분 혹은 조정안을 찾아내는 문제이다.

판결의 요지는 '러브호텔'의 건축허가와 관련하여 우선 국토이용관리법과 동법 시행령

---

11) 부산지방법원판결 1998.9.15. 97카합9776, 《법률신문》(1998. 10. 5), 11-12면.

12) 대법원 1999.8.19. 98두1857 전원합의체판결.

13) 이 부분은 《법률신문》 1999. 12. 6, 제14면에 발표된 판례평석을 일부 수정하여 재인용하였다.

은 일정한 시설의 건축을 제한할 수 있는 용도지역과 대상에 관한 기준을 규정하고 있고, 구체적인 행위제한지역의 지정·고시에 관해서는 조례에 위임하고, 조례 역시 제한의 일반적인 기준을 정하면서 단체장에게 구체적인 대상지역의 관리에 관해 위임하고 있는 상황에서 구체적인 제한지역의 지정이 없는 경우에도 건축제한에 관한 일반적인 기준만을 제시하고 있는 관계 법령과 조례를 근거로 하여 건축허가를 거부할 수 있다는 것이다.

동 사례는 건축 등 토지이용행위의 제한에 관해서는 국토이용관리법과 그 시행령 및 관련 조례에 의해 일반적인 해결의 방향과 기준은 주어졌던 경우이고,[14] 또한 본 평석에서 관심을 갖는 주요 논점은 개별사안의 결론보다 보충의견의 헌법상 기본권적 법익에 대한 형량과 기본권 제한의 근거와 관련된 법해석방법론상의 입론에 있기 때문에 일단 효과적으로 문제를 제기하기 위해 건축허가문제의 일반적인 문제구조를 개관하고 개별적인 주요논점을 검토한다.

주지하는바와 같이 행정작용형식으로서 허가는 경찰목적상 설정된 일반적이고 상대적인 금지를 해제하는 기속행위이다. 따라서 법상 요건을 구비하여 신청되는 경우에는 관계법령에서 정하는 제한사유 외에 공공복리 등의 사유를 들어 허가처분을 거부할 수는 없다.[15] 법익상충의 가능성이 상존하는 오늘날의 건축현실에서 주목되는 제3자 보호의 관점을 고려하는 경우에도 그것은 우선 구체적이고 개별적으로 상충하는 기본권적 법익을 합리적으로 조정하는 법적 장치로 이해된다. 따라서 재산권을 제한하는 내용인 건축허가거부처분을 정당화시킬 수 있는 환경공익 또는 제3자 보호요청은 '상당한 정도'로 현재성과 확정성이 인정되는 것이어야 하고, 그것은 원칙적으로 우선 입법자에 의해 판단·제시된다. 물론 '상당한 정도'는 관련되는 법익의 중대성, 특히 잠재적인 위험가능성의 크기나 객관적인 예측, 판단능력의 한계 등에 따라 달리 평가되는 탄력적인 기준이다. 예컨대 국민 혹은 주민의 생명과 신체 등 중대한 법익에 대한 심각한 침해가 우려되는 경우에는 확정되지 않은 잠재적인 위험일지라도 거부처분의 정당한 이유로 용인된다. 그러나 이러한 예외적인 경우나 입법자가 제시하고 있는 요건에 해당되지 않는 일반적인

---

14) 1997년에 개정(11. 19. 대통령령 제15511호)되기 이전의 국토이용관리법시행령 제14조 제1항 4호에 따르면 법 제15조에 따라 준농림지역 내에서 원칙적으로 금지되는 '대통령령이 정하는 토지이용행위'의 하나로 '지방자치단체의 조례가 정하는 지역에서의 공중위생법의 규정에 의한 숙박업 등의 시설 중 조례가 정하는 시설의 설치행위'로 규정하여 조례를 기준으로 보면 이른바 negative system의 규율형식이었던데 반해서, 현 시행령은 준농림지역 내에서의 숙박시설설치를 원칙적으로 제한하고 다만 '수질오염 및 경관 훼손의 우려' 등 예외적인 허용기준의 설정을 조례에 위임하는 affirmative system형식으로 규정하고 있다.

15) 일반음식점 영업 혹은 허가사항 변경과 관련된 판결이기는 하지만 대법원은 일반적 금지의 해제를 내용으로 하는 기속행위로서의 허가의 의미와 기능을 재확인하였다. 대판 2000.3.24. 97누12532.

경우에는 '상당한 정도'의 현재성과 확정성이 인정되지 않는 '가설적이고 추상적인 위험'은 건축허가거부처분의 이유가 될 수 없다. 물론 오늘날 문제되는 환경공익 혹은 생활환경적 법익에 대한 침해가 그에 해당되는지 여부는 간단하게 일률적으로 판단할 수는 없는 문제이다.

2. 환경권 우선론?

동 판결에서 보충의견은 환경보전문제의 심각성과 환경보호에 대한 법원의 전향적인 인식전환의 당위성과 필요성만을 강조하면서 헌법 제35조 제1항과 모든 환경이용행위에 있어서 일반적인 '환경우선고려의무'를 규정하고 있는 환경정책기본법 제2조 등을 우리 헌법의 전체질서에서 환경권이 재산권이나 영업의 자유보다 우선되는 것으로 볼 수 있는 근거로 제시하고 있다.

추측컨대 그 바탕에는 스스로 밝히고 있는바와 같이 '러브호텔'의 난립으로 야기된 환경훼손이 "헌법 및 환경관련 법률의 정신을 외면한 채 법규의 자구에만 얽매인 법운용을 한 결과"로 보는 인식에 따른 부담과 오늘날 거의 절대적인 정언명제로 상징성과 실질성을 가지는 '환경보전의 이념'을 법해석에 적극 수렴하고자 하는 전향적인 의지가 깔려 있다고 여겨진다.

그러나 우리 헌법이 어디에서 '환경권이 개인의 재산이나 영업의 자유보다 우위에 있는 권리라고 볼 수 있는 근거를 제공'하고 있는지 의문이 아닐 수 없다. 우리 헌법은 '재산권의 내용과 한계'와 마찬가지로 '환경권의 내용과 행사'도 '법률로 정한다'고 규정하고 있다(제23조 제1항, 제35조 제2항). 또한 보충의견이 제시하고 있는 환경정책기본법 제2조상의 '환경보전우선고려의 요청'은 권리성과 함께 의무성 및 제도보장의 성격을 동시에 내포하고 있는 환경권의 특성과 폭넓은 입법형성의 자유를 갖고 있는 입법자의 환경법익에 대한 각별한 관심과 가치판단의 전제가 법률 차원에서 표현된 것일 뿐이다. 환경문제의 심각성과 환경보호문제에 대한 국민과 입법자의 공감대적 인식의 확대는 가변적일 수밖에 없는 공공복리개념의 정의에서 환경가치에 부여되는 가중치를 상대적으로 높이게 하는 요인일 수는 있어도, 그것이 헌법상 기본권의 등급화 또는 서열화를 정당화시키는 이유나 기준이 될 수는 없다. 우리 헌법상 '인간의 존엄성'이나 '생명권' 등 핵심적인 기본권적 가치와 기타 기본권 간에 상하위관계를 설정하는 논리는 부인되지 않지만, 그것은 법이념과 현실에 의해 확인된 통일된 가치판단이 전제되는 제한된 범주에서만 성립될 수 있는 논리일 뿐이다.[16] 기본적으로 '규범조화의 요청'이 강조되는 헌법의 통일성에 터 잡은 엄격한 절제에 유보되어 있는 논리이다.

우리 헌법은 적어도 기본권 간의 전면적인 우열관계는 설정하지 아니한다. 환경권도 그 예외가 아니다. 물론 환경보전의 중요성과 긴박성에 대해서는 오늘날 누구도 이의를 제기하지 아니한다. 그러나 그것이 우리 헌법질서에서 환경가치를 절대적으로 우선시킬 수 있는 근거가 될 수는 없다. 헌법국가의 규범성은 국가목적의 상대성과 그 실현수단의 합리성을 전제로 한다. 합리성은 헌법적 가치 간의 우열확인이 아닌, 조화와 타협에 의해 확보된다. 절대불가침의 인권 등 제한된 일정한 핵심적인 가치를 제외하고는 환경보전을 포함한 그 어떤 목적도 상충되는 목적의 일방적인 희생을 대가로 절대시될 수는 없다. 가치질서체계로서 이해되는 헌법의 통일성에 터 잡은 '규범조화적 해석이론'의 출발점이다. 환경보전의 법익도 기본권적 법익 등 기타의 헌법가치와 상충되는 경우에 '규범조화적 해석'에 의해서 수렴되어야 할 하나의 중요한 헌법해석의 관점(Topos)일 뿐이다. '규범조화적 해석'은 상충되는 가치 간의 타협을 내용으로 하고 타협은 상호 간의 양보를 전제로 하는 개념이다.

또한 환경보호문제에 대하여 인식은 같이하면서도 구체적인 방법과 수단에 있어서는 큰 입장 차이를 보이고 있는 선진국과 개발도상국가들 간의 논란은 국내에서도 다르지 아니하다. 말하자면 환경문제를 더 이상 '삶의 질의 문제'가 아니라 '생명 혹은 생존 자체의 문제'로 보는 선진국형의 생태학적 명제는 적어도 일반적인 설득력은 갖지 못한다. 환경보호론자들 사이에서도 환경보전의 이념은 몰라도 그 구체적인 환경보호정책의 방향과 완급 및 그에 대한 법적 수용의 가능성과 내용에 관해서는 결코 시각이 같을 수 없다. 보충의견의 절대적인 환경권 우선의 논리를 법리적 일관성을 지키면서 엄격하게 확대·적용한다면 환경오염원을 배출하는 모든 산업시설, 교통수단 등은 전면 폐기처분될 수밖에 없고, 그 결과는 거의 모든 생활영역에서 일정한 수준 이상의 문화생활을 포기할 수밖에 없는, 수인(受忍)불가능한 것일 수밖에 없다[17].

---

16) 기본권 간의 위계질서에 관해서 기본적으로 성립될 수 있다고 보지만, 제한적으로만 인정하는 입장으로는 허영, 『한국헌법론』, 박영사, 2000, 262-263면.

17) Vgl. J. Isensee. Die Ambivalenz des Eigentumsgrundrechts, in: F. Ossenbuehl, Eigen-tumsgarantie und Umweltschutz, 1990, S.16. 이러한 관점에서 볼 때 허영 교수(전게서, 262-263면)가 조심스럽게 제시하고 있는 기본권효력의 우열관계를 판단할 수 있는 기준, 즉 '인간의 존엄성'과 '생명권' 등의 절대우선원칙과 同位기본권의 충돌 시에 적용되는 '인격적 가치우선의 원칙'이나 '자유우선의 원칙' 또는 여기에 덧붙여서 권영성 교수(『헌법학원론』, 법문사, 2000, 327면)가 제시하고 있는 '생존권우선의 원칙' 등에 '환경권 우선의 원칙'을 추가할 수 있는가는 적어도 아직은 더 많은 토론을 필요로 하는 문제이다.

최근에 대법원이 '생활환경적 법익'을 구체적인 사법(私法)상의 권리로 적극 인정하는 전향적인 입장을 취하면서도 하급법원과는 달리 일관되게 그 법적 근거를 환경권으로 보지 아니하고, 소유권에 기한 방해제거 및 예방청구권으로만 인정하는 것도 절대적인 환경권 우선의 논리에 따르는 법해석론상의 문제점과 함께 그 결과의 현실부정합성을 신중하게 고려한 결론인 것으로 생각된다.[18] 환경보호문제에 관한 새로운 접근방법이 필요한 것은 부인할 수 없지만, 그것이 법적 균형감각의 포기를 대가로 하는 것이어서는 아니 된다. 기본권실현의 이념적 정당성과 현실정합성은 균형성에 터 잡은 법적 판단에 의해 매개되어야 한다. 우리 헌법은 재산권이나 영업의 자유는 물론이지만 환경권에 대하여도 어떠한 절대우선적인 가치판단전제나 법적 기대가능성을 설정해준바 없다. 우리 헌법이 제공하고 있는 것은 환경권의 우선성에 대한 근거가 아니다. 중용(中庸)의 조화에 대한 명령이다.

3. 법이념·현실과 법해석 – 합목적적 법해석의 한계

보충의견은 환경권의 우선성, 환경정책목적의 긴절성(緊切性), 기타 지방자치단체의 현실여건 등을 이유로 들면서, '법규의 형식적인 자구'에 얽매인 해석이 아니라 '합목적적인 법해석'을 통해서 환경보전의 이념과 정책에 부응하는 방향으로 법을 운용해야 한다고 주장한다. 요는 국토이용관리법(제15조 제1항 제4호)과 숙박업 등 시설의 설치제한에 관하여 조례에 위임하고 있는 동법 시행령 규정(1997.9.11. 개정 전 시행령 제14조 제1항 제4호)을 합목적적으로 해석하면, 구체적으로 조례를 통한 제한지역의 지정·고시가 없는 경우에도 일정한 시설의 설치행위가 금지되는 것으로 볼 수 있다는 결론이다.[19]

그러나 이러한 논리는 법해석방법론상의 체계적 해석 혹은 합목적적 해석의 방법론으로 용인할 수 없다. 해석의 대상인 법을 우리가 체계로 이해하고, 문리해석방법뿐만 아니라 체계성과 합목적성도 고려해서 해석해야 한다는 명제는 합법성의 체계를 대전제로 하는 것이다. 이미 지적한바와 같이 그 핵심내용은 바로 '법규의 형식적인 자구'에 대한 문리해석의 한계가 합목적성의 명분에 의해서 부인될 수 없다는 것과 또한 법규의 효력에

---

18) 대판 1995.5.23. 94마2218; 1995.9.15. 95다23378; 1999.7.27. 98다47258.

19) 건축허가거부처분 당시 '서산시 준농림지역 안에서의 행위제한에 관한 조례'는 제4조 제1항에서 일정한 기준에 의하여 시장은 접객업시설의 설치제한지역을 고시하고 관리하여야 한다는 수권 및 위임근거를 정하고, 제6조에서 "제4조에 의하여 제한지역을 고시할 때에는 제한의 목적, 제한지역의 범위, 제한행위의 내용 기타 접객업시설 설치의 행위제한에 필요한 사항이 포함되어야 한다"고 규정하여 제한지역의 구체적인 지정과 관리를 시장에게 위임하였다. 단체장은 처분 당시까지 아무런 구체적인 지정·고시를 하지 아니하였다.

대한 자의적인 부인을 금지하는 것이다.

오늘날 일응 긍정적으로 평가되는 사법적극주의는 순기능과 함께 역기능도 내포하고 있다. 그 필요성에 대하여 긍정적으로 평가되는 법관의 법형성기능도 무제한적인 것일 수는 없다. 입법기술적인 한계나 기능법적인 관점에서 적용의 범주와 양식이 부분적이고 제한되는 보완적인 법운용수단으로 이해되어야 한다. 본 사건에서와 같은 지방자치입법자의 '무결정' 혹은 '결정유보'의 결정을 법원이 '환경보전의 이념'이나 '정책적 필요성'을 명분으로 국민의 자유와 권리를 제한하는 적극적이고 구체적인 '결정'으로 대체하는 것은 법운용체계의 기본원칙을 전면 부인하는 것이다. 소수의견이 지적하고 있듯이 이념과 현실을 명분으로 자의적으로 법을 해석하는 이러한 논리에 따르면 헌법 제37조 제2항에 따라 법률에 유보되어 있는 기본권 제한이 법관의 주관적인 가치관에 유보되게 되는 극단적인 결론까지도 용인될 수밖에 없다. 말하자면 법률상 수권근거가 없는 경우에도 '이념적 정당성' 혹은 '현실적 필요성'이 인정되는 경우에는 헌법 규정상의 일반적인 기준만을 근거로 기본권 제한이 가능하게 된다. '기본권 제한의 법률유보' 자체가 기본권 제한의 헌법적 한계로 이해되는바, 그 핵심적인 내용이 바로 이러한 추상적이고 가변적인 '이념'이나 '현실'의 명분이 직접 구체적인 기본권 제한의 근거로 인정될 수는 없다는 것이다. 원칙적으로 입법자에 의해서 일차적으로 확인·정리되지 않은 '이념' 혹은 '현실'이 무분별하게 법관에 의해 직접 기본권 제한의 근거로 인정된다면 그것은 법치국가가 아니라 법관국가이다. 요컨대 법관의 기능은 입법자에 의해서 주어진 기본권 제한의 수권근거를 '이념'과 '현실'에 맞게 해석하는 것이지, 수권근거 자체를 독자적으로 창출하는 것은 아니다.

'목적의 정당성이 모든 수단을 정당화시키지는 못한다'는 명제는 법운용의 경우에 특히 강조되어야 한다. 설령 백해무익한 결론에 귀결될 수밖에 없는 경우일지라도 법규의 내용이 상위법에 위배되지 않는 한 그것이 '법규의 형식적인 자구'의 해석에 따른 불가피한 결론, 즉 법해석상의 한계를 전면 부인하지 아니하고는 회피할 수 없는 것이라면 당해 법규가 개정되기 전까지는 그에 따라야 하는 것이 바로 법해석의 출발점이다. 이는 비난 혹은 부인되어야 할 '형식논리'가 아니라 법운용에서 최우선으로 강조되어야 하는 가장 '실질적인 형식명제'로 이해되는 법적 안정성의 요청이다. 소수의견이 적확하게 지적하는바와 같이 법적 안정성과 예측가능성의 보장을 위한 법치행정의 이념은 개별적인 차원의 합목적성이나 현실적인 필요성에 의해서 결코 부인되어서는 아니 되는 거시적인 차원의 보다 큰 법 가치이다. 또한 이 법 가치는 단 한 번의 훼손에 의해서도 그에 따른 역작용이 중차대한 것일 수밖에 없는 매우 예민하고 전방위적인 것이다. 이에 대한 훼손이나 그에 따른 역기능의 감수를 정당화시킬 수 있는 더 큰 절대적인 법 가치는 존재하지 아니한다. 법적 안정성을 담보해주는 합법성이 원칙적으로 합목적성에 우선되는 논리는 법치국가이념의 핵심이고, 그것은 환경보전의 경우에도 예외일 수 없다. 환경보전의 이념과 그 실현수단과 방법도 결코 법치국가질서를 초월하는 것일 수는 없다.

행정작용수단으로서 허가의 본질은 경찰목적상 설정된 일반적이고 상대적인 금지의 해제이다. 건축허가는 그 제도 자체가 기본권에 대한 제한이고, 따라서 허가거부처분은 법적 안정성과 예측가능성의 요청에 부합되는 명확한 법령상의 근거가 있는 경우에만 허용된다. 최근에 대법원은 일반음식점영업 혹은 허가사항변경과 관련된 판결에서 일반적 금지의 해제를 내용으로 하는 기속행위로서의 허가의 의미와 기능을 재확인한바 있다.[20] 특히 식품위생법 제24조 제1항 제4호에 따르면 공익상 허가를 제한할 필요가 있다고 인정되는 경우 보건복지부장관이 지정하는 영업 또는 품목에 해당되는 때에는 그 허가를 거부할 수 있도록 규정하고 있으나, 보건복지부장관이 허가제한대상을 제한하고 있지 아니하고 또한 관계법령에서 제한근거를 규정하고 있지 않은 상황에서 '대기오염심화의 방지'라는 공익을 이유로 하는 거부처분은 위법판단을 피할 수 없다고 보았다. 이러한 판단은 적어도 앞에서 기술한바와 같이 일정한 시설의 설치금지에 관한 기준의 설정을 지방자치단체의 조례에 위임하고 있던 1997년 개정 이전의 국토이용관리법시행령(제14조 1항 4호)에 따르는 경우 건축허가와 관련해서도 달리 보아야 할 아무런 이유가 없다.[21] 또한 법률과 시행령에 의해 조례에 위임하였고, 조례를 통해 일반적인 기준제시와 함께 다시 구체적인 제한지역의 지정을 단체장에게 위임하고 있는 법규의 효력이 합목적적 해석에 의해서 부인 또는 제한될 수 있다는 입론은 법원이 입법자의 위임입법결정의 의미와 기능을 전면적으로 무시하고 대체입법을 할 수 있다는 결론에 이른다. 보충의견이 추가적으로 지적하고 있는 지방자치단체의 법전문인력의 부족현상에 따른 조례·규칙의 입법불비도 법원의 합목적적인 법해석을 통한 자의적인 법규창조력을 정당화시키는 근거가 될 수 없음은 물론이다.

---

20) 대법원 2000.3.24. 97누12532.

21) 이와 관련하여 최근에 준농림지역 내에서 숙박시설설치를 위한 산림형질변경허가와 관련된 판결에서 서울행정법원이 준농림지역 내에서의 숙박업시설 등의 설치를 원칙적으로 금지하고 예외적인 허용의 기준을 조례에 위임하고 있는 국토이용관리법과 시행령의 규정형식을 제시하면서 허용기준의 설정에 관한 위임범위를 폭넓게 인정하는 입장을 보인 것이 주목된다. 서울행정법원 제4부 2000.3.10, 99구29462. 말하자면 역으로 동법과 시행령의 규정이 개정 전의 내용으로 그대로 유지되었다고 하여도 동 법원은 대법원의 '환경권 우선론'에 따라 동일한 법해석을 할 수 있었을지 의문이다.

4. 여론(餘論) - 법과 정책

환경정책이나 토지정책의 결정과 집행과정에서의 문제점을 들지 아니하더라도, 보충의견이 밝히고 있는바와 같이 '러브호텔'이 난립해서 한강변 등 농촌지역의 자연환경과 생활환경이 심각하게 훼손된 것이 과연 "법원이 헌법 및 환경관련 법률의 정신을 외면한 채 법규의 자구에만 얽매인 법운용을 한 결과"로 볼 수 있을지는 의문이다. 또한 설령 환경정책론적인 관점에서 볼 때 부분적으로 그러한 인식에 동조한다고 하여도 우리 헌법의 기본권가치질서에서 '현실'과 '이념'만을 논거로 하는 '환경권 우선론'은 용인하기 어려운 성급한 헌법해석이다. 또한 그것을 전제로 법규의 효력과 내용이 자의적으로 부인·수정될 수는 없다. 법과 정책 혹은 법해석론과 정책론은 본질적으로 상호 보완 및 제한의 관계에 있지, 대체관계에 있지 아니하다. 법이 정책을 대신할 수도, 대신하여서도 아니 되는 것과 마찬가지로 정책도 법을 대신할 수는 없다. 정책실패의 대가 혹은 정책개선·보완의 수단이 법해석원칙의 희생일 수는 없다.

<『헌법판례연구 2』, 헌법판례연구회(편), 2000. 8, 363∼378면>

【16】 최악 또는 차악의 결정을 피하기 위한 입법정책적 지침

- KTX사업의 경쟁체제도입과 관련하여 -

공기업의 민영화가 꾸준히 이어져 오다 주춤한 상황에서 효율성을 제고하기 위한 정책수단으로 KTX운영에 경쟁체제를 도입하는 방안이 논란 속에서 추진되고 있다. 최근에는 이른바 '정부관계자'를 인용하여 민간사업자 컨소시엄에 참여하는 대기업의 지분을 50% 수준으로 제한하는 동시에, 코레일과 서울 메트로, 서울도시철도공사 등 관련 공기업에게 10~15% 정도의 지분을 할당하여 의무적으로 컨소시엄에 참여하도록 하는 등의 세부적인 방안이 검토되고 있다고 보도되고 있다. 사업규모를 고려할 때, 현실적으로 일부 대기업들에게만 접근이 가능한 제한된 경쟁체제의 도입은 '무임승차'의 특혜를 주는 정책이 될 수밖에 없다는 비판적인 여론을 의식하여 대기업의 전체지분을 제도적으로 제한함으로써 수익을 분산하겠다는 의도로 이해된다.

규제완화와 함께, 1980년대 영국의 Thatcher정부에서 촉발되어 1990년대를 풍미하였던 이른바 '신자유주의'의 대표적인 표제정책이라고 할 수 있는 공기업 민영화의 기조 속에서 그 주된 대상의 하나로 줄곧 거론되어 왔던 철도운영사업에 우선 부분적으로라도 고속철도사업에 한하여 경쟁체제를 도입하겠다는 구체적인 방안이 제시된 것은 2009년 12월 수서-평택 간 고속철도 기본계획의 고시를 통해서였다. 2011년 5월에 착공된 동 노선의 부설공사가 한창 진행 중이고, 2011년 12월 국토해양부는 수서-부산 및 수서-목포 구간의 제2고속철도의 운영은 민간사업자에게 맡기겠다는 방침을 발표하였다. 사업참여가 예상되는 일부 대기업은 이미 사업계획서의 작성을 완료하고 사업자공고를 기다리고 있다고 보도되는 등 동 사업은 초고속으로 진행되는 듯했으나, 본격적인 총선 및 대선 정국 속에서 비판적인 여론을 의식한 정치권에서 반대 또는 유보의 의견이 비등한 가운데, 특히 여당인 한나라당(현 새누리당)의 비상대책위원회가 KTX 경쟁체제도입에 대한 반대의견을 공식적으로 제기하면서(2012. 1. 12) 일단 제동모드로 전환된 분위기다. 국토해양부도 일단 동 정책의 추진을 4·11 총선 이후로 미루겠다고 발표하였다(1. 16). 다만 이는 잠정적인 연기일 뿐, 국토해양부의 계획에 따르면 2015년 개통에 맞춘 사업자공고(2012. 4. 중순)와 사업자확정(2012. 7) 등의 절차는 그대로 속행되는 것으로 예정되어 있다.

돌이켜 보건대, 지난 100여 년간 독점되어 왔던 철도운영에 경쟁체제를 도입하는 정책전환의 단초는 '철도산업기본법'(2003.10.30. 법률 제6955호)에서 찾아진다. 동법은 제4

조에서 공익성과 함께 효율성에 대한 고려를 철도산업시책의 기본방향으로 제시하면서, "철도산업의 구조개혁을 추진함에 있어서 철도운영 관련사업은 시장경제원리에 따라 국가 외의 자가 영위하는 것"을 원칙으로 천명하였다(제20조 제1항). 그러나 '철도운영 민영 우선'의 기본방침이 법률로 확정된 후 거의 10년이 다 되어가는 시점에서 KTX 일부 구간에 한정된 시장개방을 통하여 부분적으로 경쟁체제를 도입하는 개혁방안조차 원만한 실행을 기대하기 어려울 정도로 격한 논란이 거듭되고 있다. 정치권에서는 물론이고, 전문가집단을 포함하여 철도공사를 비롯한 관련 공기업들이나 소비자단체, 기타 철도운영 사업에 참여를 원하는 기업 등 이해관계가 엇갈리는 관련 당사자들 간에도 원점을 한 치도 벗어나지 못하고 있는 작금의 상황은 한마디로 '고비용 - 저효율'의 전형적인 경우라고 할 수 있다.

대의제를 근간으로 하는 자유민주체제는 민주적인 합의과정을 통해 '옳은 결정'을 내릴 수 있는 가능성을 제도화한 정책결정체계이다. 다만 이 결정체계는 이념적으로는 당연히 최선을 지향하지만, 실제로는 가장 '나쁜 결정'부터 순차적으로 배제해 나가는 부정의 메커니즘으로 작동된다. 우선 '고비용 - 저효율의 결정'은 '나쁜 결정'이다. '더 나쁜 결정'은 고비용을 들이고도 타협점을 찾지 못하여 결정을 미루는 '결정지연의 결정'이다. '가장 나쁜 결정'은 타협의 과정을 무시하고 이견을 무시하는 '성급한 결정'이다. Sunstein의 말대로 "타협이 필수적인 경우에는 그것을 가능하게 만들고, 타협이 불가능한 경우에는 그것을 불필요하게 만드는 것"이 정치의 역할이라고 한다면, '철도운영'사업체제의 선택 또는 전환을 둘러싸고 벌어지고 있는 현재의 사태는 근본적으로는 '정치의 흠결'에서 비롯된 것이되, 이 세 가지 유형의 나쁜 요소가 혼재되어 있는 것으로 보인다. 말하자면 문제는 우선은 '철도운영'사업의 '전면적인 민영화우선방침'에 대한 성급한 입법적 결단에서부터 그 첫 단추가 잘못 꿰어지기 시작하였고, 이 정책과정의 오류가 동 결정 이후 적지 않은 상황의 변화와 그 속에서 이어져 온 논란 그리고 구체적인 후속정책의 수립과 시행의 과정에서도 수정과 보완을 통해 차선의 타협책을 모색하는 정치가 실종된 상황 속에서 재차 무작정 결정을 미루는 '더 나쁜 결정', 아니면 관료가 주도하는 성급한 '가장 나쁜 결정' 이 둘 중의 하나로 귀착되고 마는 것이 아닌가 우려되는 형국으로 치닫고 있는 것이다.

한정된 지면은 차치하더라도, '철도운영'사업의 현황과 정책대안들에 대하여 전문적인 식견을 갖고 있지 못한 필자의 입장에서 '철도운영'사업에 경쟁체제를 도입하는 것 자체의 당부에 대한 본격적인 논의에 가담하는 것은 가당찮다. 다만 이미 '나쁜 결정'의 범주는 벗어날 수 없는 조건하에서라도 그나마 최악과 차악의 결정을 피할 수 있는, 또는 적어도 최악의 결정은 배제할 수 있는 가능성을 모색해야 하는 관점에서 향후 민영화정책의 추진과정에서 유의해야만 할, 원론적이지만, 그래서 간과되기 십상이나 결코 경시되어서는 아니 되는 입법정책적 지침을 세 가지만 정리·강조하고 구체적인 입법대안을 한 가지 제안하고자 한다.

우선 민주적 법치국가에서 정책결정권의 수평적·수직적 배분체계를 구성하는 헌법이론적 준거라고 할 수 있는 '본질성이론'에 따르는 경우, 전술한바와 같이 지난 2003년에 제정된 '철도산업기본법'을 통한 입법적 결단, 즉 '철도운영'사업을 전면적으로 민간에 우선 개방하는 내용의 결정은 조직, 절차 및 형식의 관점에서 가장 '옳은 결정'을 내릴 수 있는 기능적 조건을 갖춘 국회가 이른바 '중요사항'에 대하여 기본방침을 결정한 것으로서 기능법적인 관점에서 볼 때 아무런 문제가 없다. 근본적인 사정 변경이 없는 한, 정책기조와 기본방침이 재론될 필요는 없다. 하지만 당해 입법 당시에 충분한 논의가 있었는지 여부와는 무관하게, 입법 후 약 10년간의 사정변화는 민영화 우선의 기본방침에 대한 재론을 터부시하기에는 그 폭과 깊이가 예사롭지가 않다. 민영화정책의 원조라고 할 수 있는 영국을 포함하여 많은 국가들에서 경제구조개혁의 핵심수단으로 추진된 철도사업을 포함한 다양한 민영화정책들의 공과가 속속들이 보고 및 검증되면서 적지 않은 실패의 사례가 확인되었고 (이에 관해서는 M. Reimon/Ch. Felber, Schwarzbuch Privatisierung, 2003; 김호균(역), 『미친 사유화를 멈춰라』, 2006), 수많은 후속 논의의 결과 적어도 민영화가 공기업의 비효율성을 비롯한 '모든 문제들을 해소할 수 있는 기적의 치유책'(miracle cure for all problems)은 아니라는 비판 속에서 대체로 숙고와 절제를 주문하는 의견이 힘을 얻고 있다(이에 관해서는 K. S. Jomo, A Critical Review of the Evolving Privatization Debate, in; G. Roland(ed.), Privatization-Success and Failures, 2008, 199면). 거의 이데올로기적 양태로 풍미하였던 이른바 'Washington Consensus'의 인식들 속에서 민영화정책의 이론적인 전제와 그 시행에 따라 예상되는 이론 및 실무상의 문제점들에 대하여 충분히 검토하지 못한 점들에 대한 자성의 요청은 우리 의회입법자에도 그대로 적용된다.

둘째로, 입법자는 실증적인 경험을 통해서 확인된바, 즉 민영화정책은 단순히 이데올로기적 사고로 접근하기에는 복합적인 문제라는 점에 대한 인식을 새롭게 하고, '민영화 이전'(Before privatization), '민영화의 과정'(By privatization), 그리고 '민영화 이후'(After privatiation)의 일련의 연속적인 과정에서 예상되는 법 및 실무상의 문제들을 세밀하게 재검토하여 메뉴얼화된 대응책을 마련해야 한다. 민영화정책의 성공을 위해서는 획일적인 접근은 피해야 하는바, 대상사업별로 또한 특정한 대상의 범주 속에서도 각각 차별화된 맞춤형 규제와 제도가 사전에 준비되어야 한다. 특히 통신사업, 금융기관 등을 대상으로 한 이전의 민영화에서도 불거졌었고, '철도운영'사업과 관련해서도 대기업 특혜에 대한 우려가 줄곧 제기되고 있거니와, 과정과 절차상의 투명성과 공정성을 확보하는 것은 정책 자체의 내용상의 타당성과 무관하게 그 성패를 가름한다. '철도사업법'에 따르면 '철도운용'에 민간인사업자가 참여하는 것은 제6조에 규정된 추상적인 면허기준에 따라 국토해양부장관의 면허, 즉 행정처분만으로 가능하게 되어 있는데 실제로 이 결정이 기술적인 행정적 판단으로 내려지지는 않는다고 하더라도 국회의 사전, 사후적 통제든, 아니면 객관적이고 중립적인 위원회의 심의를 거치도록 하는 방안 등 정치하고 다양한 절차규정이 보완될 필요가 있다.

셋째로, 요금인상, 안전소홀, 고용문제 등 공익성의 침해에 대한 우려를 차치하더라도 민영화가 자동적으로 유효경쟁을 통한 효율성확보로 이어지지는 않는다는 점이다. 정도의 차이가 있을 뿐, 대부분의 경우에 목격되는바와 같이, 민영화 이후에도 시장의 구조적 상황 때문에 자연독점의 현상이 지속되거나 또는 경쟁구조의 조기 정착을 위하여 '경쟁'이 아니라 '경쟁자'를 보호하는 '비대칭규제'(asymmetric regulation)가 불가피한 경우 실질적인 유효경쟁이 활성화되기 어렵게 되기 때문이다. 이는 특히 시장이 협소한 우리의 경우에 더욱 각별하게 유의해야 할 문제인바, 독점 공기업의 비효율이 '공유(公有) 자체'에 기인하는 생래적인 것이 아니라 경영진의 무능력과 무성의, 또는 국회를 비롯한 유관기관을 통한 적정한 통제기능의 흠결에 따른 것은 아닌지 면밀하게 검토되어야 한다. 구조적으로 민영화 자체가 근본적인 문제해결의 수단이 될 수 없는 후자의 경우에 민영화는 「사회기반시설에 대한 민간투자법」에 의거 많이 활용되면서 적지 않은 문제를 야기하고 있는 이른바 'BTO'사업과 마찬가지로 조세나 요금 등 부담의 형식만 다를 뿐, 근원은 전혀 해소되지 못한 채 비효율의 부담이 고스란히 국민에게 전가할 뿐이기 때문이다. 다만 사실상 노선독점의 조건하에서 원천적으로 유효경쟁체제는 기대할 수 없지만, 적어도 비교평가를 통한 실증적인 문제진단의 기회가 확보된다는 점에서 KTX사업에 부분적으로라도 경쟁체제를 도입하는 것의 유용성은 긍정적으로 평가될 수 있다.

전술한바와 같이, '철도운영'사업에 경쟁체제를 도입하는 문제를 둘러싼 논란의 근원은 타협을 가능하게 만드는 정치의 부재와 그 조건을 마련해야 하는 입법의 흠결에서 찾아진다. 따라서 그 해결의 단초도 정치와 입법을 통해서 제시되어야 하는바, 법리 및 법정책적 검토는 훗날을 기약할 수밖에 없지만, 기술한 숙고의 요청과 함께, 그 숙고의 절차 또는 숙고의 결과를 담아낼 수 있을 것으로 생각되는 법형식의 수단으로 '국회의 동의를 필요로 하는 법규명령'(Zustimmungsverordnung) 또는 '면허처분에 대한 국회의 추인권'을 입법정책적 대안으로 제안한다.

<≪법률신문≫, 2012. 4. 5, 11면>

【17】 지방자치단체의 파산

– 피해야 하지만, 대비도 해야만 하는 법적 이유–

2012년도 예산규모(특별회계 포함)가 약 7조 5천억 원이 넘는 인천시의 6천여 직원들이 4월분 복리후생비(정액 급식비, 직책 업무수당, 직급보조비 등)를 제날에 지급받지 못하였다. 다음 날 바로 지급되기는 하였지만, 상대적으로 세수입의 사정이 나은 광역자치단체에서는 초유의 일로서 지방자치단체의 재정상황이 얼마나 심각한지를 여실히 보여준다.

도하 언론들이 새삼 호들갑을 떨고, 감사원도 대규모 감사인력을 투입하여 특별 감사를 시행할 것이라고 보도되고 있으나, 사실 지방자치단체 재정의 부실은 어제 오늘의 문제는 아니다. 호화청사의 신축은 물론이고 지방채발행을 통한 전시성의 대규모 개발사업이나 무분별한 각종 영리사업의 실패에 따른 손실 등 방만한 재정운용과 그 결과는 오래 전부터 주목되고 예고되어 왔다. 이번 유동성위기는 비단 인천만의 문제는 아니고, 지방재정의 문제가 '주의와 경계'가 필요한 '위기 전 단계'를 넘어서 적색신호를 무시하고 정지선을 지나쳐서 이미 사고가 발생된 상황에서 '수습과 처치'가 요구되는 '위기단계'임을 재확인시켜 준 것일 뿐이다.

전남 곡성군, 경북 영양군, 강원 철원군 등 38개의 시군이 자체 수입만으로는 인건비조차 지급할 수 없을 정도로 부실한 기초자치단체의 상황은 재론할 것도 없고, 일부 광역단체들의 재정난도 우려의 수준을 넘어선 지 오래다. 서울을 제외하면 광역지자체 중에 비교적 사성이 나은 부산과 대구광역시조차 지난 8년 사이에 재정자립도가 급락하여 70%대에서 50% 수준에 불과하다. 대표적인 지표의 하나인 부채비율을 보면 2011년도 말 현재 예산대비 부채비율은 37.73%(2조 875억 원)인 대구를 비롯해서 부산이 32.73%(2조 9,158억 원), 이어서 인천이 36.44%(2조 8,261억 원)에 이르고 있다. 더욱이 심각한 것은 추세의 급격함이다. 예컨대 인천의 경우 2012회계연도 부채규모는 작년보다 약 3,580억 원이 증가된 3조 1,800억 원을 상회할 것으로 전망된다. 대규모 채권의 상환기일이 도래하는 3∼4년 후에 어떤 결과가 초래될 것인지 가늠하기 어렵다.

문제는 수습인데, 현재 상황에서는 개선은커녕 파국으로 치닫는 추세를 완화시키는 것조차 쉽지 않다는 점이다. 동 사태 직후에 인천시청 공무원들이 체납 차 번호판 떼기에 나섰다는 보도나(≪중앙일보≫, 2012. 4. 5, 7면) 인터뷰 기사에서 접한 기획재정부 예산실장의 푸념은 답답하다 못해 곤혹스럽기까지 하다. "5,000억 원이 들어가는 아시안게임

주경기장 신축은 안 된다고 담당 부처인 행정안전부를 통해 누차 경고했는데도 듣지 않았다"(≪조선일보≫, 2012. 4. 5, A6면). 요컨대 현행 법제상 국비가 지원되지 않는 지자체의 사업은 중앙정부가 통제할 수 있는 실효성 있는 수단과 방법이 없다는 것이다. 국채총액과 거의 비슷한 수준인 400조 원에 이르는 사실상 국가부채라고 할 수 있는 공기업 부채는 차치하더라도, 2011회계연도만 해도 약 29조 원의 국채를 추가로 발행하여 총액이 약 403조 원(GDP 대비 32.6%)에 이르게 한 중앙정부가 도대체 믿음직한 맏형 행세를 할 수 있는지 회의적이기도 하지만, 현행 5%인 지방소비세를 10%로 확대하자는 행정안전부의 제안이나 향후 무리한 개발사업으로 재정부실을 초래하는 지자체에 보조금이나 교부금을 축소하는 기획재정부의 방안 등도 정부 부처 간의 이견이나 지자체의 반발 때문에 필요한 실현가능성이 희박한 것은 물론이고 필요한 법개정을 거쳐 이 방안들이 실행된다고 하더라도 그 실효성은 크게 기대할 것이 없다. 지자체의 투융자사업계획에 대한 심사를 강화하거나 지방채발행을 억제하는 방안 등도 마찬가지이다. 이는 근본적으로 지방재정부실의 문제가 일회성의 과도적이고 부분적인 현상이 아니기 때문이기도 하거니와, 부분적인 수지개선이나 재정건전성에 좀 더 유의하도록 만드는 간접적인 유도효과 등 일부 긍정적인 결과는 없지 않겠지만, 적어도 이러한 방안들만으로는 질주하는 열차를 제어하기에는 역부족이다.

전국 16개 광역단체장들이 모여서 명실상부한 지방분권을 위한 헌법 개정의 방안을 비롯하여 현재 약 8:2인 국세와 지방세의 비율을 6:4의 수준으로 대폭 개선하라는 요청과 함께, 국고보조율 90% 이상 상향조정을 한 목소리로 촉구하고 나선 문제, 즉 최근에 영유아 무상보육의 확대시행에 따라 지자체가 부담해야 하는 약 3,280억 원의 비용은 긴축정책만으로 재원을 조달하여 부담하기에는 버겁다. 현재의 재정상태로는 동 제도의 시행을 중단할 수밖에 없다는 말이 결코 단순한 정치적 수사에 그치는 것이 아닐 정도로 상황은 절박하다. 과도적인 유동성 문제가 아니라 구조적인 문제라는 점에서, 그리고 기왕에 누적된 부실의 크기가 감당하기 쉽지 않은 점 등 때문에 적어도 일부 지자체들의 재정위기는 복지서비스의 일부 감축이나 월급과 수당을 삭감하는 식의 미봉책을 통한 수습은 기대하기 어렵다. 하지만 지자체의 파산은 결코 발생되어서는 아니 된다. 그러나 정작 바로 그렇기 때문에 수습이 거의 불가능하다는 점, 그리고 왜 그런지 그 이유를 확인하고 검토하는 맥락에서 지자체의 파산이 도대체 어떤 사태인 것인지, 말하자면 파산과 연관된 법적 문제들은 어떤 것인지 또한 예측되는 현실적인 결과는 어떤 것들인지 짚어보는 것이 필요하다.

우선 지자체의 살림 그리고 시민생활에 미치는 현실적인 영향들에 대해서는 당장 긴축 정책에 따른 각종 제약과 불편함만으로도 간접적으로 충분히 짐작할 수 있을 것이다. 부서의 폐지나 직원의 50% 이상 감축 및 급여의 대폭삭감은 물론이고, 시립병원 축소, 초중등학교 통폐합, 양로원, 도서관, 공중화장실의 폐쇄 등 각종 생활복지서비스의 축소, 세금이나 부담금 등 각종 공공요금의 급격한 인상 등 지방재정의 파국 사례로 자주 소개되는 일본 홋카이도 유바리(夕長) 시나, 1981년 후 40여 곳의 지자체가 파산을 신청하였고 자체적으로도 재정위기에서 벗어나고 있지 못한 미국 캘리포니아 주의 실례는 방만한 재정운용에 대한 경종으로 부족함이 없다.

그러나 정작 문제는 지자체가 사실상 파산에 처하는 경우이다. 우리의 경우 아직 지자체의 파산은 경험하지 못하였다. 그러나 2010년 7월에 경기도 성남시가 토지주택공사와 국토해양부에 갚아야 할 5,200억 원의 채무의 지급유예(Moratorium)를 선언한바 있었고, 일부 지자체, 예컨대 2012년 말 현재 지방채 총액만으로도 부채비율이 「지방재정법」(제55조의 2) 및 「동 시행령」(제65조의 2 제1항 2호)상 '재정위기단체'의 수준인 약 40%에 이를 것으로 예측되는 인천 등의 광역지자체나 오투리조트 사업과 관련하여 지급보증한 1,460억 원 중 대부분의 부채를 떠안게 되어 부채비율이 70%를 넘어서게 될 것으로 전망되는 강원도 태백시, 경전철사업으로 5,000억 원 이상 부채를 안고 있는 경기도 용인시 등 일부 기초자치단체의 경우에 중앙정부의 특단의 재정보조가 없이는 채무불이행(default)이나 사실상 파산이 선언될 가능성을 완전히 배제할 수는 없는 상황이다.

최악의 파국의 사태를 피해야만 하는 것은 정치 및 정책적 관점에서도 예상되는 난감함과 그 이유를 설명할 필요조차 없겠지만, 특히 법적으로 수습할 수 있는 준비가 전혀 되어 있지 않기 때문이다. 독립된 법인이기는 하지만(「지방자치법」 제3조 제1항) 국가와 마찬가지로 원천적으로 청산의 대상이 될 수는 없는 것으로 여겨지는 이른바 '본원적 통치단체'인 지자체의 파산능력이 인정될 수 있는 것인지 등 지자체의 파산이 도대체 법적으로 어떤 의미와 성격을 갖는 사태인지 우리 법제는 상정하고 있지 못하다(전병서, 『최신 파산법』, 23면 참조). 민법 등 관련 사법 규정과 기본적으로 기업과 개인을 대상으로 하는 「채무자 회생 및 파산에 관한 법률」(이하 「파산법」으로 약함)이 지자체 파산의 경우에도 그대로 적용될 수 있는 것인지, 아니면 어떤 기준에 따라 어떤 실체적·절차적 개별 규정들이 어떻게 달리 적용되어야 하는 것인지 등등 정리된 것이 전무하다. 기술적인 절차규정들은 말할 것도 없고, 「파산법」에 의거 채무자인 지자체 또는 '지방채권자'가 파산신청을 할 수 있는지(제294조), 법원의 파산선고가 가능한 것인지(제310조), '행정

재산' 특히 청사나 도로 등 「국유재산법」(제11조 제2항)과 마찬가지로 「공유재산 및 물품관리법」에 따르면 원칙적으로 대부, 매각, 교환 등의 대상이 될 수 없고 또한 원칙적으로 사권을 설정하지 못하게 되어 있는(제19조 제1항) 지자체 소유의 공용 또는 공공용 재산이 「파산법」에 따라 '파산재단'에 귀속될 수 있는 것인지 원론적인 법적 프레임조차 불분명한 상태이다. 우리나라의 경우와는 법적 상황이 다르고 지자체의 사실상 파산의 실례가 적지 않은 미국에서 논란되고 있는 것이지만, "채권자들이 지방세를 압류할 수 있는 것인지 여부를 비롯하여 파산법원이 세입과 예산의 지출과 관련한 단체장 및 지방의회의 결정을 취소할 수 있는 것인지, 지방세나 각종 공과금은 어떤 수준까지 인상될 수 있고, 반면에 각종 복지서비스는 어떤 수준까지 감축될 수 있는 것인지, 파산법원에게 이에 대한 결정권이 있는 것인지, 청산 절차상 잔여재산에 대한 지분권은 어떻게 되는 것인지, 이 과정에서 (지자체 주민과: 필자 부기) 국가의 역할과 지위는 어떻게 설정되는 것인지" 등등(이에 관해서는 M. W. McConnell/R. C. Picker, When Cities Go Broke: A Conceptual Introduction to Municipal Bankruptcy, 60 Univ. Chicago Law Review. 425, 1993. 참조) 우리에게도 전혀 남의 일만은 아닌, 파산 또는 사실상 파산의 사태가 발생하는 경우 우려되는 난문들은 예측하고 나열하는 것조차 쉽지 않다. 연방 및 주와 마찬가지로, 신 「파산법」(Insolvenzordnung)에 따라 지자체의 파산능력이 인정되지 않는 독일에서도 대체로 부인론이 우세한 가운데 지자체의 사실상 파산에 대비한 공사법상 법 이론적 논란은 계속되고 있다(장선희, 「공법인의 파산능력에 관한 독일의 논의」, 『지방자치법연구』, 제10권 3호, 217-240면 참조).

다행히(?) 공공기관을 상대로 한 것이었지만, 재작년에 성남시가 모라토리엄을 선언한 후 실제로 지자체의 파산이라는 파국의 사태가 현실화될 수도 있겠다는 우려들이 적지 않았으나 또 한편 결국은 중앙정부가 지자체의 파산을 방치할 수는 없지 않겠냐는 암묵적인 전제하에 그것은 이론적으로만 상정되는 것일 뿐이지 실제 현실화될 수는 없을 것이라고 보는 반응들이 일반적이었던 것으로 여겨진다. 정치 및 정책적 관점에서는 물론이고, 법적인 측면에서 보아도 후자의 일반적인 반응 속의 인식과 추측이 적확한 듯하다. 그러나 이러한 문제인식은 무책임하고 방만한, 말하자면 '설마에 발등을 찍힐 수도 있는' 무모한 낙관의 희망론에 불과하다. 적어도 법적인 관점에서 보면 더욱 그러하다. 지자체의 지급불능 등에 따른 재정파산의 사태가 법문제가 법제와 법이론의 준비상태가 갖추어지는 것을 기다려서 발생되는 것은 아니고, 또한 시장이 가장 싫어하는 이러한 불확실성이 계속되는 경우에 지방채 시장은 극도로 위축되고, 이는 다시 재정부실을 더 악화시키는 도미노 효과를 낳을 것이고, 전반적으로 지방재정의 탄력적인 운용에 큰 장애가 될 것이기 때문이다.

　요컨대 정치와 정책의 무모함과 방만함으로 발생되는 사태가 법적으로 정리하고 수습하기 어려운 사정을 헤아려주기를 기대할 수는 없는바, 우선 기왕에 진행 중인 지자체의 재정위기에 대한 수습과 극복 그리고 향후 재정건전화를 위한 근본적인 구조개혁의 방안을 강구하고, 그 실효성을 담보할 수 있는 법제를 정비 및 보강해야 하는 것은 물론이고, 만에 하나 '지자체의 파산'이라는 극단적인 사태에 대비하여 법치국가의 근간을 해치게 된다는 점에서 문제의 크기가 중차대한 '법의 파산'을 면하기 위한 법적 대비에도 밤낮을 가려서는 아니 될 것이다.

이덕연

연세대학교 법과대학, 동 대학원(법학사, 법학석사)
독일 Bonn대학교 비교법학석사, 법학박사
공주대학교 법학과 교수
연세대학교 정경대학 법학과 교수
강원도 지방노동위원회 공익위원
원주시 정보공개위원
원주시 교육청 청소년교육자문위원
법제연구원 재정법제 자문교수
캐나다 UBC 방문교수
공법학회, 헌법학회, 헌법판례연구회 부회장
현) 국회 입법지원위원
　　헌법재판연구원 초빙연구위원
　　연세대학교 법학전문대학원 교수

『법텍스트와 텍스트작업』(역서, 2005)
『재정헌법의 흠결에 대한 헌법정책적 평가』(2005)
『담론과 해석』(2007)
『재정과 헌법』(2007)
『헌법재판주요선례연구 1』(공저, 2012)

「기본권의 본질과 기능」(1997)
「인간다운 생활을 할 권리의 본질과 법적 성격」(1999)
「건축법상 제3자 보호문제와 기본권 - 공사상린법의 관계」(1999)
「'텍스트학'의 관점에서 본 헌법해석의 이해」(2002)
「건축허가의 취소와 국가배상」(2003)
「헌법문제로서 동성간 혼인 - 동반공동체(시민결합)」(2004)
「정당국가적 대의민주제에서의 선거와 정당에 대한 헌법재판소의 결정 평석」(2004)
「재정과 헌법 - 재정헌법 개정의 필수성」(2005)
「안마사자격 '비맹제외기준'에 대한 헌재결정평석」(2006)
「대입3불정책의 헌법적 문제점」(2007)
「헌법 제103조에서 법관의 독립과 양심」(2009)
「한정위헌결정의 법원에 대한 기속력」(2011)
「'거창사건'에 대한 대법원 판결 평석」(2012) 등

경제와 헌법

초판인쇄 | 2012년 8월 24일
초판발행 | 2012년 8월 24일

지 은 이 | 이덕연
펴 낸 이 | 채종준
펴 낸 곳 | 한국학술정보㈜
주   소 | 경기도 파주시 문발동 파주출판문화정보산업단지 513-5
전   화 | 031) 908-3181(대표)
팩   스 | 031) 908-3189
홈페이지 | http://ebook.kstudy.com
E-mail | 출판사업부 publish@kstudy.com
등   록 | 제일산-115호(2000. 6. 19)

ISBN   978-89-268-3701-6 93360 (Paper Book)
         978-89-268-3702-3 95360 (e-Book)